第 2 版

CASE ANALYSIS OF IPO APPROVAL
AND EXAMINATION STANDARD

企业上市

◆

审核标准实证解析

张兰田 著

北京大学出版社
PEKING UNIVERSITY PRESS

国浩财经文库

编委会	于　宁　　吕红兵　李　淳　张敬前　刘　维　沈田丰
	黄伟民　宋　茵　李世亮　王卫东　程　秉　李道峰
	花　明　马国强　刘风云　王　云

执行编辑	贾　勇
执行秘书	胡　颖

二版序

基于如下四个原因,笔者修订本书:首先,最近一年审核理念发生了重大变化,为与之保持一致,应对原有内容进行相应修正、调整;其次,相当一部分技术细节问题有必要进行增添、补充;第三,国浩作为证券法律服务专业所,愿意为行业的发展和规范继续奉献绵薄之力;最后,读者朋友对本书的正面评价和热情鼓励让我们心怀感激。

本次修订的资料收集工作截止于2012年7月31日,努力与时俱进,修订之处超过1/3,框架和体例基本不变。在宏观方面增加了对最新审核理念的陈述;在微观方面增加了几十个具体技术问题的总结,还有若干处文字调整。

在写作本书第一版时,我期望做成此专业的红宝书,"做上市业务,不看这本书,是不严肃的",这是我当时内心真实的期许。但是随着持续的研究和实务工作,特别是在我研读投行小兵、张国锋先生等业内同仁的作品之后,现在认为:"做上市业务,只看这本书,是不严肃的。"笔者对包括上述两位在内的业内同仁卓越、辛勤的劳动表示衷心的感谢,从他们的作品中,我学到了很多很多。

在本书的修订过程中,我的同事李誉律师、戎纯莉律师、夏青律师、朱艳萍律师,承担了大量的基础工作;北大出版社的曾健先生、王建君编辑一如既往地给予帮助和指导;投行先锋论坛的众多朋友,特别是fushengbin、bookstorm、hxlbaxia,都提出了很有见地的修订意见,在此一并致谢!

本书出版后,有相当一部分读者直接或者间接地提出要求,希望能更高效、直观地掌握本书的核心内容。

为此，我们提炼和设计了专门的培训讲座，可以应读者的要求酌情协商安排。

真诚希望读者朋友继续通过邮件方式和笔者沟通交流，真诚感谢读者朋友给笔者更多的积累经验和面对各类实务问题的机会。

最后，谨对国浩律师集团首席合伙人吕红兵律师表示衷心的敬意和谢意：没有他十几年的提携、支持、宽容、指导，就没有笔者今天的律师事业。

国浩律师（上海）事务所
合伙人　张兰田律师
二〇一二年十月

让我们一起做得更好
（一版序）

《企业上市审核标准实证解析》是国浩律师集团事务所新推出的国浩财经文库系列丛书的第一本，我作为集团首席执行合伙人，欣喜之余，应作者张兰田律师的请求，向各位尊敬的读者朋友对本书作如下介绍和评论。

一、我们为什么要推出国浩财经文库系列丛书

国浩律师集团作为中国最大的法律服务机构之一，专注于资本市场及相关领域。我们已经出版了国浩法律文库系列丛书，因其专业、实用、与时俱进等特点，赢得了各界朋友的较高评价、鼓励和支持。但是，我们也注意到，该系列丛书，甚至可以说绝大部分法律专业人士撰写的法律书籍，都在一定程度上存在如下不尽如人意之处：因专业性过强而导致读者受众受限、因其内容艰深而较难满足非法律专业的业内朋友掌握法律知识的需求等。这些不足在一定程度上离我们出版法律系列书籍的初衷稍稍远了一些：宣传法律知识和推动法制建设。我们认为，非常有必要在资本市场专业法律知识和资本市场非专业法律人员之间，建立高效顺畅的桥梁和渠道。

资本市场作为国浩律师集团的核心业务领域，其涉及的法律服务和实务操作具有和投资银行专业知识、财务知识"混同"的特点和趋势。在该法律工作领域内不

但要求投行人士懂法律,也同样要求律师懂投行知识、财务知识。"如果你只是一个律师,那你就很难做一个好律师。"各中介机构在分工负责的前提下,一定要密切沟通和配合才能取得最佳效果。如果仅从法律角度,我们坚持追求"让我们做得更好";如果从资本市场的团队合作角度,我们更愿意联合投行人士、会计师、评估师、公司决策层,共同追求"让我们一起做得更好"。

在已经出版的国浩法律文库丛书中较多阐述说明法律上的"应然",但是对现实实务中丰富多彩、与时俱进的"已然",则还应进一步充分关注;中国资本市场本身的法律制度还处于从无到有、从零散到系统的建设过程中,因此实务研究更显意义重大。同时,我们也充分理解我们的读者和客户,不但想了解法律原则规定,还更迫切地想知晓尽可能多的实践操作方法,以便在综合比较、全面分析的基础上对发行上市工作中的实际问题作出最佳选择。

为解决上述问题,完成富有挑战性的艰巨任务,我们在继续保留国浩法律文库的同时,隆重推出法律和财经紧密结合的国浩财经文库,该系列丛书主要面向资本市场的非法律专业人士,特别是证券公司、投资公司、咨询公司、会计师事务所、拟上市公司中的中高端专业人士和财经人士,希望能让所有的读者朋友"愿意读、读得懂、读后有收获"。

二、本书的优势和独特价值

本书紧密围绕"审核标准"这一核心主题,内容复杂,跨越几乎所有重要的部门法,在法律角度对此专题的系统实务研究目前尚属空白,本书在这方面具有开创性的意义。本书再次证明了上市审核标准是客观存在的,在整体上具有适合国情前提下的公允性和统一性。

本书的事实基础是最近几年四百多个成功、失败的实际发行案例,作者全面阅读、研究了相应的招股书、律师工作报告,特别是补充法律意见书,从这些第一线的实务资料中总结提炼出与上市相关的重要问题,并系统梳理了相应的法律依据、已有的解决方法,并在此基础上形成了一系列的基本结论。相比单纯罗列摘录法律规定,我们相信,这种"从实务中来、到实务中去"的辛勤工作成果可以更好地满足各方面读者指导实践的迫切需求。

本书建立了一个完整的体系,强调条理分明、穷尽可能。在内容上将上市审核标准分为审核标准、信息披露、主体资格、独立性、持续盈利能力、募集资金运用、规范运行、财会与税务、专项问题(国资、集体企业、红筹回归、土地、知识产权、劳动)、未过会原因十大类,在每一类下还根据需要继续细化分类。这种分类比较科学合理,有利于读者对上市审核标准体系建立严密的整体思路。尤其需要指出的是,本书使用大量表格对研究对象进行分析解构,在一定程度上逻辑严密,尽可能地做到穷尽可能。

本书融会贯通了法律、投资银行、会计税务知识。纵观全书,只有主体资格一章基本是法律问题,其他各章则除法律问题外,还根据实际需要大量论述投行、会计税务问题,当然分析的视角还主要是从法律和律师的角度。这种分析内容的综合性是由上市工作内容的综合性决定的,是实事求是的一个创举。

三、本书尚可完善之处

虽有上述种种优点,但毫无疑问,本书也有一定程度的不足之处:比如,提炼总结部分结论的论述过程稍显简略,如能充分载明相应的基础事实则更好;有的争鸣类观点虽有一定道理但尚嫌偏激;过于强调体系的完整而在一定程度上忽略了内容的丰富;过于强调实务应用而法学理论研究尚需充实;等等。这些不足之处,既有作者自身的原因,也受目前法律制度建设和执行水平、相关信息披露程度等外界因素影响。我们将不懈努力,改进这些不足之处,我们也感谢读者朋友的宽容,相信读者朋友自有公允的评价。

"雄关漫道真如铁,而今迈步从头越!"我们坚信,中国资本市场具有无比光明的发展前途和千载难逢的历史性机遇,让我们一起做得更好!

中华全国律师协会副会长

中华全国律协金融证券业务委员会主任

国浩律师集团首席执行合伙人

吕红兵律师

二〇一〇年九月二十八日

前　言

本书是针对 A 股 IPO（中国境内首次公开发行股票）中的所有重要实体问题，从实证角度进行解析和总结的最新专著。

本书写作的方法是以最近三年 A 股市场四百多个实际案例为事实基础，进而研究和总结发行上市的审核标准；写作的内容从结果的角度是"什么样的企业能上市"，从过程的角度是"上市会碰到什么障碍和如何解决这些障碍"；写作的目的一方面是总结和回顾自己十多年的执业经验，另一方面希望能够对拟上市公司、证券公司投行工作人员，证券业务律师等业内人士有所裨益。根据我的亲身工作体会，特别是十多年前刚刚进入这个专业领域的茫然忐忑的痛苦体验，我相信本书仅从人道主义出发也是非常有意义的。

本书在选材和写作方面有如下特点：

一、以实务为出发点

为撰写此书，我查阅研究了最近三年成功发行并上市的超过两百家公司的招股说明书、律师工作报告，特别是补充法律意见书，同时也查阅研究了最近几年被否决的近百家拟上市公司的资料。我相信，这个样本数量已经足够揭示全部重要问题。因为审核标准与时俱进，变化日新月异，所以除非被动涉及，我没有主动研究三年之前或更早的案例资料。我研究的重点内容首先是"哪些是问题和障碍"，其次是"这些问题和障碍对上市的影响"，最后是"在法律角度如何定性、解决这些问题和障碍"。

"一切理论都是灰色的，只有生活之树长青。"我相信这种正反结合的实证研究总结,会使本书对实践工作具有较强的参考和指导意义。因为本书的重点研究对象是中小板和创业板公司,所以我坚持等到创业板有了足够数量的样本后才截稿。从这个意义上说,本书的完成时间可谓正当其时。

因为本书的写作宗旨是"从实务中来,到实务中去",所以尽量避免涉及法学理论。为了体系的完整,也适当做一些普法工作。

二、强调规律性的总结

虽然我从业多年,但在进行上述研究分析的过程中,我仍然经历了"惊讶、迷惑、理性"三个阶段,在"惊讶"阶段,我主要的感受是"这样的企业也能过会?"或者"这样的瑕疵会构成实质性障碍?"在"迷惑"阶段,我的主要感受是,"到底有没有比《首次公开发行股票并上市管理办法》更精确和可预测的上市审核标准呢?"或者"未过会的原因同样存在于已过会的企业,这让人如何是好?"在"理性"阶段,我逐步理清了思路,跳开个案的个别情况,开始致力于追求具有普遍意义的规律和标准。原因是显而易见的:个案的特例在大多数情况下或具有时效性或不具有普遍参考意义,真正更重要、更有现实意义的是建立在事实、法律、理性基础上的系统分析和全面总结。本书在收集大量事实的基础上,更重视对这些事实进行提炼和总结,努力找出具有普遍意义的规律;放弃个案的猎奇和展示,追求具有普遍意义的法律正道。

三、内容和工作量

英国诗人约翰·邓恩说:"谁都不是一座孤岛……所以不要问丧钟为谁而鸣……"剔出其不吉利的因素,这种普遍联系的观点特别适用于形容企业发行上市项目中券商、律师、会计师的专业分工和共同命运:首先,一旦项目没有过会,不管是哪一方的责任,不利的结果是各方共同承担的;其次,具体问题在多数情况下需要各方都发表意见,不能单纯定性是某一方的工作内容;第三,在包括证券业务在内的任何法律服务领域,"无知不能帮助任何人",所以本书的研究内容没有局限于法律,而是对上市审核标准的全部相关问题均加以研究探讨。当然也必须承认,术业有专攻,我虽然有经济学学位和注册会计师、注册税务师资格,但是对主要由券商和会计师分析和把握的问题,仍感到力不从心。我的解决方法是:发挥我律师的严谨的专业优势,进行创造性的思维。比如,对于"持续盈利能力"和"风险"等发行上市的核心问题,我发明了一个全息表格,试图将全部种类的影响因素加以分类,在整体和战略的角度进行总体思考,即虽然就具体行业问题而言我是外行,但是我创造了科学分析的系统方法,并且这个方法可以应用于全部行业。我相信这种创造性的思维有其独特的意义。

我的研究对象是最近三年的几乎全部中小板和创业板公司,基本没有去研究主板的特大型国企项目。因为我个人的意见是，这些大型国企上市项目基本上是"无风险、无难度、无参照性"的三无项目，这些"共和国长子"享受的豁免和特批也鲜有正经法律研究的意义。

在写作之前，我没有合理的预估工作量，等到投入相当的精力以至于停不下来的时候，我才发现此书不适合由一位正在繁忙执业的律师写作，工作量之大甚至使我想起了外国朋友对陈景润的赞扬："他用双手移动了群山"；我的团队内部也有不同的质疑，主要是怀疑这样的一部作品对我们自己有什么直接的好处，其次是为什么辛辛苦苦地亲自逐句逐字阅读总结，而不是安排几位实习生使用"剪刀加糨糊"的方法……但不管怎样，我还是努力坚持下来，没有半途而废，并且还拟定期修订这部作品，与时俱进、避免误导。

在写作的过程中，我常常体会到"如果你只有一把榔头，那你看什么都是钉子"。例如税法是我的强项，我就能发现和总结很多税务问题；而行业和经营方面是我的弱项，所以对这方面我就基本乏善可陈。这种情况激励我继续认认真真地学习和研究，所谓"读书万余卷，一事不知，以为深耻"。

四、几个技术细节

（1）因为职业习惯，我追求条理性和逻辑，习惯于分类、对比、穷尽一切可能；同时难以容忍杂乱无章、过于模糊的弹性标准。所以在本书中，尽可能地使用大量表格，我相信，此工具会使要陈述的内容更加清晰和易于理解；不过由此也产生了一些副作用：刻板和单调。

（2）本书使用的基础资料都是可以公开查询的公共信息或是我本人由于工作关系有充分理由知悉的无须保密的信息，这些信息全部都曾出现在互联网上，并且我还对这些信息进行了严格的脱密处理。在此谨声明："如有雷同，纯属巧合。"

（3）在写作中，我尽可能地做到真诚和个性化。我是自由职业者，我的信仰是法律。在坚持法律尊严的同时，我也尽最大努力在评论的时候避免使用语言暴力，不以普世价值为标准进行判断和评论。公道自在人心，我以最大的善意揣测天下人。

（4）主板和中小板的上市审核标准相同，创业板有独特之处，本书中一并进行研究，并在第一章以表格对比的形式集中说明了二者的基本区别和联系。

（5）想猎奇的朋友可能会失望了，在本书中没有列出作为研究对象的公司的名字，也没有进行相关文件摘录。我这样做的理由是：① 各公司的上市披露材料是一个整体，只披露其中一部分，即使是专项研究，也涉嫌断章取义。② 每个公司的具体情况都不同，审核工作也无遵循前例的规定。③ 我认为这些瑕疵细节直接参照的意义不大，并不是说有此瑕疵的企业成功上市了，此瑕疵就不会再成为过会障碍。我甚至担心类似的披露会误导读者。与暴露问题相比，真正有意义的是如何定性和解决这些问题。④ 现代信息在相当程度上公开透明，类似瑕疵细节读者完全可以另行得到。⑤我坚定不移地认为,我们的精力应该集中于具体问题的法律分析和把握;法律而不是先例,才是我们最可靠和最有力的武器,对先例,我做的是高度凝练的总结。

(6) 本书研究讨论的实际是"发行"标准,但是考虑到目前"发行"和"上市"是前后必然衔接的两个阶段的工作(重新上会被否决的个案除外),各界人士常以"上市"指代"发行",实际上是含义混同了,所以本书对两词也没有严格区分使用。

五、真诚的感谢

在本书的写作过程中,国浩律师集团首席执行合伙人吕红兵律师始终给予高度关注和大力支持;我的同事韦玮律师、王薇律师、李誉律师、贾勇老师、沃静雯小姐、刘文婷小姐、张海燕小姐,我的朋友曾年生先生、李康林先生、张双玉律师、高亚平律师、国萱小姐、吴小鹏先生直接给予的大量有力支持,或是直接提示法律观点,或是给出精准的专业意见,或是帮助整理大量的原始资料,均对本书的写作大有裨益;本书的第七章"规范运行"中"产业政策"部分,重点参考了国浩律师集团合伙人孙立律师的《国家产业政策对资本市场融资的影响》一文,第六章"募集资金运用"中摘录了广发证券毛晓岚女士发表在《保荐业务通讯》2009年第2期的《中小板发行上市募集资金运用策划》一文。此外,北京大学出版社的曾健先生和王建君女士也给予本书高明的指导和热情的支持。在此,谨向他们表示真诚的感谢!

我还要感谢太多的同事和朋友对我的关心和支持,恕我不一一列出他们的名字,谢谢!

写作在本质上是私人行为,因此此书的错误和偏颇之处,应由我个人承担文责。我的一位同事看过初稿后批评我"人文书读多了还不消化,导致写法律书的文笔也令人晦涩费解",他的说法很有见地,我对由此给读者造成的不便也颇感歉意。

需要特别强调的是,因时间和水平有限,本书错误难免,我真诚地希望各位读者、师长、同事、朋友能够提出批评、指正和交流意见,我的邮箱地址是 zhanglantian@grandall.com.cn,保证有信必复。不管批评意见多么尖锐,我都心怀感激。本书还将修订再版,我将非常高兴地向提出批评、指正意见的朋友赠送我的新著,并请求新的批评意见。

"嘤其鸣矣,求其友声",让我们亲密合作,共同成长。

国浩律师集团(上海)事务所
合伙人　张兰田律师
二〇一〇年九月二十八日

目 录

第一章 审核标准

第一节 核心标准   001
  一、详尽标准的缺失   001
  二、三大核心标准：盈利能力、合法性、信息披露   002
  三、四个效应   002

第二节 主板和创业板审核标准比较   003
  一、经营性指标   004
  二、财务性指标   006
  三、治理性指标   007
  四、合法性指标   010

第三节 工作规则   012
  一、《关于保荐项目尽职调查情况问核程序的审核指引》的分解整理   012
  二、《律师事务所证券法律业务执业规则（试行）》的分解整理   021

第二章 信息披露

  一、《证券法》对申请上市的信息披露的基本要求   028
  二、违规披露信息的归责原则   028
  三、欺诈发行的法律责任   029
  四、欺诈发行股票、债券罪的犯罪构成   031
  五、实事求是和避免极端   032

第三章 主体资格

第一节 出资   034
  一、一般规定   034
  二、关于出资瑕疵问题   036
  三、瑕疵出资股东的法律责任   045

四、瑕疵股权出资转让后的法律责任　　046
　　五、抽逃出资与虚假出资　　048
　　六、股权出资　　049
　　七、债权转股权　　052
第二节　股东　　054
　　一、不适格股东　　054
　　二、股份锁定问题　　060
　　三、法律对股东资格的认定标准　　067
　　四、涉及上市公司权益　　067
　　五、外商投资企业改制上市相关问题　　068
　　六、中国自然人是否可对外资股份公司增资　　074
　　七、境内自然人成为外商投资企业股东的突破　　074
　　八、取得境外居留权的中国公民持有股权的属性　　075
　　九、夫妻共同设立公司　　076
　　十、合伙企业　　076
　　十一、交叉持股　　077
　　十二、一股独大　　078
　　十三、突击入股　　079
　　十四、预防PE腐败　　079
　　十五、股权激励　　080
　　十六、对赌协议　　080
　　十七、股东200人问题　　083
　　十八、被吊销营业执照企业法定代表人任职问题　　084
　　十九、管理层设立合伙企业持股　　086
　　二十、国有企业职工持股的相关规定　　087
　　二十一、"产学研"问题　　090
　　二十二、工商登记效力问题　　090
第三节　实际控制人　　091
　　一、确定实际控制人的意义　　091
　　二、实际控制人和一致行动人的法律含义和解释　　091
　　三、认定实际控制人的较为混乱的现状　　091
　　四、如何进行判断和认定　　096
　　五、实际控制人的认定应适度宽松　　102
　　六、"无实际控制人"结论应审慎得出　　103
　　七、"一股独大"的思考　　105
第四节　历史沿革　　105

一、上市前重组的内容、要求和需要避免的误区　　105
二、业绩连续计算　　107
三、股权变动　　113
四、增资　　121
五、减资　　123
六、整体变更　　123
七、国有企业改制的基本流程　　129
八、债务承担和有限责任的突破　　130

第四章　独立性

第一节　独立性的五个方面　　132
一、独立性的五个方面　　132
二、独立性的分类　　133
三、影响发行人独立性的兼职　　134

第二节　关联交易　　134
一、关联交易的内容　　134
二、关联方的范围（第一种示意图）　　135
三、关联人的范围（第二种示意图）　　137
四、关联方的相关法律法规比较　　138
五、亲属　　141
六、判断和关注关联交易对发行上市的影响　　142
七、关联交易的信息披露要求　　144
八、关联交易的解决方式　　144
九、目标公司去关联化的思考　　145

第三节　同业竞争　　145
一、禁止性规定　　145
二、同业竞争的判断　　146
三、同业竞争的解决　　146

第五章　持续盈利能力

一、真正有价值的是"优质"持续盈利能力　　148
二、持续盈利能力、核心竞争力、风险因素三者之间的关系　　149
三、风险模型　　149
四、风险模型的法规实证研究　　150
五、风险模型的上市公司案例实证研究　　152

六、小结　　154

第六章　募集资金运用

　　一、三个宏观问题　　156
　　二、应该高度关注的若干方面　　157
　　三、中小板发行上市募集资金运用策划　　158
　　四、以上海为例，列举项目核准、备案及建设审批流程指南　　161

第七章　规范运行

　　一、重大违法行为　　171
　　二、行政处罚两年时效问题　　172
　　三、人员任职限制的总结　　173
　　四、董事、高级管理人员的忠实、勤勉义务　　177
　　五、企业间借贷　　179
　　六、内部职工借款　　185
　　七、环境保护　　186
　　八、产业政策　　195
　　九、经营范围　　201
　　十、前置许可和后置许可　　202
　　十一、以基本金属为例，说明行业监管基本法律环境　　205
　　十二、开具无罪证明的注意事项　　208
　　十三、违规票据融资问题　　209
　　十四、诉讼和仲裁　　210
　　十五、法律风险　　211
　　十六、法人治理结构　　211

第八章　会计与税务

第一节　会计　　213
　　一、会计问题的本质和关键　　213
　　二、操纵利润的常见方法　　213
　　三、企业上市过程中的部分会计核算问题及对策　　217
　　四、监管层高度关注的财会事项和政策把握　　218
　　五、补充信息披露实证举例汇总　　223
　　六、主板、创业板的股利分配政策要求　　240
　　七、股份支付　　243

八、评估验资复核总结　　244
　　九、关联方披露概述　　246
第二节　税务　　254
　　一、企业重组税收基本结论　　254
　　二、居民纳税义务人和非居民纳税义务人的纳税义务　　260
　　三、外商投资企业不足25%补税问题　　262
　　四、整体变更中的纳税义务　　266
　　五、股权转让定价问题　　274
　　六、征收税收滞纳金不具有行政处罚的性质　　276
　　七、税收优惠合法性问题　　278
　　八、带征问题　　283
　　九、社会福利企业税收优惠　　285
　　十、政府补贴处理　　287
　　十一、高新技术企业　　291
　　十二、欠缴税款问题　　296

第九章　专项问题

第一节　国资　　298
　　一、基本法律框架　　298
　　二、规范国有产权的流转行为　　302
　　三、非主营业务资产剥离　　313
　　四、国有企业改制　　314
　　五、国有股转持问题　　317
　　六、国资参股企业股权转让　　327
第二节　集体企业　　329
　　一、集体企业问题常用法规　　330
　　二、集体企业的两个基本问题　　331
　　三、截至目前，集体企业改制的实务结论　　334
第三节　红筹回归　　334
　　一、红筹发展的历史回顾　　334
　　二、境外间接上市的监管法规及其主要内容　　336
　　三、股权控制模式下对于境内监管法规的遵循　　339
　　四、合同控制模式下对于国内法的遵循　　341
　　五、10号文后股权控制模式的一个特例　　342
　　六、10号文时代的15种红筹模式　　343
　　七、红筹回归的产业政策问题　　345

八、红筹回归的业绩连续计算问题　　345
　　九、取消红筹架构的细节问题　　346
　　十、监管部门重点关注的问题　　349
第四节　土地　　350
　　一、与土地有关的基本法律框架　　350
　　二、土地权利概述　　353
　　三、企业重组上市过程中常见的土地法律问题　　357
第五节　知识产权　　368
　　一、商标　　368
　　二、专利权（上）　　377
　　三、专利权（下）　　387
　　四、著作权　　393
第六节　劳动　　393
　　一、公司充分、善意地履行劳动法规定的义务　　394
　　二、社会保险　　394
　　三、住房公积金　　398
　　四、劳务派遣　　398
　　五、竞业限制　　399

第十章　未过会原因

第一节　未过会原因（上）　　400
　　一、因信息披露原因未过会　　400
　　二、因主体资格原因未过会　　403
　　三、因独立性原因未过会　　412
　　四、因持续盈利能力原因未过会　　417
　　五、因募集资金运用原因未过会　　425
　　六、因规范运行原因未过会　　433
　　七、因会计与税务原因未过会　　437
第二节　未过会原因（下）　　442

第一章　审核标准

第一节　核心标准

一、详尽标准的缺失

什么样的企业可以发行上市或曰发行上市的具体条件和标准是什么？这一直是一个不完全明确的问题，甚至带有一些神秘色彩。监管部门、券商、律师、会计师等各方众说纷纭，就同一个细节问题，不同的主体观点不尽相同，同一个主体就同一个问题在不同时期的态度也不尽相同。主要原因如下：

（一）法律规定相对粗略和模糊

《中华人民共和国证券法》（以下简称《证券法》）第13条第1款规定了公司公开发行新股，应当符合的四个条件："（一）具备健全且运行良好的组织机构；（二）具有持续盈利能力，财务状况良好；（三）最近三年财务会计文件无虚假记载，无其他重大违法行为；（四）经国务院批准的国务院证券监督管理机构规定的其他条件。"但仅仅这一款规定不足以明确具体的上市标准和要求，特别是第（4）项的授权性规定，长期处于不明确的状态，并由大量立法层级较低的规范性文件共同进行调整。

《证券法》的原则性规定是基于稳定性的立法技术要求，而随着《首次公开发行股票并上市管理办法》（以下简称《首发管理办法》）（2006年5月17日发布，证监会令第32号）和《首次公开发行股票并在创业板上市管理暂行办法》（以下简称《创业板管理暂行办法》）（2009年3月31日发布，证监会令第61号）的颁布实施，"其他条件"得到了初步的统一和明确。

虽然如此，上市的标准和条件，特别是除了盈利标准的具体财务数据以外的各种条件和标准，仍有相当程度的不确定性。这个问题的彻底解决寄希望于审核制过渡到备案制。本书要解决的问题既不是立法建议也不是解释法律，而是根据最新、最近的上市成功和失败的实例并结合法律的规定，对上市标准相关问题进行分析和探讨。

（二）目前我国证券发行监管实行的是审批（核准）制，尚未过渡到注册（备案）制

证券监管机构除进行形式审查外，还关注发行人的主体资格、独立性、规范运行、财务与会计、募集资金运用等情况，并据此判断发行人是否符合发行条件，即还要进行实体审查。因为企业的现实情况千变万化、林林总总，难以一言以蔽之，所以审查的标准也就难以清晰、具体，不可避免地要带有主观色彩、时代色彩。

二、三大核心标准：盈利能力、合法性、信息披露

虽有前述现状，但企业发行上市的条件和标准却又是有规律可循的。通过对最近三年已经过会或被否决的四百家以上公司的总结，事实上的确存在核心的判断标准：符合这个判断标准的即为发行上市成功的积极因素；不符合这个标准的即为发行上市成功的阻碍因素。一言以蔽之，这个核心标准就是"保护投资者的合法权益和社会公共利益"。商品社会，勇于言利，如何"保护投资者的合法权益"？即引申出发行人具有足够的"优质、持续盈利能力"；法治社会，权利意识觉醒，如何"保护社会公共利益"？即引申出发行人从股权到运营的合法性问题；市场经济，主流意志说认为是以市场化方式提升实体经济，因此强化信息披露。

2011年年底以来，监管部门越来越强调真实、准确、完整、充分、及时的信息披露，同时有进有退，不惜淡化对盈利能力的判断，将投资价值判断交给市场和投资者。强化信息披露在法规角度主要体现在以下方面：

（1）通过发布《关于进一步加强保荐业务监管有关问题的意见》，进一步强化了保荐机构的整体责任，强调了保荐机构在质量把控、风险防范、质地优化方面的责任，强调保荐机构是起点、中枢、责任担当者；是在"积极推动发行体制市场化改革，以信息披露为中心，强化资本约束、市场约束、诚信约束"大背景下进行的。其主要考量，在于顺应新形势下的市场发展需求，在重视保荐代表人责任的同时，进一步增强保荐机构的责任，进一步发挥保荐机构的整体作用，推动实现全程有效内控，夯实保荐项目基础。

（2）通过发布《关于进一步提高首次公开发行股票公司财务信息披露质量有关问题的意见》，提出如下九个方面的要求：发行人应建立健全财务报告内控制度；发行人及相关中介机构应确保披露的财务信息真实、准确、完整地反映公司的经营情况；相关中介机构应关注发行人申报期内的盈利增长情况和异常交易，防范利润操纵；发行人及各中介机构应严格按照相关规定充分披露关联方关系及其交易；发行人应谨慎进行收入确认和毛利率分析，相关中介机构应关注收入确认的真实性、合规性和毛利率分析合理性；相关中介机构应对主要客户和供应商进行核查，关注存货的真实性和存货跌价准备是否充分计提；发行人及相关中介机构应关注现金收付交易对会计核算基础的不利影响；中介机构应保持对财务异常信息的敏感度，防止利润操纵。该意见立法层级之低和立法技术之高、实用性之强相映成趣。

综上所述，"优质、持续盈利能力"、"合法性"、"信息披露"就是上市标准中的重中之重。仔细推敲所有相关法规和实务中的上市规定和要求，无不是围绕着这三点进行的。这三条标准之于公司发行上市，类似爱情之于婚姻、健康之于人生，是怎么强调也不过分的。

三、四个效应

如下四个效应，是对企业发行上市审核过程中规律的概括总结。

(一) 一票否决效应

一个企业能否上市,主要取决于"优质、持续盈利能力"、"合法性"和"信息披露",因此在进行项目的选择和判断时,必须将这三个因素作为工作的重心。除此以外的问题都可以商量且能补救,但如果上述三个标准出现严重问题,特别是"优质、持续盈利能力"出现严重问题,则会形成根本性的上市障碍,其他方面再出色也难以弥补。在这个意义上,我们可以说高举两个凡是的大旗:凡是有利于此的外部条件,我们都坚决维护;凡是有利于此的内部决策,我们都始终不渝地遵循。

(二) 累加效应

对于非关键因素的瑕疵还存在累加效应,即如果只有少量瑕疵,不会对上市造成实质性障碍;但是,如果瑕疵过多,哪怕是非关键因素的瑕疵,也可能会形成上市的障碍,即量变导致质变。

(三) 诚信效应

发行人和各方中介机构在项目申报过程中体现出的诚信程度对上市有非常重要的影响,丧失诚信的行为,会导致监管机构的严重合理怀疑,势必增加工作量、延长审核时间、增加初审报告的内容。君不见,"问出来的"还是"自己说出来的"都曾是能否过会的最后一根稻草。其实,申请和审核过程中出现的严重问题,大多并非由于单纯的技术原因,而是信息披露和决策偏离了诚信和良心,本质上是被"利益蒙住了双眼"、"和魔鬼交换了灵魂"。当然,信息披露同时也是技术问题,比如全面、充分、有针对性地揭示风险。

(四) 基本规则效应

有一位中介机构人士的拿手好戏是在第一次和客户会谈时直接给监管人员打电话咨询问题。作为展业方法,无可厚非,但实事求是地说,这样的做法不符合客户的根本利益:① 他不一定找对人;② 该意见不一定代表监管部门的最新官方意见;③ 发表意见的人不了解项目的具体情况,只能泛泛而谈,可能分析得非常专业,但是结论却并不适用;④ 不同的人在同一个时间、同一个人在不同的时间说法都可能不一致,甚至相反;⑤ 暗示客户自己和监管部门有特殊关系的做法,不符合职业道德;⑥ 容易导致客户寄希望于关系而无心真正规范,最后聪明反被聪明误。作为专业机构,我们的武器主要是法律等基本游戏规则,与其挖空心思四处打听谁最近又说了什么,还不如下定决心走正路,认认真真研究业务,提高水平。

第二节 主板和创业板审核标准比较

主板和中小板的审核标准相同,创业板的审核标准与前两者不同。以下主要是对主板(中小板)和创业板审核标准进行对比,同时对差异之处作简要分析说明。

一、经营性指标

表 1-1　经营性指标对照表

	条件	主板(中小板)	创业板
1	主体资格	依法设立且合法存续的股份有限公司。	
2	经营年限	持续经营时间应当在三年以上,经国务院批准的除外(有限公司按原账面净资产值折股整体变更为股份公司,可连续计算)。	持续经营时间应当在三年以上(有限公司按原账面净资产值折股整体变更为股份有限公司,可连续计算)。
	分析说明:创业板取消了国务院特批,体现了法治精神,也契合"创业"二字。		
	主营业务	最近三年内主营业务没有发生重大变化。	应当主要经营一种业务,最近两年内主营业务没有发生重大变化。
3	分析说明:创业企业规模小,且处于成长发展阶段,如果业务范围分散,缺乏核心业务,既不利于有效控制风险,也不利于形成核心竞争力。因此,创业板对于主营业务的要求比主板严格,创业板对于"单一主营"的限定恰恰反映了创业板企业与主板企业之间所处发展阶段的核心区别。 　　主板市场的上市公司由于在上市时就有规模、赢利能力强等多方面的要求,所以主板市场绝大部分的上市公司已经形成了一定的规模,在本行业中有一定的地位,企业经营进入了稳步发展期,在价值评估上注重企业赢利能力的稳定或稳定增长、未来新的利润增长点的培育、行业转型可能带来的机会。 　　创业板的上市公司大部分是高科技企业和具有成长性的中小型企业,企业的经营风险较传统行业和成熟公司要大,因此更需要集中精力于一项业务,并寻求"成功、复制、创新、再次成功"。处于创业阶段的企业,在单一主营的限制上也要避免在面对投资、投机等诱惑时,难以安全有效地掌控资金。 　　发行人应当主要经营一种业务是指: 　　1. 同一类别业务或相关联、相近的集成业务,如:与发行人主营业务相关或上下游相关业务;源自同一核心技术或同一原材料(资源)的业务;面向同类销售客户、同类业务原材料供应商的业务;中国企业曾经流行的"技工贸"发展路径。 　　2. 在一种业务外经营其他不相关业务的,最近两个会计年度以合并报表计算时符合以下标准: 　　(1)其他业务收入占营业收入总额不超过30%(另一说为20%); 　　(2)其他业务利润占利润总额不超过30%(另一说为20%)。 　　3. 对发行人主营业务的影响情况,提示风险。 　　4. 上述口径同时适用于募集资金运用的安排。		

(续表)

条件	主板(中小板)	创业板
4	不得有如下影响持续盈利能力的情形： （1）经营模式、产品或服务的品种结构已经或者将发生重大变化，并对发行人的持续盈利能力构成重大不利影响； （2）行业地位或发行人所处行业的经营环境已经或者将发生重大变化，并对发行人的持续盈利能力构成重大不利影响； （3）最近一个会计年度的营业收入或净利润对关联方或者存在重大不确定性的客户存在重大依赖； （4）最近一个会计年度的净利润主要来自合并财务报表范围以外的投资收益； （5）在用的商标、专利、专有技术以及特许经营权等重要资产或技术的取得或者使用存在重大不利变化的风险； （6）其他可能对发行人持续盈利能力构成重大不利影响的情形。 **分析说明**：持续盈利能力也是监管层和投资者对上市公司最根本、最实质的一条标准要求，审核中将重点关注发行人的发展前景和核心竞争力，重点关注企业应对国际国内经济形势变化的能力。 　　经营模式是企业生存和发展的命脉，直接关系到发行人的未来发展和市场空间，而创业板市场的推出势必会带动一批新业务模式企业参与申报及登录，而需对此进行的重点关注和审核要求亦是中国证监会在创业板发审会委员中大大提高行业委员比例的目的。 　　同时强调创业板企业的行业方向和行业地位，审核中亦将由创业板发审委中的行业专家根据创业板市场的产业发展方向予以筛选和判断。 　　此外，虽然两者内容并无不同，但是在排序上做了一定的调整。	
5	募集资金	募集资金应当有明确的使用方向，原则上应当用于主营业务。	募集资金应当用于主营业务，并有明确的用途。
5	**分析说明**：创业板要求募集资金"应当用于"主营业务，取消了主板"原则上"三个字，此差异的分析详见"主营业务"一栏。 　　本着增强持续盈利能力的目的和目标，创业板企业在选择募投项目时，应当至少注意以下几个方面：(1) 募集资金投向应符合国家的产业政策；(2) 募集资金投向应与企业的主营业务和长期发展目标一致；(3) 募集资金投向不存在技术、市场、资源约束、环保、效益方面的重大风险；(4) 募集资金投资项目的实施不会产生同业竞争；(5) 募集资金投向与关联方合资的项目或募集资金投入使用后与关联方发生的交易，不存在损害企业和中小股东利益的情况。	
6	关于产业方向的特别要求(《关于进一步做好创业板推荐工作的指引》)	符合国家战略性新兴产业发展方向的企业，特别是新能源、新材料、信息、生物与新医药、节能环保、航空航天、海洋、先进制造、高技术服务等领域的企业，以及其他领域中具有自主创新能力、成长性强的企业。 　　避免推荐如下行业：(1) 纺织、服装；(2) 电力、煤气及水的生产供应等公用事业；(3) 房地产开发与经营、土木工程建筑；(4) 交通运输；(5) 酒类、食品、饮料；(6) 金融；(7) 一般性服务业；(8) 国家产业政策明确抑制的产能过剩和重复建设的行业。

二、财务性指标

表1-2 财务性指标对照表

	条件	主板（中小板）	创业板
1	自主创新能力（《关于进一步做好创业板推荐工作的指引》）	应当重点论述企业在技术和业务模式方面是否具有突出的自主创新能力，是否有利于促进产业结构调整和技术升级。 重点关注企业的创新能力，深入核查企业是否拥有关键的核心技术、突出的研发优势、创新的业务模式以及较强的市场开拓能力，并在成长性专项意见中予以说明。	
2	成长性（《关于进一步做好创业板推荐工作的指引》）	按照勤勉尽责原则，结合企业的行业前景及其地位、业务模式、技术水平和研发能力、产品或服务的质量及市场前景、营销能力等因素，同时考虑企业持续成长的制约条件，综合分析判断企业的成长性，出具结论明确的成长性专项意见。 创业的内涵包括但不限于产品和服务的创新、技术的创新、持续研发的创新能力、生产和服务组织方式的创新、市场拓展策略的创新、收入盈利模式的创新、管理模式和企业文化的创新等多个方面。 重点分析企业自主创新能力对成长性的影响。企业的业务属于产品制造类的，应就其核心技术和持续技术创新能力对成长性的影响发表明确分析意见；企业的业务属于非产品制造类的，应就其业务的特色和业务模式的创新性对成长性的影响明确发表分析意见。	
3	盈利要求	（1）最近三个会计年度，净利润均为正数且累计超过人民币3 000万元，净利润以扣除非经常性损益前后较低者为计算依据。 （2）最近三个会计年度，经营活动产生的现金流量净额累计超过人民币5 000万元；或者最近三个会计年度营业收入累计超过人民币3亿元。	标准一：最近两年连续盈利，最近两年净利润累计不少于人民币1 000万元，且持续增长； 标准二：或者最近一年盈利，且净利润不少于人民币500万元，最近一年营业收入不少于人民币5 000万元，最近两年营业收入增长率均不低于30%。（注：以上两个标准为选择性标准，符合其一即可）
		分析说明：该业绩指标不但相对于主板标准大幅降低了创业企业的融资门槛，也考虑到了不同行业、不同类型、不同发展阶段创业企业的业绩特点。同时，无论是第一套指标要求利润持续增长，还是第二套指标要求收入增长率，都是为反映创业企业的"成长性"设置的硬性门槛。此外，与海外创业板相比，我国创业板发行上市的财务标准仍然十分严格，仍然强调净利润要求，且在数量上均严于海外创业板市场；对企业规模仍有较高要求；对发行人的成长性有定量要求；要求企业上市前不得存在未弥补亏损。监管层对创业板开出的严格准入条件，其目的还是要保证创业板市场能够保持健康稳定的发展。上市门槛相对较高，将有助于提高创业板上市公司的质量，确保上市主体的总体健康性和成长性。从投资者利益保护的角度看，严格的准入条件也是对投资者的有效保护。	

(续表)

	条件	主板(中小板)	创业板
4	资产要求	(1)最近一期末,无形资产(扣除土地使用权、水面养殖权和采矿权等后)占净资产的比例不高于20%。 (2)最近一期末不存在未弥补的亏损。	(1)最近一期末,净资产不少于人民币2000万元。 (2)最近一期末不存在未弥补的亏损。
	分析说明:《中华人民共和国公司法》(以下简称《公司法》)明确规定,公司货币出资资金不低于注册资本的30%,从另外的角度分析即为,无形资产占注册资本的最高比例可达70%;主板上市条件"最近一期无形资产(扣除土地使用权、水面养殖权和采矿权等后)占净资产的比例不得超过20%"的规定亦未体现在《创业板管理暂行办法》对创业板企业的要求中。这是因为创业企业多数属于智力导向型企业,无形资产在资产结构中所占比例较重,如果对创业企业的无形资产的比重设置硬性门槛,则不利于自主创新企业对于研发投入的动力,创业板企业可在《公司法》规定的范围内酌定公司无形资产在净资产中的占比。		
5	股本要求	发行前股本总额不少于人民币3000万元,发行后股本总额不少于人民币5000万元。	发行后股本总额不少于人民币3000万元,股东人数不少于200人。
	分析说明:较之主板,创业板对于发行人股本总额的要求同样是人民币3000万元,但是有发行前后的时点限制,主板要求发行人在发行前股本总额不少于人民币3000万元,这一处差别将对创业板企业的融资额作出限制。		

三、治理性指标

表1-3 治理性指标对照表

	条件	主板(中小板)	创业板
1	董事及管理层	最近三年内,董事、高级管理人员(以下简称"高管")没有发生重大变化。	最近两年内,董事、高级管理人员没有发生重大变化。
	实际控制人	最近三年内,实际控制人没有发生变更。	最近两年内,实际控制人没有发生变更。
	分析说明:与主板企业相比,创业板放宽了对主营业务、董事、高级管理人员和实际控制人变更的时间限制,由主板企业要求的3年降低至创业板企业的2年。而对于董事、高级管理人员"重大变化"的判断标准目前并无明确规定,实际操作中一般认定,如果有1/2的董事、高级管理人员发生变化就应关注是否重大变更问题,但判断时要实质重于形式,即使变更未达到该比例但大股东或是核心技术拥有者发生变更,也应该算重大变更。		

(续表)

	条件	主板（中小板）	创业板
2	独立性	资产完整，业务及人员、财务、机构独立，具有完整的业务体系和直接面向市场独立经营的能力。	
	同业竞争	与控股股东、实际控制人及其控制的其他企业间不存在同业竞争。	
3		分析说明：对于同业竞争的判断：一是通过经营范围从表面判断，查看相关企业的经营范围是否有重叠；二是实质性的判断，即从业务的性质、业务的客户对象、产品或劳务的可替代性、市场差别等方面进行综合判断，同时应充分考虑对发行人及其股东的客观影响。这里要特别区分"同业不竞争"的情况，即发行人与其控股股东、实际控制人及其所控制的企业所从事的业务相同或类似，由于销售区域不同、销售对象不同等多种原因而不发生业务竞争的情况，监管部门对从销售区域及对象角度分析不存在同业竞争的解释，已趋从严把握。	
	关联交易	与控股股东、实际控制人及其控制的其他企业间不得有显失公平的关联交易；关联交易价格公允，不存在通过关联交易操纵利润的情形。	与控股股东、实际控制人及其控制的其他企业间不存在严重影响公司独立性或者显失公允的关联交易。
4		分析说明：总体来看，对于关联方及关联交易应遵守以下原则： （1）从实质性上看，关联交易必须价格公允，即不得通过关联交易操纵利润，更不得利用关联关系损害公司利益； （2）从公开性上看，应完整披露与关联方的关系，并按重要性原则恰当披露关联交易； （3）从程序性上看，关联交易必须由对此交易没有利害关系的股东、董事独立投票通过（关联方回避）； （4）从趋势性上看，建议发行人应当尽量减少不必要的关联交易，并解决严重影响公司独立性的关联交易。 发行人与关联方的购销交易额或委托购销交易额在发行人主营业务收入或外购原材料（或服务）金额中占比过大，均系发行人不具有直接面对市场独立经营能力的直接体现，是审核中重点关注的方面。	
5	公司治理结构	建立健全股东大会、董事会、监事会、独立董事、董事会秘书制度。	建立健全股东大会、董事会、监事会、独立董事、董事会秘书、审计委员会制度。
		分析说明：创业板增加了审计委员会制度，体现了对审计工作的特别重视。	

(续表)

	条件	主板(中小板)	创业板
6	财务制度	会计基础工作规范,财务报表的编制符合企业会计准则和相关会计制度的规定,在所有重大方面公允地反映了发行人的财务状况、经营成果和现金流量,并由注册会计师出具无保留意见的审计报告。	
7	内部控制	内部控制制度健全且被有效执行,能够合理保证公司财务报告的可靠性、生产经营的合法性、营运的效率与效果,并由注册会计师出具无保留结论的内部控制鉴证报告。	
	分析说明:内部控制制度是指一个公司的各级管理部门,为了保护经济资源的安全完整,确保经济信息的正确可靠,协调经济行为,控制经济活动,利用公司内部因分工而产生的相互制约、相互联系的关系,形成一系列具有控制职能的方法、措施和程序,并予以规范化、系统化,使之组成一个严密的、较为完整的体系。从2001年6月起,财政部陆续颁布了包括基本规范、货币资金、采购与付款、销售与收款、担保、对外投资、工程项目等七项规范在内的《内部会计控制规范》(试行)。2010年7月28日,深圳证券交易所发布了《主板上市公司规范运作指引》和《中小企业板上市公司规范运作指引》,要求深圳主板和中小板上市公司按照指引要求披露内控制度的制定和实施情况。发行人按照相关规定建立健全内控制度是企业稳步发展的基石。		
8	资金管理	具有严格的资金管理制度,不存在资金被控股股东、实际控制人及其控制的其他企业以借款、代偿债务、代垫款项或者其他方式占用的情形。	
9	对外担保	公司章程已明确对外担保的审批权限和审议程序,不存在为控股股东、实际控制人及其控制的其他企业进行违规担保的情形。	
	分析说明:根据《关于规范上市公司对外担保行为的通知》、《上市公司章程指引》等规范性文件的要求,公司的对外担保事项应注意以下几个方面: 1. 应由股东大会审批的对外担保,必须经董事会审议通过后,方可提交股东大会审批。 须经股东大会审批的对外担保,包括但不限于下列情形:(1)上市公司及其控股子公司的对外担保总额,超过最近一期经审计净资产50%以后提供的任何担保;(2)为资产负债率超过70%的担保对象提供的担保;(3)单笔担保额超过最近一期经审计净资产10%的担保;(4)对股东、实际控制人及其关联方提供的担保。 2. 应由董事会审批的对外担保,必须经出席董事会的2/3以上董事审议同意并作出决议。 3. 所称"对外担保",是指上市公司为他人提供的担保,包括上市公司对控股子公司的担保。 4. 对外担保必须要求对方提供反担保,且反担保的提供方应当具有实际承担能力。		

四、合法性指标

表1-4 合法性指标对照表

	条件	主板(中小板)	创业板
1	注册资本	主板(含中小企业板)以及创业板发行都要求注册资本已足额缴纳(分期出资均已到位),发起人或者股东用作出资的资产的财产权转移手续已办理完毕;发行人的主要资产不存在重大权属纠纷。	
2	股权	股权清晰,控股股东和受控股股东、实际控制人支配的股东所持发行人的股份不存在重大权属纠纷。	
3	税收	依法纳税,享受的各项税收优惠符合相关法律法规的规定;经营成果对税收优惠不存在严重依赖。	
4	偿债风险	不存在重大偿债风险,不存在影响持续经营的担保、诉讼以及仲裁等重大或有事项。	
5	董事、监事和高级管理人员的义务	董事、监事和高级管理人员了解股票发行上市的相关法律、法规,知悉上市公司及其董事、监事和高级管理人员的法定义务和责任。具备法律、行政法规和规章规定的资格。	董事、监事和高级管理人员了解股票发行上市的相关法律、法规,知悉上市公司及其董事、监事和高级管理人员的法定义务和责任。董事、监事和高级管理人员忠实、勤勉,具备法律、行政法规和规章规定的资格。
	分析说明:忠实、勤勉义务是公司董事、监事、高级管理人员的基本法律义务,也是其信托责任的具体体现。从公司法理论上讲,忠实义务要求相关人员公平对待所有股东、严格遵守竞业禁止、不篡夺公司商业机会、保守公司商业秘密等;勤勉义务要求相关人员积极履行职务,不断提高履行职务的能力。 《深圳证券交易所创业板股票上市规则》第3.1.9条明确规定,上市公司董事应当履行的忠实义务和勤勉义务包括: (1)原则上应当亲自出席董事会,以正常合理的谨慎态度勤勉行事并对所议事项表达明确意见,因故不能亲自出席董事会的,应当审慎地选择受托人。 (2)认真阅读上市公司的各项商务、财务报告和公共媒体有关公司的报道,及时了解并持续关注公司业务经营管理状况和公司已发生或者可能发生的重大事件及其影响,及时向董事会报告公司经营活动中存在的问题,不得以不直接从事经营管理或者不知悉为由推卸责任。 (3)在履行职责时诚实守信,在职权范围内以公司整体利益和全体股东利益为出发点行使权利,避免事实上及潜在的利益和职务冲突。 (4)《公司法》、《证券法》规定的及社会公认的其他忠实和勤勉义务。		
6	发行人的禁止性规定	(1)最近三年内不存在损害投资者合法权益和社会公共利益的重大违法行为。 (2)最近三年内不存在未经法定机关核准,擅自公开或者变相公开发行证券,或者有关违法行为虽然发生在三年前,但目前仍处于持续状态的情形。	

(续表)

	条件	主板(中小板)	创业板
7	控股股东、实际控制人的禁止性规定	无	（1）最近三年内不存在损害投资者合法权益和社会公共利益的重大违法行为。 （2）最近三年内不存在未经法定机关核准，擅自公开或者变相公开发行证券，或者有关违法行为虽然发生在三年前，但目前仍处于持续状态的情形。
	分析说明：和主板相比，创业板的一个非常重要变化是将合法合规要求延伸至控股股东和实际控制人，监管层对创业板发行人公司治理提出了从严要求。 现行法律、法规并未对"重大违法行为"作进一步规定，但在操作实践中一般认为，所谓"重大违法行为"主要包括以下几种： （1）行政处罚（最常见的），即违反工商、税收、土地、环保、海关以及其他法律、行政法规，受到行政处罚，且情节严重。 （2）曾向中国证监会提出发行申请，但报送的发行申请文件有虚假记载、误导性陈述或重大遗漏；或者不符合发行条件以欺骗手段骗取发行核准；或者以不正当手段干扰中国证监会及其发行审核委员会审核工作；或者伪造、变造发行人或其董事、监事、高级管理人员的签字、盖章；本次报送的发行申请文件有虚假记载、误导性陈述或者重大遗漏。 （3）涉嫌犯罪，被司法机关立案侦查，尚未有明确结论意见。 从上述规定看，对于三年以前的违法行为，只要已经纠正便不会被追究。		
8	发行决策	董事会作出决议，报股东大会批准。	
9	保荐人专项意见	无	保荐人应当对发行人的成长性进行尽职调查和审慎判断并出具专项意见。发行人为自主创新企业的，还应当在专项意见中说明发行人的自主创新能力。
10	发行审核委员会	设主板发行审核委员会，委员为25名。	设创业板发行审核委员会，委员为35名。
		主板发审委委员、创业板发审委委员和并购重组委委员不得相互兼任。	
	分析说明：创业板发审委委员数量较主板有所增加。主要考虑创业板上市公司规模较小，数量较多，同时由于拟在创业板上市企业往往具有较新的技术或模式，发审委委员在会计、法律等专业人士基础上，适当吸收熟悉行业技术和管理的专家，以体现创业企业的审核要求。创业板发审委委员设35名，较主板增加10名。		
11	初审征求意见	征求省级人民政府、国家发改委意见。	无
	分析说明：简化了发行程序。		

(续表)

	条件	主板(中小板)	创业板
12	会后事项	发行申请核准后,股票发行结束前,发行人发生重大事项的,应当暂缓或者暂停发行,并及时报告中国证监会,同时履行信息披露义务。影响发行条件的,应当重新履行核准程序。	发行申请核准后至股票发行结束前发生重大事项,发行人应当暂缓或者暂停发行,并及时报告中国证监会,同时履行信息披露义务。出现不符合发行条件事项的,中国证监会撤回核准决定。

第三节 工作规则

一、《关于保荐项目尽职调查情况问核程序的审核指引》的分解整理

表1-5 券商问核程序工作表

序号	核查事项	核查方式	指引要点	相关底稿
1	发行人行业排名和行业数据	核查招股说明书引用行业排名和行业数据是否符合权威性、客观性和公正性要求。	1. 政府部门、行业协会颁布的统计数据可视为具有权威性,可直接引用。 2. 第三方机构的数据必须有两个以上同类数据相互印证才能引用;如果没有,则需对数据来源进行其他调查(如查询近期同行业上市公司公开披露的信息,走访行业协会、竞争对手等)。 3. 要披露清楚各类数据的来源,确实难以找到权威数据的应尽可能淡化披露,避免广告宣传性的语言。	1. 情况说明; 2. 附数据来源文件; 3. 访谈。
2	发行人主要供应商、经销商情况	是否全面核查发行人与主要供应商、经销商的关联关系。	1. 核查范围:建议为前十大或单个金额超过1%的供应商和经销商。 2. 核查方法:① 根据工商查册资料,查询主要供应商、经销商的股东及董事、监事、高级管理人员的历史演变情况;② 与主要供应商、经销商进行函证或访谈。 3. 核查时点:申报前需进行核查,申报后发生重大变化的要补充核查。	1. 供应商、客户名单(前10); 2. 访谈; 3. 网络查询; 4. 走访纪要及确认书; 5. 股东、董事、监事、高级管理人员情况。

（续表）

序号	核查事项	核查方式	指引要点	相关底稿
3	发行人环保情况	是否取得相应的环保批文,实地走访发行人主要经营所在地核查生产过程中的污染情况,了解发行人环保支出及环保设施的运转情况。	1. 实地走访发行人主要经营所在地核查环保情况时,要现场拍照(显示时间)。 2. 通过网络查询是否有发行人环保违规方面的媒体报道(这个很重要)。 3. 建议在环保部门出具的守法证明中添加"发行人已取得相应的环保批准文件,环保设施运转正常"等内容(就是将以前常用的合规证明描述的更加详细些)。 4. 发行人财务部提供报告期内环保支出的明细账和原始凭证。	1. 情况说明; 2. 无违法违规证明; 3. 环保批文; 4. 走访纪要及确认书; 5. 环保支出凭证; 6. 环保设施运作拍照留底。
4	发行人拥有或使用专利情况	是否走访国家知识产权局并取得专利登记簿副本。	1. 走访国家知识产权局、商标局等部门,取得权利登记簿副本。 2. 在知识产权局办事大厅可查询打印专利登记簿,需企业介绍信,专利号需编辑至Excel表格内。	1. 专利清单; 2. 专利登记簿副本复印件; 3. 走访纪要及确认书。
5	发行人拥有或使用商标情况	是否走访国家工商行政管理总局商标局并取得相关证明文件。	注册商标状态查询可在中国商标大楼一楼大厅完成,需单位介绍信或委托书原件、经办人身份证复印件、营业执照复印件(加盖公章),无须律师证,查询结果加盖国家工商行政管理总局商标局档案业务专用章。	1. 商标清单; 2. 证明文件; 3. 走访纪要及确认书。
6	发行人拥有或使用计算机软件著作权情况	是否走访国家版权局并取得相关证明文件。	同上	不适用
7	发行人拥有或使用集成电路布图设计专有权情况	是否走访国家知识产权局并取得相关证明文件。	同上	不适用
8	发行人拥有采矿权和探矿权情况	是否核查发行人取得的省级以上国土资源主管部门核发的采矿许可证、勘查许可证。	1. 需核对采矿许可证、勘查许可证的原件(正副本)。 2. 关注相关许可证的有效期、可能导致证件失效的事项。	不适用

(续表)

序号	核查事项	核查方式	指引要点	相关底稿
9	发行人拥有特许经营权情况	是否走访特许经营权颁发部门并取得其出具的证书或证明文件。	事先通过发行人将需确认的内容提交特许经营权颁发部门,随同发行人一同前往领取相关证明,并与经办人员进行访谈,制作访谈记录。	不适用
10	发行人拥有与生产经营相关资质情况(如生产许可证、安全生产许可证、卫生许可证等)	是否走访相关资质审批部门并取得其出具的相关证书或证明文件。	事先通过发行人将需确认的内容提交相关资质审批部门,随同发行人一同前往领取相关证明,并与经办人员进行访谈,制作访谈记录。	1. 相关资质证明; 2. 访谈。
11	发行人违法违规事项	是否走访工商、税收、土地、环保、海关等有关部门进行核查。	事先通过发行人将需确认的内容提交相关政府部门,随同发行人一同前往相关部门领取守法证明,并与经办人员进行访谈,制作访谈记录。	1. 走访纪要及确认书; 2. 守法证明; 3. 发行人确认书。
12	发行人关联方披露情况	是否通过走访有关工商、公安等机关或对有关人员进行访谈等方式进行全面核查。	1. 要求发行人及相关股东、董事、监事、高级管理人员如实填写《关联方核查表》。 2. 核查"潜在关联方":主要外协厂、商标商号或专利技术的共用主体,不合理交易对方等。 3. 走访工商登记机关,证明在存续期间是否参加年检、是否存在违法违规行为,通过工商部门查询系统,核查是否有控股股东、实际控制人控制的其他企业;对于关联法人,走访工商登记机关,核实其在存续期间是否参加年检、是否存在违法违规行为;通过工商部门查询系统,核查是否有控股股东、实际控制人控制的其他企业。 4. 对于关联方自然人,由户籍所在地派出所出具承诺,无违法违规行为。	1. 工商登记资料; 2. 股东、董事、监事、高级管理人员名册和网络搜索; 3. 访谈及确认书; 4. 户口所在地公安机关证明。

(续表)

序号	核查事项	核查方式	指引要点	相关底稿
13	发行人与本次发行有关的中介机构及其负责人、高级管理人员、经办人员存在股权或权益关系情况	是否由发行人、发行人主要股东、有关中介机构及其负责人、高级管理人员、经办人等出具承诺等方式全面核查。	要求相关人员出具承诺函。	1. 人员清单； 2. 承诺函。
14	发行人控股股东、实际控制人直接或间接持有发行人股权质押或争议情况	是否走访工商登记机关并取得其出具的证明文件。	1. 事先通过发行人将需确认的内容提交工商部门、银行部门，随同发行人一同前往领取相关证明，并与经办人员进行访谈，制作访谈记录。 2. 某些地方存在股权托管中心，可以方便查询到公司股权的法律状态。	1. 情况说明及附件； 2. 工商局证明； 3. 走访纪要及确认书。
15	发行人重要合同情况	是否以向主要合同方函证方式进行核查。	1. 主要合同方以披露的重大合同为准，后续增加的重大合同需补充函证。 2. 报告期内已经执行完毕的合同根据重要性原则选择性函证。 3. 同时可以核查会计师的有关函证资料。	1. 重要合同清单； 2. 函证及回函。
16	发行人对外担保情况	是否通过走访相关银行等方式进行核查。	1. 尽可能利用央行全国联网的企业征信系统查询。 2. 发行人事先联系好，保荐机构和会计师一同前往核查。	1. 对外担保清单； 2. 走访纪要及确认书。
17	发行人曾发行内部职工股情况	是否以与相关当事人当面访谈的方式进行核查。	实际操作中，内部职工股人数较多且较分散时面谈有一定的难度，目前掌握的标准是90%以上面谈即可。	不适用
18	发行人曾存在工会、信托、委托持股情况	是否以与相关当事人当面访谈的方式进行核查。	尽可能逐个访谈和确认，但人数较多且较分散时有一定难度，可参考上述90%的标准。	不适用

（续表）

序号	核查事项	核查方式	指引要点	相关底稿
19	发行人涉及诉讼、仲裁情况	是否走访发行人注册地和主要经营所在地相关法院、仲裁机构。	1. 核查范围：发行人注册地和主要经营地的基层法院、中级法院、当地仲裁委。 2. 核查方法：发行人事先联系好，由保荐机构和律师一同前往核查。 3. 补充核查手段：函证或访谈发行人的常年法律顾问。	1. 走访纪要及确认书； 2. 附件。
20	发行人实际控制人、董事、监事、高级管理人员、核心技术人员涉及诉讼、仲裁情况	是否走访有关人员户口所在地、经常居住地相关法院、仲裁机构。	1. 发行人事先联系好，由保荐机构和律师一同前往核查。 2. 一同走访所有人员所在地的法院和仲裁机构。 3. 辅助核查手段：函证或访谈发行人的常年法律顾问。	1. 人员名单及情况； 2. 董事、监事、高级管理人员守法证明（村委会、公安局、法院、仲裁机构、税务机构）； 3. 走访纪要及确认书。
21	发行人董事、监事、高级管理人员遭受行政处罚、交易所公开谴责、被立案侦查或调查情况	是否以与相关当事人当面访谈、登录监管机构网站或互联网搜索方式进行核查。	1. 与相关当事人当面访谈。 2. 登录监管机构网站或互联网搜索。 3. 需注意留痕。	1. 访谈及确认书； 2. 网络搜索及情况说明。
22	发行人律师、会计师出具的专业意见	是否履行核查和验证程序。	审阅律师、会计师出具的专业意见与招股说明书及发行保荐书的一致性。	核查和验证程序说明。
23	发行人会计政策和会计估计	如发行人报告期内存在会计政策或会计估计变更，是否核查变更内容、理由和对发行人财务状况、经营成果的影响。	1. 询问发行人财务主管和会计师报告期内是否发生会计政策和会计估计变更。 2. 查阅发行人报告期各期审计报告和上市审计报告中有关会计政策和会计估计的部分，并与会计师充分沟通。	1. 情况说明； 2. 附件； 3. 访谈及分析。

（续表）

序号	核查事项	核查方式	指引要点	相关底稿
24	发行人销售收入情况	是否走访重要客户、主要新增客户、销售金额变化较大客户等，并核查发行人对客户销售金额、销售量的真实性。	走访重要客户、主要新增客户、销售金额变化较大的客户，比如发行人前十大客户或占发行人总销售收入1%（含1%）以上的客户。	1. 近三年前10名客户情况（内外销分开）； 2. 访谈纪要； 3. 走访纪要及确认书； 4. 其他方式。
		是否核查主要产品销售价格与市场价格对比情况。	1. 与发行人同行业公司的销售价格进行比较，分析存在差异的原因。 2. 若无法取得同行业公司的销售价格，分析发行人报告期内的销售价格变动趋势，调查出现重大波动的原因。	1. 网络搜索及情况说明； 2. 可比上市公司相关情况。
25	发行人销售成本情况	是否走访重要供应商、新增供应商和采购金额变化较大供应商等，并核查公司当期采购金额和采购量的完整性和真实性。	走访重要供应商、新增供应商、采购金额变化较大的供应商，比如发行人前十大供应商或占发行人总采购金额1%（含1%）以上的供应商。	1. 近三年前10名供应商名单（内外销分开）； 2. 访谈纪要； 3. 走访纪要及确认书； 4. 其他方式。
		是否核查重要原材料采购价格与市场价格对比情况。	1. 与重要原材料供应市场上的价格进行比较，分析差异原因。 2. 与主要供应商销售给其他客户的销售价格进行比较，分析差异原因。 3. 分析发行人报告期内重要原材料采购价格的变动趋势，关注波动原因。	1. 网络搜索及情况说明； 2. 可比上市公司相关情况。
26	发行人期间费用情况	是否查阅发行人各项期间费用明细表，并核查期间费用的完整性、合理性，以及存在异常的费用项目。	1. 获取发行人各项期间费用明细表，检查是否存在重大异常交易事项。 2. 关注报告期内期间费用波动的趋势，调查异常波动的原因。 3. 分析财务费用中的利息支出与融资规模是否匹配、汇兑损益与外币业务规模是否匹配。	1. 期间费用明细表； 2. 访谈； 3. 异常情况说明。

（续表）

序号	核查事项	核查方式	指引要点	相关底稿
27	发行人货币资金情况	是否核查大额银行存款账户的真实性，是否查阅发行人银行账户资料、向银行函证等。	1. 检查发行人开户银行的开户证明等相关资料、报告期各期末的银行对账单。 2. 向开户银行发放银行询证函，可考虑与会计师一起发放。	1. 大额银行存款明细表； 2. 函证底稿； 3. 大额进账单及核查。
		是否抽查货币资金明细账，是否核查大额货币资金流出和流入的业务背景。	1. 关注是否存在被冻结、质押的货币资金。 2. 抽查大额货币资金收支的原始凭证，检查是否存在非营业目的的大额货币资金转移，如有则需查明原因并作相应记录。	1. 明细账； 2. 对应的销售及采购合同； 3. 业务背景的访谈。
28	发行人应收账款情况	是否核查大额应收款项的真实性，并查阅主要债务人名单，了解债务人状况、存款情况和还款计划。	1. 抽查大额应收账款，追查至销售合同、出库单、销售发票及期后收款情况。 2. 发放询证函。 3. 对于长期挂账的应收账款，了解挂账原因，通过上网查询、电话沟通等方式了解债务人状况和还款计划。 4. 关注对长期挂账的应收账款计提减值准备的情况及理由。	1. 应收款项前10名明细； 2. 前10名业务情况及回款情况，核查真实性； 3. 访谈发行人； 4. 主要应收项函证。
		是否核查应收款项的收回情况，回款资金汇款方与客户的一致性。	抽查大额应收账款的期后收款，追查至银行进账单。	1. 应收款项收回情况说明； 2. 核查一致性（收款凭证）。
29	发行人存货情况	是否核查存货的真实性，并查阅发行人存货明细表，实地抽盘大额存货。	1. 与会计师一起进行实地监盘，即现场观察发行人存货的盘点，并对已盘点存货进行适当抽查。 2. 对发行人存放于第三方的大额存货应考虑发放询证函，必要时前往监盘。 3. 由发行人财务部或存货管理部门提供存货明细表，关注发行人存货盘点报告中账实不符尤其是账面数大于实物数的原因。	1. 存货明细； 2. 抽盘情况； 3. 函证（必要时）。

（续表）

序号	核查事项	核查方式	指引要点	相关底稿
30	发行人固定资产情况	是否观察主要固定资产运行情况,并核查当期新增固定资产的真实性。	1. 由发行人财务部提供报告期内购置大额机器设备和其他固定资产的合同或发票。 2. 现场查看发行人生产经营场所,关注是否存在长期闲置资产。 3. 获取固定资产台账,对于当期新增的大额固定资产进行实地查看,并检查相关凭据:① 从在建工程转入的,检查工程验收报告或预转资报告;② 外购的,检查购买合同、发票、验收报告、是否已获得权属证书;③ 其他方式取得的,检查相关支持性文件。	1. 主要固定资产清单; 2. 抽查底稿; 3. 固定资产台账(发票)。
31	发行人银行借款情况	是否走访发行人主要借款银行,核查借款情况。	1. 发放银行询证函。 2. 由发行人与银行业务经办人联系后进行走访,询问有关借款情况。	1. 借款银行清单; 2. 走访银行纪要及确认书; 3. 函证; 4. 评级情况; 5. 资料。
		是否查阅银行借款资料,是否核查发行人在主要借款银行的资信评级情况,存在逾期借款及原因。	1. 取得借款明细,查看重大借款合同,关注发行人是否存在逾期未偿还的借款,了解未偿还的原因。 2. 查看与银行签订的框架协议,核实发行人从银行所获取的信用额度。 3. 核查公司由银行颁发的资信证明文件。	
32	发行人应付票据情况	是否核查与应付票据相关的合同及合同执行情况。	获取应付票据台账,选取重大金额追查至采购合同、原始发票、入库单及后续付款情况等,核实应付票据是否具备真实交易背景。	1. 清单; 2. 合同。
33	发行人税收缴纳情况	是否走访发行人主管税务机关,核查发行人纳税合法性。	事先通过发行人将需确认的内容提交税务部门,随同发行人一同前往领取相关证明,并与经办人员进行访谈,制作访谈记录。	1. 走访纪要及确认书; 2. 守法证明; 3. 核查过程及底稿。

（续表）

序号	核查事项	核查方式	指引要点	相关底稿
34	关联交易定价公允性情况	是否走访主要关联方，核查重大关联交易金额真实性和定价公允性。	1. 走访主要关联方。 2. 向关联方函证重大交易的条件和金额。 3. 将关联交易的价格同市场价格进行比对。 4. 将发行人记录的交易信息与关联方对外披露的相关信息进行比对。 5. 必要时聘请会计师事务所关联交易定价咨询部门对关联交易的公允性进行鉴定。	1. 主要关联方清单； 2. 走访纪要及确认书； 3. 重大交易合同及付款凭证； 4. 定价说明； 5. 真实性确认。
35	发行人从事境外经营或拥有境外资产情况	（未列明具体要求）	1. 对发行人进行访谈，并根据发行人的组织架构、对外投资、主要客户、主要资产等方面判断发行人是否存在境外经营或拥有境外资产。 2. 如有，应要求境外中介机构发表意见（主体资格、经营合法性、资产权属合法性等）。 3. 如有必要，可走访重要的境外供应商和客户，实地考查境外主要资产。	1. 访谈； 2. 报表； 3. 承诺函。
36	发行人控股股东、实际控制人为境外企业或居民	（未列明具体要求）	1. 对控股股东和实际控制人进行访谈，并根据该等企业的工商注册资料、个人身份信息等资料判断发行人的控股股东及实际控制人是否为境外企业或居民。 2. 若是，应要求境外中介机构发表意见（投资的主体资格、不存在重大违法违规事项等）。 3. 如有必要，可到境外进行实地调查。	1. 承诺函； 2. 访谈。
37	发行人是否存在关联交易非关联化的情况	（未列明具体要求）	1. 报告期内存在关联方非关联化的，要核查非关联化的真实性、合法性和合理性，受让主体的身份，对发行人独立性、完整性的影响，非关联化后持续交易情况，是否存在重大违法行为等。 2. 关注是否存在最终用户是关联方而中间经销商不是关联方的情况。	1. 核查非关联化过程、关注出售企业情况； 2. 访谈； 3. 双方承诺函。

二、《律师事务所证券法律业务执业规则(试行)》的分解整理

(一) 总体原则

表1-6 总体原则表

序号	原则	解释
1	按照《律师事务所从事证券法律业务管理办法》和《律师事务所证券法律业务执业规则(试行)》	律师事务所及其指派的律师,应当按照《律师事务所从事证券法律业务管理办法》和《律师事务所证券法律业务执业规则(试行)》的规定,进行尽职调查和审慎查验,对受托事项的合法性出具法律意见,并留存工作底稿。
2	独立、亲自	律师事务所及其指派的律师从事证券法律业务,应当运用自己的专业知识和能力,依据自己的查验行为,独立作出查验结论,出具法律意见。对于收集证据材料等事项,应当亲自办理,不得交由委托人代为办理;使用委托人提供材料的,应当对其内容、性质和效力等进行必要的查验、分析和判断。
3	有理、有据	律师事务所及其指派的律师对有关事实、法律问题作出认定和判断,应当有适当的证据和理由。
4	履行特别注意义务	律师从事证券法律业务,应当就业务事项是否与法律相关、是否应当履行法律专业人士特别注意义务作出分析、判断。需要履行法律专业人士特别注意义务的,应当拟订履行特别注意义务的具体方式、手段、措施,并予以落实。
5	内部业务质量和执业风险控制	律师事务所从事证券法律业务,应当建立、健全内部业务质量和执业风险控制机制,确保出具的法律意见书内容真实、准确、完整,逻辑严密、论证充分。

(二) 工作流程

表1-7 工作流程表

序号	流程		工作要求
1	委托手续		发行人与律师事务所签订服务合同。
2	查验	查验计划	应当列明需要查验的具体事项、查验工作程序、查验方法等。
		尽职调查和审慎查验	参见下文"(三)查验规则"的内容。
		评估和总结	对查验计划的落实情况进行评估和总结;查验计划未完全落实的,应当说明原因或者采取其他查验措施。

(续表)

序号	流程		工作要求
3	制作和出具法律意见书	起草	参见下文"（六）法律意见书"的内容。
		讨论复核	律师事务所对法律意见书进行讨论复核时，应当制作相关记录存入工作底稿，参与讨论复核的律师应当签名确认。
		补充法律意见书	法律意见书随相关申请文件报送中国证监会及其派出机构后，律师事务所不得对法律意见书进行修改，但应当关注申请文件的修改和中国证监会及其派出机构的反馈意见。申请文件的修改和反馈意见对法律意见书有影响的，律师事务所应当按规定出具补充法律意见书。
4	整理工作底稿		参见下文"（七）工作底稿"的内容。

（三）查验规则

1. 原则

律师事务所及其指派的律师对受托事项进行查验时，应当独立、客观、公正，遵循审慎性及重要性原则。

2. 查验方法的补充

律师应当合理、充分地运用查验方法，除按《律师事务所证券法律业务执业规则（试行）》和有关细则规定必须采取的查验方法外，还应当根据实际情况予以补充。在有关查验方法不能实现验证目的时，应当对相关情况进行评判，以确定是否采取替代的查验方法。

3. 进一步查证

从不同来源获取的证据材料或者通过不同查验方式获取的证据材料，对同一事项所证明的结论不一致的，律师应当追加必要的程序，作进一步查证。

（四）具体查验方法

表1-8 具体查验方法表

序号	查验方法	收集证据材料结果	处理方式
1	待查验事项只需书面凭证便可证明的	有原件	获得凭证原件加以对照查验。
		无法获得凭证原件加以对照查验的	采用查询、复核等方式予以确认。
		待查验事项没有书面凭证或者仅有书面凭证不足以证明的	采用实地调查、面谈等方式进行查验。

（续表）

序号	查验方法	收集证据材料结果	处理方式
2	向有关国家机关、具有管理公共事务职能的组织、会计师事务所、资信评级机构、公证机构等查证、确认有关事实的	一般情况下	1. 将查证、确认工作情况做成书面记录； 2. 经办律师签名。
3	面谈	一般情况下	1. 制作面谈笔录； 2. 谈话对象和律师在笔录上签名。
3	面谈	谈话对象拒绝签名的	1. 制作面谈笔录； 2. 应当在笔录中注明。
4	书面审查	一般情况下	1. 分析相关书面信息的可靠性； 2. 对文件记载的事实内容进行审查； 3. 对其法律性质、后果进行分析判断。
5	实地调查	一般情况下	1. 将实地调查情况作成笔录； 2. 由调查律师、被调查事项相关的自然人或者单位负责人签名。
5	实地调查	该自然人或者单位负责人拒绝签名的	1. 将实地调查情况作成笔录； 2. 由调查律师在笔录中注明。
6	查询	一般情况下	1. 核查公告、网页或者其他载体相关信息； 2. 就查询的信息内容、时间、地点、载体等有关事项制作查询笔录。
7	函证	一般情况下	1. 以挂号信函或者特快专递的形式寄出； 2. 邮件回执、查询信函底稿和对方回函应当由经办律师签名。
7	函证	函证对方未签署回执、未予签收或者在函证规定的最后期限届满时未回复的	1. 以挂号信函或者特快专递的形式寄出； 2. 由经办律师对相关情况作出书面说明。
8	其他方式		除本规则规定的查验方法外，律师可以按照《律师事务所从事证券法律业务管理办法》的规定，根据需要采用其他合理手段，以获取适当的证据材料，对被查验事项作出认定和判断。

（五）具体查验规则

表1-9　具体查验规则表

序号	查验对象	查验规则
1	法人或者其分支机构有关主体资格以及业务经营资格	1. 应当就相关主管机关颁发的批准文件、营业执照、业务经营许可证及其他证照的原件进行查验。 2. 对上述原件的真实性、合法性存在疑问的，应当依法向该法人的设立登记机关、其他有关许可证颁发机关及相关登记机关进行查证、确认。
2	自然人有关资格或者一定期限内职业经历	应当向其在相关期间工作过的单位人事等部门进行查询、函证。
3	不动产、知识产权等依法需要登记的财产	应当取得登记机关制作的财产权利证书原件，必要时应当采取适当方式，就该财产权利证书的真实性以及是否存在权利纠纷等，向该财产的登记机关进行查证、确认。
4	生产经营设备、大宗产品或者重要原材料	1. 应当查验其购买合同和发票原件。 2. 购买合同和发票原件已经遗失的，应当由财产权利人或者其代表签字确认，并在工作底稿中注明；相关供应商尚存在的，应当向供应商进行查询和函证。必要时，应当进行现场查验，制作现场查验笔录，并由财产权利人或者其代表签字；财产权利人或者其代表拒绝签字的，应当在查验笔录中注明。
5	依法需要评估才能确定财产价值的财产	应当取得有证券、期货相关业务评估资格的资产评估机构（以下简称有资格的评估机构）出具的有效评估文书；未进行有效评估的，应当要求委托人委托有资格的评估机构出具有效评估文书予以确认。
6	银行存款	应当查验银行出具的存款证明原件；不能提供委托查验期银行存款证明的，应当会同委托人（存款人）向委托人的开户银行进行书面查询、函证。
7	财产	难以确定其是否存在被设定担保等权利负担的，应当以适当方式向有关财产抵押、质押登记部门进行查证、确认。
8	委托人是否存在对外重大担保事项	1. 应当与委托人的财务负责人等相关人员及委托人聘请的会计师事务所的会计师面谈，并根据需要向该委托人的开户银行、公司登记机关、证券登记机构和委托人不动产、知识产权的登记部门等进行查证、确认。 2. 向银行进行查证、确认，采取查询、函证等方式；向财产登记部门进行查证、确认，采取查询、函证或者查阅登记机关公告、网站等方式。

（续表）

序号	查验对象	查验规则
9	有关自然人或者法人是否存在重大违法行为、是否受到有关部门调查、是否受到行政处罚或者刑事处罚、是否存在重大诉讼或者仲裁等事实	1．应当与有关自然人、法人的主要负责人及有关法人的合规管理等部门负责人进行面谈，并根据情况选取可能涉及的有关行政机关、司法机关、仲裁机构等公共机构进行查证、确认。 2．向有关公共机构查证、确认，可以采取查询、函证或者查阅其公告、网站等方式。

（六）法律意见书

1．基本义务

律师应当依据法律、行政法规和中国证监会的规定，在查验相关材料和事实的基础上，以书面形式对受托事项的合法性发表明确、审慎的结论性意见。

2．应当载明的主要内容

表1-10　法律意见书基本内容表

序号	结构	应当载明的内容
1	标题	《××律师事务所关于××的法律意见》。
2	收件人	收件人的全称。
3	法律依据	出具此项法律意见书所依据的法律、行政法规、规章和相关规定。
4	声明事项	"本所及经办律师依据《证券法》《律师事务所从事证券法律业务管理办法》和《律师事务所证券法律业务执业规则（试行）》等规定及本法律意见书出具日以前已经发生或者存在的事实，严格履行了法定职责，遵循了勤勉尽责和诚实信用原则，进行了充分的核查验证，保证本法律意见所认定的事实真实、准确、完整，所发表的结论性意见合法、准确，不存在虚假记载、误导性陈述或者重大遗漏，并承担相应法律责任。"
5	法律意见书正文	相关事实材料、查验原则、查验方式、查验内容、查验过程、查验结果、国家有关规定、结论性意见以及所涉及的必要文件资料等。
6	承办律师、律师事务所负责人签名及律师事务所盖章	
7	律师事务所地址	
8	法律意见书签署日期	

3. 对法律意见书正文的要求

(1) 结论性意见:法律意见书发表的所有结论性意见,都应当对所查验事项是否合法合规、是否真实有效给予明确说明,并应当对结论性意见进行充分论证、分析。法律意见不得使用"基本符合"、"未发现"等含糊措辞。

(2) 风险揭示:有下列情形之一的,律师应当在法律意见书中予以说明,并充分揭示其对相关事项的影响程度及其风险:

① 委托人的全部或者部分事项不符合中国证监会的规定;

② 事实不清楚,材料不充分,不能全面反映委托人情况;

③ 核查和验证范围受到客观条件的限制,无法取得应有证据;

④ 律师已要求委托人纠正、补充而委托人未予纠正、补充;

⑤ 律师已依法履行勤勉尽责义务,仍不能对全部或者部分事项作出准确判断;

⑥ 律师认为应当予以说明的其他情形。

4. 法律意见书的复核及补充法律意见书

(1) 法律意见书的复核:律师事务所对法律意见书进行讨论复核时,应当制作相关记录存入工作底稿,参与讨论复核的律师应当签名确认。

(2) 补充法律意见书:法律意见书随相关申请文件报送中国证监会及其派出机构后,律师事务所不得对法律意见书进行修改,但应当关注申请文件的修改和中国证监会及其派出机构的反馈意见。申请文件的修改和反馈意见对法律意见书有影响的,律师事务所应当按规定出具补充法律意见书。

(七) 工作底稿

1. 基本义务

律师事务所应当完整保存在出具法律意见书过程中形成的工作记录,以及在工作中获取的所有文件、资料,及时制作工作底稿。工作底稿由出具法律意见的律师事务所保存,保存期限不得少于7年;中国证监会对保存期限另有规定的,从其规定。

2. 重要性

工作底稿是判断律师是否勤勉尽责的重要证据。中国证监会及其派出机构可根据监管工作的需要调阅、检查工作底稿。

3. 具体要求

(1) 资料应当注明来源,按照《律师事务所证券法律业务执业规则(试行)》的规定签名、盖章,或者对未签名、盖章的情形予以注明。

(2) 工作底稿内容应当真实、完整,记录清晰,标明目录索引和页码,由律师事务所指派的律师签名,并加盖律师事务所公章。

4. 工作底稿可能涉及的材料

表 1-11 工作底稿部分文件清单

序号	工作流程	可能需要的资料
1	委托手续	1. 律师接受委托事项的基本情况,包括委托人名称、事项的名称。 2. 与委托人签订的委托协议。
2	查验	1. 查验计划及其操作程序的记录; 2. 与查验相关的文件,如设立批准证书、营业执照、合同、章程等文件、变更文件或者上述文件的复印件; 3. 与查验相关的重大合同、协议及其他重要文件和会议记录的摘要或者副本; 4. 与政府有关部门、司法机关、中介机构、委托人等单位及相关人员相互沟通情况的记录,对委托人提供资料进行调查的访问记录、往来函件、现场查验记录、查阅文件清单等相关的资料及详细说明; 5. 委托人及相关人员的书面保证或者声明书的复印件。
3	法律意见书	1. 法律意见书草稿; 2. 内部讨论、复核的记录。
4	其他	其他与出具法律意见书相关的重要资料。

第二章 信息披露

一、《证券法》对申请上市的信息披露的基本要求

根据《证券法》第63条的规定,发行人依法披露的信息,必须真实、准确、完整,不得有虚假记载、误导性陈述或者重大遗漏。其中"真实、准确、完整"和"虚假记载、误导性陈述或者重大遗漏"一一对应,是对同一标准的两个角度的论述,此为信息披露的基本原则要求。根据上市规则,信息披露还有两个补充原则:及时和公平。

所谓真实,就是要求公开的信息内容必须符合公司的实际经营状况,不得有任何虚假成分。强调真实性原则是努力将公司所公开的信息客观化,排除对投资者投资判断活动的人为干扰,用投资判断的真实性来促进实现投资判断活动的公平性。

所谓准确,就是要求公司在公开信息时必须确切地表达其含义,其内容不得使人产生误解。贯彻准确性原则就是不得有误导性陈述,公司有责任保证自己发布的非正式信息与正式信息的一致性,对于不是公司发布的但与其有关的信息,如果足以影响投资的投资判断,公司应负有说明的义务。

所谓完整,就是要求必须将能影响证券市场价格的重大信息都予以公开,不得有重大遗漏。贯彻完整性原则应当避免重大遗漏,这是投资者正确、公平地进行投资判断的前提条件,在防止内幕交易方面具有重要的作用。

需要注意的是,上述原则是同时适用的。比如对于一个压根儿不懂外语的人,自称其"日语和西班牙语处于同样水平",虽然真实,但属误导性陈述。

关于信息披露的最新原则精神,请参见本书第一章第一节"核心标准"。

二、违规披露信息的归责原则

根据《证券法》第69条的规定,在发行人的招股说明书以及其他信息披露资料违反本法第63条规定,致使投资者在证券交易中遭受损失的,各方主体分别承担不同的民事责任归责原则。按照由重到轻的顺序承担责任,详见表2-1:

表 2-1　归责原则分析对照表

归责原则	无过错责任	过错推定责任	过错责任
说明	不管主观是否有过错，都应承担责任。 适用范围非常严格、狭窄的归责方式。	推定有过错，除非加害人能证明自己没有过错，即允许自证清白，但是举证责任在被指控的一方。言外之意即损害事实已经表明了加害人违反了法律对其特殊的注意要求，或是对一般人的注意要求，因而无须再加以证明。 无过错责任和过错推定责任大致相当于英美法上的严格责任。	有过错才承担责任，没有过错就不承担责任，并且举证责任在提出指控的一方。
责任主体	发行人。	发行人的董事、监事、高级管理人员和其他直接责任人员以及保荐人、承销的证券公司。	发行人的控股股东、实际控制人。
责任表述	发行人、上市公司应当承担赔偿责任。	应当与发行人、上市公司承担连带赔偿责任，但是能够证明自己没有过错的除外。	有过错的，应当与发行人、上市公司承担连带赔偿责任。

三、欺诈发行的法律责任

欺诈发行，是指在证券的发行及相关活动中发生的违反证券法律法规、破坏证券市场秩序、侵犯投资者合法权益的行为。主要是违反信息披露义务和作出虚假陈述。

表 2-2　欺诈发行法律责任对照表

	发行人的 法律责任	保荐机构的 法律责任	律师、会计师、 评估师的法律责任
刑事责任	《中华人民共和国刑法》（以下简称《刑法》）第160条规定了欺诈发行股票、债券罪："在招股说明书、认股书、公司、企业债券募集办法中隐瞒重要事实或者编造重大虚假内容，发行股票或者公司、企业债券，数额巨大、后果严重或者有其他严重情节的，处五年以下有期徒刑或者拘役，并处或者单处非法募集资金金额百分之一以上百分之五以下罚	保荐人如果参与了发行人在发行时的虚假陈述行为，很可能以共犯被追究刑事责任（欺诈发行股票罪）。	《刑法》第229条规定了中介组织人员提供虚假证明文件罪："承担资产评估、验资、验证、会计、审计、法律服务等职责的中介组织的人员故意提供虚假证明文件，情节严重的，处五年以下有期徒刑或者拘役，并处罚金。前款规定的人员，索取他人财物或者非法收受他人财物，犯前款罪

（续表）

	发行人的 法律责任	保荐机构的 法律责任	律师、会计师、 评估师的法律责任
刑事责任	金。单位犯前款罪的，对单位判处罚金，并对其直接负责的主管人员和其他直接责任人员，处五年以下有期徒刑或者拘役。"		的，处五年以上十年以下有期徒刑，并处罚金。第一款规定的人员，严重不负责任，出具的证明文件有重大失实，造成严重后果的，处三年以下有期徒刑或者拘役，并处或者单处罚金。"
行政责任	根据《证券法》第193条的规定，发行人未按照规定披露信息，或者所披露的信息有虚假记载、误导性陈述或者重大遗漏的，责令改正，给予警告，并处以30万元以上60万元以下的罚款。对直接负责的主管人员和其他直接责任人员给予警告，并处以3万元以上30万元以下的罚款。 发行人未按照规定报送有关报告，或者报送的报告有虚假记载、误导性陈述或者重大遗漏的，责令改正，给予警告，并处以30万元以上60万元以下的罚款。对直接负责的主管人员和其他直接责任人员给予警告，并处以3万元以上30万元以下的罚款。 此外，发行人的控股股东、实际控制人指使从事前两款违法行为的，依照前两款的规定处罚。 根据《创业板管理暂行办法》第53条的规定，发行人向中国证监会报送的发行申请文件有虚假记载、误导性陈述或者重大	根据《证券法》第192条的规定，保荐人出具有虚假记载、误导性陈述或者重大遗漏的保荐书，或者不履行其他法定职责的，责令改正，给予警告，没收业务收入，并处以业务收入1倍以上5倍以下的罚款；情节严重的，暂停或者撤销相关业务许可。对直接负责的主管人员和其他直接责任人员给予警告，并处以3万元以上30万元以下的罚款；情节严重的，撤销任职资格或者证券从业资格。 根据《创业板管理暂行办法》第54条的规定，保荐人出具有虚假记载、误导性陈述或者重大遗漏的发行保荐书的，依照《证券法》和保荐制度的有关规定处理。 根据《证券发行上市保荐业务管理办法》第67条的规定，保荐机构出现向中国证监会、证券交易所提交的与保荐工作相关的文件存在虚假记载、误导性陈述或者重大遗漏情形的，中国证监会自确认之日起暂停其保荐机构资格3个月；情节严重的，暂停其保荐机构资格6个月，并可以责令保荐机构更换保荐业务负责人、内核负责人；情节特别严重的，撤销其保荐机构资格。 《证券发行上市保荐业务管	根据《证券法》第223条的规定，证券服务机构未勤勉尽责，所制作、出具的文件有虚假记载、误导性陈述或者重大遗漏的，责令改正，没收业务收入，暂停或者撤销证券服务业务许可，并处以业务收入1倍以上5倍以下的罚款。对直接负责的主管人员和其他直接责任人员给予警告，撤销证券从业资格，并处以3万元以上10万元以下的罚款。 根据《创业板管理暂行办法》第55条的规定，证券服务机构未勤勉尽责，所制作、出具的文件有虚假记载、误导性陈述或者重大遗漏的，中国证监会将采取12个月内不接受相关机构出具的证券发行专项文件，36个月内不接受相关签名人员出具的证券发行专项文件的监管措施，并依照《证券法》及其他相关

(续表)

	发行人的 法律责任	保荐机构的 法律责任	律师、会计师、 评估师的法律责任
行政责任	遗漏的,中国证监会将采取终止审核并在36个月内不受理发行人的股票发行申请的监管措施,并依照《证券法》的有关规定进行处罚。	理办法》第71条规定:发行人出现下列情形之一的,中国证监会自确认之日起暂停保荐机构的保荐机构资格3个月,撤销相关人员的保荐代表人资格:(1)证券发行募集文件等申请文件存在虚假记载、误导性陈述或者重大遗漏;(2)公开发行证券上市当年即亏损;(3)持续督导期间信息披露文件存在虚假记载、误导性陈述或者重大遗漏。	法律、行政法规和规章的规定进行处罚。
民事责任	根据《证券法》第69条的规定,发行人公告的招股说明书、公司债券募集办法、财务会计报告、上市报告文件、年度报告、中期报告、临时报告以及其他信息披露资料,有虚假记载、误导性陈述或者重大遗漏,致使投资者在证券交易中遭受损失的,发行人应当承担赔偿责任;发行人的董事、监事、高级管理人员和其他直接责任人员以及保荐人、承销的证券公司,应当与发行人、上市公司承担连带赔偿责任,但是能够证明自己没有过错的除外;发行人的控股股东、实际控制人有过错的,应当与发行人、上市公司承担连带赔偿责任。	根据《证券法》第69条的规定,发行人公告的招股说明书、公司债券募集办法、财务会计报告、上市报告文件、年度报告、中期报告、临时报告以及其他信息披露资料,有虚假记载、误导性陈述或者重大遗漏,致使投资者在证券交易中遭受损失的,发行人应当承担赔偿责任;发行人的保荐人,应当与发行人承担连带赔偿责任,但是能够证明自己没有过错的除外。	根据《证券法》第173条的规定,证券服务机构为证券的发行活动制作、出具审计报告、资产评估报告、财务顾问报告、资信评级报告或者法律意见书等文件,应当勤勉尽责,对所依据的文件资料内容的真实性、准确性、完整性进行核查和验证。其制作、出具的文件有虚假记载、误导性陈述或者重大遗漏,给他人造成损失的,应当与发行人、上市公司承担连带赔偿责任,但是能够证明自己没有过错的除外。

四、欺诈发行股票、债券罪的犯罪构成

虽然是小概率事件,但已出现多起因在股票发行过程中,隐瞒重要事实、编造重大虚假内容,而被以"欺诈发行股票、债券罪"追究法律责任的真实案例。已上市公司中比较典型的是"红光实业"案,未上市公司中比较典型的是"四川绿源"

案。表2-3为该罪名的犯罪构成,仅供业内读者参考。

表2-3 欺诈发行股票、债券犯罪构成分析表

犯罪主体	股票(或者公司、企业债券)的发行人,既包括自然人,也包括单位。
主观方面	具有主观故意,且行为人具有非法募集资金的目的。
犯罪客体	复杂客体,包括国家对股票(或公司、企业债券)的管理制度,股东或者其他债权人的合法权益。
客观方面	表现为:(1)在招股说明书、认股书、公司、企业债券募集办法中隐瞒重要事实或者编造重大虚假内容;(2)行为人实施了发行股票或者公司、企业债券的行为;(3)本次发行数额巨大,或者后果严重,或者有其他严重情节。 根据最高人民检察院、公安部《关于公安机关管辖的刑事案件立案追诉标准的规定(二)》的规定,构成欺诈发行股票、债券罪的追诉标准是,在招股说明书、认股书、公司、企业债券募集办法中隐瞒重要事实或者编造重大虚假内容,发行股票或者公司、企业债券,涉嫌下列情形之一的,应予立案追诉:(1)发行数额在500万元以上的;(2)伪造、变造国家机关公文、有效证明文件或者相关凭证、单据的;(3)利用募集的资金进行违法活动的;(4)转移或者隐瞒所募集资金的;(5)其他后果严重或者有其他严重情节的情形。

五、实事求是和避免极端

《证券法》第20条第2款明确规定:"为证券发行出具有关文件的证券服务机构和人员,必须严格履行法定职责,保证其所出具文件的真实性、准确性和完整性。"因此中介机构的法律责任十分明确,必须高度谨慎、勤勉尽责。

在上述观点的基础上,要求中介机构应以实事求是的态度避免矫枉过正。在报送材料过程中,证券监管部门对中介机构的指导意见甚至批评无疑是正确的,比如有的律师的工作报告只核查了报告期未履行完毕的关联交易,没有对披露的全部交易进行核查,明显应该纠正。

但是,中介机构也不宜矫枉过正,"在正确的路上走得太远"。中介机构在发表意见时无选择地全部作出绝对的结论,特别是应该允许以适当谨慎的用语说明已发表的结论的前提,因为律师和其他中介机构的工作不管如何细致,都会在时间、空间、地点、对象、方式方法上一定程度地受到限制,其结论不能保证绝对准确,并且问题的关键不在于是不是斩钉截铁地作出绝对的结论,而是真正勤勉尽责地完成核查工作。这就好像注册会计师的归责原则不在于审计结论本身是否绝对准确,而在于是否严格遵循审计准则的要求。

谁都可以否认审计风险的存在,但它确实存在;要求中介机构在绝对意义上表态,本身就是不科学的,在一定程度上也会误导社会公众投资者:当他们看到如此肯定的结论时,就有可能忽视本来存在的不确定性风险。因为中介机构承担的是推定过错责任,允许自证无罪,所以前述绝对化的要求可能不能保护任何人,至少无助于法律文件的严肃和严谨。

有些常见陈述用语明显令人费解,比如针对特定问题,券商和律师被要求发表"不存在潜在纠纷"的结论。也许这个结论的真实含义是:

(1) 根据目前已经掌握的信息,不存在已知和已经产生的纠纷。

(2) 根据目前的核查,没有即将或者有明显迹象表明要爆发的纠纷。

(3) 根据目前掌握的资料,各方的意思表示真实、明确、合法。

(4) 根据已经掌握的证据材料,即使未来发生纠纷,也不会发生导致目前确定的法律状态和权利义务发生变动,特别是不会发生不利于发行人的变动。

但是这么复杂的含义,简单地使用"不存在潜在纠纷"的绝对化论述是不严谨的:

(1) 对于法律文件的解释,以文义解释为首选和基础方法。

(2) 根据词典的解释,"潜在"的含义是"存在于事物内部不容易发现或发觉的",因此"不存在潜在的纠纷"可以理解为"不存在'存在于事物内部不容易发现或发觉的'纠纷",或者更直接的理解为"不存在未来会发生的纠纷"。

(3) 发生纠纷是一方主张权利的行为,本身没有法律正当性的前提,也无须他方批准。

(4) "潜在"意指一种客观存在的可能性,其本身不能被绝对地否定或肯定,否则就不是可能性,而是必然性了。

(5) 没有人能预测未来,因此潜在纠纷是否产生,任何人都不能发表绝对意见。

(6) 发生纠纷后即使主张权利一方被人民法院驳回请求,但发生纠纷本身已经是事实。

综上所述,"不存在潜在纠纷"本身就是不够科学严谨的结论。从更广泛的意义上说,中介机构当然必须足够勤勉尽责,高度诚信,实事求是地发表审慎结论,特别是使用更严谨的语言和实事求是地说明必要的前提,本身也是"科学工作"、"提高申报文件质量"的应有之义。

第三章 主体资格

第一节 出 资

一、一般规定

(一)《首发管理办法》的原则规定

根据《首发管理办法》第 10 条的规定,对于发行人有关出资问题的原则规定是:"发行人的注册资本已足额缴纳,发起人或者股东用作出资的资产的财产权转移手续已办理完毕,发行人的主要资产不存在重大权属纠纷。"此规定提出了三点基本要求:

(1)"注册资本已足额缴纳",即虽然现行《公司法》允许股东"一次认缴,分期缴纳",但从上市的角度,要求公司的全部注册资本缴足方可申请上市。此结论从情理上也容易理解:现有股东自己的出资义务还没有履行完毕,不宜再向外部社会公众或特定投资者募集股份。

(2)"财产权转移手续已办理完毕",即出资切实到位;发行人股东出资不到位也可能会对上市造成不利影响。

(3)"主要资产不存在重大权属纠纷",主要是为了保证公司正常的生产经营,保护投资者的利益。

(二)《公司法》的一般规定

表 3-1 出资方式相关事项法律要求分析表

事项	法律直接规定
出资方式	股东可以用货币出资,也可以用实物、知识产权、土地使用权等可以用货币估价并可以依法转让的非货币财产作价出资;但是,法律、行政法规规定不得作为出资的财产除外。
评估	对作为出资的非货币财产应当评估作价,核实财产,不得高估或者低估作价。法律、行政法规对评估作价有规定的,从其规定。

（续表）

事项	法律直接规定
货币出资比例	全体股东的货币出资金额不得低于有限责任公司注册资本的30%。
出资交付方式	股东应当按期足额缴纳公司章程中规定的各自所认缴的出资额。股东以货币出资的,应当将货币出资足额存入有限责任公司在银行开设的账户;以非货币财产出资的,应当依法办理其财产权的转移手续。

（三）现行《公司法》对出资直接规定的两处修改

1. "以用作出资"的范围

与旧《公司法》相比,现行《公司法》对于可以用于出资的财产范围有所扩大,从"货币、实物、工业产权、非专利技术、土地使用权"五项扩大到"货币、实物、知识产权、土地使用权"等可以用货币估价并可以依法转让的非货币财产,即除法律有禁止性规定外,一切具备"可以用货币估价并可以依法转让"属性的财产都可以用作出资。

股东或者发起人不得以劳务、信用、自然人姓名、商誉、特许经营权或者设定担保的财产等作价出资。

另外,旧《公司法》中的"工业产权"在新《公司法》中对应项为"知识产权",用语变化的原因是,"知识产权"除了包括"工业产权"外,还包括"著作权"(比如计算机软件的版权),范围扩大了,更加严谨。

2. 比例

旧《公司法》规定以工业产权、非专利技术作价出资的金额不得超过公司注册资本的20%,新《公司法》取消了这一规定,但是明确了货币出资金额不得低于公司注册资本的30%,即根据新《公司法》的规定,无形资产等非货币出资金额最高可达70%,30%应是合计、累计标准,不应理解为每次新增出资均需配比现金。

（四）上市实务工作中对出资的基本原则要求

（1）发起人以其他非现金资产出资的,公司应取得其权属证明或完整的所有权。

（2）发起人以经营性资产出资设立公司,应投入与经营性资产相关的在建工程、为公司提供供应和销售服务的设施以及与公司生产加工服务相关的设施;发起人或股东以经营性资产出资,应同时投入与该经营性资产相关的商标所有权、专利所有权、非专利技术所有权等,不得将相关的业务投入公司而保留上述无形资产。

（3）对于外商投资股份有限公司的境外发起人确实无法将商标所有权投入的,公司应在证明不存在同业竞争或利益冲突的前提下拥有境内独占使用权。

（4）办妥与经营性资产相关的土地使用权的变更手续,发起人应拥有与生产经营有关的完整的土地使用权。

（5）发起人或股东以其持有的股权出资设立公司的，股权应不存在争议及潜在纠纷，发起人或股东能够控制且作为出资的股权所对应企业的业务，应与所组建公司的业务基本一致。

（6）出资来源问题，除了事关股东的资格认定，也涉及国有资产是否流失等更重要的问题，因此应该予以高度关注，确认出资过程不存在向国有单位借款、以国有产权或国有资产作为标的物通过抵押、质押、贴现等方式筹集资金等情形。如果出资是向亲友借款，则应关注借款是否偿还，如果尚未偿还，还应关注是否到期及是否存在导致股权被采取诉讼强制措施的可能。

二、关于出资瑕疵问题

在申请上市的公司中，大量存在与出资相关的各类瑕疵，也是监管部门非常重视的问题。出资不实占当期注册资本比例超过20%的，原则上需规范后运行一个会计年度（12个月）后再行申报；超过50%的，原则上应在规范后运行三个会计年度（36个月）再行申报。控股子公司也必须及时出资到位，参照母公司处理。

以下针对发行人常见的出资瑕疵和相关问题，从十个方面逐项分析总结。

（一）出资瑕疵的分类

在已经成功过会、发行的上市公司中，出资瑕疵方面存在以下主要问题：

表3-2 出资瑕疵种类和表现形式一览表

出资瑕疵种类	具体表现形式
出资到位时间	（1）未及时缴纳（各期）出资。 （2）未及时办理出资权利移转、交付手续，比如专利出资未过户。
出资价值	出资价值低于评估值（公允值）、以报废资产出资。
出资权利瑕疵	如为他人之物、已设定抵押、为本公司资产、以未合法注销企业资产出资、以同一物重复出资。
出资方式不合法	（1）如使用法律不认可的出资方式（比如劳务出资）。 （2）出资比例瑕疵，2006年之前无形资产超过20%（比如中关村公司2004年95%出资为专有技术）；2006年后现金低于30%。 （3）现行《公司法》生效前分期出资。 （4）评估增值出资（比如2000年以非专利技术评估增值750万元计入资本公积又转增资本）。
转增瑕疵	资本公积转增超过可用金额、资产评估增值出资。
变更瑕疵	混淆新设与变更设立（应为变更但按照新设办工商登记、实为新设但按照工商变更登记设立）。
出资未履行法定程序	未验资、验资不规范及虚假验资；出资的非货币资产未进行评估；增资减资一并进行未履行减资程序。

从表 3-2 可以看出，发行人出资瑕疵的种类繁多，涉及方方面面；出资瑕疵的金额也多少不等，高的可达几百万元，少的几十元；出资瑕疵的比例也高低不等，高的可达 95%，少的微不足道。

（二）出资瑕疵问题性质的判断

表 3-3　出资瑕疵基本类型表

类型	定义	责任方	说明
虚报注册资本	公司在办理登记时对注册资本中的实收资本采取以少报多、以无报有、提交虚假材料、隐瞒重要事实等欺诈手段骗取公司登记的违法行为。	公司	发行人直接违反此行为者鲜见，虚报注册资本是主观恶性最大的违法出资行为，主要的表现形式为： （1）行为人实际无资金而借用资金，取得验资报告后立即返还资金骗取登记。全体股东（注意必须是全体股东或名称核准公司）仅将出资进入验资专用账户，未将出资转移到公司基本账户，或者从临时账户中转移至基本账户前灭失。 （2）行为人资金尚未筹足而伪造银行进账单骗取登记。 （3）行为人以低额资金作高额申报等。
抽逃出资	公司发起人、股东实缴出资已全部到位，但在公司成立后又将其出资部分或全部抽回的违法行为。	发起人、股东	构成此违法行为的前提是公司已经依法成立。
虚假出资	未交付或者未按期交付作为出资的货币或者非货币财产。	发起人、股东	因为公司法针对出资问题仅规定了本表中的三种违规类型，而"虚报注册资本"和"抽逃出资"又确实十分少见，因此发行人存在的出资瑕疵在官方和行政监管角度绝大多数不得不归为"虚假出资"。 此违规行为为"结果犯"，推定为存在主观故意；但实际上情况比较复杂，各种瑕疵出现的原因也不宜一概认定为"虚假出资"，要具体问题具体分析。

（三）无形资产出资法律规定

因为出资瑕疵中与无形资产相关的情况很多，所以将涉及无形资产出资的法律法规作如下总结：

表 3-4　无形资产相关法律规定分析表

法规名称	主要内容
旧《公司法》	第24条第2款规定：以工业产权、非专利技术作价出资的金额不得超过有限责任公司注册资本的20%，国家对采用高新技术成果有特别规定的除外。
现行《公司法》	第27条第3款规定：全体股东的货币出资金额不得低于有限责任公司注册资本的30%。
《关于以高新技术成果出资入股若干问题的规定》（国科发政字〔1997〕326号）（失效）	以高新技术成果出资入股，作价总金额可以超过公司注册资本的20%，但不得超过35%。出资入股的高新技术成果作价金额超过公司注册资本20%的，需报省级以上科技管理部门认定。公司股东持省级以上科技管理部门出具的有关高新技术成果出资入股的审查认定文件和其他文件，到工商行政管理机关办理公司设立登记或变更登记。
《〈关于以高新技术成果出资入股若干问题的规定〉实施办法》（国科发政字〔1998〕171号）（失效）	以高新技术成果出资入股，作价金额超过有限责任公司或科技开发型企业注册资本20%的，由技术出资方或企业出资各方共同委托的代表，向科技管理部门提出高新技术成果审查认定申请。科学技术部负责审查认定在国家工商行政管理局登记注册的企业；省、自治区、直辖市和计划单列市科技管理部门，负责审查认定在本辖区工商行政管理机关登记注册的企业。
《关于促进科技成果转化的若干规定》（国办发〔1999〕29号）	以高新技术成果向有限责任公司或非公司制企业出资入股的，高新技术成果的作价金额可达到公司或企业注册资本的35%，另有约定的除外。
《关于以高新技术成果作价入股有关问题的通知》（国科发政字〔1999〕351号）（失效）	高新技术成果作价金额在人民币500万元以上，且超过公司或企业注册资本35%的，由科技部审查认定。
《关于以高新技术成果出资入股有关问题的补充通知》（国科发政字〔2000〕255号）（失效）	属于由科技部出具审查认定意见的，科技部授权政策法规与体制改革司以司函的形式函告国家工商行政管理局企业注册局或相关地方工商行政管理部门；对于审查后不属于高新技术的，以科技部政策法规与体制改革司司函形式通知企业。
《关于印发鼓励软件产业和集成电路产业发展若干政策的通知》（国发〔2000〕18号）	第4条第(2)项规定，对具有良好市场前景及人才优势的软件企业，在资产评估中无形资产占净资产的比例可由投资方自行商定。
《中关村科技园区条例》（2001年1月1日施行）（失效）	第11条规定：以高新技术成果作价出资占企业注册资本的比例，可以由出资各方协商约定，但以国有资产出资的，应当按照国家有关国有资产管理的规定办理。
《中关村科技园区企业登记注册管理办法》（北京市人民政府令第70号）（失效）	第13条规定：以高新技术成果出资设立公司和股份合作企业的，对其高新技术成果出资所占注册资本(金)和股权的比例不作限制，由出资人在企业章程中约定。企业注册资本(金)中以高新技术成果出资的，对高新技术成果应当经法定评估机构评估。

(四) 出资瑕疵对上市的影响分析

出资的瑕疵无疑会增加公司过会的难度,甚至成为被否决的原因。如何判断特定种类的出资瑕疵是否构成上市的法律障碍以及如何解决,成为各方中介机构面临的较大挑战。迄今为止,尚无明确的规范性文件认定存在何种瑕疵即不能过会。原则上,报告期之前就补足的,不构成障碍(但如由此推断股东丧失诚信则另当别论);报告期内仍存在的,按照重大性原则考虑,必要时再运行12至36个月。

表3-5是根据已经过会和未能过会的正反两方面实际案例总结出来的考量因素和分析。

表3-5 出资瑕疵分析表

考量因素	分析、说明的方法和角度
是否有地方性规定作为依据	因为很多地方性规定本身就是对当时生效的《公司法》的突破,但从立法法的角度判断也有一定的法律依据,比如广州、深圳、北京中关村等地的特别规定。因此,公司出资方面的瑕疵虽然不直接符合当时《公司法》的规定,但是符合当时当地的规定,则不致成为上市的障碍。
是否符合新《公司法》	该瑕疵如果发生在2006年1月1日前,则可考虑根据现行《公司法》,该瑕疵是否仍然存在或者该瑕疵在本质上是否符合新《公司法》的立法精神和立法趋势,比如无形资产出资比例问题等。
偏差程度	劳务出资、姓名权出资、客户资源等,依据新《公司法》的规定,也不能作为出资的方式。
性质	当事人主观上是否具有恶意或者能推定具有恶意;比如股东明知是公司的财产,却要用于出资;验资报告造假;股东明显存在不诚信或故意行为等。
金额	违规金额越大,对上市的影响就越大。
比例	违规涉及资金占注册资本的比例越高,对上市的影响就越大。
受益	公司是否确已使用、控制用作出资的非货币财产;资产确已由公司占用并产生效益,如果申报前已完成产权变更手续,则不至于构成上市障碍。
发生时间	报告期外,影响很小;报告期内,影响逐年增大;时间越久,影响越小。
整改措施	是否已经采取了合法有效的整改措施,采取得越彻底越好。能够整改纠正的问题,可以考虑通过补足、减资、置换等措施消除瑕疵,所谓"不带病申报"。
整改完成时间	对于瑕疵的有效补救措施,实施得越早越好;如在报告期外已经解决,原则上不会成为上市障碍;若在报告期内,则瑕疵比例问题显得比较重要。
影响	该瑕疵的存在对公司的业绩和持续经营的不良影响程度越小越好。

(续表)

考量因素	分析、说明的方法和角度
补充(复核)验资	如果采取了补救措施,是否依法重新验资并出具出资全部到位的报告。
对公司债权人的侵权程度	该瑕疵是否实际、真实地侵害了公司债权人的合法利益,原则上不能发生此类情况。
对内(其他股东)的违约程度	是否因为出资瑕疵导致股东间的争议甚至诉讼。
其他股东的态度	是否出具书面意见放弃主张权利(诉权是否可以放弃的法律问题不作进一步的考虑)。
对公司侵权的程度	该出资瑕疵是否侵害了公司的利益,如果侵害了,侵害程度如何。
政府监管部门的态度	该瑕疵是否有可能导致行政处罚;可能导致的行政处罚的上限是多少;工商局等部门对此瑕疵的态度,是否明确认定为不违规、不追究或者不再追究。
承担责任的承诺	造成瑕疵的股东是否出具了承担一切责任的承诺。

(五) 出资瑕疵的解决方法

对于出资瑕疵问题,在前述"出资瑕疵对上市的影响分析"中已经指明了部分解决方法,对不能(彻底)解决的,指明了解释说明的角度。现在此基础上继续总结如下:

1. 如果能够弥补应尽可能弥补

比如出资不到位的,应尽快到位;财产权利还没有及时转给公司的,应尽快办理权利转让手续。弥补的手段应该依法进行。弥补结束后,股东间出具文件,相互不追究责任,对外共同承担责任;政府主管部门出具不予追究的证明文件。以债权补足的方式应慎用,因为出资之目的是为公司运营使用,债权因其变现性、流动性的缺陷难以为公司发挥出资应有的作用。另外,出资瑕疵本身是违约之债,转化为合同权利,虽然改变了问题的属性,但是债的本质没有改变,问题并没有根本解决,试想,公司成立时若按照此种债权方式出资,能顺利得到工商局的批准吗?

2. 出资置换

对于出资置换可以从两个角度理解:一个是将减资和增资混同处理,在此种情况下,程序本身就有瑕疵;另一个是股东合意变更了出资方式,比如将产权不能过户的土地房产、知识产权等用现金置换。后一角度需要履行股东会决议、修改章程、重新验资、政府主管部门出具不予追究的证明文件。

出资置换虽然是个好方法,但应谨慎使用:

(1) 其体现了违约股东改正错误的良好愿望,应该给予支持和正面评价。

(2) 毕竟有瑕疵的资产也是公司资产,如果只是程序不严密地简单置换,可能导致实质上的减资、增资混同,在程序上缺乏法律依据。同时针对以现金代替资产(尤其是增值空间较大的土地使用权)出资的情形,还存在以何种价值补足出资的问题。

(3) 即使资产瑕疵消除,但当年的瑕疵出资导致的股权形成的基础问题和责任问题,仍未彻底解决。

(4) 到底是使用资产置换的形式还是直接计提资产减值准备,业内也有不同见解。如果能够通过"资产置换"的形式彻底解决问题,则应该因为其更积极、更有建设性而为更优选择。

现行审核政策并未限制或禁止出资置换的运用,但需充分考虑出资置换的原因、换出资产的瑕疵程度、换出资产对发行主体持续经营的重要性程度及该出资置换对公司业绩连续性的影响等方面。对于出资置换系为弥补原出资资产存在无法克服的瑕疵的情形,并可有效保护发行主体的利益,如该出资置换金额对公司业绩连续计算不构成重大影响的,完善相关承诺和手续后,应不为审核政策所禁止;但如不存在权属瑕疵,仅因该置换的资产对股东具有特别重要的意义,则建议慎重操作,否则如因出资置换的原因解释不清且该换出资产亦为发行主体生产经营所必须时,则涉嫌控股股东滥用股东权利或损害发行主体利益。

3. 未分配利润弥补

出资不实的股东也可以通过利润分配的方式弥补出资。依据《公司法》第38条、第47条的规定,公司利润的分配应由董事会制订分配方案,并经股东会或股东大会审议批准。如果股东会作出了分配利润的决议,股东根据决议内容就享有了股利分配请求权,在股东与公司之间也就产生了现实的债权债务关系。此时,出资不实的股东可以其对公司的债权抵消所欠的出资份额。就公司而言,也可以依据《中华人民共和国合同法》(以下简称《合同法》)的有关规定行使抵消权,直接扣留股东应分得的股利,以填补股东所欠出资(但公司已经进入破产程序的除外)。

需要说明的是,在没有形成公司股东会的利润分配决议的情况下,股东仅仅以公司已经实际盈利、自己可分配利润完全可以弥补所欠出资数额的主张是不能成立的。因为公司利润的分配只属于公司自治的范畴,股东并不具有确定性的股利分配请求权。分配决议只有经股东大会批准,才能使股东的分配请求权得以实现。在利润分配前,不论公司盈利多少,都是公司的独立财产,并非股东的财产,两者之间有着明确的界限,公司的实际盈利无法改变股东未实际出资的事实,股东仍应承担出资不实的法律责任。

4. 用未分配的利润出资,应该注意履行严密的法律程序

在某一已过会案例中,两个股东出具《承诺书》,主要内容是第三个股东对公司贡献较大,所以此两股东"决定放弃未分配利润的享受权,全部归×××(第三个股东)所有,作为资本金投入原有限公司","关于两股东放弃未分配利润享受权事宜业已经原有限公司股东会确认"。

此操作方案在本质上是合法的,但存在程序瑕疵。因为在股东会明确进行利润分配的决议之前,公司的账面盈利在以法定形式分配之前,是公司的独立财产。两股东只享有股利分配请求权,是一种期待权,不享有对公司的直接债权。此种期待权能否转让尚有争议,更重要的是,受让方仅凭受让的期待权不能直接用未分配利润转增股本。正确的做法是,在股东会决议中对利润分配进行明确规定,两股东将已经实现的期待权(即债权性质的股利给付请求权)转让给第三位股东。

5. 如果出资瑕疵确实已经不能弥补,则应做好如下工作:

(1) 分析该瑕疵是否在本质上违反《公司法》的立法精神,是否在实体上确实公允。

(2) 依据出资不实部分在注册资本中的比例,判断公司近三年经营情况是否具有可比性,以确定公司是否需要另行运营一段时间再申请首发。

(3) 实事求是地评价该瑕疵对公司是否存在实质性损害,大多数情况下,随着时间的流逝,瑕疵的影响会逐渐变小直至消除。

(4) 实事求是地分析该瑕疵产生的原因,特别是在当事人主观上无过错的情况下,更应该重点说明;同时应在依法论证后说明不构成重大违法行为、不构成上市的法律障碍。

(5) 进行数据测算,说明虽然存在程序瑕疵,但是价格合理,未造成国有资产流失。

(6) 其他权利人和政府主管部门对此事不(再)追究的正式表态。

(7) 责任方对有可能导致的一切纠纷和损失负责的承诺。

(8) 如实披露历史上存在的出资不规范及其纠正情况,以便投资者作出判断。

(六) 关于出资不到位股东的分红权问题

根据《公司法》的规定,有限责任公司按照实缴的出资比例分取红利,因此出资不到位的股东的分红权应该受到限制直至被剥夺。关于有限责任公司和股份有限公司的分红权和表决权对比如下:

表3-6 分红权和表决权分析表

		有限责任公司	股份有限公司
分红权	计算基数	股东按照实缴的出资比例分取红利。	股份有限公司按照股东持有的股份比例分配。
	是否可以另行约定	全体股东可以约定不按照出资比例分取红利。	股份有限公司章程可以规定不按持股比例分配。
表决权	计算基数	股东会会议由股东按照出资比例行使表决权。	股东出席股东大会会议,所持每一股份有一表决权。
	是否可以另行约定	公司章程可以另行约定。	不能另行约定。

由表3-6可以看出,在分配红利方面,有限责任公司和股份有限公司的不同之处是:有限责任公司股东按照实缴的出资比例分取红利,股份有限公司按照股东持有的股份比例分配;相同之处在于两种形式的公司都允许章程作特别规定。

在行使表决权方面,有限责任公司和股份有限公司的相同之处是:两种类型的公司都依出资比例行使表决权;不同之处在于:有限责任公司可以通过章程另行约定,股份有限公司不能另行约定,即只能按照出资比例行使表决权。

还需要特别说明的是,新旧《公司法》中谈及出资比例时,都将认缴出资比例视为默认的出资比例,只在新《公司法》第35条提及了"实缴的出资比例"。认缴出资比例是各方股东最终认可的权利义务平衡状态,也是各方最后希望达到的话语权分配状态。在两年的认缴出资缴纳期内,按认缴出资的比例而不是实缴出资的比例来行使表决权,更为符合各方的本意。

(七)对出资瑕疵问题的进一步思考和建议

在审核工作中,对于出资方面存在的问题高度关注,甚至上升到"诚信"的高度来定性,也确有多家企业因为出资方面的瑕疵而被劝退、被否决。也有未经证实的说法是以30%为界,分别再运营3年或者1年等。

监管部门对出资问题的高度关注是有道理的:出资问题,对股东来说,是彼此之间的约定和是否存在违约责任,甚至可能涉及表决权、分红比例直至股权的稳定;对公司而言,是正常经营和持续盈利的前提和保证之一;对社会公众特别是债权人而言,是公司承担合同和法律义务的物质基础。因此,确实"兹事体大"。

但是,另一方面,因为如下原因,对出资问题可以采取更宽容、更有建设性的审核角度和监管态度。这些原因是:

1. 出资问题的背景

出资瑕疵问题的分析不能脱离国情和实际,导致出资注册资本瑕疵的主要原因除了当事人自己的主观过错外,还包括如下重要原因:

(1)间接融资渠道不畅通,银行在对国有企业青睐有加的同时,对真正亟须资金的中小企业惜贷苛求。

(2)实收资本制是计划经济的产物,目前实行的是折中资本制,授权资本制未尝不是未来发展的方向。总的趋势是放松对注册资本的管制。

2. 违约方的主观恶意

多数情况下,出资瑕疵是民营企业股东不得已的无奈选择,或者是因为缺乏相应的法制观念。绝大多数股东,特别是能够申请上市的企业的股东,不至于在行为之初即抱有套取信用、侵害债权人利益的主观恶意。一种观点是当事人主观没有过错也要惩罚其行为;另一种观点是在出资方面有过错也宽恕,"允许人犯错误,允许人改正错误",特别是该错误发生在多年以前且有其他背景的情况下,如果有严重后果甚至构成犯罪则另当别论。

3. 举重以明轻

同样是上市过程中的瑕疵问题,税务瑕疵问题也是公司的常见问题,也包括股东欠税(公司负有代扣代缴义务)。对于税务瑕疵问题,常常由税务机关出具意见、股东进行承诺即可过关。而实际上,税务问题的各个细节方面远比出资审核严重,因此要求出资问题得到更宽松的审核环境则为公平之应有之义。

表3-7 税务瑕疵和出资瑕疵分析对照表

	侵犯对象	是否既遂	侵害范围	监管/被侵权方	主观	处罚追缴
税务瑕疵	国家利益	既遂	不特定	税务机关:常常无权放弃也放弃	明知故犯,刻意追求	3年、5年直至无期限
出资瑕疵	债权人	未遂	特定	其他股东:常常有权追究也不追究	恶意较小,常出于无知	两年*

*此处是指债权人主张权利。如果是公司要求补缴,基于投资关系产生的缴付出资请求权不受时效的限制。

(八)应在实质角度更加关注出资的合法性问题

与出资瑕疵问题相比,更应该关注出资的合法性,应多加以实质性审核,特别是应该高度关注原来具有特殊身份(比如国家工作人员,国有科研院所、集体企业原高职人员)的人的出资。可以从两方面进行审核:如果是巨额出资,比如人民币500万元以上,应该令其充分、详细地举证,不能以工资积累、经商所得、历年分配、朋友借款为理由轻易过关;如果是知识产权出资,特别是在该发明与其原单位工作的性质和内容高度相关的情况下,应高度关注是否为职务发明。例如,如果一个重型机器厂的技术部总经理称"对万吨水压机的重大改良"是其利用业余时间在家里用螺丝刀完成的,这显然是一个笑话,不过在已经过会的项目中,以个人名义用以出资的发明,仅从名称判断,就令人合理怀疑其不利用原单位的物质条件不可能自行完成(特别说明仅仅是怀疑,没有证据)。将本应认定为职务发明的专利据为己有,会导致严重的国有资产流失,此类问题应引起各方更大的关注。

对于出资来源合法判断的意义:

(1)在于保护真正的权利人,维护社会公平和正义,划分投资和洗钱的界限。

(2)根据最高人民法院(2005)民二终字第148号民事判决,最高人民法院认为,如果资金来源不合法,应认定没有出资,进而(可能)否定公司的法人资格,股东对公司的债务应承担无限连带责任。

(3)法网恢恢,疏而不漏,非法所得出资会导致公司股权结构甚至法人治理结构的潜在风险。

出资是一种商业投资行为,应允许股东以借款出资,但应进行以下审查:

(1)借款的真实性。

(2)借款的约定期限是否现实,即在此期间内借款人是否具有可信的偿还能力。

（3）如果存在不能及时依约偿还的可能,借款是否会危及公司股权,比如债权人是否承诺不以诉讼(保全)的方式主张债权。

（4）债务人是否没有设定,并且承诺不以公司股权为借款设定担保。

（5）是否在借款的背后存在股份代持的安排。

（6）是否存在向国资公司甚至公司本身借款的情况。

（7）借款是否来源于向银行的贷款。

（8）借款是否来源于公司的账外资金。

（9）借款是否挪用了普通员工的入股资金。

（九）整体变更是否应该评估

《公司法》规定,非货币资产出资均应评估。《公司注册资本登记管理规定》第17条规定:"非公司企业按《公司法》改制为公司、有限责任公司变更为股份有限公司时,折合的实收股本总额不得高于公司净资产额。有限责任公司变更为股份有限公司,为增加资本公开发行股份时,应当依法办理。原非公司企业、有限责任公司的净资产应当由具有评估资格的资产评估机构评估作价,并由验资机构进行验资。"

可见,在整体变更时应该进行评估,评估的目的不是(也不能)据此调账,而是作为一个标准,证明整体变更后的注册资本(股本)不大于评估值,出资真实、充分。

（十）合并、分立、减资和注销

公司在合并、分立、减资和注销时均应依照《公司法》和工商行政管理法规的要求,充分履行法律程序,否则可能因为没有充分保护债权人的利益而导致或有负债。《公司法》已对相应程序作出了较为详细的规定,此处不再赘述。

三、瑕疵出资股东的法律责任

公司股东承担出资责任,是指在公司已设立并存续的状态下,股东因虚假出资、迟延出资、不实出资、抽逃出资等违反出资义务的情形而应当承担的法律责任。表3-8中将"违反出资义务的股东"称为"瑕疵出资股东",将"足额缴纳出资的股东"称为"其他股东"。本问题研究之意义在于,上市工作固然有其监管特殊要求,但法律责任的认定和明确是进一步解决问题、降低风险的基础工作,在此意义上,不宜忽视法律的原理和规则。鉴于本书的实务属性,仅在下表简要说明基本结论。

表 3-8　各主体承担瑕疵出资责任对照表

	瑕疵出资股东	其他股东
其他股东	违约责任： 《公司法》第 28 条第 2 款规定："股东不按照前款规定缴纳出资的，除应当向公司足额缴纳外，还应当向已按期足额缴纳出资的股东承担违约责任。"该法第 84 条第 2 款规定："发起人不依照前款规定缴纳出资的，应当按照发起人协议承担违约责任。" 赔偿责任： 由于瑕疵出资导致公司损害的，瑕疵出资股东应当对公司承担赔偿责任。如何承担赔偿责任，可以由公司章程作出约定，也可以按实际损失进行赔偿。这种损害赔偿的构成要件，应符合侵权赔偿的基本构成要件。	其他股东对瑕疵出资股东行使追偿权所引起的民事责任。从上述分析可知，这种责任产生的前提有两种情形：一是其他股东已经承担了补缴出资的连带责任；二是其他股东已经承担了对公司债权人的代位清偿责任。追偿的范围除本金外，还应包括孳息。
公司	补缴出资： 《公司法》第 28 条、第 31 条、第 84 条和第 94 条规定了瑕疵出资股东的责任，理论上称为出资填补及瑕疵担保责任。	补缴出资的连带责任： 《公司法》第 94 条对股份有限公司的发起人相互承担补缴出资的连带责任作了明确规定；第 31 条对有限责任公司的股东以非货币方式出资不足时，应由其他股东承担连带责任也作了规定。
债权人	清偿责任： 《公司法》正式引入了公司法人人格否认制度，体现在第 20 条第 3 款："公司股东滥用公司法人独立地位和股东有限责任，逃避债务，严重损害公司债权人利益的，应当对公司债务承担连带责任。"	代位清偿责任： 瑕疵出资股东除应对公司债权人承担连带责任外，公司的其他股东是否也应该承担清偿责任？《公司法》对此没有明确规定。笔者认为，基于资本充实原则，特别是出资担保责任，其他股东应当承担相应的代位清偿责任。

四、瑕疵股权出资转让后的法律责任

出资瑕疵的股东将其股权转让给其他民事主体后，其瑕疵出资相关民事责任的承担问题，通常是引发瑕疵股权转让纠纷的重要原因，也是分析和处理的重点和难点。对此，公司立法和司法解释均未作出明确规定，学界和实务界亦未达成共识。讨论本问题对上市工作的意义在于，明确在出资瑕疵尚未弥补（部分瑕疵也无法事后弥补）却又发生股权转让时，转让方和受让方的法律责任。主要存在四种观点，分析如下：

(一)出让股东完全承担责任说

该说认为,根据民法上的责任自负原则,出让股东尽管在转让股权后已不是公司股东,但公司设立时的投资义务是法定义务,不因股权转让而免除,故出让股东应完全承担瑕疵出资责任,出让股东是否对受让人构成欺诈,在所不问。

该说揭示了出让股东对出资瑕疵问题有过错,但其阐述的归责原则违反了当事人意思自治原则,对瑕疵股权受让人的真实意思及行为缺乏必要的关注,并可能导致否认公司股东名册、章程以及工商登记材料的公示效力,不利于保护债权人的合法利益,其处理方案不够全面。

(二)受让股东完全承担责任说

该说认为,受让人受让股权后即替代出让股东成为目标公司的股东,受让人应完全承担瑕疵出资责任,其是否受到欺诈,在所不问。

该说虽注意到受让股东也可能是瑕疵出资责任的承担主体,但其完全忽视了出让股东的过错,并以转让前后作为标准来简单划分责任归属的做法,过于简单和片面,且对保护相关利害关系人的合法利益缺乏足够的考虑,故该处理方案仍不够合理。

(三)出让股东和受让股东承担连带清偿责任说

该说认为,瑕疵股权转让合同有效,出让股东和受让人应在出资瑕疵范围内向相关利害关系人承担连带清偿责任。如果受让人受欺诈,受让人在向债权人承担清偿责任后,有权向出让股东追偿,或者向法院提起合同撤销或者变更之诉。

该说体现出侧重保护善意第三人合法利益和维护商事交易安全的理念,但因对受让人过于苛求,而使各方当事人之间的利益保护有失衡之嫌,容易造成处理结果的实质不公。

(四)根据受让股东善意与否确定瑕疵出资责任的承担主体说

该说认为,如果受让人明知或应知股权存在瑕疵仍受让,则受让人应承担瑕疵出资责任,不能承担的部分,由出让股东承担补充赔偿责任。至于出让股东和受让人之间是否发生追偿,要视合同对股价以及其他内容的约定而定。若受让人受欺诈,可提出合同撤销、变更或者无效之诉。在债权人追索债权的诉讼中,如果债权人将所涉公司、出让股东以及受让人列为共同被告,而受让人同时又提起合同撤销之诉的,法院可作合并审理;如果债权人仅列所涉公司和受让人为共同被告的,若受让人请求撤销该合同,应另行起诉,并先于该债权债务纠纷案件审理。一旦合同被判令无效,瑕疵出资责任应完全由出让股东承担。

该说更具合理性:一方面体现出出让股东应就其出资瑕疵问题承担责任的正确思路;另一方面又强调尊重客观事实,主张在查明受让人真实意思的基础上,对受让人应否承担以及如何承担前述责任进行区别处理,体现出过错与责任相当、交易公平和安全并重的现代商事理念。当然,对在受让人明知或者应知股权存在瑕疵的场合下,该观点就出让股东和受让人的责任承担问题仍有作进一步阐述和细分的必要。

五、抽逃出资与虚假出资

表 3-9 抽逃出资和虚假出资法律规定表

《中华人民共和国公司法》	第 36 条规定:"公司成立后,股东不得抽逃出资。" 第 200 条规定:"公司的发起人、股东虚假出资,未交付或者未按期交付作为出资的货币或者非货币财产的,由公司登记机关责令改正,处以虚假出资金额百分之五以上百分之十五以下的罚款。" 第 201 条规定:"公司的发起人、股东在公司成立后,抽逃其出资的,由公司登记机关责令改正,处以所抽逃出资金额百分之五以上百分之十五以下的罚款。"
《关于适用〈中华人民共和国公司法〉若干问题的规定(三)》	第 12 条规定:"公司成立后,公司、股东或者公司债权人以相关股东的行为符合下列情形之一且损害公司权益为由,请求认定该股东抽逃出资的,人民法院应予支持:(一)将出资款项转入公司账户验资后又转出;(二)通过虚构债权债务关系将其出资转出;(三)制作虚假财务会计报表虚增利润进行分配;(四)利用关联交易将出资转出;(五)其他未经法定程序将出资抽回的行为。"
《中华人民共和国刑法》	第 159 条第 1 款规定:"公司发起人、股东违反公司法的规定未交付货币、实物或者未转移财产权,虚假出资,或者在公司成立后又抽逃其出资,数额巨大、后果严重或者有其他严重情节的,处五年以下有期徒刑或者拘役,并处或者单处虚假出资金额或者抽逃出资金额百分之二以上百分之十以下罚金。"
最高人民检察院、公安部《关于公安机关管辖的刑事案件立案追诉标准的规定(二)》	第 4 条 〔虚假出资、抽逃出资案(《刑法》第 159 条)〕公司发起人、股东违反公司法的规定未交付货币、实物或者未转移财产权,虚假出资,或者在公司成立后又抽逃其出资,涉嫌下列情形之一的,应予立案追诉:(一)超过法定出资期限,有限责任公司股东虚假出资数额在 30 万元以上并占其应缴出资数额 60% 以上的,股份有限公司发起人、股东虚假出资数额在 300 万元以上并占其应缴出资数额 30% 以上的;(二)有限责任公司股东抽逃出资数额在 30 万元以上并占其实缴出资数额 60% 以上的,股份有限公司发起人、股东抽逃出资数额在 300 万元以上并占其实缴出资数额 30% 以上的;(三)造成公司、股东、债权人的直接经济损失累计数额在 10 万元以上的;(四)虽未达到上述数额标准,但具有下列情形之一的:1. 致使公司资不抵债或者无法正常经营的;2. 公司发起人、股东合谋虚假出资、抽逃出资的;3. 两年内因虚假出资、抽逃出资受过行政处罚两次以上,又虚假出资、抽逃出资的;4. 利用虚假出资、抽逃出资所得资金进行违法活动的。(五)其他后果严重或者有其他严重情节的情形。
国家工商行政管理总局《关于虚假出资认定问题的答复》(工商企字〔2002〕第 97 号)	公司利用本公司的其他银行账户将资金以借款名义借给股东,然后以股东名义作为投资追加注册资本,但实际上,公司未将资金交付给借款的股东,借款的股东也未办理资金转移手续,而是公司将股东所借资金在该公司银行账户之间内部转账,股东本身并未增加任何实际投资。此种行为可以认定为虚假出资行为。

(续表)

国家工商行政管理总局《关于股东借款是否属于抽逃出资行为问题的答复》（工商企字〔2002〕第180号）	公司借款给股东，是公司依法享有其财产所有权的体现，股东与公司之间的这种关系属于借贷关系，合法的借贷关系受法律保护，公司对合法借出的资金依法享有相应的债权，借款的股东依法承担相应的债务。因此，在没有充分证据的情况下，仅凭股东向公司借款就认定为股东抽逃出资缺乏法律依据。如果在借款活动中违反了有关金融管理、财务制度等规定，应由有关部门予以查处。

六、股权出资

旧《公司法》中对可以用作出资的财产的形式采取列明的方式，共计五种，没有明确股权可以作为出资。但是在新《公司法》生效之前，股权作为出资，特别是在国资公司重组过程中，已经是常见现象，通说认为，股权是列明的五种财产的集合，因此也可以作为出资。此说法和"对外投资不超过净资产50%的判断标准是看合并报表"等，都属于法律滞后或本身不合理而现实经济生活又必须进行突破时，由"无权解释的主体进行的有效解释"。

新《公司法》生效后，股权作为一种非货币出资方式，已经有了直接的法律依据。2009年3月1日，国家工商总局施行了《股权出资登记管理办法》，对股权出资进行了详细规定。允许投资人以股权出资有以下作用：

一是能够丰富股权权能，通过激活股东以往投入到公司所形成的资产，增加股权利用的渠道，同时降低转让的交易成本，有效调动投资人的积极性，促进投资。

二是通过资本链条的纽带作用，可以在维系投资人对原有公司和产业的影响力、控制力的同时，实现投资向新的领域和产业转移，为企业优化产业结构，重组兼并，扩大规模，做大做强服务。

三是通过促进投资创业可以带动就业，减轻社会就业压力，实现经济稳定增长。

下面从股权出资的本质、可以用作出资的股权、不能用作出资的股权、股权出资期限、股权出资程序及其他应关注的问题等方面进行陈述。

（一）股权出资的本质

股权出资是指投资人以其持有的在中国境内设立的有限责任公司或者股份有限公司（下称"股权公司"）的股权作为出资，投资于境内其他有限责任公司或者股份有限公司（下称"被投资公司"）的行为。换言之，投资人不需要使用货币、房地产、知识产权等财产作为对公司的出资，而是将其在其他公司持有的股权作为出资投资于新设立的公司或购买现存公司的增资。在外观上，股权出资是换股的一种形式；在本质上，股权出资也是股权转让的一种形式；在税务上，做视同销售处理。

（二）可以用作出资的股权

作为出资的股权应权属清楚、权能完整并依法可以转让。权属清楚、可以转让易于理解，不再赘述；权能完整的要求是指股权持有人可以基于其享有的股权实施的所有法律允许的行为，如参加投票、查阅公司会计账簿、请求分配红利等。即该股权不能存在因为章程或其他股东间特别约定而导致的权利限制。

（三）不能用作出资的股权

表3-10　不能用作出资的股权类型表

不能用作出资的股权类型	具体分析
股权公司的注册资本尚未缴足	所谓"缴足"应指股东认缴注册资本后实际足额缴付出资。如果股权公司的全部注册资本因为某个股权原因未全部实际缴付，则该公司的任何其他股东尽管足额缴付了其份额的资本金，其仍无法以其持有的缴足的股权再行对外投资；另一方面，分期出资情况下也要等全部出资到位后方可进行。
股权上设定质押或被依法冻结	设定了质押的股权，其转让受制于质权人的意志，无法自由转让，并有被质权人强制执行的可能，因此，以此股权投资不利于被投资公司的资本稳定。同理，冻结的股权亦无法作为出资。
股权公司章程约定不得转让	股权出资实质上即是股权的转让，如果股权公司章程规定股权不得转让的，则该股东即无法将其股权转移至被投资公司。因此，被投资公司的其他投资人有必要对股权公司的章程进行调阅。
未取得前置审批	股权转让需经批准，应取得相关部门的批准证书，这是针对外商投资企业的股权以及国有企业的股权。该等股权的转让需经外资管理部门以及国有资产管理部门的事先同意。

（四）股权出资期限

根据2005年《公司法》的规定，一般而言，公司股东或发起人缴纳注册资本的期限为2年（投资性公司为5年），即在缴纳首次出资之后，其余资本金应在2年内缴足。而股权出资的期限规定为1年，即自被投资公司成立之日起1年内，投资人应当实际缴纳出资。这是为了减少投资人滥用双重股东身份，利用同一股权进行多家公司投资的风险。同时对于以股权缴纳公司增资的，应在被投资公司对注册资本变更登记之前实际缴纳，即在增资情况下，股权应先行过户至被投资公司名下方能变更被投资公司的注册资本。相对于货币出资而言，这一规定显示了监管方对于股权出资的谨慎态度。

（五）股权出资程序

表 3-11　股权出资操作流程一览表

步骤	法律要求和工作内容
评估作价	《公司法》要求以非货币财产出资均要进行评估作价。
办理股权过户	以有限责任公司的股权出资的,股权公司应申请办理将该股权的持有人变更为被投资公司,向被投资公司签发出资证明书,变更股东名册,修改章程并向登记机关进行登记备案。以股份有限公司的股权出资的,应经过证券交易所和证券登记结算机构办理转让过户手续,或对股东名册进行变更登记。
验资	作为一项常规步骤,缴纳出资之后须进行验资,并由验资机构出具验资报告。
实收资本变更	被投资公司在接受股权出资后,应申请办理实收资本变更手续,并换发营业执照。
其余程序和手续	1. 股权公司是有限责任公司的,投资人须按照《公司法》的规定取得过半数股东的同意,征求其他各股东是否行使优先购买权。只有在其他股东放弃优先购买权的情况下,方可以进行股权出资,否则其他股东可申请法院宣告出资无效。股权公司章程对股权转让另有约定的,依约定办理。 2. 以外商投资企业股权和涉及国有资产的股权出资,须符合外商投资法律规定的股权变更和审批手续,以及国有资产转让的审批手续。 3. 以股权出资的投资人应当签署股权认缴出资承诺书,就所认缴出资的股权符合出资条件作出承诺。

（六）其他应关注的问题

表 3-12　股权出资特别事宜分析表

股权公司条件	股权公司必须是在中国境内设立的公司,包括内资公司和外商投资公司,不包括非公司型的企业,亦不包括外国公司。因此,外国投资者不可以根据《股权出资登记管理办法》,以其持有的国外其他公司的股权作为出资投资于国内的公司。
被投资公司条件	被投资公司必须是境内的公司,包括外商投资公司,但不得是其他个人独资企业、合伙企业等非公司型实体。
外国投资者特别规定	《股权出资登记管理办法》中的"投资人"是指境内的自然人和组织,外国投资者无法依据该办法进行投资。根据《关于外国投资者并购境内企业的规定》的规定,外国投资者可以其持有的符合规定的外国公司的股权作为支付手段,购买境内公司的股权或增资。这一股权支付的行为在本质上即是股权出资。当然,鉴于涉及外商投资领域,《关于外国投资者并购境内企业的规定》中对外国投资者以股权作为支付手段的做法作出了诸多限制,与《股权出资登记管理办法》中的规定迥异。

七、债权转股权

实现债权转股权,对于优化企业资产结构,降低资产负债率,促进企业转换经营机制,推动企业发展具有现实意义。然而关于债权转股权的讨论以往大都是在理论层面的,即使在新《公司法》颁布以后,理论上的可行性与实际操作层面还存在争论。直至2011年11月23日,国家工商行政管理总局颁布了《公司债权转股权登记管理办法》(国家工商行政管理总局令第57号),对"债权转股权"进行了明确的规定。

根据《公司债权转股权登记管理办法》的规定,"债权转股权"是指债权人以其依法享有的对在中国境内设立的有限责任公司或者股份有限公司的债权,转为公司股权,增加公司注册资本的行为。此处的债权转股权仅指债权人对公司享有的债权转为股权,不包括债权人对第三人的债权转为股权。

与股权出资一样,债权出资在已过会项目中也多有先例,目前监管部门在债权出资问题上特别关注的是债权的真实性和形成过程的合法性问题。需要特别注意的是,目前监管部门对债转股仍持相对慎重的态度。而且《公司债权转股权登记管理办法》中排除了债权人对第三人的债权转为股权的情况,因此,应该避免使用对第三方的债权对发行人出资。

以下对债权转股权作简要分析:

(一)债权转股权的分类

表3-13　债权出资分类表

分类	1. 公司经营中债权人与公司之间产生的合同之债转为公司股权,债权人已经履行债权所对应的合同义务,且不违反法律、行政法规、国务院决定或者公司章程的禁止性规定。 2. 人民法院生效裁判确认的债权转为公司股权。 3. 公司破产重整或者和解期间,列入经人民法院批准的重整计划或者裁定认可的和解协议的债权转为公司股权。
法律分析	可转让的债权限定为金钱给付之债,因此,债权转股权实质上是将对公司金钱给付之债的请求权转为股东对公司的出资。

(二)债权转股权的法律要件

表3-14　债权出资法律要件一览表

法律要件 类型	具体要求
实质条件	1. 接受出资公司的章程的认可。 2. 该债权具有时效性,即在法律规定的诉讼时效之内。 3. 该债权应该是对发行人的已成就之债,即具备主张履行的前提。

(续表)

法律要件类型	具体要求
程序条件	1. 股东会决议通过。 2. 法律、行政法规或者国务院决定规定债权转股权须经批准的,应当依法经过批准。 3. 经依法设立的资产评估机构评估。 4. 公司应当依法向公司登记机关申请办理注册资本和实收资本变更登记。
其他限定条件	债权转股权作价出资金额与其他非货币财产作价出资金额之和不得高于公司注册资本的70%,债权转股权的作价出资金额不得高于该债权的评估值。

(三)债权转股权应提交的材料

表3-15 债权转股权应提交材料一览表

材料	依据
关于同意债权出资登记的股东会决议	公司的股东会为公司的权力机构,对股东以债权出资及章程的修改,应当由2/3以上股东表决通过。
债权评估文件	用以转为股权的债权,应当经依法设立的资产评估机构评估。
验资文件	债权转股权应当经依法设立的验资机构对实收资本验资并出具验资证明(债权转股权作价出资金额与其他非货币财产作价出资金额之和不得高于公司注册资本的70%)。 验资证明应当包括下列内容: (1)债权的基本情况; (2)债权的评估情况; (3)债权转股权的完成情况; (4)债权转股权依法须报经批准的。
章程	股东的出资方式等是章程的必载事项,因此,应当提供写明股东出资方式的章程。公司登记机关应当将债权转股权对应出资的出资方式登记为"债权转股权出资"。
股东与公司的债权转让协议	该协议是债权发生转让成立的依据,企业办理登记的同时应予以提供。
债权人和公司签署的债权转股权承诺书	公司经营中债权人与公司之间产生的合同之债转为公司股权,债权人已经履行债权所对应的合同义务,且不违反法律、行政法规、国务院决定或者公司章程的禁止性规定的,双方应当对用以转为股权的债权符合该项规定作出承诺。
人民法院的裁判文书	人民法院生效裁判确认的债权转为公司股权时应提交。
经人民法院批准的重整计划或者裁定认可的和解协议	公司破产重整或者和解期间,列入经人民法院批准的重整计划或者裁定认可的和解协议的债权转为公司股权时应提交。

第二节 股 东

一、不适格股东

股东是公司存在的基础,是公司的核心要素之一,没有股东,就不可能有公司。从一般意义上说,股东是指持有公司股份或向公司出资者,但并不是所有的主体都可以成为公司股东,下面从一般意义上分析、讨论不适格股东及相关规定。

(一)自然人的投资限制

表3-16 自然人投资限制法律规定表

序号	限制对象	文件名称	文件内容
1	各省市编办认定的行政事务执行机构和参照(党的机关、工青妇机关、市委组织部认定的参照公务员管理的民主党派机关、社会团体机关)公务员管理的机关人员	《中华人民共和国公务员法》第53条第(14)项	公务员必须遵守纪律,不得从事或者参与营利性活动,在企业或者其他营利性组织中兼任职务。
2	县以上党和国家机关、各种协会、学会等群众组织的退(离)休干部	中共中央办公厅、国务院办公厅《关于县以上党和国家机关退(离)休干部经商办企业问题的若干规定》	县级以上党和国家机关的退(离)休干部、县以上工会、妇联、共青团、文联以及各种协会、学会等群众组织的退休干部,不得兴办商业性企业,不得到这类企业任职。
3	国有企业领导人员	《国有企业领导人员廉洁从业若干规定》(中办发〔2009〕26号)	国有企业领导人员应当忠实履行职责。不得个人从事营利性经营活动和有偿中介活动,或者在本企业的同类经营企业、关联企业和与本企业有业务关系的企业投资入股。
4	国有企业领导人员的配偶、子女及其他特定关系人		国有企业领导人员应当正确行使经营管理权。本人的配偶、子女及其他特定关系人不得在与本企业的关联企业、与本企业有业务关系的企业投资入股。

（续表）

序号	限制对象	文件名称	文件内容
5	国有企业的职工、管理人员	国务院国有资产监督管理委员会《关于规范国有企业职工持股、投资的意见》（国资发改革〔2008〕139号）	严格限制国有企业的职工、管理人员的持股范围、任职范围，如原则上限于持有本企业股权，不得持有辅业企业股权等。
6	无民事行为能力人和限制民事行为能力人	国家工商行政管理总局《关于未成年人能否成为公司股东问题的答复》（工商企字〔2007〕131号）	无民事行为能力人和限制民事行为能力人可以自己的名义成为公司股东，但须借助监护和代理制度，通过监护人代理行使有关权利。
7	处级以上领导干部配偶、子女	《关于"不准在领导干部管辖的业务范围内个人从事可能与公共利益发生冲突的经商办企业活动"的解释》（中纪发〔2000〕4号）、《关于省、地两级党委、政府主要领导干部配偶、子女个人经商办企业的具体规定（试行）》（中纪发〔2001〕2号）及《关于区、县党政机关局级领导干部的配偶、子女从业问题"两不准"的实施意见》	处级以上领导干部配偶、子女不准在领导干部管辖的业务范围内投资兴办可能与公共利益发生冲突的企业。
8	党政机关的干部和职工	《关于严禁党政机关和党政干部经商、办企业的决定》（中发〔1984〕27号）以及《关于进一步制止党政机关和党政干部经商、办企业的规定》（中发〔1986〕6号）	国家机关法人的干部和职工，除中央书记处、国务院特殊批准的以外，一律不准经商、办企业。
9	现役军人	《中国人民解放军内务条令》（军发〔2010〕21号）第127条；《中国人民解放军纪律条令》（军发〔2010〕22号）第114条	军人不得经商，不得从事本职以外的其他职业和传销、有偿中介活动，不得参与以营利为目的的文艺演出、商业广告、企业形象代言和教学活动，不得利用工作时间和办公设备从事证券交易、购买彩票，不得擅自提供军人肖像用于制作商品。参与经商或者偷税漏税，情节较轻的，给予警告、严重警告处分；情节较重的，给予记过、记大过处分；情节严重的，给予降职（级）、降衔（级）、撤职处分。

（二）法人的投资限制

表 3-17　法人投资限制规定表

序号	限制对象	文件名称	文件内容	备注
1	自然人投资设立的一人有限责任公司	《公司法》	一个自然人只能投资设立一个一人有限责任公司。该一人有限责任公司不能投资设立新的一人有限责任公司。	
2	分公司	《公司法》	有限责任公司或股份有限公司可以对公司制企业、集团所有制企业投资，但其所设立的分公司不能对外投资。	
3	上市公司		可以成为发行人的股东，但需关注分拆上市的相关政策。分拆上市政策几经变化，目前需高度慎重操作。	
4	外商投资企业	《中华人民共和国外资企业法》	设立外资企业的申请，由国务院对外经济贸易主管部门或者国务院授权的机关审查批准。	不能投资外资禁止类的企业；涉及限制类的需经主管部门批准。
5	被吊销营业执照的企业	《首次公开发行股票并上市管理办法》	拟上市企业申报前其股东的股权必须不存在任何权属纠纷和潜在纠纷或不确定性，因此，被吊销营业执照的企业需将股权转给他人，以保证股权权属的确定性。	不得担任拟上市公司的股东。
6	商业银行	《中华人民共和国商业银行法》	商业银行原则上不得成为非金融机构和企业的股东，但国家另有规定的除外，如商业银行依司法判决或因行使抵押权、质权而取得股权的，不属于主动投资行为，属于抵债资产。商业银行需根据相关规定履行抵债资产的清理、变现程序，如可先由具备企业法人资格的商业银行承接股权，并办理变更登记，但应同时要求公司按照《中华人民共和国商业银行法》第42条的规定，在两年内将所承接的股权由商业银行予以处分，并在企业章程中作出特别规定。	

（续表）

序号	限制对象	文件名称	文件内容	备注
7	职工持股会	《关于暂停对企业内部职工持股会进行社会团体法人登记的函》（民办函〔2000〕110号） 《关于职工持股会及工会持股有关问题的法律意见》（法协字〔2002〕第115号）	各地民政部门暂不对企业内部职工持股会进行社团法人登记。据此，职工持股会不具有社团法人的主体资格，其作为股份有限公司的发起人，缺乏法律依据，不能成为公司的股东。 对拟上市公司而言，受理其发行申请时，应要求发行人的股东不属于职工持股会及工会持股，同时，应要求发行人的实际控制人不属于职工持股会及工会持股。	不能成为公司的股东。
8	机关法人	中共中央、国务院《关于严禁党政机关和党政干部经商、办企业的决定》（中发〔1984〕27号） 中共中央、国务院《关于进一步制止党政机关和党政干部经商、办企业的规定》（中发〔1986〕6号） 中共中央办公厅、国务院办公厅《关于军队武警部队政法机关不再从事经商活动的通知》	国家立法机关、行政机关、司法机关和军事机关原则上禁止投资公司成为股东。 例外：国有独资公司是国家授权投资的机构，或者是国家授权的部门单独投资设立的有限责任公司。根据我国有资产"统一所有、分级管理"的管理体制，国务院代表国家对国有资产统一所有，但各部门及各地方分级对国有资产行使经营管理权。从这一角度理解，虽然国家本身及一般的机关法人不能作为投资的主体，但经国家授权的机构或部门可以作为股权投资的适格主体，如国有资产管理局等。	
9	事业单位	国务院办公厅《关于印发分类推进事业单位改革配套文件的通知（国办发〔2011〕37号）》	（1）具有社会公益性的事业单位法人，如高校、图书馆等，一般禁止兴办企业，按中央和地方各级政府的具体规定办理。 （2）党政机关所属具有行政管理和执法监督职能的事业单位，以及党政机关各部门所办后勤性、保障性经济实体和培训中心，不得投资兴办企业。	

(三) 从发行上市角度不能成为股东的主体

如果不考虑上市,以下主体对外投资成立公司,并无禁止性法律规定,但从上市的角度则不合格,必须进行规范、清理:

表 3-18 可能形成上市障碍的股东分析表

持股主体	法律障碍(清理原因)
职工持股会和工会	根据《关于职工持股会及工会能否作为上市公司股东的复函》(法律部〔2000〕24号)的规定:"职工持股会将不再具有法人资格。在此种情况改变之前,职工持股会不能成为公司的股东。""工会作为上市公司的股东,其身份与工会的设立和活动宗旨不一致,可能会对工会正常活动产生不利影响。因此,我会也暂不受理工会作为股东或发起人的公司公开发行股票的申请。" 证监会法律部 2002 年下发的《关于职工持股会及工会持股有关问题的法律意见》规定,证监会在受理发行申请时要求发行人的股东和实际控制人不属于职工持股会或工会持股。 目前的通说为,发行人(非控股的)股东存在工会持股等,不在禁止之列。
股东人数超过 200 人	《证券法》第 10 条规定:"……有下列情形之一的,为公开发行……(二)向特定对象发行证券累计超过二百人的……"
代持	代持问题产生的原因主要有以下方面: (1) 规避旧《公司法》有限责任公司两人以上股东的规定。 (2) 规避《公司法》有限责任公司股东 50 人以下、股份公司 200 人以下的规定。 (3) 股权激励未最终行权。 (4) 产权界定时没有具体到个人。 (5) 委托他方受让股权。 《公司注册资本登记管理规定》第 9 条规定:"股东或者发起人必须以自己的名义出资。"同时考虑到股权清晰等要求,代持为上市审核所不容。
信托持股	《首发管理办法》第 13 条要求"发行人的股权清晰"。

1. 处理方法

对于上述从上市审核角度看不规范的种种持股情况,按照目前的审核政策,必须在申请上市前进行清理、规范。根据有关法律规定和存在类似情况的已过会公司的操作实践,总结出如下基本步骤和操作要点:

(1) 确权。确权,即清查股权来源、形成过程和转让变化过程并最终确定真正的权利主体,此为下一步规范的基础和消除争议隐患的前提。在股权来源和形成过程方面,相对简单的主要有如下几种情况:工会或持股会集资投资持股、规避旧《公司法》禁止 1 人股东、股权激励由控股股东等代持、规避股东 200 人问题、委托他人代为投资等情况;相对复杂的是国有或集体产权量化给个人,特别是此种量化没有直接具体到个人但实际已经分配给个人的情况。

（2）规范。在清晰确权的基础上，按照个案的实际情况进行规范，对于工会和持股会持股、代持、200人以上股东等情况，主要是通过确权书、股权转让、股权赠与等形式将真实的股东"浮现"出来，成为显名股东。对于信托持股，首先解除信托协议，然后再做进一步的相应规范。

（3）确权和规范的操作要点。

① 确权的依据问题。据以确权的证据文件一般都没有在工商登记资料中体现或者完全体现，因此需要慎重查证当时的代持协议、投资协议、股权激励办法和名单等各类文件，注意审查其形式的合法性和设定法律权利的真实性，区别委托投资和借款，从出资方、真实合意、股东权利行使方式等方面进行"谁是股东"的实质性判断；对于涉及国资和集体资产的，要取得主管部门的初始确权文件。

② 历史变动情况和政府兜底问题。要充分关注和核查上述股权的历史变动情况，并根据交易的真实性和双方的本意确定现在有效的持股股东和持股份额；如涉及国资和集体资产，取得省级主管部门的最终确认文件，确认涉案股权的来源、变动的过程、现在的状态及规范结果的合法有效。

③ 200人问题。计算股东人数的方法是直接股东、间接股东两者合并计算。如果真实的股东人数不超过200人，则可均确认为股份公司股东；如果超过200人，则必须使用股权转让等方式降低至200人以下（根据最新的监管信息，对于股东超过200人以上的公司，不建议清理，但尚无实质性放行意见出台）。如果清理，中介机构应该对清理过程、清理的真实性和合法性、是否属于自愿、有无纠纷或者争议进行核查并发表意见，并对被清理出去的股东逐一（最低标准为至少90%以上）面谈。还需注意的是，在2006年1月1日之前成立的股份有限公司股东人数超过200人的，并不违反当时《公司法》的规定。控股股东和实际控制人的股东如果超过200人，同样需进行清理核查。

④ 规范的具体方式。要根据个案中权利的本质确定，不能一概"股权转让"，比如对于代持中的隐名股东，就不宜采取股权转让、股权赠与等方式进行规范，而是应该直接办理工商变更登记。

总的说来，如果想使真实的股东"浮现"出来，成为形式上合规的显名股东，应该使用直接确权或者"形式为股权转让，实为还原"的方式操作；如果想将一部分股东清理出去，将股权集中到少数人手里，则因为发生了股权转让而必须签署相应的合同并履行股东会决议、工商变更登记等程序；工会持股、职工持股会的股权一般也是通过股权转让的方式由个人或者持股公司承接，此时还要关注职工持股会收到股权转让款项后的分配和支付是否符合章程和类似的约定。

⑤ 如果采取股权转让的方式进行规范，应特别注意转让双方的真实意思表示（包括但不限于股权转让协议本身、股权受让款是否收到等方面），原则上要取得每一位涉案股东或者职工的书面认可。

⑥ 不论使用何种方式规范，转让价格应该公允合理。一方面，应该以评估价

为准。但是，考虑到股份取得的价格、形成的历史原因等，按照审计净资产价格甚至初始价格也未尝不可，关键在于本质上公允、合理即可。另一方面，要绝对避免强迫部分职工退出又不给合理补偿的丑恶现象。如果涉及国资，则相应的审批、评估、挂牌手续也应依法办理。转让款项最好能通过银行，留下可信凭证。

⑦ 在规范过程中，要注意符合公司法和有关主体的章程、管理公约等文件的约定。

⑧ 如有可能，最好请公证机关公证规范过程的关键环节；中介机构应进行尽职访谈；需要和每一名相关股东进行书面确认，确保真实性和合法性。如果人数众多，难以逐一查询，应至少确保在90%以上。对于确实无法找到的个别人，可以依照已知信息处理，然后由控股股东作出或有负债承诺。

⑨ 如果此类不规范情况是由控股股东的原因导致的，控股股东应出具承诺，对历史上的不规范和未来可能发生的争议承担全部责任。

2. 政策层面的慎重建议

对于职工持股会持股、股东会持股、200人问题、代持等涉及职工持股的问题，可以通过立法和充分公示的方式规范，不宜一律要求清理。理由如下：

（1）职工持股体现了和公司一起成长、分享公司成长红利的良好愿望，是职工的基本权利。

（2）清理的后果很有可能是权贵趁机剥夺职工的权利。

（3）职工持股的法律问题可以通过成立持股公司等合法形式予以规范，必要时也可合理地解释法律，比如投资和经营不是相同的法律概念等。方法很多，尽可以斟酌采用。

（4）为避免职工股演化为私募，可以通过对人数、持股规模、持股时间、流转等进行规范和调整，增加违法成本，使职工从自身利益出发即可拥有合法的实现途径。

（5）为避免职工持股成为腐败工具，一方面可以明确持股规则，特别是持股范围和条件；另一方面用充分公示的方法有效避免。毕竟，只有阳光，而不是禁令，才是最好的防腐剂。

（6）公司在上市后的财富效应令人叹为观止，但被清退了股份的员工却保持着沉默。原因或是员工被施以巨大压力，或是所谓的彻底清理并不存在，以各种形式代持；无论哪一种，都不是人民之福祉、法制之幸事。

（7）从更深远的意义上说，职工持股对于加强法人治理结构、避免贫富分化继续加剧，甚至构建和谐社会、落实科学发展观都有重要的现实意义。

二、股份锁定问题

所谓股份锁定，是指在特定期间内股东不得转让股份。从公司是否为上市公司的角度，可以将股份锁定分为一般股份有限公司的股份锁定规定和上市公司的股份锁定规定，后者还可以分为《公司法》的基本锁定规定和各种上市、交易规则所确定的股份锁定。从锁定的力度角度，可以将股份锁定分为禁止转让和限制转让。

表 3-19　股份锁定分类清理表

适用地	锁定对象		锁定依据	锁定期限	限制类型
主板、中小板、创业板均适用的规定	股份公司发起人	1	《公司法》第 142 条第 1 款	发起人持有的本公司股份，自公司成立之日起 1 年内不得转让。公司公开发行股份前已发行的股份，自公司股票在证券交易所上市交易之日起 1 年内不得转让。	禁止转让
	控股股东和实际控制人	2	《深圳证券交易所股票上市规则》《深圳证券交易所创业板股票上市规则》	自发行人股票上市之日起 36 个月内，不转让或者委托他人管理其直接或者间接持有的发行人公开发行股票前已发行的股份，也不由发行人回购该部分股份。	禁止转让
		3	《公司法》第 142 条第 2 款	（1）公司董事、监事、高级管理人员应当向公司申报所持有的本公司的股份及其变动情况，在任职期间每年转让的股份不得超过其所持有本公司股份总数的 25%。 （2）上述人员所持本公司股票上市交易之日起 1 年内不得转让。 （3）上述人员离职后半年内，不得转让其所持有的本公司股份。 （4）公司章程可以对公司董事、监事、高级管理人员转让其所持有的本公司股份作出其他限制性规定。	限制转让
	上市公司董事、监事和高级管理人员	4	《上市公司董事、监事和高级管理人员所持本公司股份及其变动管理规则》第 4 条	上市公司董事、监事和高级管理人员所持部分不得转让： （1）本公司股票上市交易之日起 1 年内； （2）董事、监事和高级管理人员离职后半年内； （3）董事、监事和高级管理人员承诺在一定期限内不转让并在该期限内的； （4）法律、法规、中国证监会和证券交易所规定的其他情形。	禁止转让

（续表）

适用地	锁定对象		锁定依据	锁定期限	限制类型
		5	《上市公司董事、监事和高级管理人员所持本公司股份及其变动管理规则》第5条	上市公司董事、监事和高级管理人员在任职期间，每年通过集中竞价、大宗交易、协议转让等方式转让的股份不得超过其所持本公司股份总数的25%，因司法强制执行、继承、遗赠、依法分割财产等导致股份变动的除外。上市公司董事、监事和高级管理人员所持股份不超过1 000股的，可一次全部转让，不受前款转让比例的限制。	限制转让
		6	《上市公司董事、监事和高级管理人员所持本公司股份及其变动管理规则》第13条	上市公司董事、监事和高级管理人员在下列期间不得买卖本公司股票： （1）上市公司定期报告公告前30日内； （2）上市公司业绩预告、业绩快报公告前10日内； （3）自可能对本公司股票交易价格产生重大影响的重大事项发生之日或在决策过程中，至依法披露后两个交易日内； （4）证券交易所规定的其他期间。	禁止买卖
		7	《深圳证券交易所创业板上市公司规范运作指引》	上市公司已满1年公司的董事、监事、高级管理人员证券账户内通过二级市场购买、可转债转股、行权、协议受让等方式内新增持有限售条件的本公司无限售条件的股份，按75%自动锁定；新增有限售条件的股份，计入次年可转让股份的计算基数。上市公司未满1年公司的董事、监事、高级管理人员证券账户内新增的本公司股份，按100%自动锁定。	限制转让
	上市公司董事、监事、高级管理人员、持股份5%以上股东	8	《证券法》第47条第1款	上市公司董事、监事、高级管理人员、持有上市公司股份5%以上的股东，将其持有的该公司的股票在买入后6个月内卖出，或者在卖出后6个月内又买入，由此所得收益归该公司所有，公司董事会应当收回其所得收益。但是，证券公司因包销购入售后剩余股票而持有5%以上股份的，卖出该股票不受6个月时间限制。	限制收益

第三章 主体资格 063

(续表)

适用地	锁定对象		锁定依据	锁定期限	限制类型
	股东	9	窗口指导(个案处理)	利润分配和资本公积形成的新增股份与原股份的锁定期相同。	禁止转让
	中介机构人员	10	《证券法》第45条	为股票发行出具审计报告、资产评估报告或者法律意见书等文件的证券服务机构和人员,在该股票承销期内和期满后6个月内,不得买卖该种股票。除前款规定外,为上市公司出具审计报告、资产评估报告或者法律意见书等文件的证券服务机构和人员,自接受上市公司委托之日起至上述文件公开后5日内,不得买卖该种股票。	禁止转让
	国外投资者	11	《外国投资者对上市公司战略投资管理办法》第5条第(3)项	进行战略投资取得的上市公司A股股份3年内不得转让。	禁止转让
主板特别规定	新进股东	1	窗口指导(个案处理)	招股说明书正式披露前12个月内进行过增资扩股的,该股权自工商变更登记之日起锁定36个月。	禁止转让
		2		招股说明书正式披露前12个月内控股股东转让股权的,受让方的股权自工商变更登记之日起锁定36个月。	禁止转让
中小板特别规定	上市公司董事、监事和高级管理人员	1	《深圳证券交易所中小企业板上市公司规范运作指引》第3.8.2条	在申报离任6个月后的12个月内通过证券交易所挂牌交易出售本公司股票数量占其所持有本公司股票总数的比例不得超过50%(在离任6个月后不得转让的条件下,进行延长锁定期的规定)。	限制转让

(续表)

适用地	锁定对象		锁定依据	锁定期限	限制类型
	上市公司董事、监事、高级管理人员、证券事务代表及前述人员的配偶以及上市公司控股股东、实际控制人	2	《深圳证券交易所中小企业板上市公司规范运作指引》第3.8.16条、第4.2.20条	上市公司董事、监事、高级管理人员、证券事务代表及前述人员的配偶在下列期间不得买卖本公司股票及其衍生品种： (1) 公司定期报告公告前30日内，因特殊原因推迟公告日期的，自原预约公告日前30日起至最终公告日； (2) 公司业绩预告、业绩快报公告前10日内； (3) 自可能对本公司股票及其衍生品种交易价格产生较大影响的重大事件发生之日或决策程序之日，至依法披露后两个交易日内； (4) 中国证监会及本所规定的其他期间。	禁止买卖
	新进股东	3	窗口指导（个案处理）	刊登招股说明书之日前12个月内增资扩股进入的股东，该等增资部分的股份自完成增资工商变更登记之日锁定36个月。	禁止转让
		4	窗口指导（个案处理）	刊登招股说明书之日前12个月内控股股东、实际控制人及其关联方转让股权的，新进股东自上市之日起应锁定36个月。 刊登招股说明书之日前12个月受让老股进入的股东，不受前述36个月锁定期的限制。	禁止转让
创业板特别规定	控股股东的关联方	1	窗口指导（个案处理）	(1) 控股股东的关联方转让方的股份，自上市日起锁定3年。 (2) 不能确定控股股东的，按股份大小排列锁定不低于51%的股份，锁定期3年。	禁止转让

(续表)

适用地	锁定对象		锁定依据	锁定期限	限制类型
	上市公司董事、监事和高级管理人员	2	《关于进一步规范创业板上市公司董事、监事和高级管理人员买卖本公司股票行为的通知》第3条、第6条	上市公司董事、监事和高级管理人员在首次公开发行股票上市之日起6个月内申报离职的,自申报离职之日起18个月内不得转让其直接持有的本公司股份;在首次公开发行股票上市之日起第7个月至第12个月之间申报离职的,自申报离职之日起12个月内不得转让其直接持有的本公司股份。因上市公司进行权益分派等导致其董事、监事和高级管理人员直接持有本公司股份发生变化的,仍应遵守上述规定。自上市公司向本所申报董事、监事和高级管理人员离职信息之日起,离职人员所持股份将按本通知规定予以锁定。自离职人员的离职信息申报之日起6个月内,离职人员增持本公司股份也将予以锁定。	禁止转让
		3	窗口指导(个案处理)	离职后1年内转让不超过50%。	限制转让
	新进股东	4	《深圳证券交易所创业板上市规则》第5.1.7条	如发行人在向中国证监会提交其首次公开发行股票申请前6个月内(以中国证监会正式受理日为基准日)进行过增资扩股的,新增股份的持有人除需遵守5.1.5条的规定外,还需在发行人向本所提出其公开发行股票上市申请时承诺:自发行人股票上市之日起24个月内,转让的上述新增股份不超过其所持有该新增股份总额的50%。	禁止转让
		5	窗口指导(个案处理)	(1)申请受理前6个月增资的股份,自工商登记之日起锁定3年; (2)申请受理前6个月从控股股东、实际控制人处受让的股份,自上市之日起锁定3年;	

(续表)

适用地	锁定对象		锁定依据	锁定期限	限制类型
				(3) 申请受理前6个月从非控股股东处受让的股份，自上市之日起锁定1年； (4) 申请受理前6个月内送股、转增形成的股份，锁定期同原股份。	禁止转让
		6	窗口指导（个案处理）	如发行人在向中国证监会提交其首次公开发行股票申请前6个月内，控股股东、实际控制人及其关联方转让股份，则新进股东的股份自上市之日起应锁定36个月。	禁止转让

三、法律对股东资格的认定标准

当股东名册、公司章程和工商登记文件中记载的股东不一致时,就需要对股东资格进行认定。在进行股权规范清理过程中,更需要根据实际情况和公司法的原理认定真正的股东。

判断当事人是否具备股东资格要综合考虑以下因素:① 签署公司章程并在公司章程中记载为股东;② 股东名册的记载;③ 工商登记文件的记载;④ 履行出资义务;⑤ 出资证明书;⑥ 实际行使股东权利;⑦ 股东之间的合意,也包括其他股东对代持股东的认可和知晓情况;⑧ 显名股东与隐名股东之间的特别约定和这些特别规定的公示范围。

根据《公司法》第 33 条第 2 款的规定:"记载于股东名册的股东,可以依股东名册主张行使股东权利。"这一规定赋予股东名册在股东资格确认中的优先效力。一般主要以工商登记文件和股东名册为主要的认定依据。但在实务中,绝大部分公司并未设置股东名册,也没有向股东出具出资证明书。股东名册虽然是公司法明确要求公司必须置备的法律文件,但目前很多中小企业事实上并未置备,加之公司法对股东名册的产生、保管、变更并无严格的形式要件要求,使得股东名册无法起到在公司内部证明股东资格的作用。在此情况下,就需要本着实事求是的精神,综合考虑上述八种因素,可得出符合实际的结论。

四、涉及上市公司权益

表 3-20　涉及上市公司权益股东类型对照表

类型	政策(未经明确证实的)
境内公司直接或间接控制发行人	(1) 上市公司公开募集资金投向未用于发行人业务。 (2) 上市公司最近 3 年连续盈利,业务经营正常。 (3) 发行人与上市公司之间不存在同业竞争,且控股股东出具了未来不从事同业竞争业务的承诺,发行人业务、资产、人员、财务、机构独立。 (4) 上市公司最近一个会计年度合并报表中按权益享有的发行人的净利润不超过上市公司合并报表净利润的 50%。 (5) 上市公司最近一个会计年度合并报表中按权益享有的发行人的净资产不超过上市公司合并报表净资产的 50%。
上市公司曾直接或间接控制发行人但目前不再控股的	充分披露。 同时: (1) 上市公司转入或转出发行人股份不存在违法违规行为,没有侵害上市公司利益并按审批权限履行了董事会、股东大会批准程序。 (2) 上市公司公开募集资金投向未用于发行人业务。 (3) 发行人与上市公司之间不存在同业竞争,发行人业务、资产、人员、财务、机构独立。

（续表）

类型	政策（未经明确证实的）
	（4）上市公司及发行人的控股股东或实际控制人之间不存在关联交易，上市公司及下属企业董事、监事、高级管理人员不拥有发行人的控制权。报告期转出的，重点关注，中介机构核查发表专项意见。
由境外上市公司直接或间接控股	（1）境外上市公司及下属企业在境内上市不违反境外证券监管机构的相关规定，并已获得境外上市公司董事会或股东大会的批准。 （2）发行人与上市公司之间不存在同业竞争，且发行人及其控股股东出具了未来不从事同业竞争的承诺，发行人业务、资产、人员、财务、机构独立。 （3）中介机构在核查的基础上对上述问题发表明确的意见。 （4）发行人在招股说明书中披露境外上市公司有关情况。
发行人下属公司在代办系统挂牌	有发行人披露挂牌公司挂牌的情况，包括挂牌时间、交易情况等，如发行人对挂牌公司进行摘牌处理的，披露有关情况。

五、外商投资企业改制上市相关问题

（一）外商投资企业改制上市的法律规定

表 3-21　外资企业改制上市法规表

序号	发布时间	文号	名称	内容
1	2011年12月24日	国家发展和改革委员会、商务部令第12号	《外商投资产业指导目录（2011年修订）》	规定了外商投资的产业指导目录，将外商投资产业目录分为鼓励类、限制类、禁止类。
2	2010年6月10日	商资发〔2010〕209号	商务部《关于下放外商投资审批权限有关问题的通知》	规定了外商投资股份有限公司的限额按注册资本计，改制为外商投资股份有限公司的限额按评估后的净资产值计，外国投资者并购境内企业的限额按并购交易额计。
3	2008年12月18日	商资服字〔2008〕530号	商务部外资司《关于下发〈外商投资准入管理指引手册〉（2008年版）的通知》	对外商投资股份公司、商业等部分服务业外资准入行政许可的申报程序、材料及审批时限等进行分类介绍。

(续表)

序号	发布时间	文号	名称	内容
4	2008年8月5日	商资函〔2008〕50号	商务部《关于下放外商投资股份公司、企业变更、审批事项的通知》	明确规定了外商投资企业的审批机关。
5	2008年7月30日	商资函〔2008〕59号	商务部《关于外商投资股份有限公司非上市外资股转B股流通有关问题的通知》	规定了外商投资股份有限公司非上市外资股转B股流通的条件、程序等问题。
6	2007年2月27日	商务部公告2007第11号	《商务部关于委托审批部分外商投资企业变更事项》	已批准设立的外商投资股份有限公司(不包括上市公司),委托企业所在地省级商务主管部门负责审批其变更事项(不包括公司为上市进行的变更事项),由省级人民政府换发外商投资企业批准证书,并在批复换证的同时向商务部备案。
7	2002年3月19日	证监发〔2002〕17号	《公开发行证券的公司信息披露编报规则第17号——外商投资股份有限公司招股说明书内容与格式特别规定》	对拟公开发行证券的外商投资股份有限公司的信息披露作出特别规定。
8	2001年11月5日	外经贸部资发〔2001〕538号	对外经济贸易合作部、中国证券监督管理委员会《关于印发〈关于上市公司涉及外商投资有关问题的若干意见〉的通知》	对外商投资股份有限公司首次公开发行股票并上市的条件作出明确规定。
9	2001年5月17日	外经贸资字〔2001〕39号	对外贸易经济合作部办公厅《关于外商投资股份公司有关问题的通知》	规定了外商投资股份公司申请上市发行A股或B股的条件,中外合资企业的B股公司,申请其非上市外资股上市流通的条件。
10	1995年1月10日	外经贸部令第1号	《关于设立外商投资股份有限公司若干问题的暂行规定》	对外商投资股份有限公司的定义、发起人、注册资本、外国股东的最低持股比例、设立方式及程序等作出了明确规定。

(二)设立外商投资股份有限公司的审批部门及权限

根据《外商投资股份有限公司审批指引》第1条的规定：

(1)注册资本折合1亿美元以下鼓励类、允许类及注册资本折合5 000万美元以下限制类的(公司转制按照评估后的净资产计算)企业设立(含增资)、变更由省级商务部门审核。

(2)注册资本折合1亿美元以上鼓励类、允许类及注册资本折合5 000万美元以上限制类的(公司转制按照评估后的净资产计算)企业设立(含增资)、变更由省级商务部门上报商务部审核。

(三)外商投资企业改制为股份公司应注意的问题

外商投资股份有限公司是依据《关于设立外商投资股份有限公司若干问题的暂行规定》设立的,全部资本由等额股份构成,股东以其所认购的股份对公司承担责任,公司以全部财产对公司债务承担责任,中外股东共同持有公司股份的企业法人。

根据《关于设立外商投资股份有限公司若干问题的暂行规定》和《关于上市公司涉及外商投资有关问题的若干意见》的规定,改制为外商投资股份有限公司应特别注意以下事项:

(1)以发起方式设立外商投资股份有限公司,注册资本最低限额为人民币3 000万元,在股份公司设立批准证书签发之日起90日内,发起人应一次缴足其认购的股份。

(2)已设立的中外合资经营企业、中外合作经营企业、外资企业等外商投资企业,如果有最近连续三年的盈利记录,可申请变更为外商投资股份有限公司。但其减免税等优惠期限,不再重新计算。

(3)已设立的国有企业、集体所有制企业,如果营业时间超过5年并有最近连续三年的盈利记录,外国股东以可自由兑换的外币购买并持有该企业的股份占该企业注册资本的25%以上,企业的经营范围符合外商投资企业产业政策等,也可申请转变为外商投资股份有限公司。

(4)已设立的股份有限公司,可通过增资扩股、转股、发行境内上市外资股或境外上市外资股等方式,变更为外商投资股份有限公司。

(5)一般情况下,外商投资股份有限公司的中方发起人不得为自然人。但如中方自然人原属于境内内资公司的股东,因外国投资者并购境内公司的原因导致中方自然人成为中外合资经营企业的中方投资者的,该中方投资者的股东身份可以保留。

(6)外商投资股份有限公司中的外国股东可以是"外国的公司、企业和其他经济组织或个人",包括国外有限合伙制企业以及其他非公司性质的组织。

《关于外商投资企业境内投资的暂行规定》(2000年9月1日施行)第6条规

定:"外商投资企业境内投资,其所累计投资额不得超过自身净资产的百分之五十;投资后,接受被投资公司以利润转增的资本,其增加额不包括在内。"但是,2005年《公司法》取消了企业对外投资额度不得超过该公司净资产50%的限制。关于外资法规有关规定与《公司法》不一致的,处理原则是:《公司法》有明确规定的,适用《公司法》;《公司法》没有明确规定的,仍按照现行外资法规及规范性文件审核办理。如《公司法》对有限责任公司最低注册资本的要求(3万元人民币),股份公司设立人数最低两人要求、最低注册资本500万元人民币、分立合并减资45天一次性公告(从公司董事会决议之日起即可刊登公告,不用等商务部门的原则性批复)等。

(四) 外商投资股份有限公司上市需要符合的特别条件

根据对外贸易经济合作部、中国证券监督管理委员会颁发的《关于上市公司涉及外商投资有关问题的若干意见》第2条的规定,外商投资股份有限公司上市发行股票需要符合以下条件:

(1) 外商投资股份有限公司在境内发行股票(A股与B股)必须符合外商投资产业政策及上市发行股票的要求。

(2) 首次公开发行股票并上市的外商投资股份有限公司,除符合《公司法》等法律、法规及中国证监会的有关规定外,还应符合下列条件:① 申请上市前三年均已通过外商投资企业联合年检;② 经营范围符合《指导外商投资方向暂行规定》与《外商投资产业指导目录》的要求;③ 上市发行股票后,其外资股占总股本的比例不低于10%(需要说明的是,上市后,外资股占总股本比例不低于10%的规定,已经不再严格适用,但尚未被明确废止);④ 按规定需由中方控股(包括相对控股)或对中方持股比例有特殊规定的外商投资股份有限公司,上市后应按有关规定的要求继续保持中方控股地位或持股比例;⑤ 符合发行上市股票有关法规要求的其他条件。

(3) 外商投资股份有限公司首次公开发行股票并上市,除向中国证监会提交规定的材料外,还应提供通过联合年检的外商投资股份有限公司的批准证书和营业执照。

(4) 外商投资股份有限公司首次发行股票后,其增发股票及配股,应符合本条上述第(2)款规定的条件以及增发股票与配股的有关规定。

(5) 外商投资股份有限公司首次发行股票及增发或配、送股票完成后,应到外经贸部办理法律文件变更手续。

关于外商投资股份有限公司首发前的审批部门及权限,目前比较权威的观点是,首发前不需要商务部审批,只需在发行完后报商务部备案,权限同样下放至省级商务部门。

（五）外商投资企业改制上市应关注的问题及解决方案

表 3-22 外资上市问题分析表

序号	问题		解决方案
1	股权结构		实践中，外商投资股份公司的外方投资者出于合理避税考虑或为符合相关政策规定，往往通过在英属维尔京群岛、开曼群岛等地设立壳公司，再由该壳公司对中国大陆投资，形成外商投资股份公司与最终出资方之间存在两层甚至两层以上的股权关系的股权架构。 监管部门在审核中应重点关注该等股权架构存在的原因和合理性。如拟上市外商投资股份有限公司存在多层股权架构，需在申请文件中对其形成原因和合理性进行充分披露，若难以解释其合理性，则需依法进行清理。
2	关联交易	委托关联方采购或销售	实践中，有些外商投资企业原材料采购及产品销售均委托控股股东、实际控制人或其控制的企业进行，外商投资企业只负责进行加工生产，在业务上依赖于控股股东、实际控制人及其控制的其他企业，不符合首次公开发行股票并上市的条件，应予规范和整改，即终止与控股股东、实际控制人及其控制的其他企业的委托采购或销售关系，改由拟上市公司直接进行采购或销售。 如委托采购或销售是由于境外采购成本较低，或境外原材料质量优于境内等原因，且交易金额不大，对拟上市公司的经营影响不大，该关联交易可以继续进行，交易双方应签署书面委托合同，并按照公司章程规定的关联交易定价原则和程序合理确定交易价格。
		关联方代收代付	在代收代付过程中存在境外关联方截留利润的风险，及代收代付发生的财务费用难以准确反映在拟上市公司的财务报表中，影响对拟上市公司财务状况的判断，因此代收代付的关联交易应尽量避免。 对于该问题，应由拟上市公司直接与境外供应商或客户进行结算，如直接结算客观上存在困难，可以由拟上市公司在香港等地设立境外子公司，并由子公司代为支付或收取境外款项。
3	商标、专利实施许可		实践中，有些外商投资企业在改制上市前未取得独立的商标或专利的所有权，而是无偿使用其控股股东、实际控制人或其控制的其他企业拥有所有权的商标或专利技术，该种情形对拟上市外商投资企业的资产完整性及生产经营的稳定性存在不利影响，在改制上市前需进行规范。 一般情况下，可以采取的措施包括控股股东或其他关联方将其商标或专利转让给拟上市公司，或控股股东或其他关联方以该等专利或商标所有权对拟上市公司增资。

(续表)

序号	问题	解决方案
4	同业竞争的主要解决方法	（1）直接将竞争方注销。如实际控制人设立竞争方的目的已经实现或竞争方基本上已无实际生产经营，或处于亏损状态，一般可以考虑采用此种方式。 （2）拟上市公司收购竞争方的资产或股权。收购竞争方资产，即由拟上市公司收购竞争方与竞争业务相关的生产设备及存货等资产，同时获得竞争方的客户资源。如竞争方还存在其他资产，或者实际控制人需保留竞争方的主体资格，则可以采用收购其资产的方式，使其不再具备与拟上市公司进行竞争的条件，同时主体资格存续至经营期满后将其注销。 收购竞争方股权，即由拟上市公司与竞争方的股东签署股权转让协议，受让竞争方股权。拟上市公司收购竞争方股权的比例应以能控制竞争方、将竞争方纳入拟上市公司合并财务报表为最低限。 收购规模如达到《〈首次公开发行股票并上市管理办法〉第十二条发行人最近3年内主营业务没有发生重大变化的适用意见——证券期货法律适用意见第3号》规定的指标，需依照规定在收购完成后运行一定的时间。 （3）拟上市公司吸收合并竞争方。采用此种方式解决同业竞争时应注意依照《公司法》、《关于外商投资企业合并与分立的规定》等相关规定，履行公告债权人等程序。 （4）将竞争方将相竞争的资产或股权转让给无关联关系的第三方。如拟上市公司由于特定的原因，无法收购资产或股权，或收购资产或股权对其发展意义不大，则可以采用该种方法。需要注意的是，受让第三方必须是与拟上市公司无关联关系的第三方；将竞争方资产或股权转让给第三方而不是拟上市公司需要有合理的理由。 （5）拟上市公司与竞争方进行市场划分。拟上市公司的实际控制人为降低生产成本、合理利用资源及开拓新兴市场，在全球设立多家公司进行生产经营，导致在中国境内设立的公司与其实际控制人控制的其他企业之间存在同业竞争。该种情形下可采用该种方法。需要注意的是，由于此种方式的效果取决于竞争方是否履行市场划分的协议，存在竞争方违反市场划分协议损害拟上市公司利益的风险，且划分市场使拟上市公司的发展受到一定限制，该种解决方式在近年来已基本不被采用。 （6）避免同业竞争的承诺。在拟上市公司与其控股股东、实际控制人及其控制的其他企业不存在同业竞争或已采取有效措施解决了同业竞争的情形，为避免将来可能发生的同业竞争对拟上市公司利益造成损害，实践中通常要求拟上市公司的控股股东、实际控制人明确作出避免潜在同业竞争的书面承诺。

六、中国自然人是否可对外资股份公司增资

根据目前的实务案例,中国自然人可以对外资股份公司增资,法律分析如下:

(1)《公司法》第一章、第四章、第五章和第179条就股份有限公司的设立和发起人资格、股份有限公司股份的发行、股份有限公司增资等事项进行了规定,并未禁止自然人投资参股中外合资股份有限公司。

(2)根据1995年1月10日对外贸易经济合作部发布的《关于设立外商投资股份有限公司若干问题的暂行规定》第1条"……外国的公司、企业和其他经济组织或个人(以下简称外国股东),按照平等互利的原则,可与中国的公司、企业或其他经济组织(以下简称中国股东)在中国境内,共同举办外商投资股份有限公司"的规定,限制了中国境内自然人投资设立外商投资股份公司的主体资格,但并未明确禁止中国境内自然人以增资的方式成为已设立外商投资股份公司股东的主体资格。

(3)中华人民共和国商务部办公厅作为《关于设立外商投资股份有限公司若干问题的暂行规定》的颁布机构,也已就此作出了无禁止性规定的批复。

七、境内自然人成为外商投资企业股东的突破

上海市工商行政管理局、上海市浦东新区人民政府于2010年5月1日颁布了《境内自然人在浦东新区投资设立中外合资、中外合作经营企业试行办法》,根据该办法,持有中华人民共和国居民身份证的境内居民(境内自然人)可以在浦东新区与外国公司、企业、其他经济组织或者个人共同投资设立中外合资、中外合作经营企业。

对于境内自然人的条件,《境内自然人在浦东新区投资设立中外合资、中外合作经营企业试行办法》要求应当具有完全民事行为能力,并且符合相关规定对于自然人成为股东的其他要求。在投资领域方面,《境内自然人在浦东新区投资设立中外合资、中外合作经营企业试行办法》明确规定了境内自然人投资设立的中外合资、中外合作经营企业的投资领域应限于《外商投资产业指导目录》规定的鼓励、允许类项目。若外商投资企业变更使境内自然人成为中外合资、中外合作经营企业股东的,也应当适用《境内自然人在浦东新区投资设立中外合资、中外合作经营企业试行办法》,这也就意味着不仅新设立的中外合资、中外合作经营企业可以由境内自然人投资,已经设立的外资企业,也可以通过变更实现股权由境内自然人持有。

《境内自然人在浦东新区投资设立中外合资、中外合作经营企业试行办法》的颁布打破了原有《中华人民共和国中外合资经营企业法》以及《中华人民共和国中外合作经营企业法》对于中国投资者仅限于公司、企业和其他经济组织等非自然人

实体的规定,进一步放开了境内自然人可采用的股权投资形式。《关于外国投资者并购境内企业的规定》第 54 条规定:"被股权并购境内公司的中国自然人股东,经批准,可继续作为变更后所设外商投资企业的中方投资者。"这也就意味着,通过外资并购方式导致内资企业变更为中外合资、中外合作经营企业的情况下,允许境内自然人成为股东,而在新设或者非外资并购的其他股权收购方式下,境内自然人不得成为中外合资、中外合作经营企业的股东。本次《境内自然人在浦东新区投资设立中外合资、中外合作经营企业试行办法》的颁布发展、延续了《关于外国投资者并购境内企业的规定》的做法,使境内自然人可以从公司新设阶段开始成为中外合资、中外合作经营企业的股东。

《境内自然人在浦东新区投资设立中外合资、中外合作经营企业试行办法》还明确规定了境内自然人在浦东新区投资设立中外合资、中外合作经营企业的审批登记由浦东新区商务委员会和浦东新区工商局在其各自的审批和登记权限内分别负责办理。

除浦东新区外,迄今也有多地实现类似突破。

八、取得境外居留权的中国公民持有股权的属性

(一)取得境外永久居留权后在境内投资

目前,我国法律法规对于中国公民在取得境外居留权后进行的境内投资的股权性质并没有明确的规定,实务中存在地方政府的特别规定和个案自由解释,从实务中的先例可以得出的结论是:当事人有选择权,既可以选择设立内资企业,也可以选择设立外资企业。此种自相矛盾的混乱局面,应该尽快通过立法明确和统一。

有一种观点(身份说)认为,取得境外永久居留权的中国公民境外投资参照"华侨"的有关规定,享受相应的外商投资企业待遇,其实这是对法律规定的误解。"取得境外永久居留权的中国公民"可以参照外资待遇,此观点混淆了"取得境外永久居留权的中国公民"和"华侨"的概念。《中华人民共和国归侨侨眷权益保护法》第 2 条第 1 款明确规定:"……华侨是指定居在国外的中国公民。"即只有定居在国外的中国公民才是华侨,如果仅仅是取得境外永久居留权但不在境外定居,则不是华侨,其享受华侨待遇是没有充分法律依据的。

持有此种观点的人还引用了以下批复作为依据。国家外汇管理局综合司《关于取得境外永久居留权的中国自然人作为外商投资企业外方出资者有关问题的批复》(国家外汇管理局综合司汇综复〔2005〕64 号)指出:你分局《国家外汇管理局辽宁省分局关于"已取得境外永久居留权的中国自然人"可否视作外商投资企业外方有关问题的请示》(辽汇发〔2005〕92 号)收悉。现批复如下:中国公民取得境外永久居留权后回国投资举办企业,参照执行现行外商直接投资外汇管理法规。中国公民在取得境外永久居留权前在境内投资举办的企业,不享受外商投资企

待遇。但因该批复针对的是外汇管理，所以不能据此认定企业的性质。

此外，还有"资金来源说"、"混合说"等，均没有充分的法律依据。持有"资金来源说"的依据之一是某位领导的讲话，但是该讲话内容针对的是"华侨"，并不能直接适用于仅取得境外永久居留权的中国籍公民。

综上所述，中国籍公民即使取得境外居留权，除非定居国外，否则其在中国境内的投资都不应被界定为外资股。

（二）在境内投资后取得境外永久居留权

根据《关于外国投资者并购境内企业的规定》第55条"境内公司的自然人股东变更国籍的，不改变该公司的企业性质"的规定，取得境外永久居留权也不改变公司的性质。

国家外汇管理局综合司《关于取得境外永久居留权的中国自然人作为外商投资企业外方出资者有关问题的批复》对此问题的规定也十分明确，不再赘述。

九、夫妻共同设立公司

夫妻双方共同出资设立公司的，应当以各自所有的财产作为注册资本，并各自承担相应的责任。因此，夫妻双方登记注册公司时应当提交财产分割证明，未进行财产分割的，应当认定为夫妻双方以共有财产出资设立公司，在夫妻关系存续期间，夫或妻名下的公司股份属于夫妻双方的共有财产，作为共同共有人，夫妻双方对该项财产享有平等的占有、使用、收益和处分的权利。

根据最高人民法院《关于适用〈中华人民共和国婚姻法〉若干问题的解释（一）》第17条第（2）项的规定："夫或妻非因日常生活需要对夫妻共同财产做重要处理决定，夫妻双方应当平等协商，取得一致意见。他人有理由相信其为夫妻双方共同意思表示的，另一方不得以不同意或不知道为由对抗善意第三人。"因此，夫或妻一方转让共同共有的公司股权的行为，属于对夫妻共同财产作出重要处理，应当由夫妻双方协商一致并共同在股权转让协议、股东会决议和公司章程修正案上签名。

夫妻双方共同共有公司股权的，夫或妻一方与他人订立股权转让协议的效力问题，应当根据案件事实，结合另一方对股权转让是否明知、受让人是否为善意等因素进行综合分析。如果能够认定另一方明知股权转让，且受让人是基于善意，则股权转让协议对于另一方具有约束力。

此外，如果股权变动和夫妻关系解除法律事实两者的发生时间存在交集时，也应对股权的归属给予特别确认。

十、合伙企业

随着《中华人民共和国合伙企业法》（以下简称《合伙企业法》）的修订，合伙企业作为发行人的股东没有法律障碍,原来存在的不能开户的问题也随着《证券登记结算管理办法》的修订而彻底解决。

需要注意的是,目前在已成功上市的先例中,作为股东的合伙企业除专门从事创业投资业务的有限合伙企业外,已出现多家由发行人的员工、高级管理人员直接设立的合伙企业。

担任发行人股东的有限合伙企业应该依法成立和运营,比如合伙人不得超过50人。计算公司直接、间接股东人数时,合伙企业计算为1人,但明显为了规避"两百人"要求的除外,是否认定为"规避",则根据《合伙企业法》、合伙协议以及具体情况作实质判断。合伙企业的实际控制人推定为全体普通合伙人,但合伙协议另有约定的,可从其约定。

鉴于合伙企业的合伙人安排非常灵活,还应关注合伙企业的真实性、合法性,是否存在代持关系,合伙人之间是否存在纠纷、诉讼等。

以上论述的是合伙企业是否可以成为公司的股东,而一个"逆向"问题同样需要高度关注:发行人是否可以成为合伙企业的合伙人。关注此问题的原因是根据《合伙企业法》的"国有独资公司、国有企业、上市公司以及公益性的事业单位、社会团体不得成为普通合伙人"的规定。因此,如果发行人已经投资于合伙企业并担任普通合伙人,必须在上市前解决。同时根据《合伙企业法》第53条的规定,即使成功退伙,"退伙人对基于其退伙前的原因发生的合伙企业债务,承担无限连带责任";第91条规定:"合伙企业注销后,原普通合伙人对合伙企业存续期间的债务仍应承担无限连带责任。"所以仍然需要中介机构对此详细论证和分析,确保基本不存在或有负债或者虽然存在但风险可控。考虑到论述的难度和可信程度,最明智的方法就是,如果公司未来有上市打算,就不要以普通合伙人的身份投资于合伙企业,再退一步,如果确有必要,也不要发行人主体直接投资,可以设立子公司操作,这样最多只是在子公司层面承担无限责任,从母公司的角度风险仍然是有限、可控的。

上市公司不能担任普通合伙人,是《合伙企业法》的独创,实际上是对"法人能否作为合伙企业的普通合伙人"这一问题正、反两方观点妥协的产物。对此问题感兴趣的读者可以参考全国人大常委会法工委修订《合伙企业法》时起草的调研报告和说明。

关于国有控股公司是否能够成为合伙企业普通合伙人,存在一定争议。从《公司法》和《合伙企业法》的角度,规定清晰明确,不存在障碍。争论本身在一定程度上折射出现阶段国有资产和国有企业管理相关法律的暧昧、混乱和特立独行。

十一、交叉持股

(一)交叉持股的含义

交叉持股是指两个公司直接或者变相直接相互持有对方的股权,继而相互成为对方股东的情形。所谓变相交叉持股是指当一个公司 A 直接控制另外一个公司 B, 而被控制公司 B 又持有了其他公司 C 的股权时, 其他公司 C 反过来又持有控制公司 A 的股权, 此时的 A 公司和 B 公司事实上可以视为一个公司, 变相直接持有 C 公司的股权。

(二) 法律规定的空白

交叉持股问题在我国法律规则领域还是空白, 相关法律文件仅见《证券公司设立子公司试行规定》, 该规定第 10 条规定: "子公司不得直接或者间接持有其控股股东、受同一证券公司控股的其他子公司的股权或股份, 或者以其他方式向其控股股东、受同一证券公司控股的其他子公司投资。"但该规定仅适用于证券公司, 对于其他亟须规范的投资公司和上市公司并没有涉及。

(三) 交叉持股可能存在的问题

1. 虚增资本

两个公司之间的交叉持股会导致资本虚增, 因为此时事实上只是同一资金在两个公司之间来回流动, 每流动一次都会导致两个企业同时增加资本额。例如 A 公司原有 200 万元注册资本, 再向 B 公司定向增发 200 万元的股份, 同时 B 公司也向 A 公司增发 200 万元的股份。两个公司资本总额增加到 400 万元, 但事实上等于 A 公司与 B 公司相互退还了出资, 两个公司的净资本根本没有增加。这实际上违反了公司法上的法定资本原则, 对公司债权人产生了严重的损害, 因此可能会在上市审查时受到规制和质疑。

2. 诱发内幕交易和关联交易

交叉持股一般都伴随着大股东利用资讯优势炒作股票的行为。大股东、实际控制人以及管理层往往以交叉持股为通道进行关联交易, 而这种关联交易的背后往往是利益输送。

3. 可能形成行业垄断

公司之间的交叉持股可以建立策略联盟, 维系彼此之间的生产、供销等关系, 以强化竞争优势, 但同时它也可能造成垄断联合, 特别是在具有竞争关系的公司之间, 利用交叉持股可以产生排挤其他竞争对手、牟取垄断利润的行为。

(四) 结论

综上所述, 在发行人及其控股子公司之间, 最好避免交叉持股现象, 已经存在的, 可以考虑通过股权转让甚至减资的方法规范解决。

十二、一股独大

中小企业特别是其中的家族企业, 往往存在"一股独大"现象, 即单独或家族持股合计绝对控股, 实际控制人往往能够通过股东大会和董事会行使表决权, 对发行人实施控制和重大影响,有能力按照其意愿实施选举发行人董事和间接挑选高级管理人员、确定股利分配政策、促成兼并收购活动以及修改公司章程等行为。"一股独大"并非一无是处,在决策效率、股东对公司忠诚度等方面都远优于全民所有的企业,但是也有相应弊端,主要集中在缺乏纠错机制、法人治理容易流于形式、缺乏中小股东权利和利益保护制衡等方面。

对于家族控股的拟上市企业,中介机构应该重点关注企业是否有完善的制度设计和治理结构,能否在上市后保障中小投资者的合法权益,使得监管部门在审核中能够有充分理由相信此类"一股独大"的公司有完善的制度设计和保障机制,不会出现实际控制人滥用其控股地位侵害小股东权益的情况发生。比如,在人员安排上,降低家族成员在董事会和管理层的职位比例,引进职业经理人模式,有效降低了控股股东的决策风险;在公司制度方面,通过控股股东签署《避免同业竞争承诺函》以及发行人在《公司章程》、《股东大会议事规则》、《董事会议事规则》和《关联交易决策制度》等一系列制度中对关联交易作出严格规定,包括关联交易的回避表决制度、决策权限、决策程序等内容,确保中小股东利益免受侵害。

十三、突击入股

对于申报前一年内新增股东,要关注和披露持股时间、持股数量及变化情况、价格及定价依据;对于自然人股东,关注其最近五年的履历;对于法人股东,关注其主要股东和实际控制人。

对于申请前6个月增资或者股权转让的,关注增资或转让的基本情况(增资或转让原因、定价依据及资金来源、新增股东的背景)、股份代持情况(委托、信托持股)、关联关系(新增股东与发行人及其实际控制人,发行人董事、监事、高级管理人员之间,与本次发行相关中介机构及其签字人员的关系)及对发行人的影响(对发行人财务结构、公司战略、未来发展的影响)。

原则上审核过程中股权不得发生变动,如果在审核过程中发生引入新股东(增资或老股东转让),原则上需要撤回申请文件,在办理工商登记和内部决策程序后重新申报。

十四、预防PE腐败

在主板上市规则和创业板上市规则方面,监管部门分别针对突击入股特别是PE突击入股作了相应的制度设计和安排,实务审核中"相对宽松、定向紧缩"。"相对宽松",是指在宏观上对PE行业奉行了自我管理为主、行业管理为辅、行政管理为次的监管原则;所谓"定向紧缩",是指在微观上对PE机构的投资环节予以特别关注,严防"PE腐败",严审利益输送事项。

主要审核方法是推行"终极追溯",即对IPO涉及PE机构的核查及披露要求追溯至该 PE 机构终极出资自然人,同时将"国家公职人员、公职人员亲属、银行从业人员亲属、中介人员亲属"这四类人员为重点关注对象,进行充分的信息披露,包括 PE 基金基本情况、财务状况、投资项目列表、作为合伙人的法人、自然人的背景简历、财务状况等。

核查的重点问题是与发行人及其他股东、中介有无关联关系、有无特殊协议及安排、是否存在利用有限合伙规避 200 人股东限制、是否具备投资发行人的资格、注册资本或实际缴付出资额是否远高于投资于发行人的资金额、认购发行人增资仅为其投资项目之一等事项。

十五、股权激励

拟上市主体如果在上市之前需要对部分高级管理人员、核心技术人员进行股权激励,应注意以下问题:

(1) 如果股权激励方案在上市前并未行权完毕,可能会存在产生股权纠纷的风险,因此,如果在上市之前实行股权激励,必须在上市之前行权完毕或者解除,消除不确定因素。

(2) 股权激励方式建议采用直接转让股权,如果采用期权方式,可能会引起格外的关注;取得股权的价格也不宜过低,参照净资产是折中的选择。

(3) 采取股权激励时,必须考虑股权激励完成之后股东人数不超过 200 人。

(4) 如果拟上市主体为国有企业的,应当遵守国有资产管理的相关规定。虽然有国有企业在 IPO 前股权激励获得审核通过的案例,但该例属于特殊情况,不具有普遍意义。

(5) 股权激励的期间距离申报材料越远越好。

(6) 因为股权激励可能产生的股权支付问题,详见本书第八章第一节。

十六、对赌协议

(一) 含义和内容

对赌协议,又被称为价值调整协议,是一种带有附加条件的价值评估方式。对赌协议是投资方与融资方在达成协议时,双方对于未来不确定情况进行的约定。如果约定的条件出现,企业未来的获利能力达到某一标准,融资方可以行使一种权利,用以补偿企业价值被低估的损失;如果约定的条件不出现,则投资方行使另外一种权利,用以补偿高估企业价值的损失。可见,对赌的评判标准是企业未来的价值,而赌注大多为股权、期权认购权或投资额等。其本质是投资者就企业经营中"执行层面的不确定性"进行风险补偿。问题在于这种特殊性质的赌注可能导致企业股权结构、经营方式、人事任免甚至企业控制权发生重大变化,对企业影响深远。

国外对赌协议通常涉及财务绩效、非财务绩效、赎回补偿、企业行为、股票发行和管理层去向六个方面的条款。与国外对赌协议不同,国内企业通常只采用财务绩效条款,而且一般都以单一的"净利润"为标尺,以"股权"为筹码,其区别只是条款的设计。国内企业的对赌协议包含三个要素:企业盈利目标、股权交易量和股权交易价格。当被投资企业未达到约定盈利水平时,企业原股东(管理层)需向投资方低价转让一定数量的股份或是企业原股东(管理层)高价购回投资者持有的股份。因此,国内对赌协议主要涉及的是股权转让方面的内容以及由此带来的问题。

(二)对赌协议合法性的整理

关于对赌协议的合法性问题,一直存在很大争议,主要有正反两方面的不同意见。

1. 认可对赌协议合法性一方的主要理由

(1)现行国内法并没有关于对赌协议的相应规定,也没有相应的禁止性规定。根据民法的基本原则,法律不禁止的民事行为,当事人双方可根据"意思自治"原则处理,只要不违反公共利益和善良社会风俗,就应认定该行为的合法性。而对赌协议作为一种特殊的协议,是当事人意思自治的结果,因此应当承认其合法性。

(2)对赌协议遵循了权利义务对等的原则。因为风投企业承担了一定的资本投资成本和机会成本,而被投资企业基于风投企业的投资获取了现金资源,取得了相应的利益。

(3)现实中出现的某些对赌协议,已被市场所接受,例如东华合创增发、收购涉及的对赌协议被监管机构所认可。因此,应当承认对赌协议的合法性。

2. 否认对赌协议合法性一方的主要理由

(1)对赌协议不当地放大了股东的风险,同时违背了风险与利润对等的公平原则。

(2)某些对赌条款有变相借贷之嫌,有违股份公司股东同股同权地承担风险责任的基本原则。

(3)对赌协议造成实际控制人或控股股东股权不稳定。

令人遗憾的是,目前广泛应用的相当一部分对赌条款(还包括条款清单、补充协议中的特别条款),其实在法律效力上处于未生效、效力待定甚至无效状态。如果发生争议,将得不到或很可能得不到中国法律的支持,风险投资人的基本利益也很难得到保证,造成这种潜在尴尬状态的主要原因是:

(1)盲目迷信外国法律文本,无论是"合伙协议"还是各类"条款清单"、"补充协议",都是"舶来品"。这些文本外观相当漂亮壮观,常常洋洋万言,50页以上,有的还不使用汉语,更显得神秘,可惜由于没有进行法规和执行程序方面的"本土化",经常是徒具"威慑力"或"安慰"作用而已。法律文本和有形商品不同,如果不进行本土化，按照中国法律进行调整和修订，就很可能得不到中国法律的支持。

（2）起草和使用这些文本的从业者主要以从事非诉讼法律事务为主，鲜有诉讼特别是商业诉讼实战经验。中国法律界有一种普遍现象：重非诉讼业务轻诉讼业务，有的人士甚至以"不知法院大门朝哪边开"为荣。这种对诉讼业务知识和经验的欠缺使这些人起草的文本"并没有为诉讼做好准备"。

为什么要签署这种水平的法律文件？标准无厘头答案是：反正也不会进入诉讼阶段。在无知无能懒惰侥幸的心态下，埋下了一颗又一颗地雷，然后祈祷永远也不要踏上。

（三）对赌协议和公司发行上市

1. 原则上申报上市材料前应该解除并充分披露

PE对赌协议正成为A股IPO审核过程中的高压线。监管层目前正密切关注发行人存在的PE对赌协议问题，并要求保荐机构敦促发行人在上会之前须对PE对赌协议进行清理；监管层曾在多次保荐代表人培训中明确指出：对赌协议在上会前必须终止执行。具体而言，上市时间对赌、股权对赌协议、业绩对赌协议、董事会一票否决权安排、企业清算优先受偿协议等五类PE对赌协议已成为IPO审核的禁区。在此政策要求下，部分发行人的PE对赌协议得到了有效的清理并成功过会；但也有极个别项目在说服发行人PE股东失败后无奈"顶风而上"，然后铩羽而归。

事实上，并非所有的对赌协议对发行人IPO均构成实质性障碍。不过，多数形式的PE对赌协议，由于有损上市公司股权以及经营的稳定性，而导致IPO审核时"不被认可"。

对赌协议清理的最终结果是：发行人及其全体股东确认，各方未与任何主体签署或达成以发行人经营业绩、发行上市等事项作为标准，以发行人股权归属变动、股东权利优先性变动、股东权利内容变动等作为实施内容的有效的或将生效的协议或类似的对赌安排。

值得一提的是，部分发行人未对对赌协议进行充分披露，加大了监管层审核难度。有投行人士表示，监管层对于对赌协议本身是否完整、是否已经完全披露，比如对实践中确实存在未披露的代持问题等表现出特别关注。某保代人认为，由于国内PE入股的价格相对较高，入股的同时承担了巨大的风险，使得一些PE不愿意放弃对赌协议，从而导致部分发行人隐瞒对赌协议的实际情况。

2. 对赌协议中股权转让的特别问题

对于已经履行完毕或者申报前即将履行完毕的对赌协议，如果可能涉及特殊主体的股权转让，应给予特别关注，比如，涉及国资的，要关注是否得到国有资产管理部门的批准管理；涉及外国投资者的，要关注境外支付；涉及外资企业的，要关注商务部的审批问题。

3. 对赌协议履行中的税务问题

税务机关不一定认可对赌协议,在履行对赌协议低价转让股权时有可能被要求进行纳税调整,视同按照正常价格进行股权转让,存在相应的税务风险。此问题相当重要,但是鉴于税务问题不在本章的研究范围之内,在此不赘述。

十七、股东200人问题

表3-23 股东人数超200人问题分析表

序号	基本情况	处理建议和政策把握
1	发行人直接股东超过200人	除城商行和当年设立的定向募集公司外,应清理至200人以内再行申报。 监管部门既不禁止也不鼓励将股东人数缩减至200以内的清理。如果清理,必须自愿、真实、价格合理、程序合法。
2	发行人除控股股东和实际控制人以外的其他股东的最终实际权益持有人或受益人超过200人	符合如下条件的,该股东不影响发行人的发行申请: (1)该股东对发行人的持股比例较小,对发行人的生产经营影响较小; (2)该股东与发行人的控股股东或实际控制人无关联关系; (3)该股东及其董事、监事、高级管理人员与发行人的董事、监事、高级管理人员没有关联关系; (4)该股东的股东中没有发行人及其控股股东或实际控制人的员工; (5)该股东的股东人数超过200人的问题是在2005年《公司法》《证券法》实施以前形成的,且在2006年以后不存在公开发行或公开转让的情形; (6)该股东股权结构的形成过程中履行了有关法律手续,符合法律法规和规范性文件的要求; (7)该股东人数超过200人,不属于故意规避《证券法》对非法公开发行相关规定; (8)该股东所在省级人民政府能对该公司股份形成的合法性和未来不存在潜在纠纷出具确认意见; (9)保荐人和律师能对该股东是否符合前述(1)—(8)项条件明确发表意见。
3	发行人的股东没有超过200人,任何单个股东的股东也没有超过200人,但直接股东和间接股东合计起来超过200人	保荐机构应结合争议股东的设立时间、设立目的、具体股权结构及其变更、具体股东与发行人董事、监事、高级管理人员及员工的关系判断是否有规避《证券法》的嫌疑,如若实质上属于非法公开发行的,不应盲目申报。实践中出现此类情形的原因多是发行人股东及其以上层次存在设立多家公司(通常为纯持股公司)。

（续表）

序号	基本情况	处理建议和政策把握
4	合伙企业股东	正常情况下被认为是一个股东。但是： （1）不能用合伙企业规避股东人数超过 200 人的问题； （2）若合伙企业是实际控制人，则要统计全部普通合伙人； （3）要关注合伙企业背后的利益安排； （4）对合伙企业披露的信息以及合伙企业的历史沿革和最近三年的主要情况进行核查，合伙企业入股发行人的相关交易存在疑问的，不论持股的多少和身份的不同，均应进行详细、全面核查。

十八、被吊销营业执照企业法定代表人任职问题

（一）法律责任

表 3-24　被吊销营业执照企业法定代表人相关法规一览表

序号	法律规定	内容
1	《公司法》第 147 条第 1 款第（4）项	担任因违法被吊销营业执照、责令关闭的公司、企业的法定代表人，并负有个人责任的，自该公司、企业被吊销营业执照之日起未逾 3 年，不得担任公司的董事、监事和高级管理人员。
2	《企业法人法定代表人登记管理规定》第 4 条（国函〔1999〕47 号）	担任破产清算的公司、企业的法定代表人或者董事、厂长、经理和因违法被吊销营业执照、责令关闭的公司、企业的法定代表人，负有个人责任的，自破产清算完结或被吊销营业执照之日起未逾三年，不得担任企业法定代表人及公司的董事、监事、高级管理人员。
3	国家工商行政管理总局《关于企业法定代表人是否负有个人责任问题的答复》（工商企字〔2002〕第 123 号）	企业逾期不接受年度检验，被工商行政管理机关依法吊销营业执照，该企业的法定代表人作为代表企业行使职权的负责人，未履行法定的职责，应负有个人责任，但年检期间法定代表人无法正常履行职权的除外。 自该企业被吊销营业执照之日起未逾三年的，不得担任法定代表人。该类人员仍然在其他企业中担任法定代表人的，相关企业应按规定办理法定代表人变更登记。相关企业不按规定办理变更登记的，工商行政管理机关一经发现或经举报核实，应责令相关企业限期办理法定代表人变更登记。

(续表)

序号	法律规定	内容
4	国家工商行政管理总局《关于建立全国工商行政管理系统黑牌企业数据库的通知》(工商企字〔2005〕第129号)	黑牌企业数据库由全国工商行政管理系统2001年1月1日以来吊销营业执照的企业信息汇总而成。具体数据包括企业名称、营业执照注册号、吊销原因(违法事实)、吊销依据、吊销日期和吊销机关,以及吊销企业法定代表人姓名及其身份证号码,投资人名称(姓名)及其营业执照注册号(身份证号码),2004年7月1日(含)以后吊销的企业是否注销。

(二) 实务中对于被吊销营业执照企业的法定代表人的限制操作

企业营业执照被吊销后,对于其法定代表人任职资格限制在工商部门存在两种做法:

1. 自动锁定

2005年国家工商行政管理总局发布《关于建立全国工商行政管理系统黑牌企业数据库的通知》,要求各地工商局将被吊销企业的信息上传至总局,被吊销营业执照企业的法定代表人的身份信息也被录入到该系统中去,实施全国联网共享。被列入到"黑名单"的法定代表人,其身份将被锁定,在3年内对其实施任职限制。根据实务中工商局的反馈意见,此信息已经实现全国联网。

2. 审查锁定

对于被吊销营业执照的企业的法定代表人,工商机关在实施任职限制前告知拟被限制人,拟被限制人提出审查申请,工商机关经过审查认定后告知拟被限制人认定结果,对于被认定为须承担责任的法定代表人,工商机关实施任职限制,期满后由系统自动解除限制。该做法在实施任职限制之前设立了告知、审查及认定环节,但在操作上较为烦琐,实务中较少采用。相较之下,第一种做法较为常见。

需要特别说明的是,公司营业执照被吊销后仍应当至有关部门办理相应的清算、注销手续,在办理完毕相关手续之前法定代表人名单无法在工商局解锁。因此,对于被吊销营业执照的公司,如果未按照法定程序办理注销手续,法定代表人任职资格限制的时间可能会超过3年。

(三) 对于拟上市企业董事、监事、高级管理人员及实际控制人中出现此类人员的解决方法

根据上述法律相关规定,一般认为,未办理年检而被吊销营业执照的企业,其法定代表人应负有个人责任,仅有一种例外情况,即"年检期间法定代表人无法正常履行职权的除外",即法定代表人无法正常履行责任是免除责任的唯一理由。

因此,对于拟上市公司的董事、监事、高级管理人员及实际控制人中出现曾经担任过被吊销营业执照企业的法定代表人而距吊销时间又未满3年的情形时,实

务中一般需要分三步处理:首先,举证证明年检期间该法定代表人无法正常履行职权;其次,由当地工商机关出具相关证明,证明该法定代表人对于企业未依法年检不负有个人责任;最后,由作出处罚的行政机关认定该处罚不是基于企业的"重大违法行为"。

十九、管理层设立合伙企业持股

(一)管理层持股的历史与现状

在 2011 年之前,发行人的管理层(包括核心技术人员)如果持有发行人股份,为规避有限公司股东 50 人问题,一般会使用设立有限公司的形式持有发行人股份。

(二)两种持股形式比较

表 3-25　合伙企业和有限公司作为持股主体对比表

	合伙企业	有限公司
未来股权变现时税负	仅须缴纳个人所得税。	有限公司需要缴纳企业所得税,股东在分红时须缴纳个人所得税。
内部管理	主要优点是各合伙人间可以通过合伙协议自由约定各项权利义务,管理灵活,容易继续贯彻大股东意志,避免人员变动等原因导致公司陷入僵局。 主要缺点是作为新兴企业形式,组建和运作的技术难度相对较大。	主要优点是设立和运作模式较为成熟并为公众接受。 主要缺点是需要具备有限公司的必要形式,《公司章程》的约定受到法律的限制,股权变动的程序相对烦琐。

(三)需要重点关注的问题

从中介机构核查的角度看,应关注合伙企业的内部治理结构是否符合《合伙企业法》以及对于拟上市公司股东的要求,合伙企业中 GP 和 LP 的相关权利义务安排是否科学合法,其内部约定是否有规避监管的内容,合伙企业的真实性、合法性,是否存在代持关系,合伙人之间是否存在潜在纠纷、诉讼等。

从信息披露的角度来看,对此类合伙企业目前尚无明确、成熟的惯例,有的公司详细追溯、披露到有限合伙企业的 GP、LP,有的只披露了 GP 没有披露 LP,有的披露极少。从未来看,在监管和信息披露方面,一方面有可能参照公司执行,另一方面会根据合伙企业本身的特点,特别是在治理结构和责任承担等方面给予特别关注。

二十、国有企业职工持股的相关规定

国有企业职工持股问题相对复杂,既有宏观上政策的反复,又有微观上每个企业的具体实际情况,此处不充分展开,仅从法规的角度分析,应该按照包括但不限于如下规定对具体案例进行逐项复核。

表 3-26　国企职工持股规定一览表

法规名称	文号	针对事项	部分重要规定摘录
《关于规范国有企业改制工作意见的通知》	国办发〔2003〕96号	参与限制	向本企业经营管理者转让国有产权方案的制订,由直接持有该企业国有产权的单位负责或其委托中介机构进行,经营管理者不得参与转让国有产权的决策、财务审计、离任审计、清产核资、资产评估、底价确定等重大事项,严禁自卖自买国有产权。
		资金来源	经营管理者筹集收购国有产权的资金,要执行《贷款通则》的有关规定,不得向包括本企业在内的国有及国有控股企业借款,不得以这些企业的国有产权或实物资产作标的物为融资提供保证、抵押、质押、贴现等。
		禁止条款	经营管理者对企业经营业绩下降负有责任的,不得参与收购本企业国有产权。
《企业国有产权向管理层转让暂行规定》	国资发产权〔2005〕78号	强制审计	国有产权持有单位应当严格按照国家规定委托中介机构对转让标的企业进行审计,其中标的企业或者标的企业国有产权持有单位的法定代表人参与受让企业国有产权的,应当对其进行经济责任审计。
		参与限制	国有产权转让方案的制订以及与此相关的清产核资、财务审计、资产评估、底价确定、中介机构委托等重大事项应当由有管理职权的国有产权持有单位依照国家有关规定统一组织进行,管理层不得参与。
		平等竞买	管理层应当与其他拟受让方平等竞买。企业国有产权向管理层转让必须进入经国有资产监督管理机构选定的产权交易机构公开进行,并在公开国有产权转让信息时对以下事项详尽披露:目前管理层持有标的企业的产权情况、拟参与受让国有产权的管理层名单、拟受让比例、受让国有产权的目的及相关后续计划、是否改变标的企业的主营业务、是否对标的企业进行重大重组等。产权转让公告中的受让条件不得含有为管理层设定的排他性条款,以及其他有利于管理层的安排。

(续表)

法规名称	文号	针对事项	部分重要规定摘录
		资金来源	管理层受让企业国有产权时,应当提供其受让资金来源的相关证明,不得向包括标的企业在内的国有及国有控股企业融资,不得以这些企业的国有产权或资产为管理层融资提供保证、抵押、质押、贴现等。
		禁止条款	1. 管理层存在下列情形的,不得受让标的企业的国有产权: (1) 经审计认定对企业经营业绩下降负有直接责任的; (2) 故意转移、隐匿资产,或者在转让过程中通过关联交易影响标的企业净资产的; (3) 向中介机构提供虚假资料,导致审计、评估结果失真,或者与有关方面串通,压低资产评估结果以及国有产权转让价格的; (4) 违反有关规定,参与国有产权转让方案的制订以及与此相关的清产核资、财务审计、资产评估、底价确定、中介机构委托等重大事项的; (5) 无法提供受让资金来源相关证明的。 2. 管理层不得采取信托或委托等方式间接受让企业国有产权。
《关于进一步规范国有企业改制工作实施意见的通知》	国办发〔2005〕60号	持股数量限制	国有及国有控股大型企业实施改制,应严格控制管理层通过增资扩股以各种方式直接或间接持有本企业的股权。为探索实施激励与约束机制,经国有资产监督管理机构批准,凡通过公开招聘、企业内部竞争上岗等方式竞聘上岗或对企业发展作出重大贡献的管理层成员,可通过增资扩股持有本企业股权,但管理层的持股总量不得达到控股或相对控股数量。
		参与限制	管理层成员拟通过增资扩股持有企业股权的,不得参与制订改制方案、确定国有产权折股价、选择中介机构,以及清产核资、财务审计、离任审计、资产评估中的重大事项。
		资金来源	管理层持股必须提供资金来源合法的相关证明,必须执行《贷款通则》的有关规定,不得向包括本企业在内的国有及国有控股企业借款,不得以国有产权或资产作为标的物通过抵押、质押、贴现等方式筹集资金,也不得采取信托或委托等方式间接持有企业股权。

(续表)

法规名称	文号	针对事项	部分重要规定摘录
		限制条款	存在下列情况之一的管理层成员,不得通过增资扩股持有改制企业的股权: (1) 经审计认定对改制企业经营业绩下降负有直接责任的; (2) 故意转移、隐匿资产,或者在改制过程中通过关联交易影响企业净资产的; (3) 向中介机构提供虚假资料,导致审计、评估结果失真,或者与有关方面串通,压低资产评估值以及国有产权折股价的; (4) 违反有关规定,参与制订改制方案、确定国有产权折股价、选择中介机构,以及清产核资、财务审计、离任审计、资产评估中重大事项的; (5) 无法提供持股资金来源合法相关证明的。
《关于规范国有企业职工持股、投资的意见》	国资发改革〔2008〕139号	持股限制	职工入股原则限于持有本企业股权。国有企业集团公司及其各级子企业改制,经国资监管机构或集团公司批准,职工可投资参与本企业改制,确有必要的,也可持有上一级改制企业股权,但不得直接或间接持有本企业所出资各级子企业、参股企业及本集团公司所出资其他企业股权。科研、设计、高新技术企业科技人员确因特殊情况需要持有子企业股权的,须经同级国资监管机构批准,且不得作为该子企业的国有股东代表。
		冲突解决方法	国有企业中已持有上述不得持有的企业股权的中层以上管理人员,自本意见印发后1年内应转让所持股份,或者辞去所任职务。
《关于实施〈关于规范国有企业职工持股、投资的意见〉有关问题的通知》	国资发改革〔2009〕49号	转让限制	国有企业要从投资者利益出发,着眼于国有资产保值增值,结合企业发展战略,围绕主业,优先受让企业中层以上管理人员所持国有控股子企业股权,对企业中层以上管理人员持有的国有参股企业或其他关联企业股权原则上不应收购。企业中层以上管理人员所持股权不得向其近亲属,以及这些人员所有或者实际控制的企业转让。

二十一、"产学研"问题

（一）重点关注问题

对于有高校背景及"产学研"合作关系的发行人，监管部门重点关注如下法律问题：

1. 核心高级管理人员兼职问题

公司核心人员在高校兼职是否与担任的公司职务冲突、是否影响公司的独立性、公司人员是否独立？

2. 合作研发技术成果归属

公司与其他科研机构合作研发的具体过程、形成的技术成果及知识产权、对公司经营的作用，以及校企共有技术对公司经营的影响。

3. 核心技术的独立性问题

公司的核心技术是否为公司独立研发？是否为高校教师的职务技术成果？是否对高校存在重大依赖？公司核心技术是否存在纠纷或潜在的纠纷？

（二）初步解决思路

（1）发行人和高校签署框架性的《产学研合作协议》，通过产学研协议，明确约定校企人员兼职、技术合作范围、技术合作的方式、科研经费分配及费用承担、技术成果归属、知识产权申请、发行人的优先权等方面的内容。

（2）为高校出具确认函或签署相关协议，支持发行人上市，对其教师在公司历史上形成的技术成果进行确认。

（3）对部分教师兼职行为的合法性进行论述。根据《关于积极发展、规范管理高校科技产业的指导意见》(教技发〔2005〕2号)的规定，各高校要鼓励科研人员和教职工积极参与科技成果转化和产业化工作，要在学校和产业之间建立开放的人员流动机制，高校可根据实际需要向企业委派技术骨干和主要管理人员，这部分人员仍可保留学校事业编制。

（4）核心人员尽早从高校辞职，在发行人专职任职。

（5）重点论述发行人在人员、技术方面的独立性和在知识产权方面的合法性。

二十二、工商登记效力问题

公司登记行为属于依申请的行政行为，行政机关在行政许可程序中仅对申请人所提供的相关材料是否符合法定条件进行判定，作出准予登记或不予登记的决定。因此，只要申请人提交的资料符合《公司法》及《公司登记管理条例》所规定的公司登记条件，工商局就应当予以公司登记；申请人应当对申请文件、材料的真实性负责。所以，工商登记资料不涉及实质性审查，工商局不具有确认权利归属或法律关系的裁量权。工商登记资料只能起到一定程度的证明、参考、指引作用，不能成为认定权利、确认合法性、确保不存在争议的唯一证据。综上所述，工商登记只能起到"证权"作用，不能起到"设权"作用。一般意义上，除非涉及国资或外资，需要经前置批准才能生效，如果没有特殊约定，涉及股权的法律文件签署即生效。

虽有以上论述，因为上市强调"股权清晰"，因此必须保持工商登记和实际股东完全一致。

第三节 实际控制人

一、确定实际控制人的意义

关于实际控制人的认定问题，是实务中的难点之一，在监管部门反馈意见中与出资、历史沿革、独立性、持续盈利能力等成为最常见的几类问题之一，其难度首先在于法律规定的不明确、法律规定和实务操作的冲突；其次在于实际控制人的认定问题"兹事体大"，提出此问题和要求的主要出发点是保持报告期内和可预期未来股权、公司控制权相对稳定，直接相关业绩是否可以连续计算、股份锁定、法人治理结构、公司历史沿革等重大问题，因此各方都非常重视；最后是因为股东变动较为常见，公司治理的权力制衡形式多种多样，难以一言以蔽之。

二、实际控制人和一致行动人的法律含义和解释

表3-27列举了相关法规有关控股股东和实际控制人的定义，并进行了分析说明。

三、认定实际控制人的较为混乱的现状

认定实际控制人的情形，相对上市审核的其他问题显得复杂和混乱。在极个别的案例中，相关方关注的并非是否真的发生了实际控制人的变更，而是"绝对不能影响业绩的连续计算"。此类情况下，认定过程就异化为如何对既定的事实用最

表 3-27　控股股东和实际控制人法律定义对照表

法律依据	实施日期	控股股东	备注	实际控制人	分析说明
《公司法》	2006年1月1日	控股股东,是指其出资额占有限责任公司资本总额50%以上或者其持有的股份占股份有限公司股本总额50%以上的股东;出资额或者持有股份的比例虽然不足50%,但依其出资额或者持有的股份所享有的表决权,足以对股东大会、股东大会的决议产生重大影响的股东。	分为"绝对控股"和"相对控股"两种。一般而言,构成"相对控股"应该是第一大股东且无相反证据持股30%以上或者能决定董事会半数人选,但无定论。	虽不是公司的股东,但通过投资关系、协议安排,能够实际支配公司行为的人。	强调"不是公司的股东",但此点在上市实践中已经被突破;另有一种见解认为,上述情况是从股权和控制关系两个不同层面得出的不同定义,所以并不矛盾,也无突破可言。类似的突破也有前例:如把特定情况下的"公司"解释为"合并报表范围内的公司";把"未分配利润"解释为"合并报表"。不能确定的仅是解释的权利的来源问题。
《上市公司章程指引》	2006年3月16日修订	控股股东,是指其持有的股份占公司股本总额50%以上的股东;持有股份的比例虽然不足50%,但依其持有的股份所享有的表决权,足以对股东大会的决议产生重大影响的股东。	同《公司法》的规定。	虽不是公司股东,但通过投资关系、协议安排,能够实际支配公司行为的人。	同《公司法》的规定。

（续表）

法律依据	实施日期	控股股东	备注	实际控制人	分析说明
《中小企业板上市公司控股股东、实际控制人行为指引》（废止）	2007年6月1日	控股股东，是指直接持有公司股本总额50%以上的股份，或者持有股份的比例虽然不足50%，但依其持有的股份所享有的表决权，足以对股东大会的决议产生重大影响的股东。	同《公司法》的规定，但强调直接持有，更加严谨。	虽不直接持有公司股份，或者其直接持有的股份达不到控股股东要求的比例，但通过投资关系、协议或者其他安排，能够实际支配公司行为的自然人或法人。	不再强调"不是公司股东"，相反，似乎认可了"非控股股东"成为公司实际控制人的可能性。当然从实务角度，非控股股东代替控股股东控股股东控股股东控股股东控股股东控股股东控股股东的可能性微乎其微。理解此处为实际控制人的比例与控股股东另外一种情况——"持有股份的比例虽然不足50%，但依其持有的股份所享有的表决权，足以对股东大会的决议产生重大影响的股东"——相结合分析。
《深圳证券交易所股票上市规则》	2012年7月7日	控股股东，指其持有的股份占公司股本总额50%以上的股东；或者持有股份的比例虽然不足50%，但依其持有的股份所享有的表决权足以对股东大会的决议产生重大影响的股东。	同《公司法》的规定。	虽不是公司的股东，但通过投资关系、协议或其他安排，能够实际支配公司行为的人。	同《公司法》的规定。
《深圳证券交易所创业板股票上市规则》	2012年5月1日	控股股东，指其持有的股份占公司股本总额50%以上的股东；或者持有股份的比例虽然不足50%，但依其持有的股份所享有的表决权足以对股东大会的决议产生重大影响的股东。	同《公司法》的规定。	指虽不是公司的控股股东，但通过投资关系、协议或者其他安排，能够实际支配公司行为的人。	如果仅根据《公司法》的字面规定，实际控制人不可能是公司的股东；但任实务中，对实际控制人的认定采用的字面含义，因此，实际控制人既有可能是公司的控股股东（特别是在自然人为第一大股东甚至持股超过50%的情况下），也有可能是公司的其他股东。

（续表）

法律依据	实施日期	控股股东	备注	实际控制人	分析说明
《上市公司收购管理办法》	2012年2月14日修订	本办法所称一致行动，是指投资者通过协议、其他安排，与其他投资者共同扩大其所能够支配的一个上市公司股份表决权数量的行为或者事实。 在上市公司的收购及相关股份权益变动活动中有一致行动情形的投资者，互为一致行动人。如无相反证据，投资者有下列情形之一的，为一致行动人： （1）投资者之间有股权控制关系。 （2）投资者受同一主体控制。 （3）投资者的董事、监事或者高级管理人员中的主要成员，同时在另一个投资者担任董事、监事或者高级管理人员。 （4）投资者参股另一投资者，可以对参股公司的重大决策产生重大影响。 （5）银行以外的其他法人、其他组织和自然人为投资者取得相关股份提供融资安排。 （6）投资者之间存在合伙、合作、联营等其他经济利益关系。 （7）持有投资者30%以上股份的自然人，与投资者持有同一上市公司股份。 （8）在投资者任职的董事、监事及高级管理人员，与投资者持有同一上市公司股份。 （9）持有投资者30%以上股份的自然人和在投资者任职的董事、监事及高级管理人员，其父母、配偶、子女及其配偶、配偶的父母、兄弟姐妹及其配偶、配偶的兄弟姐妹及其配偶等亲属，与投资者持有同一上市公司股份。 （10）在上市公司任职的董事、监事、高级管理人员及其前述亲属同时持有本公司股份的，或者与其自己与本公司直接或者间接控制的企业同时持有本公司股份。		家族控制，夫妻或近亲属可以确定为一致行动人，视为公司的实际控制人（非共同控制）。

(续表)

法律依据	实施日期	控股股东	备注	实际控制人	分析说明
			(11) 上市公司董事、监事、高级管理人员和员工与其所控制或者委托的法人或者其他组织持有本公司股份。 (12) 投资者之间具有其他关联关系。 一致行动人应当合并计算其所持有的股份。投资者计算其所持有的股份，应当包括登记在其名下的股份，也包括登记在其一致行动人名下的股份。 投资者认为其与他人不应被视为一致行动人的，可以向中国证监会提供相反证据。		

大的技巧和努力推导出需要的结论,因此混乱、多样化和差异化甚至矛盾是难以避免的,笔者初步归纳为以下几种情形:

表 3-28　实际控制人认定类型表

认定结论和方法	相反或类似的情形
根据股权认定存在实际控制人、认定无实际控制人、认定共同控制。	专门认定特定主体不是实际控制人。
从各个角度正向说明有实际控制人、某(些)主体是实际控制人。	从各个角度反向说明无实际控制人、某(些)主体不是实际控制人。
签署一致行动协议。合作合同安排了共同控制制度。	签署不一致行动协议。
控股股东股权分散主张无实际控制人。	控股股东股权分散认定其第一大股东为实际控制人。
第一大股东变更被认定实际控制人变更。	第一大股东变更,但管理层被认定为实际控制人,所以主张实际控制人没有变更。
三名亲属关系股东股权合计为第一大股东仍界定为无实际控制人。	第一大股东兼实际控制人但又不是董事长。
实际控制人为第一大股东。	实际控制人不是第一大股东。
股权转让后短期又转回不影响业绩连续计算。	主张划转不影响业绩连续计算。
一个主体退出一致行动协议。	特别确定一个主体为一致行动人。
4人创业团队共同为实际控制人。	核心创业人和第一大股东之控制人共同控制。
对认定的结论坚持到底。	中途(再次申报)改变以前的认定。

这些特别案例的直接参照意义不大,所以此处不详细说明对这些案例的实际处理和认定过程。本文以下重点探讨认定实际控制人的法定依据、在实务中各方进行认定常见的依据和考察的方面。

四、如何进行判断和认定

(一)判断的依据

随着《〈首次公开发行股票并上市管理办法〉第十二条"实际控制人没有发生变更"的理解和适用——证券期货法律适用意见第 1 号》(证监法律字〔2007〕15号,以下简称《证券期货法律适用意见第 1 号》)的出台,认定标准得到了较大程度的统一,既然有了权威性规定,就应该以此为标准。该规定没有涵盖的部分,以该规定的原则精神进行认定。

认定实际控制人的标准还应是万变不离其宗的基本法律原则:"以事实为依据,以法律为准绳。"事实就是"股权投资关系、对发行人股东大会和(或)董事会决议的实质影响、对董事和高级管理人员的提名及任免所起的作用";法律就是《公司法》《首发管理办法》和《证券期货法律适用意见第1号》。

(二)判断的原则

(1)实质重于形式,控股比例等仅为判断因素之一,不是必然的前提,因此还应根据具体情况进行分析。

(2)高度尊重立法本意,判断实际控制人的目的是避免因为公司控制权发生变化而给公司持续发展和持续盈利能力带来重大不确定性。因此,判断的依据不仅在于历史的"稳定",更要关注未来的"维稳",如果没有股权方面的直接保证,则务必采取足够有效措施保证在可预计的未来(最低3年)不发生实际控制人的变更。

(3)除非有相反证据,股权投资关系的证明力最大,按照控股关系追溯出实际控制人、第一大股东变更推定为实际控制人发生变更。不过这些结论也并不绝对,可以被协议控制、其他安排、控制外资企业董事会一半以上董事席位的第二大股东等推翻。

(4)除非有非常确定的真实性证明(如当年的公证、提交主管部门的法律执行文件、法院判决、法定继承),否则务必慎重仅依赖"一致行动协议"、"代持关系"对报告期内下"没有发生变动"的结论,同时从一般角度而言,也不鼓励这些特殊安排(锁定未来除外)。

(5)认定实际控制人应一直追溯到自然人、国资管理部门或集体企业等特别主体。

(三)判断的过程

一般来说,判断的过程,就是从控股股东向上追溯的过程,一直追溯到个人、代表国家投资的主体或一个没有实际控制权的集体,如是股权非常分散的集体企业、上市公司等,追溯过程中的中间载体也需要披露。

(四)特殊的三种类型的明确规定

表3-29 特殊控制类型分析对照表

类型	法定要求	备注
共同拥有公司控制权	(1)每人都必须直接持有公司股份和/或者间接支配公司股份的表决权。 (2)发行人公司治理结构健全、运行良好,多人共同拥有公司控制权的情况不影响发行人的规范运作。 (3)多人共同拥有公司控制权的情况,一般应当通过公司章程、协议或者其他安排予以明确,有关章程、协议及安排必须合法有效、权利义务清晰、责任明确。	(1)相关股东采取股份锁定等有利于公司控制权稳定措施的,发行审核部门可将该等情形作为判断构成多人共同拥有公司控制权的重要因素。 (2)如果发行人最近三年内持有、实际支配公司股份表决权比例最高的人发生变化,且变化前后的股东不属于同一实际控制人,视为公司控制权发生变更。

（续表）

类型	法定要求	备注
	该情况在最近三年内且在首发后的可预期期限内是稳定、有效存在的，共同拥有公司控制权的多人没有出现重大变更。 （4）发行审核部门根据发行人的具体情况认为发行人应该符合的其他条件。	（3）发行人最近三年内持有、实际支配公司股份表决权比例最高的人存在重大不确定性的，比照前款规定执行。 （4）在具体项目中，存在认定某某家族为某公司的实际控制人一说，或者认定几个自然人（实为家族成员）为某公司的实际控制人，未明确区分共同控制或一致行动人的单一控制。一致行动人是在收购过程中出现的特殊界定，在认定实际控制人时可以参考《上市公司收购管理办法》，但是具体的说法还应以《公司法》及《证券期货法律适用意见第1号》为依据。
不存在拥有公司控制权的人或者公司控制权的归属	难以判断的，如果符合以下情形，可视为公司控制权没有发生变更： （1）发行人的股权及控制结构、经营管理层和主营业务在首发前三年内没有发生重大变化。 （2）发行人的股权及控制结构不影响公司治理有效性。 （3）发行人及其保荐人和律师能够提供证据充分证明。 相关股东采取股份锁定等有利于公司股权及控制结构稳定措施的，发行审核部门可将该等情形作为判断公司控制权没有发生变更的重要因素。	
国资无偿划转或者重组情形下的豁免	因国有资产监督管理需要，国务院或者省级人民政府国有资产监督管理机构无偿划转直属国有控股企业的国有股权或者对该等企业进行重组等导致发行人控股股东发生变更的，如果符合以下情形，可视为公司控制权没有发生变更： （1）有关国有股权无偿划转或者重组等属于国有资产监督管理的整体性调整，经国务院国有资产监督管理机构或者省级人民政府按照相关程序决策通过，且发行人能够提供有关决策或者批复文件。 （2）发行人与原控股股东不存在同业竞争或者大量的关联交易，不存在故意规避《首发管理办法》规定的其他发行条件的情形。	不属于这两种规定情形的国有股权无偿划转或者重组等导致发行人控股股东发生变更的，视为公司控制权发生变更。

（续表）

类型	法定要求	备注
	（3）有关国有股权无偿划转或者重组等对发行人的经营管理层、主营业务和独立性没有重大不利影响。 按照国有资产监督管理的整体性调整，国务院国有资产监督管理机构直属国有企业与地方国有企业之间无偿划转国有股权或者重组等导致发行人控股股东发生变更的，比照前款规定执行，但是应当经国务院国有资产监督管理机构批准并提交相关批复文件。	

（五）实务中各中介机构形成实际控制人认定结论的主要依据和特别情况举例

表3-30　实际控制人依据分析表

	认定的主要依据	特别情况举例
基本认定	1. 是否为发行人第一大股东，是否担任发行人董事会董事一职，其对发行人的实际控制主要为对股东大会以及董事会的控制（即使其未担任董事长职务，但只要对股东大会以及董事会有控制力即可）；发行人的其他股东之间不存在关联关系或其他共同控制关系。除实际控制人以外的任何股东均不可能单独对股东大会的决议产生实质性控制，其相互间亦不存在对股东大会的决议产生实质性控制的关联关系或共同控制关系，实际控制人对发行人股东大会具有实质性的控制力。 2. 其他股东的股份比例相对分散： （1）分别列出持有发行人5%以上股份的股东及股份比例；说明各人持有的股份共计占发行人总股本的比例低于第一大股东的股份比例。 （2）除持有发行人5%以上股份的股东外，其他股东持有的股份更为分散，共计占发行人总股本的比例亦低于第一大股东持有的股份比例。 3. 作出股份锁定的承诺，以保证发行人控制架构的稳定性。	案例一： 第一大股东持股比例为25%以上，实际控制人却为仅为持股7%的小股东： （1）实际控制人与其他三位股东签订了一致行动人协议，确定该股东是发行人的实际控制人。同时约定在发行人经营决策及股东大会投票表决时与发行人实际控制人保持一致，并将股东大会表决权委托给该股东行使。如协议各方担任董事，在董事会开会时，与该控制人保持一致。 （2）证明一致行动人合并共同持有发行人的股权比例超过持有发行人股权比例最高的股东，且第一大股东未发生过变更。 （3）由协议之外的股东书面确认，其均知悉该股东自发行人设立之日起即为发行人的实际控制人，且知悉有一致行动人，在发行人历次股东大会、董事会上，均在知悉该种情况的前提下行使表决权。 （4）证明发行人实际控制人对公司董事会、公司管理层有实质影响。 案例二： 股权短期转让又转回不影响实际控制人变更的认定：

（续表）

认定的主要依据	特别情况举例
（1）发行人控股股东、实际控制人作出承诺： ① 自本公司股票上市之日起36个月内不转让或者委托他人管理本人直接或间接持有的本公司公开发行股票前已发行的股份，也不由公司回购本人直接或间接持有的本公司公开发行股票前已发行的股份。 ② 在承诺①期满后，若本人担任本公司的董事、监事或高级管理人员，本人同意在担任上述职务期间，每年转让的股份不超过本人直接或间接持有的本公司股份总数的25%；离职后半年内，不转让本人直接或间接持有的本公司的股份。 （2）由发行人的其他股东作出相应的股份锁定承诺：自发行人股票在创业板上市之日起36个月内不转让或由发行人回购其所持有的发行人股份。因此，自发行人股票在创业板上市之日起36个月内及其后的一定期限内，现有的相关股份锁定安排能够保持发行人控制架构的稳定性。	第一大股东曾将40%以上的股权转让给某投资公司，在完成工商变更手续后，由于该投资公司一直未支付转让款，后经协商一致，投资公司将所要转让的股权连同另外持有的部分股权一并转还给该股东。这期间（不到一年），该投资公司在董事会选任时并没有取得董事会的多数席位，主要管理人员也未发生变化，内部运作模式和内控机制均未发生任何实质性的变化。因此，虽然期间股权发生变动，但该变动没有造成股东对公司董事会控制力的实际转移，没有影响到公司在同一管理层领导下的持续经营。因此，可以证明该控股股东变更事宜没有造成公司实际控制人在最近三年内的变更。
共同控制 1. 发行人公司治理结构健全、运行良好，多个股东共同拥有发行人控制权的情况不影响发行人的规范运作。 2. 共同控制人之间已经签署相关协议，明确双方对发行人共同控制的安排，该情况在最近三年内且在首发后的可预期期限内是稳定、有效存在的，共同拥有控制权的多人没有出现重大变更。该种共同控制安排的协议合法有效、权利义务清晰、责任明确。 3. 采取股份锁定措施，有利于发行人控制权的稳定。 4. 签订一致行动协议（即使有一方退出一致行动协议，只要退出一方的股份仅占极小一部分，并且之后签订的一致行动协议的各方股份总额能够大于50%，不影响对公司股份表决权的支配），协议合法有效；限售期承诺，以保证	案例一： 因股权转让导致的原实际控制人不再成为第一大股东的情形： 原第一大股东A拥有48%的股权，第二大股东B拥有发起人32%的股权，后A将其24%的股份转让给其儿子a，使B成为第一大股东，但A和a仍然合计持有公司最高比例的股份。因此，仍然认定A和a为实际控制人。理由是： （1）B与其他股东之间并不存在一致行动关系，同时由B作出股份锁定的承诺，因此不会对公司的控制权产生影响。 （2）A和a一直担任公司董事长、董事等重要职务，对公司的经营管理具有连续性。 （3）A和a对股东大会和董事会决议具有实质性影响，对董事、监事、总裁的任免起关键作用。

（续表）

	认定的主要依据	特别情况举例
	至少在三年内且在首发后能够保持该种共同控制的稳定和有效。 5. 发行人不存在最近三年持有、实际支配发行人股份表决权比例最高的人发生变化的情形。	（4）A 和 a 对共同拥有发行人控制权作出明确约定和安排，内容合法有效。保证在最近两年内且在本次发行后的可预期期限内控制权的稳定和有效存在。 （5）该种股权转让是在实际控制人内部的转让，变化前后的股东属于同一实际控制人。 案例二： 夫妻共同作为发行人的实际控制人的情形： （1）夫妻之间共同拥有所投资公司的控制权，是基于婚姻关系，依据《中华人民共和国婚姻法》的规定形成的法定共同共有，而非需要依赖于公司章程、协议或者其他安排予以明确。其对发行人股份的共同控制权在其婚姻存续期间将是稳定和有效的。 （2）其对发行人股东大会、董事会决议有实质影响并能形成控制，对发行人董事和高级管理人员的提名及任免能够起到决定性作用。 （3）同时由双方出具承诺函，确认他们之间不存在任何涉及夫妻共同财产分割以及个人财产确认的任何协议和相关安排。根据《中华人民共和国婚姻法》第17条的规定，确认股权权益应归夫妻共同所有。
无控制人	1. 发行人最近两年内不存在拥有公司控制权的人。 （1）发行人股权结构分散（最近两年内，发行人股权结构未发生任何变化，股权结构一直维持比较分散的状态）。 （2）发行人任何单一股东均无法控制股东大会或对股东大会决议产生决定性影响。 （3）发行人任何单一股东均无法控制董事会，公司任何股东均无法单独通过实际支配公司股份表决权决定董事会半数以上成员选任，通过实际支配的股份不能单独决定公司重大事项。 （4）发行人的股东间无一致行动（发	案例： 几位主要股东虽具有亲属关系，但并不构成实际控制人的认定： （1）由股东出具确认函，确认该等人自成为发行人股东以来，各均独立行使表决权，彼此间不存在一致行动的情形。 （2）其各自与其他发行人股东之间不存在通过协议、其他安排，与其他股东共同扩大其所能够支配的发行人股份表决权数量的行为或者事实。通过对历次股东会、股东大会的表决情况的核查，能够确认上述事实。 （3）确认发行人的经营方针及重大事项的决策应由全体股东充分讨论后确定，

(续表)

认定的主要依据	特别情况举例
行人股东在历次股东大会进行表决前均没有一致行动的协议或意向,或其表决权受到其他股东控制或影响的情形)。 2. 发行人最近两年内的控制权没有发生变更。 (1) 发行人股权结构最近两年内没有发生变化。 (2) 发行人最近两年内董事没有发生重大变化。 (3) 发行人最近两年内高级管理人员没有发生重大变化。 (4) 发行人最近两年内主营业务没有发生变化。 (5) 发行人最近两年经营业绩稳定(公司在股权较为分散、没有实际控制人的情形下,仍能保持发行人经营决策的有效性和经营业绩的稳定)。 (6) 发行人股东承诺锁定股份。	不能仅由这几位股东共同决定或受该几人的实质影响,也不存在由其他股东单独或联合共同决定或受这些股东的实质影响。 (4) 根据公司股权结构、股东表决权行使情况、发行人的经营方针及重大事项的决策形成、董事会人员组成及决策规则等事实,发行人无实际控制人。

五、实际控制人的认定应适度宽松

实际控制人的问题无疑相当重要,对此没有"完美无缺"的处置方案,无非是利害的抉择。对于实际控制人的认定应适度宽松,理由如下:

(一) 立法本意

从《证券期货法律适用意见第1号》的陈述看,监管层关注实际控制人问题的主要原因是,避免上市后发生变动给公司的持续发展和持续盈利能力带来重大不确定性,据此可以得出结论:对上市前实际控制人认定的审核标准应该是针对未来,而不是核查过去(目前《首发管理办法》重点考虑的是历史,当然实务中也要求未来的股权锁定之类的类似安排),实际控制人过去的有效控制之优劣已经通过业绩不言自明,无须赘言。

(二) 股东权利

为了保持报告期内实际控制人不发生变化,很多股东签署了一致行动协议甚至托管协议。不可否认这些协议的积极意义,但这些协议是否也有负面效应呢?权利固然可以放弃和自由处置,但此种还未面对具体问题就提前约定一致的做法,并不是法人治理结构健全的标志。更重要的是,此种联盟有可能侵害没有参加联盟的股东(特别是上市后的中小投资者)的合法利益。

(三）经济人的理性

控制权发生变动,固然会有因为经营方针和管理层变动而给公司持续发展和持续盈利能力带来重大不确定性的风险,但此风险归根到底是企业的经营风险之一,是否有提前锁定的必要？呵护股民利益固然用心良苦,此情可感,但是否有必要做到代其认定和锁定"主事者"的程度？退一步说,收购者本身也是经济人,对是否改变经营方针和团队也会作出理性的选择,子曰:"焉知来者之不如今也？"

(四）变化的必要

《易》云:"穷则变,变则通,通则久。"公司在运营过程中,遇到困境十分常见,走出困境很可能需要经营方针和管理团队的变化,此种情况下控制权的稳定可能反而成为公司走出困境的阻力。人,皆有其局限性,从哲学的角度讲,任何事物"都包含着内在的矛盾性",所谓"成也萧何,败也萧何"。当年使公司成功上市的积极因素,其后也可能成为对公司的消极因素,在此情境下,"维稳"异化成"维旧"和"维腐":此种锁定是否也会妨碍更理性、更进步决定的产生？是否有利于建立纠错机制？

六、"无实际控制人"结论应审慎得出

根据《证券期货法律适用意见第1号》第4条的规定,可以得出监管规定就"无实际控制人"情况的基本态度:（1）可能存在无实际控制人的公司或者公司控制权的归属难以判断的情形;（2）在（1）所述情形中,满足一定条件可视为公司控制权没有发生变更;（3）相关股东采取股份锁定等有利于公司股权及控制结构稳定的措施是判断公司控制权没有发生变更的重要因素。实务中不乏认定无实际控制人而成功过会的先例。

虽有上述陈述,但"无实际控制人"的结论应审慎得出,理由如下:

1. 法律的规定没有排除"没有投资关系、协议或者其他安排,也能实际支配公司行为"的可能

根据《公司法》等法律法规的直接规定,实际控制人是"通过投资关系、协议或者其他安排,能够实际支配公司行为的人"。即实际控制人的认定需同时满足两个要件:形式标准（存在投资关系、协议或者其他安排）和实质标准（实际支配公司行为）。

对这两个要件要做实事求是的正确理解:

（1）形式要件不应被理解为充分条件,而应被理解为必要条件;不应被理解为仅限于积极行为,而应被理解为也包括历史原因、人格魅力等。

（2）实质标准高于形式标准。

综上所述,即使一个主体并没有股权、协议或者其他安排,但是由于历史和现实的种种原因,能够实际支配公司行为,此人就是公司的实际控制人。实际控制

归根到底是对一种能力和可能性的判断。

2. 监管部门的"维稳"的立法本意要求应该存在实际控制人

根据《证券期货法律适用意见第1号》的陈述,判断实际控制人的目的是"旨在以公司控制权的稳定为标准,判断公司是否具有持续发展、持续盈利的能力,以便投资者在对公司的持续发展和盈利能力拥有较为明确预期的情况下做出投资决策"。从涉嫌偏激的角度看,如果一个公司宣布自己没有实际控制人,就等于间接宣布自己不符合上市标准:没有实际控制人=没有人能决定公司经营方针、决策和经营管理层="公司经营方针、决策和经营管理层"或者不能保证稳定或者由内部人控制=该公司在持续盈利能力方面或者法人治理方面可能不符合上市标准。

3.《首发管理办法》的规定把实际控制人的存在视为必然的前提

《首发管理办法》的用语是"实际控制人没有发生变更",没有变更的前提是实际控制人的存在是必然的。一个不存在的事物没有发生变化,这样的说法不严密。

4. 现实的角度

大海航行靠舵手,公司发展靠英明领导。一个没有实际控制人的公司,就等于是一个没有核心灵魂人物的公司。在激烈的市场竞争中,这样的公司能否生存下去都是一个问题,更遑论符合上市标准、充分回报投资者。一个没有实际控制人的公司,会使公司的经营决策、发展方向等处于不稳定的状态,其经营业绩和持续盈利能力也很可能是不稳定的,此种不稳定有可能构成上市的深层次的实质性障碍。因此,不存在控股股东及实际控制人而又成功上市的案例,不具有普遍参考意义。

因为股权的分散和不存在特别约定,可能确实没人能一股独大,但是据此就得出没人能"实际支配公司行为",则可能有些主观和武断。相当一部分公司领导人,持有的公司股份并不多,没有绝对控股,但由于历史、现实、人格魅力、人脉关系、技术、市场等原因,完全能够实际支配公司行为,这样的人应该被认定为实际控制人。

综上所述,认定"无实际控制人"的结论应该慎重得出。

5. 对公司经营稳定性的特别关注

虽有以上论述,但如果根据实际情况,确实要得出"无实际控制人"的结论,则应重点论述公司无实际控制人的情形不会影响公司的经营稳定性,因为公司无控股股东和实际控制人,上市后公司控制权仍存在发生变动的风险,也就决定了公司所有重大行为必须民主决策,由全体股东充分讨论后确定,虽避免了因单个股东控制引起决策失误而导致公司出现重大损失的可能性,但也存在决策延缓的风险。可以选取的角度是:

(1)公司股东承诺上市后锁定股份。

(2)公司无实际控制人的情形不影响公司治理和公司内部控制的有效性。

(3)公司在历史沿革下形成了决策习惯和良好的协调关系。可以从股权结构形成时间长短、历届董事会协议、历年业绩等方面说明经营稳定,可以规避治理结构上的风险。

(4) 公司已采取了有效措施,确保公司经营决策的稳定性和避免内部人控制。

七、"一股独大"的思考

所谓"一股独大",是指上市前控股股东持股比例非常高,甚至达到 90% 的情况。此类情况不仅在国企存在,也在民营企业中大量存在。

实务操作层面对此问题的认识发生过重大变化。在 5 年或更早之前,监管部门反对一股独大,认为此为公司治理结构的重大缺陷,容易引发道德风险,可能会严重损害新投资者的利益。此种担忧发展到极致的表现形式之一就是,有的省市批准成立股份公司的标准之一为"3+2>1",即第二大股东和第三大股东股份之和大于第一大股东。此种结构的目的取向是不言而喻的:如果第一大股东胡作非为,第二大股东和第三大股东就可以联合起来夺取公司的控制权,"罢黜暴君"。

上述做法的本意是好的,但此种安排是否符合经济运行和效率优先的规律呢?实践是检验真理的唯一标准,根据 2005 年深交所的一份调研报告,得出了和监管层原有推测截然相反的结论:股权集中度越高的企业,经营业绩越好。此后上市政策对一股独大逐渐不再歧视和限制。

虽有上述结论,但为了切实防范控股股东滥用控股地位损害社会公众投资者的利益,仍然有必要对一股独大公司的法人治理结构作出更独特、有效的安排。类似安排不应千篇一律,应该结合公司的具体情况具体安排,"合适的就是最好的"。目前《上市公司章程指引》实际上是半强制的,留给公司自行创新的空间并不充分,比较常见的防范安排主要是增加董事会和高管层非家族成员比例、增加独立董事在董事会中比例等,围绕着"人"来做文章、想办法。

第四节 历 史 沿 革

一、上市前重组的内容、要求和需要避免的误区

(一) 上市前重组的基本含义

顾名思义,上市前重组,就是发生在公司申报上市材料之前的重组。从具体内容看,可以分为两部分:一是公司的历史沿革;二是为上市目的有计划进行的资本运作。对于历史沿革问题,因为已经是不能改变的事实,因此各方中介主要的工作内容是合法性的判断、风险的充分揭示、必要的补救措施、在充分论证基础上的结论意见。

为上市目的进行的资产重组,主要是指为上市目的,通过股权重组和资产整合的方式,将公司股权、业务、资产、人员、机构和财务进行合理调整及有效组合,使公

司完全符合上市标准的工作过程。此阶段的工作可以分为两方面：纠正、调整和规范历史遗留问题，按照上市标准重组公司。

（二）上市前重组的基本要求

（1）形成清晰的业务发展战略目标，合理配置存量资源。

（2）突出主营业务，通过整合主营业务形成完整的产供销体系，形成核心竞争力和持续发展的能力。

（3）形成完整的业务体系和直接面向市场独立经营的能力，符合"五独立"标准。

（4）避免同业竞争，规范关联交易。

（5）股权关系清晰，不存在法律障碍，不存在股权纠纷隐患。

（6）建立公司治理的基础，股东大会、董事会、监事会以及经理层的规范运作。

（7）建立健全有效的内部控制制度，能够保证财务报告的可靠性、生产经营的合法性和运营的效率与效果。

（三）上市前重组需要避免的误区

（1）对历史遗留问题，要切实解决，充分披露，不能流于形式、带病闯关，或者轻率形成难以自圆其说、明显不通的结论；对于公司的现状，既要解决明显不符合审核标准的浅层次问题，也要充分考虑诸如上市必要性等深层次问题，还要为形成企业的核心竞争力和持续盈利能力打下良好的基础。

（2）不能形成新的上市瑕疵，比如导致产生巨额或者不公允的关联交易、形成新的同业竞争等；重组的程序要合法，实质要公允。

（3）除非确有必要或企业同意，不能影响业绩的连续计算。

（4）引进新投资者的时间需要和资产重组结合考虑。原则上，最好是在有限责任公司阶段完成，待股权结构稳定后再整体变更为股份公司。如果是在股份公司阶段引进新投资者，则应注意"同次发行的同种类股票，每股的发行条件和价格应当相同"。某案例中没有同次同价，公司进行解释时说，同一次引进的股东对公司的贡献不同，所以不同价"在原则上"不违反公司法的要求。此说法有些牵强，每一个新股东对公司的贡献都不可能是一样的，如果此说法成立，则可以推导出"同次发行的同种类股票，每股的发行条件和价格应当不相同"。另外，如果在申报材料后又引进新股东，则需要撤回申请文件，在办理工商登记手续和内部决策程序后重新申报。

（5）原则上应该整体上市，但是如果整合成本较高同时资产、收入、利润等不超过10%的可以暂不整合，特别是不能将有损于发行人独立性的资产和技术放在发行人资产范围之外。

（6）利润分配应该符合公司章程中规定的现金分红政策，并保证发行上市前后利润分配政策的连续性和稳定性。如在审核期间进行利润分配，则在实施完成后才能上发审会。公司应该对利润分配的必要性和合理性进行说明,并分析利润分配方案的实施对发行人财务状况、生产经营的影响。在招股书中,按照《关于修改上市公司现金分红若干规定的决定》的要求,详细披露上市后的股利分配政策,比如股利分配的原则、股利分配的形式、是否进行现金分红及现金分红的条件、现金分红占当期可分配利润的形式等。

二、业绩连续计算

业绩的连续计算问题和判断企业的持续盈利能力问题的共同点:都是要处理好"发展"和"稳定"的关系。企业的发展和时间的推移必然带来人员、资产、产品和服务、业务和技术、市场、管理方式、规模的发展变化。如果处理好发展和稳定的关系,则这些发展和变化会使企业越做越强,在竞争中脱颖而出;如果处理得不好,从回顾的角度讲将导致业绩不能连续计算,从展望未来的角度讲持续盈利能力会遭到质疑。

业绩是否能连续计算,同样应该本着"实质重于形式"的原则,监管层不会因为合理的变化而否认连续,企业不应该为了跳跃式发展而丧失稳健。衡量和判断的核心是人员、资产、产品和服务、业务和技术、市场、管理方式、规模等基本要素的变化是否是正常的、非根本性的、内因发展规律性的,如果是,则再重大的变化也不应中断业绩的连续计算;如果是非正常的、根本性的、外力赋予的,则应该慎重判断。

《首发管理办法》要求"发行人最近3年内主营业务和董事、高级管理人员没有发生重大变化,实际控制人没有发生变更"。因此,可以看出,主营业务、董事、高管、实际控制人是业绩连续计算的三个基本标准。实际控制人问题详见本章第三节,以下从主营业务,董事、高管,不同主体三个角度进行导论。

(一) 主营业务

《创业板管理暂行办法》第12条规定,发行人应当主要经营一种业务。同一种业务的含义是同一类别业务或相关联、相近的集成业务:

第一,与发行人主营业务相关或上下游相关业务。

第二,源自同一核心技术或同一原材料(资源)的业务。

第三,面向同类销售客户、同类业务原材料供应商的业务。

第四,一种业务之外经营其他不相关业务、最近两个会计年度以合并报表计算时符合以下标准:其他业务收入占营业收入总额不超过30%,其他业务利润占利润总额不超过30%。

第五,视对发行人主营业务的影响情况,提示风险。

第六,上述口径同时适用于募集资金运用的安排。

报告期内的业务:

第一,主营业务的性质、内容不能有实质性的改变,比如不能原来是通信产业,后改为软件产业。

第二，对上下游业务的拓展需要审慎判断，过度的开拓也是变更，量变可能导致质变；可以从业务模式、管理模式、销售模式等方面论证，上下游业务之间的衍生可以认定为没有发生变更。

第三，主营业务的运作模式不宜有实质性变更，比如原来主要是自营，后改为特许专卖形式。

第四，与从外面收购一个已经运营成熟的公司并由此开展新业务相比，公司从无到有发展起来的业务更容易解释，并不是后者注定比前者优质、高效，只是其持续盈利能力更为可信。

第五，规模是否发生重大变化，主要看产能、销量、营业收入、净利润、总资产、净资产等重要指标是否前后变化较大，建议把握好30%、50%和100%这三个关键点。

第六，技术方面主要看核心技术、主要生产工艺等是否发生重大变化。

第七，客户方面主要看大客户或客户结构是否发生重大变化。

第八，营销方面主要看销售体系、品牌推广、产品定价和主要市场等是否发生重大变化。

第九，生产方面主要看生产流程、供应链是否发生重大变化。

第十，募投项目实施不至于使业务结构转型。

1. 资产变动的规模

对于同一控制人下的上市前资产重组，因为"有利于避免同业竞争、减少关联交易、优化公司治理、确保规范运作，对于提高上市公司质量，发挥资本市场优化资源配置功能，保护投资者特别是中小投资者的合法权益，促进资本市场健康稳定发展，具有积极作用"，所以被监管部门所支持，这也暗含着目前要求中小企业整体上市的思路。为此证券监管部门发布《〈首次公开发行股票并上市管理办法〉第十二条发行人最近3年内主营业务没有发生重大变化的适用意见——证券期货法律适用意见第3号》（证监会公告〔2008〕22号），主要内容是：

表3-31 同一控制下重组分析表

规范对象	"同一实际控制人下相同或类似业务的重组"限于：被重组方自报告期期初或成立之日（期初或者成立即控制，报告期内追溯调整，保荐机构和会计师要对追溯调整期的内容进行尽职调查）起即为同一实际控制人所控制，且业务内容与拟发行主体具有相关性（相同、类似行业或同一产业链的上下游）。
整合方式	操作方式上避免简单粗暴，不建议采用清算、人员吸收的方式，该方式无法并表。不管采取何种方式进行重组，均应关注对拟发行主体资产总额、营业收入、利润总额的影响情况： （1）发行人收购被重组方股权。 （2）发行人收购被重组方的经营性资产。 （3）公司控制权人以被重组方股权或经营性资产对发行人进行增资。 （4）发行人吸收合并被重组方。

(续表)

指标比例	（1）被重组方重组前一个会计年度末的资产总额或前一个会计年度的营业收入或利润总额达到或超过重组前发行人相应项目100%的，为便于投资者了解重组后的整体运营情况，发行人重组后运行一个会计年度后方可申请发行。 （2）被重组方重组前一个会计年度末的资产总额或前一个会计年度的营业收入或利润总额达到或超过重组前发行人相应项目50%，但不超过100%的，保荐机构和发行人律师应按照相关法律法规对首次公开发行主体的要求，将被重组方纳入尽职调查范围并发表相关意见。发行申请文件还应按照《公开发行证券的公司信息披露内容与格式准则第9号——首次公开发行股票并上市申请文件》（证监发行字〔2006〕6号）附录第四章和第八章的要求，提交会计师关于被重组方的有关文件以及与财务会计资料相关的其他文件。 （3）被重组方重组前一个会计年度末的资产总额或前一个会计年度的营业收入或利润总额达到或超过重组前发行人相应项目20%的，申报财务报表至少须包含重组完成后的最近一期资产负债表。
计算口径	（1）被重组方重组前一个会计年度与拟发行主体存在关联交易的，资产总额、营业收入或利润总额按扣除该等交易后的口径计算。 （2）发行申请前一年及一期内发生多次重组行为的，对资产总额、营业收入或利润总额的影响应累计计算。
申报报表编制	（1）重组属于同一控制下企业合并事项的，被重组方合并前的净损益应计入非经常性损益，并在申报财务报表中单独列示。 （2）同一实际控制人下的非企业合并事项，且被重组方重组前一个会计年度末的资产总额或前一个会计年度的营业收入或利润总额超过拟发行主体相应项目20%的，应假定重组后的公司架构在申报报表期初即已存在，编制近三年及一期的备考利润表，并由申报会计师出具意见。
其他	重组后，会计师应对拟上市主体与销售公司的历史关联交易进行专项审计，作为备考，招股说明书披露。 不符合上表中该定义的，比如非同一实际控制人、非相同或类似业务的，不适用该规定。

2. 关于同一控制下的企业合并问题

根据《企业会计准则第20号——企业合并》的规定，同一控制下的企业合并需满足严格的限定条件，要求参与合并的企业在合并前后均受同一方或者相同的多方最终控制且该控制并非暂时性的。

相同的多方，通常是指根据投资者之间的协议约定，在对被投资单位的生产经营决策行使表决权时发表一致意见的两个或两个以上的投资者。

控制并非暂时性，是指参与合并的各方在合并前后较长的时间内受同一方或相同的多方最终控制，较长的时间通常是指1年以上(含1年)。

《企业会计准则实施问题专家工作组意见(第一期)》载明，通常情况下，同一控制下的企业合并指发生在同一企业集团内部企业之间的合并，除此之外，一般不作为同一控制下的企业合并。在认定相同的多方作为实际控制人时,不认可委托的持股或者代持股份等在法律上存在瑕疵的安排。在实际执行中,对该种同一控制下的合并要严格审查,在发行人、会计师、律师出具充分意见的基础上,如符合同一控制下合并条件的,最后总控制的相同多方持股应占绝对多数,一般可按照51%以上掌握。

根据该意见和《企业会计准则第20号——企业合并》的规定,合并日是指合并方实际取得对被合并方控制权的日期,应当同时满足下列要求:

(1) 企业合并合同或协议已经获得股东大会等通过的。

(2) 企业合并事项需获得国家有关主管部门审批,已经获得批准的。

(3) 参与合并各方已经办理了必要的财产转移手续。

(4) 合并方或购买方已支付了合并价款的大部分(一般应超过50%),并且有能力、有计划支付剩余款项。

(5) 合并方或购买方实际上已经控制了被合并方或购买方的财务和经营政策,并享有相应的利益、承担相应的风险。

如果是收购股权,三年三张报表都并进来。收购资产,如果构成业务,仍然要把经营业绩纳入发行人合并报表范围;如果涉及资产出售的报表剥离的,应符合配比原则,纳入申报报表范围(参照证监会以往颁布的剥离报表指引)。如果仅仅是相关人员团队转移到上市主体(例如上市主体把集团的销售团队全部吸纳进来),不符合收购业务的定义,但也要将纳入人员团队对上市主体的影响编制备考报表,将业绩情况披露给投资者。

3. 关于非同一控制下的企业合并问题

发行人报告期内存在非同一控制下的企业合并,应关注被合并方对发行人资产总额、营业收入或利润总额的实际影响,发行人在实际执行中应符合以下要求:

(1) 被合并方合并前一个会计年度末的资产总额或前一个会计年度的营业收入或利润总额达到或超过合并前发行人相应项目20%的,申报财务报表至少需包含合并完成后的最近一期资产负债表。

(2) 被合并方合并前一个会计年度末的资产总额或前一个会计年度的营业收入或利润总额达到或超过合并前发行人相应项目20%,但不超过50%的,发行人合并后运行一个会计年度后方可申报。

(3) 被合并方合并前一个会计年度末的资产总额或前一个会计年度的营业收入或利润总额达到或超过合并前发行人相应项目50%的,发行人合并后运行24个月方可申报。

另有进一步的补充标准如表3-32:

表 3-32　重组后需运营时间表

	资产、收入、利润任何一个超过 100%	在 50%～100% 之间	在 20%～50% 之间	小于 20%
收购非同一控制下相同、相似产品或者同一产业链的上、下游的企业或资产的	运营 36 个月	运营 24 个月	运营一个会计年度	不受影响
收购非同一控制下非相关行业企业或资产	运营 36 个月		运营 24 个月	不受影响

（二）董事、高管变动问题

董事、高管的重大变化是发行条件之一，因此应该高度重视。目前尚无量化的绝对数指标，具体项目具体分析，主要关注董事、高管的变化对发行人经营的连续性、稳定性和可比性的影响，主要的考虑因素是变动原因、相关人员的岗位和作用、对生产经营的影响等。

对于一般的创业企业，常常在设立之初只有一个执行董事，随着公司的迅速发展，"三会一层"才迅速发展、健全起来，在此情况下，如果仅从人数角度，则不能真实地反映公司的变动本质。并且从优化、完善一人公司的公司治理结构方面，类似的变动多多益善，监管层也持鼓励态度。迄今已有多家创业板公司在报告期内存在从 1 名执行董事到 7 人以上董事会的情形，中介机构主要从"执行董事和董事会在议事方式、表决程序、职责权限等方面的异同，参与经营决策的人员来源和担任董事之前的作用，公司的章程和内部规章制度，立法本意"等方面进行论述，最后得出"不存在重大变化"的结论。另外，国有企业派遣的董事由于组织安排导致的变化，也不应认定为重大变化。

一般来说，应从以下方面对董事、高管变动问题给予说明和解释，判断的标准仍然是实质重于形式，具体问题具体分析。

表 3-33　董事、高管变化对上市影响分析表

关注因素	判断和说明
变动主体	目前重点关注董事和高管的变化，对监事的变化关注相对较少。
变动比例	如果报告期内变化比例超过 1/3，还需要进一步说明和分析。
变动人员的岗位和作用；变动人员与控股股东和实际控制人的关系	董事长、总经理、财务总监等关键岗位人员的变化要特别关注。同样，与经营模式特色紧密相关的职位变动亦应注意。如以渠道制胜的企业，营销负责人的变动尤应关注；又如，以研发技术优势见长的企业，对其研发负责人的变动同样应给予高度关注。

(续表)

关注因素	判断和说明
老成员的留守	如果原来的高管多数留任,变化的原因是引进外来人才,则此种变化更容易解释。
新成员的来源	如果新的董事和高管原来就在公司任职,也担任管理职位,则应认定为没有发生重大变化。
变动原因	公司生产经营发展的特殊需要、国有单位上级机关指定等原因导致的人员变化。是否为公司正常换届、是否因为公司内部矛盾等。
变动后果	相关变动对公司生产经营、决策的连续性和稳定性的影响。
其他方面	相比执行董事的变化,非执行董事的变化影响较小。

(三) 主体问题

不同法律性质的主体,在业绩连续计算方面"待遇"也不一样,详见表3-34:

表3-34 各类型主体业绩连续计算对照表

主体转换	通说	分析
有限公司整体变更	可以连续计算业绩	整体变更有《公司法》的明确依据,有限公司和股份公司是同一个企业主体,只要不评估调账,会计基础也是连续的,因此可以连续计算业绩。
国有企业整体改制	不可以	《首发管理办法》颁布后,目前除国务院特批外,均不能享受连续计算的政策。
国有企业部分改制	除非国务院特批,否则不可以	如果证券市场的指导思想还停留在"为国企解困"的阶段,特批也无可厚非。
外商投资企业整体变更	如果以有限公司形式运作,法人治理、组织架构、会计制度按照《公司法》规范、运行的,可以连续计算	正常外商投资企业很难满足左侧的这些要求,因为一般外商投资企业都不设股东会、董事会是最高权力机构,绝大多数不设监事会。已设立的中外合资经营企业、中外合作经营企业、外资企业等外商投资企业,如果有最近连续三年的盈利记录,可申请整体变更为外商投资股份有限公司。
非公司类、非国资企业(比如股份制企业)改制	基本不可以	根据国企和外资企业的优惠规定,如果贯彻公平原则,则应在遵循"相同的人、相同的资产、相同的业务、相同的产品、相同的运营模式"的前提下,可以认定业绩连续计算。

三、股权变动

此处的股权变动,在形式上包括股权转让和受让两种,在主体上包括公司和控股子公司。在此主要讨论两方面问题:首先,如何合法地运作、审核股权变动,对这方面颇有些技术性要求;其次,是监管部门对股权变动的关注和相应的查证说明。

(一) 合法运作、审核股权变动

表3-35 股权变动要件分析表

要件	具体内容	分析
程序要件	通知符合公司章程规定	按照公司章程的时间要求通知各位股东参会,此要件常常被忽略,但是如果发生争议,甚至可能是主张股东会无效的理由之一。
	动议不得表决	所谓动议,就是没有在会议通知中列明、临时提出的议题,此类议题可以讨论,但是不能表决。
	股东会批准	严格地说,除非章程特别规定,股东转让股权不需要其他股东批准。但办理工商登记时需要提交股东会决议,因此该批准还是需要的。
	修订章程	因为股东是章程的主要记载事项,因此变更后需要相应的修改章程,需要注意的是,该章程修正案应该是由原来的股东(不包括本次转让股权的股东)和新股东共同签署的。
	签发出资证明	出资证明是股东身份的证明文件之一,不过在实际工作中并不常见。
	工商变更登记	工商登记不是决定股权归属的要件,但为了保证交易安全和流程完整,变更登记是必要的。
实体要件	有权部门的批准(如需要)	比如外商投资企业变更股东,需要商务部(局、委)先行批准;国资转让,需要履行批准或其他相应程序。
	买卖双方意思表示真实、合法	这是民事活动的基本原则,也适用于股权变动。
	其他股东放弃优先购买权	此为《公司法》对有限责任公司的直接规定,主要是基于"人合"的属性。
	价款给付等合同履行	对价的支付常常涉及合同的顺利履行和后续衔接工作,因此也应该重视。

(二) 监管部门对股权变动的关注点

监管部门对公司的历史沿革、股权变动问题从来都是高度关注的。根据案例总结,监管层主要关注如下方面,并要求披露详细全过程:

表 3-36　股权变动分析表

关注事项	分析说明
关联关系	要求披露公司(含控股子公司)、公司的关联人(特别是控股股东和高管)和股权受让(或转让方)的股东、董事、高管是否存在关联关系。
股东会决议	此为程序性要求。
转让事由	即转让股权的背景原因,从积极的角度讲应该是有利于增强公司盈利能力,从消极的角度讲不能存在利益输送等违法目的。反馈意见中曾直接问到"收购一个多年亏损的公司的原因和定价依据"。
合意	是否为双方真实意思表示。
转让价格和定价依据及是否订立合同	理论上如果不涉及国资、集体资产,则股权转让的价格应该由当事人双方自行决定,赠送也不违法。但是价格的合理性仍然需要各方关注,此合理性的判断要具体问题具体分析,比如公司创始人转让股权给公司的功勋员工和高管,无偿也是可以合理解释的,但如果对外也无偿转让,则涉嫌利益输送,难以自圆其说。一般而言,价格有原始出资额、净资产价格、评估值三种,评估值最贴近市场方式。
支付价款来源	对支付价款的来源问题,与出资来源的合法性判断类似,在公司本身的股权变动中十分重要。 主要是关注出资来源的合法性问题及是否因为内部控制而使用公司的资金"空手套白狼"。 某案例涉及金额逾 7 000 万元,解释为家庭积累、借款,准备用公司分红、工资等偿还。这样的案例属于特例。
对价方式	主要是使用股权支付还是非股权支付方式。
实际履行情况	上级审批、评估备案、招拍挂程序、工商登记等。
股权过户以及未及时办理工商变更登记	虽有工商登记的非生效要件,也有非权属证明等法律结论,但工商登记变更仍然是判断股权转让是否依法完成的最终标准且有公示效应,因此应该及时办理完成。如果不能及时办理完成,必须提供真实可信的解释说明,否则容易令人怀疑交易的真实性及是否会发生回转。
是否涉及国有资产或集体资产	如涉及这两个主体,特别是国资,需要符合国有股权管理相关规定。
是否涉及工会或职工持股会	如涉及,是否有工会会员或者职工持股会会员同意确认的签字文件。
是否存在重大权属纠纷、合法合规、是否真实有效	对问题的总体回顾性要求,既为明确结论性意见,又为兜底性披露要求。
是否存在纠纷和潜在风险	对问题的总体前瞻性要求,既为明确结论性意见,又为兜底性披露要求。

另外,对于申报前 6 个月引进的新股东,还应详细披露引进的原因、价格、资金

来源、背景,与发行人的控股股东、实际控制人、董事、监事、高级管理人员、中介人员之间是否存在关联关系。如果是战略投资者,需明确说明进来后对发行人经营、战略贡献、重大作用和意义。在申报前短期内私募增资的,需说明既然已经成功私募融资,是否还存在公开发行融资的必要性,并披露私募资金的使用情况。

(三) 禁售期内股转

根据《公司法》第142条的规定,有如下禁售期:

表3-37　各主体禁售期对照表

主体	限售规定
发起人	自公司成立之日起1年内不得转让。
公司董事、监事、高级管理人员	任职期间每年转让的股份不得超过其所持有本公司股份总数的25%;离职后半年内,不得转让其所持有的本公司股份。

(1) 上述规定属于禁止性规定,违反无效。从立法目的上看,该规定旨在防范发起人利用公司设立谋取不正当利益,并通过转让股份逃避发起人可能承担的法律责任。但在实践中,该条规定约束了资金的融通,限制了股权的流通性,使股份公司丧失了通过股权交易调整公司股本结构、提高资源配置效率的机会,也是基于此,新《公司法》将限制期限从3年修改为1年。

(2) 在已过会案例中,存在两种至少形式上直接违反上述规定的情形,但是均有比较合适的理由:一是按照2008年9月16日国资委发布的《关于规范国有企业职工持股、投资的意见》进行了股权规范;二是规范职工委托持股过程中,转让方转让代持股权,中介机构认为"就股份转让实质分析,不违反《公司法》第142条的规定"。

(3) 预转让合同是合法有效的。所谓预转让,是指为公司成立1年后转让股份而预先签订合同并约定1年期满后再办理股权过户手续的行为。此类行为和合同合法有效,原因如下:

① 《公司法》规定禁售期是指实际转让股份,并不禁止发起人附期限的法律行为。

② 在股份转让行为中,实质上存在两种行为:一是股权转让的债权行为,即当事人之间的合同订立行为;二是股份转让的权利变动行为,即合同生效后履行合同的股份变动行为。《公司法》所禁止的发起人转让股份是对股份变动行为的禁止,而不是对签订合同行为的禁止。1年内不得转让并不意味着1年内不得为1年后的股份转让签订合同。只要1年内并未实际交付股份,并不引起股东法律上的变更,发起人仍然是公司的股东,一旦产生公司发起责任,承担责任的仍是原发起人,原发起人并不免除责任。当事人的该类股权转让协议是在法律规定范围内的一种预期转让,不损害公共利益和第三人的利益;而且在该种转让下,出让方放弃的是股权(包含自益权和共益权),是对自己权利的处分,但仍须承担股东的责任和义务,这

进一步说明了该类股权转让行为的无害性,该约定在当事人双方之间应认定为有效。

③ 此类合同是否违反本条规定而无效,取决于合同对股份变动作如何约定,如果约定股权变动发生在公司成立后1年内,则构成违法并导致无效;如果约定在1年之后股权变动,应为合法有效。

(4) 人民法院的强制执行。如果发起人股份的转让并非出于股东意愿,而是法院在执行程序过程中需要采取的强制措施,则同样不违反《公司法》关于禁售期限的规定。根据立法本意,禁售期限只适用于依照当事人意思自治协议转让的情形,而法院在强制执行案件中转让发起人股份,是为了债权人利益而实施的国家行为,不存在发起人借设立股份有限公司投机牟利的动机。当然,为了防止发起人故意规避《公司法》的该条规定,人为"制造"诉讼,假借法院之手提前转让其持有的公司发起人股份,法院在操作中应当把握这样一个工作原则,即只有当作为被执行人的发起人无其他财产可供执行时,才能强制执行发起人持有的尚在《公司法》规定的禁售期内的股份。

(四) 擅自发行股票罪

擅自发行股票罪属于刑法中的行政犯又称法定犯,即违反国家行政经济管理法规达到一定程度,需要进行刑事评价的行为。如果发行人历史沿革中有过类似活动,需要从刑事犯罪角度进行分析判断。

1. 非上市股份公司转让股权的法律规范与发展历程

国家法律及相关政策对非上市股份公司的股权能否转让、如何转让,一直都有限制性规定,主要经历以下三个阶段。

第一阶段,1998年到2002年为严令禁止。1998年国务院办公厅《转发证监会关于〈清理整顿场外非法股票交易方案〉的通知》、2003年证监会《关于处理非法代理买卖未上市公司股票有关问题的紧急通知》、2004年《关于进一步打击以证券期货投资为名进行违法犯罪活动的紧急通知》均规定,禁止从事非上市公司的股权交易,除进行股权整体转让外,严厉禁止代理和买卖非上市公司股票。

第二阶段,2003年到2006年为托管引导。全国一些城市相继开展股权登记托管业务,2003年初上海成立股权托管中心与联合产权交易所。2005年初发布《关于进一步规范本市发起设立股份有限公司审批、登记和备案相关事项的通知》,要求国有股权必须到上海联合产权交易所交易、到托管中心登记,对于私有股权,采取自愿进场交易原则。

第三阶段,2006年至今为明确规范。《证券法》规定,公开发行证券,必须经国务院证券监管管理机构或国务院授权的部门核准,并指出向不特定对象或向特定对象累计超过200人发行证券,属于公开发行证券。2006年12月12日发布的国务院办公厅《关于严厉打击非法发行股票和非法经营证券业务有关问题的通知》规定:第一,严禁擅自公开发行股票,向不特定对象发行股票或向特定对象发行股票累计超过200人的,为公开发行,应依法报经证监会核准。第二,严禁变相公开发行股票。非公开发行股票及股权转让,不得采用广告、广播、电话、说明会、公开劝诱等方式向社会公众发行。

由此可见,对于非上市公司的非法股权交易,国家一直予以否定评价。

2. 非常转让股权行为的违法性特征分析表

表3-38 非常转让股权行为的违法性特征分析表

	违法特征	分析
1	受让人属于不特定对象	区分特定对象与不特定对象,应当结合投资者的选择程序、承担风险能力与人数等因素综合分析。通常情况下,出让方委托中介机构面向社会公众采用推广会等方式进行宣传,随后筛选出合适的投资人,审查投资人的资产价值与申报财产内容的真实性、是否具备识别并承担风险能力等内容,明确提示投资风险,有明确的人数和资金总量的限制。对于符合上述条件的,应当认定为属于特定对象,相反,对于不设定任何标准和人数条件,不考察投资人的具体情况,只要出资即予以接纳的情况,应当认为是属于非特定对象的范围。
2	转让股权的价格具有不确定性	合法的转让股权应由第三方对公司财务状况进行审计,结合审计结论、运营情况、公司拟上市后的预增利润等综合因素,由出让方确定统一合理的出让价格,报证券监管部门批准备案后向全社会公布。
3	采用公开形式转让股权	判断公开与非公开方式的标准,是区分信息沟通渠道是否畅通。非公开发行是指基于相互信任与意思自治原则,双方能够交流获取真实有效的信息,无须借助第三方力量来传递信息达到沟通目的。而公开发行由于面向社会公众且信息不对称,出让方需要借助中介力量,利用广告、公告、广播、电话、推介会、说明会、网络等方式传递信息,以达到吸引投资人获取资金的目的。
4	转让股权的运作模式不规范	由于涉及社会公众权益,转让股权必须接受多方面的监管,要求运作模式必须合法规范,包括中介机构的主体资格、签订合同的内容、披露信息的要求、财务情况公开、区分收费账户与公司账户、按约履行权利义务,等等。
5	托管形式不影响行为的违法性	托管中心是从事非上市股份公司股权集中托管、过户、查询、分红等业务的股权托管登记服务机构,其主要职能是股权托管、登记与服务。托管中心作为第三方组织,对于股权转让行为只负责登记备案,没有审核及监督义务,托管登记的形式,仅证实双方确有股权转让行为,不能证明股权转让行为本身的合法与否。

(五) 国有法人股转让未进场交易的严重法律后果

如果发行人在历史上出现过国有法人股权(股份)未进场即交易的情况,必须予以高度重视,因为此问题涉及股权转让交易是否生效的性质问题,涉及发行人股权是否稳定、清晰的发行条件问题,还涉及仅有省级人民政府确认,是否能够有效解决法律风险的现行处置方法合法性等重要问题。以下仅分析"是否生效"问题。

1. 有关企业国有股权(股份)转让的法律规定

企业国有股权(股份)是企业国有资产的重要表现形式。国有股权(股份)是关系到国有资产出资人权益的重大事项之一,是国家获得投资收益的一种方式。自20世纪90年代以来,我国颁布实施了许多有关国有资产管理方面的规范性文件。其中涉及国有股权(股份)转让的主要内容有:一是关于国有资产转让的基本原则和要求;二是关于国有资产转让的决定权限或备案制度;三是关于国有资产转让的程序和方式;四是关于国有资产转让的禁止性、限制性规范;五是关于违反规定的法律责任。择其最主要的条款,主要有《国有资产评估管理办法》(1991年11月16日国务院令第91号)第3条、《中华人民共和国拍卖法》(2004年4月28日修正)第28条、《企业国有产权转让管理暂行办法》(2003年12月31日国务院国资委、财政部令第3号)第4条、《中华人民共和国企业国有资产法》(2009年5月1日施行)第53条、《金融企业国有资产转让管理办法》(2009年3月17日发布,财政部令第54号)第11条、第28条的规定。

综合以上各项规定,可以将国有股权(股份)转让的基本规范归纳为以下三方面的程序:

表3-39 国有股权(股份)转让的基本规范归纳表

序号	程序	基本规定
1	决策、审批	(1) 由履行出资人职责的机构决定。根据我国现有的管理模式,履行出资人职责的机构分为三种形式:一是国务院国资委和地方人民政府国资委;二是国务院和地方人民政府授权的其他部门、机构;三是履行出资人职责的机构委派股东代表参加的股东(大)会。 (2) 如果转让致使国家对该企业不再具有控股地位的,应当报请本级政府批准。
2	评估、定价程序	(1) 转让方或者标的公司选择委托有相关资质的评估机构依法进行资产评估。 (2) 将评估报告交履行出资人职责的机构认可或者备案后,作为确定转让价格的依据,合理确定最低转让价格。 (3) 在交易过程中,当交易价格低于评估结果的90%时,应报国资委或者有关机构批准。
3	进场交易、公开竞价程序	(1) 非上市公司国有股权(股份)的转让应当在依法设立的省级以上(含省级)产权交易机构公开进行;上市公司国有股份的转让应当通过依法设立的证券交易系统进行,另外还须遵循国家有关国有股减持的规定。 (2) 公开披露转让信息,广泛征集受让方。征集产生两个以上受让方的,采用拍卖、招投标等公开竞价的交易方式。从严控制直接协议转让。

2. 无效的法律分析

有关国有资产转让应当进场交易的强制性规范,既是管理性强制规范,又是效力性强制规范。涉及国有资产转让的强制性规范,首先是管理性强制规范,但在一定程度上也是效力性强制规范,其中有关进场交易的规定应当属于效力性强制规范。理由如下:

表 3-40　认定未进场交易无效的法律分析表

序号	认定无效的角度	认定无效的理由和法律分析
1	调整对象	关于国有资产转让的三方面的程序性规定,其中的决策、审批程序和评估、定价程序,是转让行为正式实施之前的法定前置程序,它所规范的对象是国有资产转让方(履行出资人职责的机构),一般不涉及其他当事人,体现了强制性规范的管理性目的。而进场交易、公开竞价程序则是直接针对转让行为本身,它所规范的对象包括国有资产转让方、受让方、产权交易机构等。相关当事人之间所构建的转让交易关系,是否实行了进场交易,是否实现了等价有偿,是否达到了公开、公平、公正,直接影响到转让行为的法律效力。因此,强制性规范的效力性,在这一程序环节显得比较突出。
2	法律解释方法	通过体系解释、法意解释及目的解释等方法,可以得出有关进场交易的规定属于效力性强制规范的结论。《中华人民共和国企业国有资产法》提到交易行为无效的仅有第 72 条:"在涉及关联方交易、国有资产转让等交易活动中,当事人恶意串通,损害国有资产权益的,该交易行为无效。"该条规定与《中华人民共和国合同法》第 52 条第(2)项的规定完全一致,无非是起到强调的作用。不能仅以此认为,只有被认定为恶意串通,损害国有资产权益的才可确认转让行为无效。因为全国人大常委会法工委对该条的释义是:"当事人恶意违反程序进行的交易活动,自始不具有法律效力,已经进行的财产转让、转移等行为无效,财产状况应该恢复到行为发生前的状态。"另根据《企业国有产权转让管理暂行办法》第 32 条的规定,未按照有关规定在产权交易机构中进行交易的,国有资产监督管理机构或者相关批准机构应当要求转让方终止产权转让活动,必要时应当向法院提起诉讼,确认转让行为无效。 结合上述法条释义和相关规定,运用体系解释和法意解释的方法,已经可以判断出其具有效力性强制规范的性质。若再基于经济法的公法属性,从国有资产法律法规的立法目的考量,对这一问题的认识无疑会更为清晰。

(续表)

序号	认定无效的角度	认定无效的理由和法律分析
3	司法实践	法律中被认为管理性强制规范的违法结果往往是导致民事行为无效。例如,《公司法》第16条第2款规定:"公司为公司股东或者实际控制人提供担保的,必须经股东会或股东大会决议。"该款规定的内容显然具有很强的管理性,但针对其法律责任的规定在《公司法》中阙如。最高人民法院和地方各级法院的司法实践,对于违反上述规定所形成的担保合同,基本上均确认为无效合同。同样的情况还出现在对《证券法》第144条的理解适用上。该条规定:"证券公司不得以任何方式对客户证券买卖的收益或者赔偿证券买卖的损失作出承诺。"目前的司法实践对于违反该条规定所形成的含有保底条款的委托理财合同,基本上亦是确认保底条款无效。
4	公共利益条款	确认《企业国有资产法》实施以前违反国有资产转让强制性规范的行为无效,可以援用《合同法》关于损害社会公共利益的条款,援用社会公共利益标准衡量行政规章中的各类禁止性规定是否关系社会公共利益的维护;同时,审慎判断社会公共利益在具体案件中的存在与否。如果交易行为违反了规章或其他法律文件中有关交易程序的强制性规定,而这种交易程序恰恰是为了使社会公共利益不受侵害,那么法院可以考虑援用违反社会公共利益条款认定交易合同无效。

(六) 离婚引起的股权变动

股权是财产权的一部分,在婚姻关系存续期间,一方或者双方共同取得的股权如无特别约定,应属于夫妻共同财产;即使是一方婚前已经取得的股权,如无特别约定,股权增值部分仍属夫妻共同财产。因此,如果发行人股东离婚,需要处理好相应的包括股权在内的财产分割事宜,避免可能存在的潜在纠纷。不言而喻,分割股权时"一方持股,一方拿钱"对上市的影响最小,当然此情况下需要进一步关注是否会形成持股一方潜在的巨额债务及相应的履行能力问题。

持股少于5%的股东离婚而使股权发生变动,一般不需要重点解释。持股5%以上股东,甚至是控股股东、实际控制人的离婚,如果发生在报告期内,则各方需要高度关注下述问题;如果在审核过程中发生婚变,很可能需要撤回材料。

(1) 财产分割在法律角度的合法性和公允性。关于婚姻财产权利的认定和具体分割方式,详见《婚姻法》及其三个司法解释的有关规定,此处不赘述,仅提示需要关注财产分割方式是否合法和公允,是否侵害了婚姻关系中相对弱势一方的合法权益,涉案股权是否已经包括在分割财产范围内,是否存在持股一方为不适当目的低价转让股权情形。对于采取诉讼方式解除婚姻关系,特别是对判决还未最终生效或虽然生效但另一方坚持采用申诉、申请再审等方式继续抗争的,更应在实体角度公允判断。

(2) 其他股东对涉案股权处理方案的意见。如果另一方不是发行人股东,即使夫妻双方协商一致将部分或者全部股权转让给该股东的配偶,发行人的其他股东仍有优先购买权,需关注此情况下对该优先购买权的保护。

(3) 是否有可能涉及《一致行动人协议》,比如是否需要将因为离婚分割股权而成为发行人新股东的自然人也作为协议的签署方;是否有可能涉及实际控制人变更问题,比如是否需要采取特定期间特别委托授权的方式保证此方面没有发生不利变化。

(4) 关注离婚后的法人治理结构,是否会导致高管人员的重大变化,影响业绩连续计算。

(5) 变更公司章程。如果发行人的股东在报告期内发生离婚的情况并且需要对所持有的发行人股权进行分割的,在夫妻双方对股权分割的事项达成协议后,发行人内部需要对该部分股权的变更履行必要的内部手续,即召开股东大会、修改《公司章程》并办理工商变更登记。

(6) 股权变更的法律文件、变更依据的证据文件。对于在报告期内离婚的股东,中介机构应该重点核查其判决离婚或者协议离婚的法律依据是否已经取得,比如《离婚协议书》、《法院判决书》以及《离婚证》等文件。此外,应核对确认相应的关于财产分割的文件(包括《财产分割协议书》、《法院判决书》等文件)是否确实对发行人股权分割事宜进行了清晰、明确、完整的处置。

四、增资

在公司报告期内增资十分常见,以下从股东和净资产是否发生变化作如下分类:

表 3-41 增资类型表

	股东不变	引进新股东
净资产不变	资本公积、未分配利润转增股本	(此情况不存在)
净资产增加	原有股东新出资	新股东出资

监管部门对于增资问题较多关注或者要求补充披露、核查的主要方面是:相应的股东会、董事会决议,自然人增资方(最近 5 年)的履历和资金来源;法人增资方的持有人、注册资本、法定代表人、各新增股东与发行人、控股股东、实际控制人及其控制的其他企业以及发行人董事、监事、高级管理人员的关联关系;增资的定价依据;有无影响股权稳定的协议安排;在拟公开发行之际增资的必要性;如何保障定价公允和程序公正;增资是否损害发行人及其他股东利益等。

对于增资中与出资相同或类似的法律问题本节不再赘述,仅讨论上述情形中的两个问题。

(一) 同股同价问题

《公司法》第 127 条规定:"股份的发行,实行公平、公正的原则,同种类的每一股份应当具有同等权利。同次发行的同种类股票,每股的发行条件和价格应当相同;任何单位或者个人所认购的股份,每股应当支付相同价额。"此规定适用于股份有限公司,对于有限责任公司没有明确规定。因此可以得出结论:对于有限责任公司,即使同一次发行,也允许不同的价格条件;对于股份有限公司,同一次发行的价格条件必须一致。

已经有多家已过会公司在有限责任公司阶段存在同一次增资中股东价格条件不同的情形,监管部门主要关注程序上是否合法,需要中介机构发表明确意见,也关注同股不同价的原因,但此原因一般都能得到合理的解释,主要是股东的贡献不同。

(二) 同一次增资中同股同价问题

对于有限责任公司,《公司法》没有明确的规定,对于股份公司,《公司法》第127条中规定,"同种类的每一股份应当具有同等权利",因此,如果是在股份公司阶段增资,应该同股同价。

(三) 增资的时间间隔问题

新《公司法》取消了新股发行间隔1年以上的限制性规定,因此在法律角度没有强制性要求,公司可以根据实际需要,自行决定增资的间隔时间。

(四) "突击入股"问题

"突击入股"主要是指发行人在上市申报材料前的一年甚至一个月内,有机构或者个人以低价获得该公司股份的情形。"突击入股"一般是公司对员工的股权激励,但也存在着特别人直投进入甚至说不清楚的情形。针对这种情况,监管部门会对上市前"突击入股"从严核查,明确要求增加对申报前最近一年新增股东的核查及披露,自然人股东需披露近五年的履历情况,法人股东则要披露其主要股东、实际控制人的相关情况,同时对相关股份要求限售。

1. 审核

对申报材料前一年内新增股东的,除按《公开发行证券的公司信息披露内容与格式准则第1号——招股说明书》披露持股数量及变化情况、取得股份的时间、价格和定价依据外,如是自然人股东,还需补充披露近五年的履历情况;如是法人股东,则要披露其主要股东、实际控制人的相关情况。

对于申报前6个月发生增资或转让的,需提供专项说明,具体包括:增资原因、定价依据及资金来源、新增股东的背景;是否存在委托、信托持股等情况;新增股东与控股股东、实际控制人、中介机构等是否存在关系;新增股东对公司未来发展能发挥什么作用等。

2. 限售

此外,对IPO申请材料受理前12个月从控股股东、实际控制人转出的,比照控股股东、实际控制人,上市之日起锁定3年;申请受理前12个月从非控股股东、实际控制人转出的,上市之日起锁定1年。如果公司没有或难以认定控股股东、实际控制人,则所有股东按持股比例从高到低,直到总占比达51%,自上市之日起均锁定 3 年。同时,公司董事、监事、高级管理人员间接持股的参照直接持股处理。

3. 监管趋势

因为"突击入股"中可能藏污纳垢、显失公平,已经远远偏离了创业板设立之初"鼓励和培育本土 PE"的初衷,因此,证券监管部门对突击入股的监管态度目前是严格控制和监管。因此除了上述的充分披露和限售以外,中介机构也应从实质角度高度关注突击入股的必要性和公平性,最低标准是不能沦为风投腐败的帮衬。

4. 商业伙伴

随着中小板、创业板的大规模扩容,拟上市企业于 IPO 前引入上游供应商及下游客户作股东渐成一种趋势,由此形成一道 IPO 前关联交易显形化。从实业经营来说,上、下游利益"捆绑"运作,实现产业链共赢,已证明其对经营稳定、业绩提升大有裨益。但对上市进程而言,显形的关联交易也将迎来异常严格的审核要求,证券监管机构会严格要求保荐机构就关联交易是否履行正规程序、定价是否有失公允、有无不恰当的利益输送及对关联方的重大依赖、是否影响发行人独立性、未来规范关联交易的具体安排等内容进行详细核查与说明。如果对上述方面不能予以充分合理解释,在特定情况下,也有可能对上市构成障碍。

五、减资

报告期内减资的情况非常罕见,对上市也可能有严重的负面影响,因为现有股东减少对公司的投资,可以合理推论为公司没有上市融资的必要。但已有先例,在报告期最后 1 年将 6 亿元注册资本减少一半。不过该先例有如下特殊情况:

(1) 减掉的一半注册资本是股东承诺但尚未出资到位的出资(分期出资中未到位的部分),即不减少公司现有资产,本质上是放弃第二次出资,在法律形式上体现为股东承诺出资部分的注册资本减少。

(2) 放弃第二次出资的原因是,如果该出资到位,"以发行人目前的业务规模和盈利状况,发行后合理的净资产规模约为 6 个亿左右。如果发行人在募足 3.1 亿元的注册资本后再实施公开发行,发行人的净资产规模相对于业务规模将偏大,导致发行后净资产收益率过度稀释"。因为上述两个可以合理解释的理由,该次减资没有成为公司的上市障碍,监管部门仅关注了减资的法律程序、相关债务的处理、减资对公司经营资质和经营能力的影响等进一步的技术细节问题。

六、整体变更

有限责任公司整体变更为股份有限公司,在法律属性上是公司组织形式的变化,不是新设立的股份公司,也不是募集设立,更不是发起设立。大多数发行人在报告期内都存在整体变更的法律行为,因此择其重点问题(其中税务问题详见第八章第二节"税务")探讨如下:

（一）折股比例问题

有限公司整体变更为股份公司，根据旧《公司法》的规定，"折合的股份总额应当相当于公司净资产额"；现行《公司法》要求"折合的实收股本总额不得高于公司净资产额"，即原来的要求是"等于"，现在的要求是"不得高于"，此种变化的主要目的是防止出资不实、虚增股本。

表3-42 折股比例相关法律规定一览表

法律名称	旧《公司法》	新《公司法》	《股份有限公司国有股权管理暂行办法》*
生效时间	1994年7月1日—2005年12月31日	2006年1月1日至今	1994年11月3日—2008年1月31日
相关规定	折合的股份总额应当相当于公司净资产额。	折合的实收股本总额不得高于公司净资产额。	国有资产严禁低估作价折股，一般应以评估确认后净资产折为国有股的股本。如不全部折股，则折股方案需与募股方案和预计发行价格一并考虑，但折比率（国有股股本/发行前国有净资产）不得低于65%。股票发行溢价倍率（股票发行价格/股票面值）应不低于折股倍数（发行前国有净资产/国有股股本）。净资产未全部折股的差额部分应计入资本积金，不得以任何形式将资本（净资产）转为负债。净资产折股后，股东权益应等于净资产。

*《股份有限公司国有股权管理暂行办法》（以下简称《暂行办法》）已被财政部《关于公布废止和失效的财政规章和规范性文件目录（第十批）的决定》废止。

是否"打折"变更取决于具体公司的具体情况，要与股票发行价格、计划融资额、发行后股权结构等综合考虑。总的来说，"打折"折股有利于提高每股净资产收益率，进而提高每股价格，但"打折"折股比例过大则涉嫌人为提高财务比率，同时因为"打折"折股降低了股份总数，在发行后相同股权比例结构下，与"不打折"折股相比，有可能（仅仅是可能，因为每股股价相对提高了）降低募集资金金额。

2005年《公司法》生效之前，在有限责任公司整体变更为股份有限公司过程中不存在折股比例问题，因为旧《公司法》的规定十分具体、明确："相当于"，也就是要严格按照1:1的比例折股。2005年《公司法》生效后，关于折股比例的规定发生重大变化：从"相当于"变为"不得高于"，可见允许"小于"，即允许"打折"折股，由此产生折股比例问题。

此处要探讨的问题是：有国有股股东的有限公司，在新《公司法》生效后直至目前，特别是在2006年1月1日（新《公司法》生效日）至2008年1月31日（《股份有限公司国有股权管理暂行办法》失效日）之间，进行整体变更，折股比例是否应受《股份有限公司国有股权管理暂行办法》第12条不得低于65%的规定限制。此问题探讨的意义主要在于：虽然该规定已经被废止,但尚无新的相关规定,在实践中"议论纷纷,莫衷一是",因此仍有进一步明确的必要。

虽然近年业内都在遵循65%的折股下限的限制,但是,有限责任公司整体变更中的折股比例问题,从来就不应受《股份有限公司国有股权管理暂行办法》的调整,该规定不适用于整体变更。折股比例以2005年12月31日为界,分别适用旧、新《公司法》的规定即可。理由如下：

表3-43 折股比例问题分析表

理由分类	《股份有限公司国有股权管理暂行办法》	《公司法》	说明
调整对象	国有企业改组设立股份公司和新建设立股份公司。	现有有限责任公司整体变更为股份公司。	《暂行办法》的两种情况不包括有限责任公司整体变更。
立法本意	国有资产保值增值,防止国有资产流失。	资本充实,出资到位。	立法本意不同。立法本意可以合理解释《暂行办法》中以评估值为基础,"如不全部折股,则折股方案须与募股方案和预计发行价格一并考虑",以及其他相关规定。
法律冲突	不得低于65%。	折合的股份总额应当相当于公司净资产额(旧《公司法》);折合的实收股本总额不得高于公司净资产额(新《公司法》)。	如果认定《暂行办法》适用于整体变更,则《暂行办法》和新、旧《公司法》都存在法律上的冲突,应属无效;此种冲突不属于"特别法优于普通法",因为从立法本意角度,《暂行办法》作为特别法,其比例应高于《公司法》的规定才能自圆其说,实际上是明显低于《公司法》的规定。
计价依据	评估确认后净资产。	审计值,不允许评估调账。	计价基础不同。 在整体变更中,不管折股比例是多少,在变更前后,原股东对应持有的净资产的绝对值都是不变的;即不管比例是否低于65%,都不会导致国有资产的流失。 《暂行办法》中因为以评估值为基数还要打折,因此和原来的账面值相比,新公司的净资产总额是变化的。
前后法律主体	前后非同一法律主体： 在改组设立情况下,原主体注销或导致出现新公司;新设情况必然导致出现新法律主体。	变更前后为同一法律主体。	从法律主体的角度也说明整体变更是《公司法》规定的特殊企业重组形式,《暂行办法》不适用于整体变更。

(二) 折股基数问题

《公司法》的规定和上市的要求是以"净资产"为折股基数,各类资产也不得按照评估值调账。如果按照评估值调账,因为会计计量基础发生变更,会导致违反历史成本原则,业绩因此不能连续计算。国家工商行政管理总局颁布的《公司注册资本登记管理规定》则要求进行评估(该规定的主要目的是保证公司股本的充实和真实)。两者存在一定的矛盾,解决办法是"既评估又审计",评估值不得低于经审计净资产,然后商请工商局准许以审计净资产值验资,各类资产都按原账面值进入股份公司账目。

虽然按照审计值整体变更是基本操作规程,被业内奉为圭臬,但是此种操作方法有可能造成国有资产流失,有可能为上市后的内幕交易提供现实基础,假设如下:

(1) 公司有国有股股东(是否控股对本案分析结论没有影响)。

(2) 公司有一块土地(或类似资产,窖藏名酒也适用),账面值很低,但现在有巨额增值,这些增值将在以后年度中逐年释放为盈利,毫无疑问,除非明示放弃,这些利益应该属于现有股东(此增值的性质和以前年度利润完全不同)。

(3) 按照账面值整体变更(是否打折对本案分析结论没有影响),导致巨额增值在任何重要方面都没有得到任何体现。

(4) 发行股份数一定的情况下,发行价格取决于每股盈余和市盈率倍数,而此处的每股盈余并没有公允体现巨额增值。

(5) 发行上市成功。

此案例中,巨额增值为新、老股东共享,而新股东并没有为此直接支付对价,因此可以推论此案中发生了国有资产流失。同时,知晓存在此类巨额增值的人、可以控制何时将此类巨额增值变现为利润的人,完全可以据此进行股票买卖操作,获取不当利益。

如果以上分析成立,则在发行上市过程中可能已经发生了难以测算的国有资产流失,因此,必须找出合适理由,否定上述分析。

还需要说明的是,"65%折股底线不适用于整体变更"和"整体变更中没有按照评估值调账导致国有资产流失"两个问题之间存在紧密联系,联系的关键点之一在于决定股价的要素。但是从逻辑上不能同时否定这两个问题,即否认其中一个即等于承认了另外一个,而无论哪一个命题成立,都值得我们进一步思考。

(三) 留存资本公积金问题

在整体变更的具体办理过程中,少数地方工商行政管理局(比如上海)会有一个特别要求:有限责任公司整体变更为股份有限公司视为有限责任公司以资本公积金、盈余公积金、未分配利润转增注册资本,应执行《公司法》第169条第2款的规定:"法定公积金转为资本时,所留存的该项公积金不得少于转增前公司注册资本的百分之二十五。"在此情况下,按净资产 1∶1 比例折股则是不可能的,要留出相应部分计入股份公司的盈余公积科目。

上述要求是不正确的,《公司法》第 169 条的规定不适用于整体变更。现将《公司法》第 9 条、第 96 条和第 169 条进行对比和分析说明:

表 3-44　留存资本公积问题分析表

《公司法》条款	具体规定	分析说明
第 9 条	有限责任公司变更为股份有限公司,应当符合本法规定的股份有限公司的条件。	强调变更时要符合股份有限公司的条件,没有说需要符合其他的规定。
第 96 条	有限责任公司变更为股份有限公司时,折合的实收股本总额不得高于公司净资产额。	此处使用的是"折合"而不是"转为",不同的用词表示不同的性质和适用情形。 本条的"不得高于"的含义应理解为包括等于或小于。"留存百分之二十五"的规定使"等于"不可能,间接否认了第 96 条。
第 169 条	法定公积金转为资本时,所留存的该项公积金不得少于转增前公司注册资本的 25%。	此处的"转为",应理解为在同一公司形式下的变更,或为有限责任公司阶段内,或为股份有限公司阶段内,只是不适用于导致公司组织形式的整体变更。

(四) 分期出资不到位情况下是否可以整体变更

在有限责任公司出资尚未完全到位的情况下,虽然《公司法》对此没有直接规定,但仍不宜做整体变更,因为整体变更后已无法再实际履行有限责任公司阶段的出资义务,但股东的出资义务又无权因为整体变更而免除,所以此处对公司和股东均存在法律隐患。另外,在分期出资不到位的情况下,整体变更可能导致变更后的注册资本低于变更前的情况,相当于变相减资;即使因为未分配利润、资本公积、盈余公积等数额较大而没有发生降低情况,又在事实上相当于使用三项留存填补出资缺口,但这种填补本身没有履行法律程序。

综上所述,慎重起见,在司法解释没有就此问题进行明确之前,应在有限责任公司阶段全部出资到位以后再进行整体变更。

(五) 变更时可否增加股东问题

因为整体变更中法律主体的连续性,所以有限责任公司的股东也就是变更后股份有限公司的股东,各股东的持股比例保持不变,不能增加股东。

但是,因为新《公司法》和旧《公司法》对有限责任公司、股份有限公司的股东人数规定不同(详见表 3-45),且现实生活中存在较多隐名投资行为,因此,业内曾有先例尝试在整体变更的同时,将原来的隐名股东、代持股东浮现为显名股东。

表3-45 两种类型公司股东人数对照表

股东人数的规定	有限责任公司	股份有限公司
旧《公司法》	2人以上50人以下(国有独资除外)	5人以上
新《公司法》	50人以下(国有独资除外)	2人以上200人以下

具体举例如下:A公司成立于新《公司法》生效前,在工商局注册的股东有40名(显名股东),另外还有50名由显名股东代持股份的隐名股东。在整体变更时,这些股东也是股份有限公司的股东,因此,股份公司的股东为90名,各股东持股比例和在有限责任公司阶段真实的股权比例相同。

与股权转让、成立持股公司等清理方法相比,上述做法可能更加合理,理由如下:

(1)因为是否为公司股东的判断不以工商注册为标准,而是以出资、是否行使股东权利、承担股东义务的实质性要件为标准进行判断,因此,隐名股东的股东权利受到法律的确认和保护。

(2)除非为规避法律禁止性规定或者逃避法定前置审批,隐名投资不违反法律,只是不符合《公司注册资本登记管理规定》关于"股东或者发起人必须以自己的名义出资"的规定。

(3)在整体变更过程中,从隐名股东变为显名股东,是从不规范到规范的合法行为,本质上是隐名股东的确权行为;变更结束后的股东权利状态既符合法律的规定,又体现了全体出资者的本意。

(4)此种确权行为最大限度地体现了全体出资者的本意;最大限度地体现和保护了全体出资者的权利;最大限度地符合新《公司法》的规定。

(5)如果此种股东人数变化发生在有限责任公司阶段,则违反了新《公司法》"五十人以下"的规定;如果使用股权转让等形式,则首先在大多数情况下,不符合全体投资者的初衷,转让、受让双方的意思表示也有可能是不真实的,名为规范实为夺权。

(6)此种操作方法固然没有直接的法律依据,但确为对《公司法》不甚明确之处的符合立法本意的处置,与股权转让等在大多数情况下既不符合当事人真实意思表示又不符合法律本质属性的操作方法相比,应被认为是最优的选择。

(六)变更后合同、权证更名

在有限责任公司阶段,公司对外以自己的名义签署了各类合同,并以自己的名义办理了各种权利证照,在变更后如果没有更名,除极端情况外不会对上市造成法律障碍。因为在整体变更前后,法律主体没有发生改变,因此对有限责任公司阶段签署的合同,在变更完成后,股份有限公司自然就成为这些合同的履行主体,没有必要特意变更。对于权利证照则应及时办理更名,如果未能及时办理完成,则应考察取得权利的法律依据,判断是否存在不能继续取得确权和授权的法律障碍。

(七) 有限责任公司整体变更与企业整体改制为股份公司的区别

表 3-46 整体变更与整体改制对照表

	整体变更	整体改制
折股基数	审计后的净资产折股	以评估值验资、折股
业绩连续计算	可以	不能
变更前企业形式	有限责任公司	可以是有限责任公司,也可以是国有企业、集体企业、事业单位
债权债务	由变更后的股份公司自然承继	债务转移需要获得债权人的同意
涉及资产	所有资产纳入股份公司的范围	可能剥离非经营性资产,只将经营性资产纳入股份公司范围

(八) 拟上市企业整体变更时无验资报告

此情况需关注两点问题:

(1) 因为无验资报告无法确定出资是否缴足,因此需要就此点补充证据和说明,仅凭省级人民政府的确认不充分。

(2) 在无验资报告的情况下完成工商注册属于违规行为,原则上需请国家工商局确认当地工商主管单位行政行为的效力。

七、国有企业改制的基本流程

关于国有企业改制的相关法律法规繁多,以下仅列出基本流程,详细内容参见本书第九章"专项问题"第一节"国资"。

表 3-47 国有企业改制基本流程图

序号	步骤	备注
1	取得有权国有资产管理部门同意改制的文件	
2	清产核资、审计	由国有资产管理部门委托审计、评估机构。
3	资产评估	
4	取得有权国有资产管理部门对国有资产评估结果的核准	
5	将审计、资产评估、职工安置方案向全体职工公示	
6	制定《改制方案》并经过内部决策通过	

(续表)

序号	步骤	备注
7	取得有权国有资产管理部门对《改制方案》的批准	如转让国有产权致使国家失去控股地位的,还应当取得本级人民政府批准。
8	有权国有资产管理部门对于该次出售履行了相应的公告公示	企业国有产权转让首次信息公告时的挂牌价不得低于经备案或者核准的转让标的资产评估结果。 公告中应包含以下主要信息: (1)转让标的挂牌价格、价款支付方式和期限要求; (2)对转让标的企业职工有无继续聘用要求; (3)产权转让涉及的债权债务处置要求; (4)对转让标的企业存续发展方面的要求。
9	如在规定的公告期限内未征集到意向受让方,转让方可以在不低于评估结果90%的范围内设定新的挂牌价再次进行公告。如新的挂牌价低于评估结果的90%,转让方应当在重新获得产权转让批准机构批准后,再发布产权转让公告	
10	有权国有资产管理部门组织公开竞价出售活动	只产生一个符合条件的意向受让方的,由产权交易机构组织交易双方按挂牌价与买方报价孰高原则直接签约。
11	签署三方《产权转让协议》	企业、国有资产管理部门与国有产权受让人签署三方协议。
12	向当地人民政府请示转让事宜	包括国有产权转让合同、企业的债务处理、人员安置等事项。
13	取得人民政府的同意批复	
14	取得有权机关关于国有产权转让的确认文件	确认国有产权转让,已履行了国有资产评估、评估结果确认、公开交易、产权过户、有权部门审批等必备程序,符合当时法律法规和有关政策的规定,不存在潜在的纠纷。
15	进行产权交易结算	

八、债务承担和有限责任的突破

无论是否为上市目的,企业的资产重组都应遵循诚实信用的基本原则,依法对债权人承担责任,不能使用种种手段"金蝉脱壳",损害债权人的合法权益。

监管部门强调过一个类似的观点:国有企业资产给了发行人,若原企业未清算注销,则需要明确可能涉及发行人需要承担的债务金额。

这个观点可以看做是对资产重组过程中各方承债责任的分析和明确。根据《关于审理与企业改制相关的民事纠纷案件若干问题的规定》(特别是其中第6条、第7条、第35条)的规定可知,对于侵害债权人利益的企业重组,债权人可以否定公司法人独立人格,突破有限责任,直接向改制后的新公司主张债权。

因此,在资产重组过程中应高度关注依法保护债权人合法权利的问题,以免导致发行人在一定程度上承担连带责任,侵害投资者的利益。保护的主要方式是:

(1)及时履行通知、公告义务;

(2)履行已经签署的合同中的特别、直接约定;

(3)依法完善重组程序;

(4)在实体上无规避、逃废债的故意和不当行为。

第四章 独　立　性

第一节　独立性的五个方面

一、独立性的五个方面

根据《首发管理办法》的规定，在独立性方面，"发行人应当具有完整的业务体系和直接面向市场独立经营的能力"，包括资产、人员、财务、机构、业务五个方面，并且不得有其他严重缺陷。详见表 4-1。

表 4-1　"五独立"内容分析表

要求	具体标准	补充说明
资产完整	生产型企业应当具备与生产经营有关的生产系统、辅助生产系统和配套设施，合法拥有与生产经营有关的土地、厂房、机器设备以及商标、专利、非专利技术的所有权或者使用权，具有独立的原料采购和产品销售系统；非生产型企业应当具备与经营有关的业务体系及相关资产。	对于生产型企业而言，公司应该拥有独立的研发、生产、供应、销售能力，原则上发行人的土地应该以转让方式进入公司，如以租赁方式合法取得土地使用权的，应明确租赁期及付费方式，以及期后公司的优先选择权；公司的商标、专有技术及其他资产权属应由公司独立享有，不存在与股东单位或其他单位共用的情况。另外，公司股东的出资已足额到位，且相关资产的权属变更手续已办理完毕；公司对资产拥有所有权、完全的控制权和支配权；公司的资产未以任何形式被控股股东及其控制的企业占用。
人员独立	发行人的总经理、副总经理、财务负责人和董事会秘书等高级管理人员，不得在控股股东、实际控制人及其控制的其他企业中担任除董事、监事以外的其他职务，不得在控股股东、实际控制人及其控制的其他企业领薪；发行人的财务人员不得在控股股东、实际控制人及其控制的其他企业中兼职。	发行人的董事、监事、总经理、副总经理、财务负责人、董事会秘书等人员的产生均应是独立的，要按照《公司法》及其他法律、法规、规范性文件、公司章程规定的程序进行。董事、非由职工代表出任的监事由股东大会选举产生，总经理由董事会聘任，副总经理、财务负责人等高级管理人员由总经理提名并经董事会聘任；董事会秘书由董事长提名，董事会聘任。公司不存在大股东超越公司董事会和股东大会职权作出的人事任免决定。公司应建立独立的人事档案、人事聘用和任免制度以及考核、奖罚制度，与公司员工签订劳动合同，建立独立的工资管理、福利和社会保障体系。

(续表)

要求	具体标准	补充说明
财务独立	发行人应当建立独立的财务核算体系,能够独立作出财务决策,具有规范的财务会计制度和对分公司、子公司的财务管理制度;发行人不得与控股股东、实际控制人及其控制的其他企业共用银行账户。	发行人应该设立独立的财务会计部门,配备专职财务管理人员。公司根据现行会计制度及相关法规、条例,结合公司实际情况制定财务管理制度等内部财务会计管理制度,建立独立、完整的财务核算体系,能够独立作出财务决策,具有规范的财务会计制度和对分公司、子公司的财务管理制度。控股股东应尊重公司财务的独立性,不得干预公司的财务、会计活动。发行人不存在货币资金或其他资产被股东单位或其他关联方占用的情况。
机构独立	发行人应当建立健全的内部经营管理机构,独立行使经营管理职权,与控股股东、实际控制人及其控制的其他企业间不得有机构混同的情形。	公司组织机构不存在与控股股东、实际控制人及其控制的其他企业间"两块牌子、一套人马"或"混合经营、合署办公"的情形。公司的各职能部门与股东相关部门没有隶属关系,人员没有相互兼职,管理经营完全独立于控股股东、实际控制人。
业务独立	发行人的业务应当独立于控股股东、实际控制人及其控制的其他企业,与控股股东、实际控制人及其控制的其他企业间不得有同业竞争或者显失公平的关联交易。	发行人应该拥有独立、完整的采购体系、生产体系、销售体系和研发设计体系,不存在需要依赖股东及其他关联方进行生产经营活动的情况。公司的控股股东及其全资或控股企业,在产品销售或原材料采购方面的交易额,占发行人主营业务收入或外购原材料金额的比例(原则上)都应不超过30%,企业与控股股东及其全资或控股企业之间不应存在同业竞争。原则上不得与控股股东或关联方订立委托经营、租赁经营等协议。同时,控股股东以非货币性资产出资的,应办理产权变更手续,明确界定该资产的范围。

二、独立性的分类

独立性可以分为对内独立性和对外独立性。对内独立性不够,表现为对主要股东的依赖或主要日常管理完全受制于控股股东,双方存在大量关联交易,交易价格亦有失公允,这是由于改制重组不彻底造成的,可以通过资产重组解决。在此意义上,中小企业整体上市是今后发展的方向,从源头上解决持续性关联交易和消除同业竞争。根据目前监管政策,向关联公司租用生产厂房和共用商标构成发行的实质性障碍;要特别关注"资产完整",不鼓励将资产放到上市主体以外,比如:土地厂房放到上市主体之外,上市公司享受不到资产增值的收益;生产型企业,土地、房产、设备、商标、专利等均要全部纳入上市主体,权属全部挂在发行人名下。对外独立性不够,表现为在技术和业务上对其他公司的依赖、对单一客户或供应商的依赖,这是由公司的实力决定的,因此较难解决,只能通过增强公司的实力,减少公司对单一客户或者供应商的依赖,同时加强公司的信息披露解决。其实,对外独立性不足也是公司缺乏核心竞争力和持续盈利能力问题,本章所述独立性主要指对内独立性不足问题。

关联交易很难彻底避免,在某些方面也有积极意义,但应高度关注性质、主体、程度、规模、趋势、替代性等方面,规范运作。

三、影响发行人独立性的兼职

(1) 总经理、副总经理、财务负责人和董事会秘书等高管不得在控股股东、实际控制人及其控制的其他企业中担任除董事、监事以外的其他职务;执行董事是"实职",也在禁止之列。

(2) 控股股东或实际控制人除担任发行人董事长、总经理外,还在其所控制的其他企业中担任重要管理职务的,需要说明如何保证其客观、公正、独立地履行职责,如何维护发行人及其他股东的合法权益,如何确保发行人生产经营活动的独立性。

(3) 相关人士应就前述相关事项作出承诺,存在关联交易或其他损害发行人利益的,发行人应做必要纠正,并做"重大事项提示"。

(4) 发行人和董事、高管共同设立公司的,必须清理;发行人与控股股东、实际控制人共同设立公司的,应予关注,控股股东、实际控制人为自然人的,建议清理。

第二节 关联交易

一、关联交易的内容

根据《深圳证券交易所股票上市规则》第10.1.1条的规定:关联交易,是指上市公司或者其控股子公司与上市公司关联人之间发生的转移资源或者义务的事项,包括:(1) 购买或者出售资产;(2) 对外投资(含委托理财、委托贷款、对子公司投资等);(3) 提供财务资助;(4) 提供担保;(5) 租入或者租出资产;(6) 签订管理方面的合同(含委托经营、受托经营等);(7) 赠与或者受赠资产;(8) 债权或者债务重组;(9) 研究与开发项目的转移;(10) 签订许可协议;(11) 购买原材料、燃料、动力;(12) 销售产品、商品;(13) 提供或者接受劳务;(14) 委托或者受托销售;(15) 关联双方共同投资;(16) 其他通过约定可能造成资源或者义务转移的事项。

可见,几乎所有的商业合作、往来都有可能构成关联交易(增资在本质上属于关联交易,但是无须按照关联交易标准披露和履行批准和表决程序)。关联交易具有两面性,从消极的角度看,可能导致利润转移、粉饰业绩、侵害中小股东权利、影响公司独立性;从积极角度看,具有高效、优质、持续和稳定的优点。因此,上市审核标准中对同业竞争和关联交易持有不同的态度,对前者是"禁止",对后者是"规范"。

关联交易规范的核心三要件是:(1) 在实体上必须市场化定价和运作;(2) 在程序上必须严格遵循公司章程和相应制度的规定;(3) 在数量和质量上不能影响公司的独立性。总的来说就是要尽可能发挥其积极作用,坚决避免其负面作用。

二、关联方的范围(第一种示意图)

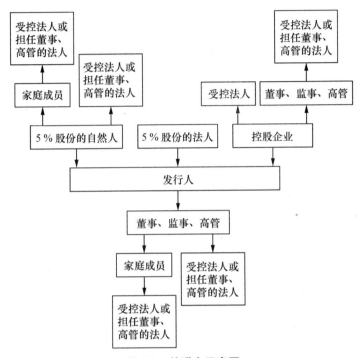

图 4-1 关联方示意图

图 4-1 中,第一级关系人为狭义关联人,第二级和第三级关系人为类关联人。

表 4-2 关联人层级分类表

	和发行人的关系	《深圳证券交易所股票上市规则》及证监会《上市公司信息披露管理办法》相关规定	《企业会计准则第 36 号——关联方披露》
狭义关联人	重要股东	直接控制上市公司的法人。	该企业的母公司。
		持有上市公司 5% 以上股份的法人(或者一致行动人)。	
		直接持有上市公司 5% 以上股份的自然人。	该企业的主要投资者个人。
	实际控制人	间接控制上市公司的法人。	对该企业实施共同控制的投资方(50%)。
		间接持有上市公司 5% 以上股份的自然人。	对该企业施加重大影响的投资方(20% 以上)。
	公司高管层	上市公司的董事、监事及高级管理人员。	该企业的关键管理人员。

（续表）

	和发行人的关系	《深圳证券交易所股票上市规则》及证监会《上市公司信息披露管理办法》相关规定	《企业会计准则第 36 号——关联方披露》
类关联人	控股人、实际控制人、公司高管层控股、实际控制及任职的企业	上市公司的关联自然人直接或间接控制的，或者担任董事、高级管理人员的，除上市公司及其控股子公司以外的法人或者其他组织。	该企业主要投资者个人、关键管理人员或与其关系密切的家庭成员控制、共同控制或施加重大影响的其他企业。
		（直接或者间接控制上市公司的）法人直接或者间接控制的除上市公司及其控股子公司以外的法人或者其他组织。	与该企业受同一母公司控制的其他企业。
	控股人、实际控制人、公司高管层的两代血（姻）亲和配偶	直接或间接持有上市公司5%以上股份的自然人和与上市公司董事、监事及高级管理人员的关系密切的家庭成员，包括配偶、父母及配偶的父母、兄弟姐妹及其配偶、配偶的兄弟姐妹、年满18周岁的子女及其配偶和子女配偶的父母。	与该企业母公司的关键管理人员关系密切的家庭成员。
			与该企业的主要投资者个人关系密切的家庭成员。
			与该企业的关键管理人员关系密切的家庭成员。
	控股人、实际控制人的高管层	直接或间接控制上市公司的法人的董事、监事及高级管理人员。	该企业母公司的关键管理人员。
潜在关联人		因与上市公司或其关联人签署协议或作出安排，在协议或安排生效后，或在未来 12 个月内，具有上述情形之一的。	过去 12 个月内，曾经具有上述情形之一的。
		无规定，按照实际原则，侧重于会计核算。	
其他		根据实质重于形式的原则认定的其他与上市公司有特殊关系，可能或者已经造成上市公司对其利益倾斜的法人或者其他组织。	该企业的子公司、合营企业、联营企业。

仅与企业存在下列关系的各方，不构成企业的关联方：与该企业发生日常往来的资金提供者、公用事业部门、政府部门和机构；与该企业发生大量交易而存在经济依存关系的单个客户、供应商、特许商、经销商或代理商；与该企业共同控制合营企业的合营者；仅仅同受国家控制而不存在其他关联方关系的企业。

发行人与其重要控股子公司的参股股东之间的交易视同"准关联交易",此类交易应该重点核查、关注,如实披露。

虽有以上范围广泛的定义,但从上市的角度看,关联方的判定还需要遵循"实质重于形式原则"。

三、关联人的范围(第二种示意图)

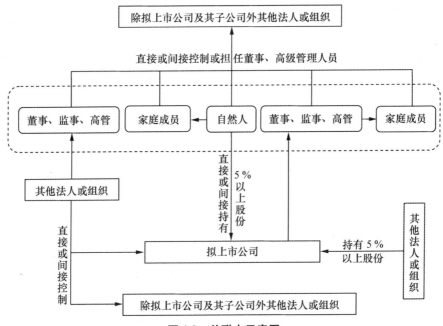

图 4-2　关联人示意图

如图 4-2 所示,拟上市公司的关联人包括关联法人(图 4-2 中除虚线框中所列主体和拟上市公司外的其他主体)和关联自然人(图 4-2 虚线框中所列主体),具体是指:

1. 拟上市公司的关联法人(图 4-2 自左向右)

(1)母公司(即直接或间接控制拟上市公司的其他法人或组织)。

(2)兄弟公司(即母公司直接或间接控制的除拟上市公司及子公司以外的其他法人或组织)。

(3)关联自然人直接或间接控制的除拟上市公司及子公司以外的其他法人或组织。

(4)关联自然人担任董事、高管的除拟上市公司及子公司以外的其他法人或组织。

(5)持有拟上市公司 5% 以上股份的其他法人或组织。

2. 拟上市公司的关联自然人（图 4-2 自左向右）

（1）母公司的董事、监事、高管。

（2）直接或间接持有拟上市公司 5% 以上股份的自然人及其家庭成员。

（3）拟上市公司的董事、监事、高管及其家庭成员。

3. 图 4-2 中未显示"一致行动人"关联方的认定

根据《上海证券交易所股票上市规则》的规定，一致行动人视同拟上市公司的关联方。

4. 图 4-2 中未显示国企关联方的认定

拟上市公司与其他法人或组织受同一国有资产管理机构控制的，当该法人或组织的董事长、总经理或者半数以上的董事属于上市公司的董事、监事、高级管理人员时，双方构成关联关系。

四、关联方的相关法律法规比较

表 4-3　关联方法律规定对比表

法律法规名称		《深圳证券交易所股票上市规则》	《上海证券交易所股票上市规则》	《上市公司信息披露管理办法》	《企业会计准则第 36 号——关联方披露》
关联交易		关联交易，是指上市公司或其控股子公司与上市公司关联人之间发生的转移资源或义务的事项。	关联交易，是指上市公司或者其控股子公司与上市公司关联人之间发生的转移资源或者义务的事项。	关联交易，是指上市公司或者其控股子公司与上市公司关联人之间发生的转移资源或者义务的事项。	关联方交易，是指关联方之间转移资源、劳务或义务的行为，而不论是否收取价款。
关联法人	母公司	直接或间接地控制上市公司的法人或其他组织。	直接或者间接控制上市公司的法人或其他组织。	直接或者间接控制上市公司的法人。	该企业的母公司。
	同被控制的兄弟公司	由前项所述法人直接或间接控制的除上市公司及其控股子公司以外的法人或其他组织。	由前项所述法人直接或者间接控制的除上市公司及其控股子公司以外的法人或其他组织。	由前项所述法人直接或者间接控制的除上市公司及其控股子公司以外的法人。	与该企业受同一母公司控制的其他企业。

（续表）

法律法规名称		《深圳证券交易所股票上市规则》	《上海证券交易所股票上市规则》	《上市公司信息披露管理办法》	《企业会计准则第36号——关联方披露》
关联法人	被关联自然人控制的公司	上市公司的关联自然人直接或间接控制的，或担任董事、高级管理人员的，除上市公司及其控股子公司以外的法人或其他组织。	上市公司的关联自然人直接或间接控制的，或者由关联自然人担任董事、高级管理人员的除上市公司及其控股子公司以外的法人或其他组织。	关联自然人直接或者间接控制的、或者担任董事、高级管理人员的，除上市公司及其控股子公司以外的法人。	该企业主要投资者个人、关键管理人员或与其关系密切的家庭成员控制、共同控制或施加重大影响的其他企业（证监会和交易所规定的比会计准则要广，因为关联自然人包括了母公司的高级管理人员；会计准则包括"施加重大影响"）。
	法人股东	持有上市公司5%以上股份的法人或其他组织及其一致行动人。	持有上市公司5%以上股份的法人或其他组织（上交所规定不包含"一致行动人"）。	持有上市公司5%以上股份的法人或者一致行动人。	对该企业实施共同控制的投资方。对该企业施加重大影响的投资方（证监会和交易所规定比会计准则宽泛，因为证监会规定是5%以上的投资方）。
关联自然人	自然人股东	直接或间接持有上市公司5%以上股份的自然人。	直接或间接持有上市公司5%以上股份的自然人。	直接或者间接持有上市公司5%以上股份的自然人。	该企业的主要投资者个人。
	本公司高管	上市公司董事、监事及高级管理人员。	上市公司董事、监事和高级管理人员。	上市公司董事、监事及高级管理人员。	该企业的关键管理人员。
	母公司高管	直接或间接地控制上市公司的法人的董事、监事及高级管理人员。	直接或者间接控制上市公司的法人的董事、监事和高级管理人员。	直接或者间接控制上市公司的法人的董事、监事及高级管理人员。	该企业母公司的关键管理人员。

(续表)

法律法规名称	《深圳证券交易所股票上市规则》	《上海证券交易所股票上市规则》	《上市公司信息披露管理办法》	《企业会计准则第36号——关联方披露》
股东和本公司高管的亲属	直接或间接持有上市公司5%以上股份的自然人和上市公司董事、监事及高级管理人员的关系密切的家庭成员,包括配偶、父母及配偶的父母、兄弟姐妹及其配偶、年满18周岁的子女及其配偶、配偶的兄弟姐妹和子女配偶的父母。	直接或间接持有上市公司5%以上股份的自然人和上市公司董事、监事及高级管理人员的关系密切的家庭成员,包括配偶、父母及配偶的父母、兄弟姐妹及其配偶、年满18周岁的子女及其配偶、配偶的兄弟姐妹、子女配偶的父母。	直接或间接持有上市公司5%以上股份的自然人和上市公司董事、监事及高级管理人员的关系密切的家庭成员,包括配偶、父母、年满18周岁的子女及其配偶、兄弟姐妹及其配偶,配偶的父母、兄弟姐妹,子女配偶的父母。	该企业的主要投资者个人的关系密切的家庭成员;该企业或其母公司的关键管理人员关系密切的家庭成员(证监会和交易所的规定不包含母公司关键管理人员的家庭成员)。
兜底条款	中国证监会、本所或者上市公司根据实质重于形式的原则认定的其他与上市公司有特殊关系,可能造成上市公司对其利益倾斜的法人、其他组织和自然人。	中国证监会、本所或者上市公司根据实质重于形式原则认定的其他与上市公司有特殊关系,可能导致上市公司利益对其倾斜的法人、其他组织或自然人。	中国证监会、证券交易所或者上市公司根据实质重于形式原则认定的其他与上市公司有特殊关系,可能或者已经造成上市公司对其利益倾斜的法人和自然人。	该企业的子公司;该企业的合营企业;该企业的联营企业(证监会和交易所规定了保底条款;会计准则明确指明子公司、合营公司和联营公司)。
时效条款	因与上市公司或其关联人签署协议或者作出安排,在协议或者安排生效后,或在未来12个月内,具有上述情形之一的。在过去12个月内,曾经具有上述情形之一的。	根据与上市公司或者其关联人签署的协议或者作出的安排,在协议或者安排生效后,或在未来12个月内,将具有上述情形之一的。在过去12个月内,曾经具有上述情形之一的。	在过去12个月内或者根据相关协议安排在未来12个月内,存在上述情形之一的。	会计准则没有规定。

(续表)

法律法规名称	《深圳证券交易所股票上市规则》	《上海证券交易所股票上市规则》	《上市公司信息披露管理办法》	《企业会计准则第36号——关联方披露》
国有资产管理的例外规定	受同一国有资产管理机构控制而形成兄弟公司的,不因此构成关联关系,但该法人的董事长、总经理或者半数以上的董事是上市公司董事、监事及高级管理人员的除外。	受同一国有资产管理机构控制的兄弟公司的,不因此而形成关联关系,但该法人的法定代表人、总经理或者半数以上的董事兼任上市公司董事、监事或者高级管理人员的除外。	信息披露指引无相关规定。	仅仅同受国家控制而不存在其他关联方关系的企业,不构成关联方。
其他法律规定				
《公司法》	关联关系,是指公司控股股东、实际控制人、董事、监事、高级管理人员与其直接或者间接控制的企业之间的关系,以及可能导致公司利益转移的其他关系。但是,国家控股的企业之间不仅因为同受国家控股而具有关联关系(侧重于股东、实际控制人、董事、监事、高级管理人员的责任)。			
《税收征管法实施细则》	关联企业,是指有下列关系之一的公司、企业和其他经济组织:(1)在资金、经营、购销等方面,存在直接或者间接的拥有或者控制关系;(2)直接或者间接地同为第三者所拥有或者控制;(3)在利益上具有相关联的其他关系。			

五、亲属

发行人和上市公司的亲属问题主要涉及独立董事、关联自然人、发审委委员和一致行动人。下表将以独立董事的亲属范围为标准,比较其他几种关联人的亲属范围。

根据《关于在上市公司建立独立董事制度的指导意见》,独立董事的直系亲属包括配偶、父母、子女,主要社会关系包括兄弟姐妹、岳父母、儿媳女婿、兄弟姐妹的配偶、配偶的兄弟姐妹。如下图所示:

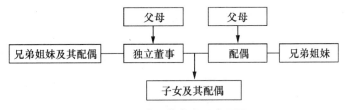

图 4-3 独立董事直系亲属图

关联自然人、发审委委员和一致行动人的亲属范围相对于独立董事有所不同，其具体情况如表4-4所示：

表4-4 关联自然人、发审委委员和一致行动人与独立董事亲属范围对照表

序号	关系人	对应亲属定义	增加内容	减少内容	法律依据
1	关联自然人	配偶、年满18周岁的子女及其配偶、父母及配偶的父母、兄弟姐妹及其配偶、配偶的兄弟姐妹、子女配偶的父母。	子女配偶的父母。		《上海证券交易所股票上市规则》、《深圳证券交易所股票上市规则》
2	发审委委员	配偶、父母、子女、兄弟姐妹、配偶的父母、子女的配偶、兄弟姐妹的配偶。		配偶的兄弟姐妹。	《中国证券监督管理委员会发行审核委员会办法》
3	一致行动人	父母、配偶、子女及其配偶、配偶的父母、兄弟姐妹及其配偶、配偶的兄弟姐妹及其配偶。	配偶的兄弟姐妹的配偶。		《上市公司收购管理办法》（2012年修订）

六、判断和关注关联交易对发行上市的影响

独立性对于关联交易，总的原则首先是努力减少，其次是规范，最后是降低重要性。在具体判断、分析个案时可以从以下方面逐项对比分析，寻找最适合的解决方法。

表4-5 关联交易正当性判断分析表

关注方面	价值取向
必要性	应该是公司正常经营需要的，不能涉嫌利益输送。
性质	不能存在商业以外的目的和动机。
数量	没有量化的指标，从绝对额的角度，还应参考以前的30%为上限的基本标准。
趋势	是否交易金额越来越低、交易内容越来越窄、交易对象越来越少。
重要性	公司盈利能力的核心作用因素不是通过关联交易实现的，比如业务链的核心环节不能依赖关联方。
完整性	业务链是否完整，是否只是集团业务的一个环节。
可替代性	完全可以通过非关联交易替代解决，即依赖性不强。
批准程序合法性	按照公司章程规定的程序合法批准，关联方回避表决。

(续表)

关注方面	价值取向
公允性	有足够的证据证明交易价格和条件的公允,不能缺失市场价和市场标准。
充分披露	按照招股书等上市规则的要求真实、准确、完整地披露。
会计处理	根据企业会计准则妥善进行账务处理。
真实性	不允许实质关联方非关联化处理。
是否为战略投资者	因为战略投资者投资的目的就是建立长期稳定的合作关系,由此导致关联交易几乎是不可避免的,该类关联交易可以使用较为宽松、宏观的态度对待,按照前述三原则处理即可。
比例	不仅要看该项关联交易占发行人同类业务的比例,还要看占交易对方的收入和成本的比例。
独立性	综合判断关联交易不影响发行人在资产、人员、财务、机构、业务五个方面的独立性。

除此以外,还应关注如下方面:

(1)公司章程中应明确对外担保的审批权限和审议程序,不存在为控股股东、实际控制人及其控制的其他企业进行违规担保的情形。

(2)公司应有严格的资金管理制度,不得有资金被控股股东、实际控制人及其控制的其他企业以借款、代偿债务、代垫款项或者其他方式占用的情形。

(3)公司或股东通过保留采购、销售机构,垄断业务渠道等方式干预公司的业务经营。

(4)公司依托或委托控股股东进行采购、销售,而不拥有独立的决策权。

(5)从事生产经营的公司不拥有独立的产、供、销系统,且主要原材料和产品销售依赖股东及其控股企业。

(6)专为公司生产经营提供服务设施,未重组进入公司。

(7)主要为公司进行专业化服务,未由关联方采取出资或出售等方式纳入公司,或转由关联的第三方经营。

(8)具有自然垄断性的供水、供电、供气、供暖等服务,未能有效地保证交易和定价的公允。

(9)公司与主发起人或第一大股东(追溯至实际控制人)及其关联股东、其控制的企业法人存在经营性业务(受)委托经营、(承)发包等行为。

(10)公司和董事、监事、高管及其亲属设立的公司;公司与为自然人的控股股东和实际控制人共同设立的公司。

七、关联交易的信息披露要求

30%的关联交易比例限制已经取消,这并不意味着关联交易不再是审核重点,作为替代监管手段,信息披露的要求更加严格。

(1) 发行人应根据交易的性质和频率,按照经常性和偶发性因素,分类披露关联交易及关联交易对其财务状况和经营成果的影响。

① 购销商品、提供劳务等经常性的关联交易,应分别披露最近三年及一期关联交易方名称、交易内容、交易金额、交易价格的确定方法、占当期营业收入或营业成本的比重、占当期同类型交易的比重以及关联交易增减变化的趋势,与交易相关应收、应付款项的余额及增减变化的原因,以及上述关联交易是否仍将持续进行。

② 偶发性的关联交易,应披露关联交易方的名称、交易时间、交易内容、交易金额、交易价格的确定方法、资金的结算情况、交易产生利润及对发行人当期经营成果的影响及交易对公司主营业务的影响。

(2) 发行人应披露是否在章程中对关联交易决策权力与程序作出了规定。公司章程是否规定了关联股东或利益冲突的董事在关联交易表决中的回避制度或有必要的公允声明。

(3) 发行人应披露最近三年及一期发生的关联交易是否履行了公司章程规定的程序,以及独立董事对关联交易履行的审议程序是否合法及交易价格是否公允的意见。

(4) 关联方交易应当分别关联方以及交易类型予以披露,类型相似的关联方交易,在不影响财务报表阅读者正确理解关联方交易对财务报表影响的情况下,可以合并披露。

(5) 企业只有在提供确凿证据的情况下,才能披露关联方交易是公平交易。

(6) 发行人应披露拟采取的减少关联交易的措施。

八、关联交易的解决方式

表4-6 解决关联交易问题方法一览表

解决方法	说明
主体非关联化	转让、注销、购并,或者设立子公司完成原来关联方的业务。
业务非关联化	购买发生关联交易所对应的资产和渠道等资源。
程序合法	应严格按照公司章程和公司制度对关联交易进行审批和表决。
实体公允	有足够的证据表明交易的价格遵循市场定价机制。

还需说明的是,公司业务发展规划、募股资金运用、收购兼并、合并、分立、对外投资、增资等活动,也应遵从上述关联交易的规定。

九、目标公司去关联化的思考

目前,在首发中去关联化的主要方法有转让、收购、注销、吸收合并等。如果仅从消除关联交易的效果看,注销比转让要彻底,因转让容易将关联交易从显性转为隐性,反而增加了治理风险与监管难度。吸收合并的方式也能保证消除关联交易的效果,但操作程序和成本较高。

需要强调的是,上述解决方法和解决的结果是真实、有效的,不能仅仅在形式上消除,在本质上仍然存在关联关系,特别是不能使用代持等方法进行不当规避。比如某企业业务为路桥和建材生产,企业将产品卖给了第三非关联方,非关联方采购产品主要是给某企业的大股东盖房子,典型的关联交易非关联化。

去关联化需要关注如下方面:

(1)非关联化后,相关方与发行人持续的交易情况;报告期内被转让的,需要披露转让后的情况,如转让后的股东、转让交割、规范运作、与发行人交易情况、是否存在亲属关系(实质判断,不拘泥于会计准则的定义)、是否存在重大违法违规等;如果关联方被注销,则要关注历史情况,包括合法合规性、经营业绩的影响、注销后资产和负债的处置;还需要关注该转让对发行人报告期内经营业绩的影响。

(2)为了规避相关规定而剥离的业务,如规避跨省环保核查。

(3)考察发行人已经剥离的业务最近三年是否存在违法违规情况。

(4)判断相关业务是否应纳入或剥离出上市主体,不能仅考虑该业务的直接经济效益,要同时考虑该业务对公司的间接效益,正常情况(已持续经营)下不鼓励资产剥离、分立,为梳理同业竞争及关联交易进行的相关安排不能影响业绩计算的合理性、连续性。

(5)保荐机构和发行人律师核查:非关联化的真实性和合法性,是否存在委托等代理持股情形;非关联化的理由是否合理;非关联化对发行人的独立性、改制方案完整性以及生产经营的影响;非关联化后的交易是否公允;受让主体的身份;非关联化后持续交易情况,非关联化的标的是否存在重大违法行为。

(6)关注如下特别规避行为:通过一个非关联方(过桥主体)将一个关联交易分解为两个非关联交易;非关联方利益输送。

第三节 同业竞争

一、禁止性规定

发行上市的基本要求之一是发行人的业务应当独立于控股股东、实际控制人及其控制的其他企业,与控股股东、实际控制人及其控制的其他企业间不存在同业竞争。

二、同业竞争的判断

根据《股票发行审核标准备忘录第1号——发行股票公司信息披露》(已废止但仍具有参考意义)的规定,同业竞争是指一切直接、间接地控制公司或对公司有重大影响的自然人或法人及其控制的法人单位(以下简称"竞争方")与公司从事相同、相似的业务。对于是否存在同业竞争的判断,应根据业务的性质、产品的类型、消费群体的构成、业务之间的客户对象、市场的地域性、业务的市场差别以及对公司的客观影响等方面进行。

因为没有能直接操作的更明确的同业竞争认定标准,因此在认定是否构成同业竞争时,应本着实质重于形式的原则进行,在此前提下,重点关注的主体是发行人和发行人的控股股东、实际控制人及其控制的其他企业;同时,对如下两类主体控制的企业也应该保持高度敏感:(1)向上,直接持有5%以上股东及该股东的实际控制人、两者控制的企业;(2)向下,发行人控股股东、实际控制人不控股但能施加重大影响的企业。

从目前的实践看,除非有强有力的反证,否则"同业即存在竞争"。同业不竞争的解释一般较难得到监管部门认可,除非有充分依据说明与竞争方从事的业务有不同的客户对象、不同的市场区域等,存在明显细分市场差别,而且该市场细分是客观的、切实可行的,不会产生实质性同业竞争等。对是否存在同业竞争,除参照《股票发行审核标准备忘录第1号——发行股票公司信息披露》分析外,还应根据实质重于形式的原则,从经营范围、业务性质和内容、客户定位、市场区位、业务、与公司产品的可替代性等方面进行综合判断,并充分考虑对公司及其他股东的客观影响。

如果控股股东和实际控制人的亲属持有与发行人相同或相关联业务,则目前把握的标准是:直系亲属必须进行整合,其他亲属的业务之前与发行人的业务是一体化经营后分家的也应进行整合,若业务关系特别紧密(如配套等)也应进行整合。若亲属关系不紧密、业务关系不紧密、各方面都独立运作(包括商标等)的,可考虑不纳入发行主体。旁系亲属鼓励纳入,不纳入要做充分论证,同时做好尽职调查,如实信息披露。

三、同业竞争的解决

同业竞争是上市的明确障碍,因此如果判断发行人存在同业竞争的情形,必须采取各种措施解决。

表 4-7　解决同业竞争方法分析表

基本措施	解决方法
拿进来	收购竞争业务,但不得运用首次发行的募集资金收购。
	收购竞争公司股权,纳入合并会计报表。
	同一控制人用竞争公司的股权对公司增资。
	吸收合并竞争公司。
送出去	对非关联方转让竞争方公司的股权。
	竞争方对非关联方转让业务。
停业	竞争方改变经营范围,放弃竞争业务。
	公司改变经营范围,放弃竞争业务。
未来的安排	市场区域划分。
	产品品种或等级划分。
	产品的不同生产或销售阶段划分。
	从行业的业态来区分,比如同为商业企业的百货业态和大型超市。
	在有关股东协议、公司章程等文件中规定避免同业竞争的措施。
	控股股东等出具不竞争承诺。

　　还需说明的是,公司应采取措施保证不致因开展业务发展规划、募股资金运用、收购、兼并、合并、分立、对外投资、增资等活动,产生新的同业竞争。

　　对于境外企业而言,独立性、同业竞争、关联交易几乎是与生俱来的通病,也因此成为上市的重大障碍,这也是为什么大量台资企业迟迟不能上市甚至根本不做上市打算的原因。为彻底解决此类问题,有以下过于"惨烈"但做法确实有效的一个实例可作参考:2010 年上半年,3 年前发审会某被否的台资企业再度上会并获通过。该企业的实际控制人是台湾地区某家族,3 年前被否的理由是该企业和该企业的间接控股股东(台湾上市公司),在实际控制人、技术来源、管理人员、生产订单、业务等各方面相同或高度一致,存在缺乏独立性和同业竞争的严重障碍。为确保二度闯关成功,该企业股东不惜抛售创办逾 30 年的台湾上市公司的全部股票,家族成员也陆续辞去在该上市公司及下属企业的任职,彻底解决了同业竞争问题,终于顺利过关。

第五章 持续盈利能力

正如本书第一章所述,法律规定虽有本身的不明确和实务操作实时变动的弊端,但上市的条件和标准却不是杂乱无章和无规律可循的,确实存在着核心的判断标准:符合这个判断标准的即为上市成功的积极因素,不符合这个标准的即为上市成功的阻碍因素。这个核心标准包括两个方面:保护投资者的合法权益和社会公共利益。再具体一点,商品社会,勇于言利,如何"保护投资者的合法权益",即引申出发行人具有足够的"优质、持续盈利能力";法治社会,权利意识觉醒,如何"保护社会公共利益",即引申出发行人从股权到运营的合法性问题。

最近的监管理念强调信息披露(可以称为第三个方面),但实际上仅从审核结果角度看,并未见对盈利能力(特别是报告期内历史盈利能力)大幅降低标准。"盈利能力交给市场判断"的说法并不等于"在审核阶段不判断盈利能力"。对于盈利能力的监管理念,历史地看,可能经历三个阶段:第一个阶段:声明监管实际也监管;第二个阶段,声明不监管实际监管;第三个阶段,声明不监管实际也不监管。目前处于第二阶段。

在招股说明书格式准则、两个首发办法中,规定了大量与风险、持续盈利能力相关的规定,在反馈意见中,这两方面的问题也是数量多、角度多、难度大。在被否决的案例中,与此问题直接、间接相关的比率也非常高。

综上所述,"优质持续盈利能力"和"合法性"就是上市标准的重中之重。细细推敲所有相关法规和实务中的上市规定和要求,无不是围绕着这两点进行的。这两条标准之于上市,类似爱情之于婚姻、健康之于人生,是怎么强调也不过分的。本章重点从系统的角度探讨影响优质持续盈利能力的各因素。

一、真正有价值的是"优质"持续盈利能力

优质持续盈利能力,决定了对社会投资者的回报,是判断企业价值的核心标准。优质的含义是指该种盈利能力:(1) 可以令人信服地有稳定的预期;(2) 盈利增长快、成长性好;(3) 符合国家产业政策;(4) 建立在高技术或者独特管理方式的基础上;(5) 在本质上能够提高生产效率、创造高增值财富,不能依赖行政垄断损民自肥;(6) 该种盈利能力依赖的核心竞争力应是企业独创而不是依赖社会落后的因素取得;(7) 符合建设创新型国家的大方向;(8) 符合人类社会文明发展的大趋势。

为了表述方便,以下使用"优质持续盈利能力"一语时,略去"优质"二字。

二、持续盈利能力、核心竞争力、风险因素三者之间的关系

本书不拟过多探讨"核心竞争力",不是核心竞争力不重要,而是持续盈利能力是企业具备核心竞争力的证据和结果。在此意义上,讨论持续盈利能力就是讨论核心竞争力,并且持续盈利能力的范围大于核心竞争力。

本书也不拟直接凭空讨论持续盈利能力,因为:(1)由于职业的原因,律师均本能地倾向于审慎甚至悲观。(2)认为风险和持续盈利能力是一个问题的两个方面,此消彼长:风险之所在,持续盈利能力严重受损;降低风险,无疑持续盈利能力就大大增强。因此讨论风险也就是讨论持续盈利能力,即通过讨论风险的方式讨论影响持续盈利能力的因素,进而可以据此判断企业是否具有核心竞争力。

本书在此不去详细逐条论述风险因素,因为:(1)与券商同事相比,律师不擅长风险的个案分析,公平地说,律师所擅长的法律风险只是风险很小的一部分,并且是风险这个本来已经很消极的因素中的消极方面:规避了法律风险不能直接盈利,最多是避免处罚和损失,但消灭了商业风险则可以直接创造价值。(2)离开体系的研究去谈具体风险的细节,无助于加强本书的综合性和深刻程度。(3)建立一个在逻辑上使风险的研究系统化、规律化的体系是非常有意义的。这样在面对具体案例时,可以据此逐项思考,避免挂万漏一。(4)体系的研究是艰苦的,个案的研究是有趣的;但离开体系的研究,个案的分析很可能是零散的、混乱的。本书的体系就是风险模型。

三、风险模型

据说,爱因斯坦可以想象十维空间,大学物理系读过相对论的人可以理解四维空间,平均智力水平的人能够掌握三维空间。以下是一个两维空间的风险模型体系,每一维各五个因素,其 25 个交集即为 25 大类风险。这两维分别是:一是公司自身生产要素的集合,即人员主体(包括股东、高管、核心员工、全体劳动者等)、资产(现金、固定资产、无形资产、负债视为负资产,资产减负债为所有者权益)、技术、经营和管理(包括盈利模式、运营方式、交易结构等)、产品和服务共五大类。可以概括为:谁(主体)使用什么材料工具(资产),采用何种方法(技术),如何组织(经营和管理),最后做出了什么(产品和服务)。二是公司的外部主体的集合,在这一维中,没有再对生产要素进行分解罗列,因为这样做是重复和不合逻辑的,此维是对全部主体进行分类,因为任何风险都发生在公司和一定主体之间,离开特定主体的事件(如空间的存在和时间的流逝)不属于本书研究的对象。这些主体分为因素自身、国家和公众、竞争者、客户和消费者、供应商五大类。其中,设计"因素自身"一项的原因是:(1)在哲学的角度,任何事情都是相辅相成的,自身就包括了其否定因素,此否定因素应该被辩证地重视;(2)自身生产要素的集合本身也有在本

要素范围内结合具体情况反思的必要;(3) 如果有人指出此体系不严密,特别是成功地举出难以纳入此体系的实例时,就可以把这个例子放在"因素自身"一栏。

四、风险模型的法规实证研究

经过如上操作就得出了下面的表格。招股说明书格式准则、两个首发办法中的风险内容都可以经过分析、分解后填入此表:

表5-1 上市法律规范文件中列明风险类型表

	因素自身	国家和公众	竞争者	客户和消费者	供应商
人员主体（股东、高管、核心员工等）	对单个核心员工的重大依赖。28号准则:因核心管理团队不稳定或缺乏应对业务和资产规模扩张的管理能力、缺乏及时应对市场竞争和行业发展变化的反应能力引致的风险,因管理人员或其他核心人员变动影响公司持续经营的风险。28号准则:可能涉及控股股东或实际控制人利用控制地位损害公司利益的风险,因股权分散或实际控制人控制的股份比例较低可能导致控制权变化的风险,股东间关于股权的协议安排可能导致公司控制权变化的风险。	可能存在例如劳动法和政策上的风险,如对劳动者的保护增强、最低工资标准、劳动力成本上升风险。	对人员的管理是否有缺陷,是否存在被竞争者挖角的可能。	关联交易导致公允性、占款等各类风险。	关联交易、利益输送、"兄弟帮忙冲业绩"。
资产（资金、设备、土地、负债视为负资产）	1号准则:经营场所过度集中或分散,主要资产减值准备计提不足的风险,主要资产价值大幅度波动的风险,因固定资产折旧大量增加而导致的利润下滑风险,自然灾害。28号准则:无形资产占净资产比例过高导致资产结构不合理的风险,实际募集资金超过预计数额的运用风险;项目存在资金缺口的风险。	存在例如两年内不开发土地收归国有等政策风险。			1号准则:过度依赖某一重要原材料、产品或服务的风险,资金周转能力较差导致的流动性风险,现金流状况不佳或债务结构不合理导致的偿债风险。1号准则:主要原材料价格波动。28号准则:应收款项过大、账

（续表）

	因素自身	国家和公众	竞争者	客户和消费者	供应商
	32号文：发行人在用的商标、专利以及特许经营权等重要资产的取得或者使用存在重大不利变化的风险。				龄过长导致的流动性风险，对外投资的风险。 供应商不再能够提供合格或者足够优惠的原材料。
技术	1号准则：技术不成熟、技术尚未产业化；缺乏核心技术；技术面临被淘汰。 28号准则：技术产业化与市场化存在重大不确定性。 32号文：发行人在专有技术的取得或使用存在重大不利变化的风险。	专利技术被强制许可的风险。	1号准则：技术缺乏有效保护或保护期限短。 28号准则：技术面临被替代的风险。	客户强烈质疑特定技术应用，比如转基因技术。	1号准则：核心技术依赖他人。
管理和经营（包括盈利模式、运营方式、交易结构等）	1号准则：经营模式发生变化，经营业绩不稳定；内部控制有效性不足导致的风险；非经常性损益或合并财务报表范围以外的投资收益金额较大，导致净利润大幅波动的风险；投资项目在市场前景、技术保障、产业政策、环境保护、土地使用、融资安排、与他人合作等方面存在的问题；因经营规模、营业范围扩大或者业务转型而导致的管理风险；业务转型风险。 28号准则：因产品或服务价格波动、成本波动及费用控制有效性不足引致的业绩不稳定；组织模式和管理制度不完善；内部控制有效性不足；内部约束不健全。	1号准则：行业经营环境的变化；由于财政、金融、税收、土地使用、产业政策、行业管理、环境保护等方面的法律、法规、政策变化引致的风险；安全生产、汇率变化、外贸环境。 28号准则：因汇率变化引致的业绩不稳定。 32号文：发行人的行业地位已经或将发生重大变化。	可能存在例如管理模式、经营模式被复制和拷贝的风险。	运营模式和合作方式被客户抛弃或不认可的风险。 客户强烈反感使用某一特定管理方式生产的产品和服务。	1号准则：重大担保或诉讼仲裁等或有事项导致的风险。 28号准则：依赖关联方导致经营业绩不稳定；因股权关系复杂或关联关系复杂引致的风险。 32号文：发行人最近一个会计年度的营业收入或净利润，对关联方或者存在重大不确定性的客户存在重大依赖的风险。 交易运营模式供应商不认可，难以为继。

（续表）

	因素自身	国家和公众	竞争者	客户和消费者	供应商
产品和服务	1号准则：商业周期或产品生命周期的影响；产品面临被淘汰。 28号准则：业务模式不成熟或存在不利变化。 32号文：发行人的产品或服务的品种结构已经或将发生重大变化。	产品已经不完全符合国家产业政策方向。 公众对业务营销模式开始反感和不信任。	1号准则：市场饱和或市场分割；市场占有率下降。 28号准则：公司品牌优势无法有效维持或增强；创新模式缺乏持续性、稳定性，对公司经营业绩产生不利影响。	1号准则：产品或服务的市场前景；过度依赖单一市场；主要产品价格波动；因产能扩大而导致的产品销售风险。 28号准则：缺乏稳定的市场营销渠道；经营过度集中或分散；公司所在行业被市场接受认可程度低。	

注：（1）表中1号准则指《公开发行证券的公司信息披露内容与格式准则第1号——招股说明书》。

（2）表中28号准则指《公开发行证券的公司信息披露内容与格式准则第28号——创业板公司招股说明书》。

（3）表中32号文指《首次公开发行股票并上市管理办法》（证监会令第32号），这部分内容和《首次公开发行股票并在创业板上市管理暂行办法》中有关创业板的内容是相同的，因此不再赘述。

（4）表中其他部分（即段落前没有标明准则序号的内容）的风险虽然在几个相关发行上市的文件中并未提到，但是风险同样客观存在，同样有可能影响公司持续盈利能力，进而对公司上市造成不利影响。

五、风险模型的上市公司案例实证研究

表5-2是对2010年过会的10家公司的招股说明书中风险因素的简单分类汇总，仅供参考。

表5-2 实务项目列明风险类型表

	因素自身	国家和公众	竞争者	客户和消费者	供应商
人员主体（股东、高管、核心员工等）	大股东控制风险；对核心技术人员依赖的风险。		人才流失风险；人才竞争的风险。		

(续表)

	因素自身	国家和公众	竞争者	客户和消费者	供应商
资产(资金、设备、土地,负债视为负资产)	因固定资产折旧增加导致的利润下滑风险;资产周转率较低的风险;固定资产折旧上升的风险;资产规模扩大导致的管理风险。	外向型企业中人民币升值的风险;偿债风险(由于国家货币政策进一步紧缩等原因导致银行融资极为困难、农药行业需求及竞争环境发生重大不利变化,公司可能面临偿债风险)。	市场竞争可能导致公司毛利率下降的风险。	净资产收益率下降的风险;销售收入季节性变化的风险;募投项目新增折旧及研发支出对公司经营业绩带来的风险;募集资金投资项目产业化风险;存货跌价风险。	应收账款存在坏账风险;到期偿债风险;资产抵押风险。
技术	保持持续创新能力的风险;新技术研发风险。		技术和人才流失风险;技术进步的风险(被先进技术替代);知识产权风险(本身知识产权被侵犯和侵犯他人知识产权)。		
管理和经营(包括盈利模式、运营方式、交易结构等)	营运资金管理风险。	税收优惠政策变化风险;国产设备投资抵免企业所得税政策变化风险;出口退税政策变化风险;企业所得税政策变化风险或高新技术企业认定失败带来的风险;香港调整向内地投资的法律、法规的风险;延期纳税导致的可能征收滞纳金的风险;环境保护及安全生产风险(国家"三废"排放标准提高,环保设施的运营成本也将相应提高);国际金融危机引发的风险;商业周期波动风险。			公司经营依赖下游行业的风险。

(续表)

	因素自身	国家和公众	竞争者	客户和消费者	供应商
产品和服务	专项研发课题资金等非经常性损益变动的风险;产品质量风险;产品被替代的风险;新产品开发风险。	药品限价风险。	市场竞争激烈的风险;行业竞争日趋激烈的风险。	营销依赖主要大客户;产品销售市场集中的风险;产能扩大导致的产品销售风险;产品销售风险;订单流失导致盈利能力降低的风险;市场季节性波动的风险;市场占有率下降的风险;行业需求波动的风险;产品经营波动风险;募投项目实施后面临的市场风险(市场竞争较为激烈,如果企业市场拓展情况不符合预期,或未来市场发生其他不可预料的不利变化,将对本公司的盈利能力和未来发展产生较大影响);募集投资项目实施后产能扩张不能及时消化的风险。	

六、小结

根据以上陈述可以得出如下结论:

(1) 上述风险因素表格并不完美,比如,自然灾害风险就较难明确而无争议地放进该表格,最接近的就是"资产"和"因素自身"交集的那一栏,但"资产自身就有被毁灭的风险"符合哲学原理却好像难以服人,所以可以考虑此表格是否应增加一维(以是否符合主观意志为标准);同时,该表格也没能直接反映各风险因素的发展变化,即它可以分析、说明当时那一时点,但是对过去的追溯和对未来的判断引导不足,解决这个问题的办法是再增加一维(时间)。上述陈述的目的是想说明,在此体系下对风险的分析和考虑是"无穷尽焉",愿有心者为之。

(2) 此表格在一定程度上是严密和具有逻辑性的,不过它最多只不过是一个工具。具体项目的风险可以根据该表中的每栏内容详细思考,具体问题具体分析。

(3) 监管部门发布的文件中对风险的陈述和要求是择要的,不是也不可能穷尽。

(4) 在更广泛的意义上说,持续盈利能力、核心竞争力等类似问题也可以使用这个表格进行思考分析。

第六章 募集资金运用

一、三个宏观问题

(一) 重要性

因为募集资金运用直接决定公司未来的盈利能力,因此其重要性不言而喻,这一点有必要提醒和明确,因为在上会公司被否决的原因中,募集资金运用问题占了相当高的比例(甚至可能是最主要的原因之一),而这一现象本身即证明,从公司到各中介机构对此问题重视不够,常常涉嫌拼凑项目或者盲目乐观扩张。

商场如战场,重大的投资行为都应该严肃、审慎、专业,没有充分的可行性分析和风险防范机制,失败是必然的。如果说个人的投资行为还可以"我成我毁",则任何人都无权从股市圈钱。证券监管部门的审核人员一方面是某个行业的专家,另一方面具备项目分析的丰富实战经验,因此在一定程度上审核工作就是独立第三方为公司进行免费的项目咨询研究。在此意义上,因为募集资金运用被否决的公司反而应该感到庆幸:监管部门将失败扼杀于源头,利国、利民、利公司,公司失去的只是风险,得到的是踏踏实实持续经营的机会。

(二) 综合性

募集资金运用是若干个投资项目的综合经营行为,其所涉及的法律风险、商业风险也是综合性的,由此可以得出结论:相应的监管审查也应该是综合性的。与首发上市相关的绝大多数重要问题都在募集资金运用的审核工作中有所体现,比如主营业务、持续盈利能力、合法性、同业竞争、关联交易等,均有不同程度的涉及。因此,在募集资金运用的准备工作中,应该体现综合、全面的思考,不宜简单割裂、粗放漠视。

(三) 实质性审查

募集资金运用问题在本质上是未来的盈利能力问题,除了程序性标准、较少的客观标准和少量的合法性审核以外,主要是监管部门的主观判断,即鲜明地体现了实质性审查的特点。下面用表格对比的形式说明对募集资金运用的审查和对募集资金运用以外问题的审核的主要区别。

表6-1 不同审查类型对照分析表

监管部门	考察的盈利能力期间	审核重点	否决的主要因素	审核的标准
募集资金运用问题的审核	未来	可能性、可行性	可信性	主要是主观判断
其他重要问题的审核	历史	真实、准确、完整、合法	可容忍性	相对固定明确

二、应该高度关注的若干方面

表6-2是对募集资金运用问题核心监管因素进行的简单汇总分类。如果有读者感兴趣,可以灵活利用本书第五章"持续盈利能力"中总结的表格,对此问题进行更详尽的系统研究归纳,相信至少对清理思路会有一定好处。

表6-2 募集资金重点关注问题一览表

基本分类	具体关注方面
合法性	(1) 符合国家产业政策、行业的发展导向。 (2) 环保问题的合法、合规审查。 (3) 办理完成投资项目核准及备案法律手续。 (4) (原则上)用于主营业务。 (5) 不得有法律和首发规则禁止的情形。 (6) 不会产生同业竞争或者对发行人的独立性产生不利影响。
必要性	(1) 是否确有必要,是否能起到改善财务结构、提高市场占用率、实现产业上下游延伸等作用。 (2) 从公司财务角度,是否确实需要资金。 (3) 是否能够增强企业的核心竞争力。 (4) 除了市场分析,还须从公司和项目本身角度作必要和可行性分析。 (5) 已经取消募集资金金额"不得超过净资产两倍"的限制;募集资金到位后也可以用于偿还(用于此项目的)前期的银行借款。
操作的可能性	(1) 项目实施的条件,募集资金到位后能否顺利实施,比如是否已经取得配套的土地,有关产品的认证或审批、批文。 (2) 如果涉及其他合作者,是否妥善确定、落实相关的合作条件和方式。 (3) 募集资金数额和投资项目应当与发行人现有生产经营规模、财务状况、技术水平和管理能力等相适应。 (4) 是否有足够的核心技术及业务人员,是否有足够的技术及规模化生产工艺储备等。

(续表)

基本分类	具体关注方面
盈利的可能性	（1）投资项目是否具有较好的市场前景和盈利能力，可以有效防范投资风险，提高募集资金使用效益。 （2）市场竞争(容量)情况、销售(消化产能)的保障措施、收入和利润预测的可靠性。 （3）规模化生产和成本的判断。 （4）经营模式是否发生变更和是否可信。 （5）合理的投资回收周期。 （6）与公司的主营业务和长期发展目标一致，无重大跨行业风险。 （7）募集资金投入后，固定资产变化与产能变动的匹配关系。 （8）形成的资产折旧、研发支出对发行人未来经营成果的影响。 （9）是否存在本质上开展了新业务，如果是，这要充分关注由此产生的不确定性，比如，轻资产公司使用募集资金进行生产建设投资。

三、中小板发行上市募集资金运用策划[①]

（一）保荐人指导、策划募投项目时的基本原则

根据《保荐人尽职调查工作准则》对募集资金运用调查的要求，在策划募集资金投资项目过程中应注意以下两点：

1. 符合国家基本政策——产业政策、投资政策、土地政策、环保政策

保荐机构主要是从较宏观、中观的方面为中小企业选择募投项目提供决策依据，排除因为国家产业政策限制、公司发展战略不清晰造成的投资项目选择方向性失误。中小企业的募集资金投资项目应当符合国家产业政策、固定资产投资政策、环境保护政策、土地管理政策以及其他规定。企业应了解当前国家重点鼓励发展的产业、产品和技术，所在行业的发展导向，以及国家明确限制或禁止的领域、产品或技术工艺等。募投项目不能是限制类、淘汰类，要关注发改委 2011 年最新的法规指引以及外商投资产业政策等法规政策。

对此部分内容，许多保荐代表人开始以为不需要花费太多精力去关注，但在个别股权融资项目因为国家产业政策、土地政策、环保政策等原因被否以后，该部分内容已经被列为首先要严格把关的内容；如果遇到企业选择投资的项目预测效益非常好，但有可能不符合国家基本政策的某个方面时，保荐人应当寻求制定国家相关政策的监管部门或行业内专家的"专业意见"，给予企业该方面的信息与业务指导，帮助企业把好"基本政策关"。

---

① 此部分内容参见毛晓岚：《中小板发行上市募集资金运用策划》，载《保荐业务通讯》2009 年第 2 期。

2. 符合公司发展战略、专业化的主营方向

企业的募投项目应与企业长远发展目标一致,募投项目是最终实现公司长远发展战略的必经之路,保荐人应当参加企业关于"公司发展战略"的研讨会、董事会等所有重要会议。实际工作中,保荐代表人一定要非常清楚企业的战略目标是否可行,募集资金投资项目的选择是否有助于企业实现自身制定的发展战略;另外保荐代表人还应是"行业研究专业人士",能够在一定程度上把握宏观经济、产业周期变化的规律,在宏观经济、产业周期的高涨期寻找募集资金投资项目时,应相对谨慎一些。

(二)保荐人指导、策划募投项目关注要点

1. 关注项目实施的迫切性

(1)募投项目是实现公司发展战略和长远规划的需要。

(2)公司自有资金不足以支持募投项目的实施。

(3)实施主体的选择:母公司,或控股子公司,或设立新子公司,或与合作方共同开发。

(4)公司应避免发生利益输送和损害公司其他中小股东利益的情况。

2. 关注项目实施时机的选择

(1)所有法律法规所需要的批准文件已办理完毕或有办理完毕的合理预期。

(2)应在申报前完成项目的审批、核准或备案。

(3)应在申报前取得募投项目所需土地(至少签订土地转让协议)。

(4)应在申报前取得环保批文(个别情况下最迟不晚于反馈意见回复时)。

(5)募投项目产品应取得必要的市场进入资质,如生产许可证、产品认证证书等。

(6)募投项目建设期和达产期不宜过长,一般应在3—4年内完全达产,并且要注意长期投资项目与中短期投资项目的匹配。

(7)外部环境:应关注同行业竞争对手的投资动向,对整个行业竞争发展格局应了然。

3. 关注投资的有效性

(1)产能利用充分,不存在产能有较大闲置的情况。

(2)新增固定资产投资规模与企业实际需求相匹配。

(3)对企业生产效率有显著提高作用。

4. 投资风险的可控性

(1)募投项目投资规模与公司生产、经营水平相适应。

(2)市场销售预期稳定。

5. 投资项目的可行性

(1)发行人有能力生产。公司已掌握募投项目产业化技术;公司已有足够的

管理人员、专业技术人员来保证项目的顺利实施;公司能保证募投产品所需核心零部件的采购,是否有足够能力采购到所需要的重要原材料。

(2) 发行人有能力实现销售并盈利。募投产品有足够的市场容量;募投产品有比较优势或某种适销性;公司有消化新增产能的营销措施(网络、销售信用政策)。

(三) 保荐人在募集资金投资项目策划中应规避的问题

1. 募集资金运用

(1) 募集资金不宜投资于全新产品。中小企业由于其资产、资金、收入、产能较小,也常常缺乏足够的流动资金,新产品在技术、生产、销售等方面存在诸多不确定因素,如果投资于全新产品,则要面临很大的不确定性。因此,保荐人一般情况下不应赞成拟发行人投资于全新产品,但如果在技术上有一定把握,可将35%以内的募集资金投资于全新产品,将投资风险控制在一定范围内。

(2) 募集资金投资于研发项目或营销网络要进行充分的调查、研究,要更慎重,不宜大规模一步投资到位,要循序渐进。研发项目的投资收益很难衡量,营销网络的大额投资则可能改变企业的销售模式,尤其是原来以贴牌生产为主的,如果想建立自己的营销网络,更要考虑已有的网络经销商对自己的强力抵制。因此,对于中小企业,如果要将募集资金投资于营销网络,保荐人应建议企业一定要避免与强势企业形成激烈同业竞争,尤其是将营销网络建设到国外市场时,更不能低估国外利益集团的强烈抵制。

(3) 募集资金投资项目导致企业生产模式发生重大转变时,要做具体财务测算,应比较两种不同盈利模式对企业盈利能力、发展前景的不同影响。中小企业都有很强烈的意愿将企业迅速做强、做大,许多轻资产运营的中小企业上市后都进行了大量固定资产投资,扩建厂房、生产线,上市后总资产收益率、净资产收益率大幅下降,这类中小企业能否顺利度过转型期,受影响的因素很多,保荐机构应仔细分析企业的优势、劣势,比较不同投资项目安排对企业未来各项财务指标的不同影响,对企业管理团队的经营管理能力有足够了解,才能对企业是否合适作转型项目投资给出较客观、准确的预估计,对企业选择投资方向给出专业指导意见。

(4) 募集资金不可以大量补充流动资金。募集资金若用来补充流动资金,一般不宜超过募集资金的10%,如果将超过30%的募集资金用于补充流动资金,在经验上很难获得公众投资者的认可,他们会认为,企业效益好且缺乏流动资金时,可以寻求银行金融机构的流动资金贷款,而好企业一般都会赢得银行的青睐,没有获得银行贷款,会使人对企业的实际经营情况、发展前景产生怀疑。对此,建议保荐代表人一定要把住"补充流动资金"关,适当投入流动资金。

(5) 除避免同业竞争外,募集资金应慎重收购实际控制人、控股股东及其关联方资产。若为避免同业竞争而收购大股东资产,需解释为什么在公司成立时不直接注入相关资产,而在事后才进行收购;同样,如果募集资金用来收购实际控制人、控股股东及其关联方资产,也需要给出特别充分的理由,如上下游一体化,规模协调消除同业竞争,或消除或减少关联交易。如果不是上述原因,收购资产很难获得监管部门、公众投资者的认可;此外,这类关联收购的估值定价也是个难题,保荐机构对拟收购资产的核查责任很大。

(6)募集资金投资项目不应产生同业竞争,也不应对公司独立性产生影响,同业竞争一直是IPO的禁区。

2.募投项目投资规模

(1)募集资金投资规模不宜过大。募集资金投资规模应与企业目前的生产经营、财务状况、管理水平相适应,以不超过企业申报前一年净资产的两倍为宜。

(2)募投项目中,前期铺底流动资金不应过大。在某些项目中,反馈意见会要求解释前期铺底资金的合理性问题。

(3)募集资金可以用来置换企业对募投项目的前期自有资金投入和归还银行贷款。以募集资金置换预先已投入募投项目的自筹资金的,应当经上市公司董事会审议通过、注册会计师出具鉴证报告,以及独立董事、监事会、保荐人发表明确同意意见并履行信息披露义务后方可实施。

募集资金还贷,所指的贷款是指募投项目所发生的贷款(如购买固定资产或土地的银行贷款)。

3.募投项目经济指标

(1)募投项目的预算应明确、细化、稳健,且经得起推敲。

(2)募投项目市场前景分析应当与招股说明书"业务与技术"章节的相关数据一致,不能相互矛盾误导投资者。

(3)募投项目的投资收益预测应当谨慎,不可随意夸大。

四、以上海为例,列举项目核准、备案及建设审批流程指南

我国各地地方政府进行项目核准等法律批准手续的法律依据是相同的,都是国务院《关于投资体制改革的决定》和国家发展改革委员会发布的《企业投资项目核准暂行办法》,因此各地的具体审批要求和流程也是大同小异。

现根据《上海市企业投资项目核准暂行办法》、《上海市企业投资项目备案暂行办法》,按照建设项目获得土地的不同方式(招拍挂、划拨、自有土地),特制作上海市企业投资项目核准、备案及建设审批流程指南,仅供读者参考使用。

表 6-3　上海投资审批流程一览表

	核准制企业投资项目建设流程			备案制企业投资项目建设流程	
	土地招拍挂项目	划拨用地项目	自有土地	土地招拍挂项目	自有土地
	招拍挂出让土地使用权	核发规划选址意见书	规划设计要求（及用地预审）	招拍挂出让土地使用权	项目备案
1	土地使用权招拍挂出让前，由市、区（县）招拍办向房地、投资、规划、环保、绿化、市容环卫、公安（交通）、民防、卫生、管线管理等部门书面征询意见，各部门提出项目开发的有关技术参数、控制标准等管理建设要求，并书面反馈市、区（县）招拍办。各项管理建设要求应当在招标、拍卖、挂牌文件和出让合同中明确告知土地使用权受让人（项目建设单位）。环评审批在报送项目核准机关核准前，项目单位凭土地中标通知书（或者成交确认书、土地出让合同）先到环保部门申请办理环评审批。	以划拨方式提供国有土地使用权的，项目单位在报送核准机关核准前，向规划管理部门申请核发规划选址意见书。	项目单位在报送核准机关核准前，首先向规划管理部门申请办理建设工程规划设计要求审批，并按规定向房地管理部门申请办理建设项目用地预审。	土地使用权招拍挂出让前，由市、区（县）招拍办向房地、投资、规划、环保、绿化、市容环卫、公安（交通）、民防、卫生、管线管理等部门书面征询意见，各部门提出项目开发的有关技术参数、控制标准等管理建设要求，并书面反馈市、区（县）招拍办。各项管理建设要求应当在招标、拍卖、挂牌文件和出让合同中明确告知土地使用权受让人（项目建设单位）。	项目单位先到项目备案机关申请办理备案，并附房地产权证（或者租赁协议）、企业营业执照或者法人证书、组织机构代码证等文件复印件。备案后，项目单位凭备案文件向规划管理部门办理有关规划许可；向环保部门办理环评审批；向建设交通管理部门办理建设工程报建手续；向房地管理部门申请办理建设项目用地预审。
	项目核准	用地预审和环评审批	环评审批	项目备案	设计方案审批
2	项目单位在获得环评审批文件后，向项目核准机关报送项目申请报告，并附土地中标通知书（或者成交确认书、土地出让合同）、办理审批等文件。核准后，项目单位凭核准文件分别向规划管理部门申请办理设计方案、建设用地规划许可等手续；向房地管理部门申请办理正式用地手续；向建设交通管理部门申请办理建设工程报建手续。	项目单位凭规划管理部门出具的规划选址意见书，分别向房地管理部门申请办理建设项目用地预审；向环保部门申请办理环评审批。	项目单位凭规划管理部门出具的建设工程规划设计要求通知书或合同变更文件，向环保部门申请办理环评审批文件。	项目单位凭土地中标通知书（或者成交确认书、土地出让合同）向项目备案机关申请办理备案，并附企业营业执照或者法人证书、组织机构代码证等文件复印件。备案后，向建设交通部门申请办理工程报建手续。	项目单位按照规划设计要求，组织编制设计方案并报送规划管理部门审批。规划管理部门在收到设计方案后，将有关材料书面征询法律、法规规定需要审核建设工程设计方案的相关部门的意见。

(续表)

	核准制企业投资项目建设流程			备案制企业投资项目建设流程	
	土地招拍挂项目	划拨用地项目	自有土地	土地招拍挂项目	自有土地
	设计方案审批	项目核准	项目核准	环评审批	设计文件审查
3	项目单位按照出让合同的要求,组织、编制设计方案并报送规划管理部门审批。规划管理部门在收到设计方案后,将有关材料书面征询法律、法规规定需要审核建设工程设计方案的相关部门的意见。	完成上述相关手续后,项目单位向项目核准机关报送项目申请报告,并附规划选址意见、用地预审、环评审批等文件。核准后,项目单位凭核准文件分别向规划管理部门申请办理设计方案、建设用地规划许可等手续;向房地管理部门申请办理正式用地手续;向建设交通管理部门申请办理建设工程报建手续。	完成上述相关手续后,项目单位向项目核准机关报送项目申请报告,并附土地预审意见(或土地出让变更合同)、规划设计要求、环评审批等文件。核准后,项目单位凭核准文件分别向规划管理部门申请办理设计方案审批;向建设交通管理部门申请办理建设工程报建手续。	项目单位凭备案文件,向环保部门申请办理环评审批。	项目单位按照批准的设计方案,组织、编制设计文件,报送建设交通管理部门。建设交通管理部门受理后,组织投资、规划、环保、绿化、公安(交通、消防)、市容环卫、卫生、民防、安全监督、管线管理等部门以及法律、法规、规章规定的其他相关部门进行会审,或者书面征求各相关部门的意见。会审后的意见反馈审图公司。审图公司按照设计文件审查的规定,结合会审意见,出具审图意见并报建设交通管理部门备案。
	设计文件审查	设计方案审批	设计方案审批	设计方案审批	核发建设工程规划许可证
4	项目单位按照批准的设计方案和核准报告,组织、编制设计文件,报送建设交通管理部门。建设交通管理部门受理后,组织投资、规划、环保、绿化、公安(交通、消防)、市容环卫、卫生、民防、安全监督、管线管理等部门以及法律、法规、规章规定的其他相关部门进行会审,或者书面征求各相关部门的意见。会审后的意见反馈审图公司。审图公司按照设计文件审查的规定,结合会审意见,出具审图意见并报建设交通管理部门备案。	项目单位按照规划选址意见的要求,组织、编制设计方案并报送规划管理部门审批。规划管理部门在收到设计方案后,将有关材料书面征询法律、法规规定需要审核建设工程设计方案的相关部门的意见。	项目单位按照规划设计要求,组织、编制设计方案并报送规划管理部门审批。规划管理部门在收到设计方案后,将有关材料书面征询法律、法规规定需要审核建设工程设计方案相关部门的意见。	项目单位按照出让合同的要求,组织、编制设计方案并报送规划管理部门审批。规划管理部门在收到设计方案后,将有关材料书面征询法律、法规规定需要审核建设工程设计方案的相关部门的意见。	项目建设单位取得建设交通管理部门出具的审图意见备案文件、环保部门出具的环评批复文件后,向规划管理部门申请办理建设工程规划许可证、工程放样复验。

(续表)

	核准制企业投资项目建设流程			备案制企业投资项目建设流程	
	土地招拍挂项目	划拨用地项目	自有土地	土地招拍挂项目	自有土地
5	核发建设工程规划许可证 项目建设单位取得建设交通管理部门出具的审图意见备案文件后,向规划管理部门申请办理建设工程规划许可证和工程放样复验。	设计文件审查 项目单位按照批准的设计方案和核准报告,组织、编制设计文件,报送建设交通管理部门。建设交通管理部门受理后,组织投资、规划、环保、绿化、公安(交通、消防)、市容环卫、卫生、民防、安全监督、管线管理等部门以及法律、法规、规章规定的其他相关部门进行会审,或者书面征求各相关部门的意见。会审后的意见反馈审图公司。审图公司按照设计文件审查的规定,结合会审意见,出具审图意见并报建设交通管理部门备案。	设计文件审查 项目单位按照批准的设计方案和核准报告,组织、编制设计文件,报送建设交通管理部门。建设交通管理部门受理后,组织投资、规划、环保、绿化、公安(交通、消防)、市容环卫、卫生、民防、安全监督、管线管理等部门以及法律、法规、规章规定的其他相关部门进行会审,或者书面征求各相关部门的意见。会审后的意见反馈审图公司。审图公司按照设计文件审查的规定,结合会审意见,出具审图意见并报建设交通管理部门备案。	设计文件审查 项目单位按照批准的设计方案,组织、编制设计文件,报送建设交通管理部门。建设交通管理部门受理后,组织投资、规划、环保、绿化、公安(交通、消防)、市容环卫、卫生、民防、安全监督、管线管理等部门以及法律、法规、规章规定的其他相关部门进行会审,或者书面征求各相关部门的意见。会审后的意见反馈审图公司。审图公司按照设计文件审查的规定,结合会审意见,出具审图意见并报建设交通管理部门备案。	核发施工许可证 项目建设单位取得建设工程规划许可证后,向建设交通管理部门办理施工监理招投标备案、建设工程安全质量监督备案、使用粘土砖的核定手续,并申请核发施工许可证。
6	核发施工许可证 项目建设单位取得建设工程规划许可证后,向建设交通管理部门办理施工监理招投标备案、建设工程安全质量监督备案、使用粘土砖的核定手续,并申请核发施工许可证。	核发建设工程规划许可证 项目建设单位取得建设交通管理部门出具的审图意见备案文件后,向规划管理部门申请办理建设工程规划许可证和工程放样复验。	核发建设工程规划许可证 项目建设单位取得建设交通管理部门出具的审图意见备案文件后,向规划管理部门申请办理建设工程规划许可证和工程放样复验。	核发建设工程规划许可证 项目建设单位取得建设交通管理部门出具的审图意见备案文件、环保部门出具的环评批复文件后,向规划管理部门申请办理建设工程规划许可证、工程放样复验。	竣工验收 建设工程竣工后,项目建设单位提出竣工验收报告,可委托建设交通管理部门召集相关部门共同参与验收。具备条件的,项目建设单位到有关部门办理规划、环保、消防等验收(试生产)审批意见,办理工程质量验收备案、新建住宅交付使用许可等文件。 建设单位可以自行组织竣工验收。

(续表)

	核准制企业投资项目建设流程			备案制企业投资项目建设流程	
	土地招拍挂项目	划拨用地项目	自有土地	土地招拍挂项目	自有土地
	竣工验收	核发施工许可证	核发施工许可证	核发施工许可证	
7	建设工程竣工后，项目建设单位提出竣工验收报告，可委托建设交通管理部门召集相关部门共同参与验收。具备条件的，项目建设单位到有关部门办理规划、环保、消防等验收（试生产）审批意见，办理工程质量验收备案、新建住宅交付使用许可等文件。建设单位可以自行组织竣工验收。	项目建设单位取得建设工程规划许可证后，向建设交通管理部门办理施工监理招投标备案、建设工程安全质量监督备案、使用粘土砖的核定手续，并申请核发施工许可证。	项目建设单位取得建设工程规划许可证后，向建设交通管理部门办理施工监理招投标备案、建设工程安全质量监督备案、使用粘土砖的核定手续，并申请核发施工许可证。	项目建设单位取得建设工程规划许可证后，监督备案、使用粘土砖的核定手续，并申请核发施工许可证。	
		竣工验收	竣工验收	竣工验收	
8		建设工程竣工后，项目建设单位提出竣工验收报告，可委托建设交通管理部门召集相关部门共同参与验收。具备条件的，项目建设单位到有关部门办理规划、环保、消防等验收（试生产）审批意见，办理工程质量验收备案、新建住宅交付使用许可等文件。建设单位可以自行组织竣工验收。	建设工程竣工后，项目建设单位提出竣工验收报告，可委托建设交通管理部门召集相关部门共同参与验收。具备条件的，项目建设单位到有关部门办理规划、环保、消防等验收（试生产）审批意见，办理工程质量验收备案、新建住宅交付使用许可等文件。建设单位可以自行组织竣工验收。	建设工程竣工后，项目建设单位提出竣工验收报告，可委托建设交通管理部门召集相关部门共同参与验收。具备条件的，项目建设单位到有关部门办理规划、环保、消防等验收（试生产）审批意见，办理工程质量验收备案、新建住宅交付使用许可等文件。建设单位可以自行组织竣工验收。	

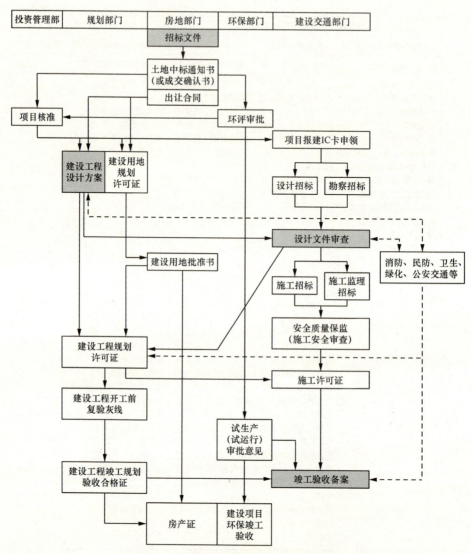

图6-1 土地招拍挂项目核准流程示意图

第六章 募集资金运用 167

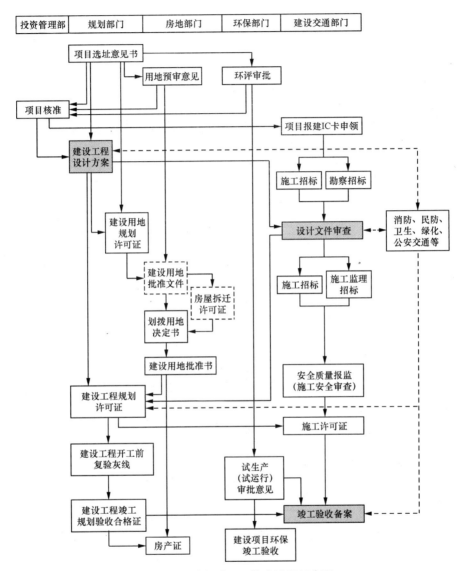

图 6-2 划拨用地项目核准流程示意图

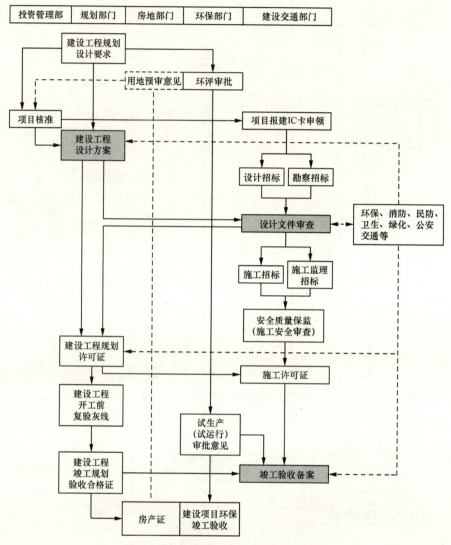

图 6-3 自有土地项目核准流程示意图

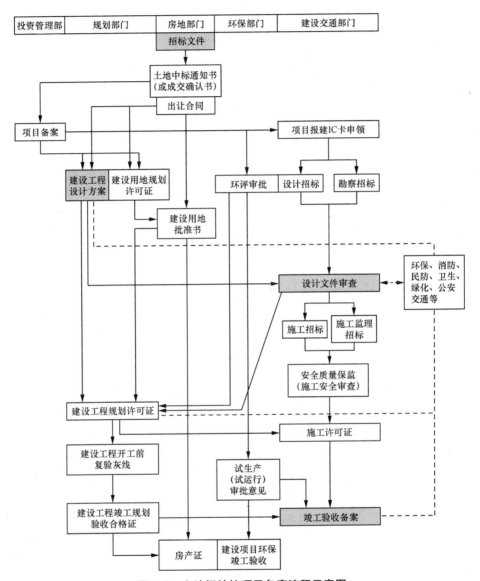

图 6-4 土地招拍挂项目备案流程示意图

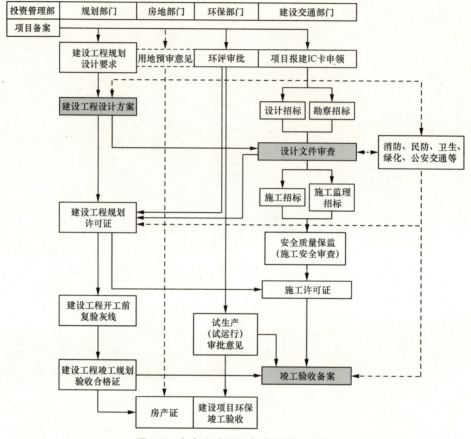

图 6-5　自有土地项目备案流程示意图

图示说明：根据上海市社会投资项目（招拍挂用地）建设工程行政审批管理程序改革方案，将在"招标拍卖出让土地使用权"、"设计方案审批"、"设计文件审查"、"竣工验收"四个环节试行一个部门牵头协调组织，并联审批改革。上述四个环节在图中以灰色方格标示。

第七章 规范运行

在主板和创业板两个发行管理办法中,均对发行人"规范运行"问题进行了专门规定,主要围绕公司治理结构,董事、监事和高级管理人员任职资格,内部控制制度,发行人重大违法行为,对外担保,资金管理制度等内容。根据上述规定,本章对在实务中具有广泛典型意义的十六个问题,进行了分析和总结。

一、重大违法行为

《证券法》将"最近三年无重大违法行为"作为发行新股的条件之一,《首发管理办法》第25条对此进行了细化,明确列举了六种情形,其中第二种情形是:"最近36个月内违反工商、税收、土地、环保、海关以及其他法律、行政法规,受到行政处罚,且情节严重。"《首次公开发行股票并在创业板上市管理暂行办法》只列举了《首发管理办法》六种情形中的两种情形,将主体从《首发管理办法》中的"发行人"扩大到了"发行人及其控股股东、实际控制人",对这些主体的重大违法行为的核查范围参照《首发管理办法》第25条。

上述六种情形除了第二种情形以外,都比较容易认定,第二种情形认定的难度在于对"情节严重"的判断。何谓"情节严重",目前尚无明确定义。除了《首发管理办法》中列明的情况外,实务中,可以根据如下标准确认违法行为是否"情节严重":

(1)如果行政机关作为处罚依据的法律规定中有明确的"情节严重"的界定,以该界定为准。

(2)如果该法律规定中没有直接界定,但是规定了"情节严重"的处罚区间,则看实际发生的行政处罚是否在此区间,是,则构成情节严重。

(3)凡被行政机关处以罚款以上行政处罚的行为,原则上都被视为重大违法行为,但行政机关依法认定不属于重大违法行为、能够依法作出合理说明的除外。另外,明显不在此列的也应除外,比如交通违章罚款。

(4)作出处罚的机关对该行为性质的认定证明。严格地说,作出处罚的机关是否有权作出此认定和作出此认定的法律依据和法律标准都是存疑的问题,但是,该机关的认定仍具有重要的参考意义。不过有的此类证明涉嫌"不靠谱",比如某已过会公司被处以连续合计超过100万元的罚款,税务机关认为"情节轻微",此时应采用实质判断的原则。

（5）近三年重大违法行为的起算时点，法律、行政法规或规章有规定的从其规定；无规定的，从行为发生之日起计算；行为有连续或继续状态的，从终了之日起计算。如违法发行股票，在清理完成后三年，以改正日为时点计算。

（6）《首发管理办法》有"涉嫌犯罪被司法机关立案侦查，尚未有明确结论意见"的否决规定，但未明确对行政处罚已经作出但公司对行政处罚决定不服，正在行政复议或提起行政诉讼的情形如何处置，原则上不影响对重大违法行为的认定，但可以申请暂缓作出决定，等待生效法律裁定作出后再行认定，不过，可预测的最差结果明显不会构成严重情形的除外。

控股股东、实际控制人受刑罚处罚，应认定为重大违法行为。

犯罪行为的时间起算不能简单限定为 36 个月，参照董事、监事、高级管理人员任职资格的要求，依据职务行为、个人行为、犯罪的性质、犯罪行为与发行人的紧密度、犯罪主观意识、刑期长短、个人（企业）的诚信等对发行人的影响程度综合判断。

二、行政处罚两年时效问题

《中华人民共和国行政处罚法》第 29 条规定："违法行为在二年内未被发现的，不再给予行政处罚。法律另有规定的除外。前款规定的期限，从违法行为发生之日起计算；违法行为有连续或者继续状态的，从行为终了之日起计算。"

国务院法制办公室对湖北省人民政府法制办公室《〈关于如何确认违法行为连续或继续状态的请示〉的复函》（国法函〔2005〕442 号）中明确了"违法行为的连续状态"，是指当事人基于同一个违法故意，连续实施数个独立的行政违法行为，并触犯同一个行政处罚规定的情形。

因此，如果发行人历史上存在违法行为，且违法行为发生的时间超过两年，则应进一步关注该违法行为是否属于"有连续或者继续状态"的情况，如果不属于或者虽然属于但该违法行为自终了之日起已经超过两年，则可以得出"违法行为已经超过追责时效期限，不应再被追究行政法律责任"的初步结论。

三、人员任职限制的总结

(一) 董事、监事、高级管理人员的任职限制

表7-1 董事、监事、高级管理人员任职限制规定表

一般规定		
序号	文件名称	文件内容
1	《公司法》	有下列情形之一的,不得担任公司的董事、监事、高级管理人员: (1) 无民事行为能力或者限制民事行为能力; (2) 因贪污、贿赂、侵占财产、挪用财产或者破坏社会主义市场经济秩序,被判处刑罚,执行期满未逾5年,或者因犯罪被剥夺政治权利,执行期满未逾5年; (3) 担任破产清算的公司、企业的董事或者厂长、经理,对该公司、企业的破产负有个人责任的,自该公司、企业破产清算完结之日起未逾3年; (4) 担任因违法被吊销营业执照、责令关闭的公司、企业的法定代表人,并负有个人责任的,自该公司、企业被吊销营业执照之日起未逾3年; (5) 个人所负数额较大的债务到期未清偿; (6) 国有独资公司监事会成员不得少于5人,其中职工代表的比例不得低于1/3,具体比例由公司章程规定; (7) 董事、高级管理人员不得兼任监事。
2	《深圳证券交易所股票上市规则》	被交易所公开认定其不适合担任上市公司董事、监事、高级管理人员。
3	《深圳证券交易所创业板上市公司规范运作指引》	董事、监事、高级管理人员候选人除应符合《公司法》的相关规定外,还不得存在下列情形: (1) 最近三年内受到中国证监会行政处罚; (2) 最近三年内受到证券交易所公开谴责或三次以上通报批评; (3) 被中国证监会宣布为市场禁入者且尚在禁入期; (4) 被证券交易所公开认定为不适合担任上市公司董事、监事和高级管理人员; (5) 无法确保在任职期间投入足够的时间和精力于公司事务,切实履行董事、监事、高级管理人员应履行的各项职责; (6) 上市公司董事会中兼任公司高级管理人员以及由职工代表担任的董事人数总计不得超过公司董事总数的1/2; (7) 最近两年内曾担任过公司董事或者高级管理人员的监事人数不得超过公司监事总数的1/2; (8) 公司董事、高级管理人员在任期间及其配偶和直系亲属不得担任公司监事。

（二）上市公司独立董事任职的限制

表 7-2　独立董事任职限制规定表

序号	文件名称	文件内容
1	《公司法》	（1）无民事行为能力或者限制民事行为能力； （2）因贪污、贿赂、侵占财产、挪用财产或者破坏社会主义市场经济秩序，被判处刑罚，执行期满未逾 5 年，或者因犯罪被剥夺政治权利，执行期满未逾 5 年； （3）担任破产清算的公司、企业的董事或者厂长、经理，对该公司、企业的破产负有个人责任的，自该公司、企业破产清算完结之日起未逾 3 年； （4）担任因违法被吊销营业执照、责令关闭的公司、企业的法定代表人，并负有个人责任的，自该公司、企业被吊销营业执照之日起未逾 3 年； （5）个人所负数额较大的债务到期未清偿。
2	《中华人民共和国公务员法》	（1）本法所称公务员，是指依法履行公职、纳入国家行政编制、由国家财政负担工资福利的工作人员（公务员的范围主要是以下七类机关中除工勤人员以外的工作人员：中国共产党各级机关；各级人民代表大会及其常务委员会机关；各级行政机关；中国人民政治协商会议各级委员会机关；各级审判机关；各级检察机关；各民主党派和工商联的各级机关）。 （2）公务员因工作需要在机关外兼职，应当经有关机关批准，并不得领取兼职报酬。 （3）公务员必须遵守纪律，不得有下列行为：从事或者参与营利性活动，在企业或者其他营利性组织中兼任职务。 （4）公务员辞去公职或者退休的，原系领导成员的公务员在离职 3 年内，其他公务员在离职两年内，不得到与原工作业务直接相关的企业或者其他营利性组织任职，不得从事与原工作业务直接相关的营利性活动。
3	《股票上市规则》	被交易所公开认定其不适合担任上市公司董事、监事、高级管理人员。
4	《深圳证券交易所创业板上市公司规范运作指引》	董事、监事、高级管理人员候选人除应符合《公司法》的相关规定外，还不得存在下列情形： （1）最近三年内受到中国证监会行政处罚； （2）最近三年内受到证券交易所公开谴责或三次以上通报批评； （3）被中国证监会宣布为市场禁入者且尚在禁入期； （4）被证券交易所公开认定为不适合担任上市公司董事、监事和高级管理人员； （5）无法确保在任职期间投入足够的时间和精力于公司事务，切实履行董事、监事、高级管理人员应履行的各项职责。

(续表)

序号	文件名称	文件内容
5	《关于在上市公司建立独立董事制度的指导意见》	1. 独立董事原则上最多在 5 家上市公司兼任独立董事,并确保有足够的时间和精力有效地履行独立董事的职责。 2. 独立董事必须具有独立性,下列人员不得担任独立董事: (1) 在上市公司或者其附属企业任职的人员及其直系亲属、主要社会关系(直系亲属是指配偶、父母、子女等;主要社会关系是指兄弟姐妹、岳父母、儿媳女婿、兄弟姐妹的配偶、配偶的兄弟姐妹等); (2) 直接或间接持有上市公司已发行股份 1% 以上或者是上市公司前十名股东中的自然人股东及其直系亲属; (3) 在直接或间接持有上市公司已发行股份 5% 以上的股东单位或者在上市公司前五名股东单位任职的人员及其直系亲属; (4) 最近一年内曾经具有前三项所列举情形的人员; (5) 为上市公司或者其附属企业提供财务、法律、咨询等服务的人员; (6) 公司章程规定的其他人员; (7) 中国证监会认定的其他人员。 3. 中国证监会在 15 个工作日内对独立董事的任职资格和独立性进行审核。对中国证监会持有异议的被提名人,可作为公司董事候选人,但不作为独立董事候选人。 4. 独立董事每届任期与该上市公司其他董事任期相同,任期届满,连选可以连任,但是连任时间不得超过 6 年。 5. 独立董事连续 3 次未亲自出席董事会会议的,由董事会提请股东大会予以撤换。
6	《深圳证券交易所独立董事备案办法》(2011 年修订)	独立董事提名人在提名候选人时,除遵守本办法第 4 条至第 8 条规定的规定外,还应当重点关注独立董事候选人是否存在下列情形: (1) 过往任职独立董事期间,经常缺席或经常不亲自出席董事会会议的; (2) 过往任职独立董事期间,未按规定发表独立董事意见或发表的独立意见经证实明显与事实不符的; (3) 最近三年内受到中国证监会以外的其他有关部门处罚的; (4) 同时在超过五家上市公司担任董事、监事或高级管理人员的; (5) 不符合其他有关部门对于董事、独立董事任职资格规定的; (6) 影响独立董事诚信勤勉和独立履行职责的其他情形。

（续表）

序号	文件名称	文件内容
7	《关于规范中管干部辞去公职或者退（离）休后担任上市公司、基金管理公司独立董事、独立监事的通知》	（1）中管干部辞去公职或者退（离）休后3年内，不得到与本人原工作业务直接相关的上市公司、基金管理公司担任独立董事、独立监事，不得从事与本人原工作业务直接相关的营利性活动。中管干部辞去公职或者退（离）休后可以到与本人原工作业务不直接相关的上市公司、基金管理公司担任独立董事、独立监事。 （2）中管干部辞去公职或者退（离）休后3年内按照规定担任上市公司、基金管理公司独立董事、独立监事的，必须由拟聘任独立董事、独立监事的公司征求该干部原所在单位党组（党委）同意，并由该干部原所在单位党组（党委）征求中央纪委、中央组织部意见后，再由拟聘任独立董事、独立监事的公司正式任命。中管干部辞去公职或者退（离）休3年后担任上市公司、基金管理公司独立董事、独立监事的，应由本人向其所在单位党组（党委）报告，并由其所在单位党组（党委）向中央组织部备案，同时抄报中央纪委。
8	《关于规范财政部工作人员在企业兼职行为的暂行办法》	财政部副处级以上干部均不可在外兼职或担任独立董事职务。
9	《中国共产党党员领导干部廉洁从政若干准则》	中国共产党党员领导干部禁止私自从事营利性活动。不准有下列行为： （1）违反规定拥有非上市公司（企业）的股份或者证券； （2）违反规定在经济实体、社会团体等单位中兼职或者兼职取酬，以及从事有偿中介活动。 本准则适用于党的机关、人大机关、行政机关、政协机关、审判机关、检察机关中县（处）级以上党员领导干部；人民团体、事业单位中相当于县（处）级以上党员领导干部。国有和国有控股企业（含国有和国有控股金融企业）及其分支机构领导人员中的党员；县（市、区、旗）直属机关、审判机关、检察机关的科级党员负责人，乡镇（街道）党员负责人，基层站所的党员负责人参照执行本准则。

（三）兼职的限制规定

表7-3 兼职限制规定表

序号	文件名称	文件内容
1	《公司法》	国有独资公司的董事长、副董事长、董事、高级管理人员，未经国有资产监督管理机构同意，不得在其他有限责任公司、股份有限公司或者其他经济组织兼职。

(续表)

序号	文件名称	文件内容
2	《证券法》	国家机关工作人员和法律、行政法规规定的禁止在公司中兼职的其他人员,不得在证券公司中兼任职务。
3	《证券公司监督管理条例》	合规负责人不得在证券公司兼任负责经营管理的职务。
4	《首次公开发行股票并上市管理办法》	发行人的总经理、副总经理、财务负责人和董事会秘书等高级管理人员不得在控股股东、实际控制人及其控制的其他企业中担任除董事、监事以外的其他职务,不得在控股股东、实际控制人及其控制的其他企业领薪;发行人的财务人员不得在控股股东、实际控制人及其控制的其他企业中兼职。
5	《关于规范国有企业职工持股、投资的意见》	国有企业中层以上管理人员,不得在职工或其他非国有投资者投资的非国有企业兼职。
6	《深圳证券交易所创业板上市公司规范运作指引》	公司的经理人员、财务负责人、营销负责人和董事会秘书不得在控股股东、实际控制人及其控制的其他企业中担任除董事以外的其他职务。

四、董事、高级管理人员的忠实、勤勉义务

各中介机构应高度关注董事、高级管理人员的诚信问题,高度关注董事、高级管理人员是否按照《公司法》和《首发管理办法》的规定履行忠实、勤勉义务,是否违反竞业禁止的规定和约定。

除了从改制、出资、历史沿革(子公司及兄弟公司)、资金往来等方面关注董事、高级管理人员的忠实、诚信义务,还应关注高级管理人员的竞业禁止义务,比如国企管理人员新设公司收购原公司的情形、高级管理人员与发行人共设公司的情形、高级管理人员持股公司与发行人存在大量交易的情形,以及破产企业与高级管理人员关系等问题。如果董事、高级管理人员之前在其他上市公司任过职,必须关注其在上市公司任职期间是否受到过证监会、交易所的行政处罚或者谴责。考察其过往情况,目的在于着眼推测未来发生恶劣事件的不确定性。

表7-4是《公司法》对董事、高级管理人员的基本要求,是相关主体行为的底线。

表7-4 董事、高级管理人员法律义务一览表

规范名称	款项	内容
《公司法》	第21条第1款	公司的控股股东、实际控制人、董事、监事、高级管理人员不得利用其关联关系损害公司利益。
	第147条	有下列情形之一的,不得担任公司的董事、监事、高级管理人员: (1) 无民事行为能力或者限制民事行为能力; (2) 因贪污、贿赂、侵占财产、挪用财产或者破坏社会主义市场经济秩序,被判处刑罚,执行期满未逾5年,或者因犯罪被剥夺政治权利,执行期满未逾5年; (3) 担任破产清算的公司、企业的董事或者厂长、经理,对该公司、企业的破产负有个人责任的,自该公司、企业破产清算完结之日起未逾3年; (4) 担任因违法被吊销营业执照、责令关闭的公司、企业的法定代表人,并负有个人责任的,自该公司、企业被吊销营业执照之日起未逾3年; (5) 个人所负数额较大的债务到期未清偿。 公司违反前款规定选举、委派董事、监事或者聘任高级管理人员的,该选举、委派或者聘任无效。 董事、监事、高级管理人员在任职期间出现本条第1款所列情形的,公司应当解除其职务。
	第148条	董事、监事、高级管理人员应当遵守法律、行政法规和公司章程,对公司负有忠实义务和勤勉义务。 董事、监事、高级管理人员不得利用职权收受贿赂或者其他非法收入,不得侵占公司的财产。
	第149条	董事、高级管理人员不得有下列行为: (1) 挪用公司资金; (2) 将公司资金以其个人名义或者以其他个人名义开立账户存储; (3) 违反公司章程的规定,未经股东会、股东大会或者董事会同意,将公司资金借贷给他人或者以公司财产为他人提供担保; (4) 违反公司章程的规定或者未经股东会、股东大会同意,与本公司订立合同或者进行交易; (5) 未经股东会或者股东大会同意,利用职务便利为自己或者他人谋取属于公司的商业机会,自营或者为他人经营与所任职公司同类的业务; (6) 接受他人与公司交易的佣金归为己有; (7) 擅自披露公司秘密; (8) 违反对公司忠实义务的其他行为。 董事、高级管理人员违反前款规定所得的收入应当归公司所有。

(续表)

规范名称	款项	内容
《首发管理办法》	第21条	发行人已经依法建立健全股东大会、董事会、监事会、独立董事、董事会秘书制度,相关机构和人员能够依法履行职责。
	第22条	发行人的董事、监事和高级管理人员已经了解与股票发行上市有关的法律法规,知悉上市公司及其董事、监事和高级管理人员的法定义务和责任。
	第23条	发行人的董事、监事和高级管理人员符合法律、行政法规和规章规定的任职资格,且不得有下列情形: (1)被中国证监会采取证券市场禁入措施尚在禁入期的; (2)最近36个月内受到中国证监会的行政处罚,或者最近12个月内受到证券交易所公开谴责的; (3)因涉嫌犯罪被司法机关立案侦查或者涉嫌违法违规被中国证监会立案调查,尚未有明确结论意见。

五、企业间借贷

(一) 种类分析

企业间借贷合同,是指金融机构之外的企业法人相互之间或者企业法人与非法人其他组织之间以及非法人其他组织相互之间所订立的,由一方向另一方给付一定数量的货币,并要求接受给付的一方在约定期间内归还相同数量的货币,同时支付一定数量的利息(资金占用费)或利润的合同。上述金融机构指银行、信用社、信托投资公司、金融租赁公司、证券公司、保险公司、基金公司、财务公司等。

根据《贷款通则》第61条的规定:"……企业之间不得违反国家规定办理借贷或者变相借贷融资业务。"非金融企业之间的借贷形式总体上分为两类:一是以借款合同的形式直接体现的借贷合同;二是非借款合同方式所形成的变相借贷合同。前者的表现形式是双方以协议形式直接确定借贷关系,协议内容把借款数额、利息、还款期限、违约责任等都加以明确,有的还设定了保证、抵押等担保条款,并有担保人参与签订协议。后者的表现方式比较模糊和复杂,大致可以细分为以下几种:

表 7-5　各类型间接借贷分析表

间接借贷的表现形式	表现形式	法律分析
联营形式的借贷	当事人签订联营协议，虽约定共同经营某一项目，但内容却约定其中一方只负责出资和监督资金的使用情况，不参与具体经营活动，不论经营项目盈亏，出资方均按期收回本息，或按期收取固定利润。	这种出资人不承担亏损的保底条款被最高人民法院的司法解释认定为借贷关系。包括合作开发房地产合同约定提供资金的当事人不承担经营风险，只收取固定数额货币的，应当认定为借款合同。
投资形式的借贷	法律上的投资，一般是指取得股权并承担相应的经营风险。但有的投资合同，投资者并不对所投资的项目或对被投资的企业法人承担经营风险，也不以所投入的资金对被投资法人承担民事责任，无论被投资项目盈利或亏损，均要按期收回本息或固定利润。	出资人所投入的资金并非股权而是债权，这种投资关系在司法实践中被认定为借贷关系。
存单表现形式的借贷	在出资人直接将款项交予用资人使用，或通过金融机构将款项交予用资人使用，金融机构向出资人出具存单或进账单、对账单或与出资人签订存款合同，出资人从用资人或从金融机构取得或约定取得高额利差的行为中发生。	最高人民法院《关于审理存单纠纷案件的若干规定》第 6 条规定，此类存单纠纷案件为以存单为表现形式的借贷纠纷案件。
票据形式的借贷	从释放自有资金的角度讲，通过签发出票、背书转让实现的票据支付功能本身也蕴涵了融资功能，形成本质上的企业借贷。	根据《中华人民共和国票据法》第 10 条的规定，票据的签发、取得和转让，应当遵循诚实信用的原则，具有真实的交易关系和债权债务关系。票据的取得，必须给付对价，即应当给付票据双方当事人认可的相对应的代价。因此，我国法律禁止纯粹融资性票据。
融资租赁形式的借贷	有的出租人并不具有金融业务的经营权，其出资向借贷人购买租赁物后，在提供给承租人使用的同时，把租赁物的所有权也一并出让给承租人，承租人只需承担一次性或分期付清租金的义务。	融资租赁是指有金融业务经营权的出租人（一般指金融租赁公司或信托公司）根据承租人对供货人或出卖人的选择，从出卖人那里购买租赁物，提供给承租人使用，承租人按期向出租人支付租金。承租人只有在合同期满并付清租金之后，才取得租赁物的所有权。 融资租赁形式的租赁关系，其实质是借贷关系。

(续表)

间接借贷的表现形式	表现形式	法律分析
补偿贸易方式的借贷	有的补偿贸易合同,直接约定由一方向另一方提供资金,另一方必须限期归还或分批归还本金,并无偿提供一部分货物作为利息或利润。有的还约定接受资金一方必须以优惠价向对方提供货物,对购销关系双方另行结算。	补偿贸易是指一方在信贷的基础上,从国外另一方买进机器、设备、技术、原材料或劳务,约定在一定期限内,用其生产的产品、其他商品或劳务,分期清偿贷款的一种贸易方式。其主要特点是: (1)贸易与信贷结合,一方购入设备等商品是在对方提供信贷的基础上,或由银行介入提供信贷。 (2)贸易与生产相联系。设备进口与产品出口相联系,出口机器设备方同时承诺回购对方的产品,在大多数情况下,交换的商品是利用其设备制造出来的产品。 (3)贸易双方是买卖关系,设备的进口方不仅承担支付的义务,而且承担付息的责任,对设备拥有完全的所有权和使用权。 一方向另一方提供货币并要求对方归还货币的合同,在本质上仍是借贷合同。
委托理财形式的借贷	一些非金融机构或没有经过许可的一般有限公司作为受托人的,以各种方式吸引机构投资者投资于证券、信托、国债、基金、外汇、期货、黄金等理财产品,当事人双方在合同中约定,委托人将资产交由受托人进行投资管理,受托人无论盈亏均保证委托人获得固定本息回报,超额投资收益均归受托人所有(约定保证本息固定回报条款)。	委托理财,顾名思义,是指委托人将自己拥有的财产或财产权利委托他人管理、处分以获取收益,受托人获取报酬的行为。广义的委托理财关系包括委托代理和信托。委托代理是指受托人以委托人名义经营管理委托财产,所有后果由委托人承担。信托则是受托人以自己的名义管理和处分信托资产。 委托理财形式的借贷属于"名为委托理财、实为借贷关系"之情形,应认定双方成立借款合同关系。

（续表）

间接借贷的表现形式	表现形式	法律分析
买卖赊欠形式的借贷	企业之间在进行商品和劳务交易时，常常由于各自的生产和经营周期与交易对方的周期不对称，出现资金的一时短缺，使交易受阻。在买方暂时缺乏可用资金，而卖方又确信其资信可靠的情况下，就会自发产生赊销商品、延期付款的商业信用行为。在实际交易过程中，一般采取卖方收回价格优惠承诺或买方直接支付逾期利息的方式处理。	这种自发的商业信用活动解决了商品交易中资金短缺的困难，从形式上看，它只是商品交易方式的一种变通，但从实质上看，它是一种金融活动，是卖方为买方提供了一笔购买货物的资金，其实质仍是借款合同。
空买空卖形式的借贷	所谓"空买空卖"是指买卖双方都没有货款进出，只就进出之间的差价结算盈亏。其表现形式一般为，买卖合同当事人双方中，"买方"向对方"预付货款"后，到了一定的期限，又向对方收回"货款"及利息或"违约金"，双方都不打算交付和接收所"买卖"的货物，或者根本就不存在所"买卖"的货物。	双方实施的实际上是一种借款行为。
虚拟回购形式的借贷	在签订买卖标的物（常见的有债券等，也可以是其他一切法律上可以转让的权益）合同后，卖方从买方取得货币，但并不把标的物交给对方，或者根本没有标的物。但到了合同约定的期限，卖方又以更高的价格把并不存在的标的物从买方模拟"买回"。	这里，双方给付和收回的只有货币，并无其他标的物，因此这也是一种借贷，严格来讲，这是属于"空买空卖"借贷形式的一种特殊情形。在实践中，无效的证券回购交易是作为有效的同业资金拆借行为对待的。这种做法得到了《国务院批转中国人民银行关于进一步做好证券回购债务清偿工作请示的通知》（国发〔1996〕20号）的认可。该文认定"证券回购实际上已演变为资金拆借"。当然，认定为资金拆借的前提应当是证券回购双方当事人均属金融机构，如果当事人一方或者双方不是金融机构，则属于"假回购、真借贷"，是一种变相借贷行为。

(二) 违规性分析

《贷款通则》规定,"企业之间不得违反国家规定办理借贷或者变相借贷融资业务"、"企业之间擅自办理借贷或者变相借贷的,由中国人民银行对出借方按违规收入处以1倍以上至5倍以下罚款,并由中国人民银行予以取缔"。对于企业间的借贷行为,通说认为至少是违规的。

(三) 法律效力分析

关于企业间借贷合同的"效力问题",目前主流的观点认为是无效的。理由是,尽管《中华人民共和国民法通则》(以下简称《民法通则》)和《合同法》等均未对企业间借贷的合法性及效力问题作出明确规定,但对此问题历来的政策特别是部门规章是不允许的。但也有观点认为,企业间的借贷合同是合法有效的,其理由详见表7-6:

表7-6　借贷合同法律效力分析表

法律规定	法律分析
《贷款通则》第21条规定:贷款人必须经中国人民银行批准经营贷款业务,持有中国人民银行颁发的《金融机构法人许可证》或《金融机构营业许可证》,并经工商行政管理部门核准登记。第73条规定:行政部门、企事业单位、股份合作经济组织、供销合作社、农村合作基金会和其他基金会擅自发放贷款的;企业之间擅自办理借贷或者变相借贷的,由中国人民银行对出借方按违规收入处以1倍以上至5倍以下罚款,并由中国人民银行予以取缔。 最高人民法院《关于对企业借贷合同借款方逾期不归还借款的应如何处理问题的批复》(法复〔1996〕15号)(以下简称"最高院批复")规定:企业借贷合同违反有关金融法规,属无效合同。 《合同法》第52条规定:有下列情形之一的,合同无效:(1)一方以欺诈、胁迫的手段订立合同,损害国家利益;(2)恶意串通,损害国家、集体或者第三人利益;(3)以合法形式掩盖非法目的;(4)损害社会公共利益;(5)违反法律、行政法规的强制性规定。 《合同法》第十二章借款合同。 最高人民法院《关于适用〈中华人民共和国合同法〉若干问题的解释(一)》[以下简称《合同法解释(一)》]第4条规定:合同法实施以后,人民法院确认合同无效,应当以全国人大及其常委会制定的法律和国务院制定的行政法规为依据,不得以地方性法规、行政规章为依据。	《合同法》及最高人民法院《关于适用〈中华人民共和国合同法〉若干问题的解释(一)》自1999年施行,根据上位法优于下位法、后法优于前法的原则,应优先于《贷款通则》和最高院批复;且《合同法》第十二章借款合同中并未对借贷双方的主体作出限制;根据《合同法解释(一)》,《贷款通则》属于部门规章,不能成为认定合同无效的依据;公司之间的借款是各方的真实意思表示,并不违反法律、行政法规的强制性规定,符合《合同法》关于合同成立的实质要件,不属于无效合同的范畴,属于有效合同。

(四) 合理性分析

在当今市场经济条件下,要充分尊重市场经济主体的意志,强调企业之间的真实意思表示,应当允许企业之间进行借贷,以便取长补短,调剂余缺,其根本目的在于搞活和发展我国金融市场。最重要的是,放开企业间借贷,可以使企业间借贷的交易成本降低,资金流通路径畅通,符合市场经济规律,可以提高资源配置的效率,有利于资源的合理配置,这是市场经济发展的必然选择。在企业之间发生的无偿借款,或者企业以其自有资金为其他企业解决资金困难或生产急需,同时约定的利息又不超过国家法定同期银行贷款利率上限所进行的借贷行为,用于合法的途径;或者银行信誉好的企业接受银行信誉差的企业的委托,从银行等金融机构贷款后进行转贷,中间无加息牟利,从而进行的企业之间的借贷行为,不但没有损害国家和社会的利益,相反促进了企业经济的发展,增进了企业之间的相互协作,有利而无害,应视为有效行为加以保护。认定企业间的借贷合同有效,不仅符合《合同法》原理,且在现行有关政策、立法及司法解释方面均有相应的依据。

分析判断企业间借贷不能忽视的社会经济现状是:中小企业贷款难是普遍存在的现象,企业发展又急需资金。因此,应该对企业之间为正常生产经营而发生的资金拆借持最宽容的态度。目前的审核实践说明,监管部门对此也相对宽容,基本不会构成上市的实质性障碍。

通过对目前已经过会的实务工作的总结,在申请发行过程中应当重点从以下方面进行说明:

(1) 是否为变相借贷、纠纷、损害公司和股东利益。

(2) 借贷的目的和用途,是否在公司已有闲置资金的情况下仍然借贷。

(3) 借款的金额、对象和利息约定。总的来说,金额越小越好,对象越集中越好,不收利息更简单;如果是发行人借贷给大股东,不管是否收取利息,都会造成另外一个问题:资金占用。

(4) 借款行为的性质是否属于变相借贷,如果是,分析该种交易的实质是否合法。

(5) 是否产生纠纷或者可能产生纠纷。

(6) 是否损害公司和其他股东的利益。

(7) 是否已经自行纠正,是否已经归还。

(8) 结清后是否发生新的不规范借贷行为。

(9) 是否已经建立了一系列财务内控决策机制,并据此规范运行。

(五) 基本解决方法

(1) 尽快偿还。

(2) 参照上述"(四) 合理性分析"中应当重点说明的方面进行认真核查和详细说明。

(3) 如果资金占用的根本原因是对特定关联方的依赖,则应从治本的角度,彻底解决关联交易。

(4) 如果是股东借款,而公司正好有利润分配计划,可以考虑使用股利冲抵。

(5) 直接占用是违规行为,但是如果改为使用委托贷款方式,虽然会增加手续费成本,但是合法。

(6) 对公司内控和公司治理的分析。资金占用问题常常暴露出公司在内部控制和法人治理结构方面的缺陷或弱点。因此除了解决已经发生的资金占用外,还要建立、强化和实际执行相应的规章制度,用规则和公司运行模式保证今后不再发生新的资金占用。对于发生过资金占用的股东,特别是控股股东,应该出具相应的承诺,保证不再发生类似事件。

(7) 借款给控股股东是否影响企业独立性。如果资金拆借行为发生在具有关联关系的关联方之间,尤其是发生在发行人和控股股东之间,则除了上述方面外,还应重点考虑发行人的独立性问题:

① 具体说明借款的原因和必要性,例如是否因为公司发展过快,资金不足造成的;为什么不采取增资的方式,而采取借款的方式;是否存在利益输送等。

② 说明借款利率的合理性,是否低于或者合理高于同期银行存贷利率。

③ 借款用途,比如是否用于主营业务和正常生产经营。

④ 是否按照章程的约定履行必要的批准程序。

⑤ 同时可由控股股东作出书面承诺,承诺控股股东及其控制的其他企业今后将不以借款、代偿债务、代垫款项或者其他任何方式占用发行人及其子公司的资金。如相关方违反本承诺给发行人及其子公司造成损失的,由其赔偿一切损失。同时承诺,若发行人因在本次发行上市前与关联方之间发生的相互借款行为而被政府主管部门处罚的,其愿意对发行人因受到该等处罚而产生的经济损失予以全额补偿。

⑥ 如果发行人实际控制人本身的经营能力较差,除发行人外,实际控制人其余资产的业绩较差,则应重点关注未来产生资金占用问题的可能性和避免措施。

六、内部职工借款

如果发行人(含控股子公司)在报告期内存在向职工借款的情形,则应在如下方面进行说明和解释:

(1) 当地金融监管机构(中国人民银行)对此问题的定性:不是向社会不特定对象进行的融资行为,属于不规范的企业内部资金运作行为,不属于重大违规行为和非法集资行为,也不属于非法金融行为,不予行政处罚。

(2) 借款纯属自愿并且归还完毕,不存在纠纷及潜在纠纷。

(3) 法律分析:与法人和自然人之间借贷关系相关的法律法规内容包括:最高人民法院《关于如何确认公民与企业之间借贷行为效力问题的批复》(法释〔1999

3号）规定，公民与非金融企业之间的借贷属于民间借贷。只要双方当事人意思表示真实，即可认定有效。

（4）发行人全体股东签署《承诺书》承诺："公司接受员工提供的借款不存在任何纠纷或潜在纠纷，也不存在被处罚或被追究相关责任的风险，若发生纠纷或因被处罚而产生经济损失，由公司全体股东共同承担责任。"

（5）排除非法集资的核查。1999年1月27日中国人民银行发布了《关于取缔非法金融机构和非法金融业务活动中有关问题的通知》（银发〔1999〕41号，以下简称"银发〔1999〕41号文"），此通知中对有关非法集资概念及特点作出了详细的规定。非法集资是指单位或个人未依照法定程序经有关部门批准，以发行股票、债券、彩票、投资基金证券或其他债权凭证的方式向社会公众筹集资金，并承诺在一定期限内以货币、实物及其他方式向出资人还本付息或给予回报的行为。

在必要的情况下，特别是提供发放借款的主体较多时，中介机构应该核查确认借款行为是否属于非法集资。银发〔1999〕41号文的规定就是判断的基本标准，主要看是否符合如下特点：

（1）未经有关部门依法批准，包括没有批准权限的部门批准的集资以及有审批权限的部门超越权限批准的集资。

（2）承诺在一定期限内给出资人还本付息。还本付息的形式除以货币形式为主外，还包括以实物形式或其他形式。

（3）向社会不特定对象即社会公众筹集资金。

（4）以合法形式掩盖其非法集资的性质。

最高人民法院刑二庭于2010年4月对非法集资案作出最新具体说明，体现了慎重从宽的司法理念：

（1）要求准确界定非法集资与民间借贷、商业交易的政策法律界限。未经社会公开宣传，在单位职工或者亲友内部针对特定对象筹集资金的，一般可以不作为非法集资。

（2）要求准确把握非法集资罪与非罪的界限，如资金主要用于生产经营及相关活动，行为人有还款意愿，能够及时清退集资款项，情节轻微，社会危害不大的，可以免予刑事处罚或者不作为犯罪处理。

（3）对于"边缘案"、"踩线案"、罪与非罪界限一时难以划清的案件，要从有利于促进企业生存发展、有利于保障员工生计、有利于维护社会和谐稳定的高度，依法妥善处理，可定可不定的，原则上不按犯罪处理。特别对于涉及企业、公司法定代表人、技术人员因政策界限不明而实施的轻微违法犯罪，更要依法慎重处理。

七、环境保护

监管层越来越重视环境保护问题，基本上是"一票否决"，因此必须予以重视。以下按照中介机构的核查事项、核查内容、核查文件以及环保部门的实体审查内容分别介绍。

（一）中介机构重点核查事项

发行阶段的环保问题，根据相关文件的指示，需要从以下方面展开：

（1）核查发行人生产经营活动是否符合有关环保要求；是否发生环保事故、发行人有关污染处理设施的运转是否正常有效。

（2）发行人的拟投资项目是否符合环保要求。

（3）发行人近三年是否因违反环境保护方面的法律、法规和规范性文件而被处罚。

（4）国家环保政策的变化是否会对发行人带来实质性影响。

（5）发行人有关环保投入、环保设施及日常治污费用是否与处理公司生产经营所产生的污染相匹配等问题。

（6）企业存在污染情形的，是否采取有效措施保障人身安全、周边环境安全。

（7）企业尤其是涉及重污染行业的企业，是否取得了相关环保部门的核查证明文件。

（8）曾发生环保事故或因环保问题受到处罚的，除详细披露相关情况外，保荐人和发行人律师还需要对其是否构成重大违法行为出具意见，并应取得相应环保部门的意见。

（二）中介机构核查内容

对发行人环保问题的核查内容，主要有以下几个方面：

（1）发行人的主要生产项目在建设前是否已经按照相关规定取得了环境影响报告书，并取得了主管环保部门以及行业主管部门（如果有的话）的批准意见。在建成后，是否进行了"三同时"验收，并取得了主管环保部门验收合格的文件。

（2）核查发行人的排污许可证，验证其是否有效；查阅发行人签订的排污协议、污染物处理协议，并核查该等协议是否有效执行；查阅发行人报表，了解发行人每年在环保方面的支出情况。

（3）核查发行人的拟投资项目（包括募集资金投资项目）是否已经按照相关规定取得了环境影响报告书，并取得了主管环保部门以及行业主管部门（若适用）的批准意见。

（4）通过向主管环保部门询证等方式，核查发行人3年内是否存在严重环保方面的违法事宜，3年内是否受过处罚。

（5）对于从事火力发电、钢铁、水泥、电解铝行业和跨省从事《关于对申请上市的企业和申请再融资的上市企业进行环境保护核查的通知》（环发〔2003〕101号，以下简称"环发〔2003〕101号文"）所列其他重污染行业生产经营公司（冶金、化工、石化、煤炭、火电、建材、造纸、酿造、制药、发酵、纺织、制革和采矿业）的发行人，核查其是否按照相关规定取得了国家环保总局的环保核查意见。

（三）中介机构核查文件

为完成上述核查任务，中介机构需要核查的主要文件是：发行人最近三年来的环保监测报告、排污达标证明文件、排污许可证、排污缴费凭证、环境污染事故的资料及其治理文件、环境保护"三同时"制度执行情况报告和环保部门的验收文件；环境影响评估机构颁发给发行人的环境体系认证证书、资质证书等文件；环保部门出具的关于发行人生产经营是否符合有关环境保护要求的意见；发行人日常生产经营中的废水排放、废气排放、废渣排放的指标和噪声污染的检测文件；发行人提供的有关其受到环境行政处罚的文件，以及律师根据发行人的审计报告等，侧面了解到的关于发行人因为环境行政处罚而缴纳罚款的资料。

（四）环保部门核查的范围和内容

对于首发申请上市的公司，环保核查的时段为正式申请上市环保核查前连续36个月。对申请再融资的上市公司，如属首次进行环保核查的，同前者；如属于再次进行环保核查的，核查时段应按接续上一次环保核查时段确定（以发文日期为准）。

按照环境保护部门有关环境保护核查的工作程序要求，对发行人环保核查主要包括9个方面的内容。这些实体问题的核查，也应成为中介机构关注的内容。环保部门的证明文件和其他政府主管部门的证明文件一样，不是中介机构免责的足够充分的理由。对于明显存在的严重瑕疵甚至违法事实，中介机构应该有自己的独立判断。

表7-7　环保核查事项和内容一览表

核查事项	核查内容
"环境影响评价"与"三同时"	（1）核查时段内新、改、扩建设项目依法执行环评审批和"三同时"竣工验收手续（附环评批复文件和竣工验收批准文件）。 （2）核查环境影响报告书（表）和环保审批文件、"三同时"竣工验收文件中规定的环境监测计划和其他环保要求的落实情况（以列表的方式，按环境介质逐一列出环境监测内容及其他环保要求，根据现场核查结果说明执行情况）。 （3）对于未按环评审批和"三同时"验收相关要求执行的，要详细说明情况和原因，并依法提出整改建议和整改方案。 （4）在核查时段内，项目未依法履行环评审批或"三同时"验收制度的，申请者应立即履行相关的环保管理程序。 在核查时段之前存在未依法执行环境影响评价和"三同时"竣工验收的违法行为，除如实反映该违法情况外，申请者应按照环境保护管理的要求，向企业所在地市级以上环保行政管理部门申请进行环保调查和验收。

(续表)

核查事项	核查内容
排污申报登记与排污许可证	（1）申请者应达到的要求：依法进行排污申报登记并领取排污许可证，达到排污许可证的要求；按规定缴纳排污费。 （2）在核查时段内，企业应报送环保主管部门的排污申报登记表中污染物排放情况；当地环保部门向企业颁发的排污许可证中规定的主要污染物排放许可；企业有效的污染源监测数据，以及满足排污许可的情况；依法缴纳排污费的情况（附排污许可证复印件、排污缴费单据统计表、核查时段内环保主管部门发出的缴费通知单和缴费收据复印件）；企业所在地未实行排污许可和申报登记的应予以说明。
主要污染物总量控制	（1）申请者应达到下列要求：环境保护部门对企业的化学需氧量（COD）和二氧化硫（SO_2）两项主要污染物总量减排的要求得到落实；完成各级环保部门给企业下达的其他污染物总量指标。 （2）环境保护部门对企业的 COD 和 SO_2 两项主要污染物总量减排的要求（附当地环保主管部门下达的减排任务通知书）；企业落实主要污染物总量减排的情况，附污染物总量减排工程措施；如果没有总量减排任务，应由相应环保行政主管部门出具相关证明。
污染物排放	（1）申请者应达到下列要求：污染物排放稳定，达到国家或地方规定的排放标准。 （2）核查污染源设置的规范化以及自动监控系统（技术报告中说明国家、地方环保部门对核查企业的要求，以及企业的执行情况）；依据所在地地市级以上环境监测部门的定期监测报告、在线监测数据、验收监测数据，分年度评价核查时段的各污染源排放达标情况（定期监测数据与在线监测数据对达标评价结果不一致时，应取定期监测数据评价结果）；排放设施不规范、环保设施运转但不能稳定达标的情况，应详细说明原因，以及目前是否已经采取了工程措施；未采取措施的，申请者应制订整改方案；正在实施整改措施的，应说明进展情况。
工业固体废物处置和危险废物	（1）申请者应达到下列要求：工业固体废物和危险废物依法无害化处置达到100%。 （2）说明一般工业固体废物和危险废物的类型、数量、贮存、运输和处理处置方法。属于综合利用的，应说明综合利用的方式；配备填埋场的，应说明填埋场配套环保设施完备情况和使用情况；有焚烧处理装置的，应说明焚烧处理装置的合法性（并附相关证明材料）和尾气处理设施运行情况；对于有控制距离要求的固体废物处置设施，应说明周边的环境条件，并确认是否符合相关环保标准的要求；场内使用临时贮存设施的，确认是否符合相关标准的要求；产生危险废物而又不具备自行处置能力的企业，附接收危险废物单位的相关资质证明、危险废物转移联单；对不符合环境保护要求的处置方式，立即整改，并附整改措施或方案。

（续表）

核查事项	核查内容
环保设施运行情况	（1）申请者应达到下列要求：环保设施稳定运转率达到95%以上。 （2）根据核查时段内环保设施的运行、维修记录，现场确认环保设施的完备并与生产设施同时正常运行；核查环保设施的工艺、设计和实际处理能力、设计和实际处理效率；确认环保设施处于稳定运行、达标排放状态；对于环保设施不能正常运转或未能达到设计要求的，应详细说明原因，以及正在采取的工程措施、效果等。
不使用违禁物质与符合产业政策情况	（1）申请者应达到下列要求：产品、副产品及生产过程中不含有或使用法律、法规和国际公约禁用的物质，使用的工艺、设施等符合国家的产业政策和环保政策要求。 （2）说明企业在生产过程中使用的原料、辅料、产品和副产品清单，确认不含有或未使用国家法律、法规、标准中禁用的物质，以及我国签署的国际公约中禁用的物质。进行现场核查，确认现有使用的工艺、运行的生产设施是否有属于国家明令取缔或淘汰的工艺、装置；说明融资投向项目（包括在建项目）与现行环境保护法律、法规、政策等相关环保要求的相符性。
企业环境管理	（1）申请者应达到下列要求：有健全的企业环境管理机构和管理制度。 （2）说明核查企业环境管理机构、企业环境管理制度和环保档案管理情况（附组织结构图和环境应急预案）；对于涉及危险化学品的企业，应说明重大危险源及分布，环境风险管理与事故应急响应机制，应确认有环境事故应急预案、相应的应急设施和装备；说明在环保核查时段内重大环境风险事故及处理情况；应急预案、应急设施和装备未满足要求的受核查企业应提出整改措施和方案。
遵守环境保护的法律法规	（1）申请者应达到下列要求：模范遵守环境保护的法律法规。 （2）说明核查企业是否受过环保行政处罚、是否发生过环境纠纷、是否发生过针对企业的环保诉求信访或上访，以及其他环保违法违规行为；对出现上述违法违规情况者，应详细说明处理结果，并附相关材料。 （3）上市范围一致性说明。公司提交的核查申请、技术报告和上市或发行证券方案中确定的上市范围应与公司最终上市范围相同。如在核查过程中发生变化的，应及时向环境保护部门进行说明；有较大变化的，应重新核查。

(五) 现行重要环保法规

表7-8 环境保护重要法规一览表

核查依据	发布日期	核查主体	主要内容
《企业环境报告书编制导则》(HJ617-2011)	2011年6月24日	环保部	企业环境报告书的框架结构、编制原则、工作程序、编制内容和方法。
环境保护部办公厅《关于福建省安溪闽华电池有限公司是否需要进行上市公司环保核查意见的复函》(环办函〔2011〕158号)	2011年2月15日	省级环保部门	明确了重金属排放企业的上市环保核查相关要求,将有色金属采选、冶炼、制造、加工以及金属表面处理等涉重金属排放的行业,列入上市环保核查工作范围。
《关于进一步规范监督管理严格开展上市公司环保核查工作的通知》(环办〔2011〕14号)	2011年2月14日	环保部,各省、自治区、直辖市环境保护厅(局),新疆生产建设兵团环境保护局	进一步规范了上市环保核查工作程序,明确了上市环保核查工作时限,明确了不予受理和退回核查申请的情形,加大了对企业环境安全隐患的排查和整治力度。
《关于进一步严格上市环保核查管理制度加强上市公司环保核查后督查工作的通知》(环发〔2010〕78号)	2010年7月8日	各省、自治区、直辖市环境保护厅(局),新疆生产建设兵团环境保护局,华北、华东、华南、西北、西南、东北环境保护督查中心	对各省级环保部门加强现场检查、严格遵守上市环保核查分级管理制度、建立完善上市环保核查后督查制度、完善上市公司环境信息披露机制、加大上市环保核查信息公开力度进行了要求。
《关于深入推进重点企业清洁生产的通知》(环发〔2010〕54号)	2010年4月22日	省级环保部门	明确了需要实施清洁生产审核的行业和企业名单。
《关于印发〈上市公司环保核查行业分类管理名录〉的通知》(环办函〔2008〕373号)	2008年6月24日	省、自治区、直辖市环保局(厅),全军环办、新疆生产建设兵团环保局	细化了核查行业分类管理目录,未包括的类型暂不列入核查范围。
《关于加强上市公司社会责任承担工作暨发布〈上海证券交易所上市公司环境信息披露指引〉的通知》	2008年5月14日	环保部门公布名单,上市公司自行披露信息	要求上交所上市公司依照环发〔2008〕24号的要求在年度社会责任报告中披露或单独披露强制性和自愿性环境信息。

（续表）

核查依据	发布日期	核查主体	主要内容
《关于加强上市公司环境保护监督管理工作的指导意见》（环发〔2008〕24号）	2008年2月22日	各省、自治区、直辖市环保局（厅），副省级城市环保局，新疆生产建设兵团环保局，中国人民解放军环保局	行政指导性文件。
《关于重污染行业生产经营公司IPO申请申报文件的通知》（发行监管函〔2008〕6号）	2008年1月9日	国家环保总局	从事火力发电、钢铁、水泥、电解铝行业和跨省从事环发〔2003〕101号文件所列其他重污染行业生产经营活动的企业的核查。
《首次申请上市或再融资的上市公司环境保护核查工作指南》	2007年9月27日	国家环保总局和省级环保局（厅）	具体核查工作的内容和核查标准。
《关于进一步规范重污染行业生产经营公司申请上市或再融资环境保护核查工作的通知》（环办〔2007〕105号）	2007年8月13日	省级环保局（厅）	申请环保核查公司的分公司、全资子公司和控股子公司下辖的从事环发〔2003〕101号文件所列重污染行业生产经营的企业和利用募集资金从事重污染行业的生产经营企业。
国家环保总局、人民银行、中国银行业监督管理委员会《关于落实环保政策法规防范信贷风险的意见》（环发〔2007〕108号）	2007年7月12日	环保局、银行	防范信贷风险方面的部门间工作协调意见。
环境信息公开办法（试行）》（国家环境保护总局令第35号）	2007年4月11日	环保部门	明确了环境信息公开的方式、程序、公开信息等。
关于发布《公开发行证券的公司信息披露内容与格式准则第9号——首次公开发行股票并上市申请文件》的通知（证监发行字〔2006〕6号）	2006年5月18日	证券监督管理部门	发行人生产经营和募集资金投向符合环保的证明（重污染行业需提供省级环保部门证明）。

(续表)

核查依据	发布日期	核查主体	主要内容
《首次公开发行股票并上市管理办法》(中国证券监督管理委员会令第32号)	2006年5月17日	证券监督管理部门	要求发行人不存在受到环保行政处罚且情节严重的情形;要求发行人募集资金投向符合环保相关法律法规。
《上市公司证券发行管理办法》(中国证券监督管理委员会令第30号)	2006年5月6日	证券监督管理部门	要求上市公司不存在受到环保刑事处罚或环保行政处罚且情节严重的情形;要求上市公司募集资金用途符合环保相关法律法规;发行证券的审核包括环保部门的证明。
国家环境保护总局《关于贯彻执行国务院办公厅转发发展改革委等部门关于制止钢铁电解铝水泥行业盲目投资若干意见的紧急通知》(环发〔2004〕12号)	2004年1月17日	省、自治区、直辖市环保局(厅)	对钢铁、电解铝和水泥行业生产企业首次公开发行股票和再融资申请进行环境保护核查。
《关于对申请上市的企业和申请再融资的上市企业进行环境保护核查的通知》(环发〔2003〕101号)	2003年6月16日	一般由登记所在地省级环保行政主管部门,抄报国家环保总局;火力发电企业由省级环保部门提出初步核查意见,上报国家环保总局;跨省从事重污染行业企业,报送国家环保总局	明确了核查对象、核查内容和要求、核查程序;同时废止了《关于做好上市公司环保情况核查工作的通知》(环发〔2001〕156号)。

(六) 环保部环保核查或合规证明申请审批流程

可以将行业分为三类:

第一类是钢铁、水泥、电解铝、火电。在上市过程中,钢铁、水泥、电解铝和火电四个行业的企业,无论其经营是否跨省,均由国家环保部进行环保核查,环保部出具的环保核查意见将作为必备的发行申报材料。

第二类是冶金、化工、石化、煤炭、建材、造纸、酿造、制药、发酵、纺织、制革和采矿业。以上12个行业的企业,以及涉及重金属排放的电池(包括含铅蓄电池)、印刷电路板等行业的公司,如无跨省经营,由省级环保部门进行环保核查;如跨省经营,由国家环保部进行环保核查。环保核查意见为发行申报材料之一。

第三类是除上述行业外,其他行业无须由环保部进行环保核查,但保荐机构需

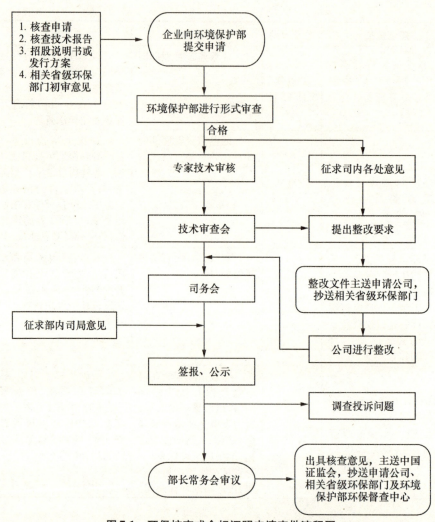

图 7-1 环保核查或合规证明申请审批流程图

取得当地环保主管部门出具的企业报告期内环保合法合规（至少是无重大环保处罚）的证明。

按照有关规定，在收到公司提交的申请材料之日起 10 个工作日内，负责主核查的环保部门应作出是否受理的决定并及时告知申请公司。在受理之日起 30 个工作日内，负责核查初审的省级环保部门应向环境保护部或主核查省级环保部门出具核查初审意见。在受理之日起 50 个工作日内，负责主核查的环保部门应组织完成核查并出具核查意见。

（七）需要进一步综合说明的问题

（1）如在核查过程中发现当事人尚未取得部分许可证（如排污许可证）的，应当说明情况,及时办理排污许可证;由发行人所在地环境保护主管部门出具相关证明,证实发行人(及其下属机构)能依据我国现行环境保护相关法律、法规从事生产经营活动,未发生过环境污染事故和环境纠纷,亦无任何涉及环境保护的行政处罚;由发行人出具书面承诺,承诺积极按照当地政府的规定,尽快取得许可证;由控股股东出具书面承诺,承诺如因发行人尚未取得相关证明而被相关政府部门处罚,并因此给发行人造成损失的,控股股东承诺全额承担该等损失。

(2)钢铁、水泥、电解铝和火电4个行业的企业,无论其经营是否跨省,均由国家环保部进行环保核查,环保核查意见为发行申报材料。冶金、化工、石化、煤炭、建材、造纸、酿造、制药、发酵、纺织、制革和采矿业等12个行业的企业,若跨省经营,则由国家环保部进行环保核查;若未跨省经营,则由省级环保部门进行环保核查。环保核查意见为发行申报材料。其他行业的企业,无须进行环保核查,但应取得当地环保主管部门出具的企业最近三年一期环保合法合规的证明。

(3)关于"跨省经营"的认定,从字面含义看,是跨省生产经营而不是具体产生污染的公司跨省,即只要上市公司同时在两个省以上有经营活动,就应当认为是跨省的(此时应当由登记所在地省级环境保护行政主管部门与有关省级环境保护行政主管部门进行协调,将核查意见及建议报国家环保总局,由国家环保总局报送中国证券监督管理委员会),至于是否跨省的每个公司都从事重污染行业,在所不问。但是,有已过会的案例说明,国家环保部明确确认《关于进一步规范重污染行业生产经营公司申请上市或再融资环境保护核查工作的通知》(环办〔2007〕105号)所规定的"跨省从事其他重污染行业生产经营"的情形,仅指有生产环节的情况,而发行人情况不属于"跨省生产经营重污染行业"的,不需向国家环保部申请环保核查。

八、产业政策

产业政策是指政府通过对资源在各产业间和产业部门内部配置过程的干预,调节市场机制的缺陷和不足,使资源得到合理配置,从而促进经济增长和优化经济结构的手段与策略。产业政策是向社会公布国家鼓励的产业、技术、产品目录,引导企业技术改造、新品开发的方向,遏制低水平重复建设;同时,也成为指导财政、金融、税收、物价、土地、进出口等政府部门制定相应政策、指导社会投资方向的依据。产业政策既有鼓励的产业、技术、产品目录内容,也有限制、禁止的内容。

在企业发行上市过程中,需要格外关注产业政策变化。对于适应国家产业政策变化需要的企业,应当突出强调企业符合国家产业政策需要的事实,此处不再赘述。

但是对于不符合最新国家产业政策的企业,需要对此进行说明,主要有以下几点:一是所涉及的国家产业政策是什么,该项政策是否影响企业未来发展?二是国家产业政策对企业经营的影响有哪些方面,是否会对企业的经营业绩以及持续盈利能力产生影响?三是企业募集资金运用是否符合国家产业政策?四是说明企业自身发展已经足够完善,不会受到国家产业政策的影响,对本次发行亦不产生实质性影响。

上市受限产业主要有：一是发改委产业目录中限制发展或要求淘汰的产业。二是受到宏观政策调控限制的产业。三是受特别政策限制的产业，如媒体的采编等内容制作环节业务、风景名胜区的门票经营业务（在目前已上市的景区类旅游公司中，有的公司由于历史原因已将门票经营业务纳入了上市公司的业务范围）。四是不能履行信息披露最低标准的有保密要求的企业。

（一）现行证券监管法规关于国家产业政策的规定

表7-9 上市相关法规中产业政策一览表

法律、法规名称	颁发日期	相关条文
《中华人民共和国证券法》	2005年10月27日修订	第51条规定："国家鼓励符合产业政策并符合上市条件的公司股票上市交易。"
《首次公开发行股票并上市管理办法》	2006年5月17日	第11条规定："发行人的生产经营符合法律、行政法规和公司章程的规定，符合国家产业政策。" 第40条规定："募集资金投资项目应当符合国家产业政策、投资管理、环境保护、土地管理以及其他法律、法规和规章的规定。" 第49条规定："中国证监会在初审过程中，将征求发行人注册地省级人民政府是否同意发行人发行股票的意见，并就发行人的募集资金投资项目是否符合国家产业政策和投资管理的规定征求国家发展和改革委员会的意见。"
《上市公司证券发行管理办法》	2006年5月6日	第10条规定："上市公司募集资金的数额和使用应当符合下列规定：……（二）募集资金用途符合国家产业政策和有关环境保护、土地管理等法律和行政法规的规定……"
《公司债券发行试点办法》	2007年8月14日	第7条规定："发行公司债券，应当符合下列规定：（一）公司的生产经营符合法律、行政法规和公司章程的规定，符合国家产业政策……" 第13条规定："发行公司债券募集的资金，必须符合股东会或股东大会核准的用途，且符合国家产业政策。"
《首次公开发行股票并在创业板上市管理暂行办法》	2009年3月31日	第12条规定："发行人应当主要经营一种业务，其生产经营活动符合法律、行政法规和公司章程的规定，符合国家产业政策及环境保护政策。"

根据上述规定,对于资本市场融资要符合国家产业政策,具体可归纳为两个方面:一是发行人的生产经营要符合产业政策;二是发行人募集资金的用途要符合产业政策。

(二) 国家主要产业政策

根据国家宏观调控的需要,国家产业政策在不同时期会有不同的调整和变化。目前的国家产业政策,最基本的是围绕国家"十二五"规划,为实现"十二五"规划目标,在2005年("十一五"期间)制定和实施的《促进产业结构调整暂行规定》继续有效,在2011年制定了《产业结构调整指导目录(2011年本)》。现阶段各行业的具体产业政策主要是在前述的"一个规定、一个目录"的基础上制定出来的。根据国务院有关部委颁发的文件,具体产业政策一般名为"产业发展政策"或"指导目录"、"指导意见",如《2011年度水利先进实用技术重点推广指导目录》、《第二批游戏游艺和市场准入机型机种指导目录》、《外商投资产业指导目录》(2011年修订)、《产业转移指导目录》(2012年本)等。从规划内容看,加快产业结构调整和淘汰落后产能是根本目标,旨在完成产业结构调整和未来的长远发展。资本市场要配合"保增长、保民生、保稳定"的任务,这与产业振兴规划的目标是一致的。

根据《促进产业结构调整暂行规定》的规定,《产业结构调整指导目录》是引导投资方向,政府管理投资项目,制定和实施财税、信贷、土地、进出口等政策的重要依据。《产业结构调整指导目录》原则上适用于我国境内的各类企业。其中外商投资按照《外商投资产业指导目录》执行。《产业结构调整指导目录》是修订《外商投资产业指导目录》的主要依据之一。

《产业结构调整指导目录》由鼓励类、限制类和淘汰类三类目录组成。不属于鼓励类、限制类和淘汰类,且符合国家有关法律、法规和政策规定的,为允许类。允许类不列入《产业结构调整指导目录》。

因此,判断发行人是否符合国家产业政策,主要是对照其所属行业及募集资金用途是否符合《产业结构调整指导目录》及具体产业政策的规定,不得为限制类或淘汰类。如为十大产业振兴规划内的产业,还需详细对照规划及规划实施细则的要求。

举一实例说明符合产业政策对于企业在资本市场融资的重要性:根据《产业结构调整指导目录》的规定,电线、电缆制造项目为限制性项目,但特种电缆及500千伏及以上超高压电缆除外。某企业为电线、电缆生产企业,在其IPO材料申报后,证监会征求国家发改委意见时,国家发改委认定该企业属于普通电线、电缆制造企业,因而导致其申请被退回。

(三) 对相关产业政策的把握

根据《促进产业结构调整暂行规定》的规定,我国产业结构调整的目标是:推进产业结构优化升级,促进一、二、三产业健康协调发展,逐步形成以农业为基础、高新技术产业为先导、基础产业和制造业为支撑、服务业全面发展的产业格局,坚持节约发展、清洁发展、安全发展,实现可持续发展。

根据上述产业结构调整的目标以及相关产业政策,结合资本市场融资的实践,对相关产业政策的把握应注意以下几方面:

(1) 发行人要符合以下产业方向:重点发展现代农业、能源、交通、水利和信息等基础产业、先进制造业、现代服务业和高新技术产业;从严控制工艺技术落后、不利于产业结构优化升级、低水平重复建设比较严重、生产能力明显过剩、不利于安全生产及高能耗、高污染的产业及项目。

(2) 发行人为外商投资企业的,应符合外商投资产业政策,经营范围符合《指导外商投资方向规定》与《外商投资产业指导目录》的要求。根据规定,外商投资项目分为鼓励、允许、限制和禁止四类。前两类才可在资本市场融资。

(3) 关注节能、环保、土地等方面的政策性文件,关注产业政策的调整或变动。

① 根据国务院《关于加快推进产能过剩行业结构调整的通知》的规定,钢铁、电解铝、电石、铁合金、焦炭、汽车等行业产能已经出现明显过剩;水泥、煤炭、电力、纺织等行业虽然产需基本平衡,但在建规模很大,也潜藏着产能过剩问题。对于这些重复建设行业的企业融资,将难以得到国家发改委的支持。对于列入十大产业振兴规划的产业而言,规划实施的目标之一是整合,调整产业结构和培育优势企业。因此,竞争激烈、产能过剩的小行业企业将得不到产业政策的扶持及资本市场的支持。

② 根据国家环境保护总局《关于对申请上市的企业和申请再融资的上市企业进行环境保护核查的通知》的规定,冶金、化工、石化、煤炭、火电、建材、造纸、酿造、制药、发酵、纺织、制革和采矿业为重污染行业,重污染企业上市融资至少需取得省级环保局的核查文件。《关于进一步规范重污染行业生产经营公司申请上市或再融资环境保护核查工作的通知》进一步明确,从事火力发电、钢铁、水泥、电解铝行业的公司和跨省从事环发〔2003〕101号文件所列其他重污染行业生产经营公司的环保核查工作,由国家环境保护总局统一组织开展,并向证监会出具核查意见。

③ 房地产企业融资要从严把握。根据《产业结构调整指导目录》的规定,限制别墅类房地产开发项目;国务院办公厅《关于促进房地产市场健康发展的若干意见》明确规定:支持房地产开发企业合理的融资需求,主要针对的是以中低价位、中小套型普通商品住房建设为主的房地产企业。《关于调整住房供应结构稳定住房价格的意见》规定:从2006年6月1日起,凡新审批、新开工的商品住房建设,套型建筑面积90平方米以下住房(含经济适用房)面积所占比重,必须达到开发建设总面积的70%以上。

(四) 对某些特殊行业产业政策的把握

(1) 根据国家有关主管部门的意见,风景名胜区门票收入不能作为上市公司的主要收入。因此,除了早在1997年就上市的峨眉山(000888)、黄山旅游

（600054）由于历史原因已实际将门票经营纳入上市公司的业务范围外，目前国家风景名胜区旅游公司暂不能上市。

（2）根据《关于规范新闻出版业融资活动的实施意见》、国务院《关于非公有资本进入文化产业的若干决定》、《文化产业振兴规划》等有关规定，文化传媒行业融资应遵循以下原则：

① 经批准，试点报业集团、出版集团、期刊集团、音像电子出版集团的编辑出版业务，可以合作的方式在全国新闻出版系统融资。

② 经批准，试点发行集团可按现代企业制度的原则，设立有限责任公司或股份有限公司，吸收国有资本、非国有资本和境外资本，集团国有资本应不低于51%的股份。发行集团设立的股份有限公司条件成熟时，经批准，可申请上市发行股票募集资金。

③ 经批准，印刷集团可按现代企业制度的原则，设立有限责任公司或股份有限公司，吸收国有资本、非国有资本和境外资本，由集团国有资本控股。印刷集团设立的股份有限公司条件成熟时，可申请上市发行股票募集资金。

④ 经批准，非公有资本可以投资参股下列领域的国有文化企业：出版物印刷、发行，新闻出版单位的广告、发行，广播电台和电视台的音乐、科技、体育、娱乐方面的节目制作，电影制作、发行、放映。上述文化企业国有资本必须控股51%以上。

⑤ 经批准，非公有资本可以建设和经营有线电视接入网，参与有线电视接收端数字化改造，从事上述业务的文化企业国有资本必须控股51%以上。非公有资本可以控股从事有线电视接入网社区部分业务的企业。

（3）军工企业的融资，由于受国家相关保密规定的限制，在信息披露方面，需要进行脱密处理，必须获得国防科技主管部门关于豁免信息披露的批准。但如果企业要求豁免太多，将影响该企业是否合适作为公众公司的判断。

（4）公用事业类公司由于受政府的管制，并无定价权，也无区域内的竞争对手，对政府存在高度依赖，并非市场化经营主体，在上市必要性方面受质疑。

（五）对高新技术产业政策的把握

根据证监会《关于进一步做好创业板推荐工作的指引》的规定，保荐机构应重点推荐符合国家战略性新兴产业发展方向的企业，特别是新能源、新材料、信息、生物与新医药、节能环保、航空航天、海洋、先进制造、高技术服务等领域的企业，以及其他领域中具有自主创新能力、成长性强的企业。对于其中的重点高新技术企业，应注意以下方面：

1. 高新技术企业的税收优惠

（1）根据《高新技术企业认定管理办法》（国科发火〔2008〕172号）及《高新技术企业认定管理工作指引》（国科发火〔2008〕362号）的规定，高新技术企业应积极申请高新技术企业认定，才能获得企业所得税优惠；过往已认定的仍在有效期内的高新技术企业资格依然有效，但在重新认定合格后方可依照《中华人民共和国企业所得税法》(以下简称《企业所得税法》)及《中华人民共和国企业所得税法实施条例》(以下简称《企业所得税法实施条例》)等有关规定享受企业所得税优惠政策。

(2) 对原依法享受企业所得税定期减免税优惠未期满的高新技术企业,可依照国务院《关于实施企业所得税过渡优惠政策的通知》(国发〔2007〕39号)的有关规定执行。

(3) 对经济特区和上海浦东新区内新设立并按新认定办法认定的高新技术企业,按照国务院《关于经济特区和上海浦东新区新设立高新技术企业实行过渡性税收优惠的通知》(国发〔2007〕40号)的有关规定执行。

2. 关于高新技术企业的认定范围

《国家重点支持的高新技术领域目录》所列的电子信息技术、生物与新医药技术、航空航天技术、新材料技术、高技术服务业、新能源及节能技术、资源与环境技术和高新技术改造传统产业八大领域,与《高技术产业发展"十一五"规划》确定的八大发展方向是完全一致的。与之相配套的是,《高技术产业发展"十一五"规划》提出了今后5年需要重点组织实施的九大高技术产业专项工程,包括:集成电路和软件产业专项工程、新一代移动通信专项工程、下一代互联网专项工程、数字音视频产业专项工程、先进计算专项工程、生物医药专项工程、民用飞机产业专项工程、卫星产业专项工程、新材料产业专项工程。此外,《电子信息产业调整和振兴规划》提出了以下六大工程:集成电路产业技术水平和产能提升、平板产业升级和彩电工业转型、新一代移动通信(TD-SCDMA)产业完善、数字电视推广应用和产业链建设、计算机和下一代互联网应用、软件及信息服务培育。

因此,上述八大领域、九大专项工程、六大工程将是资本市场特别是创业板所青睐的产业。

根据《关于进一步做好创业板推荐工作的指引》(中国证券监督管理委员会公告〔2010〕8号)的规定,保荐机构应该重点推荐符合国家战略性新兴产业发展方向的企业,特别是新能源、新材料、信息、生物与新医药、节能环保、航空航天、海洋、先进制造、高技术服务等领域的企业,以及其他领域中具有自主创新能力、成长性强的企业。同时,如下行业基本上无缘于创业板:纺织、服装;电力、煤气及水的生产供应等公用事业;房地产开发与经营,土木工程建筑;交通运输;酒类、食品、饮料;金融;一般性服务业;国家产业政策明确抑制的产能过剩和重复建设的行业。

如上所述,合乎产业政策是资本市场融资的一个重要前提条件,企业及有关中介机构切不可掉以轻心,务必要对企业所处的行业背景、产业政策和发展前景有清醒的认识。

(六) 部分重要、综合性产业政策

表 7-10　重要宏观产业政策表

文号	法规名称
中发〔2005〕14 号	《关于深化文化体制改革的若干意见》
国发〔2010〕15 号	国务院批转发展改革委《关于 2010 年深化经济体制改革重点工作意见的通知》
发改环资〔2010〕991 号	《关于推进再制造产业发展的意见》
国务院(2009 年 2 月公布)	《十大产业振兴规划》
国发〔2009〕38 号	国务院批转发展改革委等部门《关于抑制部分行业产能过剩和重复建设引导产业健康发展若干意见的通知》
国办发〔2008〕103 号	国务院办公厅转发发展改革委《关于 2008 年深化经济体制改革工作意见的通知》
国发〔2009〕26 号	国务院批转发展改革委《关于 2009 年深化经济体制改革工作意见的通知》
发改环资〔2010〕801 号	《关于支持循环经济发展的投融资政策措施意见的通知》
国发〔2010〕9 号	《关于进一步做好利用外资工作的若干意见》
发改环资〔2009〕2441 号	《关于印发半导体照明节能产业发展意见的通知》
国办发〔2009〕45 号	《关于印发促进生物产业加快发展若干政策的通知》
发改办环资〔2008〕1703 号	《关于请推荐当前国家鼓励发展的环保设备(产品)的通知》

九、经营范围

公司在发行上市过程中可能涉及的经营范围问题主要有两方面,即公司超范围经营问题和分公司经营范围问题。

(一) 公司超范围经营问题

虽然新《公司法》和 2005 年修订的《中华人民共和国公司登记管理条例》(以下简称《公司登记管理条例》)均未对公司超范围经营的法律责任进行规定,也不再明确制止公司的超范围经营,但在 2005 年之前存在超范围经营的公司可能会因此受到处罚,因为根据旧《公司登记管理条例》第 71 条的规定:"公司超出核准登记的经营范围从事经营活动的,由公司登记机关责令改正,并可处以 1 万元以上 10 万元以下的罚款;情节严重的,吊销营业执照。"如果在此前曾因为超范围经营而受过处罚的,可以要求相关部门出具证明意见,说明情况,证明该公司并不存在重大违法行为,超范围经营问题也随着法律的修订而不再被追究。

(二) 分公司经营范围问题

总公司经营范围应当囊括分公司经营范围。按照现行《公司登记管理条例》第47条第3款及《企业经营范围登记管理规定》第12条的规定,分支机构的经营范围不得超出总公司的经营范围。对于审批机关单独批准分支机构经营许可经营项目的,相关规定已作出明确指引,即"企业可以凭分支机构的许可经营项目的批准文件、证件申请增加相应经营范围,但应当在申请增加的经营范围后标注'(分支机构经营)'字样"。

(三) 有关经营范围方面的主要规定

表7-11 经营范围相关法律规定一览表

法规名称	条款内容
《民法通则》(主席令第37号)	第42条规定:"企业法人应当在核准登记的经营范围内从事经营。"
《公司登记管理条例》(国务院令第451号)	第22条规定:"公司申请登记的经营范围中属于法律、行政法规或者国务院决定规定在登记前须经批准的项目的,应当在申请登记前报经国家有关部门批准,并向公司登记机关提交有关批准文件。" 第47条规定:"分公司的登记事项包括:名称、营业场所、负责人、经营范围。分公司的名称应当符合国家有关规定。分公司的经营范围不得超出公司的经营范围。"
《企业经营范围登记管理规定》(国家工商总局第12号令)	第12条规定:"不能独立承担民事责任的分支机构(以下简称分支机构),其经营范围不得超出所属企业的经营范围。分支机构经营所属企业经营范围中许可经营项目的,应当报经审批机关批准。法律、行政法规、国务院另有规定的除外。审批机关单独批准分支机构经营许可经营项目的,企业可以凭分支机构的许可经营项目的批准文件、证件申请增加相应经营范围,但应当在申请增加的经营范围后标注'(分支机构经营)'字样。"

十、前置许可和后置许可

(一) 前置许可

前置许可是指当事人在办理当前许可事项的时候,必须已经获得上一环节的许可证件,具有上一环节资质的情形。也就是说,企业在申请办理登记时,必须就某些特殊事项获得有关部门的审批,才能获得批准。当前企业登记前置许可有112种之多,在此不再赘述,在网络上搜索"企业登记前置许可目录"即可查得。此处仅对这112种项目的许可作一简单的分类,以便查阅。

表7-12 前置许可审批事项一览表

类别	项目
企业经营活动	企业名称;股份有限公司;中外合资经营企业设立、变更、注销;中外合作经营企业设立、变更、注销;外资企业设立、变更、注销;外国(地区)企业常驻代表机构设立、变更、注销;外国(地区)企业在中国境内从事生产经营活动。 军队、武警部队、政法机关设立企业;宗教活动场所内设立商业服务网点;在国有文物保护单位内设立企业。
农林牧	农林牧副渔;农药生产;兽药生产经营;种子生产、经营;种畜禽生产经营;采伐林木;木材经营(加工);水产养殖、捕捞;国家重点保护野生动物、植物经营;建立固定狩猎场所;粮食收购;生猪屠宰;犬类销售、寄存、养殖;开办动物诊疗机构。
矿产资源及电力建设	矿产资源开采;煤炭开采、经营;电力供应。
市政及建设	设立燃气供应企业;设立供水单位;承装(修)电力设施。
交通、运输	铁路运输;道路运输及相关业务;水路运输及服务;港口经营、港口理货;出租汽车经营;航空运输;国际海运。
化工、公共安全	生产、经营、运输、储存危险化学品;监控化学品生产及其生产技术、专用设备进出口;民用爆炸物品生产经营;民用枪支制造、配(销)售;设立民用射击场;制造、销售弩;公章刻字业;生产销售商用密码产品;销售计算机信息系统安全专用产品;开办保安培训、保安服务企业。
医疗、医药、食品卫生	生产、经营药品;营利性医疗机构;生产、经营第二类、第三类医疗器械;生产、经营血液制品;食品生产、经营;化妆品生产;消毒产品生产;公共场所经营。
劳动	设立职业技能鉴定机构。
银行、保险、证券、期货	银行业金融机构;银行业中的非银行金融机构;保险业;证券业;期货业;进出口黄金及铸造、发行金银质地纪念币;发行企业债券;经营典当。
邮政、电信	经营邮政通信业务;经营电信业务;经营互联网服务业务;无线电台(站)设置及研制生产进口无线电发射设备。
广播、电影、电视	生产、安装、销售卫星电视广播地面接收设施;广播电视节目及电视剧制作;有线电视站、共用天线设计、安装;经营电影业。
新闻出版	经营印刷业务;经营出版业务;经营音像制品。
文化、文物	设立营业性演出经营主体;文物经营;修复、复制、拓印馆藏文物。

(续表)

类别	项目
娱乐、旅游	经营娱乐场所;设立旅行社。
环境保护	生产、加工业;危险废物经营;拆船业。
民政	殡葬业;生产装配假肢和矫形器(辅助器具)。
中介服务	设立资产评估机构;设立二手车鉴定评估机构;设立会计师事务所;人才中介服务;出入境中介服务;设立职业介绍机构;会计代理记账;自费出国留学中介;报关;专利代理;认证业务。
贸易	进出口国营贸易管理货物;品牌汽车销售;批发食盐;成品油经营;军品出口;设立直销企业。
制造、加工	设计、制造、安装民用核承压设备;道路机动车辆生产;制作国徽、国旗;生产、销售警察警用标志、制式服装和警械。

(二) 后置许可

后置许可,是指企业向工商行政管理部门申请登记时,经营项目不需报经有关部门先行批准,而营业执照颁发后,企业实际从事此项目经营时必须经有关部门审批同意的情形。也就是说,企业在申请登记时,一般应当作出相关承诺,递交承诺书,承诺在取得营业执照之后,就会申请取得该经营项目的许可证书,然后依法经营。企业在发行上市过程中,应当及时审核是否已经取得了相关的后置许可证书。

目前企业登记后置许可有 79 种之多,在此不再赘述,在网络上搜索"企业登记后置许可目录"即可查得。此处,仅对这 79 种许可项目作一简单的分类,以便查阅。

表 7-13 后置许可审批事项一览表

类别	项目
农林牧渔	饲料及饲料添加剂生产;采伐林木;木材经营(加工);水产养殖、捕捞;种子生产;国家重点保护野生植物经营;建立固定狩猎场所。
矿产资源	矿产资源勘查;取水。
市政及建设	设立燃气供应企业;设立供水单位;承装(修)电力设施;房地产开发;建筑施工;建筑中介、建设工程质量检测;房屋拆迁;物业管理;工程勘察、设计;测绘;地质灾害防治工程勘察设计施工监理;城市园林绿化。
公共安全	设立民用射击场;制造、销售弩;生产销售安全技术防范产品;公章刻字业;生产销售商用密码产品;销售计算机信息系统安全专用产品。

（续表）

类别	项目
卫生	化妆品生产；消毒产品生产；生产、销售放射性同位素与射线装置；食品经营；公共场所经营（其中的餐饮、美容美发、洗浴经营应办理前置许可手续）。
劳动	设立职业技能鉴定机构。
金融保险	进出口黄金及铸造、发行金银质地纪念币；证券交易服务机构；保险经纪、代理、公估；发行企业债券。
邮政、电信	经营邮政通信业务；无线电台（站）设置及研制生产进口无线电发射设备。
环境保护	生产、加工业；危险废物经营；拆船业；城市生活垃圾清扫、收集、运输、处理及建筑垃圾处置；公共场所中的餐饮、洗浴经营。
广播、电影、电视	生产、安装、销售卫星电视广播地面接收设施；广播电视节目及电视剧制作；有线电视站、共用天线设计、安装。
文化、文物	设立营业性演出经营主体；文物经营；修复、复制、拓印馆藏文物。
民政	殡葬业；生产装配假肢和矫形器（辅助器具）。
中介服务	会计师事务所从事证券、期货相关业务；会计代理记账；自费出国留学中介；质量检验；计量器具检定；报关；专利代理；认证业务。
贸易	进出口国际贸易管理货物；小轿车经营；批发食盐；成品油经营；军品出口。
制造、加工	设计、制造、安装民用核承压设备；计量器具制造、修理；特种设备设计、制造、安装、改造、维修、检验检测；道路机动车辆生产。
其他	设立免税店；设立计划生育技术服务机构；制作国徽、国旗；生产、销售警察警用标志、制式服装和警械；设立市场专营企业。

十一、以基本金属为例，说明行业监管基本法律环境

在进行每个项目的具体工作时，从企业合规经营的角度，有必要将与该项目有关的环保、产业政策、行业监管法规等一系列相关的法律规定进行专项检索和研究。表7-14是以基本金属为例进行的行业监管法律检索。

表 7-14　金属行业相关法律规定一览表

	法规	主要内容
取得	《中华人民共和国矿产资源法》及其实施细则	矿产资源属于国家所有，国家对矿产资源的勘查、开采实行许可证制度。从事矿产资源勘查和开采的各方，需要有与采矿规模相适应的资金、设备和技术人员，并向有关机构申请登记，以取得探矿权或采矿权。国家实行探矿权、采矿权有偿取得制度；但是，国家对探矿权、采矿权有偿取得的费用，可以根据不同情况，规定减缴、免缴。设立矿山企业，必须符合国家规定的资质条件，并依照法律和国家有关规定，由审批机关对其矿区范围、矿山设计或者开采方案、生产技术条件、安全措施和环境保护措施等进行审查，审查合格的，方予批准。
	《关于深化探矿权采矿权有偿取得制度改革有关问题的通知》	探矿权、采矿权全面实行有偿取得制度；国家出让新设探矿权、采矿权，除按规定允许以申请在先方式或以协议方式出让的以外，一律以招标、拍卖、挂牌等市场竞争方式出让；探矿权、采矿权人应按照国家有关规定及时足额向国家缴纳探矿权、采矿权价款；对以资金方式一次性缴纳探矿权、采矿权价款确有困难的，经探矿权、采矿权审批登记管理机关批准，可在探矿权、采矿权有效期内分期缴纳。
有效期	《矿产资源勘查区块登记管理办法》	勘查许可证有效期最长为 3 年。需要延长勘查工作时间的，探矿权人应当在勘查许可证有效期届满 30 日前，到登记管理机关办理延续登记手续，每次延续时间不得超过两年。探矿权人逾期不办理延续登记手续的，勘查许可证自行废止。
	《矿产资源开采登记管理办法》	采矿许可证有效期，按照矿山建设规模确定：大型以上的，采矿许可证有效期最长为 30 年；中型的，采矿许可证有效期最长为 20 年；小型的，采矿许可证有效期最长为 10 年。采矿许可证有效期满，需要继续采矿的，采矿权人应当在采矿许可证有效期届满 30 日前，到登记管理机关办理延续登记手续。采矿权人逾期不办理延续登记手续的，采矿许可证自行废止。
使用费	《探矿权采矿权使用费减免办法》	符合减免条件的公司可向国土资源部申请减免探矿权和采矿权使用费。减免幅度为：(1) 探矿权使用费：第一个勘查年度可以免缴，第二至第三个勘查年度可以减缴 50%；第四至第七个勘查年度可以减缴 25%。(2) 采矿权使用费：矿山基建期和矿山投产第一年可以免缴，矿山投产第二至第三年可以减缴 50%；第四至第七年可以减缴 25%；矿山闭坑当年可以免缴。

（续表）

	法规	主要内容
补偿费	《矿产资源补偿费征收管理规定》	矿产资源补偿费按照矿产品销售收入的一定比例计征。采矿权人应当于每年的7月31日或之前缴纳上半年的矿产资源补偿费；于下一年度1月31日前缴纳上一年度下半年的矿产资源补偿费。企业缴纳的矿产资源补偿费列入管理费用。采矿权人在特定情形下，经省级地质矿产主管部门会同同级财政部门批准，可以减缴或免缴矿产资源补偿费。减缴的矿产资源补偿费超过应当缴纳的矿产资源补偿费50%的，须经省级人民政府批准。批准减缴矿产资源补偿费的，应当报国土资源部和财政部备案。
税收	《中华人民共和国资源税暂行条例》（2011年修订）	在中华人民共和国领域及管辖海域开采矿产品的单位和个人应缴纳资源税。纳税人适用的税率，根据纳税人所开采或者生产应税产品的资源品位、开采条件等情况，由财政部商国务院有关部门确定。有关税率为每吨0.4元至30元（其他有色金属矿原矿）。
安全生产	《中华人民共和国矿山安全法》	国家劳动行政主管部门和地方各级劳动行政主管部门负责对矿山安全工作进行监督管理。矿山开采必须具备保障安全生产的条件，建立、健全安全管理制度，采取有效措施改善职工劳动条件，加强矿场安全管理工作，保证安全生产。
	《中华人民共和国矿山安全法实施条例》	
	《非煤矿矿山企业安全生产许可证实施办法》	非煤矿矿山企业必须依照规定取得安全生产许可证，未取得安全生产许可证的，不得从事生产活动。
	《安全生产许可证条例》	
环境保护	《中华人民共和国环境保护法》	产生环境污染和其他公害的单位，必须把环境保护工作纳入计划，建立环境保护责任制度；采取有效措施，防治在生产建设或者其他活动中产生的废气、废水、废渣、粉尘、恶臭气体、放射性物质以及噪声、振动、电磁波辐射等对环境的污染和危害。任何企业在建设新生产设施或对现有生产设施进行主要扩建或改建之前，必须向当地环保局登记或提交环境影响评价报告并获得批准。
	《中华人民共和国土地管理法》	任何企业和个人对于在生产建设过程中，因挖损、塌陷、压占等造成土地破坏，需要采取整治措施，使其恢复到可供利用状态。复垦后的土地必须达到法律规定的复垦标准，且须经有关土地管理当局和有关行业管理部门验收及批准后才能使用。
	《土地复垦条例》	

(续表)

法规	主要内容
环境保护	《中华人民共和国森林法》	在经营中,占用林区的采矿公司均须支付森林植被恢复费。
	《中华人民共和国森林法实施条例》	
	《森林植被恢复费征收使用管理暂行办法》	
	《排污费征收使用管理条例》	直接向环境排放污染物的单位,应按照排放污染物的种类、数量计征污水排污费、废气排污费、固体废物排污费或噪声超标排污费。环境保护行政主管部门负责污染物排放核定,并根据排污费征收标准和排污者排放的污染物种类、数量,确定排污者应当缴纳的排污费数额。
	《排污费征收标准管理办法》	

十二、开具无罪证明的注意事项

在发行人要求主管部门开具"36个月内依法经营"的证明过程中,需要注意以下事项:

1. 需要取得开具证明的部门

根据《首发管理办法》的规定,工商、税收、土地、环保、海关5个部门是采取列举形式明确下来的,必须出具;根据《首发管理办法》第25条第(5)项的规定,还需核查有无涉嫌犯罪,但现实中一般不会要求司法机关出具该类相关证明。

结合公司实际,通常以下部门也需出具证明:劳动、社保、质量监督、行业主管部门、安全生产部门等。

2. 需证明的时间期间

根据前述规定,证明期间最少应为最近36个月。一般的做法是,开具近三年及一期(即报告期)内的无违规证明。鉴于部分公司已经开具了报告期内的无违规证明,但在会里排队等候并需补充后续会计期间资料的,通常要求补充开具后续期间的无违规证明,也可以重新开具最近36个月内无违规证明。

3. 证明的内容

证明的内容主要包含两层意思:一是未违反各政府部门相关法律法规;二是未受过相关行政处罚。最好不要出现"暂未发现"、"未发现"等模糊措辞,建议采用"未违反"、"未受到"、"没有"、"无"等肯定措辞。

4. 需开具证明的主体

主板项目,需发行人、发行人的子公司(控股子公司和联营企业)取得相关证明;创业板项目则需在前面基础上,另加控股股东、实际控制人所在地的相关主管机关出具证明,若控股股东、实际控制人为自然人,则可能需要取得公安机关(派出所)出具的无刑事犯罪证明、税务机关(税务所)出具的无违规证明。

5. 证明的格式要求

关于证明的格式,在部分地区(比如上海),各部门一般有固定格式;但有些地区因较少出具该类文件,格式上可能不一致,但最好能:(1)文件的页眉上,有相关部门名称的红色字体,即以所谓的"红头文件"形式出具;(2)文件的名称,可为"证明"、"证明函"、"无违规证明"等,最好不要用"文件"、"说明"、"声明"等名称;(3)关于份数,最好要求出具3份,公司、律师和券商各留存1份;如相关部门不予配合,则1份即可。

十三、违规票据融资问题

票据融资是指企业将未到期的商业票据(银行承兑汇票或商业承兑汇票)转让给银行,取得扣除贴现利息后的资金以实现融资目的。

票据融资并不都构成违规,只有当企业开具的承兑汇票是建立在无真实交易关系之上,而后又将其用于贴现的行为才构成违规票据融资。

违规票据融资是许多拟上市企业存在的问题,需要进行规范整改。

(一) 需要关注的问题

(1) 票据融资的违规行为并不一定构成首发上市的实质性障碍,但要求违规票据融资的规模不能太大,金额过大会引起审核的质疑,在披露及解决方案上都需要谨慎。

(2) 违规票据融资的行为最好发生在报告期期初或期外,并且进行了及时的解决。

(二) 解决问题的思路

(1) 需要强调发行人进行票据融资行为的动机,一般为解决发行人发展中资金短缺、融资难的问题。

(2) 及时履行票据的义务,不存在逾期票据及欠息情况,不存在潜在纠纷事项。

(3) 企业在清理完违规票据融资后,不能再进行该行为。

(4) 控股股东和实际控制人需要签署承诺函,承诺承担违规票据融资带来的一切可能的损失,并且保证以后不再犯。

(5) 中介机构需要对该行为出具核查意见,证明该行为尽管触犯了相关法律、法规,但是不会导致受到刑事处罚,不属于重大违规违法行为。

十四、诉讼和仲裁

对于发行人存在的诉讼和仲裁事项,可以从如下角度进行分析,避免对上市工作造成拖延等不利影响。

表 7-15 诉讼、仲裁事项对公司上市影响分析表

问题和性质	分析
是否已经结案	对已经审结的案件,简要说明即可。但应核查清楚该案件的事件因果及前后经过,以及对公司生产经营的影响,并关注其是否存在潜在的未被发现的风险,同时也要关注本表格其他方面。
原告还是被告	从上市角度讲,做原告优于做被告,当然也要合理考察为什么"受伤的总是你",是不是经营模式、交易结构甚至市场地位存在问题。 在未审结的案件中,公司作为原告时,需详细了解事件经过及对公司的影响,判断是否存在反诉可能;公司作为被告时,应予以重点关注,特别是应当判断对公司生产经营的影响,应尽量量化并在会计上足额计提相应的或有负债。
案由性质	合同纠纷还是侵权,如果是侵权,至少需要考虑同类案件存在潜在诉讼的可能。 合同性质方面也要高度关注,比如涉及关键技术的专利纠纷;再比如股东权(自益权、共益权)纠纷,可能涉及公司股权稳定或者体现法人治理结构水平。这些案件即使金额不大,也要高度关注。
涉案金额及案件影响	涉案金额不大且对公司未来经营影响较小,可以予以适当关注。 涉案金额较大或对公司未来经营影响较大,需要进行审慎核查,以作出进一步判断。参照上市公司的规定,案件涉及金额占公司最近一期经审计净资产绝对值 10% 以上,且绝对金额超过 1 000 万元人民币的,必须重点关注。
核查方法	应到当地的司法机构、仲裁部门等进行实地走访和全面调查,确认公司是否存在相关的诉讼仲裁问题,以及相关诉讼仲裁的具体情况。
披露方法	客观陈述诉讼、仲裁等客观事实,如实披露,如有必要,作重大风险提示。
整改措施	公司是否采取措施避免诉讼仲裁的再次发生。
对结果预测	从事实和法律角度对可能的裁判结果进行预测。
对结果分析	详细估计对公司生产经营尤其是财务数据的影响,充分足额计提或有负债并作重大风险提示;如果金额较大或者对公司影响很大,控股股东可以出具承诺,承担败诉可能带来的损失。

十五、法律风险

2010年11月6日第四届企业法律风险管理论坛在北京召开,此次论坛发布了"2010中国上市公司法律风险实证研究报告"。该报告由中国商业法研究会企业法律风险研究所牵头完成,是国内外资本市场第一次使用实证分析的方法,全样本系统识别上市公司实证法律风险,核算法律风险成本,也是首次使用法律风险成本指数的概念对上市公司的法律风险管理效果作出评价。

该报告指出,2009年,进入排名测评的1 435家中国上市公司(不包括银行、保险业)中法律风险成本指数(企业法律风险成本指数=法律风险成本/企业净利润)最高的100家公司,净利润为35亿元,法律风险成本为126亿元,平均法律风险成本指数高达358。这就意味着法律风险成本最高的100家上市公司,挣100元钱,仅付出的法律风险成本就高达358元。

根据以上分析,我们可以得出如下结论:第一,目前上市公司的法律风险管理水平整体堪忧;第二,仅从危害程度角度,此问题的严重性似乎并不低于实际控制人变动、出资不实、违规借贷等问题;第三,确有必要对此问题予以关注和建立行之有效的规范考核制度,并考虑是否有必要作为发行条件之一,可类比参照的是内控制度。

十六、法人治理结构

最新的审核理念越来越强调对发行人法人治理结构的考察,主要有如下要求:

(1) 发行人在招股说明书进一步细化披露下列内容,主要包括:

① 公司股东大会、董事会、监事会、独立董事、董事会秘书制度的建立时间及主要内容,说明相关制度是否符合证监会发布的有关上市公司治理的规范性文件要求,是否存在差异。

② 报告期股东大会、董事会、监事会的实际运行情况,包括但不限于会议召开次数、出席会议情况及决策事项。说明"三会"的召开、决议的内容及签署是否符合相关制度要求;是否存在管理层、董事会等违反《公司法》、公司章程及相关制度等要求行使职权的行为。

③ 独立董事、外部监事(如有)出席相关会议及履行职责的情况:如独立董事(外部监事)对有关决策事项曾提出异议的,则需披露该事项的内容、独立董事(外部监事)的姓名及所提异议的内容。

④ 公司战略、审计、提名、薪酬与考核等各专门委员会的设立时间、人员构成及实际发挥作用的情况。

⑤ 公司针对其股权结构、行业等特点建立的保证期内控制度完整合理有效、公司治理完善的具体措施。

（2）中介机构切实履行尽职调查义务,通过与公司高管及员工谈话、查阅有关材料并调取公司章程、公司治理相关制度及"三会"会议记录、纪要,核查了解发行人内部组织结构、"三会"实际运行情况,并就下列事项发表明确意见,包括但不限于:

① 发行人章程是否符合《公司法》、《证券法》及中国证监会和交易所的有关规定、董事会授权是否合规、公司章程的修改是否符合法定程序并进行工商变更登记。

② 发行人组织机构是否健全、清晰,其设置是否体现分工明确、相互制约的治理原则。

③ 发行人是否依法建立健全公司股东大会、董事会、监事会、独立董事、董事会秘书制度,公司战略、审计、提名、薪酬与考核等各委员会是否实际发挥作用。

④ 报告期发行人是否存在违法违规、资金占用、违规担保等情况;发行人"三会"及董事会下属专业委员会是否正常发挥作用;"三会"和高管人员的职责及制衡机制是否有效运作,发行人建立的决策程序和议事规则是否民主、透明,内部监督和反馈系统是否健全、有效。

⑤ 独立董事的任职资格、职权范围等是否符合有关规定,有无不良记录;独立董事、外部监事(如有)是否知悉公司相关情况,是否在董事会决策和发行人经营管理中实际发挥作用。

保荐机构、发行人律师应结合核查情况,说明发行人是否建立健全且运行良好的组织机构,建立现代企业制度明确发表意见。

第八章 会计与税务

第一节 会 计

一、会计问题的本质和关键

(一) 会计问题的本质是公司的经营问题

会计是对公司经营活动最全面的核算和反映,财务问题(比如财务数据不达标、财务比率不稳健、现金流不正常等)本质上主要是公司的生产经营问题。解决财务与会计问题的关键是改善公司的盈利能力和提高公司的核心竞争力,除此以外的努力都是舍本逐末。

(二) 会计问题的关键是正确适用准则

财务会计问题的灵活性和创造性远不如投行和法律问题,上市过程中的财务问题主要是发行人正确适用《企业会计准则》核算企业经营成果,会计师事务所正确适用审计准则出具审计报告。一般情况下,会计报告应为无保留意见的标准审计报告,但也有极个别情况是带有说明的无保留意见的审计报告。

《企业会计准则——基本准则》自2007年1月1日起开始施行,发行人只需申报三年又一期财务报告,所以本章不再讨论新旧准则的衔接问题。《首发管理办法》中"财务与会计"一节的内容十分详尽具体,在此不做摘录,仅明确一个技术细节问题:主板和创业板的净利润均强调"以扣除非经常性损益前后较低者为计算依据",即采取"不利解释",非经常性损益的范围以《公开发行证券的公司信息披露解释性公告第1号——非经常性损益》为准。

二、操纵利润的常见方法

为了实现上市的目的,有的公司采取种种方法操纵利润,比较常见的是增加利润、粉饰业绩;也有的为了体现利润增长的连续性,压低当年利润,转移到下一年实现的情形。以下列举一些操纵利润的常见方法:

1. 通过挂账处理,进行利润操纵

按新会计制度规定,企业所发生的该处理的费用,应在当期立即处理并计入损益。但有些企业,为了达到利润操纵的目的,尤其是为了使当期盈利,故意不遵守规则,通过挂账等方式降低当期费用,以获得虚增利润之目的。

(1) 应收账款尤其是3年以上的应收账款长期挂账。应收账款是企业因销售产品、提供劳务及其他原因,应向购货方或接受劳务的单位收取的款项,因其是企业的销售业务,也是企业的主营业务,因此,一般而言,应收账款能否收回,对企业业绩影响很大。但对于3年以上的应收账款,收回的可能性极小,按规定应转入坏账,准备并计入当期损益。

(2) 企业为了虚增销售收入的需要而虚列应收账款,因此,对于由"应收账款"科目而导致的利润操纵一定要引起特别注意。

(3) 待处理财产损失长期挂账。比如在建工程长期挂账,主要体现在大部分企业在自行建造固定资产时,都会对外部分融入资金。而借款需按期计提利息,按会计制度规定,这部分借款利息在在建工程没有办理竣工手续之前应予以资本化。如果企业在建工程已完工却不进行竣工决算,利息就可计入在建工程成本,从而使当期费用减少(财务费用减少),另一方面又可以少提折旧,这样就可以从两个方面来虚增利润。

(4) 该摊费用不摊。对于企业来说,待摊费用和递延资产实质上是已经发生的一项费用,应在规定期限内摊入有关科目,计入当期损益。但一些企业则为了某种目的少摊,甚至不摊。

2. 通过折旧方式变更操纵利润

企业对固定资产正确地计提折旧,对计算产品成本(或营业成本)、计算损益都将产生重大影响。在影响计提折旧的因素中,折旧的基数、固定资产的净残值两项指标比较容易确定,但在固定资产使用年限的确定上却较难把握。事实上,固定资产折旧除有形磨损外,还有无形磨损,而且企业和行业不同,磨损情况也不相同,因此,企业往往有足够的理由变更固定资产折旧方式。同时,变更固定资产折旧方式只会影响会计利润,不会影响应税利润。因为会计准则和税收法规确认收入和费用的特点及标准不同。税法对各类固定资产折旧另有规定,企业降低折旧率只会增加会计利润却不会增加应税利润,对企业现金流量也不会产生影响。

3. 通过非经常性收入进行利润操纵

(1) 其他业务利润。其他业务是企业在经营过程中发生的一些零星的收支业务,其他业务不属于企业的主要经营业务,但对于一些公司而言,它对公司总体利润的贡献确有"一锤定千斤"的作用。

(2) 投资收益。《企业会计准则——投资》将投资定义为:企业为通过分配来增加财富,或为谋求其他利益,而把资产让渡给其他单位所获得的另一项资产。因此,投资通常是企业的部分资产转给其他单位使用,通过其他单位使用投资者投入的资产创造的效益后分配取得的,或者通过投资改善贸易关系等达到获取利益的目的。当然,在证券市场上进行投资所取得的收益,实际上是对购入证券的投资者投入的所有现金的再次分配的结果,主要表现为价差收入,以使资本增值。但企业往往利用投资收益的手段,达到掩盖企业亏损的目的。

(3) 关联交易引致的营业外收支净额。关联交易是指存在关联关系的经济实体之间的购销业务。倘若关联交易以市价作为交易的定价原则,则不会对交易双方产生异常影响。而事实上,有些公司的关联交易采取了协议定价原则,定价的高低一定程度上取决于公司的需要,使利润在关联公司之间转移。

在主营业务收入中,直接制造虚增是比较困难的(也容易被注册会计师查出),公司可以通过对"其他业务收入"的调整来影响利润总额。其他业务收入包括材料销售、技术转让、代购代销、包装物出租等收入。在这种操作中,并不采用一般商品的购销,因为一般商品交易存在市场公允价格,按规定,需按公允价格调整。通过向关联人出售劳务活动来增加"其他业务收入"。与一般商品不同,有些劳务活动是独特的,很难找到公允价格,这些劳务活动主要有出售已有的研究开发成果、提供加工服务、提供经营管理服务等,直接收取收入;另外,也可以通过直接或间接让关联单位为其负担某些费用的方式减少费用开支,增加利润。

(4) 调整以前的年度损益。在利润表中,"以前年度损益调整"科目反映的是企业调整以前年度损益事项而对本年利润的影响额。因此,一些公司也因此而"置之死地而后生"。

(5) 补贴收入。对于需要利润达标而又没通过自我努力实现必要的利润的公司,可能会向当地政府争取补贴收入。地方政府从本地经济与上市指标角度考虑可能会大力相助,政府可以只出一个准予补贴的文件,不必立即实际支付补贴的金额,公司按规定计算应收的补贴,借记"应收补贴款",贷记"补贴收入",顺利地增加利润总额。

(6) 转让研究开发活动。会计制度规定,自行开发过程中发生的费用,计入当期费用。如果是自行开发并按法律程序申请取得的无形资产,按依法取得时发生的注册费、聘请律师费等费用,借记"无形资产",贷记"银行存款"等科目。尽管这部分活动计入了费用,开发公司仍可转让其研究开发的成果,按实际取得的转让收入,借记"银行存款",贷记"其他业务收入",结转转让无形资产的摊余价值,借记"其他业务支出"(由于允许计入无形资产的开发费用很少,其他业务支出金额很少)。因此,公司可以通过关联交易,对其花费很少的研究活动,收取大量金额来增加本年收入(虽然这种转让不一定会为受让的关联方带来利益)。

4. 通过变更投资收益核算方法进行利润操纵

企业对外进行长期股权投资,一般使用两种方法核算投资收益:成本法和权益法。使用何种核算方法有明确的规定,但事实上一些企业却违犯法律、法规的规定,肆意变更投资收益核算方法,以达到操纵利润的目的。比如将长期投资收益核算方法由成本法改为权益法,投资企业就可以按照占被投资企业股权份额核算投资收益(即使实际上没有红利所得)。同时,所得税法则是根据投资企业是否从被投资企业分得红利及红利多少来征税的。因此,在被投资企业盈利的情况下,将投资收益核算方法由成本法改为权益法，一方面可以虚增当期利润，另一方面也无须为这些增加的利润缴纳所得税，真是一举两得，生财有道。

5. 其他方法的利润操纵

（1）选择会计政策（会计估计），比如存货计价不当。企业对存货成本的计算若采用不适当的方法或任意分摊存货成本，就可能降低销售成本，增加营业利润。如按定额成本法计算产品成本，应该将定额成本与实际成本的差异，按比例在期末产品、库存产品和本期销售产品之间分摊，但有的企业为了达到利润操纵的目的，定额成本差异只在期末产品和库存产品之间分摊，本期销售产品不分摊产品定额成本差异，从而达到虚增本期利润的目的。

也有一些企业任意改变存货发出核算方法，如在物价上涨的情况下，把加权平均法改为先进先出法，以期达到高估本期利润的效果。更有甚者，故意虚列存货，或隐瞒存货的短缺或毁损。

（2）费用任意递延。如把当期的财务费用和管理费用列为递延资产，从而达到减少当期费用以进行利润操纵。

（3）对外负债的不当计算。一些企业通过对外欠款在当期漏计、少计或不计利息费用或少估应付费用等方法隐瞒真实财务状况。

（4）非真实销售收入。一些企业通过混淆会计期间，以把下期销售收入提前计入当期，或错误运用会计原则，将非销售收入列为销售收入，或虚增销售业务等方法，来增加本期利润以达到利润操纵之目的。

（5）利用销售调整增加本期利润。一些企业在本年内（一般是年末）向外销售商品，同时私下协议于下一年以销售退回的方式收回，从而增加本年的主营业务收入及主营业务利润。虽然这会导致下一年销售收入的减少（冲减退回期的销售收入），但可以满足短期利益要求。

（6）向关联方出租资产与土地使用权来增加收益。会计制度对出售资产要求必须以公允价格成交，而且需要结转资产的成本，一般来说，通过公允价格处置长期资产不一定会得到净收益。由于会计制度对租金收入合理性的规定较少，所以上市公司往往通过向关联方出租长期资产的方式由外部转移收入，取得确定的大额收入（与关联方交易经常用的另一种方法是出售公司的长期股权投资，此问题在下一部分讲述）。

（7）向关联方借款融资，降低财务费用。对于资产负债率较高的上市公司来说，每年要负担固定的借款利息成本（记入财务费用），为了降低财务费用从而提高主营业务利润，公司可以通过改向关联方借款来减少对银行的负债。因为向关联方借款的利息支出可以在双方之间灵活确定是否支出、何时支出、支出金额的大小。

三、企业上市过程中的部分会计核算问题及对策

在为发行人进行三年又一期的审计工作中,常常会遇到会计基础薄弱、处理不合规、政策选择失误等情况,表 8-1 为某会计师事务所讲座使用的资料,列举了部分有代表性的问题和解决的建议、对策,在此摘录,供各方参考。

表 8-1　部分会计问题分析表

问题概述	问题内容	对策建议
会计记录不齐全、不完整	历史年度会计记录尤其是历史交易的支持性凭证(合同或者协议)等缺失。	企业需要提前整理会计记录,确保会计记录及相关支持性凭证的完整。
大量以现金支付的交易引致审计跟踪困难	有可能无法提供审计需要的支持性凭证。	企业需要提前查清历史交易,对于现金交易,提前准备合同、协议、收款凭证等支持性凭据,或者考虑在审计过程中配合取得与相关交易方的函证。
收入、成本截止性差异	常见的操纵利润的手段,收入和成本的确认,以现金收付或开出/收到发票为基础确认。	按照权责发生制进行调整,企业需要与审计师提前沟通,在会计师帮助下尽快汇总并修正申报期间各期收入及成本的截止性错误。
关联交易会计处理及披露	定价有失公允并因此存在税务风险(如甲、乙两公司税率不同,白酒企业的专门关联销售公司)。	企业需提前整理关联方清单,统计历史各期关联交易,对比关联交易与第三方交易对价是否相近。
资产减值准备充分计量	未对资产的可回收性进行系统分析和评价,资产减值准备可能被低估。	企业需要提前准备审计分析所需要的有关资料(如应收账款账龄、存货销售价格等)。
研发费用资本化	内部研发费用全部费用化,没有按照会计准则进行资本化。	根据要求区分研究和开发阶段并进行适当的资本化。
佣金及回扣的确认及处理	佣金及回扣按照现金收付原则进行会计处理。	企业需在佣金及回扣对应的销售交易确认收入时点,确认由此引致的佣金及回扣。
职工福利	部分企业未按照政策规定为职工足额缴纳各项社保费用。	可咨询主管机构,了解社保计提政策,对照历史期间职工社保缴纳情况,匡算历史期间未足额缴纳社保的金额。

(续表)

问题概述	问题内容	对策建议
股权激励计划	会计处理复杂有可能对公司财务报表有较大影响,不仅会吃掉当年的利润,还会影响以后几年的利润。	设计股权激励计划时应充分考虑对公司财务状况的影响,必要时咨询会计师[股票市场价格5元,期权价格1元,发4 000万股,5年行权,计算每年产生的期权费用就为4 000×(5-1)/5=3 200万元,如果当年净利润不足3 200万元,就会导致因为股份支付计划而亏损]。
长账龄往来账目清理	部分企业存在长账龄的应收款,也有应付款。	可以提前启动对账程序,对无法收回的长账龄应收款项,足额计提坏账准备或考虑予以核销;对长账龄无须支付的负债,在取得必要支持性凭据的情况下,考虑予以核销并确认收入。营业外收入不要长期挂在账上。

四、监管层高度关注的财会事项和政策把握

表8-2 部分会计政策要点把握一览表

关注事项	关注要点和政策把握
财务分析	(1)三年又一期财务报表的编制。 (2)《企业会计准则解释第3号》对利润表的调整,列示其他综合收益和综合收益总额。 (3)《企业会计准则——应用指南》《公开发行证券的公司信息披露编报规则第15号——财务报告的一般规定》和《公开发行证券的公司信息披露规范问答第7号——新旧会计准则过渡期间比较财务会计信息的编制和披露》的规定。 (4)计算正确,报表项目之间勾稽关系准确。
合并财务报表	(1)合并范围:拥有其半数以下表决权但纳入合并范围的子公司;拥有其半数以上表决权但未纳入合并范围的子公司;关注亏损的子公司(或联营企业),是否存在故意不将其纳入合并范围的情况。 (2)资不抵债子公司超额亏损。 (3)《企业会计准则解释第3号》对利润表的调整。

(续表)

关注事项	关注要点和政策把握
现金流量表	(1) 关注经营活动现金净流量与营业利润不匹配、相差过大的情况。 (2) 关注经营活动现金净流量为负的情况。 (3) 关注现金净流量为负的情况。
财务分析	(1) 收入分析。 (2) 收入的确认条件:主要风险和报酬转移;没有保留通常与所有权相联系的继续管理权,也没有对已售出商品实施有效控制;收入的金额能够可靠计量;经济利益很可能流入企业;成本能够可靠计量。
财务分析——收入	(1) 应阅读公司的分部报告。 (2) 收入来源的持续性可运用趋势百分比分析,收入持续性分析考虑的因素:客户分析——集中程度、依赖性及稳定性;收入的集中程度或对单个部门的依赖性;市场在地理上的分散程度;关注毛利率的变化;关注综合收益。
财务分析——应收账款	(1) 应收账款构成:主要客户;账龄分析。 (2) 应收账款趋势。 (3) 坏账准备计提。
财务分析——存货	(1) 企业应当采用先进先出法、加权平均法或者个别计价法确定发出存货的实际成本。取消了确定发出存货成本的后进先出法。 (2) 资产负债表日,存货应当按照成本与可变现净值孰低计量。 (3) 特殊行业的存货盘点问题(如水产养殖、化工行业)。
财务分析——长期股权投资	(1) 对子公司长期股权投资的核算由权益法改为成本法。 (2) 长期股权投资初始投资成本的调整,商誉每年作减值测试。 (3) 超额亏损的确认。
财务分析——企业合并	(1) 企业合并的类型。 (2) 同一控制下的企业合并,合并前利润应单独列示,作为非经常损益。 (3) 非同一控制下的企业合并,商誉的确认。

(续表)

关注事项	关注要点和政策把握
关于同一控制下的企业合并问题	（1）根据《企业会计准则第20号——企业合并》第5条第1款的规定，同一控制下的企业合并须满足严格的限定条件，要求参与合并的企业在合并前后均受同一方或相同的多方最终控制，且该控制并非暂时性的。 （2）根据《〈企业会计准则第20号——企业合并〉应用指南》第3条的规定：同一方，是指对参与合并的企业在合并前后均实施最终控制的投资者。相同的多方，通常是指根据投资者之间的协议约定，在对被投资单位的生产经营决策行使表决权时发表一致意见的两个或两个以上的投资者。控制并非暂时性，是指参与合并的各方在合并前后较长的时间内受同一方或相同的多方最终控制。较长的时间通常指1年以上(含1年)。 （3）根据《企业会计准则实施问题专家工作组意见第1号》的规定，通常情况下，同一控制下的企业合并是指发生在同一企业集团内部企业之间的合并。除此之外，一般不作为同一控制下的企业合并。在认定相同的多方作为实际控制人时，不认可委托持股或代持股份等在法律上存在瑕疵的安排。 在实际执行中，对该种同一控制下的合并严格审查。在发行人、会计师、律师出具充分意见的基础上，如果符合同一控制下的合并条件，最终控制的相同多方持股应占绝对多数，一般可按照51%以上掌握。 （4）根据《企业会计准则第20号——企业合并》第2条的规定，合并日是指合并方实际取得对被合并方控制权的日期，应当同时满足下列要求：企业合并合同或协议已获股东大会等通过；企业合并事项需要经过国家有关主管部门审批的，已获得批准；参与合并各方已经办理了必要的财产权转移手续；合并方或购买方已支付了合并价款的大部分（一般应超过50%），并且有能力、有计划支付剩余款项；合并方或购买方实际上已经控制了被合并方或被购买方的财务和经营政策，并享有相应的利益、承担相应的风险。 （5）发行人报告期内存在非同一控制下的企业合并，应关注被合并方对发行人资产总额、营业收入或利润总额的实际影响。

(续表)

关注事项	关注要点和政策把握
财务分析——投资性房地产	(1) 对投资性房地产采用公允价值模式计量的条件。 (2) 采用公允价值模式计量的,不对投资性房地产计提折旧或进行摊销,应当以资产负债表日投资性房地产的公允价值为基础调整其账面价值,公允价值与原账面价值之间的差额计入当期损益。 (3) 企业对投资性房地产的计量模式一经确定,不得随意变更。宜采用公允价值模式计量的投资性房地产,不得从公允价值模式转为成本模式。
财务分析——固定资产	(1) 可选用的折旧方法包括年限平均法、工作量法、双倍余额递减法和年数总和法等。 (2) 固定资产是否和公司的生产能力相匹配。 (3) 募投项目购入固定资产的,关注折旧对公司未来盈利的影响。 (4) 固定资产金额特别小的。
财务分析——无形资产	(1) 无形资产的范围:作为投资性房地产的土地使用权、企业合并中形成的商誉、石油天然气矿区权益。 (2) 分类:使用寿命有限的无形资产需要摊销,使用寿命不确定的无形资产不应摊销。 (3) 允许部分开发费用资本化,开发阶段的支出确认为无形资产的条件(5个条件)。 (4) 允许部分无形资产摊销金额计入成本。
财务分析——资产减值	(1) 资产减值损失已经确认,在以后会计期间不得转回。 (2) 因企业合并所形成的商誉和使用寿命不确定的无形资产,无论是否存在减值迹象,每年都应当进行减值测试。 (3) 表明资产可能发生了减值迹象。 (4) 显示执行主要问题。
财务分析——职工薪酬	(1) 关注辞退福利产生的预计负债。 (2) 存在的解除与职工的劳动关系计划,满足预计负债确认条件的,应当确认辞退福利。 (3) 是否涉及股份支持(激励)。
财务分析——债务重组	(1) 不属于公司的日常经营业务,应予以重点关注。 (2) 债务重组对当期损益的影响应作为非经常性损益。 (3) 债务重组损益计入营业外收入或营业外支出。
财务分析——非货币性资产交换	(1) 不属于公司的日常性业务,应予以重点关注。 (2) 非货币性资产交换对当期损益的影响为非经常性损益。

(续表)

关注事项	关注要点和政策把握
财务分析——或有事项	(1) 区分预计负债和或有负债,预计负债进损益,或有负债作披露。 (2) 企业不应当确认或有资产。
财务分析——政府补助	(1) 分类:资产相关的政府补助;收益相关的政府补助。 (2) 政府补助的金额,是否对企业的盈利能力产生重大影响。 (3) 政府补助是否有相应的批准文件。 (4) 政府补助是否按照权责发生制的原则需要作为递延收益。
财务分析——借款费用	(1) 借款费用开始、暂停、停止资本化的时点。 (2) 专门借款利息费用全部资本化。 (3) 一般借款利息费用符合条件也可资本化。 (4) 关注是否存在利用借款费用大量资本化操纵利润的情形。
财务分析——所得税	(1) 是否采用资产负债表债务法核算所得税。 (2) 税收优惠的相关批准文件是否合理、合法。 (3) 资产负债表日,企业应当对递延所得税资产的账面进行复核。如果未来期间很可能无法获得足够的应纳税额用以抵扣递延所得税资产的利益,应当减记递延所得税的账面价值。 (4) 新《中华人民共和国企业所得税法》于2008年1月1日施行。
财务分析——金融工具	(1) 金融资产在初始确认时划分为四类:交易性金额资产和指定为以公允价值计量且其变动计入当期损益的金融资产;持有至到期投资(摊余成本计量);贷款和应收款项;可供出售金融资产。 (2) 判断是否存在利用金融工具分类或重分类进行利润操纵的情形。 (3) 金融资产发生减值的客观证据。
会计分析——会计政策、会计估计变更和差错更正	(1) 会计政策变更→追溯调整法。 (2) 会计估计变更→未来适用法。 (3) 重要的前期差错更正→追溯重述法。 (4) 统一管理层对同一事项在报告期间所采用的会计政策和所作的会计估计应前后一致。 (5) 重点关注会计政策和会计估计前后不一致的现象。 (6)《公开发行证券的公司信息披露规范问答第7号——新旧会计准则过渡期间比较财务会计信息的编制和披露》的要求。

(续表)

关注事项	关注要点和政策把握
每股收益	（1）是否按证监会有关规定计算和披露每股收益。 （2）关注基本每股收益、稀释每股收益、全面摊薄每股收益相差过大的情况。 （3）基本每股收益：归属于普通股股东的当期净利润除以当期实际发行在外普通股的加权平均数。 （4）稀释每股收益：调整后归属于普通股股东的报告期净利润除以调整后发行在外普通股的加权平均数。
财务分析——关联方披露	（1）关联方的认定：一方控制、共同控制另一方或对另一方施加重大影响，以及两方或两方以上同受一方控制、共同控制或重大影响的，构成关联方。 （2）关联方交易：指关联方之间转移资源、劳务或义务的行为，而不论是否收取价款；关联方交易的监管理念：企业只有在提供确凿证据的情况下，才能披露关联方交易是公平交易（《企业会计准则第36号——关联方披露》第12条）。
财务分析——关联方披露	（1）《公开发行证券的公司信息披露内容与格式准则第1号——招股说明书》要求披露的关联方比《企业会计准则》的相应要求更严格：有5%以上股份的主要股东。 （2）关联方资金占有、担保问题。 （3）关注利用关联交易或关联交易非关联化而操纵利润的情形。
关于发行人利润主要来自子公司的问题	发行人利润主要来源于子公司，现金分红能力取决于子公司的分红。对于报告期内母公司报表净利润不到合并报表净利润50%的情形，审核中按以下标准掌握： （1）发行人应补充披露报告期内子公司的分红情况。 （2）发行人应补充披露子公司的财务管理制度和公司章程中规定的分红条款，并说明上述财产管理制度、分红条款能否保证发行人未来具备现金分红能力。 （3）请保荐机构和会计师对上述问题进行核查，并就能否保证发行人未来具备分红能力明确发表意见。

五、补充信息披露实证举例汇总

以下为部分实证典型问题的分类汇总，其中进一步的补充披露信息是近年审核重点关注的问题，这些问题都具有典型意义，既遵循了法律的原则规定，又体现了实务工作关注的要点。在实务工作中，最理想的局面就是在申报材料之前已经就下列问题和所有能想到的问题做好了准备，并且尽可能地积极主动披露和采取各种（补救）办法解决，不能解决的也要大幅降低其风险，并能提供合情合理的说明。

表8-3 部分会计问题补充披露分析表

项目	关注点	指令发行人和中介机构补充披露的典型要求
存货	存货增长的合理性	导致××××年末存货大幅增加的具体因素和影响数。 结合成本结转流程、发出商品核算方式等,分析说明并披露存货增长较快的原因。
	大量采购存货的必要性	报告期内公司采购大量××材料和××材料,××××年对××材料计提××万元跌价准备;在"业务与技术"一节中披露采购××材料和××材料的原因。
	申报期间存货的增减变动对发行人经营的影响,存货跌价政策对发行人损益的影响	说明报告期内每月末的库存商品余额变化情况,三年又一期报告期末库存商品中过季商品的金额、占库存商品的比例,公司对过季商品如何处理。说明报告期内存货跌价准备的计提是否充分。 结合行业特点补充分析报告期内存货金额变动的原因并补充披露存货减值计提政策,以及是否符合谨慎性原则,是否已足额计提减值准备。
	存货的明细、各项周转指标与行业情况比较	说明并披露报告期期末存货明细,并结合市场发展、行业竞争状况、公司的生产模式及物流管理,分析存货周转能力。
	成本降低的原因	××类、××类成本逐年降低,说明并披露原材料成本下降对产品成本的影响,同期主要原材料市场的价格变化情况。
	存货跌价准备计提是否充分	公司生产所需主要原材料A原料的价格2009年末跌至不到2008年三季度的一半,且公司三季度大量购入了A原料。结合各种主要产品的单价、成本、毛利率、销量走势等变化情况,说明并披露报告期内是否已充分计提存货跌价准备。

（续表）

项目	关注点	指令发行人和中介机构补充披露的典型要求
无形资产开发、支出，研究开发费	内部研发费用、无形资产中开发支出的明细内容，费用资本化依据	（1）报告期发生的内部研究开发项目支出总额。 （2）说明计入无形资产与开发支出的明细项目的情况、所处阶段及研发费用资本化的依据，申报会计师进行核查并发表意见。 （3）招股说明书未披露研发费用的金额、构成情况的，予以补充披露。 （4）补充披露"预付账款"中预付研发费用的背景、协议和目的。 （5）详细披露研发模式以及研发费用的内容和变动原因。 （6）披露内部研究开发项目的研究阶段支出与开发阶段支出的区分标准，确认无形资产、开发支出的依据；根据《公开发行证券的公司信息披露内容与格式准则第28号——创业板公司招股说明书》第87条第（9）项的要求披露无形资产的相关内容。 （7）分析说明并披露公司科技开发费的构成明细情况、报告期内科技开发的变动情况及原因。 （8）结合研究开发阶段的特点，说明并披露划分研究阶段和开发阶段、研究开发支出资本化的会计政策，开发阶段支出可以确认为无形资产的具体条件。会计师进行核查并就研究开发支出相关的会计处理是否符合《企业会计准则第6号——无形资产》明确发表意见。 （9）说明并披露正在从事的研发项目进展情况，拟达到的目标对发行人业务的影响，保荐机构分析并发表意见。
	明确无形资产的产权关系，避免产生相关法律障碍	（1）请发行人办妥商标和专利权的所有权人名称变更手续，并披露办理情况和承诺期限。 （2）保荐机构在《发行保荐工作报告》中提到发行人关联方某公司在国内注册了三个名称为"TTT"的注册商标，并于×××× 年××月××日将该三个商标无偿转让给了发行人。在招股说明书中补充披露某公司申请该商标的原因，与该转让行为相关协议的内容、条件，并予以明确列示。 （3）补充提供公司拥有的各项发明专利和实用新型专利的专利权证书，保荐机构和律师核查公司拥有的各项专利权证书是否已过户到发行人名下。

（续表）

项目	关注点	指令发行人和中介机构补充披露的典型要求
税收问题	关注发行人纳税情况的披露是否充分、完整	（1）补充披露20××年度和20××年度营业税金为零的原因。 （2）在"主要税种纳税情况的说明"中列示各年度本期应缴数的金额。 （3）提供各子公司近三年及一期的所得税纳税申报表，并请当地主管税收征管机构出具关于子公司纳税情况的证明。
	关注历次股权转让过程中纳税义务的履行情况是否存在潜在税务风险	对公司股东历次股权转让、以未分配利润转增股本和整体变更为股份公司时，是否履行了纳税义务进行核查并发表意见、补充披露。
	关注发行人税收行政处罚对其损益的影响、其销售模式和内控存在风险	发行人20××年因未代扣代缴个人所得税、假发票、不合法发票受到税务部门的行政处罚： （1）补充提供某市税务局对公司因纳税问题所受处罚是否构成重大违法行为的意见。 （2）补充说明对上述处罚所涉及事项的会计处理方法，保荐机构及申报会计师进行核查并发表意见。 （3）补充披露发行人销售模式可能存在的税务风险，保荐机构及申报会计师进行核查并发表意见。 （4）在招股说明书"重大事项提示"中补充披露受到行政处罚的事实。 （5）针对上述处罚事项对发行人的内部控制重新进行核查，并对其内部控制的完整性、合理性和有效性发表明确的评估意见。
	关注享受税收优惠是否符合国家税收法规的相关规定	（1）保荐机构、发行人律师详细说明公司享受所得税税收优惠是否符合国家税收相关法律规定。 （2）报告期内发行人及子公司执行的所得税政策与国家税收政策不完全一致，发行人存在被追缴税收的风险。会计师核查报告期内不符合国家统一税收政策的税收优惠的具体金额、对相应会计年度发行人财务状况可能产生的具体影响。保荐机构核查发行人是否需要提供某市国税局等省级税务主管部门关于发行人税收优惠的证明。对以上内容进行补充披露并补充提供相关证明。

(续表)

项目	关注点	指令发行人和中介机构补充披露的典型要求
税收问题	报告期应缴税费明细及变动原因,以及公司实际缴纳税额与现金流量表、资产负债表、利润表相关项目之间的勾稽关系,关注发行人依法纳税的情况	(1)补充说明所享受税收优惠是否符合国家税收法规的相关规定,报告期应缴税费明细及变动原因,以及公司实际缴纳税额与现金流量表、资产负债表、利润表相关项目之间的勾稽关系,并补充提供某市税务局出具的发行人最近三年又一期依法纳税的证明。保荐机构及申报会计师对上述问题进行核查并发表意见。 (2)发行人在报告期内缴纳的各项税费波动较大,保荐机构结合"支付的各项税费"、"营业税金及附加"、"应交税费"等项目核查波动原因并作出说明。发行人部分设计合同免征营业税,请保荐机构核查税收政策是否符合国家统一税收政策的规定,请发行人对以上内容进行补充披露。
	发行人是否存在税收风险	(1)针对发行人2005—2007年所得税优惠可能存在被追缴的风险:① 在"重大事项提示"中明确披露由发行前的股东或实际控制人承担补缴税款的责任。② 将2006—2007年享受的所得税优惠计入非经常性损益。 (2)报告期内发行人及子公司执行的所得税政策与国家税收政策不完全一致,发行人存在被追缴税收的风险,追缴金额为××万元的,实际控制人对报告期内可能被追缴的税收优惠作出承诺。补充提供省税务主管部门关于发行人报告期内纳税情况的证明,保荐机构和律师进行核查并发表意见。
	分析发行人是否对某项税收优惠过度依赖,从而分析其业绩增长能力、持续发展能力	在"财务会计信息与管理层分析"中补充披露2006—2007年假设不享受所得税优惠的备考利润表。保荐机构及申报会计师对上述问题进行核查并发表意见。
	提供相应税务机关出具的纳税证明资料	(1)提供2009年二季度的企业所得税预缴纳税申报表。 (2)补充提供某市税务局出具的发行人最近三年又一期依法纳税的证明。保荐机构及申报会计师对上述问题进行核查并发表意见。

（续表）

项目	关注点	指令发行人和中介机构补充披露的典型要求
职工工资	发行人是否足额地为职工缴纳了"四金"等	（1）补充披露为职工缴纳住房公积金的情况。 （2）补充披露发行人及其下属公司缴纳住房公积金的有关情况。 （3）披露其劳动用工制度和社会保险费用的缴纳情况，保荐机构及律师进行核查并发表明确意见。披露偿还某公司垫付社保资金的会计处理方法。 （4）保荐机构、发行人律师对发行人是否为全体员工按规定办理社会保险费和住房公积金的缴纳手续进行核查并发表意见。 （5）保荐机构、发行人律师对发行人是否为符合条件的全体员工按规定办理社会保险费和住房公积金的缴纳手续进行核查并发表意见。
	分析职工薪酬增减变化的原因	（1）保荐机构核查2007年末应付职工薪酬的余额较2006年末出现大幅度下降的原因，补充披露。 （2）结合报告期内员工、核心人员的变动情况，逐年分析说明并披露报告期内人员工资及福利费用大幅增加的原因。
财务状况分析	各项资产减值准备计提是否充分	（1）发行人对合并财务报表范围内的子公司之间及母子公司之间发生的应收款项，除有客观证据表明其发生减值外，未计提坏账准备。会计师核查应收款坏账准备计提的充分性并发表明确意见。 （2）结合固定资产和无形资产的取得情况，补充披露2008年及2009年上半年未对固定资产和无形资产计提减值准备的原因。会计师对相关会计政策是否符合谨慎性原则发表意见。保荐机构对发行人主要资产是否存在减值情况以及减值准备计提的充分性发表意见。 （3）发行人报告期内应收账款增幅很大，2009年上半年末超过2.3亿元；预付款项余额较大，2009年上半年末超过2.3亿元。详细说明并披露应收账款的变动原因、可回收性、是否已充分计提坏账准备和预付账款计提坏账准备及计提方法的情况，并做充分风险提示。会计师进一步核查应收款项、预付账款等是否已根据稳健性原则计提坏账准备，并说明2006年度预付账款重新分类至其他应收款的原因。

（续表）

项目	关注点	指令发行人和中介机构补充披露的典型要求
财务状况分析	固定资产折旧年限制定依据与行业比较，对发行人损益的影响	（1）说明并披露房屋及建筑物使用年限的确定依据及对公司业绩的影响。 （2）在"财务会计信息与管理层分析"中补充披露最近一期末主要固定资产的类别、折旧年限、原价、净值，并结合固定资产的取得、平均使用年限的变化、尚可使用年限、成新率、使用状态等，分析说明报告期各期末固定资产的变动情况及原因，并与公司产品产能的变化情况进行对比分析，说明匹配情况。 （3）在招股说明书"财务会计信息与管理层分析"中补充披露公司租赁生产设备和购买原租赁设备的有关情况，报告期租赁资产占全部固定资产账面原值、账面净值的比例，购买设备的账面价值、评估增值及原因，并详细说明上述事项的会计处理情况及对公司报告期财务状况和经营成果的具体影响。 （4）补充披露固定资产折旧年限与同行业已上市公司相比的差异对发行人财务状况和经营成果的影响。
	发行人资产负债率等各项指标，分析其财务状况偿债能力	（1）分类列表披露担保合同的主要内容，包括但不限于是否为关联方、担保对方的财务状况等。 （2）详细说明上述公司与发行人是否存在直接或间接的关联关系，如有，详细说明。 （3）结合资产负债率、应收账款可收回性、或有负债等因素，充分披露并提示偿债风险等。保荐机构对前述事项进行核查后出具专项说明；保荐机构、发行人律师就对外担保事项是否履行了合法的程序、目前是否已经解除、是否影响发行人生产经营、是否损害发行人利益、是否已建立健全有效的防范风险的制度发表专项意见。
	其他	说明并披露2009年工程物资大幅增加的原因、用途、使用情况及其对发行人经营成果的影响。

(续表)

项目	关注点	指令发行人和中介机构补充披露的典型要求
收入和业绩	发行人产品的销售模式、销售收入确认方式、结算方式、信用政策以及定价机制，并结合行业情况分析销售收入增长的原因	(1) 详细披露产品销售模式与代理分销模式的销售收入确认方式、结算方式、信用政策以及定价机制，结合行业情况补充分析销售收入增长的原因。保荐机构和申报会计师进行核查并发表意见。 (2) 详细披露预算制专业化临床学术推广模式和收入的确认方式、结算方式、信用政策以及定价机制，并结合行业情况补充分析销售收入高速增长的原因。保荐机构及申报会计师对上述问题进行核查并发表意见。 (3) 会计师核查发行人不同业务收入类型的收入构成，结合发行人的业务特点，充分披露每一种业务类型的收入确认方式、流程、会计政策，说明发行人的收入确认是否符合《企业会计准则第14号——收入》的有关规定。对相关内容进行补充披露。 (4) 补充披露与某公司在代理方面的协议安排、收入分成模式、款项结算方式、代销费用确定方法，并披露报告期内代销费用的金额。 (5) 导致2007年末预收账款余额大幅增长的具体因素和影响数，并说明公司具体的销售结算政策及报告期该政策的变化情况。 (6) 结合公司的核心产品、新产品类型及销售单价、数量等，分析并披露软件产品的销售收入构成。 (7) 详细披露报告期内软件产品销售、技术服务及系统集成各年度收入确认的具体方法，收入确认的截止性是否恰当。如出现单独确认的，对单笔金额较大的，详细披露，并请保荐机构、申报会计师予以核查。 (8) 结合与客户的结算方式等，说明并披露公司是否存在免费承诺等可能产生沉淀保证金的因素，导致产生无法收回的应收账款，请保荐机构予以核查并发表专项意见。 (9) 保荐机构和会计师根据公司具体的业务流程、销售结算政策、签订的合同金额、确认销售收入的原则等具体因素，核查2007年和2008年是否存在延迟或提前确认销售收入的情形，并明确发表意见。 (10) 发行人主要通过经销商销售商品，列表说明并披露报告期各期对经销商的销售情况，包括但不限于产品名称、销售数量、销售价格、销售总金额、销售模式以及是否存在销售折让，保荐机构及申报会计师就发行人主要销售合同进行核查并发表专项意见。

(续表)

项目	关注点	指令发行人和中介机构补充披露的典型要求
收入和业绩	申报期间业绩比较，分析发行人业绩的成长性	（1）补充分析公司2009年度经营业绩与2008年度相比能否保持增长，保荐机构及申报会计师进行核查并发表意见。 （2）结合业务特点、经营模式补充披露报告期内各项业务收入增长波动较大的原因，并针对《××产品》收入2008年比2007年增长幅度较大而同期数量下降的情况，补充披露原因。 （3）发行人2008年净利润增长速度与销售收入的增长速度不匹配。保荐机构和申报会计师进行核查并发表意见。
	发行人申报期间销售模式、分布区域、业务类型等变化，分析发行人经营风险和业绩增长的稳定性	（1）报告期内公司连锁门店（尤其是直营店）撤店的数量呈上升趋势，按地区分析说明直营店、加盟店的盈利能力，依照直营店和加盟店的分类，进一步披露开店日期、撤店日期、撤店原因、撤销门店的数量呈上升趋势的原因、因撤店带来的相关损失等情况。 （2）报告期内公司加盟商数量呈上升趋势，但2009年上半年有4家加盟商退出。① 说明并披露对加盟商、加盟店进行管理的内部控制措施，结合报告期内加盟商、加盟店退出的情况分析对公司发展前景有利和不利的影响，加盟商存在的可能影响公司正常经营的风险因素。② 详细披露公司加盟商与加盟店之间的关系，列表补充披露公司与现有58家加盟商签订的特许经营合同中约定的加盟期限、合同签订时间、报告期内加盟商的进入退出等情况，分析说明公司中加盟商的稳定性；并结合公司撤店情况、加盟商退出情况，详细分析公司是否因报告期内的快速扩张而存在较大经营风险。保荐机构对上述内容进行核查并发表意见。 （3）说明并披露报告期是否存在公司已销售给加盟商、加盟商尚未销售的商品滞销情况，定量分析具体情况以及公司如何解决该问题。按照公司的会计政策，会计师说明公司对已销售给加盟商但加盟商尚未销售的商品，在商品发给加盟商后确认销售收入是否符合收入确认的相关原则。 （4）进一步分析论证并披露购置店铺方式是否优于租赁店铺方式，募集资金涉及的31家加盟店与目前的加盟方式不同存在的风险、对财务状况的影响。保荐机构进行核查并发表意见。 （5）结合报告期内网络销售的情况、占销售总额的比例，说明下一步是否有计划加大网络销售。保荐机构进行核查并发表意见。

（续表）

项目	关注点	指令发行人和中介机构补充披露的典型要求
收入和业绩	以应收账款的年末余额增减变化、信用政策、周转率增减变化，结合行业水平分析发行人的经营情况	（1）发行人报告期应收账款金额较大，且周转率低于同行业平均水平。① 结合公司具体业务特点、信用政策及收入增长等因素量化分析报告各期末应收账款金额较大及变动的原因。② 补充分析截至 2008 年 6 月 30 日超出信用期仍未收回的应收账款情况。③ 详细说明制定坏账准备计提政策的理由和依据，以及坏账计提比例的确定是否符合谨慎性原则、是否已足额计提坏账准备。④ 补充分析应收账款坏账计提比例与同行业的比较情况。⑤ 详细分析应收账款周转率低于同行业平均水平的原因。保荐机构及申报会计师对上述问题进行核查并发表意见。 （2）结合同行业情况及采购方（××）的支付特点，说明 2009 年上半年应收账款占销售收入比例较其他年度大，保荐机构和申报会计师进行核查并发表意见。 （3）发行人披露报告期内应收账款增长较快，2009 年 6 月底达到××亿元，占流动资产比例为 63.5%，发行人认为是由于采取"宽松的信用政策"所致。披露公司采取宽松的信用政策具体条款，并结合报告期内预收账款变动情况、客户的付款时点和付款方式，详细分析信用政策是否得到有效执行；会计师对应收账款的坏账准备计提是否充分发表意见。在"重大事项提示"和"风险因素"中，以数据充分揭示坏账风险。 （4）结合公司的财务管理制度、赊销制度、内部控制制度等，分析说明并披露 2009 年 6 月 30 日应收账款比上年末大幅增加的原因。 （5）说明截至 2009 年 7 月末公司应收账款的构成、比例、余额及账龄结构情况，单个客户余额较大的，应单独列示。

(续表)

项目	关注点	指令发行人和中介机构补充披露的典型要求
收入和业绩	从发行人制定的会计政策、会计估计分析发行人应收账款坏账准备政策的谨慎性及应收账款的资产质量	（1）发行人已披露"本报告期会计估计变更：根据董事会决议，2007年公司将应收账款坏账准备的确认标准和计提方法由原来的个别认定法变更为账龄分析法"，会计师核查将应收账款坏账准备的计提方法作为会计估计变更是否准确，必要时予以更正。 （2）2006年至2009年6月末，各期末应收账款余额占流动资产比例较大，增长较快。在招股说明书"风险因素"中补充披露：① 结合发行人信用政策、结算方式及收入增长等因素量化分析报告期各期末应收账款余额变动的原因。② 结合金融危机导致报告期下游客户付款能力下降的情况，详细说明金融危机对发行人报告期财务状况的具体影响。③ 制定坏账准备计提政策的理由和依据，以及报告期各期记入资产减值损失的坏账准备金额。④ 导致应收账款周转率逐年下降的具体因素及影响数，并与同行业其他公司进行比较分析。 （3）分析说明并披露报告期内应收账款周转率和存货周转率波动较大的原因。 （4）说明并披露分销的流程、收入确认的时点，请会计师对分销情况进行核查并就收入确认是否符合《企业会计准则第14号——收入》明确发表意见。报告期内发行人应收账款余额较大，就应收账款涉及的以下问题予以进一步分析说明和补充披露：① 结合市场发展、行业竞争状况、公司的销售模式及赊销政策、期后回款情况，分析应收账款周转能力。② 结合应收账款的构成、比例、账龄、信用期、主要债务人，分析报告期应收账款的变动情况及原因。③ 客户未按合同约定在结算期内结算款项的情况，具体分析应收账款发生坏账的风险，说明1年内应收账款按0.5%的比率计提坏账准备是否谨慎合理。④ 报告期内对境外客户应收账款的情况，结合当前经济形势，进一步分析汇率变动及客户回款能力对公司财务状况的影响。会计师、保荐机构就上述问题进行核查并发表意见。

（续表）

项目	关注点	指令发行人和中介机构补充披露的典型要求
收入和业绩	以应收账款周转率指标分析发行人的经营情况	结合经营情况说明应收账款周转率偏低的原因。
	关注发行人的售价、成本的因素，分析发行人的发展趋势	结合售价、影响成本变动的因素，分产品、销售模式进一步分析说明报告期内影响毛利率变动的因素及程度。保荐机构对上述情况予以分析并发表意见。
	从发行人主要销售对象分析其经营风险	补充披露导致2007年前五大客户销售额占营业收入的比重较其他年度明显增加的具体因素和影响数。
	从发行人所占市场份额分析其在行业内的发展趋势、业务的稳定性和成长性	（1）说明并披露行业内主要企业及其市场份额，行业利润率水平的变动趋势及变动原因，保荐机构分析并发表意见。 （2）保荐机构从发行人业务及其所处行业的实际出发，就金融危机对公司下游客户财务状况的影响、募集资金投资项目（以下简称"募投项目"）新增折旧、发行人市场占有率较低以及未来税收优惠到期等具体因素，在发行人成长性专项意见中对发行人未来成长趋势进行审慎、量化分析，发表明确意见，并在招股说明书中作重大事项提示。保荐机构认为发行人成长性突出的，分析合理充分的依据。 （3）招股说明书披露发行人在××领域拥有明显的产品优势、技术优势和新产品储备，是××行业的领导者，在国内市场占有率第一。保荐机构对以下情况审慎核查、发表意见、提供充分合理的依据，并在招股说明书中披露。
	其他关注事项	（1）说明并披露在制定产品标准、外包环节过程中的内部管理风险，采取了哪些措施维护×××产品的质量；上游行业发展现状对公司发展前景的有利和不利影响，生产商存在的可能影响公司正常经营的风险因素；前五大供应商集中度较高对公司经营情况的影响。保荐机构进行核查。 （2）补充披露销售人员推销款项与销售回款挂钩制度的具体内容、会计处理方法以及实施风险金暂行管理制度后的处理方法，保荐机构及申报会计师进行核查并发表意见。

（续表）

项目	关注点	指令发行人和中介机构补充披露的典型要求
收入和业绩	其他关注事项	（3）发行人在"其他重要事项"章节披露的正在履行、将要履行的重要合同金额为×××万元，与保荐机构在《发行保荐工作报告》中的数据存在差异，保荐机构对截至2009年6月30日正在履行、将要履行的合同金额进行核查后加以说明。会计师核查已签订的合同，按完工百分比每年确认收入的金额、尚未确认的合同金额。对以上内容进行补充披露。 （4）补充披露报告期内营业收入中某公司代销收入的金额及所占比例、现销收入的金额及所占比例；对于各业务分布收入，应分别列示发行人（母公司）和子公司的收入金额及比例。发行人还应结合营销模式补充说明某公司代销收入的确认方法、母子公司各项业务收入的分成方式。
毛利率和业绩	结合各类产品的销售价格、成本等因素分析毛利率增减变动对发行人业绩的影响（内因分析）	（1）报告期内××产品毛利率持续上升，其他产品毛利率波动较大。结合各类产品的销售价格、成本等因素定量分析并披露毛利率的变动原因。 （2）发行人报告期内主营业务收入中"其他产品"占比较大，而毛利较低。在"财务会计信息与管理层分析"中详细说明主营业务收入中"其他产品"的详细内容和金额，并分析其毛利较低的原因。 （3）保荐机构核查、进一步定量分析毛利率变化的相关因素及影响程度，对相关内容进行补充披露。 （4）发行人在逐步提高主要产品价格，同时其主要产品的原材料价格在2009年呈下降趋势，补充披露其2009年1—6月综合毛利率低于2008年3.86个百分点的原因，保荐机构分析发行人当年及未来的成长性。 （5）发行人报告期内毛利率波动较大，按照不同业务类别，分析说明并披露报告期内相关毛利率变动情况及原因。
	从申报期间的毛利率分析发行人的业绩水平（比较）	针对发行人报告期内综合毛利率2008年及2009年上半年均下降的情况，以及三块主营业务的毛利率在2009年上半年均出现下降的情况，详细披露原因。

（续表）

项目	关注点	指令发行人和中介机构补充披露的典型要求
毛利率和业绩	从行业角度分析发行人的业绩水平（外因分析）	（1）补充分析公司产品毛利率明显高于同行业平均水平的原因，请保荐机构及申报会计师进行核查并发表意见。 （2）保荐机构分析我国××行业发展状况及行业盈利、毛利率水平，国内主要竞争对手的收入、利润、毛利率、数量等情况，适当披露相关信息，并说明发行人盈利水平高于行业平均水平的原因。 （3）报告期发行人主营业务毛利率波动较大。①结合产品收入构成、销量、价格、单位成本等具体因素，在招股说明书"风险因素"中详细披露导致报告期主营业务毛利率波动较大的因素及影响数，以及上述因素可能对发行人将来的具体影响。②对主要产品报告期的毛利率及其变化趋势与同行业生产同类产品的其他公司进行对比分析，若存在差异，详细说明差异形成的原因，并在招股说明书"财务会计信息与管理层分析"中补充披露。
费用	关注期间费用尤其是销售费用和管理费用与收入和利润之间的合理性	保荐机构及申报会计师核查发行人销售费用与营业收入是否配比，与同行业情况是否一致并发表明确意见。
	申报期间的期间费用尤其是销售费用、管理费用各年度之间的变动趋势的合理性	（1）说明：①三年又一期内销售费用、管理费用的主要明细项目（包括但不限于研发费、广告费、赞助费、门店租金等费用）变动趋势及对公司盈利状况的影响。②2009年已投入广告和计划广告的全部情况，2009年聘××作为形象代言人的代言费用情况，相关费用是否已在利润表中确认。③公司研究开发费用在1年内的投入是否均衡，2009年1—6月的研究开发费用投入情况。会计师和保荐机构进行核查。 （2）导致2007年费用占营业收入的比例大幅增加、2008年占比又大幅下降的具体因素和影响数。 （3）进一步分析说明2008年管理费用、财务费用上升的原因，请会计师予以核查。 （4）分析说明并披露报告期内管理费用大幅上升的原因，保荐机构、申报会计师予以核查。

(续表)

项目	关注点	指令发行人和中介机构补充披露的典型要求
费用	与该企业经营有关的某几项重要费用占销售费用、管理费用的合理性	(1) 说明现金流量表中差旅费与咨询顾问费支出占各年度销售费用支出比例波动的原因,以及各年度销售费用占销售收入比重波动的原因,保荐机构和申报会计师进行核查并发表意见。 (2) 发行人主要产品为××食品,说明并披露主要产品的消费群体和主要广告投放媒体,报告期各期销售费用尤其是广告费用的内容、金额、占收入比重、变动情况分析、与营业收入的变动趋势是否一致。
	期间费用尤其是销售费用和管理费用与行业水平比较的合理性	(1) 补充披露销售费用金额逐年上升的原因以及销售费用占营业收入比例与同行业上市公司相比较的情况,如变动较大,补充分析原因。请保荐机构及申报会计师进行核查并发表意见。 (2) 说明报告期内销售费用、管理费用的主要明细项目及变动趋势、对盈利状况的影响,请保荐机构分析并发表意见。
	其他	(1) 披露某市 A 有限公司为发行人及其子公司代理广告业务的具体情况,包括主要客户、业务运营情况、广告媒体及渠道、宣传效果、发行人广告业务占某业务收入的比例等。 (2) 说明报告期内销售费用、管理费用的主要明细项目及变动趋势、对盈利状况的影响,请保荐机构分析并发表意见。
现金流量	经营性现金流量为负数的原因及改进措施	发行人近两年及一期的经营活动净现金流量均为负数,具体分析面临的现金流压力及拟采取的措施。
	三张主表之间的内在勾稽关系引申的发行人的潜在财务风险	补充说明发行人报告期经营活动产生的现金流量与同期净利润不匹配的原因,并结合行业情况补充披露 2009 年 1—6 月现金及现金等价物净增加额为负的原因,以及由此可能产生的流动性风险和偿债风险。保荐机构及申报会计师进行核查并发表意见。

(续表)

项目	关注点	指令发行人和中介机构补充披露的典型要求
非经常性损益		（1）披露其他流动负债的主要内容和金额，计算并列示最近三年及一期扣除非经常性损益后的净利润金额。 （2）严格按照《公开发行证券的公司信息披露解释性公告第1号》编制非经常性损益明细表，列示主要项目的计算过程，请会计师进行核查并发表意见。 （3）招股说明书中"归属于母公司股东的扣除非经常性损益后的净利润"数据前后不一致，说明不一致的原因并更正披露。
会计处理的合规性说明	重大事项会计处理的合规性说明	（1）会计师对发行人子公司××资产的会计处理是否符合《企业会计准则》的规定进行核查并明确发表意见。 （2）发行人报告期内归属于母公司股东的合并净利润与母公司净利润差距较大，其中2009年上半年母公司净利润高于归属于母公司股东的合并净利润。补充披露各项差异的具体原因。 （3）补充披露某工程财政贴息的到账情况，会计师应就相关会计处理是否符合《企业会计准则》的规定发表意见。 （4）说明2009年××月××日将某公司采用非企业合并方式纳入合并范围的依据及对合并财务报表的影响，请会计师进行核查并出具说明。 （5）说明在报告期内的委托理财及类似的投资行为的金额、收益及相关会计处理情况，请保荐机构和申报会计师进行核查并发表意见。 （6）例如，发行人在2006年、2007年对A公司持股55%，2007年12月，发行人将55%股权转让给B，但发行人在2006年、2007年未将生物制品纳入其合并财务报表。说明并披露A公司2006年和2007年末的总资产、净资产及2006年和2007年的营业收入和净利润，B与发行人的关系及B的其他投资情况。请会计师核查A公司在2006年、2007年未纳入合并报表的依据及合理性，并就此事项发表明确意见。

(续表)

项目	关注点	指令发行人和中介机构补充披露的典型要求
会计处理的合规性说明	重大事项会计处理的合规性说明	（7）说明各资产重组事项的会计处理情况，包括但不限于相关资产的确认时点、入账金额、报告期内计提折旧的金额、计提资产减值准备的情况，以及相关会计处理的依据等。会计师对发行人会计处理是否符合《企业会计准则》的相关规定以及会计处理的一致性进行核查，并发表意见。 （8）按照《企业会计准则解释第3号》的有关规定，在申报利润表中补充披露综合收益相关金额，并请会计师核查。 （9）会计师结合递延所得税资产的确认依据，就发行人应收账款坏账准备的计提政策和比例是否稳健发表意见。 （10）补充披露"其他应收款"中应收控股股东某公司××万元和"其他应付款"中应付控股股东某公司××万元的原因与内容。 （11）补充披露"其他应收款"中某公司代收××万元的原因及内容。 （12）补充披露其他应付款金额较大及变动原因。 （13）说明并披露发行人与某股份是否存在直接或间接的关联关系，并披露报告期内与某股份的资金、业务往来情况，2009年××月××日其他应收款确认应收某股份××万元保证金的性质及原因。请保荐机构、会计师进行核查并出具专项意见。
	重要会计科目说明	（1）披露发行人受限制货币资金产生的原因、金额。 （2）披露应付票据、应付账款、预付款项的构成、形成原因及性质。
	合并范围的合规性	（1）说明并披露：① A公司、B公司的合并日及确定依据；② 收购B公司股权属于非同一控制下企业合并的确认依据及对财务报表的影响；③ 2007年度是否已将A公司纳入合并报表范围，请会计师进行核查并出具专项说明。 （2）发行人申报材料显示，C公司51%股权的转让于2009年6月30日后基本完成。说明C公司不纳入其合并财务报表对发行人资产状况及经营成果的具体影响。

项目	关注点	指令发行人和中介机构补充披露的典型要求
原始报表和申报报表	（1）无差异是不正常的，说明作假；有差异没有关系，披露即可 （2）大幅调增报告期利润的：① 取得充足证据，说明该差异的真实性；② 由于差异产生的补缴税款事项，需要取得税务主管部门的相关文件，确认不对补缴税款进行处罚；③ 实际控制人、控股股东承诺：如因补缴税款事项而遭到罚款，由其承担 （3）"原始财务报表"是公司当年度向税务部门实际报送的财务报表	（1）2006年和2007年发行人原始财务报表与申报财务报表存在差异。保荐机构、会计师说明其他应付款中"计提应付未付产品成本调增"的原因，说明营业收入和营业成本跨期调整的对应关系。 （2）补充提供2008年原始利润表，补充披露A会计师事务所2006年审计报告（××会审字〔2007〕第×××号）、B会计师事务所2008年审计报告（××会审字〔2008〕第×××号）所附报表与原始财务报表不相符的原因。请保荐机构及申报会计师进行核查并发表意见。

六、主板、创业板的股利分配政策要求

表8-4 股利分配政策表

	主板的股利分配政策要求	创业板的股利分配政策要求
招股说明书与股利分配政策相关的信息披露	1. 发行人应当在招股说明书"管理层讨论与分析"一节补充披露： （1）公司未来分红回报规划、制定时考虑的因素及已经履行的决策程序。回报规划应当着眼于公司的长远和可持续发展，在综合分析企业经营发展实际、股东要求和意愿、社会资金成本、外部融资环境等因素的基础上，充分考虑公司目前及未来盈利规模、现金流量状况、发展所处阶段、项目投资资金需求、本次发行融资、银行信贷及债权融资环境等情况，细化分红回报规划，建立对投资者持续、稳定、科学的回报机制，保持股利分配政策的连续性和稳定性。	1. 发行人应当在招股说明书"财务会计信息与管理层分析"一节明确或补充披露以下信息： （1）报告期内发行人利润分配政策及历次利润分配具体实施情况。包括：公司章程（草案）中有关利润分配政策的具体规定，发行人审议通过分配方案的具体内容及实施情况。发行人报告期内未进行利润分配的，应当披露原因及留存资金的具体用途。发行人利润主要来源于控股子公司的，应当参照上述要求执行。同时，发行人应当披露控股子公司的管理制度、章程中的利润分配条款及能否保证发行人未来具备现金分红能力。

(续表)

	主板的股利分配政策要求	创业板的股利分配政策要求
招股说明书与股利分配政策相关的信息披露	(2) 分红回报规划中需明确披露是否有现金分红最低金额或比例的安排,确定最低分红比例的原因,说明未分配利润的用途。是否有未来3年具体股利分配计划,如有,应进一步披露拟定最低金额或比例、未来3年具体股利分配计划的依据和可行性,否则应详细论证未来有该等安排和计划的原因。 2. 发行人应当在招股说明书"股利分配政策"一节补充披露发行上市后的利润分配政策及具体计划、决策程序。主要应包括: (1) 利润分配的形式,股利分配的期间间隔(是否拟进行中期现金分红); (2) 发放股票股利的具体条件; (3) 现金分红的具体条件,各期现金分红最低金额或比例(如有); (4) 未来3年具体股利分配计划(如有); (5) 公司章程中关于股利分配政策的决策程序、具体内容的约定。 3. 保荐机构应当对发行人披露的上述事项进行核查发表意见: (1) 发行人的利润分配政策是否注重给予投资者稳定回报、是否有利于保护投资者合法权益; (2) 公司章程(草案)及招股说明书对利润分配事项的规定和信息披露是否符合有关法律、法规、规范性文件的规定; (3) 发行人股利分配决策机制是否健全、有效和有利于保护公众股东权益。	(2) 公司分红回报规划及其制定考虑的因素及履行的决策程序。回报规划应当着眼于公司的长远和可持续发展,在综合分析企业经营发展实际、股东要求和意愿、社会资金成本、外部融资环境等因素的基础上,建立对投资者持续、稳定、科学的回报机制。 (3) 发行人发行上市后的利润分配政策,以及具体的规划和计划。主要包括:① 利润分配的具体政策、利润分配的形式和条件;② 现金分红的具体条件和金额或比例、发放股票股利的具体条件、利润分配的期间间隔(是否进行中期现金分红);③ 发行人当年或今后年度拟不进行利润分配的,说明原因及留存资金的具体用途;④ 发行人当年未分配利润的使用计划安排或原则;⑤ 利润分配应履行的审议程序,说明发行人如何制定各期利润分配的具体规划和计划安排,以及调整规划或计划的条件和需要履行何种决策程序。如因公司外部环境或者自身经营状况发生较大变化而需要调整利润分配政策的,应以股东权益保护为出发点,在股东大会提案中详细论证和说明原因,并严格履行相关决策程序。 2. 发行人应当在招股说明书首页作"重大事项提示":发行人发行上市后的利润分配政策,所做出的具体回报规划、分红的政策和分红计划,并提示详细参阅"财务会计信息与管理层分析"一节的内容。

(续表)

	主板的股利分配政策要求	创业板的股利分配政策要求
招股说明书与股利分配政策相关的信息披露	4. 发行人应当在招股说明书扉页作"重大事项提示":发行人发行上市后的利润分配政策,所做出的具体回报规划、现金分红的最低金额或比例(如有)、未来3年具体股利分配计划(如有),并提示详细参阅"股利分配政策"一节的内容。	
公司章程(草案)与股利分配政策相关内容	发行人的公司章程(草案)就股利分配政策应当载明以下内容: 1. 董事会、监事会和股东大会对利润分配政策的决策机制与程序,以及由于外部经营环境或者自身经营状况发生较大变化而调整利润分配政策的决策机制与程序。决策机制与过程应充分考虑独立董事、外部监事和公众投资者的意见。 2. 发行上市后的利润分配政策,包括但不限于:利润分配的形式,利润分配的期间间隔(是否拟进行中期现金分红),发放股票股利的具体条件,现金分红的具体条件,各期现金分红最低金额或比例(如有)。	发行人的公司章程(草案)就股利分配政策应当载明以下内容: 1. 董事会、监事会和股东大会对利润分配政策的研究论证程序和决策机制,在有关决策和论证过程中应充分考虑独立董事、外部监事和公众投资者的意见。 2. 发行上市后的利润分配政策,包括利润分配的形式、现金分红的具体条件和金额或比例、发放股票股利的具体条件、利润分配的期间间隔(是否进行中期现金分红)、利润分配应履行的审议程序。 3. 发行人如何制定各期利润分配的具体规划和计划安排,以及调整规划或计划的条件和需要履行何种决策程序。如因公司外部经营环境或者自身经营状况发生较大变化而需要调整利润分配政策的,应以股东权益保护为出发点,在股东大会提案中详细论证和说明原因,并严格履行相关决策程序。
中介机构与股利分配政策相关的信息披露		

请保荐机构、律师和申报会计师对发行人披露的上述事项进行核查,并明确在有关专业意见中载明核查的意见,特别应说明:

1. 发行人的利润分配政策是否注重给予投资者稳定回报、是否有利于保护投资者合法权益;
2. 公司章程(草案)及招股说明书对利润分配事项的规定和信息披露是否符合有关法律、法规、规范性文件的规定。

七、股份支付

表 8-5　股权支付基本要素表

事项	具体说明
适用情形	1. 发行人取得职工和其他方提供的服务。向员工（包括高管）、特定供应商等低价发行股份以换取服务的，应作为股份支付进行核算。高管间接入股或受让发行人股份，也属于股份支付。如高管设立投资公司，以该公司间接入股，或从发行人大股东受让取得发行人股份。 2. 服务有对价。
可以不适用	1. 基于股东身份取得股份，如向实际控制人增发股份，或对原股东配售股份，有时尽管配售比例不一。 2. 对近亲属转让或发行股份，原则上不作股份支付，该交易多为赠与性质。 3. 高管原持有子公司股权，整改规范后改为持有发行人股份，该交易与获取服务无关，不属于股份支付。
确定公允价值方式	同期内有高管和外部投资者入股的，高管取得股份的公允价值不能超过 PE 的价格，但也不能低于每股净资产，特殊行业也有例外，如房地产上市公司股票价格也有低于净资产的。PE 要有一定的量，金额太小就会没有代表性。没有说以 PE 价格作为高管取得股份的公允价格，公允价值是如何在上述上限与下限之间确定的，应有合理的理由和调整因素，这个要由发行人和会计师进行专业判断。 没有 PE 的，可以用估值模型确定公允价值，评估价值也可以接受。 由于高管间接持有的发行人股份不能直接流通变现，因此，其公允价值与直接持有发行人股份会有所不同，可采用估值模型，有时按净资产确认公允价值也可以。
相关费用的处理	股份支付如存在等待期，可在等待期内分期摊销。如约定高管在取得股份后有一个服务期的，先行权后分期摊销也可以，但必须符合以下条件：在服务期满前高管离职的，与股份相关的利益必须流回公司，否则需一次摊销。 发行部不鼓励将股份支付的费用分期摊销。 除另发文规定外，股份支付相关费用可作为非经常性损益扣除。
其他	1. 高管入股距今时间较长（如已间隔一年半以上的），且入股价格不低于入股时企业每股净资产的，可考虑不作为股份支付处理。 2. 已过会企业，对报告期内涉及的高管取得股份的处理原则上不作变动。

八、评估验资复核总结

(一) 相关法律规定

表 8-6　评估验资规定表

序号	发布时间	文号	名称	内容
1	2008年4月29日	财企〔2008〕81号	财政部、证监会《关于从事证券期货相关业务的资产评估机构有关管理问题的通知》	规定了资产评估机构取得证券业务评估资格的申请条件;资产评估机构分支机构的设立;资产评估机构的合并、分立、重大事项报备、年度报备、日常管理;证券评估资格的撤回等事项。
2	2012年1月21日	财会〔2012〕2号	财政部、证监会《关于会计师事务所从事证券期货相关业务有关问题的通知》(2012年修订)	规定了会计师事务所从事证券、期货相关业务资格的申请条件;具有证券资格的会计师事务所的合并、分立和转制,重大事项报备,年度报备,监管等事项。
3	2006年5月18日	证监发行字〔2006〕6号	《公开发行证券的公司信息披露内容与格式准则第9号——首次公开发行股票并上市申请文件》(2006年修订)	附录:《首次公开发行股票并上市申请文件目录》第八章8-4发行人设立时和最近三年及一期的资产评估报告(含土地评估报告)。第八章8-5发行人的历次验资报告。
4	2006年5月18日	证监发行字〔2006〕5号	《公开发行证券的公司信息披露内容与格式准则第1号——招股说明书》(2006年修订)	承担评估业务的资产评估机构和承担验资业务的机构应在招股说明书正文后声明:对招股说明书相关内容承担法律责任。声明由签字注册资产评估师、签字注册会计师及其所在机构负责人签名,并加盖机构公章。

(续表)

序号	发布时间	文号	名称	内容
5	2006年5月17日	证监会令第32号	《首次公开发行股票并上市管理办法》	要求为证券发行出具有关文件的证券服务机构和人员,按照本行业公认的业务标准和道德规范,严格履行法定职责,并对其所出具文件的真实性、准确性和完整性负责。
6	2005年10月27日	主席令第43号	《中华人民共和国证券法》	证券服务机构为证券的发行、上市、交易等证券业务活动制作、出具相关文件,应当勤勉尽责,对文件资料内容的真实性、准确性、完整性进行核查和验证。其制作、出具的文件有虚假记载、误导性陈述或者重大遗漏,给他人造成损失的,应当与发行人、上市公司承担连带赔偿责任,但是能够证明自己没有过错的除外。

(二) 审核指引

(1) 首发申请文件中应提供发行人设立时以及报告期内的资产评估报告,应提供发行人设立时及以后历次验资报告。

(2) 对于评估报告、验资报告的复核:

① 三年内涉及资本项目变动(增资、股权转让等)的所有验资、评估都要复核;与日常业务相关的评估可以不复核,如仅购买某些生产设备。

② 三年外的,原则上可以不复核。

③ 虽在三年外,但有重大影响的报告也要复核,如涉及股份公司设立等资本变动。

(3) 出具相关报告的资产评估机构或验资机构不具备证券从业资格或证券从业资格被注销以及机构被解散的:

① 若相关资产评估在报告期内且与发行人增加注册资本相关的则需要具有证券从业资格的评估机构对上述资产评估报告进行复核,并提供复核报告。

② 若相关验资在报告期内则需要具有证券从业资格的验资机构对上述验资报告进行复核,并提供复核报告。

(4) 申报期之外的实收资本、股本存在重大违规情形的,应当由申报会计师进行验资复核。

(5) 承担报告期内且与发行人增加注册资本相关的资产评估业务的评估机构

和承担发行人股份有限公司设立时及最后一次验资业务的验资机构应在招股说明书正文后发表声明。若该机构不具备证券从业资格或证券从业资格被注销以及机构被解散的,由为其进行复核的具有证券从业资格的机构签署声明。

(6) 承担评估和验资业务的机构被吸收合并的,招股说明书正文后的声明由相关存续机构出具,承担相关评估和验资业务的人员已经离职的,由相关评估和验资机构出具说明。

(7) 保荐机构应对相关资产评估机构和验资机构的变动情况及是否具有证券从业资格等进行尽职调查。

(8) 对于不强制要求提供的资产评估报告和验资报告,证监会发行监管部在审核中若发现相关资产评估和验资存在严重问题的,可以要求发行人在申报文件中补充提供。

九、关联方披露概述

关联方关系及其交易的披露,有助于会计信息使用者了解企业真实的财务状况和经营成果。《企业会计准则第 36 号——关联方披露》规范了关联方关系及其交易的披露。关联方一般是指有关联的各方,关联方关系是指有关联的各方之间存在的内在联系。《企业会计准则第 36 号——关联方披露》规定:一方控制、共同控制另一方或对另一方施加重大影响,以及两方或两方以上同受一方控制、共同控制的,构成关联方。因此,关联方关系往往存在于控制或被控制、共同控制或被共同控制、施加重大影响或被施加重大影响的各方之间。关联方具有以下特征:

一是关联方涉及两方或多方。关联方关系是有关联的双方或多方之间的相互关系。关联方关系必须存在于两方或多方之间,任何单独的个体不能构成关联方关系。例如,一个企业不能构成关联方关系。

二是关联方以各方之间的影响为前提。这种影响包括控制或被控制、共同控制或被共同控制、施加重大影响或被施加重大影响的各方之间。即建立控制、共同控制和施加重大影响是关联方存在的主要特征。《企业会计准则第 36 号——关联方披露》所指的"控制"、"共同控制"和"重大影响",与《企业会计准则第 2 号——长期股权投资》及《企业会计准则第 33 号——合并财务报表》等准则的规定相同。

(一) 关联方关系的认定

关联方关系的存在是以控制、共同控制或重大影响为前提条件的。在判断是否存在关联方关系时,应当遵守实质重于形式的原则。《企业会计准则第 36 号——关联方披露》第 3 条是判断关联方关系是否存在的基本标准,界定了构成企业关联方关系的有关方面。根据《企业会计准则第 36 号——关联方披露》的规定,关联方关系存在于:

表8-7　会计准则中关联主体说明表

序号	关联方	解释说明
1	该企业的母公司	不仅包括直接或间接地控制该企业的其他企业,也包括能够对该企业实施直接或间接控制的单位等。 1. 某一个企业直接控制一个或多个企业。例如,母公司控制一个或若干个子公司,则母公司与子公司之间即为关联方关系。 2. 某一个企业通过一个或若干个中间企业间接控制一个或多个企业。例如,母公司通过其子公司,间接控制子公司的子公司,表明母公司与其子公司的子公司存在关联方关系。 3. 一个企业直接地和通过一个或若干个中间企业间接地控制一个或多个企业。例如,母公司对某一企业的投资虽然没有达到控股的程度,但由于其子公司也拥有该企业的股份或权益,如果母公司与其子公司对该企业的投资之和达到拥有该企业一半以上表决权资本的控制权,则母公司直接和间接地控制该企业,表明母公司与该企业之间存在关联方关系。
2	该企业的子公司	包括直接或间接地被该企业控制的其他企业,也包括直接或间接地被该企业控制的企业、单位、基金等特殊目的实体。
3	与该企业受同一母公司控制的其他企业	因为两个或多个企业有相同的母公司,对它们都具有控制能力,即两个或多个企业如果有相同的母公司,它们的财务和经营政策都由相同的母公司决定,各个被投资企业之间由于受相同母公司的控制,可能为自身利益而进行的交易受到某种限制。因此,《企业会计准则第36号——关联方披露》规定与该企业受同母公司控制的两个或多个企业之间构成关联方关系。
4	对该企业实施共同控制的投资方	这里的共同控制包括直接的共同控制和间接的共同控制。需要强调的是,对企业实施直接或间接共同控制的投资方与该企业之间是关联方关系,但这些投资方之间并不能仅仅因为共同控制了同一家企业而视为存在关联方关系。例如,A、B、C三个企业共同控制D企业,从而A和D、B和D以及C和D成为关联方关系。如果不存在其他关联方关系,A和B、A和C以及B和C之间不构成关联方关系。

（续表）

序号	关联方	解释说明
5	对该企业施加重大影响的投资方	这里的重大影响包括直接的重大影响和间接的重大影响。对企业实施重大影响的投资方与该企业之间是关联方关系，但这些投资方之间并不能仅仅因为对同一家企业具有重大影响而视为存在关联方关系。例如，A企业和C企业均能够对B企业施加重大影响，如果A和C不存在其他关联方关系，则A和C不构成关联方关系。
6	该企业的合营企业	合营企业，指按照合同规定经营活动由投资双方或若干方共同控制的企业。合营企业的主要特点在于投资各方均不能对被投资企业的财务和经营政策单独作出决策，必须由投资各方共同作出决策。因此，合营企业是以共同控制为前提的，两方或多方共同控制某一企业时，该企业则为投资者的合营企业。例如，A、B、C、D企业各占F企业表决权资本的25%，按照合同规定，投资各方按照出资比例控制F企业，由于出资比例相同，F企业由A、B、C、D企业共同控制，在这种情况下，A和F、B和F、C和F以及D和F之间构成关联方关系。
7	该企业的联营企业	联营企业，指投资方对其具有重大影响，但不是投资者的子公司或合营企业的企业。联营企业和重大影响是相联系的，如果投资者能对被投资企业施加重大影响，则该被投资企业视为投资者的联营企业。
8	该企业的主要投资者个人及与其关系密切的家庭成员	主要投资者个人，是指能够控制、共同控制一个企业或者对一个企业施加重大影响的个人投资者。 1. 某一企业与其主要投资者个人之间的关系。例如，张某是A企业的主要投资者，则A企业与张某构成关联方关系。 2. 某一企业与其主要投资者个人关系密切的家庭成员之间的关系。例如，A企业的主要投资者张某的儿子与A企业构成关联方关系。

(续表)

序号	关联方	解释说明
9	该企业或其母公司的关键管理人员及与其关系密切的家庭成员	关键管理人员，是指有权力并负责计划、指挥和控制企业活动的人员。通常情况下，企业关键管理人员负责管理企业的日常经营活动，并且负责制定经营计划、战略目标、指挥调度生产经营活动等，主要包括董事长、董事、董事会秘书、总经理、总会计师、财务总监、主管各项事务的副总经理以及行使类似职能的人员等。 1. 某一企业与其关键管理人员之间的关系。例如，A企业的总经理与A企业构成关联方关系。 2. 某一企业与其关键管理人员关系密切的家庭成员之间的关系。例如，A企业的总经理张某的儿子与A企业构成关联方关系。
10	该企业主要投资者个人、关键管理人员或与其关系密切的家庭成员控制、共同控制或施加重大影响的其他企业	与主要投资者个人或关键管理人员关系密切的家庭成员，是指在处理与企业的交易时可能影响该个人或受该个人影响的家庭成员，例如父母、配偶、兄弟、姐妹和子女等。判断与主要投资者个人或关键管理人员关系密切的家庭成员是否为一个企业的关联方，应当视他们在处理与企业交易时的互相影响程度而定。对于这类关联方，应当根据主要投资者个人、关键管理人员或与其关系密切的家庭成员对两家企业的实际影响力具体分析判断。 1. 某一企业与受该企业主要投资者个人控制、共同控制或施加重大影响的其他企业之间的关系。例如，A企业的主要投资者H拥有甲企业60%的表决权资本，则A和甲企业存在关联方关系。 2. 某一企业与受该企业主要投资者个人关系密切的家庭成员控制、共同控制或施加重大影响的其他企业之间的关系。例如，A企业的主要投资者乙的妻子拥有C企业60%的表决权资本，则A和C企业存在关联方关系。 3. 某一企业与受该企业关键管理人员控制、共同控制或施加重大影响的其他企业之间的关系。例如，A企业的关键管理人员D控制了丙企业，则A和丙企业存在关联方关系。 4. 某一企业与受该企业关键管理人员关系密切的家庭成员控制、共同控制或施加重大影响的其他企业之间的关系。例如，A企业的财务总监Y的妻子是丁企业的董事长，则A和丁企业存在关联方关系。 企业设立的企业年金基金也构成企业的关联方。

(二) 关联方关系界定的例外情况

如上所述,控制、共同控制和重大影响是判断关联方关系的基本标准,因此,不符合标准的应当排除在外。具体而言,仅与企业存在下列关系的各方,不构成企业的关联方。

表8-8 会计准则中非关联方表

序号	情形	说明
1	与该企业发生日常往来的资金提供者、公用事业部门、政府部门和机构,以及与该企业发生大量交易而存在经济依存关系的单个客户、供应商、特许商、经销商和代理商之间,不构成关联方关系。	因为,企业在日常经营活动中,往往与资金提供者、公用事业部门,与企业发生大量交易的供应商、代理商、购买者等往来比较密切,与国有企业、政府部门和机构也有较多的联系,但是如果上述相应各方之间不存在控制和被控制、共同控制和被共同控制、施加重大影响和被施加重大影响时,则不构成关联方关系。
2	与该企业共同控制合营企业的合营者之间,通常不构成关联方关系。	如果两个企业按照合同分享一个合营企业的控制权,某个企业单方面无法作出合营企业的经营和财务的决策,而合营企业是一个独立的法人,合营方各自对合营企业有重大影响,但各合营者无法影响其他合营者。在没有其他关联关系的情况下,仅因为某一合营企业的共同合营者,不能认定各合营者之间是关联方。
3	仅仅同受国家控制而不存在控制、共同控制或重大影响关系的企业,不构成关联方关系。	在我国,国家控制的企业如国有企业不同于《企业会计准则第36号——关联方披露》所讲的存在控制、共同控制、重大影响关系的企业,国有企业都是独立法人和市场主体,实行自主经营、自负盈亏,相互之间不存在《企业会计准则第36号——关联方披露》所指的控制、共同控制或重大影响关系,不符合关联方关系。此外,如果将仅受国家控制,但不存在控制、共同控制或重大影响关系的企业都视为关联方,这些企业之间的交易都作为关联交易来处理,在实务中无法操作;而且会扭曲关联方及其交易的本质,掩盖真正的关联方及其交易。所以,如果将同受国家控制的企业之间视为关联方,在不存在控制、共同控制和重大影响时,则所有的国有企业由于其拥有共同的所有者而都成为关联方,这就扩大了关联方的范围,混淆了关联方及其交易的本质特征。

(续表)

序号	情形	说明
4	受同一方重大影响的企业之间不构成关联方。	例如,同一个投资者的两家联营企业之间不构成关联方;仅拥有同一位关键管理人员的两家企业之间不构成关联方,某人既是一家企业的关键管理人员,同时又能对另一家企业实施重大影响,在不存在其他关联方关系的情况下,这两家企业不构成关联方。

(三) 关联方交易的判断

关联方交易,是指关联方之间转移资源、劳务或义务的行为,而不论是否收取价款。这一定义的要点有:

(1) 按照关联方定义,构成关联方关系的企业之间、企业与个人之间的交易,即通常是在关联方关系已经存在的情况下,关联各方之间的交易。

(2) 资源或义务的转移是关联方交易的主要特征,一般情况下,在资源或义务转移的同时,风险和报酬也相应转移。

(3) 关联方之间资源或义务的转移价格,是了解关联方交易的重要方面。

(四) 关联方交易的类型

《企业会计准则第36号——关联方披露》例举了关联方交易的类型判断是否属于关联方交易,应以交易是否发生为依据,而不是以是否收取价款为前提。关联方的交易类型主要有:

(1) 购买或销售商品。购买或销售商品是关联方交易较常见的交易事项,例如,企业集团成员之间互相购买或销售商品,从而形成了关联方交易。

(2) 购买或销售除商品以外的其他资产。例如,母公司出售给其子公司设备或建筑物等。

(3) 提供或接受劳务。例如,A企业是B企业的联营企业,A企业专门从事设备维修服务,B企业的所有设备均由A企业负责维修,B企业每年支付设备维修费用300万元。

(4) 担保。担保包括在借贷、买卖、货物运输、加工承揽等经济活动中,为了保障其债权实现而实行的担保等。当存在关联方关系时,一方往往为另一方提供为取得借款、买卖等经济活动中所需要的担保。

(5) 提供资金(贷款或股权投资)。例如,企业从其关联方取得资金,或权益性资金在关联方之间的增减变动等。

(6) 租赁。租赁通常包括经营租赁和融资租赁等,关联方之间的租赁合同也是主要的交易事项。

(7) 代理。代理主要是依据合同条款,一方可为另一方代理某些事务,如代理销售货物,或代理签订合同等。

(8) 研究与开发项目的转移。在存在关联方关系时,有时某一企业所研究与开发的项目会由于一方的要求而放弃或转移给其他企业。例如,B公司是A公司的子公司,A公司要求B公司停止对某一新产品的研究和试制,并将B公司研究的现有成果转给A公司最近购买的、研究与开发能力超过B公司的C公司继续研制,从而形成关联方交易。

(9) 许可协议。当存在关联方关系时,关联方之间可能达成某项协议,允许一方使用另一方商标等,从而形成了关联方之间的交易。

(10) 代表企业或由企业代表另一方进行债务结算。

(11) 关键管理人员薪酬。企业支付给关键管理人员的报酬,也是一项主要的关联方交易。

关联方交易还包括就某特定事项在未来发生或不发生时所作出的采取相应行动的任何承诺,例如(已确认及未确认的)待执行合同。

(五) 关联方的披露

《企业会计准则第36号——关联方披露》要求,企业财务报表中应披露所有关联方关系及其交易的相关信息,具体内容包括:

1. 企业无论是否发生关联方交易,均应当在附注中披露与该企业之间存在直接控制关系的母公司和子公司有关的信息

关联方关系存在于母公司和子公司之间的,应当披露母公司和所有子公司的名称,母公司和子公司的业务性质、注册地、注册资本(或实收资本、股本)及其变化,以及母公司对于该企业对子公司的持股比例和表决权比例。在披露母公司名称时,母公司不是该企业最终控制方的,还应当披露企业集团内对该企业享有最终控制权的企业(或主体)的名称。母公司和最终控制方均不对外提供财务报表的,还应当披露母公司之上与其最相近的对外提供财务报表的母公司名称。

2. 企业与关联方发生关联方交易的,应当在附注中披露该关联方关系的性质、交易类型及交易要素

关联方关系的性质,是指关联方与该企业的关系,即关联方是该企业的子公司、合营企业、联营企业等;交易类型通常包括购买或销售商品、购买或销售商品以外的其他资产、提供或接受劳务、担保、提供资金(贷款或股权投资)、租赁、代理、研究与开发项目的转移、许可协议、代表企业或由企业代表另一方进行债务结算等;交易要素至少应当包括:交易的金额;未结算项目的金额、条款和条件,以及有关提供或取得担保的信息;未结算应收项目坏账准备金额;定价政策。关联方交易的金额应当披露相关比较数据。

关联方交易的披露应遵循重要性原则。对企业财务状况和经营成果有影响的

关联方交易,应当分别关联方以及交易类型披露;不具有重要性的,类型相似的非重大交易可合并披露,但以不影响财务报表阅读者正确理解企业财务状况、经营成果为前提。判断关联方交易是否重要,不应以交易金额的大小作为判断标准,而应当以交易对企业财务状况和经营成果的影响程度来确定。

3. 对外提供合并财务报表的,对于已经包括在合并范围内各企业之间的交易不予披露

合并财务报表是将集团作为一个整体来反映与其有关的财务信息,在合并财务报表中,企业集团作为一个整体看待,企业集团内的交易已不属于交易,并且已经在编制合并财务报表时予以抵消。因此,《企业会计准则第36号——关联方披露》规定对外提供合并财务报表的,除了应按上述两项要求进行披露外,对于已经包括在合并范围内并已抵消的各企业之间的交易不予披露。

(六) 新旧比较

《企业会计准则第36号——关联方披露》是在对1997年发布实施的《企业会计准则——关联方关系及其交易的披露》进行修订完善的基础上完成的,新准则与原准则相比,主要变化如下:

1. 取消了有关个别财务报表中关联方关系及其交易信息披露的豁免

《企业会计准则——关联方关系及其交易的披露》,不要求在与合并财务报表一同提供的母公司财务报表中披露关联方交易。《企业会计准则第36号——关联方披露》规定,企业个别财务报表中应当披露所有关联方关系及其交易的相关信息。

2. 拓宽了关联方的外延

《企业会计准则——关联方关系及其交易的披露》规定,直接对企业实施共同控制或施加重大影响的投资方,企业关键管理人员或与其关系密切的家庭成员属于关联方。《企业会计准则第36号——关联方披露》规定,间接地对企业实施共同控制或施加重大影响的投资方,母公司的关键管理人员或与其关系密切的家庭成员,主要投资者个人、关键管理人员或与其关系密切的家庭成员直接或间接地控制、共同控制、重大影响的其他企业也属于关联方。

3. 增加了相关信息的披露要求

原准则没有对有关最终控制方名称、母公司之上与其最相近的对外提供财务报表的母公司名称、未结算项目的条款条件以及坏账准备等相关信息进行披露的规定。新准则增加了对这些信息进行披露的要求。

第二节 税 务

A股首发审核税务问题的直接依据是《首次公开发行股票并上市管理办法》第34条和《首次公开发行股票并在创业板上市管理暂行办法》第15条的规定,发行人依法纳税,享受的各项税收优惠符合相关法律法规的规定。发行人的经营成果对税收优惠不存在严重依赖。此规定表述简单,但实务工作中由于税务问题的专业性强、涉及面广、涉案金额大等原因,存在许多众说纷纭的疑难问题,对同一问题的结论常常大相径庭,解决办法也见仁见智。

根据税法的规定和上市审核工作实务,本节从以下12个专题进行论述:

一、企业重组税收基本结论

企业重组,是指企业在日常经营活动以外发生的法律结构或经济结构重大改变的交易,包括企业法律形式改变、债务重组、股权收购、资产收购、合并、分立等。在公司上市的过程中,会发生很多企业重组活动,这些企业重组活动产生的税务问题,非常复杂并且金额巨大,实事求是地说,税务机关对此类专项问题也常常难以把握、监管不足。相信随着时间的推移,企业重组中的税务问题必将越来越多地得到各方的关注。从结果的角度看,目前已经出现多起企业重组行为事后被征收逾亿元税款的案例,这些被征税的企业始料未及、代价惨重;从上市的角度看,"依法纳税"这一基本要求当然涵盖了企业重组行为产生的税负,并且此类问题也开始渐入监管层的关注范围。

(1)鉴于本书只研究上市审核标准,因此以下只对最常见的股权投资活动按照投资取得、持有、转让三个步骤分别列出有关企业所得税和个人所得税的基本结论。需要注意的是,企业重组税法规定[以财政部、国家税务总局《关于企业重组业务企业所得税处理若干问题的通知》(财税〔2009〕59号为例)]晦涩难懂,并且最近两年变化非常大,每个交易的结构和形式也不尽相同,所以以下基本结论仅供参考,不提倡直接适用。有进一步需要和研究兴趣的读者可以参考笔者专著《资本运作税法实务》(法律出版社2010年版)。

表 8-9 投资活动对应税负分析表

行为	企业所得税		个人所得税	
	法律依据	基本结论	法律依据	基本结论
投资取得股权	财政部、国家税务总局《关于企业重组业务企业所得税处理若干问题的通知》（财税〔2009〕59号）	此处的投资分为初始投资和增资。 如果是非货币资产对外投资，一般情况下适用一般性税务处理，即将投资活动分解为视同销售和投资两种行为。 符合特殊条件的，适用特殊性税务处理。特殊性税务处理的条件主要有： （1）具有合理的商业目的，且不以减少、免除或者推迟缴纳税款为主要目的。 （2）企业重组后的连续12个月内不改变重组资产原来的实质性经营活动。 （3）企业重组中取得股权支付的原主要股东，在重组后连续12个月内，不得转让所取得的股权。 （4）资产收购中，受让企业收购的资产不低于转让企业全部资产的75%，受让企业在该资产收购发生时的股权支付金额不低于其交易支付总额的85%。在股权收购中，收购企业购买的股权不低于被收购企业全部股权的75%，收购企业在该股权收购发生时的股权支付金额不低于其交易支付总额的85%。	国家税务总局《关于资产评估增值计征个人所得税问题的通知》（国税发〔2008〕115号）	个人以评估增值的非货币性资产对外投资取得股权的，对个人取得相应股权价值高于该资产原值的部分，属于个人所得，按照"财产转让所得"项目计征个人所得税。税款由被投资企业在个人取得股权时代扣代缴。

（续表）

行为	企业所得税		个人所得税	
	法律依据	基本结论	法律依据	基本结论
持有	《中华人民共和国企业所得税法》（主席令第63号）和《中华人民共和国企业所得税法实施条例》（国务院令第512号）	来源于中国境内的所得。符合条件的居民企业之间的股息、红利等权益性投资收益（居民企业直接投资于其他居民企业取得的投资收益）为免税收入；在中国境内设立机构、场所的非居民企业从居民企业取得与该机构、场所有实际联系的股息、红利等权益性投资收益为免税收入（此处所指股息、红利等权益性投资收益，不包括连续持有居民企业公开发行并上市流通的股票不足12个月取得的投资收益）。	《中华人民共和国个人所得税法》（2011年修正）（以下简称《个人所得税法》）和《中华人民共和国个人所得税法实施条例》（2011年修订）（以下简称《个人所得税法实施条例》）	股息红利所得。境内居民依法纳税，基准税率为20%；外籍个人取得的股息、红利所得予以免征个人所得税，但只限于两种情况：一是对外籍人员从外商投资企业取得的股息、红利所得；二是对持有B股或海外股（包括H股）的外籍人员，从发行该B股或者海外股的中国境内企业所取得的股息（红利）所得。
	财政部、国家税务总局《关于企业境外所得税收抵免有关问题的通知》（财税〔2009〕125号）	来源于境外的所得。（1）居民企业来源于中国境外的应税所得可采用限额抵免。（2）非居民企业在中国境内设立机构、场所，取得发生在中国境外但与该机构、场所有实际联系的应税所得可采用限额抵免。	财政部、国家税务总局《关于规范个人投资者个人所得税征收管理的通知》（财税〔2003〕158号）	如果个人投资者向其投资的企业借款，并在该纳税年度终了后既不归还，又未用于企业生产经营的，对其所借非生产经营款项，应比照投资者取得股息、红利所得征收个人所得税；个人投资者以企业资金为本人、

(续表)

行为	企业所得税		个人所得税	
	法律依据	基本结论	法律依据	基本结论
持有		（3）居民企业从其直接或者间接控制的外国企业分得的来源于中国境外的股息、红利等权益性投资收益，外国企业在境外实际缴纳的所得税税额中属于该项所得负担的部分，可以作为该居民企业的可抵免境外所得税税额，采用限额抵免（限额抵免是指，企业取得的所得已在境外缴纳的所得税税额，可以从其当期应纳税额中抵免，抵免限额为该项所得依照本法规定计算的应纳税额；超过抵免限额的部分，可以在以后五个纳税年度内，用每年度抵免限额抵免当年应抵税额后的余额进行抵补）。		家庭成员支付与企业经营无关的消费性支出及购买汽车、住房等财产性支出，应认定实际是个人投资者获得了股息、红利，应依照"利息、股息、红利所得"项目缴纳个人所得税。
			国家税务总局《关于股份制企业转增股本和派发红股征免个人所得税的通知》（国税发〔1997〕198号）	盈余公积金转增个人资本应按照"利息、股息、红利所得"项目征收个人所得税。
			国家税务总局《关于利息、股息、红利所得征税问题的通知》（国税函〔1997〕656号）	已分配挂账但未支付的股利，视为企业对个人投资者的股利分配，应及时代扣代缴个人所得税。

(续表)

行为	企业所得税		个人所得税	
	法律依据	基本结论	法律依据	基本结论
持有	财政部、国家税务总局《关于企业资产损失税前扣除政策的通知》（财税〔2009〕57号）	资产处置损失和减值损失。企业的股权投资符合下列条件之一的，减除可收回金额后确认的无法收回的股权投资，可以作为股权投资损失在计算应纳税所得额时扣除： （1）被投资方依法宣告破产、关闭、解散、被撤销，或者被依法注销、吊销营业执照的。 （2）被投资方财务状况严重恶化，累计发生巨额亏损，已连续停止经营3年以上，且无重新恢复经营改组计划的。 （3）对被投资方不具有控制权，投资期限届满或者投资期限已超过10年，且被投资单位因连续3年经营亏损导致资不抵债的。 （4）被投资方财务状况严重恶化，累计发生巨额亏损，已完成清算或清算期超过3年以上的。 （5）国务院财政、税务主管部门规定的其他条件。	国家税务总局《关于资产评估增值计征个人所得税问题的通知》（国税发〔2008〕115号）	企业资产评估增值转增个人股本。个人（自然人）股东从被投资企业取得的、以企业资产评估增值转增个人股本的部分，属于企业对个人股东股息、红利性质的分配，按照"利息、股息、红利所得"项目计征个人所得税。税款由企业在转增个人股本时代扣代缴。

（续表）

行为	企业所得税		个人所得税	
	法律依据	基本结论	法律依据	基本结论
转让	国家税务总局《关于贯彻落实企业所得税法若干税收问题的通知》（国税函〔2010〕79号）	企业转让股权收入，应于转让协议生效且完成股权变更手续时，确认收入的实现。转让股权收入扣除为取得该股权所发生的成本后，为股权转让所得。企业在计算股权转让所得时，不得扣除被投资企业未分配利润等股东留存收益中按该项股权所可能分配的金额。	《个人所得税法》（2011年修正）和《个人所得税法实施条例》（2011年修订）	个人股权转让以转让股权的收入额减除财产原值和合理费用后的余额，为应纳税所得额。
	国家税务总局《关于加强非居民企业股权转让所得企业所得税管理的通知》（国税函〔2009〕698号）	股权转让所得，是指股权转让价减除股权成本价后的差额。股权转让价，是指股权转让人就转让的股权所收取的包括现金、非货币资产或者权益等形式的金额。如被持股企业有未分配利润或税后提存的各项基金等，股权转让人随股权一并转让该股东留存收益权的金额，不得从股权转让价中扣除。股权成本价，是指股权转让人投资入股时向中国居民企业实际交付的出资金额，或购买该项股权时向该股权的原转让人实际支付的股权转让金额。	国家税务总局《关于加强股权转让所得征收个人所得税管理的通知》（国税函〔2009〕285号）	股权交易各方在签订股权转让协议并完成股权转让交易以后至企业变更股权登记之前，负有纳税义务或代扣代缴义务的转让方或受让方，应到主管税务机关办理纳税（扣缴）申报，并持税务机关开具的股权转让所得缴纳个人所得税完税凭证或免税、不征税证明，到工商行政管理部门办理股权变更登记手续。对申报的计税依据明显偏低（如平价和低价转让等）且无正当理由的，主管

(续表)

行为	企业所得税		个人所得税	
	法律依据	基本结论	法律依据	基本结论
转让		境外投资方(实际控制方)通过滥用组织形式等安排间接转让中国居民企业股权,且不具有合理的商业目的,规避企业所得税纳税义务的,主管税务机关层报税务总局审核后可以按照经济实质对该股权转让交易重新定性,否定被用作税收安排的境外控股公司的存在。	财政部、国家税务总局、证监会《关于个人转让上市公司限售股所得征收个人所得税有关问题的通知》(财税〔2009〕167号)	税务机关可参照每股净资产或个人股东享有的股权比例所对应的净资产份额核定。对个人转让限售股(股改限售股、新股限售股)取得的所得,按照"财产转让所得",适用20%的比例税率征收个人所得税。

(2)根据2011年2月18日发布的国家税务总局《关于纳税人资产重组有关增值税问题的公告》(国家税务总局公告2011年第13号)的规定,纳税人在资产重组过程中,通过合并、分立、出售、置换等方式,将全部或者部分实物资产以及与其相关联的债权、负债和劳动力一并转让给其他单位和个人,不属于增值税的征税范围,其中涉及的货物转让,不征收增值税。

(3)根据2011年9月26日发布的国家税务总局《关于纳税人资产重组有关营业税问题的公告》(国家税务总局公告2011年第51号)的规定,纳税人在资产重组过程中,通过合并、分立、出售、置换等方式,将全部或者部分实物资产以及与其相关联的债权、债务和劳动力一并转让给其他单位和个人的行为,不属于营业税征收范围,其中涉及的不动产、土地使用权转让,不征收营业税。

二、居民纳税义务人和非居民纳税义务人的纳税义务

判断居民企业和非居民企业的意义:一是两类企业的纳税义务不同:简要地说,居民企业应当就来源于中国境内、境外的所得向中国政府缴纳企业所得税;非居民企业仅就来源于中国境内的收入向中国政府缴纳企业所得税。二是发行人股东、业务涉外的情形越来越多,分清不同的纳税义务日益重要。

(一) 居民企业和非居民企业的判断

根据《中华人民共和国企业所得税法》第2条[①]和《中华人民共和国企业所得税法实施条例》第4条[②]的规定,对居民企业和非居民企业的判定见表8-10。

表8-10 居民企业判断标准

对中国的纳税义务	实际管理机构在中国	实际管理机构在外国
注册地在中国	居民企业	居民企业
注册地在外国	居民企业	非居民企业

根据国家税务总局《关于境外注册中资控股企业依据实际管理机构标准认定为居民企业有关问题的通知》(国税发〔2009〕82号)第2条[③]的规定,注册地不是税法意义上的绝对判断依据,实际管理机构是最重要的标准,主要考虑以下因素:高层管理人员和部门履行职责的场所所在地,财务决策和人事决策地点,主要财产、会计账簿、公司印章等,董事或高层管理人员经常居住地。

外国企业法人也有可能成为中国税法意义上的居民企业,并对来自全球的收入对中国政府负有纳税义务。此类问题对于红筹回归等涉外案例具有特别的参考意义。

(二) 非居民企业的纳税义务

根据《企业所得税法》第3条、第4条、第27条和《企业所得税法实施条例》第8条、第91条的规定,将非居民企业的纳税义务要件归纳如下。

[①]《中华人民共和国企业所得税法》第2条规定:"企业分为居民企业和非居民企业。本法所称居民企业,是指依法在中国境内成立,或者依照外国(地区)法律成立但实际管理机构在中国境内的企业。本法所称非居民企业,是指依照外国(地区)法律成立且实际管理机构不在中国境内,但在中国境内设立机构、场所的,或者在中国境内未设立机构、场所,但有来源于中国境内所得的企业。"

[②]《中华人民共和国企业所得税法实施条例》第4条规定:"企业所得税法第二条所称实际管理机构,是指对企业的生产经营、人员、账务、财产等实施实质性全面管理和控制的机构。"

[③]《关于境外注册中资控股企业依据实际管理机构标准认定为居民企业有关问题的通知》第2条规定:"境外中资企业同时符合以下条件的,根据企业所得税法第二条第二款和实施条例第四条的规定,应判定其为实际管理机构在中国境内的居民企业(以下称非境内注册居民企业),并实施相应的税收管理,就其来源于中国境内、境外的所得征收企业所得税。(一)企业负责实施日常生产经营管理运作的高层管理人员及其高层管理部门履行职责的场所主要位于中国境内;(二)企业的财务决策(如借款、放款、融资、财务风险管理等)和人事决策(如任命、解聘和薪酬等)由位于中国境内的机构或人员决定,或需要得到位于中国境内的机构或人员批准;(三)企业的主要财产、会计账簿、公司印章、董事会和股东会议纪要档案等位于或存放于中国境内;(四)企业1/2(含1/2)以上有投票权的董事或高层管理人员经常居住于中国境内。"

表 8-11 非居民企业纳税义务一览表

是否在中国境内设立机构、场所	收入和设立的机构场所的联系	来源	纳税税率
设立	收入和机构场所有实际联系	境内	25%
		境外	25%
	收入和机构场所无实际联系	境内	10%
		境外	无
未设立		境内	10%
		境外	无

三、外商投资企业不足 25% 补税问题

由于股权转让、增资等原因,导致外商投资企业的外国投资者投资比率低于 25%,此投资比例的变化可能导致该外资企业面临补税问题,此问题也多见于反馈意见中。

多家已过会公司都曾遇到此问题,反馈意见中也要求中介机构明确发表意见。不过迄今为止,尚无系统的总结和定论,因为貌似相同的情形适用了不同的税务处理,在网络上还曾因此引发了激烈争议。

以下内容试图总体解决此问题,主要分为两部分:第一部分是相关的税法法律表格,从中可看出减免的规定和发生变化时补税等税务处理的规定;第二部分是以第一部分为依据,按照时间等关键因素分类,形成结论意见。

(一) 税法依据

表 8-12 25% 问题直接税法规定一览表

序号	法规名称	基本内容
1	《中华人民共和国外商投资企业和外国企业所得税法》(主席令第 45 号)(以下简称《外商投资企业和外国企业所得税法》)(失效)	(1) 对生产性外商投资企业,经营期在 10 年以上的,从开始获利的年度起,第一年和第二年免征企业所得税,第三年至第五年减半征收企业所得税,但是属于石油、天然气、稀有金属、贵重金属等资源开采项目的,由国务院另行规定。外商投资企业实际经营期不满 10 年的,应当补缴已免征、减征的企业所得税税款。 (2) 本法施行前国务院公布的规定,对能源、交通、港口、码头以及其他重要生产性项目给予比前款规定更长期限的免征、减征企业所得税的优惠待遇,或者对非生产性的重要项目给予免征、减征企业所得税的优惠待遇,在本法施行后继续执行。

(续表)

序号	法规名称	基本内容
		(3) 从事农业、林业、牧业的外商投资企业和设在经济不发达的边远地区的外商投资企业,依照前两款规定享受免税、减税待遇期满后,经企业申请,国务院税务主管部门批准,在以后的10年内可以继续按应纳税额减征15%至30%的企业所得税。 (4) 本法施行后,需要变更前三款的免征、减征企业所得税的规定的,由国务院报全国人民代表大会常务委员会决定。
2	《中华人民共和国外商投资企业和外国企业所得税法实施细则》(国务院令第85号)(失效)	《外商投资企业和外国企业所得税法》第8条第2款所说的本法施行前国务院公布的规定,是指国务院发布或者批准发布的免征、减征企业所得税的规定。依照《外商投资企业和外国企业所得税法》第8条第1款和本细则第75条的规定,已经得到免征、减征企业所得税的外商投资企业,其实际经营期不满规定年限的,除因遭受自然灾害和意外事故造成重大损失的以外,应当补缴已免征、减征的企业所得税税款。
3	国家税务总局《关于外商投资企业合并、分立、股权重组、资产转让等重组业务所得税处理的暂行规定》(国税发〔1997〕71号)(失效)	对重组前的企业根据《外商投资企业和外国企业所得税法》第8条规定已享受的定期减免税,应区分以下情况处理: (1) 重组前企业的外国投资者持有的股权,在企业重组业务中没有退出,而是已并入或分入合并、分立后的企业或者保留在股权重组后的企业的,不论重组前的企业经营期长短,均不适用《外商投资企业和外国企业所得税法》第8条关于补缴已免征、减征的税款的规定。 (2) 重组前企业的外国投资者在企业重组业务中,将其持有的股权退出或转让给国内投资者的,重组前的企业实际经营期不满适用定期减免税优惠的规定年限的,应依照《外商投资企业和外国企业所得税法》第8条的规定,补缴已免征、减征的企业所得税税款。

(续表)

序号	法规名称	基本内容
4	国务院《关于实施企业所得税过渡优惠政策的通知》（国发〔2007〕39号）	自2008年1月1日起，原享受低税率优惠政策的企业，在新企业所得税法施行后5年内逐步过渡到法定税率。其中：享受企业所得税15%税率的企业，2008年按18%税率执行，2009年按20%税率执行，2010年按22%税率执行，2011年按24%税率执行，2012年按25%税率执行；原执行24%税率的企业，2008年起按25%税率执行。 自2008年1月1日起，原享受企业所得税"两免三减半"、"五免五减半"等定期减免税优惠的企业，新企业所得税法施行后继续按原税收法律、行政法规及相关文件规定的优惠办法及年限享受至期满为止，但因未获利而尚未享受税收优惠的，其优惠期限从2008年度起计算。 享受上述过渡优惠政策的企业，是指2007年3月16日以前经工商等登记管理机关登记设立的企业。
5	国家税务总局《关于外商投资企业和外国企业原有若干税收优惠政策取消后有关事项处理的通知》（国税发〔2008〕23号）	（1）外国投资者从外商投资企业取得的税后利润直接再投资本企业增加注册资本，或者作为资本投资开办其他外商投资企业，凡在2007年底以前完成再投资事项，并在国家工商管理部门完成变更或注册登记的，可以按照《外商投资企业和外国企业所得税法》及其有关规定，给予办理再投资退税。对在2007年底以前用2007年度预分配利润进行再投资的，不给予退税。 （2）外国企业向我国转让专有技术或提供贷款等取得所得，上述事项所涉及的合同是在2007年底以前签订，且符合《外商投资企业和外国企业所得税法》规定免税条件，经税务机关批准给予免税的，在合同有效期内可继续给予免税，但不包括延期、补充合同或扩大的条款。 （3）外商投资企业按照《外商投资企业和外国企业所得税法》规定享受定期减免税优惠，2008年后，企业生产经营业务性质或经营期发生变化，导致其不符合《外商投资企业和外国企业所得税法》规定条件的，仍应依据《外商投资企业和外国企业所得税法》的规定，补缴其此前（包括在优惠过渡期内）已经享受的定期减免税税款。

(续表)

序号	法规名称	基本内容
6	国家税务总局《关于政府关停外商投资企业所得税优惠政策处理问题的批复》（国税函〔2010〕69号）	关于外商投资企业因国家发展规划调整（包括城市建设规划等）被实施关停并清算，导致其不符合原《外商投资企业和外国企业所得税法》及过渡性政策规定条件税收优惠处理问题，应当补缴或缴回已享受的企业所得税优惠税款。
7	对外贸易经济合作部、国家税务总局、国家工商行政管理总局、国家外汇管理局《关于加强外商投资企业审批、登记、外汇及税收管理有关问题的通知》（外经贸法发〔2002〕575号）	外国投资者出资比例低于25%的外商投资企业，除法律、行政法规另有规定外，其投资总额项下进口自用设备、物品不享受税收减免待遇，其他税收不享受外商投资企业待遇。 已享受外商投资企业待遇的外商投资股份有限公司，增资扩股或向外国投资者转让股权后，仍可按有关规定享受外商投资企业待遇。

（二）结论意见表

表8-13　25%问题基本结论表

	实际退出或改变经营性质情形*		摊薄情形**	
	处理情况	法律法规依据	处理情况	法律法规依据
2008年1月1日以前	补缴	1、2	不补缴	3
2008年1月1日以后	补缴	4、5、6	不补缴	4、5、6、7***

* 实际退出的情形，是指10年内通过股权转让、清算等形式，原投资者在实体意义上退出外资公司，导致外资比例低于25%；改变经营性质，是指10年内企业经营性质发生改变（如从生产性到非生产性的改变）。

** 摊薄情形，是指由于引进新股东进行增资的原因导致外资股份比例被摊薄低于25%的情形。

*** 优惠政策的立法目的是为了吸引外资和生产性投资，所以只要外资在法定期限内未实际退出中国企业、企业的生产经营属性没有改变，就符合享受相应优惠的立法本意。

（三）需要加以考虑的一种特殊情形

需要关注和思考的还有一种特殊情形：外商投资上市公司的外国股东解禁后二级市场套现退出导致公司外资比例低于25%，而退出时公司经营期尚不满10年。在此情形下，按照立法的本意，应该补缴相应的优惠税收，但如果补缴相应税款，毫无疑问会侵害其他投资者的利益。

为维护税法尊严和公司、公司其他股东的利益，有必要要求有此可能性的股东在上市前作出特别的股权锁定承诺（不同于"三年"的承诺，是承诺锁定至公司成立满10年），或者承担补交税款义务的承诺。

已上市公司生产经营性质发生变化的可能性较小，但在全民房地产热的情况下，也不能排除生产性企业转行房地产企业（非生产性企业），所以也应参照上述方法处理。

（四）补税后会计处理

发行人补缴以前年度已减征、免征的企业所得税不适用《企业会计准则第28号——会计政策、会计估计变更和差错更正》的规定。应该在实际补缴税款时计入当期非经常性损益，不做追溯调整。

四、整体变更中的纳税义务

为了连续计算业绩，绝大多数上市公司都经历了从有限责任公司整体变更为股份公司的过程，在此过程中的企业所得税和个人所得税问题（主要是个人所得税问题）也成了经典疑难问题，导致疑难的主要原因是法律规定的不明确和地方政府（税务机关）监管尺度的多样性。以下以两个图表的形式对此问题进行分析和总结：

（一）目前已过会公司对此问题处理的多样性

（1）是否有主体关注并发表意见。部分已过会项目中，监管机关对此问题没有表示关注，也未要求公司和中介机构明确发表意见，因此这些公司如何处理不得而知；随着时间的推移，最近几年此问题得到了监管层越来越多的关注，反馈意见中也越来越多地要求说明实际情况，并要求中介机构明确发表意见。

（2）是否已缴纳相应税款。在已过会项目中，有的股东缴纳了相应税款，有的股东没有缴纳。

（3）未缴纳税款的实务处理。

表 8-14 欠税问题实务处理现状一览表

公司和中介机构认为不该缴纳所以不缴纳的理由	公司和中介机构认为该缴纳但未缴纳的处理办法
(1) 律师认为无征税法律依据,不该缴纳	(1) 地方先缴后返
(2) 当时的地方性规定(特别是针对高技术企业)免予缴纳	(2) 股东承诺承担一切责任
(3) 税务机关同意暂缓缴纳,待分配红利时一并缴纳	(3) 申请免缴和股东承诺
(4) 税务机关同意不存在纳税义务	(4) 申请缓交和股东承诺
	(5) 由税务机关作出说明*

*"由税务机关作出说明"的说明内容如下:"企业已向我局备案转增股本情况,个人所得税的征管已列入管理,以后再现金分红时或股份转让时按相关规定代扣代缴个人所得税。"

表 8-15 仅作一个案例的列示,不做评论:

表 8-15 案例列示表

上市时招股书的披露内容	上市后财政部的处理决定
本次整体变更涉及的净资产折股从法律形式和经济业务实质上来说,股东未取得任何股息、红利性质的收益,不是股份制企业送红股或转增注册资本的过程,法人股东×××有限公司无须就上述×××公司改制净资产折股缴纳企业所得税,对于自然人股东也并不适用于国家税务总局《关于股份制企业转增股本和派发红股征免个人所得税的通知》(国税发〔1997〕198号)文件应缴个人所得税的规定,自然人股东不会产生应纳个人所得税的义务。 目前我国现行法律、法规没有明确规定有限责任公司变更设立股份有限公司时,其自然人出资人应该缴纳个人所得税。 因此,本次发行保荐机构和发行人律师认为,在有限公司整体变更为股份公司时没有发生法人和自然人股东的纳税义务。 发行人于200×年×月××日向××市地方税务局提交了《关于××××有限公司进行股份改制净资产折股涉及个人所得税问题的请示》,就整体改制时"××××有限公司的自然人股东以其持有的×××有限公司的净资产进行折股不需缴纳个人所得税"的事项提出申请,×××税务局于200×年×月××日书面批复同意了该请示。	财政部发布《会计信息质量检查公告(第××号)》认为,×××200×年以盈余公积、未分配利润折股,自然人股东未缴纳个人所得税××万元。针对上述问题,财政部驻××省财政监察专员办事处依法下达了处理决定,目前公司已按照要求进行整改,调整会计账务,并补缴相关税款。

(二) 税法对整体变更中股东纳税义务的规定

表 8-16 整体变更税负基本结论一览表

	《企业所得税法》							《个人所得税法》			
	2008年1月1日以前				2008年1月1日以后			外籍个人		中国籍个人	
	内资企业		外资企业		居民企业、非居民企业						
	法律依据	基本规定	法律依据	基本规定	法律依据	基本结论		法律依据	基本规定	法律依据	基本结论*
资本公积金转增股本	税法未予明确规定		《中华人民共和国外商投资企业和外国企业所得税法》（失效）第19条	免予征税	国家税务总局《关于贯彻落实企业所得税法若干税收问题的通知》（国税函[2010]79号）第4条	（股票溢价部分）不视同利润分配；不调整计税基础		国家税务总局《关于外商投资企业、外国企业和外籍个人取得股票（股权）转让收益和股息所得税问题的通知》（失效）（国税发[1993]45号）	免予征税	参照国家税务总局《关于企业转增股本和派发红股征免个人所得税的通知》（国税发[1997]198号）第1条；参照国家税务总局《关于原城市信用社在转制为城市合作银行过程中个人股增值应纳个人所得税的批复》（国税函[1998]289号）	溢价形成资本公积转增股本不计税

(续表)

	《企业所得税法》						《个人所得税法》			
	2008年1月1日以前				2008年1月1日以后居民企业、非居民企业		外籍个人		中国籍个人	
	内资企业		外资企业							
	法律依据	基本规定	法律依据	基本规定	法律依据	基本结论	法律依据	基本规定	法律依据	基本结论*
盈余公积金转增股本（或者注册资本）	国家税务总局《关于企业股权投资业务若干所得税问题的通知》（国税发〔2000〕118号）第1条	确认所得，如有税率差，补缴所得税			参照《企业所得税法实施条例》第11条和第83条	视同利润分配，但实际上基本可以免税			参照国家税务总局《关于股份制企业转增股本和派发红股征免个人所得税的通知》（国税发〔1997〕198号）第2条；国家税务总局《关于盈余公积金转增注册资本征收个人所得税问题的批复》（国税函〔1998〕333号）	习惯上视同利润分配，缴纳所得税，但存疑

（续表）

	《企业所得税法》				《个人所得税法》			
	2008年1月1日以前		2008年1月1日以后					
	内资企业		外资企业		居民企业、非居民企业		外籍个人	中国籍个人	
	法律依据	基本规定	法律依据	基本规定	法律依据	基本结论	法律依据	基本规定	法律依据	基本结论
未分配利润转增股本	国家税务总局《关于企业股权投资业务若干所得税问题的通知》(失效)〔2000〕118号第1条	确认所得，如有税率差，补缴所得税			参照《企业所得税法实施条例》第11条和第83条	视同利润分配，但实际上基本可以免税			无直接规定	习惯上视同利润分配，缴纳所得税，但存疑*

*需要特别注意的是，此类基本结论需要结合以下的论述整体把握，这个所谓的基本结论是目前实务中的通说，但实际上存在很大程度的法律的不确定性。

从有限公司整体变更为股份有限公司,作为法人股东,其投资方分得的利润在一般情况下是"免税收入",因此整体变更过程中基本上不涉及增加税负的问题(除非两公司税率不一致导致补差,根据新《企业所得税法》,补差规定也已废止,但如果跨期,需要区分处理)。但是个人股东(特别是中国籍公民)则完全不同,情况较为复杂,现分析陈述如下。

迄今为止,尚无明确直接规范"整体变更"中的个人所得税的税收文件,但实务中大量参照适用上表中规范盈余公积金、资本公积金、未分配利润转增股本的税收规定,此为通说。当然也有人在《律师工作报告》中直接认为:"××有限公司变更为股份有限公司,以经审计后的净资产1:1折股,不是股份制企业送红股或转增注册资本的过程,我国现行法律、法规没有规定有限责任公司变更设立股份有限公司时,其自然人出资人应该缴纳个人所得税,本所律师确认××有限公司的出资人无须为此缴纳个人所得税。"但毕竟此行为稍嫌勇敢有余而审慎不足,因此不宜作为定论推广参照。

1. 盈余公积转增股本

国家税务总局《关于股份制企业转增股本和派发红股征免个人所得税的通知》(国税发〔1997〕198号,以下简称"国税发〔1997〕198号文")直接规定:"股份制企业用盈余公积金派发红股属于股息、红利性质的分配,对个人取得的红股数额,应作为个人所得征税。"国家税务总局《关于盈余公积金转增注册资本征收个人所得税问题的批复》(国税函〔1998〕333号,以下简称"国税函〔1998〕333号文"),对于从税后利润中提取的法定公积金和任意公积金转增注册资本,视同"将盈余公积金向股东分配了股息、红利,股东再以分得的股息、红利增加注册资本"。依据国税发〔1997〕198号文的精神,"对属于个人股东分得并再投入公司(转增注册资本)的部分应按照'利息、股息、红利所得'项目征收个人所得税,税款由股份有限公司在有关部门批准增资、公司股东会决议通过后代扣代缴"。

因此,在实务操作中,常常据此认定在整体变更中,如果以盈余公积转增股本,应该按照股息、红利所得计征个人所得税,此为通说。但是,这个结论确实存在法律依据不充分的情形,毕竟"股份制企业转增股本和派发红股"和"有限责任公司整体变更为股份有限公司"是完全不同的法律行为。因此,严格地说,根据国税发〔1997〕198号文和国税函〔1998〕333号文不能直接推出整体变更中盈余公积转增股本应计征个人所得税的结论,此问题只能通过明确立法予以解决。

2. 未分配利润转增股本

上述规定并没有对"未分配利润"转增股本进行规定,迄今也无更直接和明确针对此问题的税法规定,现在的实务是参照盈余公积金处理,但是,此参照仍然是没有直接法律依据的。

对于未分配利润,总的说来,因为:(1)"未分配利润"不同于"盈余公积金"(包括法定公积金和任意公积金);(2)"有限责任公司"不同于"股份有限公司";

(3)"股份"不同于"股票"(股份是一种权利,不构成个人所得税的征税对象);(4)"转增"不同于"支付"(转增资本事项中没有支付的主体、客体及手段);(5)"出资额"不同于"现金、实物和有价证券";(6)"实收资本"与"未分配利润"同属于所有者权益,用"未分配利润"转增资本,并未使所有者权益发生增减变动,没有实际"取得所得";(7)所有者权益会随着企业经营状况变动而变动,盈利导致其增加,亏损导致其减少,是一个不确定数,无法确定税基。所以,自然人股东用未分配利润转增资本应缴个人所得税的法律依据是不充足的;整体变更中自然人股东的纳税义务就更缺少法律的直接界定了。

税法明确应征收的具体行为,纳税人应履行其纳税义务,同理,税务机关应征收;反之,税法未明确的,纳税人有权拒绝履行,税务机关也不能擅自征收,这就是税收的法定原则。

综上所述,国家税务总局应尽快出台税收政策,明确:(1)自然人股东用盈余公积、未分配利润转增股本(或资本)如何征免个人所得税;(2)整体变更中自然人股东如何征免个人所得税。

值得注意的是,部分地方政府有自己的"政策",比如根据上海市财政局、上海市发展和改革委员会、上海市经济委员会、上海市地方税务局和上海市对外经济贸易委员会联合发布的《关于推进经济发展方式转变和产业结构调整的若干政策意见的通知》(沪府办发〔2008〕38号)和上海市地方税务局《关于支持本市拟上市中小企业转增股本具体操作办法的通知》(沪地税个〔2008〕13号)的相关规定,对列入上海证监局拟上市辅导期中小企业名单的企业用未分配利润、盈余公积、资本公积转增为股本的,可向主管税务机关备案后,在取得股权分红派息时,一并缴纳个人所得税。这些政策本身的合法性存疑。

3. 资本公积转增股本

根据国税发〔1997〕198号文的直接规定:"股份制企业用资本公积金转增股本不属于股息、红利性质的分配,对个人取得的转增股本数额,不作为个人所得,不征收个人所得税。"再根据国家税务总局《关于原城市信用社在转制为城市合作银行过程中个人股增值所得应纳个人所得税的批复》(国税函〔1998〕289号,以下简称"国税函〔1998〕289号文")第2条的规定:国税法〔1997〕198号文中所表述的"资本公积金",是指股份制企业股票溢价发行收入所形成的资本公积金。将此转增股本由个人取得的数额,不作为应税所得征收个人所得税。而与此不相符合的其他资本公积金分配个人所得部分,应当依法征收个人所得税。综上,可以得出不甚严谨的初步结论:资本公积转增股本是否计征个人所得税,主要判断标准是该资本公积形成的原因:如果是溢价出资形成的,则不计征个人所得税;除此以外的原因形成的,仍然计征个人所得税。

当然,"盈余公积、未分配利润转增股本"中所述"法律依据是不充足的"论述对"资本公积转增股本"也仍然适用。

资本公积中并非只有资产评估增值转增个人股本才需要征收个人所得税,但也并非所有资本公积都可以转增资本。根据《企业会计制度》的规定,资本公积各准备项目不能转增资本(股本)。财政部关于印发《关联方之间出售资产等有关会计处理问题暂行规定的通知》(失效)(财会〔2001〕64号,以下简称"财会〔2001〕64号文")也明确,关联交易差价形成的资本公积也不得用于转增资本。在新《企业会计准则》下,资本公积的核算内容发生了很大变化,一些在《企业会计制度》中核算的资本公积,如接受捐赠、债务重组、确实无法支付的应付款项、政府专项拨款,转入"营业外收入"中核算。企业收到投资者以外币投入的资本,由于新《企业会计准则》采用交易日即期汇率而不再采用合同约定的汇率折算,因而,外币投入资本与相应的货币性项目的记账本位币金额之间,也不再产生外币资本折算差额。新《企业会计准则》中,资本公积只有两个明细科目——资本(或股本)溢价和其他资本公积,而其他资本公积中核算的一些内容,如以权益结算股份支付、长期股权投资按"权益法"核算时享有被投资企业除损益外的所有者权益变动的份额、可供出售金融资产的公允值变动差额等形成的资本公积,也不能用来转增资本。

4. 资产评估增值转增股本

对于因为资产评估增值导致的转增股本,实务中并不常见,为了业绩连续计算,一般情况下,企业都不会以评估值调账。但是,如果真发生以资产评估增值转增股本的情况,则在此种情况下,依据如下规定执行:国家税务总局《关于资产评估增值计征个人所得税问题的通知》(国税发〔2008〕115号,以下简称"国税发〔2008〕115号文")第1条、第4条规定:自然人股东从被投资企业取得的、以企业资产评估增值转增个人股本的部分,属于企业对个人股东股息、红利性质的分配,按照"利息、股息、红利所得"项目计征个人所得税。税款由企业在转增个人股本时代扣代缴。个人不能提供完整、准确财产(资产)原值凭证的,主管税务机关可依法核定其财产原值。

上述征税的规定在国税函〔1998〕289号文中已有原则精神的体现,"在城市信用社改制为城市合作银行过程中,个人以现金或股份及其他形式取得的资产评估增值数额,应当按'利息、股息、红利所得'项目计征个人所得税,税款由城市合作银行负责代扣代缴",不过是在国税发〔2008〕115号文中进行了明确而已。

因此,总的说来,如果在整体变更过程中是以评估值入账,对个人持有的相应的转增股本应该计征个人所得税。

另外,需注意企业资产评估增值后的去向。评估增值转增个人股本的部分征税,未转部分不可征税。比如,某自然人组建的股份公司资产评估增值200万元,董事会决定拿出120万元按照股份比例分配给全体股东作为股本增量,而作为扣缴义务人的股份公司只能就已转增个人股本的120万元分别扣缴个人所得税,而不是就资产评估增值总量200万元来扣缴个人所得税。再比如某企业将"资本公积"中的资产评估增值500万元转增资本200万元,某个人股东占公司股份10%,

因为该企业在将 500 万元"资本公积"中的资产评估增值转增资本时,只增加了实收资本 200 万元,另外 300 万元转入了"资本公积——股本溢价",而资本公积金是属于全体股东共有的,因此对于转入"资本公积——股本溢价"部分是不应该作为每位股东的"利息、股息、红利所得"的,即该企业个人股东缴纳的所得税应为 200 × 10% × 20% = 4 万元。当然,以后该个人股东转让该股份时,其计税成本也应为 20 万元而非 50 万元。

同时,并非任何情况下的资产评估增值都可以转增资本。一般来讲,只有国家统一布置的清产核资以及非公司制企业按规定进行公司制改建时,资产评估增值才可以增加所有者权益,且是先计入"资本公积"而非直接增加实收资本。

令人遗憾的是,对于"整体变更中税务处理"此普遍存在的税务问题,各地、相同地区的不同时期、相同地区相同时期的不同企业,都多有不同;同时,针对相同的税法规定,有的地方的税务机关能给出完全相反的结论。因此,相关主管部门应尽快对此问题给出明确、具体的规定。

五、股权转让定价问题

在最近两三年的反馈意见中,已经不止一次提到股权转让价格的公允性问题,甚至提出"股权转让价格低于每股净资产的,是否属于偷税行为"。据此可知监管部门对股权转让价格的关注已经延伸到税法领域,现分析如下:

(一) 是否属于偷税行为的认定

根据《中华人民共和国税收征收管理法》(以下简称《税收征管法》)第 63 条的规定[1],偷税行为主要有以下几种:(1)伪造、变造、隐匿、擅自销毁账簿、记账凭证;(2)在账簿上多列支出或者不列、少列收入;(3)经税务机关通知申报而拒不申报;(4)进行虚假的纳税申报,不缴或者少缴应纳税款。因此,股权转让价格低于每股净资产的行为,不属于偷税行为。

(二) 不公允的关联交易存在被纳税调整的风险

根据《税收征管法》第 36 条[2]的规定,以及国家税务总局《关于加强股权转让所得征收个人所得税管理的通知》(国税函〔2009〕285 号)的规定,对申报的计税依据明显偏低且无正当理由的,主管税务机关可参照每股净资产或个人股东享有的

---

[1] 《税收征管法》第 63 条规定:"纳税人伪造、变造、隐匿、擅自销毁账簿、记账凭证,或者在账簿上多列支出或者不列、少列收入,或者经税务机关通知申报而拒不申报或者进行虚假的纳税申报,不缴或者少缴应纳税款的,是偷税……"

[2] 《税收征管法》第 36 条规定:"企业或者外国企业在中国境内设立的从事生产、经营的机构、场所与其关联企业之间的业务往来,应当按照独立企业之间的业务往来收取或者支付价款、费用;不按照独立企业之间的业务往来收取或者支付价款、费用,而减少其应纳税的收入或者所得额的,税务机关有权进行合理调整。"

股权比例所对应的净资产份额核定。因此,税务机关一旦发现企业与其关联企业的业务往来中存在不公允和规避税收的情形,有权进行合理的调整。

因此,明显有失公允的关联交易,可能因被认定为故意压低股权转让价格、规避税收、转移利润等目的,而存在被税务机关进行纳税调整的风险。

(三) 应当高度重视当事人的意思自治

在日常交易中,只要不存在违反法律的行为,就应当以尊重当事人的意思自治为原则,认定交易的合法性。股权转让定价,只要不存在违法行为,就应当尊重当事人的意思自治,确认定价的合法性,即使价格明显低于每股净资产,只要有合理的说明和依据,不宜被过分质疑。

(四) 自然人之间以赠与方式转让股权

对于转让方,也就是赠与人来说,因为赠与是无偿法律行为,而股权转让的应纳税所得额是股权转让价款减除股权投资成本和股权交易成本的余额,既然股权转让无收益,也就无所谓个人所得税的缴纳。

对于受让方,也就是受赠人来说,《个人所得税法》第2条列明的应税所得有以下10种:(1)工资、薪金所得;(2)个体工商户的生产、经营所得;(3)对企事业单位的承包经营、承租经营所得;(4)劳务报酬所得;(5)稿酬所得;(6)特许权使用费所得;(7)利息、股息、红利所得;(8)财产租赁所得;(9)财产转让所得;(10)偶然所得,即继承或赠与所得不在《个人所得税法》明示之列。《个人所得税法》第2条还存在一个兜底条款,即第(11)项规定的"经国务院财政部门确定征税的其他所得",也就是说,法律授权国务院财政部门可以在上述10种应税所得之外另行规定应税项目。但从目前税法部门规章来看,除根据财政部、国家税务总局《关于个人无偿受赠房屋有关个人所得税问题的通知》(财税〔2009〕78号)的规定,在非法定条件下,个人无偿受赠房屋应当按20%计征个税以外,均没有受赠或继承其他财产所得应当缴纳所得税的规定。根据行政机关"法无明文规定即无权"的法律原则,自然人受赠或继承股权时不缴纳个人所得税。

因此,对于股权转让的无偿赠与,转让方和受让方都不需要缴纳个人所得税。但是需要说明的一种情况是,如果自然人是因企业奖励员工而受赠股权,员工受赠股权的收益应视为"工资、薪金所得",按专门规定的计算方法计征个人所得税。

(五) 增资

对于新股东溢价增资,某些地方税务机关也要求按照股权转让征税,此做法没有法律依据,从侧面体现了当地税收征管任务确实较为繁重。

六、征收税收滞纳金不具有行政处罚的性质

对上市工作而言,讨论此问题的主要意义在于,通过判断征收税收滞纳金的性质不是行政处罚,进而排除"重大违法行为",形成不构成上市障碍的结论。

(一)滞纳金的性质

《税收征管法》第32条规定:"纳税人未按照规定期限缴纳税款的,扣缴义务人未按照规定期限解缴税款的,税务机关除责令限期缴纳外,从滞纳税款之日起,按日加收滞纳税款万分之五的滞纳金。"滞纳金是纳税人、扣缴义务人不及时履行纳税义务而产生的连带义务。国家对滞纳税款的纳税人、扣缴义务人征收滞纳金,目的是为了保证纳税人、扣缴义务人及时履行缴纳或者解缴税款的义务。从经济角度讲,滞纳金是纳税人、扣缴义务人因占用国家税款所做的补偿;从行政角度讲,滞纳金是国家对不及时履行缴纳或者解缴税款义务的纳税人、扣缴义务人施加的一种加重给付义务,具有执行罚的性质。滞纳金作为执行罚的一种,不同于行政处罚,其与行政处罚最大的区别在于行政处罚只能一次终结,即一事一次性处罚,不能多次适用处罚,不能持续适用后累积终结;执行罚可以一次终结,也可以持续适用多天后累积终结。滞纳金是运用持续适用多天累积终结的计算方法,其只能是执行罚。

除上述法理分析外,如下具体规定也能界定征收滞纳金行为的法律性质不是行政处罚:

(1)根据2010年4月1日施行的《税务行政复议规则》第14条的规定:"行政复议机关受理申请人对税务机关下列具体行政行为不服提出的行政复议申请:(一)征税行为,包括确认纳税主体、征税对象、征税范围、减税、免税、退税、抵扣税款、适用税率、计税依据、纳税环节、纳税期限、纳税地点和税款征收方式等具体行政行为,征收税款、加收滞纳金,扣缴义务人、受税务机关委托的单位和个人作出的代扣代缴、代收代缴、代征行为等……"可见税务机关将征收滞纳金认定为征税行为,并将其与行政处罚行为明确加以区别。

(2)国家税务总局《关于偷税税款加收滞纳金问题的批复》(国税函发〔1998〕291号)中明确:"根据《中华人民共和国税收征收管理法》及其实施细则的规定,滞纳金不是处罚,而是纳税人或者扣缴义务人因占用国家税金而应缴纳的一种补偿。"该规定同样否认了税款滞纳金具有惩罚性,与复议规则不同,该文件把税款滞纳金看做是补偿。

(3)虽然《税收征管法》未对税款滞纳金的性质作出明确规定,但是根据其第

32 条的规定①可知,按日加收 0.05% 这一比率,大体相当于民间借贷的利息成本。这说明,我国滞纳金具有损害赔偿性,而非惩罚性。

(4) 从税收征管的稽查流程中可以更加清晰地看到滞纳金的性质,税务检查或者稽查后,税务局会出具《税务处理意见书》,其中包括了企业应缴的补税额以及相应的滞纳金金额,在企业无异议后,稽查部门再出具《处罚决定书》,对企业的违法纳税行为进行处罚,该决定书仅包括罚金。

综上所述,征收税收滞纳金不是行政处罚。

(二) 滞纳金的计算和起止时间

加收滞纳金的起止时间为纳税人、扣缴义务人应缴纳或者解缴税款期限届满的次日起至实际缴纳或解缴税款当日。滞纳金的计算公式为:应纳滞纳金 = 应纳税额 × 滞纳天数 × 0.05%。

(三) 特殊情况下滞纳金的征收管理

1. 关于延期缴纳税款的滞纳金征收问题

根据《税收征管法》及其实施细则的规定,纳税人因有特殊困难,不能按期缴纳税款的,经省级国家税务局、地方税务局批准,可以延期缴纳税款,但是最长不得超过 3 个月。

办理延期缴纳税款的滞纳金征收有两种情况:经税务机关批准,准予延期缴纳税款的,在批准的期限内不征收滞纳金,包括纳税人办理手续所占用的时间;经税务机关审核,不予批准的,从应缴纳税款期限届满之日起加收滞纳金。

2. 因税务机关责任造成纳税人少缴税款的,如何加收滞纳金

《税收征管法》第 52 条第 1 款规定:"因税务机关的责任,致使纳税人、扣缴义务人未缴或者少缴税款的,税务机关在三年内可以要求纳税人、扣缴义务人补缴税款,但是不得加收滞纳金。"《中华人民共和国税收征收管理法实施细则》(以下简称《税收征管法实施细则》)第 80 条②对什么是税务机关的责任作了进一步明确。因此,按照《税收征管法》及其实施细则的规定,因税务机关的责任造成的未缴少缴税款,税务机关虽然在 3 年内可以追征,但是不能加收滞纳金。

3. 关于查补税款的滞纳金征收问题

税务机关检查出纳税人以前纳税期内应纳未纳税款的,对这部分税款如何征收滞纳金,首先应明确几个期限的性质。

(1) 按照有关税种的实体法规定,纳税人的应纳税款的纳税期限。这一期限的性质并不因税务检查的进行而发生改变,纳税人超过这一期限没有纳税,就发生

---

① 《税收征管法》第 32 条规定:"纳税人未按照规定期限缴纳税款的,扣缴义务人未按照规定期限解缴税款的,税务机关除责令限期缴纳外,从滞纳税款之日起,按日加收滞纳税款万分之五的滞纳金。"

② 《税收征管法实施细则》第 80 条规定:"税收征管法第五十二条所称税务机关的责任,是指税务机关适用税收法律、行政法规不当或者执法行为违法。"

了税款滞纳行为。

(2) 税务机关实施检查后在有关处理决定中规定的责令纳税人限期缴纳税款的期限。这一期限是税务机关为使被检查人及时缴纳税款,根据有关法律法规作出的规定,如果被检查人没有在责令限期缴纳的期限内缴纳税款,税务机关可以依法采取税收强制执行措施。

(3) 纳税人滞纳税款的时间。按照被检查人实际滞纳税款的天数计算,即从纳税人应纳税款期限届满的次日起至纳税人实际缴纳税款的当日。

4. 关于节假日的滞纳金追征

滞纳金是与税款连带的,如果在确定应纳税款的纳税期限时,遇到了应该顺延的节假日,则从顺延期满的次日起加收滞纳金,但在税款滞纳期间内遇到节假日的,不能从滞纳天数中扣除节假日天数。

5. 关于新旧《税收征管法》的衔接

新《税收征管法》是从2001年5月1日开始实施的,对滞纳税款在2001年4月30日(含本日)以前发生的,按照每日2‰的比例征收滞纳金;滞纳时间在2001年5月1日(含本日)以后的,按照每日0.05%的比例加收滞纳金。

七、税收优惠合法性问题

(一) 税收优惠的混乱状况

虽然国家税务总局三令五申,不得越权制定减免税政策,不得超越权限擅自扩大优惠政策执行范围,但由于种种原因,各地仍存在大量的税收优惠"政策",公司也可能已经享受多种严格意义上没有合法依据的税收优惠。即使存在法律上的瑕疵,但有必要强调的是:

(1) 因为执行的是当地普遍适用的优惠政策,公司本身不存在过错。

(2) 根据税收合作信赖主义的原理,当地政府无权追缴公司已经享受的税收优惠。

(3) 从税收公平的角度讲,民营企业享受一些优惠政策是有必要的。对此存疑者请参考2010年4月6日济南日报《上市公司税负榜公布平均税负民企24%国企10%》一文,根据严格公允的调查统计,在A股取样的1700多家上市公司中,具有国企性质的共有992家,占比近6成。更重要的是,992家国企的平均税负仅为10%,同期民企的平均税负则高达24%,高出国企14个百分点,表明民企税负远远重于国企。

(二) 税收优惠程序合法性的判断

表8-17是重要的税收优惠程序性管理规定,根据这些规定即可初步判断企业享受的税收优惠政策在程序上是否充分、合法、有效。

表 8-17　税法优惠相关法律规定一览表

法规名称	文号	内容提要
国家税务总局《关于进一步明确企业所得税过渡期优惠政策执行口径问题的通知》	国税函〔2010〕157号	居民企业选择使用税率及减半征税的具体界定问题,以及居民企业总分机构的过渡期税率执行问题。
国家税务总局《关于企业所得税税收优惠管理问题的补充通知》	国税函〔2009〕255号	列入企业所得税优惠管理的各类企业所得税优惠包括免税收入、定期减免税、优惠税率、加计扣除、抵扣应纳税所得额、加速折旧、减计收入、税额抵免和其他专项优惠政策;除国务院明确的企业所得税过渡类优惠政策、执行新税法后继续保留执行的原企业所得税优惠政策、新《企业所得税法》第29条规定的民族自治地方企业减免税优惠政策,以及国务院另行规定实行审批管理的企业所得税优惠政策外,其他各类企业所得税优惠政策,均实行备案管理;备案管理的具体方式分为事先备案和事后报送相关资料两种。
国家税务总局《关于企业所得税减免税管理问题的通知》	国税发〔2008〕111号	企业所得税的各类减免税应按照国家税务总局《关于印发〈税收减免管理办法(试行)〉的通知》(国税发〔2005〕129号)的相关规定办理。国税发〔2005〕129号文件规定与《中华人民共和国企业所得税法》及其实施条例规定不一致的,按《中华人民共和国企业所得税法》及其实施条例的规定执行。企业所得税减免税期限超过一个纳税年度的,主管税务机关可以进行一次性确认,但每年必须对相关减免税条件进行审核,对情况变化导致不符合减免税条件的,应停止享受减免税政策。
国家税务总局《关于坚持依法治税严格减免税管理的通知》	国税发〔2008〕73号	提高认识,增强依法治税的自觉性;规范执法,严格减免税管理;加强监督,明确责任。

(续表)

法规名称	文号	内容提要
财政部、国家税务总局《关于贯彻落实国务院关于实施企业所得税过渡优惠政策有关问题的通知》	财税〔2008〕21号	对过渡优惠政策要加强规范管理,不得超越权限擅自扩大过渡优惠政策执行范围。对按照国发〔2007〕39号文件有关规定适用15%企业所得税率并享受企业所得税定期减半优惠过渡的企业,应一律按国发〔2007〕39号文件第1条第2款规定的过渡税率计算的应纳税额实行减半征税。对原适用24%或33%企业所得税率并享受国发〔2007〕39号文件规定的企业所得税定期减半优惠过渡的企业,2008年及以后年度一律按25%税率计算的应纳税额实行减半征税。对2008年1月1日后民族自治地方批准享受减免税的企业,一律按新《企业所得税法》第29条的规定执行,即对民族自治地方的企业减免企业所得税,仅限于减免企业所得税中属于地方分享的部分,不得减免属于中央分享的部分。
国务院《关于实施企业所得税过渡优惠政策的通知》	国发〔2007〕39号	自2008年1月1日起,原享受低税率优惠政策的企业,在新税法施行后5年内逐步过渡到法定税率;自2008年1月1日起,原享受企业所得税"两免三减半"、"五免五减半"等定期减免税优惠的企业,新税法施行后继续按原税收法律、行政法规及相关文件规定的优惠办法及年限享受至期满为止,但因未获利而尚未享受税收优惠的,其优惠期限从2008年度起计算;继续执行西部大开发税收优惠政策;企业所得税过渡优惠政策与新税法及实施条例规定的优惠政策存在交叉的,由企业选择最优惠的政策执行,不得叠加享受,且一经选择,不得改变。

(续表)

法规名称	文号	内容提要
国家税务总局《关于印发〈税收减免管理办法（试行）〉的通知》	国税发〔2005〕129号	减免税是指依据税收法律、法规以及国家有关税收规定（以下简称税法规定）给予纳税人减税、免税。减税是指从应纳税款中减征部分税款；免税是指免征某一税种、某一项目的税款。减免税分为报批类减免税和备案类减免税。纳税人同时从事减免项目与非减免项目的，应分别核算，独立计算减免项目的计税依据以及减免税额度。不能分别核算的，不能享受减免税；核算不清的，由税务机关按合理方法核定。纳税人依法可以享受减免税待遇，但未享受而多缴税款的，凡属于无明确规定需经税务机关审批或没有规定申请期限的，纳税人可以在《税收征管法》第51条规定的期限内申请减免税，要求退还多缴的税款，但不加算银行同期存款利息。
财政部《关于进一步认真贯彻落实国务院〈关于纠正地方自行制定税收先征后返政策的通知〉的通知》	财税〔2000〕99号	集中税权，严格执行税法和税收管理权限的有关规定，保证国家税收政策的统一性；经报国务院批准，对地方实行的对上市公司企业所得税先按33%的法定税率征收再返还18%（实征15%）的优惠政策，允许保留到2001年12月31日，并提前予以公示。从2002年1月1日起，除法律和行政法规另有规定者外，企业所得税一律按法定税率征收。
国务院《关于纠正地方自行制定税收先征后返政策的通知》	国发〔2000〕2号	不得以先征后返或其他减免税手段吸引投资，更不得以各种方式变通税法和税收政策，损害税收的权威。各地区自行制定的税收先征后返政策，从2000年1月1日起一律停止执行；除屠宰税、筵席税、牧业税的管理权限下放到地方外，其他税种的管理权限集中在中央；先征后返政策作为减免税收的一种形式，审批权限属于国务院，各级地方人民政府一律不得自行制定税收先征后返政策。

(续表)

法规名称	文号	内容提要
国务院《关于加强依法治税严格税收管理权限的通知》	国发〔1998〕4号	严格执行国家税法和税收管理权限的有关规定。中央税、共享税以及地方税的立法权都集中在中央,各地区、各部门要依法治税,不得越权批准减免税收、缓缴税和豁免欠税。对地方税的减免,也要在中央授权的范围内办理;严禁各种形式的"包税",要坚决杜绝以缓代欠、以缓代免的现象,严禁以任何理由豁免纳税人的欠税,凡已经豁免的欠税,要限期追缴入库。

(三) 合法性瑕疵的补救

从目前发行审核结果角度看,即使企业享受的税收优惠不完全合法,一般也不至于成为上市的障碍,与税收优惠合法性相比,更重要的问题是企业的经营业绩是否对税收优惠存在严重依赖。当然,如果能够主动补缴不合法的优惠税收则无疑更有利于过会,不过因为补税成本确实太大,因此并不常见。目前实务中较常见的解决办法是进行如下说明和采取如下行动:

(1) 说明公司享受税收优惠政策的地方性税收优惠依据的内容;

(2) 说明公司的资质和经营活动是完全符合地方性税收优惠要求和标准的;

(3) 说明公司享受的税收优惠政策取得了主管税务机关的批准,并提供确认文件;

(4) 公司主管税务机关表明依法纳税的明确态度;

(5) 公司控股股东等对可能存在的补缴所得税风险作出承担责任的书面承诺;

(6) 公司对存在的税务风险进行"重大事项提示";

(7) 公司将对应的税收优惠作为非经常性损益予以列示。

(四) 发行人经营成果对税收优惠不存在严重依赖的判断标准

(1) 报告期内享受的税收优惠是否合规。

(2) 关注享受的税收优惠是否具有持续性。

(3) 对于越权审批或无正式批准文件或偶发性的税收返还、减免等,必须计入非经常性损益,且作为非经常性损益扣除后,必须仍符合发行条件。

(4) 对于不符合国家法律、法规,扣除后仍符合发行条件的,如果最近一年一期税收优惠占净利润的比例不超过30%,则可认为不存在严重依赖,且呈减弱趋势。

(5) 发行人享受的税收优惠下一年度不存在被终止的情形。

(6)若所享受的税收优惠均符合法律、法规,审核中不管金额、比例大小均不判定为税收优惠依赖,比如软件企业的相关税收优惠,但是要关注税收优惠的稳定性、持续性。

八、带征问题

(一)带征(也称为"代征")和核定征收

带征是核定征收的一种方式,它由税务机关按照一定的标准、程序和方法,预先核定纳税人的应税所得率,由纳税人按规定进行申报缴纳的收入总额和成本费用等项目的实际发生额,按预先核定的应税所得率计算缴纳所得税的办法。

(二)带征的法定条件

表 8-18 主要列明的是规范带征税收征管方式的重要税收法律法规的名称、执行日期和关于带征条件的主要内容。

表 8-18　带征相关法律规定一览表

法律法规	执行日期	主要内容(关于核定征收的条件)
国家税务总局《关于印发〈核定征收企业所得税暂行办法〉的通知》(国税发〔2000〕38号)(失效)	2000年1月1日—2008年1月1日	第2条规定:"纳税人具有下列情形之一的,应采取核定征收方式征收企业所得税:(一)依照税收法律法规规定可以不设账簿的或按照税收法律法规规定应设置但未设置账簿的;(二)只能准确核算收入总额,或收入总额能够查实,但其成本费用支出不能准确核算的;(三)只能准确核算成本费用支出,或成本费用支出能够查实,但其收入总额不能准确核算的;(四)收入总额及成本费用支出均不能正确核算,不能向主管税务机关提供真实、准确、完整纳税资料,难以查实的;(五)账目设置和核算虽然符合规定,但并未按规定保存有关账簿、凭证及有关纳税资料的;(六)发生纳税义务,未按照税收法律法规规定的期限办理纳税申报,经税务机关责令限期申报,逾期仍不申报的。"

（续表）

法律法规	执行日期	主要内容（关于核定征收的条件）
《税收征收管理法》（主席令第49号）	2001年5月1日	第35条规定："纳税人有下列情形之一的，税务机关有权核定其应纳税额：（一）依照法律、行政法规的规定可以不设置账簿的；（二）依照法律、行政法规的规定应当设置账簿但未设置的；（三）擅自销毁账簿或者拒不提供纳税资料的；（四）虽设置账簿，但账目混乱或者成本资料、收入凭证、费用凭证残缺不全，难以查账的；（五）发生纳税义务，未按照规定的期限办理纳税申报，经税务机关责令限期申报，逾期仍不申报的；（六）纳税人申报的计税依据明显偏低，又无正当理由的。" 第37条规定："对未按照规定办理税务登记的从事生产、经营的纳税人以及临时从事经营的纳税人，由税务机关核定其应纳税额，责令缴纳；不缴纳的，税务机关可以扣押其价值相当于应纳税款的商品、货物。扣押后缴纳应纳税款的，税务机关必须立即解除扣押，并归还所扣押的商品、货物；扣押后仍不缴纳应纳税款的，经县以上税务局（分局）局长批准，依法拍卖或者变卖所扣押的商品、货物，以拍卖或者变卖所得抵缴税款。"
国家税务总局《关于印发〈企业所得税核定征收办法〉（试行）的通知》（国税发〔2008〕30号）	2008年1月1日	第3条规定："纳税人具有下列情形之一的，核定征收企业所得税：（一）依照法律、行政法规的规定可以不设置账簿的；（二）依照法律、行政法规的规定应当设置但未设置账簿的；（三）擅自销毁账簿或者拒不提供纳税资料的；（四）虽设置账簿，但账目混乱或者成本资料、收入凭证、费用凭证残缺不全，难以查账的；（五）发生纳税义务，未按照规定的期限办理纳税申报，经税务机关责令限期申报，逾期仍不申报的；（六）申报的计税依据明显偏低，又无正当理由的。特殊行业、特殊类型的纳税人和一定规模以上的纳税人不适用本办法。上述特定纳税人由国家税务总局另行明确。"

(续表)

法律法规	执行日期	主要内容（关于核定征收的条件）
国家税务总局《关于严格按照税收征管法确定企业所得税核定征收范围的通知》（国税发〔2005〕64号）（失效）	2005年4月19日—2011年1月4日	"各地主管税务机关要严格按照'征管法'第三十五条和《国家税务总局关于印发〈核定征收企业所得税暂行办法〉的通知》（国税发〔2000〕38号）规定的范围，掌握实行核定征收企业所得税的标准，不得违规扩大核定征收范围。要坚决杜绝不论是否符合查账征收条件，对销售（营业）收入额在一定数额以下或者对某一行业的纳税人一律实行核定征收的做法。"

需要注意的是，2008年1月1日之前的带征管理适用国家税务总局《关于印发〈核定征收企业所得税暂行办法〉的通知》（国税发〔2000〕38号）的规定，而2008年1月1日之后的带征管理适用国家税务总局《关于印发〈企业所得税核定征收办法〉（试行）的通知》（国税发〔2008〕30号，以下简称"国税发〔2008〕30号文"）的规定，国税发〔2008〕30号文的适用条件和《税收征管法》的适用条件基本一致。

（三）带征方式的合法性判断

上市过程中涉及带征的常见情况一般是发行人的子公司存在带征问题，或者是公司在历史沿革中存在带征问题。

带征的合法性判断是一个两难选择，一方面，如果公司主张带征是合法的，在一定程度上就自认了公司财务核算和会计基础的缺陷，此种缺陷本身便不能满足上市的法定条件；另一方面，如果公司否认带征的合法性，就将面临补税（还有滞纳金）等问题，同时因为涉嫌未依法纳税也有可能给上市带来法律障碍。根据已过会公司在回答此问题时的反馈意见，有的直接说明"符合当时的法律规定"，有的回避了是否合法的明确结论，强调其"合理性"。

（四）基本结论和注意要点

（1）报告期内最多允许第一期（最远一期）是带征方式纳税的；
（2）带征的该年度最好能按照查账方式计算补税；
（3）其他解决方法可参考"税收优惠"问题。

九、社会福利企业税收优惠

研究此问题的意义在于确定发行人的子公司（如有）享受相应税收优惠的合法性。

（一）社会福利企业税收优惠的宏观方面的法律依据

主要有《中华人民共和国残疾人保障法》《残疾人就业条例》，国家税务总局、民政部、中国残疾人联合会《关于促进残疾人就业税收优惠政策征管办法的通知》（国税发〔2007〕67号）和民政部《关于印发〈福利企业资格认定办法〉的通知》（民发〔2007〕103号）。

（二）福利企业资格的合法性问题

表8-19 福利企业资格合法性核对表

序号	合法性问题	内容
1	符合条件的残疾人职工的范围	应当是持有《中华人民共和国残疾人证》上注明属于视力、听力、言语、肢体、智力和精神残疾的人员，或者是持有《中华人民共和国残疾军人证（1至8级）》的残疾人。
2	福利企业应具备的条件	企业依法与安置就业的每位残疾人职工签订1年（含）以上的劳动合同或者服务协议，并且安置的每位残疾人职工在单位实际上岗从事全日制工作，且不存在重复就业情况。
		企业提出资格认定申请前一个月的月平均实际安置就业的残疾人职工占本单位在职职工总数的比例达到25%（含）以上，且残疾人职工不少于10人。
		企业在提出资格认定申请前一个月通过银行等金融机构向安置的每位残疾人职工实际支付了不低于所在区县（含县级市、旗）最低工资标准的工资。
		企业在提出资格认定申请前一个月为安置的每位残疾人职工按月足额缴纳所在区县（含县级市、旗）人民政府根据国家政策规定缴纳的基本养老保险、基本医疗保险、失业保险和工伤保险等社会保险。
		企业具有适合每位残疾人职工的工种、岗位。
		企业内部的道路和建筑物符合国家无障碍设计规范。
3	发行人需要提供的证明	《社会福利企业证书》
		福利企业的税收减免符合国家有关规定。
		"四表一册"（企业基本情况表、残疾职工工种安排表、企业职工工资表、利税分配使用报表、残疾职工名册），残疾职工残疾证，企业职工花名册，职工社会保险基金缴纳情况表，民政企业年检合格证书等资料。
		地方有权部门对报告期内福利企业资格合法性以及税收优惠合法性的说明。

十、政府补贴处理

关于政府补贴,需要解决以下四个主要问题:

1. 合法性

通俗地说,公司从政府处拿钱需要有相应的法律依据和批文,并且公司应在实体和程序上符合法律规定的补贴条件。

2. 财务处理

应该按照补贴的性质和要求进行相应的财务处理。

3. 是否为资本性投入

根据批文中明确的指定用途使用,并且特别注意区分是补助性质还是资本性投入,关注是否负有返还义务,关注形成资产的权利归属。

4. 是否应该纳税

企业在收到政府补贴时,应当根据以下表格中和其他适用的法律规定,判断是否需要缴纳企业所得税。如果该缴而未缴,可参照"税收优惠"处理。

表8-20 补贴收入的税务处理一览表

适用时间	企业类型	文件	内容	结论
2008年1月1日之前	内资企业	财政部、国家税务总局《关于企业补贴收入征税等问题的通知》(财税字〔1995〕81号)(失效)第1条	企业取得国家财政性补贴和其他补贴收入,除国务院、财政部和国家税务总局规定不计入损益者外,应一律并入实际收到该补贴收入年度的应纳税所得额。	地方财政补贴一律纳入应纳税所得额,缴纳企业所得税;国务院、财政部和国家税务总局规定不计入损益的可以不缴税[如财政部、国家税务总局《关于执行〈企业会计准则〉有关企业所得税政策问题的通知》(失效)规定,企业按照国务院财政、税务主管部门有关文件规定,实际收到具有专门用途的先征后返所得税税款,按照会计准则规定应计入取得当期的利润总额,暂不计入取得当期的应纳税所得额]。对企业取得的财政性补贴和其他补贴收入,凡能够提供国务院、财政部或国家税务总局文件的,属于国家有指定用途的补贴收入,经主管税务机关审核,不计入应纳税所得额。

(续表)

适用时间	企业类型	文件	内容	结论
2008年1月1日之前	外资企业	国家税务总局《关于外商投资企业和外国企业接受捐赠税务处理的通知》(国税发〔1999〕195号)(失效)	企业接受的货币捐赠,应一次性计入企业当年度收益,计算缴纳企业所得税。	没有明确规定,只有两个关于接受捐赠和搬迁补偿收入的处理。外资企业一般是按照会计制度规定作为补贴收入处理,或作为接受捐赠处理,缴纳相应的企业所得税。但如有国务院、财政部和国家税务总局规定不计入损益情形的,也应当是不缴税的。
		国家税务总局《关于外商投资企业和外国企业取得搬迁补偿费收入税务处理问题的批复》(国税函〔2003〕115号)(失效)	企业取得搬迁补偿费收入,凡搬迁后不再重置与搬迁前相同或类似性质和用途的固定资产的,根据《中华人民共和国外商投资企业和外国企业所得税法实施细则》第44条的规定,应将上述搬迁补偿费收入加各类拆迁固定资产的变卖收入减除各类拆迁固定资产的折余价值及处置费用后的余额,计入企业当期应纳税所得额,计算缴纳企业所得税。	

(续表)

适用时间	企业类型	文件	内容	结论
2008年1月1日之后	内资企业	财政部、国家税务总局《关于专项用途财政性资金有关企业所得税处理问题的通知》（财税〔2009〕87号，以下简称"财税〔2009〕87号文"）	对企业在2008年1月1日至2010年12月31日期间从县级以上各级人民政府财政部门及其他部门取得的应计入收入总额的财政性资金，凡同时符合以下条件的，可以作为不征税收入，在计算应纳税所得额时从收入总额中减除：（1）企业能够提供资金拨付文件，且文件中规定该资金的专项用途；（2）财政部门或其他拨付资金的政府部门对该资金有专门的资金管理办法或具体管理要求；（3）企业对该资金以及以该资金发生的支出单独进行核算。	相比2008年1月1日以前，规定了符合相应条件的地方政府补贴可以作为不征税收入，免予缴纳企业所得税；但是需要注意的是，企业不征税收入用于支出所形成的费用，不得在计算应纳税所得额时扣除；企业的不征税收入用于支出所形成的资产，其计算的折旧、摊销不得在计算应纳税所得额时扣除。如果地方政府补贴不符合财税〔2009〕87号文规定的三个条件，就应当按照财税〔2008〕151号文的规定，缴纳企业所得税。
		财政部、国家税务总局《关于财政性资金行政事业性收费政府性基金有关企业所得税政策问题的通知》（财税〔2008〕151号，以下简称"财税〔2008〕151号文"）	（1）企业取得的各类财政性资金，除属于国家投资和资金使用后要求归还本金的以外，均应计入企业当年收入总额。（2）对企业取得的由国务院财政、税务主管部门规定专项用途并经国务院批准的财政性资金，准予作为不征税收入，在计算应纳税所得额时从收入总额中减除。	

（续表）

适用时间	企业类型	文件	内容	结论
2008年1月1日之后	内资企业		（3）纳入预算管理的事业单位、社会团体等组织按照核定的预算和经费报领关系收到的由财政部门或上级单位拨入的财政补助收入，准予作为不征税收入，在计算应纳税所得额时从收入总额中减除，但国务院和国务院财政、税务主管部门另有规定的除外。	
2008年1月1日之后	外资企业	国家税务总局《关于外商投资企业和外国企业取得政府补助有关所得税处理问题的批复》（国税函〔2007〕408号）（失效）	（1）按照法律、行政法规和国务院规定，企业取得的政府补助免予征收企业所得税的，企业对取得的该项政府补助按接受投资处理，即接受的政府补助资产按有关接受投资资产的税务处理规定计价并可以计算折旧或摊销；该项政府补助资产的价值不计入企业的应纳税所得额。（2）除本条第（1）项规定情形外，企业取得的政府补助符合以下条件之一的，该政府补助额	按照该项规定，外资企业取得的财政补助补贴收入，只要有相关的法律、行政法规或国务院的文件规定免予征税，则企业可以不按会计制度规定作为补贴收入处理，也不需要作为接受政府捐赠记入捐赠收入处理，而是视为接受投资进行税收处理。还可以进一步理解为，只要法律、行政法规和国务院规定指明了专项用途，且没有指明要征税的政府补助，可以视为符合规定，免予征税。如果接受的补助属于非货币性资产，如固定资产等，其资产的价值还可以与其他资产一样，按照税法规定计算折旧或摊销，其费用可以在税前扣除。

(续表)

适用时间	企业类型	文件	内容	结论
2008年1月1日之后	外资企业		不记入企业当期损益,但应对以该政府补助所购置或形成的资产,按扣减该政府补助额后的价值计算成本、折旧或摊销。① 政府补助的资产为企业长期拥有的非流动资产;② 企业虽以流动资产形式取得政府补助,但已经或必须按政府补助条件用于非流动资产的购置、建造或改良投入。（3）企业取得的政府补助不属于本条第（1）项和第（2）项规定情形的,该政府补助额应计入企业当期损益计算缴纳企业所得税。	

十一、高新技术企业

（一）与高新技术企业认定相关的规定

表8-21　高新技术企业法律法规表

序号	名称	发布时间	文号	内容
1	科技部、财政部、国家税务总局《关于印发〈高新技术企业认定管理工作指引〉的通知》	2008年7月8日	国科发火〔2008〕362号	细化了高新技术企业的认定条件和程序。

(续表)

序号	名称	发布时间	文号	内容
2	科学技术部、财政部、国家税务总局《关于印发〈高新技术企业认定管理办法〉的通知》	2008年4月14日	国科发火〔2008〕172号	规定了高新技术企业的认定条件和程序等。
3	《国家重点支持的高新技术领域》	2008年4月14日		规定了国家重点支持的高新技术领域范围。
4	《中华人民共和国企业所得税法实施条例》	2007年12月6日	国务院令第512号	规定了国家需要重点扶持的高新技术企业的定义和条件。
5	《中华人民共和国企业所得税法》	2007年3月16日	主席令第63号	国家需要重点扶持的高新技术企业,减按15%的税率征收企业所得税。

(二) 高新技术企业的税收优惠

表8-22　高新技术企业税收优惠表

序号	名称	发布时间	文号	内容
1	国家税务总局《关于进一步明确企业所得税过渡期优惠政策执行口径问题的通知》	2010年4月21日	国税函〔2010〕157号	居民企业被认定为高新技术企业,同时又处于国务院《关于实施企业所得税过渡优惠政策的通知》第1条第3款规定享受企业所得税"两免三减半"、"五免五减半"等定期减免税优惠过渡期的,其所得税适用税率可以选择依照过渡期适用税率并适用减半征税至期满,或者选择适用15%税率。 居民企业被认定为高新技术企业,同时又符合软件生产企业和集成电路生产企业定期减半征收企业所得税优惠条件的,其所得税适用税率可以选择适用15%税率,或选择法定税率减半征税。

（续表）

序号	名称	发布时间	文号	内容
2	财政部、国家税务总局《关于执行企业所得税优惠政策若干问题的通知》	2009年4月24日	财税〔2009〕69号	国务院《关于实施企业所得税过渡优惠政策的通知》第3条所称"不得叠加享受"，只限于企业所得税过渡优惠政策与《企业所得税法》及其实施条例中规定的定期减免税和减低税率类的税收优惠。《企业所得税法》及其实施条例中规定的各项税收优惠，凡企业符合规定条件的，可以同时享受。
3	国务税务总局《关于实施高新技术企业所得税优惠有关问题的通知》	2009年4月22日	国税函〔2009〕203号	原依法享受企业所得税定期减免税优惠尚未期满同时符合本通知第1条规定条件的高新技术企业，根据相关规定，在按照新标准取得认定机构颁发的高新技术企业资格证书之后，可以在2008年1月1日后，享受对尚未到期的定期减免税优惠执行到期满的过渡政策。
4	国家税务总局《关于高新技术企业2008年度缴纳企业所得税问题的通知》	2008年12月2日	国税函〔2008〕985号	2008年以来已按25%税率预缴税款的高新技术企业，可以就25%与15%税率差计算的税额，在2008年12月份预缴时抵缴应预缴的税款。
5	科技部、财政部、国家税务总局《关于印发〈高新技术企业认定管理工作指引〉的通知》	2008年7月8日	国科发火〔2008〕362号	对高新技术企业的税收优惠政策的适用作出了指引性规定。

（续表）

序号	名称	发布时间	文号	内容
6	科学技术部、财政部、国家税务总局《关于印发〈高新技术企业认定管理办法〉的通知》	2008年4月14日	国科发火〔2008〕172号	享受减税、免税优惠的高新技术企业,减税、免税条件发生变化的,应当自发生变化之日起15日内向主管税务机关报告;不再符合减税、免税条件的,应当依法履行纳税义务;未依法纳税的,主管税务机关应当予以追缴。同时,主管税务机关在执行税收优惠政策过程中,发现企业不具备高新技术企业资格的,应提请认定机构复核。复核期间,可暂停企业享受减免税优惠。
7	国务院《关于经济特区和上海浦东新区新设立高新技术企业实行过渡性税收优惠的通知》	2007年12月26日	国发〔2007〕40号	对经济特区和上海浦东新区内在2008年1月1日（含）之后完成登记注册的国家需要重点扶持的高新技术企业享受的过渡性税收优惠是:在经济特区和上海浦东新区内取得的所得,自取得第一笔生产经营收入所属纳税年度起,第一年至第二年免征企业所得税,第三年至第五年按照25%的法定税率减半征收企业所得税。
8	国务院《关于实施企业所得税过渡优惠政策的通知》	2007年12月26日	国发〔2007〕39号	企业所得税过渡优惠政策与新税法及实施条例规定的优惠政策存在交叉的,由企业选择最优惠的政策执行,不得叠加享受,且一经选择,不得改变。
9	《中华人民共和国企业所得税法实施条例》	2007年12月6日	国务院令第512号	规定了国家需要重点扶持的高新技术企业的定义和条件。

(续表)

序号	名称	发布时间	文号	内容
10	《中华人民共和国企业所得税法》	2007年3月16日	主席令第63号	国家需要重点扶持的高新技术企业,减按15%的税率征收企业所得税。
11	国务院《关于印发实施〈国家中长期科学和技术发展规划纲要(2006—2020年)若干配套政策的通知〉》	2006年2月7日	国发〔2006〕6号	国家高新技术产业开发区内新创办的高新技术企业经严格认定后,自获利年度起两年内免征所得税,两年后减按15%的税率征收企业所得税。
12	国家税务总局《关于高新技术企业如何适用税收优惠政策问题的通知》	1994年6月29日	国税发〔1994〕151号	规定了被认定为高新技术企业的外商投资企业的企业所得税的税收减免优惠政策。

(三)高新技术企业的持续认定问题

绝大多数创业板公司和相当高比例的中小板公司都被认定为高新技术企业,由此可以享受连续3年15%的税收优惠,同时也给企业形象平添了美丽光环,可谓"名利双收"。

但最近出现了已上市公司上市当年因未达高新技术企业资格标准需补税的尴尬先例。因此,各方中介机构需要对如下两方面问题高度关注:

1. 公司是否真正符合被认定为高新技术企业的实质条件

《高新技术企业认定管理办法》第10条规定了高新技术企业认定须同时满足的条件,企业必须同时具备,才能被认定为高新技术企业。因此,各方中介机构应该逐条核查,确保公司享受该项税收优惠的真实性和合法性。

表8-23 高新技术企业认定要求

认定标准	具体要求
自主知识产权	近三年内通过自主研发、受让、受赠、并购等方式,或通过五年以上的独占许可方式,对其主要产品(服务)的核心技术拥有自主知识产权。
产品(服务)	属于《国家重点支持的高新技术领域》规定的范围。
科技人员和研发人员比例	具有大学专科以上学历的占企业当年职工总数的30%以上,其中研发人员占企业当年职工总数的10%以上。

（续表）

认定标准	具体要求
研究开发费用总额占销售收入总额的比例	企业为获得科学技术（不包括人文、社会科学）新知识，创造性运用科学技术新知识，或实质性改进技术、产品（服务）而持续进行了研究开发活动，且近三个会计年度的研究开发费用总额占销售收入总额的比例符合如下要求： （1）最近一年销售收入小于5 000万元的企业，比例不低于6%； （2）最近一年销售收入在5 000万元至20 000万元的企业，比例不低于4%； （3）最近一年销售收入在20 000万元以上的企业，比例不低于3%。 其中，企业在中国境内发生的研究开发费用总额占全部研究开发费用总额的比例不低于60%。企业注册成立时间不足3年的，按实际经营年限计算。
收入占比	高新技术产品（服务）收入占企业当年总收入的60%以上。
其他指标	企业研究开发组织管理水平、科技成果转化能力、自主知识产权数量、销售与总资产成长性等指标符合《高新技术企业认定管理工作指引》（另行制定）的要求。

2. 在可预期的未来公司是否将一直符合实质条件

根据国家税务总局《关于实施高新技术企业所得税优惠有关问题的通知》（国税函〔2009〕203号文）的规定，要求高新企业在通过认定后的3年内，每年均需保持认定的所有条件，否则要按照《高新技术企业认定管理办法》第9条第2款的规定处理："……不再符合减税、免税条件的，应当依法履行纳税义务；未依法纳税的，主管税务机关应当追缴。同时，主管税务机关在执行税收优惠政策过程中，发现企业不具备高新技术企业资格的，应提请认定机构复核。复核期间，可暂停企业享受减免税优惠。"即被认定为高新技术企业，也不是必然连续三年享受15%的税收优惠。而一旦不能享受，则无疑会对公司的业绩产生重大影响。因此，各方中介机构也应该关注在未来三年内公司是否存在不能满足表8-24列举的6项实质条件的现实风险，如果存在，应该作为重大风险，充分披露。

十二、欠缴税款问题

如果发行人存在欠缴税款问题，以前只有补缴完毕才能上市，现在政策有所放宽调整，但仍需要企业详细披露有关情况，然后认定行为的性质。如果偷漏税行为严重到构成违法违规行为时，有主管部门的证明文件也不会被认可，因为各级税务主管部门都有一定的审批权限，不能越权出具证明文件（1 000万元以上的应该是在国税总局)。

整体变更及分红纳税情况也是一个需要充分披露的问题,关注点在于控股股东、实际控制人是否存在巨额税款未缴纳的情况,是否会影响到控股股东、实际控制人的合规情况及资格,从而影响到发行条件。

第九章 专项问题

第一节 国　资

发行上市涉及大量国有资产问题,本节从法律规定和实务工作两个角度对国资问题进行系统地分类、整理。从法律规定角度将国有资产管理的规定分为综合监管类规定、流转类规定、改制类规定三大类,并在每一类中继续细化;从实务工作角度重点讨论了规范国有产权的流转行为、非主营业务资产剥离、国有企业改制、国有股转持、国资参股企业股权转让五类问题。

关于国资问题的基本工作思路和方法:中介机构进场以后应该严格按照包括但不限于本文列举的法律规定进行相关操作,特别是不能忽视程序性规定;如果是历史遗留问题,应该取得省级人民政府、国资管理部门的确认函、无异议函。

一、基本法律框架

有关国有资产管理的各项法律、法规、规章以及文件,数量繁多,部门分散,立法层级跨度大,时间间隔长,甚至存在相互冲突的现象。因此,在对发行人涉及国资问题进行核查的时候,需要细致、到位地对所有与拟上市企业有关的问题进行法律检索,从而及时发现潜在的风险,并采取相应的披露和整改措施。

表9-1　国有资产相关法律规定一览表

大类	小类		法律适用	发文字号	实施日期
综合监管类规定	基本	一般国有企业资产	《中华人民共和国企业国有资产法》	主席令第5号	2009年5月1日
			《企业国有资产监督管理暂行条例》	国务院令第378号	2003年5月27日
		事业单位国有资产	《事业单位国有资产管理暂行办法》	财政部令第36号	2006年7月1日
			《中央级事业单位国有资产管理暂行办法》	财教〔2008〕13号	2008年3月15日

（续表）

大类	小类		法律适用	发文字号	实施日期
综合监管类规定	登记	一般国有企业资产	《企业国有资产产权登记管理办法》	国务院令第192号	1996年1月25日
			《企业国有资产产权登记业务办理规则》	国资发产权〔2004〕315号	2005年1月1日
			《企业国有资产产权登记管理办法实施细则》（2000年）	财管字〔2000〕116号	2000年4月6日
		金融类企业国有资产	《金融类企业国有资产产权登记管理办法》	财金〔2006〕82号	2007年1月1日
		境外国有资产	《境外国有资产产权登记管理暂行办法实施细则》	国资企发〔1996〕114号	1996年9月11日
			《境外国有资产产权登记管理暂行办法》	国资境外发〔1992〕29号	1992年6月25日
流转类规定	一般主体间的企业国有资产流转	普通有偿转让	《企业国有产权转让管理暂行办法》	国资委、财政部令第3号	2004年2月1日
			国务院国有资产监督管理委员会《关于做好贯彻落实〈企业国有产权转让管理暂行办法〉有关工作的通知》	国资发产权〔2004〕195号	2004年3月8日
			国务院国有资产监督管理委员会《关于企业国有产权转让有关问题的通知》	国资发产权〔2004〕268号	2004年8月25日
			《关于企业国有产权转让有关事项的通知》第3—6条	国资发产权〔2006〕306号	2006年12月31日
		协议转让	《关于企业国有产权转让有关事项的通知》第1条	国资发产权〔2006〕306号	2006年12月31日
			《关于中央企业国有产权协议转让有关事项的通知》	国资发产权〔2010〕11号	2010年1月26日
		无偿划转	《关于印发〈企业国有产权无偿划转管理暂行办法〉的通知》	国资发产权〔2005〕239号	2005年8月29日
			《企业国有产权无偿划转工作指引》	国资发产权〔2009〕25号	2009年2月16日
			《上海市企业国有产权无偿划转暂行办法》	沪国资委产〔2006〕362号	2006年4月24日

(续表)

大类	小类		法律适用	发文字号	实施日期
流转类规定	特殊主体间的企业国有资产流转	外商受让企业国有产权	《关于企业国有产权转让有关事项的通知》第2条	国资发产权〔2006〕306号	2006年12月31日
			《利用外资改组国有企业暂行规定》	国家工商行政管理总局、国家外汇管理局第42号	2003年1月1日
		金融企业国有资产转让	《金融企业国有资产转让管理办法》	财政部令第54号	2009年5月1日
			财政部《关于贯彻落实〈金融企业国有资产转让管理办法〉有关事项的通知》	财金〔2009〕178号	2009年12月27日
		管理层受让企业国有产权	《企业国有产权向管理层转让暂行规定》	国资发产权〔2005〕78号	2005年4月11日
		中央级事业单位国有资产处置	《中央级事业单位国有资产处置管理暂行办法》	财教〔2008〕495号	2009年1月1日
	企业国有资产流转细节规定	产权交易规则	《企业国有产权交易操作规则》	国资发产权〔2009〕120号	2009年7月1日
		评估	《企业国有资产评估管理暂行办法》	国资委令第12号	2005年9月1日
			《国有资产评估管理办法》	国务院令第91号	1991年11月16日
			国务院办公厅转发财政部《关于改革国有资产评估行政管理方式加强资产评估监督管理工作意见的通知》	国办发〔2001〕102号	2001年12月31日
			《国有资产评估管理若干问题的规定》	财政部令第14号	2002年1月1日
			财政部办公厅《关于开展国有资产评估项目备案管理工作有关问题的通知》	财办企〔2002〕4号	2002年1月14日
			《国有资产评估项目备案管理办法》	财企〔2001〕802号	2001年12月31日
			《金融企业国有资产评估监督管理暂行办法》	财政部令第47号	2008年1月1日

（续表）

大类	小类		法律适用	发文字号	实施日期
流转类规定	企业国有资产流转细节规定	清产核资	《国有企业清产核资办法》	国资委令第1号	2003年9月9日
			《清产核资工作问题解答（三）》	国资发评价〔2004〕220号	2004年4月29日
			《清产核资工作问题解答（二）》	国资厅发评价〔2004〕8号	2004年2月12日
			《清产核资工作问题解答（一）》	国资厅评价〔2003〕53号	2003年11月11日
			《国有企业清产核资工作规程》	国资评价〔2003〕73号	2003年9月13日
			《国有企业清产核资资金核实工作规定》	国资评价〔2003〕74号	2003年9月13日
			《中央企业清产核资工作方案》	国资评价〔2003〕58号	2003年9月2日
			《国有企业清产核资经济鉴证工作规则》	国资评价〔2003〕75号	2003年9月18日
			《关于国有企业清产核资土地估价有关问题的解答》	财清办〔1996〕191号	1996年10月8日
			国家国有资产管理局《关于认真做好清产核资中不良资产处置委托工作的通知》	国资产发〔1996〕41号	1996年12月2日
改制类规定	综合		《关于规范国有企业改制工作的意见》	国办发〔2003〕96号	2003年11月30日
			《关于进一步规范国有企业改制工作的实施意见》	国办发〔2005〕60号	2005年12月19日
			国务院国有资产监督管理委员会《关于进一步贯彻落实〈国务院办公厅转发国资委关于进一步规范国有企业改制工作实施意见的通知〉的通知》	国资发改革〔2006〕131号	2006年7月21日
			最高人民法院《关于审理与企业改制相关的民事纠纷案件若干问题的规定》	法释〔2003〕1号	2003年2月1日
			最高人民法院对《商务部关于请确认〈关于审理与企业改制的民事纠纷案件若干问题的规定〉是否适用于外商投资的函》的复函	〔2003〕民二外复字第13号	2003年10月20日

(续表)

大类	小类	法律适用	发文字号	实施日期
改制类规定	职工持股问题	《关于规范国有企业职工持股、投资的意见》	国资发改革〔2008〕139号	2008年9月16日
		国务院国有资产监督管理委员会《关于实施〈关于规范国有企业职工持股、投资的意见〉有关问题的通知》	国资发改革〔2009〕49号	2009年3月24日
	主辅分离辅业改制	《关于进一步规范国有大中型企业主辅分离辅业改制的通知》	国资发分配〔2005〕250号	2005年9月20日
		《关于国有大中型企业主辅分离辅业改制分流安置富余人员的实施办法》	国经贸企改〔2002〕859号	2002年11月18日
		《关于进一步明确国有大中型企业主辅分离辅业改制有关问题的通知》	国资分配〔2003〕21号	2003年7月4日
		《关于中央企业主辅分离辅业改制分流安置富余人员资产处置有关问题的通知》	国资发产权〔2004〕9号	2004年1月19日
		《关于进一步规范国有大中型企业主辅分离辅业改制的通知》	国资发分配〔2005〕250号	2005年9月20日
		财政部《关于国有大中型企业主辅分离辅业改制分流安置富余人员有关财务问题的通知》	财企〔2005〕78号	2005年5月17日
		《企业主辅分离辅业改制资产处置核销操作指引》	国资发产权〔2009〕7号	2009年1月20日

二、规范国有产权的流转行为

国有企业在进行上市的过程中，一般都需要通过合理的重组活动优化企业的股权结构，而这些活动都需要遵守与国有产权流转有关的法律、法规；对于国有企业过去的股权转让行为以及由国有企业改制的公司，也需要对历史上的国有产权流转的合法性进行论证，从而确保企业不存在相关的潜在纠纷和法律风险。

一般而言，国有产权的流转主要可以通过挂牌竞价交易、协议转让和无偿划转三种方式。其中挂牌竞价交易和协议转让属于有偿转让，而无偿划转则属于无偿转让。国有产权流转所涉及的法律、法规，上文中已经进行基本的罗列。以下主要从适用范围、总体程序和审批程序三个方面来分析和比较现有国有产权流转的三种基本方式。

(一) 适用范围比较

表 9-2 三种国有产权流转方式适用范围对照表

挂牌竞价	协议转让	无偿划转
转让的企业国有产权权属应当清晰,权属关系不明确或者存在权属纠纷的企业国有产权不得转让。被设置为担保物权的企业国有产权转让,应当符合《中华人民共和国担保法》的有关规定。	(1) 在国有经济结构调整中,拟直接采取协议方式转让国有产权的,应当符合国家产业政策以及国有经济布局和结构调整的总体规划。受让方的受让行为不得违反国家经济安全等方面的限制性或禁止性规定,且在促进企业技术进步、产业升级等方面具有明显优势。标的企业属于国民经济关键行业、领域的,在协议转让企业部分国有产权后,仍应保持国有绝对控股地位。 (2) 在所出资企业内部的资产重组中,拟直接采取协议方式转让国有产权的,转让方和受让方应为所出资企业或其全资、绝对控股企业(在目前实践中,即使是协议转让,也要求进场交易,定向产权交易达成协议转让的结果)。	(1) 被划转企业国有产权的权属应当清晰,权属关系不明确或存在权属纠纷的企业国有产权不得进行无偿划转。 (2) 有下列情况之一的,不得实施无偿划转(由政府直接批准的无偿划转除外):① 被划转企业主业不符合划入方主业及发展规划的;② 中介机构对被划转企业划转基准日的财务报告出具否定意见、无法表示意见或保留意见的审计报告的;③ 无偿划转涉及的职工分流安置事项未经被划转企业的职工代表大会审议通过的;④ 被划转企业或有负债没有妥善解决方案的;⑤ 划出方债务未有妥善处置方案的。

（二）总体程序比较

表9-3 三种国有产权流转方式操作流程对照表

			有偿转让		无偿划转	
			挂牌竞价	协议转让	一般程序	特殊程序
交易前准备		可行性研究	需要	需要	需要	不需要
	方案的制订、审议	职代会	涉及职工合法权益的，应当听取转让标的企业职工代表大会的意见，对职工安置等事项应当经职工代表大会讨论通过。		所涉及的职工分流安置事项，应当经被划转企业职工代表大会审议通过。	不需要
		内部决策	按照内部决策程序进行审议，并形成书面决议。国有独资企业的产权转让，应当由总经理办公会议审议。国有独资公司的产权转让，应当由董事会审议；没有设立董事会的，由总经理办公会议审议。划转双方应当在可行性研究的基础上，按照内部决策程序进行审议，并形成书面决议。		划入方（划出方）为国有独资企业的，应当由总经理办公会议审议；已设立董事会的，由董事会审议。划入方（划出方）为国有独资企业的，应当由总经理办公会议审议；已设立董事会的，由董事会审议。划入方（划出方）为国有独资公司的，应当由董事会审议；尚未设立董事会的，由总经理办公会议审议。	不需要

(续表)

			有偿转让		无偿划转	
			挂牌竞价	协议转让	一般程序	特殊程序
交易前准备	方案的制订、审议	通知债权人	法规中没有明确要求。不过比较谨慎的说法是,产权转让包括公司制的股权转让以及企业法人的资产转让,还应履行债权人通知或同意程序。如果借款合同中有明确约定,则更应依约履行。		划出方应当就无偿划转事项通知本企业(单位)债权人,并制订相应的债务处置方案。	不需要
	履行审批或决定程序		需要		需要	不需要
	转让标的、底价确定	清产核资	转让方应当组织转让标的企业按照有关规定开展清产核资,根据清产核资结果编制资产负债表和资产移交清册,并委托会计师事务所实施全面审计(包括按照国家有关规定对转让标的企业法定代表人的离任审计)。资产损失的认定与核销,应当按照国家有关规定办理。		划转双方应当组织被划转企业按照有关规定开展审计或清产核资,以中介机构出具的审计报告或经划出方国资监管机构批准的清产核资结果,作为企业国有产权无偿划转的依据。	中介机构出具的被划转企业上一年度(或最近一次)的审计报告或经国资监管机构批准的清产核资结果。
		财务审计	转让所出资企业国有产权导致转让方不再拥有控股地位的,由同级国有资产监督管理机构进行清产核资,并委托社会中介机构开展相关业务。			
		资产评估	(1)转让方应当委托具有相关资质的资产评估机构依照国家有关规定进行资产评估。 (2)中央企业在本企业内部实施资产重组,转让方和受让方均为中央企业及其直接或间接全资拥有的境内子企业的,转让价格可以资产评估或审计报告确认的净资产值为基准确定,且不得低于经评估或审计的净资产值;转让方或受让方不属于中央企业及其直接或间接全资拥有的境内子企业的,转让价格须以资产评估报告确认的净资产值为基准确定。		不需要	不需要

(续表)

			有偿转让		无偿划转	
			挂牌竞价	协议转让	一般程序	特殊程序
交易前准备	转让标的、底价确定	评估核准或者备案	评估报告经核准或者备案后，作为确定企业国有产权转让价格的参考依据。在产权交易过程中，当交易价格低于评估结果的90%时，应当暂停交易，在获得相关产权转让批准机构同意后，方可继续进行。	（1）协议转让项目的资产评估报告由该协议转让的批准机构核准或备案，协议转让项目的转让价格不得低于经核准或备案的资产评估结果。（2）由中央企业批准或依法决定的国有产权协议转让事项及资产评估备案，由中央企业负责。以审计报告确认的净资产为基准确定转让价格的，应当由专业机构出具上一会计年度的年度审计报告或最近时点的审计报告。	不需要	不需要

(续表)

		有偿转让		无偿划转	
		挂牌竞价	协议转让	一般程序	特殊程序
进场交易		需要		不需要	不需要
履行	付款	企业国有产权转让的全部价款,受让方应当按照产权转让合同的约定支付。 转让价款原则上应当一次付清。如金额较大,一次付清确有困难的,可以采取分期付款的方式。采取分期付款方式的,受让方首期付款不得低于总价款的30%,并在合同生效之日起5个工作日内支付;其余款项应当提供合法的担保,并应当按同期银行贷款利率向转让方支付延期付款期间利息,付款期限不得超过1年。		不需要	依据中介机构出具的被划转企业上一年度(或最近一次)的审计报告或经国资监管机构批准的清产核资结果,直接进行账务调整。
履行	交付	(1)转让企业国有产权涉及国有划拨土地使用权转让和由国家出资形成的探矿权、采矿权转让的,应当按照国家有关规定另行办理相关手续。 (2)转让企业国有产权导致转让方不再拥有控股地位的,应当按照有关政策规定处理好与职工的劳动关系,解决转让标的企业拖欠职工的工资、欠缴的各项社会保险费以及其他有关费用,并做好企业职工各项社会保险关系的接续工作。 (3)转让企业国有产权取得的净收益,按照国家有关规定处理。			
调账和工商登记		企业国有产权转让成交后,转让和受让双方应当凭产权交易机构出具的产权交易凭证,按照国家有关规定及时办理相关产权登记手续。		划转双方应当依据相关批复文件及划转协议,进行账务调整,按规定办理产权登记等手续。	按规定办理产权登记等手续。

（三）审批程序比较

表 9-4　三种国有产权流转方式审批程序对照表

		有偿转让		无偿划转
		挂牌竞价	协议转让	
审批、决定主体	一般情况	（1）国有资产监督管理机构决定所出资企业的国有产权转让事宜。 （2）转让企业国有产权，致使国家不再拥有控股地位的，应当报本级人民政府批准。	（1）中央企业由国务院国资委批准，地方企业由省级国资监管机构批准。 （2）相关批准机构不得自行扩大协议转让范围，不得下放或分解批准权限。 （3）中央企业之间、中央企业与地方国资委监管企业之间协议转让国有产权，由中央企业报国务院国资委批准后实施。	（1）企业国有产权在同一国资监管机构所出资企业之间无偿划转的，由所出资企业共同报国资监管机构批准。 （2）企业国有产权在不同国资监管机构所出资企业之间无偿划转的，依据划转双方的产权归属关系，由所出资企业分别报同级国资监管机构批准。 （3）实施政企分开的企业，其国有产权无偿划转所出资企业或其子企业持有的，由同级国资监管机构和主管部门分别批准。 （4）下级政府国资监管机构所出资企业国有产权无偿划转上级政府国资监管机构所出资企业或其子企业持有的，由下级政府和上级政府国资监管机构分别批准。 （5）无偿划转事项按照《企业国有产权无偿划转管理暂行办法》规定程序批准后，划转协议生效。划转协议生效以前，划转双方不得履行或者部分履行。

(续表)

		有偿转让		无偿划转
		挂牌竞价	协议转让	
审批、决定主体	企业内部转让	所出资企业决定其子企业的国有产权转让。其中，重要子企业的重大国有产权转让事项，应当报同级国有资产监督管理机构会签财政部门后批准。其中，涉及政府社会公共管理审批事项的，需预先报经政府有关部门审批。	中央企业在本企业内部实施资产重组，符合《关于企业国有产权转让有关事项的通知》规定的境内企业协议转让事项，由中央企业负责批准或依法决定，同时抄报国务院国资委。其中涉及股份有限公司股份转让的，按照国家有关规定办理。	企业国有产权在所出资企业内部无偿划转的，由所出资企业批准并抄报同级国资监管机构。
审查的材料	审查材料清单	决定或者批准企业国有产权转让行为，应当审查下列书面文件： （1）转让企业国有产权的有关决议文件； （2）企业国有产权转让方案； （3）转让方和转让标的企业国有资产产权登记证； （4）律师事务所出具的法律意见书； （5）受让方应当具备的基本条件； （6）批准机构要求的其他文件。		（1）无偿划转的申请文件； （2）总经理办公会议或董事会有关无偿划转的决议； （3）划转双方及被划转企业的产权登记证； （4）无偿划转的可行性论证报告； （5）划转双方签订的无偿划转协议； （6）中介机构出具的被划转企业划转基准日的审计报告，或同级国资监管机构清产核资结果批复文件； （7）划出方债务处置方案； （8）被划转企业职代会通过的职工分流安置方案； （9）其他有关文件。

(续表)

		有偿转让		无偿划转
		挂牌竞价	协议转让	
重新报批		企业国有产权转让事项经批准或者决定后，如转让和受让双方调整产权转让比例或者企业国有产权转让方案有重大变化的，应当按照规定程序重新报批。		企业国有产权无偿划转事项经批准后，划出方和划入方调整产权划转比例或者划转协议有重大变化的，应当按照规定程序重新报批。
评估核准或者备案		评估报告经核准或者备案后，作为确定企业国有产权转让价格的参考依据。在产权交易过程中，当交易价格低于评估结果的90%时，应当暂停交易，在获得相关产权转让批准机构同意后，方可继续进行。	（1）协议转让项目的资产评估报告由该协议转让的批准机构核准或备案，协议转让项目的转让价格不得低于经核准或备案的资产评估结果。 （2）由中央企业批准或依法决定的国有产权协议转让事项及资产评估备案，由中央企业负责。以审计报告确认的净资产为基准确定转让价格的，应当采用由专业机构出具的上一会计年度的年度审计报告或最近时点的审计报告。	

(续表)

	有偿转让		无偿划转
	挂牌竞价	协议转让	
时效、跟踪报告		相关批准机构应当在批准文件中明确协议转让事项执行的有效时限,并建立对批准协议转让事项的跟踪、报告制度。各省级国资监管机构应当将协议转让的批准和实施结果报告国务院国资委。	

(四) 协议转让股权的严格限制

自《企业国有产权转让管理暂行办法》于 2004 年 2 月 1 日施行以来,使用协议方式转让国有产权受到了严格限制。

《企业国有产权转让管理暂行办法》规定,经公开征集只产生一个受让方的,以及对于国民经济关键行业、领域中对受让方有特殊要求的,企业实施资产重组中将企业国有产权转让给所属控股企业的国有产权转让,经省级以上国有资产监督管理机构批准后,可以采取协议转让方式转让国有产权。转让企业国有产权,致使国家不再拥有控股地位的,应当报本级人民政府批准。

《关于企业国有产权转让有关事项的通知》指出,企业国有产权转让应不断提高进场交易比例,严格控制场外协议转让。对于国民经济关键行业、领域的结构调整中对受让方有特殊要求,或所出资企业内部资产重组中确需采取直接协议转让的,省级以上国资监管机构应进行认真审核和监控。

对于允许协议转让的范围,《关于企业国有产权转让有关事项的通知》明确规定:

(1) 在国有经济结构调整中,拟直接采取协议方式转让国有产权的,应当符合国家产业政策以及国有经济布局和结构调整的总体规划。受让方的受让行为不得违反国家经济安全等方面的限制性或禁止性规定,且在促进企业技术进步、产业升级等方面具有明显优势。标的企业属于国民经济关键行业、领域的,在协议转让企业部分国有产权后,仍应保持国有绝对控股地位。

(2) 在所出资企业内部的资产重组中,拟直接采取协议方式转让国有产权的,转让方和受让方应为所出资企业或其全资、绝对控股企业。

由此可见,国有产权的协议转让有着极为严格的控制措施,不仅审批程序上要求是省级以上国资监管机构,而且范围限制在股权转让后企业性质不变(仍为国有绝对控股的企业),股权转让导致国家不再拥有控股地位的,应当报本级人民政府批准。

(五)充分维护职工的合法权益

2009年5月1日起施行的《中华人民共和国企业国有资产法》第37条规定:"国家出资企业的合并、分立、改制、解散、申请破产等重大事项,应当听取企业工会的意见,并通过职工代表大会或者其他形式听取职工的意见和建议。"第41条第2款规定:"企业改制涉及重新安置企业职工的,还应当制定职工安置方案,并经职工代表大会或者职工大会审议通过。"

《企业国有产权转让管理暂行办法》规定,企业国有产权转让合同内容应该包括转让标的企业涉及的职工安置方案。转让企业国有产权导致转让方不再拥有控股地位的,应当按照有关政策规定处理好与职工的劳动关系,解决转让标的企业拖欠职工的工资、欠缴的各项社会保险费以及其他有关费用,并做好企业职工各项社会保险关系的接续工作。向国资委报送的改制方案,应当包括经企业所在地劳动保障行政部门审核的职工安置方案,否则,国资委应当要求转让方终止产权转让活动,必要时应当依法向人民法院提起诉讼,确认转让行为无效。

国务院办公厅转发国务院国有资产监督管理委员会《关于规范国有企业改制工作意见的通知》(国办发〔2003〕96号)规定,国有企业改制方案和国有控股企业改制为非国有企业的方案,必须提交企业职工代表大会或职工大会审议,充分听取职工意见。其中,职工安置方案需经企业职工代表大会或职工大会审议通过后方可实施。改制为非国有的企业,要按照有关政策处理好改制企业与职工的劳动关系。

《关于进一步规范国有企业改制工作的实施意见》"切实维护职工的合法权益"部分明确规定,改制方案必须提交企业职工代表大会或职工大会审议,并按照有关规定和程序及时向广大职工群众公布。国有企业实施改制前,原企业应当与投资者就职工安置费用、劳动关系接续等问题明确责任,并制订职工安置方案。职工安置方案必须经职工代表大会或职工大会审议通过,企业方可实施改制。职工安置方案必须及时向广大职工群众公布,其主要内容包括:企业的人员状况及分流安置意见;职工劳动合同的变更、解除及重新签订办法;解除劳动合同职工的经济补偿金支付办法;社会保险关系接续;拖欠职工的工资等债务和企业欠缴的社会保险费处理办法等。企业实施改制时必须向职工群众公布企业总资产、总负债、净资产、净利润等主要财务指标的财务审计、资产评估结果,接受职工群众的民主监督。

中华全国总工会《关于在企业改制重组关闭破产中进一步加强民主管理工作的通知》(工发电〔2009〕61号)强调:"改制方案、兼并破产方案、职工裁员及分流安置方案等企业重大决策问题,及时向职工群众公开,充分听取职工群众的意见。""在实施改制时,将企业总资产、总负债、净资产、净利润等主要财务指标的财务审计、资产评估结果,向职工群众公开,接受职工群众的民主监督。""将改制方案提交企业职工代表大会或职工大会审议,职工的裁减和安置方案等涉及职工切身利益的重大问题提交职工代表大会审议通过,未经职工代表大会审议的不应实施;既未公开又未经职工代表大会通过的决定视为无效。""改制企业召开职工代表大会,必须要有三分之二以上职工代表出席,经全体职工代表半数以上通过方为有效。职工代表大会的表决应以无记名投票方式进行。不能以职工代表团(组)长联席会议代替职工代表大会作出决定。"

三、非主营业务资产剥离

对于国有企业来说,一个十分重要的问题是要突出和壮大主业,增强自己的核心竞争力。现在,国有企业主业不突出、核心竞争力不强的问题比较普遍,加上其容易获得银行的融资,国有企业往往抱有"什么赚钱就搞什么"的发展思路,相当一批企业主业过多,主业之间关联度很小,部分企业至今尚未明确主业方向。因此,国有企业在进行重组改制时,首先必须对主营业务进行清晰的划定,并以此作为主线,主导重组过程,将国有企业现有资产结构中的"三类资产",如职工食堂、职工澡堂、娱乐设施、附属酒店、诊所等通过合适的途径剥离,从而提高企业资产的盈利能力。

进行非主营业务资产剥离时需要注意以下问题:

1. 划清主营业务的范围

非主营业务资产的剥离涉及上市主体架构问题,每次调整对于企业来说都可以算是一个"手术"的过程,如果在剥离前没有做好充分的研究和论证,确定主营业务方向,划清哪些资产是主营业务以外的资产,准确划清需要剥离资产的范围,将很可能导致妨碍上市进程,甚至影响企业的正常经营,造成损失。因此,国有企业在进行重组改制时,首先必须对主营业务进行清晰的划定,并以此作为主线,主导重组过程。

2. 主辅业分离的合法性

除了要准确判断需要剥离的非主营业务资产以外,在企业实际具体的非主营业务资产剥离方案以外,必须关注剥离程序的合法性,保证不会造成国有资产的损失,不会因为剥离程序而导致企业与员工之间产生纠纷。除了需要符合上文提到的一般国有企业资产转让的相关法律以及程序外,国家和地方政府已经出台了多部专门针对国有大中型企业的主辅分离辅业改制方面的规章(见表9-5),国有大中型企业可以直接依据相关规定操作,中小型国有企业也可以参照有关规定判断保证程序的合法性。

表 9-5 主辅分离相关法律规定一览表

法规名称	发文字号
《关于国有大中型企业主辅分离辅业改制分流安置富余人员的实施办法》	国经贸企改〔2002〕859号
《关于进一步明确国有大中型企业主辅分离辅业改制有关问题的通知》	国资分配〔2003〕21号
《关于中央企业主辅分离辅业改制分流安置富余人员资产处置有关问题的通知》	国资发产权〔2004〕9号
《关于进一步规范国有大中型企业主辅分离辅业改制的通知》	国资发分配〔2005〕250号
《关于国有大中型企业主辅分离辅业改制分流安置富余人员有关财务问题的通知》	财企〔2005〕78号
《企业主辅分离辅业改制资产处置核销操作指引》	国资发产权〔2009〕7号

3. 注意通过关联交易剥离的公允性

国有企业在进行非主营业务资产剥离的时候,出于降低企业财务、时间、人力成本方面的考虑,往往会选择通过关联方交易的方式进行,表现为拟上市国有企业将非主营业务资产转让给其控股母公司,而且重组的方式也可能会选择协议转让、无偿划拨的形式,此时应注意,对相关关联交易应充分关注交易的公允性问题。

4. 保持企业经营能够连续计算

国有企业在进行非主营业务资产剥离的时候,必须注意保持企业经营的稳定性和连续性,需要注意防止企业由于重组力度过大而导致公司的资产、业务甚至实际控制人发生重大变化,导致业绩不能连续计算。

四、国有企业改制

(一) 管理层持股

在企业改制过程中,管理层持股是一个敏感的问题,从曾经在实践中大行其道,到国资委叫停,到中小国有企业有条件放行,再到至今大型国有企业进行试点,可谓一波三折。现行关于管理层持股最为重要的两个规定是《企业国有产权向管理层转让暂行规定》和《关于进一步规范国有企业改制工作的实施意见》。

其中需要重点关注两点:

(1) 管理层成员拟通过增资扩股持有企业股权的,不得参与制订改制方案、确定国有产权折股价、选择中介机构,以及清产核资、财务审计、离任审计、资产评估中的重大事项。管理层持股必须提供资金来源合法的相关证明,必须执行《贷款通则》的有关规定,不得向包括本企业在内的国有及国有控股企业借款,不得以国有产权或资产作为标的物通过抵押、质押、贴现等方式筹集资金,也不得采取信托或委托等方式间接持有企业股权。

(2) 存在下列情况之一的管理层成员,不得通过增资扩股持有改制企业的股权:① 经审计认定对改制企业经营业绩下降负有直接责任的;② 故意转移、隐匿资产,或者在改制过程中通过关联交易影响企业净资产的;③ 向中介机构提供虚假资料,导致审计、评估结果失真,或者与有关方面串通,压低资产评估值以及国有产权折股价的;④ 违反有关规定,参与制订改制方案、确定国有产权折股价、选择中介机构,以及清产核资、财务审计、离任审计、资产评估中的重大事项的;⑤ 无法提供持股资金来源合法的相关证明的。

(二) 员工持股

国有企业职工持股在国有企业是比较常见的。职工持股主要有两类问题:第一个是如何规范一般情况下的职工持股问题;第二个是如何规范因职工持股导致的股东人数超过200人的问题。

1. 规范一般情况下的职工持股问题

为了规范职工持股,国务院国有资产监督管理委员会制定了《关于规范国有企业职工持股、投资的意见》(国资发改革〔2008〕139号)和《关于实施〈关于规范国有企业职工持股、投资的意见〉有关问题的通知》(国资发改革〔2009〕49号)。

其中需要重点关注以下三点:

(1) 职工持股不得处于控股地位。

(2) 职工入股原则限于持有本企业股权。国有企业集团公司及其各级子企业改制,经国资监管机构或集团公司批准,职工可投资参与本企业改制,确有必要的,也可持有上一级改制企业股权,但不得直接或间接持有本企业所出资各级子企业、参股企业及本集团公司所出资的其他企业的股权。科研、设计、高新技术企业科技人员确因特殊情况需要持有子企业股权的,须经同级国资监管机构批准,且不得作为该子企业的国有股东代表。国有企业中已持有上述不得持有的企业股权的中层以上管理人员,自《关于规范国有企业职工持股、投资的意见》印发后1年内,应转让所持股份,或者辞去所任职务。在股权转让完成或辞去所任职务之前,不得向其持股企业增加投资。已持有上述不得持有的企业股权的其他职工晋升为中层以上管理人员的,须在晋升后6个月内转让所持股份。法律、行政法规另有规定的从其规定。

(3) 规范入股资金来源。国有企业不得为职工投资持股提供借款或垫付款项,不得以国有产权或资产作为标的物为职工融资提供保证、抵押、质押、贴现等;不得要求与本企业有业务往来的其他企业为职工投资提供借款或帮助融资。对于历史上使用工效挂钩和百元产值工资含量包干结余,以全体职工名义投资形成的集体股权现象,应予以规范。

如果存在违反上述规定的不规范之处,原则上应该通过股权转让予以清理和规范。

2. 规范因职工持股导致的股东人数超过 200 人的问题

详见本书第三章"主体资格"第二节"股东"。

(三) 期间盈亏归属

如果是国有企业改制,并且在改制过程中引入了国资以外的其他股东,则存在如何对改制评估基准日至工商变更登记日之间产生的利润(亏损)之归属进行明确约定的问题。

此问题在一定程度上是一个"伪命题",因为根据公司法的原理,工商变更登记只是证权行为,不是设权行为,以变更登记为期间之一端没有法律依据。但是考虑到实务中已将工商登记视为确权行为,所以"伪命题"也当作严肃问题给予考虑。

公平的做法是"赢收亏补",即(如果)盈利部分界定为国有资产收益,收归国有;(如果)亏损部分,给予新股东折算相应补偿。但是该操作方法有如下弊端:

(1) 为了得到补偿,公司自然会倾向于亏损,本来国企就是"内部人控制",因此可能导致造假行为;

(2) 不利于发挥产权交易所的定价调节作用;

(3) 可能和其他企业类似情况的处理不一致;

(4) 股权转让合同(产权交易凭证)的日期才是真正的权利变更日期;

(5) 交易定价的基准是评估价,期间盈亏是审计值,二者不一致,没有可比性。

综上所述,真正公平合适的做法反而是"不予处理",特别是在评估基准日和挂牌交易日间隔很短的情况下,体现了风险、收益对等分担的基本原则。

考虑到国有资产神圣不可侵犯,绝对不能流失,又因为公司以上市为目的,因此,如果一定要明确处理此问题,最"潇洒"的做法是,在此期间如果亏损就"不予处理",如果盈利就界定为国有资产有收益,应该根据审计结果予以上缴。当然,即使这样操作也不一定给公司其他股东带来损害,因为具体缴款数额和时间可以"另行通知"。

(四) 经济责任审计

根据《关于进一步规范国有企业改制工作的实施意见》的规定,改制为非国有企业的,必须在改制前由国有产权持有单位组织进行法定代表人离任审计。根据《企业国有产权向管理层转让暂行规定》的规定,标的企业或标的企业国有产权持有单位的法定代表人参与受让企业国有产权的,应当对其进行经济责任审计。上述两个规定从企业改姓和收购主体两个方面对离任审计进行了规定。不过离任审计仅是前置程序之一,是否实际履行不影响产权转让行为的效力。

五、国有股转持问题

(一) 国有股转持相关法律规定

表 9-6 国有股转持法规表

序号	名称	发布时间	文号	内容
1	《关于豁免国有创业投资机构和国有创业投资引导基金国有股转持义务有关问题的通知》	2010年10月13日	财企〔2010〕278号	经国务院批准,符合条件的国有创业投资机构和国有创业投资引导基金,投资于未上市中小企业形成的国有股,可申请豁免国有股转持义务。
2	财政部、国资委、证监会、社保基金会《关于印发〈境内证券市场转持部分国有股充实全国社会保障基金实施办法〉的通知》	2009年6月19日	财企〔2009〕94号	规定了国有股转充社保基金的范围、比例、方式、程序;转持股份的管理和处置等。并规定股权分置改革新老划断后,凡在境内证券市场首次公开发行股票并上市的含国有股的股份有限公司,除国务院另有规定的,均须按首次公开发行时实际发行股份数量的10%,将公司部分国有股转由社保基金会持有,国有股东持股数量少于应转持股份数量的,按实际持股数量转持。
3	中华人民共和国财政部、国务院国有资产监督管理委员会、中国证券监督管理委员会、全国社会保障基金理事会公告	2009年6月19日	财政部、国资委、证监会、全国社保基金公告2009年第63号	上市公司派发股票股利、资本公积转增股本等导致净资产不变、股份数量增加,国有股东应转持股份数量相应增加。

(续表)

序号	名称	发布时间	文号	内容
4	国资委《关于实施〈上市公司国有股东标识管理暂行规定〉有关问题的函》	2008年3月4日	国资厅产权〔2008〕80号	规定了需要标注国有股东标识的持有上市公司股份的企业或单位。
5	《国有股东转让所持上市公司股份管理暂行办法》	2007年6月30日	国资委、证监会令第19号	规定上市公司国有股的转让方式包括通过证券交易系统转让、协议转让、无偿划转和间接转让。同时规定了各种转让方式的程序和监管,以及国有股转让的法律责任。
6	国资委、证监会《关于印发〈上市公司国有股东标识管理暂行规定〉的通知》	2007年6月30日	国资发产权〔2007〕108号	规定了上市公司国有股东的标识管理。
7	财政部《关于金融资产管理公司和国有银行国有股减持有关问题的通知》	2004年3月9日	财金函〔2004〕21号	规定了国有独资银行和金融资产管理公司的国有股减持的各种情况的处理。
8	财政部《关于国有企业认定问题有关意见的函》	2003年4月23日	财企函〔2003〕9号	规定了国有公司、企业的认定条件。
9	《关于上市公司国有股被人民法院冻结拍卖有关问题的通知》	2001年11月2日	财企〔2001〕656号	上市公司国有股被冻结后由法院进行股权拍卖,并在证监会指定报刊刊登拍卖公告。应当对国有股进行评估确定保留价,国有股参考保留价进行拍卖。国有股拍卖应报相关部门备案。
10	最高人民法院《关于冻结、拍卖上市公司国有股和社会法人股若干问题的规定》	2001年9月21日	法释〔2001〕28号	规定了上市公司国有股被冻结和拍卖的程序以及保全措施和强制执行措施。股权冻结后,股权持有人或者所有权人仍可享有因上市公司增发、配售新股而产生的权利。

(续表)

序号	名称	发布时间	文号	内容
11	财政部《关于股份有限公司国有股权管理工作有关问题的通知》	2000年5月19日	财管字〔2000〕200号	规定了国有股权的管理机构、管理程序及监管等。
12	《关于印发〈股份有限公司国有股权管理暂行办法〉的通知》（已废止）	1994年11月3日	国资企发〔1994〕81号	规定了国有股权的界定、国有股权的转让程序，以及国有股权的监管和制裁。

（二）国有股转充社保基金相关法律问题

表9-7　国有股转充社保基金法律问题表

序号	问题	解决方案	依据
1	适用对象	股权分置改革新老划断后（2006年5月）上市的含国有股的公司。具体分为两类：第一类为股权分置改革新老划断后、《转持办法》颁布前，已在境内完成首发的含国有股的上市公司。第二类为《转持办法》颁布后，在境内首发上市的含国有股的公司。	财政部、国资委、证监会、社保基金会《关于印发〈境内证券市场转持部分国有股充实全国社会保障基金实施办法〉的通知》（财企〔2009〕94号，以下简称《转持办法》）
2	比例计算	按首次公开发行时实际发行股份数量的10%，将股份有限公司部分国有股转由社保基金会持有，国有股东持股数量少于应转持股份数量的，按实际持股数量转持。	
3	转持方式	一般规定：由经国有资产监督管理机构确认的上市前国有股东承担转持义务。 特殊规定：对于第一类公司，经确认的国有股东在履行转持义务前已发生股份转让的，须按其承担的转持义务以上缴资金等方式替代转持国有股。对于第二类公司，混合所有制的国有股东，由该类国有股东的国有出资人按其持股比例乘以该类国有股东应转持的权益额履行转持义务。	

(续表)

序号	问题	解决方案	依据
4	转持程序	股权分置改革新老划断后至《转持办法》颁布前首次公开发行股票并上市的股份有限公司,程序为: (1)由财政部、国资委、证监会和社保基金会进行初步核定并公告,同时应转持股份予以冻结。 (2)如国有股东对转持公告有疑义,应当向国有资产监督管理机构反馈意见,由国有资产监督管理机构重新核定。 (3)进行转持或上缴资金。国资监管机构向中国证券登记结算有限责任公司(以下简称"中国结算公司")下达国有股转持通知,并抄送社保基金会。中国结算公司在收到国有股转持通知后15个工作日内,将各国有股东应转持股份,变更登记到社保基金会转持股票账户;对于以上缴资金方式履行转持义务的,国有股东在缴款后凭一般缴款书到中国结算公司办理股份解冻手续。 (4)转持完成后,国有股东将转持情况报国资监管机构备案,并抄送财政部和社保基金会。	《转持办法》
		《转持办法》颁布后首次公开发行股票并上市的股份有限公司的转持程序: (1)第一大国有股东向国资监管机构申请确认国有股东身份和转持股份数量。国资监管机构出具批复并抄送社保基金会和结算公司。 (2)中国结算公司在收到国有股转持批复后、首次公开发行股票上市前,将各国有股东应转持股份,变更登记到社保基金会转持股票账户。对于以上缴资金方式履行转持义务的,国有股东须按国有股转持批复的要求,及时足额就地上缴到中央金库。 (3)国有股东在转持股份后将转持情况报国资监管机构备案,并抄送财政部和社保基金会。	

(续表)

序号	问题		解决方案	依据
5	国有股东的认定	认定机关	国有股东是指经国有资产监督管理机构确认的国有股东。国有资产监督管理机构,是指代表国务院和省级以上(含计划单列市)人民政府履行出资人职责、负责监督管理企业国有资产的特设机构和负责监督管理金融类企业国有资产的各级财政部门。	《转持办法》
		一般认定	国有股权控股分为绝对控股和相对控股。绝对控股是指国有股权持股比例占50%以上(不含50%);相对控股是指国有股权持股比例高于30%低于50%,但因股权分散,国家对股份公司具有控制性影响。计算持股比例一般应以同一持股单位的股份为准,不得将两个或两个以上国有股权持股单位的股份加和计总。	《关于印发〈股份有限公司国有股权管理暂行办法〉的通知》(国资企发〔1994〕81号)(已废止)
			国有股东,是指持有上市公司股份的国有及国有控股企业、有关机构、部门、事业单位等。	《国有股东转让所持上市公司股份管理暂行办法》(国资委、证监会令第19号)
			上市公司国有股东,是指持有上市公司股份的国有及国有控股企业、有关机构、部门、事业单位等。	国资委、证监会关于印发《上市公司国有股东标识管理暂行规定》的通知(国资发产权〔2007〕108号)
			持有上市公司股份的下列企业或单位应按照《上市公司国有股东标识管理暂行规定》(国资发产权〔2007〕108号)标注国有股东标识: (1)政府机构、部门、事业单位、国有独资企业或出资人全部为国有独资企业的有限责任公司或股份有限公司。 (2)上述单位或企业独家持股比例达到或超过50%的公司制企业;上述单位或企业合计持股比例达到或超过50%,且其中之一为第一大股东的公司制企业。 (3)上述(2)中所述企业连续保持绝对控股关系的各级子企业。 (4)以上所有单位或企业的所属单位或全资子企业。	国资委《关于实施〈上市公司国有股东标识管理暂行规定〉有关问题的函》(国资厅产权〔2008〕80号)

(续表)

序号	问题		解决方案	依据
5	国有股东的认定	一般认定	"国有公司、企业"还应涵盖国有控股企业,其中,对国有股权超过50%的绝对控股企业,因国有股权处于绝对控制地位,应属"国有公司、企业"范畴;对国有股权处于相对控股的企业,因股权结构、控制力的组合情况相对复杂,如需纳入"国有公司、企业"范畴,须认真研究提出具体的判断标准。	财政部《关于国有企业认定问题有关意见的函》(财企函〔2003〕9号)
			控股指持股比例占公司股本总额50%以上,或持股比例虽然不足50%,但依其持有的股权/股份所享有的表决权已足以对股东会、股东大会决议产生重大影响的情形。	《公司法》、《上海证券交易所股票上市规则》、《深圳证券交易所股票上市规则》、《深圳证券交易所创业板股票上市规则》
		特殊国有主体的认定	对国有独资银行和金融资产管理公司持有的由信贷资产转化的债转股股权和抵债股权,在企业上市时不进行减持,同时相应核减这部分股权应缴纳的社保资金。	财政部《关于金融资产管理公司和国有银行国有股减持有关问题的通知》(财金函〔2004〕21号)
		境外国有成分的认定	实践中有不同的做法:一是看国有资产境外形成的权益是否登记为境外国有产权;二是看不同主管部门的认定。被认定为外资股,无须履行国有股转持义务;被认定为境外国有法人股,需要履行国有股转持义务。	

(续表)

序号	问题		解决方案	依据
6	混合所有制的国有股转持	基本规定	混合所有制的国有股转持,分以下两种情况: (1)直接划转股份:由该类国有股东的国有出资人按其持股比例乘以该类国有股东应转持的权益额,履行转持义务。具体方式为:在取得国有股东各出资人或各股东一致意见后,直接转持国有股,并由该股东的国有出资人对非国有出资人给予相应补偿。 (2)现金替代划转:由该国有股东的国有出资人以分红或自有资金一次或分次上缴中央金库。	《转持办法》
		计算公式	(1)直接划转股份:混合所有制的国有股东转持股数 = 本次拟公开发行股份数量×10%×各股东占股份公司国有股的比例×各股东国有出资人的国有股比例。 (2)现金替代划转:现金替代划转金额 = 实际应转持股数×IPO发行价。	
		国有出资人持股的确定	通常情况下,混合所有制的国有股东,往上追溯一级至国有出资人。如果上一级也是混合所有制国有股东(如国有控股的上市公司),应再追溯至上一级国有出资人履行转持义务。上一级国有出资人按照其所持上市公司的国有股比例再乘以二级国有股东持有该混合所有制国有股东的股份比例,计算出实际应转持的股份数。	
		国有出资人补偿非国有出资人	在直接转划股份的情况下,混合所有制的股东被划转股份后,国有出资人如何补偿非国有出资人,没有操作细则,主要是靠股东之间协商达成一致。为避免异议,目前对于混合所有制的国有股东,采用现金替代划转的做法较多。	

(续表)

序号	问题		解决方案	依据
7	国有股转持义务的豁免	豁免情形	符合条件的国有创业投资机构和国有创业投资引导基金，投资于未上市中小企业形成的国有股，经财政部审核批准后，可豁免国有股转持义务。	《关于豁免国有创业投资机构和国有创业投资引导基金国有股转持义务有关问题的通知》（财企〔2010〕278号）
		国有创业投资机构的豁免条件	（1）经营范围符合《创业投资企业管理暂行办法》（发展改革委等10部门令第39号）规定，且工商登记名称中注有"创业投资"字样。在2005年11月15日《创业投资企业管理暂行办法》发布前完成工商登记的，可保留原有工商登记名称，但经营范围须符合《创业投资企业管理暂行办法》规定。 （2）遵照《创业投资企业管理暂行办法》规定的条件和程序完成备案，经备案管理部门年度检查核实，投资运作符合《创业投资企业管理暂行办法》有关规定。	
		国有创业投资引导基金的豁免条件	按照《关于创业投资引导基金规范设立与运作的指导意见》（国办发〔2008〕116号）的规定，规范设立并运作的国有创业投资引导基金。	
		未上市中小企业的豁免条件	未上市中小企业，应当同时符合下列条件： （1）职工人数不超过500人。 （2）年销售（营业额）不超过2亿元。 （3）资产总额不超过2亿元。 上述条件按照国有创业投资机构和国有创业投资引导基金初始投资行为发生时被投资企业的规模确定。	

(续表)

序号	问题		解决方案	依据
8	上述第一类公司涉及转持的相关问题	已转让股份的如何计算转持国有股的价格	第一类公司的国有股东在履行转持义务前已发生股份转让的,须按其承担的转持义务以上缴资金等方式替代转持国有股。对于转持国有股的价格计算,实践中有三种算法:一是按IPO时的发行价;二是转让股份时的实际价格;三是上缴资金时的二级市场股价。	
		冻结股份的孳息归属	从法律上理解,转持国有股处于冻结状态未划转的,冻结股份应属于社保基金会,因此,上市公司派发股票股利、资本公积转增股本属于股份产生的孳息,该部分权益同样应归属于社保基金会。但在实务操作中,由于2009年第63号公告只提到派发股票股利、资本公积转增股本等导致股份相应增加的情形,在冻结股份划转时,证券登记结算公司只根据通知划转冻结股份(包括派生的新增股份),而无法对现金账户中的现金红利进行处置。	最高人民法院《关于冻结、拍卖上市公司国有股和社会法人股若干问题的规定》(法释〔2001〕28号)、《财政部、国资委、证监会、全国社保基金会公告》(2009年第63号公告)、实践操作
		冻结股份在上市公司配股等再融资时的权利	实践操作中,可参考以下方案: (1)在配股股权登记日,如该等股份已划转致社保基金会,则社保基金会享有转持股份的收益权和处置权,社保基金会有权决定是否参与配股。 (2)在配股股权登记日,如该等股份仍处于冻结状态,尚未完成划转工作,则原国有股东有权基于其现有名下的股份总数(含国有股转持冻结股份)自行决定是否参与配股,原国有股东只能用自有资金参与配股,而不得使用冻结股份对应的现金分红款参与配股。原国有股东以自有资金认购的配股股份应属于其自身所有。配股发行完成后,该等国有股转持冻结股份对应的配售股份可与其他配售股份一并上市流通。	

(三) 国有股东的确认

根据《境内证券市场转持部分国有股充实全国社会保障基金实施办法》(以下简称《转持实施办法》)第6条的规定:"股权分置改革新老划断后,凡在境内证券市场首次公开发行股票并上市的含国有股的股份有限公司,除国务院另有规定的,均须按首次公开发行时实际发行股份数量的10%,将股份有限公司部分国有股转由社保基金会持有……"该实施办法第8条规定:"本办法颁布后首次公开发行股票并上市的股份有限公司,由经国有资产监督管理机构确认的国有股东承担转持义务。"

根据《转持实施办法》的规定,拟上市企业如有经国有资产监督管理机构确认的国有股东,需取得国资部门出具的国有股转持批复,该批复应作为股份有限公司申请首次公开发行股票并上市的必备文件。

目前实践中判定是否为经国有资产监督管理机构确认的国有股东主要依据《上市公司国有股东标识管理暂行规定》(国资发产权〔2007〕108号)以及《关于施行〈上市公司国有股东标识管理暂行规定〉有关问题的函》(国资厅产权〔2008〕80号)的规定,属于该等文件定义的国有股东即为需要按照《转持实施办法》履行转持义务的国有股东。

根据《上市公司国有股东标识管理暂行规定》的规定,国有控股或参股的股份有限公司申请发行股票时,应向证券监督管理机构提供国有资产监督管理机构关于股份公司国有股权管理的批复文件,该文件是股份有限公司申请股票发行的必备文件。国有资产监督管理机构应当在国有控股或参股的股份公司相关批复文件中对国有股东作出明确界定,并在国有股东名称后标注具体的国有股东标识,国有股东的标识为"SS"(State-owned Shareholder)。

根据《关于施行〈上市公司国有股东标识管理暂行规定〉有关问题的函》的规定,持有上市公司股份的下列企业或单位应确认为国有股东:① 政府机构、部门、事业单位、国有独资企业或出资人全部为国有独资企业的有限责任公司或股份有限公司。② 上述单位或企业独家持股比例达到或超过50%的公司制企业;上述单位或企业合计持股比例达到或超过50%,且其中之一为第一大股东的公司制企业。③ 上述②中所述企业连续保持绝对控股关系的各级子企业。④ 以上所有单位或企业的所属单位或全资子企业。

(四) 还需要关注如下两方面的问题

1. 股东性质改变导致不需要转持的情形

股东在对发行人出资后,因为增资导致自身从国有绝对控股的有限责任公司变更为国有相对控股的有限责任公司,按照国有股权管理的有关规定,此时股东持有的发行人的国有法人股相应变更为非国有股,因此不需要转持。

2. 信贷资产转化的债转股股权导致免除转持义务

根据财政部2004年3月9日颁布的《关于金融资产管理公司和国有银行国有股减持有关问题的通知》(财金函〔2004〕21号)的规定:"对国有独资银行和金融资产管理公司持有的由信贷资产转化的债转股股权和抵债股权,在企业上市时不进行减持,同时相应核减这部分股权应缴纳的社保资金。"

六、国资参股企业股权转让

对于国有企业、国有控股公司转让其参股(即不控股)的子公司的股权,是否需要履行国有资产管理程序,众说纷纭,颇有争议,因此单独讨论。

主流的观点(即正方)认为应该履行国有资产管理程序,应该评估、挂牌。不过也有反方观点,在已上市公司实例的法律意见书中也有类似先例。

表9-8 国资参股公司流转程序法律对照分析表

	正方法律依据	反方法律依据
是否纳入国资审批	《企业国有产权转让管理暂行办法》第2条规定:"国有资产监督管理机构、持有国有资本的企业(以下统称转让方)将所持有的企业国有产权有偿转让给境内外法人、自然人或者其他组织(以下统称受让方)的活动适用本办法。金融类企业国有产权转让和上市公司的国有股权转让,按照国家有关规定执行。本办法所称企业国有产权,是指国家对企业以各种形式投入形成的权益、国有及国有控股企业各种投资所形成的应享有的权益,以及依法认定为国家所有的其他权益。"	根据《股份有限公司国有股权管理暂行办法》(1994年11月3日颁布,2008年1月31日废止)的规定,国有参股公司股权性质既不是国家股,也不是国有法人股。 2000年修订的《企业国有资产产权登记管理办法实施细则》(财管字〔2000〕116号)第2条规定:"下列已取得或申请取得法人资格的企业或国家授权投资的机构(以下统称企业),应当按规定申办企业国有资产产权登记(以下简称产权登记):(一)国有企业;(二)国有独资公司;(三)国家授权投资的机构;(四)设置国有股权的有限责任公司和股份有限公司;(五)国有企业、国有独资公司或国家授权投资机构投资设立的企业;(六)其他形式占有、使用国有资产的企业。" 上述规定并没有要求国有参股公司所参股投资的企业进行国有资产产权登记,因而不在国有资产监督管理部门的监管范围内,转让上述股权时无须国有资产监督管理部门审批。

(续表)

	正方法律依据	反方法律依据
是否评估	《企业国有产权转让管理暂行办法》第13条规定:"在清产核资和审计的基础上,转让方应当委托具有相关资质的资产评估机构依照国家有关规定进行资产评估。评估报告经核准或者备案后,作为确定企业国有产权转让价格的参考依据。" 《国有资产评估管理若干问题的规定》(财政部令第14号)第2条、第3条规定:"本规定适用于各类占有国有资产的企业和事业单位(以下简称占有单位)。""占有单位有下列行为之一的,应当对相关国有资产进行评估:(一)整体或部分改建为有限责任公司或者股份有限公司;(二)以非货币资产对外投资;(三)合并、分立、清算;(四)除上市公司以外的原股东股权比例变动;(五)除上市公司以外的整体或者部分产权(股权)转让;(六)资产转让、置换、拍卖;(七)整体资产或者部分资产租赁给非国有单位;(八)确定涉讼资产价值;(九)法律、行政法规规定的其他需要进行评估的事项。"	
是否进场挂牌交易	《中华人民共和国国有资产法》54条规定:"国有资产转让应当遵循等价有偿和公开、公平、公正的原则。除按照国家规定可以直接协议转让的以外,国有资产转让应当在依法设立的产权交易场所公开进行。转让方应当如实披露有关信息,征集受让方;征集产生的受让方为两个以上的,转让应当采用公开竞价的交易方式……"	

(续表)

正方法律依据	反方法律依据
《企业国有产权转让管理暂行办法》第2条第3款规定:"本办法所称企业国有产权,是指国家对企业以各种形式投入形成的权益、国有及国有控股企业各种投资所形成的应享有的权益,以及依法认定为国家所有的其他权益。"第4条规定:"企业国有产权转让应当在依法设立的产权交易机构中公开进行,不受地区、行业、出资或者隶属关系的限制。国家法律、行政法规另有规定的,从其规定。"	

第二节 集 体 企 业

集体所有制企业(简称"集体企业")是指财产属于劳动群众集体所有、实行共同劳动、在分配方式上以按劳分配为主体的社会主义经济组织,并按《中华人民共和国企业法人登记管理条例》的规定登记注册的经济组织。按举办的主体可以分为城镇集体企业和乡村集体企业。城镇集体企业的设立必须经省人民政府规定的部门审批;乡村集体企业由乡政府同意报乡镇企业局审批。直接调整的法律是《中华人民共和国城镇集体所有制企业条例》(以下简称《城镇集体所有制企业条例》)和《中华人民共和国乡村集体所有制企业条例》(以下简称《乡村集体所有制企业条例》)。

在企业重组上市的过程中,集体企业问题也是需要重点关注的问题。一方面,集体企业通过对企业净资产量化,完成改制,保荐人及律师需要对改制过程的合法性进行核查,对集体资产是否流失等问题发表意见;另一方面,如果公司历史上存在实际上是个人出资,但以集体的名义设立企业的情况,保荐人及律师需要对"摘帽"过程是否合法发表意见。

一、集体企业问题常用法规

表9-9 集体企业相关重要法律规定一览表

法律适用	发文字号	实施日期
《乡村集体所有制企业条例》	国务院令第59号	1990年7月1日
《城镇集体所有制企业条例》	国务院令第88号	1992年1月1日
《关于在全国进一步开展清产核资工作的通知》	国办发〔1995〕17号	1995年3月6日
《关于加强对清产核资工作监督检查的通知》	财清字〔1995〕10号	1995年5月30日
《集体企业国有资产产权界定暂行办法》	国家国有资产管理局令第2号	1994年11月25日
《关于加强农村集体资产管理工作的通知》	国发〔1995〕35号	1995年12月31日
《关于在全国城镇集体企业、单位开展清产核资工作的通知》	国办发〔1996〕29号	1996年7月9日
《关于加强城镇集体企业、单位清产核资工作的通知》	国税发〔1996〕209号	1996年11月14日
《城镇集体所有制企业、单位清产核资产权界定暂行办法》	国经贸企〔1996〕895号	1996年12月27日
《关于印发〈城镇集体所有制企业、单位清产核资暂行办法〉的通知》	财清字〔1996〕11号	1996年8月14日
《城镇集体所有制企业、单位清产核资产权界定工作的具体规定》	财清字〔1996〕13号	1996年12月28日
《关于颁布〈劳动就业服务企业产权界定规定〉的通知》	劳部发〔1997〕181号	1997年5月29日
《关于印发〈城镇集体企业清产核资工作有关问题解答〉的通知》	财清办〔1997〕40号	1997年8月8日
《关于印发〈电力系统集体企业清产核资工作方案〉的通知》	电经〔1997〕322号	1997年6月10日
《部分省市城镇集体企业清产核资产权界定座谈会会议纪要》	财清办〔1997〕51号	1997年10月28日
《关于印发〈清理甄别"挂靠"集体企业工作的意见〉的通知》(失效)	财清字〔1998〕9号	1998年3月24日

二、集体企业的两个基本问题

以下对集体企业在重组上市过程中常见的资产量化和"摘帽"问题进行分析总结。

(一) 集体企业资产量化问题

集体企业资产量化是一个常见的必须重点核查的问题。需要仔细核查集体企业在量化过程中是否存在通过造假侵吞集体资产的情形,是否存在遭受主管部门处罚的风险。

1. 集体企业资产量化的基本要求

根据国务院《关于加强农村集体资产管理工作的通知》的要求,集体所有制企业职工股集体量化一般需要经过如下程序:(1) 企业进行清产核资;(2) 向集体资产管理部门提出资产评估申请;(3) 经批准后由有资质的评估机构对企业资产进行评估;(4) 有关部门对评估结果进行确认;(5) 职工代表大会讨论通过改制方案;(6) 由集体资产管理部门核准资产价值、界定产权归属,并以书面材料予以确认。

如果企业已经按照以上要求完成各阶段的程序工作,则可以认为,该企业资产量化过程中不存在通过造假侵吞集体资产的情形。

2. 资产量化应得到主管部门的批准确认,避免处罚风险

企业的资产量化应取得有关主管部门的批准、确认,最好能得到当地市级以及省级人民政府的批准,并确认该企业的产权界定及量化过程和结果情况属实、程序完备,符合当时有关集体企业产权制度改革的政策和相关法律规定,不存在股权纠纷或潜在的股权纠纷。

(二) 集体企业挂靠问题

由于历史原因,有些集体企业实际上是私营企业,只是按集体企业注册,是所谓"戴红帽子"的企业。这些戴集体"红帽子"的企业,事实上自始就是按照有限责任公司或私营企业的制度设立和运作的,只是因为当时的法律和政策环境,为了有助于获得土地使用权和融资,为了享受地方政府的一些减免税收和优惠政策,不得不注册登记为"集体所有制企业"。这种企业形式上的结构与实际情况的不相匹配,给企业产权归属带来很大影响。随着国家政策的变化,这些企业通过改制,重新登记,恢复了私营企业的面目。

1. "挂靠"集体企业的基本条件

根据《清理甄别"挂靠"集体企业工作的意见》(失效)的规定:"凡在各级工商行政管理部门登记注册为城镇集体企业,但资本来源主要为个人或国有企业(单位)投资、合资、合作,其现有财产构成不属于集体性质为主,采取上交一定管理费(挂靠费)名义上由有关主管部门、企业(单位)、社会团体临时管理、委托管理或

'挂靠'管理等企业,均属此次清理甄别工作的范围。"由此可见,属于"挂靠"集体企业的条件包括:(1)在各级工商行政管理部门登记注册为城镇集体企业;(2)资本来源主要为个人或国有企业(单位)投资、合资、合作;(3)现有财产构成不属于集体性质为主;(4)采取上交一定管理费(挂靠费),名义上由有关主管部门、企业(单位)、社会团体临时管理、委托管理或"挂靠"管理(此条是挂靠企业的一个表面证据,非判断条件。在实际操作中,也存在不用上交管理费或挂靠费,但还是被认定为"红帽子企业"的情形)。

2."挂靠"集体企业的"摘帽"过程

(1)清产核资产权界定。"摘帽子"其中一个关键的步骤就是对企业的真实所有权人进行判断,如果该企业确实不存在集体财产,但又确实曾经登记为集体所有企业的,才符合"摘帽子"的基本前提。而对企业的真实所有权人进行判断,关键就是对企业产权进行界定。

① "摘帽"时清产核资产权界定的核查要点。第一,企业在出资、增资时的实际出资人与名义出资人之间是否签订过相关的协议,以证明主要的实际出资人并非为集体性质的主体。如果没有相关的协议证据,则需要得到当时名义出资人的书面确定文件,以及相关出资资金的银行或会计凭证。第二,企业的财产构成不属于集体性质为主,如果集体性质的主体确实曾经对企业进行出资,则应该通过资产评估的方式,确定集体性质主体在企业的财产所占比重不符合《城镇集体所有制企业条例》关于"集体所有的财产占企业全部财产的比例,一般情况下应不低于51%"的规定,从而得出该企业的财产构成不属于集体性质为主这一结论。第三,清产核资产权界定是否按照城镇集体企业清产核资产权界定的政策履行了规定的程序,有关界定文本的制作是否符合要求。

② 产权界定应该符合以下两个原则。按照《城镇集体所有制企业、单位清产核资产权界定暂行办法》的规定,产权界定有两个基本原则:其一是"谁投资、谁所有、谁受益";其二是"按其约定确定产权归属"。"集体企业在开办时筹集的各类资金或从收益中提取的各种资金,除国家另有规定的外,凡事先与当事方(含法人、自然人)有约定的,按其约定确定产权归属。"

(2)有关部门批准。按照《城镇集体所有制企业、单位清产核资产权界定暂行办法》和财政部清产核资办公室《关于印发〈城镇集体企业清产核资工作有关问题解答〉的通知》的要求,产权界定工作由各级人民政府分级组织,具体工作由当地集体企业主管部门负责;当事企业根据协议签署的"界定文本文件";编制"产权界定申报表"和起草"产权界定工作报告",连同"界定文本"的副本及相关资料上报企业主管部门审核,并报同级经贸部门、清产核资机构会审或认定,对经会审或认定后的界定结果,由主管部门批复到当事企业及各有关方。

(3)登记、备案。按照《清理甄别"挂靠"集体企业工作的意见》的要求,对清理甄别后的各类"挂靠"集体企业应采取不同方式处理:

① 对经核实为集体性质或集体资产与职工个人股权占绝对控股或相对控股的企业,纳入本部门、本地区清产核资工作范围,组织企业按照清产核资规定的工作内容,继续完成价值重估、资金核实、产权登记,并按规定填报完成集体企业各类统计报表;甄别结果和产权界定的文件应向工商行政管理、税务等部门备案。

② 对经核实为国有性质的企业,经地市级人民政府批准作为国有企业,这些企业要按照国有企业清产核资的有关规定,补课完成清产核资的各项工作,单独填制报表汇总上报,并在清产核资后纳入国有资产统计范围。由各级清产核资机构出具有关证明材料,并由工商行政管理、税务等部门责令其限期办理变更企业经济性质和税务登记。

③ 对经核实属于集体与私营或国有企业联营性质的集体企业,要按照集体企业对外投资的有关规定,查清各类对外投资及投资收益,对集体资产与职工个人资产控股的企业,要及时纳入企业财务和资产统计范围;对集体资产与职工个人资产不控股的企业,由各级清产核资机构出具有关证明材料,由工商行政管理、税务等部门责令其限期办理变更企业经济性质或组织形式和税务登记。

④ 对经核实为私营或个人性质的企业,由各级清产核资机构出具有关证明材料,由工商行政管理、税务等部门限期办理变更企业经济性质和税务登记。

3. "摘帽"过程中需要注意的事项

按照《清理甄别"挂靠"集体企业工作的意见》的要求,企业在"摘帽"过程中应当注意以下事项:

(1)"挂靠"集体企业与主管单位之间,其产权关系有法律依据或约定的从其规定或约定,无约定的按照投资、借款或扶持性投入协商处理。

(2)对本企业职工以外的个人投入所占比重较大(50%以上)的企业,在明确国家对集体企业各项优惠政策在该企业所形成的集体资产份额后,可按原始投资比例确定其投资权益。

(3)为促进企业的稳定和发展,对经产权界定后明确为私人资产的部分,经所有者同意仍留在企业使用并不变现的资产,按税法规定应缴纳个人所得税部分,可留作集体资产用于原企业的生产与发展。

(4)对原主办单位和主要经营者均未出资,主要靠贷款、借款所形成的资产,因企业的原因至今尚未归还贷款、借款的,按原实际担保人或承担连带责任的企业、单位的产权性质确定产权归属;企业已为归还贷款、借款或因债权方原因至今尚未归还贷款、借款的,经企业职工(代表)大会同意,确定归企业劳动者集体所有。

(5)进行清理甄别的非集体企业,其资产损失和资金挂账,允许比照城镇集体企业清产核资的有关优惠政策和财务规定处理;对经核实实收资本低于注册资本金的企业,由工商行政管理部门限期补足,逾期不补足的,按实收资本重新核定注册资本金。

另外,对未按规定组织清理甄别工作的"挂靠"集体企业,其享受国家对集体企业优惠政策形成的资产应限期收回;工商行政管理部门严格依法处理,税务机关实施重点税务稽核。

三、截至目前,集体企业改制的实务结论

(1) 如果集体企业改制时股权转让程序完全合规,且不存在集体资产流失等情况,则上市前无须取得省政府批文。

(2) 如果集体企业改制过程中程序存在瑕疵,可以采取事后确认的方式弥补,需要取得省级政府的确认文件。确认文件需要将问题表述清楚并且逐条确认,笼统的"不存在违规行为"的文件可能不会被认可。

(3) 如果在改制过程中存在自然人损害集体利益的情形,即使上市前取得省级政府的确认文件,也不一定能够被认可,需要上市前就有关利益股东进行补偿,且补偿方案需要取得集体村民大会或村民代表大会的通过。

(4) 损害集体利益的情形主要有如下几种:① 股份量化至个人时没有进行资产评估;② 股份对价支付没有根据评估净资产值确认;③ 通过隐瞒资产、部分评估的方式做低甚至做亏集体企业资产,以实现低价格取得股份的目的。

(5) 农村集体企业股权转让的合法程序基本要素包括:① 转让时相关企业的资产或产权须经资产评估,并报集体企业主管部门确认和批准;② 转让事宜须经过转让方企业、受让方企业的董事会或股东会批准;③ 对于集体企业,最重要的一个环节是转让事宜须经代表村民的村民集体代表大会同意;④ 相关转让还须经当地至少区级以上政府批准。

(6) 集体股权转让,一般的做法是申报材料前争取拿到省级部门的批文,不少企业为了争取早日上市冒险先申报,在等待期间再拿省级部门批文,但至少在申报前应拿到市级政府的批文。

(7) 应该尽可能关注集体企业在其历史上享受的税收优惠的产权归属。一方面,因为"摘帽"说明当年享受的依据并不充分;另一方面,更重要的是针对集体企业的税收优惠常常附条件或者有特别限定用途,因此在确权的同时,也应该确定类似税收优惠的处理方法。

第三节 红筹回归

一、红筹发展的历史回顾

本文所指的"红筹"是指境内股东(包括公司和自然人)将其持有的境内资产在境外间接上市,即以其境内拥有或控制的权益为基础,在境外设立或者控制一家壳公司,以该壳公司的名义在境外发行股票并在境外证券交易所上市交易的行为。

境外间接上市的关键有两个:(1)将境内企业的原有资产、权益注入境外壳公司或者以其他形式(主要是合同形式)使该壳公司控制境内资产、权益。(2)境外壳公司在境外发行股票并在境外证券交易所上市交易。"回归"是指境外上市受挫或者主动放弃,试图转回境内 A 股市场上市。

境内红筹架构上市主体几乎全部在开曼群岛设立,因为:(1)红筹模式下,中国香港联交所只接受开曼群岛和百慕大注册的公司,最近才开始接受其他 BVI 公司。(2)美国只接受开曼群岛注册的上市公司,因此如果拟以红筹架构在美国上市,拟上市主体一定要在开曼群岛设立。

大型国企发行 H 股之后再在境内发行 A 股的情形不是本节所述"红筹回归",仅多了一层外资架构的股权结构,也不能称为红筹模式,更准确的定性是返程投资"假外资"问题。这两个方面的问题都不在本节讨论的范围内。

在过去的三十年间,中国境内企业境外间接上市伴随着改革开放,从无到有,从少到多,从国企到民企,经历了如下五个阶段,目前处于基本停滞状态。

表 9-10 境外间接上市历程一览表

阶段	主要活动	代表事件	法律监管
萌芽期:20 世纪 80 年代中期至 80 年代末期	中资背景的香港公司出于获取壳资源、救助或其他目的在香港收购上市公司。	中银集团和华润集团联手收购香港上市公司康力投资公司;中国国际信托收购香港上市公司嘉华银行。	空白。
形成期:20 世纪 90 年代初期至 90 年代中期	多家中资公司收购香港上市公司;中国公司开始在美国上市。	中信泰富完成收购和更名;华晨汽车在美国上市。	开始起步,强调必须接受监管,否则均不具合法性。
发展期:20 世纪 90 年代中期至 90 年代末期	内地大批国有企业在香港间接上市。	上海实业香港间接上市;北京控股香港间接上市。	加大境外间接上市监管力度,颁布 97 红筹指引,主要规范国有企业。
成熟期:1999 年至 2005 年	大批境内民营企业开始采取红筹模式"绕道"上市。	裕兴电脑先被叫停,然后放行。	开始由单一的证监会审批向由投资管理、外汇管理、证券监管、工商部门共同作用的多元监管模式转变。

(续表)

阶段	主要活动	代表事件	法律监管
衰退期：2005 年以后	先是极度兴旺，然后物极必反，基本上戛然而止。	盛大网络；无锡尚德。	《关于外国投资者并购境内企业的规定》、《关于印发〈国家外汇管理局关于境内居民通过境外特殊目的公司融资及返程投资外汇管理有关问题的通知〉操作规程的通知》，基本封闭了此后新设公司进行操作的空间。

二、境外间接上市的监管法规及其主要内容

红筹上市或者回归，是一种股权融资方式的选择。迄今已有多起红筹公司成功回归 A 股，甚至有从境外交易所退市后再回 A 股创业板发行的案例。所以，原则上，红筹回归已经没有直接的法律障碍。红筹架构的设立过程的合法合规性（特别是外汇管理、投资管理、税务问题）为监管部门关注的重点。

表 9-11 是历年关于境外上市的监管法规，可以据此确认公司在搭建红筹架构过程中是否合法合规。如果存在瑕疵，则应采取补办登记等补救措施。

表 9-11　境外上市相关法律规定一览表

名称	文号	颁布机构	主要内容
《关于进一步加强证券市场宏观管理的通知》	国发〔1992〕68 号	国务院	企业到海外公开发行股票和上市，经证券委审批。
《关于批转证监会〈关于境内企业到境外公开发行股票和上市存在的问题的报告〉的通知》	证委发第 18 号	国务院证券委员会	未经批准通过在境外成立控股公司等途径在境外发行股票和上市违反国家规定。
《股票发行与交易管理暂行条例》	国务院令第 112 号	国务院	境内企业直接或者间接到境外发行股票、将其股票在境外交易，必须经证券委审批。

(续表)

名称	文号	颁布机构	主要内容
《关于暂停收购境外企业和进一步加强境外投资管理的通知》	国发〔1993〕69号	国务院	未经批准,境内企业和境外中资机构(包括中资控股公司)不得在境外收购公司股权。
《关于贯彻落实〈国务院关于暂停收购境外企业和进一步加强境外投资管理的通知〉的紧急通知》	〔93〕财办字第24号	财政部	暂停国有企业收购境外公司股权。
《关于境内企业到境外发行股票和上市审批程序的函》		中国证券监督管理委员会	重申境外发行、上市必须经过国务院证券委员会的批准;强调境外上市仍处于小范围试点阶段。
《关于股份有限公司境外募集股份及上市的特别规定》	国务院令第160号	国务院	规范境内国有大中型企业的境外直接上市。
《关于执行〈到境外上市公司章程必备条款〉的通知》	证委发〔1994〕21号	国务院证券委员会、国家经济体制改革委员会	规范境内国有大中型企业的境外直接上市。
国务院《关于转批国务院证券委员会〈1995年证券期货工作安排意见〉的通知》	国发〔1995〕22号	国务院	鼓励开辟新的境外市场、扩大筹资渠道,但强调境内企业无论采取什么形式到境外上市,都必须报经国务院证券委员会批准。
国务院办公厅转发《国务院证券委员会〈关于1996年全国证券期货工作安排意见〉的通知》		国务院办公厅	强调与外国政府进行证券监管合作;加强对企业境外间接上市的管理,严格审批。
《关于境内企业间接到境外发行股票并上市有关问题的复函》	证办法字〔1997〕1号	中国证券监督管理委员会	境内企业直接或者间接到境外发行股票、上市,须经国务院证券委员会审批。
《关于进一步加强在境外发行股票和上市管理的通知》	国发〔1997〕21号	国务院	禁止境内机构和企业通过购买境外上市公司控股股权的方式,进行买壳上市。
《关于落实国务院〈关于进一步加强在境外发行股票和上市管理的通知〉若干问题的通知》	证监〔1998〕5号	中国证券监督管理委员会	细化审批手续。

(续表)

名称	文号	颁布机构	主要内容
《关于企业申请境外上市有关问题的通知》	证监发行字〔1999〕83号	中国证券监督管理委员会	国内企业以任何方式寻求境外发行、上市前,需经中国证券监督管理委员会批准,并出台具体条件与程序。
《关于涉及境内权益的境外公司在境外发行股票和上市有关问题的通知》(废止)	证监发行字〔2000〕72号	中国证券监督管理委员会	境内企业境外间接上市需要取得中国证监会"无异议函"。
《外国投资者并购境内企业暂行规定》(失效)	对外贸易经济合作部、国家税务总局、国家工商行政管理总局、国家外汇管理局令2003年第3号	对外贸易经济合作部、国家税务总局、国家工商行政管理总局、国家外汇管理局	对境外间接上市后返程资金方式的规范、股权并购和资产并购等事项作出规范。由单一证监会审批向由投资监管、外汇监管、证券监管、工商多元监管模式转变。
《境外投资项目核准暂行管理办法》	国家发展和改革委员会令第21号	国家发展和改革委员会	建立境内企业对外投资大额用汇项目核准制。
《关于完善外资并购外汇管理有关问题的通知》(失效)	汇发〔2005〕11号	国家外汇管理局	境内居民境外直接或间接设立、控制境外企业,应办理外汇审批、登记;境内公司与境外公司的股权置换和境内资产出境手续经外汇管理局批准。
《关于境内居民个人境外投资登记及外资并购外汇登记有关问题的通知》(失效)	汇发〔2005〕29号	国家外汇管理局	规定更为严格的登记事项,要求披露更多的信息。
《关于境内居民通过境外特殊目的公司融资及返程投资外汇管理有关问题的通知》	汇发〔2005〕75号	国家外汇管理局	将境外间接上市纳入更为体系化的规范中加以规制;强化资金出、入境的监管手段。

(续表)

名称	文号	颁布机构	主要内容
《关于外国投资者并购境内企业的规定》(2006修订)	商务部、国资委、税务总局、国家工商行政管理总局、中国证监会、外管局2006年第10号	商务部、国资委、税务总局、国家工商行政管理总局、中国证监会、外管局	规定了境外间接上市操作过程中的境内并购审批与要求。
《关于印发国家外汇管理局〈关于境内居民通过境外特殊目的公司融资及返程投资外汇管理有关问题的通知〉操作规程的通知》(2007年修改)	汇综发〔2007〕106号	国家外汇管理局	对境内居民以境内资产注入方式在境外设立特殊目的公司、特殊目的公司返程投资两方面制定了更严格、更具体的外汇等级、审批标准与程序。

三、股权控制模式下对于境内监管法规的遵循

从2005年起,中国政府连续颁布了国家外汇管理局《关于境内居民通过境外特殊目的公司融资及返程投资外汇管理有关问题的通知》(以下简称"汇发〔2005〕75号文")、《关于外国投资者并购境内企业的规定》(以下简称"10号文")、《关于印发国家外汇管理局〈关于境内居民通过境外特殊目的公司融资及返程投资外汇管理有关问题的通知〉操作规程的通知》(汇综发〔2007〕106号),针对以境外上市融资为目的的返程投资,建立起由商务部、国资委、证监会、外管局、税务局、工商局互相协调的,以并购审批、外汇管理、税收优惠、融资使用、收益汇回为内容的一整套监管模式。

鉴于:(1) 红筹回归是没有成功在境外上市或已经拿到批文但没有发行,即境外间接上市之路只走了一半甚至刚刚开始就宣告了停止;(2) 本书研究的主要是境内上市;(3) 上述三个规定的要求十分具体明确,没有摘录的必要;(4) 公司进行到哪一个阶段就需要取得该阶段的批准,是否合规容易核查。所以,仅以表格的形式描述其流程:

表 9-12　境外上市审批流程一览表

序号	工作内容	政府主管部门审批
1	境内公司向商务部申请办理核准手续。	商务部 15 个工作日内审查决定,颁发境外投资批准证书。
2	设立人或控制人向所在地外汇管理机关申请办理相应境外投资外汇登记手续,完成设立特殊目的公司。	外汇管理部门接受备案。
3	境内公司向商务部申请特殊目的公司以股权并购境内公司。	商务部 30 个工作日内对报送文件初审同意的,出具原则批复函。
4	(1) 向证监会报送申请上市的文件。	证监会 20 个工作日内决定是否核准。
4	(2) 境内公司向商务部申领批准证书。	商务部颁发加注的外商投资企业批准证书。
4	(3) 30 日内向工商、外汇管理机关办理变更登记。	工商、外汇管理机关分别向其颁发加注的外商投资企业营业执照和外汇登记证。
5	(1) 控制人到商务部和所在地外汇管理机关申请办理境外投资变更的手续和登记。	核准和换发。
5	(2) 完成境外上市 30 日内,境内公司向商务部报告境外上市情况和融资收入调回计划;申请换发无加注的外商投资企业批准证书;如境内公司 30 日内未向商务部报告,股权结构恢复到股权并购之前的状态。	
5	(3) 30 日内向工商、外汇管理机关申请换发无加注的外商投资企业营业执照、外汇登记证;自营业执照颁发 1 年内,如果境内公司不能取得无加注批准证书,股权结构恢复到股权并购之前的状态。	核准和换发。
5	(4) 境内公司向证监会报告境外上市情况并提供相应的备案文件。	备案。
5	(5) 境内公司向外汇管理机关报送融资收入调回计划。	备案。
5	(6) 特殊目的公司将境外上市融资收入根据现行外汇管理规定调回境内使用。	

四、合同控制模式下对于国内法的遵循

所谓合同控制模式,就是通过周密、系统的合同安排,由境外公司在实质上控制境内公司,并通过预先设计好的合同安排,将境内公司的绝大多数利润转移到境外去,成为境外股东的红利。而境内公司完全丧失了经营的独立,成了一个仅仅符合中国法律要求的牌照公司。常见的操作是,境外上市公司 A 在境内设立外商独资企业 B,B 公司和境内 C 公司签署系列合同,A 之所以能上市并得到国际投资人追捧的原因是:C 公司的利润被 B 公司几乎全部拿走并转移给了 A 公司。

"国法民权为无物乎?"此为对合同控制模式下境外上市运作方式的综合评价。此种运作模式在法律上存在着严重的瑕疵,理由如下:

(1) 国家安全和行业监管问题。之所以采用合同控制,并非是基于对合同的偏爱,而是不得已的行为:中国政府基于国家安全、行业监管和产业政策的原因,禁止外国投资者投资此类企业。因此,通过合同控制模式,本质上是规避国内法律与监管。通过一个合法的壳——C 公司,A 公司控制经营了中国法律不允许其经营的商业活动,并取得了相应的几乎全部利润。

(2) 税务问题。因为 A、B、C 都是关联公司,这些公司相互之间的交易必须按照国家税法的规定遵循独立交易原则,而以转移全部利润为目的的系列合同,显然直接违反了这个基本原则,赤裸裸地违反税法,并且其违法证据在其公开的招股说明书等公开资料中就可充分验证,因此,税务机关完全有权力直接对其进行纳税调整和依法查处。

(3) 社会公共利益问题。宏观上,行业禁入的根本目的之一是为了保护社会公共利益,规避运作也毫无疑问地侵犯了中国社会的公共利益;从微观上说,因为公司的控制权和利润都被剥夺,因此 C 公司已经丧失了健康的法人治理结构,成为病态的社会经济组织。

(4) 劳动者权利问题。在 C 公司的几乎全部利润被有计划、有组织地剥离的情况下,C 公司员工的合法利益毫无疑问受到了侵犯,职业发展、"和企业共同成长"成了一句笑话。连公司本身都成为境外投资者的"奶牛","皮之不存,毛将焉附"?

(5) 债权人权利问题。C 公司作为壳公司、"奶牛公司",其抵抗经营风险、偿付债务的能力会在很大程度上被降低,同理,其债权人的权利实现的风险也会在很大程度上被放大。其实,严格地说,C 公司是否具有独立的法人人格都是值得商榷的。

(6) 国民财富外流问题。公司设立和持有人用这样简单、直接的方式规避中国政府的行业准入监管,在中国境内赚钱,然后堂而皇之地汇往境外,对中国来说,就是国民财富外流。

(7) 为部分机构和个人非法转移资产提供了便利。

五、10 号文后股权控制模式的一个特例

红筹模式在 20 世纪 90 年代末，还要受制于证监会的"无异议函"；嗣后废除"无异议函"，红筹处于无监管状态；2005 年国家外汇管理局《关于完善外资并购外汇管理有关问题的通知》（失效）以及《关于境内居民个人境外投资登记及外资并购外汇登记有关问题的通知》（失效）一定程度上限制了红筹之路；汇发〔2005〕75 号文出台后，实际上为红筹提供了一条合法道路，此时是红筹的成熟期；10 号文出台后，红筹受到很大限制。

在 10 号文颁布之后，虽然仍有内地企业成功境外间接上市，如新东方、如家、巨人网络、阿里巴巴等，但这些公司均是在 10 号文颁布之前就已经完成了在境外设立壳公司、并购境内企业权益等程序，因此不受 10 号文的约束。而在 10 号文生效之前未能完成境内权益收购的，10 号文对红筹上市无疑成为一条天堑。因为实际控制人的境外离岸公司收购境内权益时，需按该文第 11 条的规定报商务部审批，而至今为止，未有一例通过商务部的正式审批。

10 号文第 11 条明确规定："境内公司、企业或自然人以其在境外合法设立或控制的公司名义并购与其有关联关系的境内公司，应报商务部审批。当事人不得以外商投资企业境内投资或其他方式规避前述要求。"

2009 年 5 月在香港成功上市的某公司也是按照红筹上市的基本路径操作的，但是到了最关键的一步，即"并购境内企业"（也即把境内权益装入境外公司）时，却没有申请，更认为无须申请商务部的审批。也许评价该项目合法性的时机尚未成熟，另外因为被收购的企业本身已经是 10 号文颁布之前成立的外商投资企业，类似情况其实本身也相当罕见，不具有真正推广示范意义，所以仅摘录其招股说明书的相关内容如下：

中国法律合规：不需按照《关于外国投资者并购境内企业的规定》获商务部、中国证监会批准。

根据由商务部、国务院国有资产监督管理委员会、国家税务总局、中国证券监督管理委员会（"中国证监会"）、国家工商总局及国家外汇管理局于 2006 年 8 月 8 日联合颁布，并于 2006 年 9 月 8 日生效的《关于外国投资者并购境内企业的规定》的规定，当内地自然人有意收购以其合法设立或控制的境外公司的名义收购其有关内地的公司，该收购须获商务部审定及批准；而当一名内地自然人通过一家境外特殊目的公司持有一家内地公司的权益，任何涉及该特殊目的公司的境外上市须获中国证监会批准。

据本公司中国法律顾问某律师事务所告知，《关于外国投资者并购境内企业的规定》并不适用于本公司，原因如下：

（1）根据《关于外国投资者并购境内企业的规定》第 2 条的规定，"外国投资者收购一家境内企业"乃定义为一名外国投资者通过协议收购一家境内非外商投资

企业("内地公司")的权益或认购一家境内公司增加的资本,从而将境内公司转为外资企业;或一名外国投资者设立一家外资企业,并以此企业通过协议收购并经营一家境内企业的资产;或一名外国投资者通过协议购买一家境内企业的资产,然后利用该等资产投资及设立一家外资企业,借以经营该等资产。基于A公司(境内公司——作者注)于1993年成立为一家中外合资企业,将内地及海外股东正式持有的全部权益转让至B(HK)的法律性质为转让外商投资企业的权益。故此,B(HK)收购A公司的全部权益并不构成《关于外国投资者并购境内企业的规定》所定义的"海外投资者收购一家内地企业",因此无须获得商务部的批准。

(2)根据《关于外国投资者并购境内企业的规定》第55条的规定,B(HK)收购A公司的全部权益须遵守《外商投资企业投资者股权变更的若干规定》,此条文规定收购于获得A公司原本的审批机关(即"××省对外贸易经济合作厅")批准后生效。

(3)由于B(HK)收购A公司的全部权益并不属于并购规定所定义的"海外投资者收购一家内地企业",故此《关于外国投资者并购境内企业的规定》载列的政府审批程序(包括中国证监会的批准)并不适用于全球发售及上市,因此,本公司无须就全球发售及上市获得中国证监会的批准。

六、10号文时代的15种红筹模式

表9-13为10号文生效之后,各种实务中的规避方法。限于本书篇幅,不再展开论述。

表9-13 实务中的规避方法一览表

序号	上市时间	上市地点	规避方法	备注
1	2007年7月	港交所	利用10号文之前已转移出去的子公司投资收购境内的企业	法律风险高,因为10号文明确规定"不得以外商投资企业再投资的方式规避"
2	2008年3月	港交所	利用10号文生效之前已转移出去的子公司吸收合并境内企业	不存在"1"中的风险
3	2007年6月	纽交所	控股后持续对外商投资企业增资	抢在10号文生效前将51%股权转移到境外
4	2009年2月	港交所	利用已有外商投资企业子公司(不被认为是外商投资企业)完成关联并购	该外商投资企业在10号文生效前已经设立
5	2007年10月	港交所	境外换手+信托持股	潘某将其持有的开曼公司股权无偿赠与已成为香港公民的妻子张某。张某将其装入信托,然后收购境内公司

(续表)

序号	上市时间	上市地点	规避方法	备注
6	2009年12月	港交所	10号文生效前即有合资企业,转让股权给境外第三方,然后通过第三方再收购境内公司	存在代持风险
7	2007年3月	港交所	先卖后买	实际控制人先将境内企业股权出售给境外第三方,然后再在境外设立壳公司,买回境内企业股权
8	2008年3月;2009年12月转板	欧交所,后转板至港交所	变相先卖后买。先将境内子公司出售给境外第三方,变更为外商独资企业;然后以外方无力支付转让款为由,接手收购方的境外壳公司	利用法律所允许的签约和付款的时间差,避免了境外第三方未来拒绝"回售"的风险
9	2009年7月	港交所	协议控制	咨询、许可、管理之类的服务费;境内公司股权的优先购买权、抵押权、投票表决权、经营控制权
10	2009年9月	纳斯达克	OEM模式	固定低价转移利润
11	2009年1月	纳斯达克	阴阳合同	境内签订合法的现金增值协议;境外签订换股收购协议
12	2007年11月	港交所	10号文生效前,大部分资产权益已经搬出境外,上市后再收购剩余权益	根据《外商投资准入管理指引手册》,已设立的外商投资企业中方向外方转让股权,不参照《关于外国投资者并购境内企业的规定》
13	2009年5月	港交所	直接转移境内控股权	在《外商投资准入管理指引手册》生效前即操作,利用假外资的身份否认"海外投资者收购"
14	待定	港交所	借"壳"重组	利用10号文生效前已持有的外商投资企业
15	2010年6月	纽交所	买"壳"重组	比"借壳重组"更突破,因为壳是从第三方收购的

七、红筹回归的产业政策问题

对红筹回归的法律思考,可以分为两个角度:当初不选择在境内上市的原因是否消除和在境外上市过程中的合法合规操作。如果这两个方面都没有政策的障碍和法律瑕疵,则红筹回归不存在直接的法律障碍。企业当初不选择在境内上市而搭建红筹架构准备境外上市的主要原因是无法在境内上市。无法在境内上市的原因主要有两种:产业政策原因和其他标准(如盈利标准)。

回归国内上市,产业政策要根据国内标准判断。随着转变经济增长方式和主要经济方针的逐步落实,特别是创业板的推出,原来很多很难在 A 股上市的企业,比如餐饮、房地产中介、影视制作、营销顾问等已经有成功上市的先例。总的来说,境内上市的产业政策正在逐步向更多行业和领域开放,因此,公司首先要研究确认自己所从事的产业是否符合现在的境内上市要求。

两类公司有很多在境外上市成功的案例,主要是教育公司和网络游戏公司。目前的产业政策不允许这两类公司在境内上市,主要原因为,民办学校的盈利方式还局限于"可以取得合理回报",不具备企业的基本特征;网络游戏类公司的社会负面效应不容小觑。

有些具备高成长性的公司,在创业之初盈利很少却又急需资金,但遗憾的是,如果盈利不达标,连创业板也无可能,此问题只能等待证券市场体系的进一步完善来解决。随着创业板的推出,相当多数的高科技、高成长性、自主知识产权的优质中小型企业,得到了上市融资的机会和可能,对于这些公司而言,国内资本市场无疑越来越好。除盈利标准以外的其他标准,基本意图都是保证公司具备优质、持续能力和合法性,所以不至于成为上述公司的障碍,退一步说,上述公司本身风险也很大,不应该"再期望更多了"。

八、红筹回归的业绩连续计算问题

对此问题,应该按照"实质重于形式"进行判断,原则上只要实际控制人没有发生变更、董事、高级管理人员没有重大变更,规模业务等也没有发生重大变更,则可以连续计算业绩。

以股权控制模式下的境内公司的主体资格相对容易延续,因为外商投资企业为中国法人,可以作为生产经营、盈利的直接主体,经营业绩能够正常体现,业绩可以连续计算的可能性较大,该外商投资企业变更为股份有限公司后可以作为拟上市主体。

以资产收购模式下的境内公司则需要对主营业务进行分析后具体对待,如果原境内公司已丧失核心资产,主营业务已发生重大变更,原境内公司将难以满足上市条件;如新设立的外商投资企业存续时间超过 3 年,亦具备上市条件,则新公司可以作为拟上市主体申报,否则需要等待经营期限达到或超过3年;如新设立的外商投资企业资产规模、利润及完整性方面不符合境内创业板的要求,则需要再次进行重组或调整。

以合同控制模式的境内公司的业绩原则上不能连续计算,因为合同控制模式已经将其利润以服务费用等方式转移至境外公司,境内公司一般没有利润或很少,难以满足上市条件;通过协议控制获得利润的外商投资企业,因为其利润均通过关联交易取得,且不直接拥有经营所需各要素,缺乏独立性和完整性,故该外商投资企业也难以满足上市条件。但在特定条件下,合同控制模式中也可能符合《〈首次公开发行股票并上市管理办法〉第十二条发行人最近3年内主营业务没有发生重大变化的适用意见——证券期货法律适用意见第3号》中的两个条件。

九、取消红筹架构的细节问题

1. 基本方法

取消红筹架构的基本方法就是"逆操作",包括"回购"、"股权转让"、"解除"和"注销"等几个基本步骤。

2. 境外架构是否需要取消

在红筹回归过程中,境外架构取消与否的优缺点分析如下:

表9-14 境外架构处置方案

境外架构	上市前披露方面	上市后股东变更方面
取消的优点	降低了披露难度,查证的方便可行	直接将变更纳入监管之中
保留的弊端	需要通过境外律师发表专项意见,增大了工作量和上市费用;很难把握、判断境外法律对上市工作的影响;较难保证信息披露的真实、准确、完整	难以监管境外主体股权的间接转让和其他以股权为实质对象的权利变动,也难以判断其资本运作行为的合法性

综上所述,如果是由港澳人士或外籍人士投资设立的特殊目的公司,在充分披露的前提下可以保留;如果实际控制人是境内企业或境内自然人,则为境外间接上市目的设立的特殊目的公司架构应该取消,与建立时相比逆操作,将相应权益转回境内,满足条件的可以视为实际控制人没有发生变更。另外,发行人的实际控制人虽为境内公民或法人,但如果提供了充分证据证明资金来源为境外资金,即其在中国香港等地的公司以通过境外融资或境外经营自然形成的境外资金对境内发行人投资形成控股(即不存在返程投资问题),可能也可以免予清理。

不管怎样,拟上市的直接控股权应该转回境内。

3. 外汇管理

企业应该严格依据汇发〔2005〕75号文的规定向国家外汇管理局省级分局申

请(补)办理境外投资外汇登记手续,并由国家外汇管理局省级分局在申请人提交的《境内居民个人境外投资外汇登记表》上加盖资本项目外汇核准章。

4. 税务问题

在搭建和解除红筹架构中,税务问题比较复杂,不可忽视,是资本运作应税行为和跨境应税行为的结合,此类问题可参见笔者已出版专著《资本运作税法指南》。鉴于本书的研究内容,对此问题简要分析如下:

(1) 实际控制人在重组过程中的所得税风险。比如,外资收购国内企业时应按照该企业经评估后的净资产收购,此时该企业的原始股东可能面临缴纳巨额个人所得税;再比如,非居民企业通过境外控股公司间接转让境内企业股权,根据《关于加强非居民企业股权转让所得企业所得税管理的通知》(国税函〔2009〕698号)反避税的相关规定,此类股权转让中非居民企业将面临5%~10%左右的预提所得税。彻底规避此类纳税义务的方法之一是根据《关于境外注册中资控股企业依据实际管理机构标准认定为居民企业有关问题的通知》(国税发〔2009〕82号)的规定,认定相关企业为居民企业,但是如此认定(即使能成功)又涉及可能导致该公司就境内外收入对中国政府承担纳税义务问题。另外,一系列关联交易的定价有失公允,也存在被税务机关纳税调整的潜在风险。

(2) 取消红筹架构可能导致企业性质的变更,从外商投资企业回归为内资企业,从而引发补税的风险(如外商投资企业"两免三减"优惠政策)。

(3) 返程投资导致的所谓"假外资"是否可以享受外资企业税收优惠问题,基本已有结论:只要依法办理税务登记并取得主管税务机关认可,即使是"假外资",仍然可以享受税收优惠。

5. 境外投资者的合同权利

按照境外上市结构中的惯例,风险投资者或者财务投资者通常会与作为实际控制人的境内居民在投资合同或者类似法律文件中约定一些涉及投资者在上市前甚至延续至上市后权利的特别条款,这些条款包括投资者享有的购买期权、出售期权、优先分红权、优先清算权、优先购买权、优先认购权、赎回权等,以及对发行人业绩的"对赌"安排。由于中国法律较少就上述安排予以明确的法律规定,同时,在发行人的各股东之间维持可能导致股权结构变动的股东间协议安排(例如购买期权、出售期权、赎回权、各类优先权等)将导致申报时发行人的股权结构仍处于不确定状态。因此,为境内A股发行考虑,建议在"红筹落地"过程中对涉及上述安排的条款予以调整。此外,由于根据中国外商投资相关法律规定,外商投资企业的股权变更需要得到商务部门的批复,并且受到不断变迁更替的外商投资产业政策的限制和影响,因此如一方违反合同约定的附条件股权交割条款(特别是股权变动需得到政府相关部门行政许可及登记的情况下),可能仅构成该方在合同项下的违约和赔偿,亦可能并不产生对预先安排之股权调整条款的强制执行力。

6. 员工期权激励

实务中拟于境外上市的公司可能会建立附条件的员工期权激励计划,该等计划可在境外上市前或上市后行权。如原拟于境外上市的公司确定实施"红筹落地"并于境内上市,考虑到境内已上市公司实施股权激励计划的法律规定与非上市公司之间存在重大差异,因此,目前实务中并不支持在境内 A 股上市完成前建立跨越上市时间点前后的员工期权激励计划。原先在境外"红筹结构"下的员工期权激励计划不应简单平移至"红筹落地"后的境内发行人,而应当根据企业情况分别采取相应调整措施,例如,境外已经派发的期权激励计划需加速行权或者取消行权以使股权结构处于稳定清晰状态。

7. 回购

由于红筹上市之前一般都要进行一轮或者几轮私募,因此,在还原之时首先要回购私募所持有的 BVI 公司的股权;作为对投资者的补偿,一般情况下,国内拟上市主体会在上市之前允许投资者定向增发。现有成功案例说明,定向增发不构成境内上市的政策障碍。

8. 注销境外架构

红筹架构废止后,境外上市主体也相应开始注销工作,该工作不一定要在申报材料之前完成,只要已经开始注销就可以,注销后应取得公司注册地政府机构的官方证明。在境内设立的外商独资企业(包括合同控制模式)也应该注销,还需要签署一系列的终止协议。

9. 承诺

发行人应该作出如下承诺:"××××年,本公司建立了相关境外上市、返程投资的架构。××××年,公司拟申请境内首发,废止了境外上市及返程投资架构。在此过程中,境外所有股权变动均符合当地的法律规定。"

实际控制人应该作出如下承诺:"在本公司境外上市、返程投资架构的建立及废止过程中涉及的股权转让等全部事项均符合当地的法律规定,股权转让手续已全部办理完毕,不存在潜在的纠纷和隐患。如果因上述事项产生纠纷导致本公司利益遭受损失,所有损失由×××先生全部承担。"

10. 回归解释

发行人应该详细披露红筹架构从搭建到废止的全过程,解释回归原因,比较常见的理由如下:

(1)公司筹划境外上市,是在国内股权分置改革尚未正式实施、通过国内证券市场上市融资困难的背景下所作出的决定。随着国内资本市场的迅速发展,以及国内证券市场上市融资功能的恢复,国内证券市场越来越完善,制度建设更加健全,运作更加规范,具有清晰的预期和前景。

(2)国家及相关主管部门鼓励具有自主创新能力的企业在国内资本市场上市融资;同时,在国内上市,从通常情况判断更易获得较高的市盈率。

(3) 由于公司客户中政府部门、金融机构、××和××企业占有较大比重，境外资本市场对于信息披露的要求和接受程度存在差异，相比之下，境内证券投资者则更易理解此种信息披露差异，也更易理解和认同公司业务的稳定性和广阔前景。

(4) 公司主要客户均在国内，且国内市场增长潜力巨大，开拓和后续服务较国外客户更加便利，因此在国内上市会有利于发行人更快拓展国内市场。

十、监管部门重点关注的问题

(一) SPV 相关问题

(1) 说明 SPV 设立履行的法律程序，披露 SPV 的股东、注册资本、实际缴付的出资等情况；如根据 10 号文第 11 条的规定："境内公司、企业或自然人以其在境外合法设立或控制的公司名义并购与其有关联关系的境内的公司，应报商务部审批。当事人不得以外商投资企业境内投资或其他方式规避前述要求。"

(2) 说明由自然人设立境外公司控制的原因，以及相关程序的合法性，是否存在风险。

(3) 说明 SPV 设立时有关各方签订的协议的主要内容，以及各自然人通过境外设立公司出资是否符合外汇管理的有关规定，是否履行了必要的审批手续。

(4) 披露 SPV 设立以来的对外投资情况，是否存在相关债权债务及潜在纠纷，其经营是否合法合规，并提供 SPV 设立以来历次股权变动的登记备案资料及证明文件。

(5) 披露 SPV 存续期间的董事会成员构成以及股东会、董事会等内部决策的履行情况。

(6) 说明其作为境内 WFOE 的单一外资股东期间，对境内 WFOE 的生产经营和其他重大事项如何做出相关决策及其实施情况。

(7) 说明 SPV 返程投资支付股权转让款的资金来源及其合法有效性。

(8) VC/PE 机构的股权结构、实际受益人及出资资金来源、是否存在信托持股或委托持股安排，及相关投资相关条款。

(9) SPV 的处置问题。

(二) 股权重组相关问题

(1) 关注回归过程。

(2) 详细说明相关各企业的历史沿革，包括但不限于设立及历次增资出资情况、资金或资产来源、资产重组和股东股权转让等情况。

(3) 历次股权转让的合规性。

(4) 说明股权转让款的定价依据及其支付情况，并提供股权支付的相关凭证。

(三) 税务相关问题

(1) 提供主管税务机关出具的相关完税证明文件,说明并披露报告期内享受税收优惠依照的法律、法规及认定依据,享受外资优惠可能存在的追缴税款的风险及是否对发行人经营产生重大影响。

(2) 发行人享受外商投资企业所得税优惠是否符合10号文的相关规定(特殊目的公司返程投资的特殊规定)。

(3) 关注预提所得税相关问题。

(四) 其他相关问题

(1) 披露发行人境外上市计划实施到何种程度及放弃境外上市的真实原因。

(2) 相关股东资金进出境是否依据国家外汇管理等法律、法规的有关规定履行了审批手续。

(3) 近三年发行人的实际控制人是否发生变更、历次股权变动履行的审批、涉及税收、资金来源及往来、外汇进出境是否符合国家外汇管理等法律、法规的有关规定。

第四节 土 地

拟上市企业的土地权利,主要包括土地使用权及土地他项权利,是企业尤其是生产企业正常运营的重要条件,因此也是上市过程中需要各方重点关注的企业重要资产。同时,由于涉及土地权利的法律、法规以及地方性规章非常多,而且不同地区、不同时期的规定又不尽相同,因此,土地权利的合法合规性是一个相对复杂的问题,容易存在潜在的纠纷和风险,需要各方中介高度关注。

一、与土地有关的基本法律框架

与土地相关的法律规定纷繁复杂,从全国人大到国务院、部委乃至地方人大以及政府都对土地问题有相应的立法。以下大致罗列在企业重组上市过程中涉及土地问题时经常需要参照的重要的法律法规;另外,灵活多变的有关土地管理的政策,比如国务院《关于促进节约集约用地的通知》等,也是核查的依据,对于政策的把握更需与时俱进。

表 9-15 土地相关基本法律规定一览表

大类	小类	法律适用	发文字号	实施日期
综合		《中华人民共和国土地管理法》(2004年修正)	主席令第 28 号	1999 年 1 月 1 日
		《中华人民共和国土地管理法实施条例》	国务院令第 256 号	1999 年 1 月 1 日
		《中华人民共和国城镇国有土地使用权出让和转让暂行条例》	国务院令第 55 号	1990 年 5 月 19 日
		《中华人民共和国城市房地产管理法》(2007年修订)	主席令第 72 号	1995 年 1 月 1 日
		《关于加强土地调控有关问题的通知》	国发〔2006〕31 号	2006 年 8 月 31 日
		《关于审理涉及国有土地使用权合同纠纷案件适用法律问题的解释》	法释〔2005〕5 号	2005 年 8 月 1 日
		《关于深化改革严格土地管理的决定》	国发〔2004〕28 号	2004 年 10 月 21 日
		《确定土地所有权和使用权的若干规定》	〔1995〕国土〔籍〕字第 26 号	1995 年 5 月 1 日
		《土地权属争议调查处理办法》	国土资源部令第 17 号	2003 年 3 月 1 日
国有土地使用权出让、划拨	工业用地	《关于进一步落实工业用地出让制度的通知》	国土资发〔2009〕101 号	2009 年 8 月 10 日
		《关于调整工业用地出让最低价标准实施政策的通知》	国土资发〔2009〕56 号	2009 年 5 月 11 日
		《关于落实工业用地招标拍卖挂牌出让制度有关问题的通知》	国土资发〔2007〕78 号	2007 年 4 月 4 日
	划拨	《划拨土地使用权管理暂行办法》	国家土地管理局令〔92〕第 1 号	1992 年 3 月 8 日
		《国有企业改革中划拨土地使用权管理暂行规定》	国家土地管理局令第 8 号	1998 年 3 月 1 日

（续表）

大类	小类	法律适用	发文字号	实施日期
国有土地使用权出让、划拨	协议出让	《协议出让国有土地使用权规范（试行）》	国土资发〔2006〕114号	2006年8月1日
		《协议出让国有土地使用权规定》	国土资源部令第21号	2003年8月1日
	招拍挂出让	《招标拍卖挂牌出让国有建设用地使用权规定》（2007年修订）	国土资源部令第39号	2007年11月1日
		《招标拍卖挂牌出让国有土地使用权规范（试行）》	国土资发〔2006〕114号	2006年8月1日
		《关于继续开展经营性土地使用权招标拍卖挂牌出让情况执法监察工作的通知》	国土资发〔2004〕71号	2004年3月31日
		《关于加强土地调控有关问题的通知》	国发〔2006〕31号	2006年8月31日
国有土地使用权他项权利	抵押	《关于国有划拨土地使用权抵押登记有关问题的通知》	国土资发〔2004〕9号	2004年1月15日
		《关于企业间土地使用权抵押有关问题的复函》	国土资函〔2000〕582号	2000年11月22日
		《关于土地使用权抵押登记有关问题的通知》	〔1997〕国土〔籍〕字第2号	1997年1月3日
	租赁	《规范国有土地租赁若干意见》	国土资发〔1999〕222号	1999年8月1日
	集体建设用地	《关于严格执行有关农村集体建设用地法律和政策的通知》	国办发〔2007〕71号	2007年12月30日
农村集体土地	承包经营权	《中华人民共和国农村土地承包法》	主席令第73号	2003年3月1日
		《农村土地承包经营权流转管理办法》	农业部令第47号	2005年3月1日
		《中华人民共和国农村土地承包经营权证管理办法》	农业部令第33号	2004年1月1日
		《中华人民共和国农村土地承包经营纠纷调解仲裁法》	主席令第14号	2010年1月1日
		《关于切实维护农村妇女土地承包权益的通知》	厅字〔2001〕9号	2001年5月8日
		《关于进一步稳定和完善农村土地承包关系的通知》	中办发〔1997〕16号	1997年8月27日

(续表)

大类	小类	法律适用	发文字号	实施日期
农村集体土地	承包经营权	《关于支持和促进农民专业合作组织发展的意见》	农经发〔2005〕5号	2005年4月30日
		《关于进一步做好稳定和完善农村土地承包关系有关工作的通知》	农经发〔2005〕2号	2005年3月11日
		《关于开展农村土地承包政策法律贯彻执行情况检查的通知》	农经发〔2003〕8号	2003年7月23日
	供销合作社	《关于加快供销合作社改革发展的若干意见》	国发〔2009〕40号	2009年11月17日
		《关于加快供销合作社土地确权登记工作的通知》	国土资发〔2009〕173号	2009年12月7日
		《关于供销合作社使用土地权属问题的复函》	国土资厅函〔2002〕328号	2002年10月18日

二、土地权利概述

(一) 土地权利形态

在企业改制、上市过程中,涉及的土地权利主要是使用权的取得、流转和他项权利的设定,以下对土地权利体系做一个概述。

土地所有权,是指土地权利人依法对土地享有占有、使用、收益和处分的权利。根据《中华人民共和国宪法》(以下简称《宪法》)和《中华人民共和国土地管理法》(以下简称《土地管理法》)的规定,土地所有权的主体只能是国家和集体,其他任何组织和个人都不能享有土地所有权。因此,在我国,只有国家土地所有权和农村劳动群众集体土地所有权。土地所有权的客体为土地,属于不动产的范畴,土地所有权的取得、丧失和变更必须履行一定的法律手续,以表征权利状况。

土地使用权,是指民事主体(组织和个人)在法律规定的范围内对国有或集体所有的土地占有、使用和收益的权利。2004年修订的《土地管理法》第9条规定:"国有土地和农民集体所有的土地,可以依法确定给单位或者个人使用……"

土地他项权利,是指土地所有权和土地使用权以外的土地权利,这些权利的权利人是土地所有权和使用权的相对人,常见的抵押、租赁权即属他项权利的范畴。这些权利也需要在土地管理机关登记,取得《土地他项权利证书》,或在土地使用权证书中作相关他项权利记载。

由于土地所有权是禁止交易的,而且所有人必须为国家或者农村集体,因此企业无法获得土地的所有权,但法律允许将土地占有、使用、收益等权能同土地所有权相分离,土地使用权即是与土地所有权相分离的独立的财产权利。

(二) 土地的分类

土地权利的取得方式可以根据不同的标准作出多种分类,本书主要从企业改制上市的角度出发,介绍两种在现行法律中常用的分类。

1. 按照土地所有权归属分类——国有土地和集体土地

根据《土地管理法》第 2 条第 1 款"中华人民共和国实行土地的社会主义公有制,即全民所有制和劳动群众集体所有制"的规定,土地按照所有权属可以分为全民所有的土地和集体所有的土地,该条第 2 款规定:"全民所有,即国家所有土地的所有权由国务院代表国家行使。"故全民所有的土地,一般称为国家所有的土地或国有土地。

不同所有权类别的土地,其使用权取得和流转的条件是不同的,因此,有必要区分不同所有权属的土地。根据《宪法》第 10 条的规定,城市的土地以及法律规定为国有的农村和城市郊区的土地,属于国家所有。《土地管理法》第 8 条也作了相同的规定。这两条法律规定,确定了国有土地的基本范围。而根据《中华人民共和国土地管理法实施条例》(以下简称《土地管理法实施条例》)第 2 条的规定,下列土地属于国家所有:"(一)城市市区的土地;(二)农村和城市郊区中已经依法没收、征收、征购为国有的土地;(三)国家依法征用的土地;(四)依法不属于集体所有的林地、草地、荒地、滩涂及其他土地;(五)农村集体经济组织全部成员转为城镇居民的,原属于其成员集体所有的土地;(六)因国家组织移民、自然灾害等原因,农民成建制地集体迁移后不再使用的原属于迁移农民集体所有的土地。"

《土地管理法》第 8 条第 2 款规定:"农村和城市郊区的土地,除由法律规定属于国家所有的以外,属于农民集体所有;宅基地和自留地、自留山,属于农民集体所有。"

需要注意的是,《确定土地所有权和使用权的若干规定》第 18 条规定:"土地所有权有争议,不能依法证明争议土地属于农民集体所有的,属于国家所有。"该规定体现了国家所有权优先的原则。

2. 依据土地用途分类——农用地、建设用地和未利用地

《土地管理法》第 4 条第 2 款规定:"国家编制土地利用总体规划,规定土地用途,将土地分为农用地、建设用地和未利用地……"农用地是指直接用于农业生产的土地,包括耕地、林地、草地、农田水利用地、养殖水面等。建设用地是指建造建筑物、构筑物的土地,包括城乡住宅和公共设施用地、工矿用地、交通水利设施用地、旅游用地、军事设施用地等。未利用地是指农用地和建设用地以外的土地。

(三) 土地使用权的取得方式

在实践中,土地使用权的取得方式多样。不同所有权类别的土地,其权利处置的法律规定也不同,以下按照土地所有制的分类分别论述。

1. 国有土地使用权的取得方式

根据土地使用制度,国有土地使用权可以与土地所有权相分离,国家可以将国有土地使用权通过划拨、出让、租赁、作价出资或者入股等方式,依法确定给单位或个人使用。与此相对应,单位或个人取得的国有土地使用权,根据取得方式的不同,可分为出让土地使用权、国有划拨土地使用权、承租土地使用权和作价出资(入股)土地使用权。

(1) 国有土地使用权出让。国有土地使用权出让,是指国家将国有土地使用权在一定年限内出让给土地使用者,由土地使用者向国家支付土地使用权出让金的行为。

根据《土地管理法》、《中华人民共和国城市房地产管理法》(以下简称《城市房地产管理法》)、《招标拍卖挂牌出让国有建设用地使用权规定》(2007年修订)等法律、法规的有关规定,工业、商业、旅游、娱乐和商品住宅等经营性用地以及同一宗地有两个以上意向用地者的,应当以招标、拍卖或者挂牌方式出让。招标、拍卖或者挂牌出让国有建设用地使用权,应当遵循公开、公平、公正和诚信的原则。国有土地使用权出让,必须符合土地利用总体规划、城市规划和年度建设用地计划。土地使用权出让,必须由土地所在地的市、县人民政府有计划、有步骤地进行。市、县人民政府土地行政主管部门应当根据社会经济发展计划、产业政策、土地利用总体规划、土地利用年度计划、城市规划和土地市场状况,编制国有土地使用权出让计划,报经同级人民政府批准后,及时向社会公布,并具体组织实施。市、县人民政府土地行政主管部门应当按照出让计划,会同城市规划等部门共同拟订出让的每幅地块的用途、年限、规划条件和其他土地使用条件等方案,报经市、县人民政府批准后,由市、县人民政府土地行政主管部门具体组织实施。

(2) 国有土地使用权划拨。国有土地使用权划拨,是指县级以上人民政府依法批准,在土地使用者缴纳补偿、安置等费用后将该幅土地交付其使用,或者将土地无偿交给使用者使用的行为。国有土地使用权划拨必须依法报经县级以上人民政府批准,并由市、县人民政府土地行政主管部门向用地单位或个人颁发《国有土地划拨决定书》和《建设用地批准书》。

由于土地使用权划拨时,土地使用者未向作为土地所有者的国家支付土地收益,且没有使用期限的限制,对于政府而言,土地使用权划拨属于一种无偿性质的行政配置方式,因此,国家对划拨用地范围有严格的限制。《土地管理法》第54条明确规定:"建设单位使用国有土地,应当以出让等有偿使用方式取得;但是,下列建设用地,经县级以上人民政府批准,可以以划拨方式取得:(一)国家机关用地和军事用地;(二)城市基础设施用地和公益事业用地;(三)国家重点扶持的能源、交通、水利等基础设施用地;(四)法律、行政法规规定的其他用地。"《城市房地产管理法》第24条规定:"下列建设用地的土地使用权,确属必需的,可以由县级以上人民政府依法批准划拨:(一)国家机关用地和军事用地;(二)城市基础设施用地和公益事业用地;(三)国家重点扶持的能源、交通、水利等项目用地;(四)法律、行政法规规定的其他用地。"根据上述法律规定,国土资源部颁布了《划拨用地目录》(国土资源部令第9号),对上述可以划拨的四类用地范围进行了具体细化,因此,只有符合《划拨用地目录》的建设用地,经县级以上人民政府依法批准,方可以划拨方式提供。

(3) 国有土地租赁。国有土地租赁是指国家将国有土地出租给使用者使用,由使用者与县级以上人民政府土地行政主管部门签订一定期限的土地租赁合同,并支付租金的行为。国有土地租赁是国有土地有偿使用的一种形式,是出让方式的补充,不适用于经营性房地产用地。

(4) 国有土地使用权作价出资(入股)。国家以土地使用权作价出资(入股)是指国家以一定年限的国有土地使用权作价,作为投资投入股份有限公司或者有限责任公司,相应的土地使用权转化为国家对企业出资的国家资本金或股本金。

国有土地使用权作价出资(入股),应当由市、县人民政府土地行政主管部门根据土地使用权价格和出让金标准,核算应折算的出资额或股本额,并向企业颁发《国有土地使用权作价出资(入股)决定书》,明确土地用途、使用年限、出资额或股本额和双方的权利、义务。

鉴于作价出资(入股)后相应的土地使用权转化为价值形态的资本金或股本金,国家将以出资人或股东的身份参与企业经营,因此,对这种特殊的土地配置方式,应当限定其适用范围:必须是具有国家授权投资机构资格的国有企业改制,涉及其使用或其全资子公司使用的生产经营性国有划拨土地,方可采用此方式配置。

根据政企分开原则,土地使用权作价出资(入股)形成的国家股权,一般要按照国有资产投资主体,由有批准权的人民政府土地行政管理部门委托有资格的国有股权持股单位统一持有。

2. 集体土地使用权的取得方式

集体土地使用权按用途划分为集体农用地使用权、集体建设用地使用权、宅基地使用权和非农公益用地使用权,其中农用地使用权和非农经营用地使用权是拟上市企业较可能接触到的两项土地权利。不同用途的土地,其使用权采用不同方式取得,进而具有不同的权利内容。

(1) 集体农用地使用权的取得。集体农用地使用权的取得方式主要为承包和租赁,其中主要采用带有社会保障性质的与集体经济组织内部成员身份密切相关的家庭承包方式。企业要取得农用地使用权,一般可以通过租赁和承包的方式。但需要注意的一点是,根据《中华人民共和国农村土地承包法》(以下简称《农村土地承包法》)的规定,发包方将农村土地发包给本集体经济组织以外的单位或者个人承包,应当事先经本集体经济组织成员的村民会议2/3以上成员或者2/3以上村民代表的同意,并报乡(镇)人民政府批准。租赁要与承包人签订书面合同并到有关部门办理备案手续。主要适用的法律、法规参见《农村土地承包法》、《农村土地承包经营权流转管理办法》。

（2）集体建设用地使用权的取得。农村集体经济组织使用乡（镇）土地利用总体规划确定的建设用地兴办企业，或者与其他单位、个人以土地使用权入股、联营等形式共同举办企业的，应当持有关批准文件，向县级以上地方人民政府土地行政主管部门提出申请，按照省、自治区、直辖市规定的批准权限，由县级以上地方人民政府批准；其中，涉及占用农用地的，依照《土地管理法》第44条的规定办理审批手续。兴办企业的建设用地，必须严格控制。省、自治区、直辖市可以按照乡镇企业的不同行业和经营规模，分别规定用地标准。农村集体经济组织可设立独资经营的企业，将符合乡（镇）土地利用总体规划的非农经营用地提供给企业从事生产经营活动，土地使用权由该集体经济组织或企业享有。农村集体经济组织可通过以符合乡（镇）土地利用总体规划的非农经营用地使用权作价入股或出资及联营的形式与其他单位、个人设立公司、合伙等企业，土地使用权由该企业享有。但属于非法人联营企业的，土地使用权仍由该集体经济组织享有。非上述农村集体经济组织投资设立的企业，不得申请取得或者继受取得非农经营用地使用权，而应依法申请取得或者继受取得国有土地使用权。

三、企业重组上市过程中常见的土地法律问题

（一）与国有土地使用权有关的法律问题

1. 发行人曾经通过协议方式取得土地使用权

招拍挂制度是一个逐渐发展完善的过程。根据中央部委和各地方政府颁布的文件，经营性土地出让招标拍卖制度的施行时间分别是1999年1月27日、2001年4月30日、2002年7月1日和2003年7月1日；挂牌出让的施行时间是2002年7月1日和2003年7月1日。

根据2007年11月1日施行的《招标拍卖挂牌出让国有建设用地使用权规定》的规定，工业、商业、旅游、娱乐和商品住宅等经营性用地以及同一宗地有两个以上意向用地者的，应当以招标、拍卖或者挂牌方式出让。招标、拍卖或者挂牌出让国有建设用地使用权，应当遵循公开、公平、公正和诚信的原则。因此目前企业要从国家获得经营性用地的使用权，都应当通过招拍挂的方式。

许多企业在历史上通过协议方式获得经营性国有建设用地，而且没有违反当时国家及地方法律、法规的情形。中介机构在进行核查的时候，应当结合当时的法律制度对具体案例的合规性进行分析，不可一概而定。

对于企业通过协议方式取得的国有土地使用权是否符合当时的法律规定问题，可以重点关注以下四个时段：

（1）时段一：2002年7月1日前

概述：国有土地大部分通过协议转让的方式出让，招拍挂程序并非必经程序。

(2) 时段二:2002 年 7 月 1 日至 2004 年 8 月 31 日

法律文件:《招标拍卖挂牌出让国有土地使用权规定》和《关于继续开展经营性土地使用权招标拍卖挂牌出让情况执法监察工作的通知》(国土资发〔2004〕71号,以下简称"国土资发〔2004〕71 号文")。

概述:除工业用地以外的经营性用地必须采用招标、拍卖、挂牌方式供应,但允许解决历史性遗留问题。

具体法律条款摘要:

2002 年 5 月 9 日,国土资源部签发 11 号文件——《招标拍卖挂牌出让国有土地使用权规定》,文件叫停了已沿用多年的土地协议出让方式,要求从 7 月 1 日起,商业、旅游、娱乐和商品住宅等各类经营性用地,必须以招标、拍卖或者挂牌方式进行公开交易。

2004 年 3 月 31 日,国土资源部、监察部联合下发了《关于继续开展经营性土地使用权招标拍卖挂牌出让情况执法监察工作的通知》,要求从即日起就"开展经营性土地使用权招标拍卖挂牌出让情况"进行全国范围内的执法监察,各地要在 2004 年 8 月 31 日前将历史遗留问题处理完毕,对 8 月 31 日后仍以历史遗留问题为由,采用协议方式出让经营性土地使用权的,要从严查处。

对所谓"历史性遗留问题",国土资发〔2004〕71 号文给出了明确的界定:2002 年 7 月 1 日《招标拍卖挂牌出让国有土地使用权规定》实施后,除原划拨土地使用权人不改变原土地用途申请补办出让手续和按国家有关政策规定属于历史遗留问题之外,商业、旅游、娱乐和商品住宅等经营性用地必须采用招标拍卖挂牌方式,其他土地的供地计划公布后,同一宗地有两个或两个以上意向用地者的,也要采用招标拍卖挂牌方式供应。

(3) 时段三:2004 年 8 月 31 日至 2006 年 8 月 31 日

概述:根据"时段二"中的法律文件,除工业用地以外的经营性用地必须采用招标、拍卖、挂牌方式供应,且不允许解决历史性遗留问题。

(4) 时段四:2006 年 8 月 31 日至 2007 年 6 月 30 日

法律文件:国务院《关于加强土地调控有关问题的通知》(国发〔2006〕31 号文,以下简称"国发〔2006〕31 号文"),国土资源部、监察部《关于落实工业用地招标拍卖挂牌出让制度有关问题的通知》(国土资发〔2007〕78 号,以下简称"国土资发〔2007〕78 号文"),《招标拍卖挂牌出让国有建设用地使用权规定》(2007 年修订)。

概述:工业用地必须采用招标、拍卖、挂牌方式出让,允许解决历史性遗留问题。

具体法律条款摘要:

2006 年 8 月 31 日国务院下发了《关于加强土地调控有关问题的通知》,该通知第五点明确规定:"国家根据土地等级、区域土地利用政策等,统一制订并公布各地工业用地出让最低价标准。工业用地出让最低价标准不得低于土地取得成本、土地前期开发成本和按规定收取的相关费用之和。工业用地必须采用招标拍卖挂牌方式出让,其出让价格不得低于公布的最低价标准。低于最低价标准出让土地,或以各种形式给予补贴或返还的,属非法低价出让国有土地使用权的行为,要依法追究有关人员的法律责任。"

为贯彻国发〔2006〕31号文,落实工业用地招标、拍卖、挂牌出让制度,国土资源部、监察部在2007年4月4日发布了《关于落实工业用地招标拍卖挂牌出让制度有关问题的通知》。该文件第二点明确提到:"政府供应工业用地,必须采取招标拍卖挂牌方式公开出让或租赁,必须严格执行《招标拍卖挂牌出让国有土地使用权规定》和《招标拍卖挂牌出让国有土地使用权规范》规定的程序和方法。"

类似于国土资发〔2004〕71号文,国土资发〔2007〕78号文也同样允许在一定时间内解决历史性遗留问题,但对遗留问题的范围要求有所不同:范围限于"国务院31号文件下发前,市、县人民政府已经签订工业项目投资协议,确定了供地范围和价格,所涉及的土地已办理完农用地转用和土地征收审批手续的"情况,在这种特殊情况下,"可以继续采取协议方式出让或租赁,但必须按照《协议出让国有土地使用权规范》的有关规定,将意向出让、租赁地块的位置、用途、土地使用条件、意向用地者和土地价格等信息向社会公示后,抓紧签订土地出让或租赁合同,并在2007年6月30日前签订完毕。不符合上述条件或者超过上述期限的,应按规定采用招标拍卖挂牌方式出让或租赁"。

2007年11月1日起施行的《招标拍卖挂牌出让国有建设用地使用权规定》第4条第1款规定:"工业、商业、旅游、娱乐和商品住宅等经营性用地以及同一宗地有两个以上意向用地者的,应当以招标、拍卖或者挂牌方式出让。"该规定最终将工业、商业、旅游、娱乐和商品住宅等经营性用地都纳入必须招拍挂出让的范围。

由此可见,如果发行人在历史上曾经存在通过协议方式出让或者租赁取得土地使用权的情况,中介机构应该对此高度关注,引用上述四个时段内的法律文件以及各地方政府出台的细则对该土地使用权取得的合法性进行核查并发表意见,核查的范围至少包括以下三点:

(1) 已经有权部门批准,符合《协议出让国有土地使用权规范》的要求;

(2) 未违反国务院、地方全面实施经营性用地招标、拍卖、挂牌出让制度的有关规定;

(3) 已足额缴纳土地出让金,并已取得土地使用证书,土地出让手续完备,合法有效。

在对上述三个基本事实经过核实的基础上,发行人控股股东和实际控制人还应出具承诺,愿意承担其因以协议出让方式取得土地可能产生的经济损失,从而能够有效防止可能出现的法律风险。

2. 拟上市企业划拨取得国有土地使用权

按照《土地管理法》的要求,国家依法实行国有土地有偿使用制度。建设单位使用国有土地,除国家机关用地和军事用地,城市基础设施用地和公益事业用地,国家重点扶持的能源、交通、水利等基础设施用地,法律、行政法规规定的其他用地以外,应当以出让等有偿使用方式取得。按照《国有企业改革中划拨土地使用权管理暂行规定》的要求,国有企业使用的划拨土地使用权,应当依法逐步实行有偿使用制度。

对国有企业改革中涉及的划拨土地使用权,根据企业改革的不同形式和具体情况,可分别采取国有土地使用权出让、国有土地租赁、国家以土地使用权作价出资(入股)和保留划拨用地方式予以处置。

(1) 国有土地租赁,是指土地使用者与县级以上人民政府土地管理部门签订一定年期的土地租赁合同,并支付租金的行为。土地租赁合同经出租方同意后可以转让,改变原合同规定的使用条件,应当重新签订土地租赁合同。签订土地租赁合同和转让土地租赁合同应当办理土地登记和变更登记手续。租赁土地上的房屋等建筑物、构筑物可以依法抵押,抵押权实现时,土地租赁合同同时转让。企业改革涉及的划拨土地使用权,有下列情形之一的,应当采取出让或租赁方式处置:① 国有企业改造或改组为有限责任公司、股份有限公司以及组建企业集团的;② 国有企业改组为股份合作制的;③ 国有企业租赁经营的;④ 非国有企业兼并国有企业的。

(2) 国家以土地使用权作价出资(入股),是指国家以一定年期的国有土地使用权作价,作为出资投入改组后的新设企业,该土地使用权由新设企业持有,可以依照土地管理法律、法规关于出让土地使用权的规定转让、出租、抵押。土地使用权作价出资(入股)形成的国家股股权,按照国有资产投资主体由有批准权的人民政府土地管理部门委托有资格的国有股权持股单位统一持有。① 国有企业破产或出售的,企业原划拨土地使用权应当以出让方式处置。② 根据国家产业政策,须由国家控股的关系国计民生、国民经济命脉的关键领域和基础性行业企业或大型骨干企业,改造或改组为有限责任公司、股份有限公司以及组建企业集团的,涉及的划拨土地使用权经省级以上人民政府土地管理部门批准,可以采取国家以土地使用权作价出资(入股)方式处置。

(3) 保留划拨方式。根据《国有企业改革中划拨土地使用权管理暂行规定》第8条的规定:"企业改革涉及的土地使用权,有下列情形之一的,经批准可以采取保留划拨方式处置:(一) 继续作为城市基础设施用地、公益事业用地和国家重点扶持的能源、交通、水利等项目用地,原土地用途不发生改变的,但改造或改组为公司制企业的除外;(二) 国有企业兼并国有企业或非国有企业以及国有企业合并,兼并或合并后的企业是国有工业生产企业的;(三) 在国有企业兼并、合并中,被兼并的国有企业或国有企业合并中的一方属于濒临破产的企业;(四) 国有企业改造或改组为国有独资公司的。前款第(二)、(三)、(四)项保留划拨用地方式的期限不超过五年。"虽然有5年期限,在发行人中,保留划拨用地很难获得监管部门的认可。

（二）与集体土地使用权流转有关的法律问题

根据有关规范性文件的定义，集体建设用地使用权流转，是指在集体土地保持所有权不变的前提下，使用权由所有者向使用者转移以及使用者之间再转移的行为，集体建设用地使用权流转包括出让、出租、转让等形式。集体建设用地使用权出让，是指集体经济组织将一定年期的集体建设用地使用权让渡给土地使用者，由土地使用者向集体经济组织支付土地出让金的行为。

1. 关于集体土地使用权流转的法律规定

关于集体土地使用权流转，国家允许流转，但有严格规范。《土地管理法》第2条第3款规定了"土地使用权可以依法转让"，这里的"土地使用权"，既包含了国有性质的土地使用权，也包含了集体性质的土地使用权，而且这两种性质的土地使用权都可以依法转让，可以有偿地进行流转。该法第63条规定："农民集体所有的土地的使用权不得出让、转让或者出租用于非农业建设；但是，符合土地利用总体规划并依法取得建设用地的企业，因破产、兼并等情形致使土地使用权依法发生转移的除外。"该条款允许符合特定条件的集体建设用地使用权依法转移。国务院《关于深化改革严格土地管理的决定》（国发〔2004〕28号）提出："在符合规划的前提下，村庄、集镇、建制镇中的农民集体所有建设用地使用权可以依法流转。"

同时，国务院办公厅《关于严格执行有关农村集体建设用地法律和政策的通知》（国办发〔2007〕71号）规定：① 严格执行土地用途管制制度。② 严格规范使用农民集体所有土地进行建设。③ 严格控制农村集体建设用地规模。④ 严格禁止和严肃查处"以租代征"转用农用地的违法违规行为。

按照《关于严格执行有关农村集体建设用地法律和政策的通知》的规定，需要注意以下两点：

（1）土地用途管制制度是红线。违反土地利用总体规划和不依法经过批准改变土地用途都是违法行为，任何涉及土地管理制度的试验和探索，都不能违反国家的土地用途管制制度。

（2）使用的企业以乡镇企业和村民为主。《土地管理法》规定，乡镇企业、乡（镇）村公共设施和公益事业建设、农村村民住宅等三类乡（镇）村建设可以使用农民集体所有土地。对这三类用地的范围，法律和政策都有准确界定，必须严格执行。按照《中华人民共和国乡镇企业法》的规定，乡镇企业必须是农村集体经济组织或者农民投资为主，在乡镇（包括所辖村）举办的承担支援农业义务的企业。《关于严格执行有关农村集体建设用地法律和政策的通知》明确禁止以兴办"乡镇企业"、"乡（镇）村公共设施和公益事业建设"为名，非法占用（租用）农民集体所有土地进行非农业建设。其他任何单位和个人进行非农业建设，需要使用土地的，必须依法申请使用国有土地。不符合土地利用总体规划和乡（镇）、村规划，没有土地利用年度计划指标的，不得批准用地。

2. 实践中集体土地使用权流转的常见情形

总的来说，上述规定虽然要求严格规范集体土地的流转，但同时也为允许集体土地使用权流转留出了法律空间。以下对拟上市企业常见的三种使用集体土地情况进行分析。

(1) 拟上市企业直接持有农村集体土地使用权证。实践中，全国多个地方都已经开始进行农村集体建设用地流转的试点活动，在近两年成功上市的企业中，也出现了上市企业持有农村集体建设用地的土地使用权证，承包、租赁农村集体建设用地的先例。因此，拟上市企业即使持有农村集体土地使用权证，也不能说其必然违反当时的法律、法规，但须对这种特殊情况高度谨慎。① 现有的成功先例只存在于农村集体建设用地方面，对于农村集体农用地的获得，至今尚无先例。② 即使是农村集体建设用地的使用权，也要受2007年12月30日起开始实施的《关于严格执行有关农村集体建设用地法律和政策的通知》的严格规范。乡镇企业以外的其他任何单位和个人进行非农业建设，需要使用土地的，必须依法申请使用国有土地。拟上市企业持有农村集体建设用地的土地使用权证，只有在两种情况下是符合法律规定的：第一种是企业本身的性质是乡镇企业；第二种是获得集体土地使用权的时间是在2007年12月30日《关于严格执行有关农村集体建设用地法律和政策的通知》生效以前，而且禁止非法扩大试点范围，符合所在省级以及地级关于农村集体建设用地试点的具体规定。否则其流转的合法性均难以得到论证。

(2) 拟上市企业承包、租赁农村集体土地。承包、租赁农村土地也属于农村集体土地流转的一种方式，现实中也确实存在成功的先例，但该情况同样也受到《关于严格执行有关农村集体建设用地法律和政策的通知》的限制，特别是通知中的第四点提到："严格禁止和严肃查处'以租代征'转用农用地的违法违规行为。近年来，一些地方出现了违反土地利用总体规划和土地利用年度计划，规避农用地转用和土地征收审批，通过出租（承租）、承包等'以租代征'方式非法使用农民集体所有土地进行非农业项目建设的行为。对此，必须严格禁止，并予以严肃查处。""单位和个人擅自通过'以租代征'占地建设的，要追究其非法占地的法律责任，涉嫌犯罪的要及时移送司法机关依法处理。"

由此可见，国家对农村集体建设用地的租赁行为的监管是非常严格的，中介机构在核查企业承包、租赁行为时，至少应该包括以下四个方面：① 权属是否清晰，权利证明文件是否齐全；② 是否涉及改变农用地用途；③ 是否已签订承包或租赁合同，并履行必要的审批、批准或登记手续，其程序和效力是否合法、合规；④ 政府主管部门的意见。

为了保证所承包或者租赁的农村集体土地的权属清晰，可以重点关注土地承包经营权证或者林权证、承包合同以及登记材料。各种材料的来源、适用范围及作用见表9-16：

表9-16　土地权证文件一览表

权证名称	来源	使用范围	作用
土地承包经营权证或者林权证	县级以上地方人民政府（备案、登记、发放）	承包，互换、转让、其他改变承包关系的流转	是《农村土地承包法》生效后，国家依法确认承包方享有土地承包经营权的法律凭证
承包合同	分包人	承包，互换、转让、其他改变承包关系的流转	约束承包人与发包人
登记材料	县级以上地方人民政府	互换、转让（转包、出租、入股方式明确不需要）	对抗第三人

（三）房屋所有权瑕疵

表9-17　房屋产权瑕疵法律分析表

问题	风险	解决方法 （不同问题可适当互相参照使用）
房屋建筑物尚未或者不能取得房产证	违章建筑，可能被拆除。	如果不能取得产权证或者搬迁，需要说明该事宜不会对公司造成重大影响，比如建筑物的产权归公司和没有纠纷、非核心生产经营用房、容易找到替代场地等，具体可参考本文下表中解决租赁房屋瑕疵的方法。
所购的房产属于预售房产，尚未取得房产证	存在不能取得房产证的风险。	核查开发商均已经取得了办理房产证所必需的有关证书和批准文件，证明所购房产取得房屋所有权证书不存在法律障碍。
在租赁的土地上进行建筑	由于缺乏土地使用权证，因此租赁方一般情况下无法取得房产证，如果在租赁的土地上拥有建筑物的所有权，房屋所有权证和土地使用权证的权利主体就会不一致，如果由一方处置权利，会影响到另一方的稳定经营，特别是土地使用权人处置权利时，如土地权人将土地使用权抵押、转让会给租赁权人带来风险。	1. 取得《土地使用证》和《房地产权证》。 2. 核查所租赁的土地是否属于在新设公司向母公司租赁土地后再兴建地上建筑物和地上只有机器设备而没有房屋等建筑物和母公司将相应机器设备作价投入新公司但又不愿放弃土地使用权情况，如果是这两种情况，可以用以下处理方法： （1）土地租赁期限在法律规定的范围内尽可能长，如双方约定20年的承租期，期满后可再续租20年，使租赁土地的使用权相对稳定。

(续表)

问题	风险	解决方法 (不同问题可适当互相参照使用)
在租赁的土地上进行建筑		(2) 考察土地使用权出租主体(一般是企业的控股股东或其他关联方)是否设定了抵押,如果设定抵押应当通过符合法律规定的方式解除。 (3) 论证房地分割的合法性。《中华人民共和国城镇国有土地使用权出让和转让暂行条例》第25条第2款规定的"土地使用权和地上建筑物、其他附着物所有权分割转让的,应当经市、县人民政府土地管理部门和房产管理部门批准,并依照规定办理过户登记",确认了房地一体的例外,但要求有权部门批准。只有在新设公司向母公司租赁土地后再兴建地上建筑物和地上只有机器设备而没有房屋等建筑物,母公司将相应机器设备作价投入新公司但又不愿放弃土地使用权这两种情况下,才可按照房屋所有权与土地使用权可分离的原则,保留先出让再出租的土地处置方式,但要相应加强土地资产的严格监管。包括出让金的征收管理,取消各类随意性优惠政策等;同时对采取先出让再出租的方式处置土地的改制企业,在上报审批时要同时上报草签的土地出让合同和土地租赁合同,严格审核其中的土地收益关系。这说明,在企业改制的实践中,国家土地管理部门认可"房地分离"的做法,但要在批准与登记程序方面符合上述规定。 3. 如果核查后认为属于无法取得房产证的情形,则需要通过拆迁整改来消除风险。 (1) 发行人与出租方协商解除土地租赁关系,而且双方承诺再无争议,从而证明不存在因为上述租赁发生纠纷、诉讼或潜在纠纷、诉讼的情形。

(续表)

问题	风险	解决方法 (不同问题可适当互相参照使用)
在租赁的土地上进行建筑		（2）发行人拆迁违规建筑,并全部搬迁到合法取得的生产经营场所,从而停止了发行人的不规范行为。 （3）发行人全体股东出具承诺函,承诺若发行人前述获得的拆迁补偿款因任何原因被政府追缴,则公司全体股东将无条件、全额、连带地将该被政府追缴的拆迁补偿款赔偿给发行人,以确保发行人不会因此遭受任何损失。 （4）中介机构论证发行人过往租赁的上述土地,在发行人租赁前就没有作为农用地使用,发行人过往租赁上述土地的行为与直接租赁农用地尤其是耕地进行工业生产并造成占用和破坏有实质区别（虽然中介机构未直说,其实该论证就是为了否定发行人的行为属于《关于加强土地调控有关问题的通知》中所提到的"以租代征"的违法情形）。 （5）根据专业公司对发行人的环保情况进行核查并出具的《××科技股份有限公司首次上市环境保护核查技术报告》,发行人未对周围环境造成污染。 （6）区级、市级国土资源局先后出具说明,确认发行人过往的租赁行为不属于重大违法违规行为,从而避免了发行人被有权机关认定为重大违法违规行为的风险。

（四）租赁房屋瑕疵

表9-18 租赁房屋权利瑕疵分析表

问题	风险	解决办法 （不同问题可适当互相参照使用）
出租方无法提供房屋所有权证书	因租赁房屋未取得房屋权属证书，发行人存在可能无法正常使用租赁房屋的风险，发行人承租上述房产存在潜在的产权纠纷或合同纠纷。	（1）承诺：① 出租方对发行人书面承诺；② 发行人全体股东书面承诺；③ 控股股东承诺，如果本公司新厂区建成竣工前因租赁上述厂房拆迁或其他原因致使本公司无法继续承租上述厂房导致生产经营受损，将承担本公司因搬迁而造成的损失。 （2）办理租赁合同登记。 （3）获得相关部门的认可/证明文件，最大限度地证明租赁合同的有效性。 （4）量化风险，证明风险本身不大。比如，从旧城改造办公室取得证明：涉案房产在未来特定时点之前均未列入政府规定的房产的拆迁范围之内。 （5）搬迁整改。比如，募集资金投资项目建设包含厂房建设，并已取得相关建设用地的土地使用权。项目完成后，公司全部车间将搬至新厂区。招股说明书显示，新厂区全部建成的时间在未来特定时点之前。 （6）招股书就该不规范问题作出重大风险提示。
缺租赁备案登记证明	可能出现一屋多租、强制搬出等事件带来的损害，而且可能面临有权机关的行政处罚（多个地方政府对此出台罚款规定）。	核查房屋所有权证及/或该物业的所有权人委托或者同意出租人出租该物业的证明文件。
转租的情况下，转租方缺少出租方的授权文件	租赁合同存在被有权第三方主张无效并被有关机关认定为无效的风险。	基本与缺少房屋所有权证情形的处理方式一致。

(续表)

问题	风险	解决办法 （不同问题可适当互相参照使用）
违章建筑	因未办理报建手续及未取得建设工程规划许可证，且为简易建筑物，所以发行人上述建筑物存在被责令限期拆除的可能。	（1）新建厂房。 （2）租赁厂房。 （3）赔偿搬迁损失。发行人的股东对发行人上述建筑物给公司可能造成的任何经济损失作出了全额赔偿的承诺。 （4）参照出租方无法提供房屋产权证书的情形处理。

（五）专项核查

1. 房地产企业

对于房地产企业，除征求国土资源部意见外，中介机构应该专项核查如下问题：土地使用权的取得方式和程序；土地使用权证的办理情况；土地使用金的缴纳情况；土地闲置及土地闲置费缴纳情况；是否存在违法用地项目；土地开发是否符合出让合同的约定；是否存在超过约定的动工开发日期满1年，完成开发面积不足1/3或者投资不足1/4的情形。

2. 募集资金运用

募集资金投向项目，如果是用于房地产项目，需要取得四证（国有土地使用证、建设用地规划许可证、建设工程规划许可证、建筑工程施工许可证），如果是用于非房地产项目时，项目用地应基本落实：

（1）以出让方式取得土地使用权的，应已与相关土地管理部门签署土地使用权出让合同，足额缴纳了土地出让金，并向有关土地管理部门办理了土地使用权登记手续。

（2）以购买方式从他方取得土地使用权的，应已与该土地使用权的可合法转让方签订了土地使用权转让合同，并向有关土地管理部门办理了必要的登记手续。

（3）以租赁方式从国家或他方取得土地使用权的，应已与相关土地管理部门或该土地使用权的可合法出租方签订土地使用权租赁合同，并向有关土地管理部门办理了必要的登记手续。

（4）以作价入股方式从国家或他方取得土地使用权的，应已经向有关土地管理部门办理了必要的登记手续。

第五节 知识产权

知识产权在我国经济发展方式转变过程中有着战略地位的重要性，是创新型国家和创新型企业的核心竞争力。因此，在发行上市审核中，特别是创业板发行上市审核中，监管部门高度关注知识产权的审核和信息披露问题，近期甚至多次出现已过会企业因专利问题暂缓上市的实例。以下以上市审核的关注点为线索，以知识产权（主要是商标和专利）的基础知识为主要内容，进行介绍和讨论。

一、商标

（一）商标权的取得

（1）商标对保护企业的核心竞争力和持续盈利能力非常重要。

（2）企业从申请注册商标到取得商标注册证一般需要两到三年的时间。

（3）商标申请本身存在一定的不确定性。

因此，在企业申请上市过程中，如果存在连关键业务和产品的商标都未注册成功的情况，会相当被动，实践中已有企业被否决理由之一是其商标注册尚在国家商标局实质审查的公示期，尚存悬念。

如果企业拥有多个商标，而只有其中某个商标未获注册，则对上市的负面作用有限，但须充分说明此情况不会影响企业的业务和业绩。

在某些特殊情况下，比如通信技术服务类企业，其服务的对象是专业厂商，而非一般的消费者，其行业的特点是客户集中度相对较高，经过多年发展，已与客户形成了相互信任的、良好的长期合作关系，树立了良好的企业品牌形象。此时，应当说明企业的该种特点使得企业未拥有注册商标的情形不会影响客户对其服务及产品的认知，也不会对其生产经营产生实质性的不利影响。

如果企业使用的商标已被他人注册所有，可以考虑通过商标转让方式取得商标所有权；如果对方属于恶意抢注，不能协商解决，企业可以根据《中华人民共和国商标法》（以下简称《商标法》）第31条的规定向法院提起诉讼。当然不能低估此类诉讼对上市的负面影响。

此外，企业在申请注册商标时，选定的商标不能侵犯他人在先的著作权。比如企业要申请图形商标，一定要与图形的作者签订著作权转让或者使用许可协议，或者在作者是企业员工的情况下，书面与之确认该图形属于职务作品，著作权属于企业持有。

企业出于全方位保护性目的而提交的与企业主营业务范围没有密切关系的有关类别的商标注册申请，如果有部分具体项目与第三方已申请或已取得注册商标的具体项目归属同一群组,企业申请的该部分具体项目可能会被驳回,在这种情况下,应当就此说明该种驳回不会对企业的主营业务产生影响。可以从以下方面予以说明:

(1) 申请的商标所涉及的具体项目虽被国家商标局驳回,但与企业主营业务没有密切关系。

(2) 企业可以承诺如有被驳回的项目,企业会及时向国家商标局提出驳回复审,并提交相应证据,最大限度维护企业的权益,并将密切跟踪商标注册进展情况,及时采取措施维护自身利益。

(3) 通过陈述说明此种出于保护性目的的申请,不会对企业的主营业务、生产经营及本次发行构成实质性法律障碍。

如果企业申请注册商标的时间过长,一般而言,时间过长是指从申请到初审的时间超过3年以上,企业就应当对此原因予以说明。需要说明的内容主要是导致时间过长的原因并非企业自身的原因,与企业是否陷入商标纠纷等主观因素无关,企业并不存在潜在的商标纠纷,也不会对企业未来的经营活动产生重大影响。

(二) 商标的持有瑕疵

商标持有的问题是指企业虽已有效持有注册商标,但仍然存在持有瑕疵的情形。主要有以下两方面:

(1) 注册商标已接近有效期。根据《商标法》第37条、第38条的规定,注册商标的有效期为10年。需要继续使用的,应当在期满前6个月内申请续展注册;同时给予6个月的宽展期,逾期未申请的,该注册商标将会被注销。因此,企业在上市时应当及时审查商标使用年限是否已接近10年的有效期,并及时申请续展注册。

(2) 商标注册事项的变更。商标在注册后的使用过程中,经常会发生商标注册人的名称、地址等注册事项的变更。根据《商标法》第23条的规定,在这种情况下,企业需要到商标局办理相应的变更手续,否则就会影响企业合法使用自己的注册商标。

(三) 商标转让

在上市之前的商标审查过程中,如果发现企业所使用商标存在转让情况的,应当关注如下问题:

(1) 作为转让方。一应关注转让的原因和转让后对公司业绩的影响;二应关注企业履行商标转让合同和不再继续使用已转让商标,以免发生侵权行为。

(2) 作为受让方。一应关注转让合同的合法性以及可能影响合同合法性的因素。例如,转让方的商标注册证是否有效;转让方是否为持有注册商标的本人;商标注册人对其在同一种或者类似商品上注册的相同或者近似的商标,是否一并转让等。二应关注审查商标的受转让是属于永久性受让还是非永久性转让。如果商标转让属于非永久性转让,应当审查相应的转让期限是否已经到期或者将要到期,并及时予以处理。因为非永久性的商标转让将直接影响企业对该商标的有效持有。三应关注商标转让人是否继续使用商标,存在损害公司商誉的侵权和违约行为。

(四) 商标许可

如果在上市审查过程中发现企业存在商标许可行为的,应当对商标许可行为进行审查。其审查情形类似于商标的转让,此处不再赘述。

与商标转让相比,还需要特别关注从控股股东处被许可使用某种商标,是否构成独立性瑕疵。

(五) 商标的保护

对于那些合法有效持有的注册商标,尤其是驰名商标和关键业务、产品使用的商标,应当建议企业对其加强保护,以防止驰名商标的弱化和淡化。商标的保护,主要包括两个方面,即驰名商标的跨类保护和商标的国际保护。

1. 商标的跨类保护

根据《商标法》第13条第2款的规定,商标的跨类保护针对的是驰名商标,也就是说,如果一个商标想要得到跨类保护,就需要被认定为驰名商标。因此,为了扩大对商标的保护,尤其是在不相同或者不相类似商品上的商标保护,企业应当通过行政途径或者司法途径请求认定驰名商标。

此外,如果企业在认定驰名商标上存在困难,即对于那些虽然具有一定的知名度,但是还达不到驰名商标认定标准的企业,应当在商标注册时把与自己相关的类别,今后可能发展到的类别,有价值的类别进行注册保护。也就是说,应当考虑"防御性注册"。所谓防御性注册,是指注册联合商标和防御商标,其目的在于扩大商标专用权的范围,排除他人注册与本企业主商标相同或者近似的商标。例如,杭州"娃哈哈"集团注册的"哈哈娃"、"哈娃娃"等商标就属于联合商标。该企业除了在儿童饮料类商品上注册商标外,还在其他商品类别上进行的注册,就属于防御商标。

2. 商标的国际保护

商标具有地域性的特点,因此,在国内注册的商标一旦到了国外就无法受到他国法律的保护,必须重新在其他国家申请注册商标。近几年来,我国驰名商标在国外遭遇恶意抢注的情况时有发生,部分是被海外小企业和个人恶意抢注,但同时也存在着一些跨国公司恶意抢注的事件,这些跨国公司往往是同行业的竞争者,而其抢注的意图也十分明显,即通过控制中国企业在销售地的商标权,来阻止中国企业以自己的商标打开市场。这为我国本土企业敲响了警钟,尤其是对那些在国内拥有驰名商标并打算将业务向海外市场开拓的知名企业以及已经上市或者即将上市的企业而言,需要特别注意商标的国际保护问题。

一旦商标在海外被抢注成功,被抢注商标的企业就不得在该国或该区域内使用此商标,若违反则构成侵权。因此,不论被抢注商标的企业放弃原商标另创品牌,或是高价回购,抑或是通过法律途径撤销被抢注的商标,都将增加企业的经营成本,延缓其产品占据市场的时间,降低市场份额。因此,企业应当及时在其他国家进行商标注册,以获得商标专用权的保护,避免不必要的损失。

(六)商标和商号

由于商标和商号的相似性,将商号的内容放在该部分予以讨论。

1. 商标和商号的冲突

最高人民法院《关于审理商标民事纠纷案件适用法律若干问题的解释》第1条第(1)项规定,"将与他人注册商标相同或者相近似的文字作为企业的字号在相同或者类似商品上突出使用,容易使相关公众产生误认的",属于给他人注册商标专用权造成其他损害的行为。因此,在商标和商号发生冲突或有可能发生冲突时,有必要分析判断是否属于该解释第1条第(1)项规定的商标侵权行为。

总的原则是:商标是区别不同商品或者服务来源的标志,企业名称是区别不同市场主体的标志,字号是企业名称的核心组成部分。字号与商标均属于识别性标记,但分别受不同的法律法规调整,经过合法注册产生的注册商标专用权和经依法核准登记产生的企业名称权均为合法权利。企业将与他人注册商标相同或近似的文字在相同或类似商品上使用时,只要使用合理,没有造成相关公众对于相关商品的混淆,不构成对他人商标专用权的侵犯。

当企业的商号与第三方的注册商标相同时,企业应当就该商号使用的正当性予以说明。从企业使用该商号的历史原因、时间等说明该商号的使用是善意和正当的,说明此种相似或者相同并不会造成混淆,也并不侵犯第三方的利益,不存在潜在的纠纷,更不会对企业未来业务的开展和经营产生实质性的影响。如果与企业商号相同或者相似的商标属于驰名商标,对这种情况应当引起重视。

2. 商号和商号的冲突

当企业的商号与第三方的商号相同或者近似时,应当对以下几个方面予以说明:

(1)企业是否合法持有该商号。说明企业对该商号的使用是合法有效的,符合诚实信用原则,在历史上也没有因为使用该商号受到处罚,没有造成消费者的混淆,无任何第三方就企业名称或其不当使用向企业提出任何权利请求,亦未因存在争议而向工商局申请处理或向人民法院提起诉讼的情形。同时,可以从企业与第三方处于不同的行政区域,企业商号合法有效的角度进行说明。

(2)企业与该第三方并不存在联营、合作、特许经营或者投资等可以需要由该第三方授权企业使用相关商号的法律关系,企业的设立及经营机构是否独立于该第三方,其自主选择企业商号及名称并合法登记注册是否需要获得该第三方的同意。

(3) 为保护企业的合法权利,避免因企业使用该商号而与该第三方发生潜在纠纷,可以请求第三方作出承诺,确认企业合法拥有使用相关字号的权利,确认不会产生因企业使用该字号而侵犯该第三方任何合法权利的纠纷。承诺表示第三方知晓发行人使用该商号并对其使用不存有异议,亦不会以任何方式向任何机关就企业使用该字号提出任何权利要求。

如果存在原企业子公司在被转让之后仍使用企业商号的情形,也应当对该种情形作出说明,说明其使用的合法性,并要求原子公司承诺在未来变更其公司名称。

3. 以常用名词作为商号的情形

如果企业商号是一个常用名词,如地球、月亮等,应当审查该商号是否存在使用风险或者潜在纠纷;是否具有驰名商标认定;使用该商号的其他企业是否与本企业存在关联关系或专卖经销关系,如果是,双方是否签订许可协议等,并对此予以披露。

(七) 商标的出资

商标权是商标注册人的无形财产,具有不同于一般物权的特性。商标权人享有它,不是直接占有物质财富,而是以非物质形态享有的权利。商标必须使用于商品或服务之上才能实现其价值。商标价值的高低,必须依据其商品或服务的品质及社会对该商品或服务的评价而定。因而,商标权的运用远较一般财产权特殊和复杂。

以商标权作为出资的情形在上市项目中比较罕见,主要原因是:一是商标权一般情况下是在企业生产经营过程中形成取得,而不是成立时作为股东出资。二是在为上市而进行的资产重组中,商标权常常随相关资产以无偿的方式进入拟上市主体。三是商标出资的程序相当复杂、漫长,操作难度大。四是商标权的价值评估难度比较大,并且监管部门也高度关注甚至质疑评估价值的真实性、合理性。

因此,对于发行人,不宜使用商标权出资的方式。如果一定要以商标出资,则可参考如下法律规定依法进行。

1. 商标出资的法定条件与程序

表 9-19 商标出资的法定条件与程序分析表

以商标权投资	必须在有关投资文件中明确商标投资方式,商标作价数额,使用商标的商品品种、数量、时限及区域,商标收益分配,企业终止后商标的归属等内容。

(续表)

前置审查	企业以商标权投资前,应当委托经国家工商行政管理局核定的商标评估机构进行商标评估,提交商标评估报告及有关商标权投资文件,报送商标主管部门审查。商标主管部门对企业以商标权投资的审查,实行分级管辖的原则。在国家工商行政管理局登记注册的,由商标局审查;在地方各级工商行政管理机关登记注册的,由省级工商行政管理机关审查。商标主管部门应当自收到材料之日起30日内作出审查决定。对符合条件的,予以批准;对不符合条件的,予以驳回并说明理由。
章程规定	企业以商标权投资,被投资的企业在登记注册时,其章程应当就商标权转让登记事宜作出规定,并向工商行政管理机关提交商标主管部门的审查文件。未提交审查文件的,其商标权不能作为出资,对被投资企业不予核准登记注册。
转让登记	商标权出资方和受让方应当于公司成立后半年内,共同向商标局交送《转让注册商标申请书》和《商标评估报告》各1份,附送原《商标注册证》依法办理商标权转让登记手续,并报公司登记机关备案。商标权转让登记因不符合法律、法规的规定,未能办理财产权转移手续的,则以该商标权出资的股东或者发起人,应当以其他出资方式补交作价数额,补交数额应当进行重新验证并出具验资报告。
补足差额	有限责任公司成立后,作为出资的商标权的实际价额显著低于公司章程中所定价额的,应当由交付出资的股东补交其差额,公司设立时的其他股东对其承担连带责任。原出资中的商标权应当重新进行评估作价,公司注册资本应当进行重新验证并出具验资报告。

2. 转让商标权以完成出资

以商标权本身作为出资的主要特征是商标转让,投资方需将注册商标转让至被投资企业名下,被投资企业成为新的商标权人,这种投资方式存在的问题是:注册商标转让本身具有一定的不确定性,根据《商标法》的规定,对注册商标的转让实行核准制,转让注册商标须经商标局核准,并予以公告,受让人自公告之日起享有商标专用权,对可能产生误认、混淆或者其他不良影响的转让注册商标申请,商标局不予核准,这意味着商标的转让并不完全取决于当事人的意志,在法律程序上还须商标局核准,商标局可以核准转让,也可以不核准转让,而判断的标准是商标转让是否"可能产生误认、混淆或者其他不良影响",这是一个非常模糊的标准,其外延将由商标局根据具体情况确定,这无疑增加了当事人预先判断的难度,使当事人在决定以注册商标出资时,无法准确预知商标权转让行为是否会最终得到核准。这种不确定性和不可预测性具有极大的风险,因为《中华人民共和国公司法》和《中华人民共和国外资企业法》都确立了分期缴纳出资的制度,允许股东在公司成立后的一段期限内逐步缴足出资,而且在实际操作中,商标权都是在公司成立后才办理转让手续的。在这种情况下,公司可能已经成立并运营,但在公司成立后办理缴资的过程中,作为出资的注册商标却可能因为商标局不予核准转让而无法实现出资"到位",公司设立核准与商标转让核准各自独立进行,缺乏协调机制,在有些情况下就会出现脱节,而一旦出现这种情况,将严重动摇股东或者合资双方的合作基础,使公司陷入进退维谷的境地,对参与合作的任何一方来说,都是一种巨大的风险。

这种风险是由法律制度之间缺乏协调衔接造成的,投资者在以注册商标进行投资时,应特别注意这一风险,有效的规避方式是:在合资合同或者协议等相关文件中明确约定商标转让不被核准的处理方式和补救手段。比如,改变出资方式,以其他资产或者货币替代商标出资;变商标转让为商标许可,并视情况调整出资份额;解散公司,合理处理公司已有经营成果。

从国家法制建设的角度而言,法律规定的模糊性和不确定性容易增加交易成本,国家有关部门应当通过立法进一步明确细化注册商标"不予核准"转让的具体情形,减少模糊性。值得注意的是,国家工商行政管理局于1995制定的《公司注册资本登记管理暂行规定》(失效)和《企业商标管理若干规定》(失效)两个文件中曾明确规定:"企业以商标权投资,被投资的企业在登记注册时,应当向工商行政管理机关提交商标主管部门的审查文件。未提交审查文件的,不予核准登记注册。"这说明,国家工商行政管理局当时曾经试图建立一种公司登记核准与商标审查之间的协调机制,但遗憾的是,这两个文件没有得到有力的贯彻实施,并且先后被废止了,两个文件中所包含的商标权出资预先审查的内容,并没有被以后的文件所采纳或沿用,公司登记核准与商标转让核准之间存在的不协调、不衔接的问题仍没有有效的机制加以解决,在新的制度出台之前,投资人要想规避风险,仍需通过合同或协议约定商标转让不被核准的处理方式和补救手段。

在作为出资的商标转让不被核准的情况下,注册商标的权属不会发生变更,这一点是明确的,比较有争议的问题是:如果当事人没有在合同中约定商标转让不被核准的处理方式和补救手段,当出现不被核准的情况时,合资合同、协议等文件中约定商标权出资转让内容的条款是否有效,存在疑问。对此问题列表说明如下:

表9-20 商标出资未能核准转让法律问题分析表

观点表述	解决方式
该条款有效,商标转让是当事人的真实意思表示,商标局核准商标转让的行为只是一种过户性质的物权变动行为,物权没有登记不影响合同的效力,当事人仍负有合同义务。	因商标权转让不被核准而追究不能出资者的责任,似乎在法律上具有很大的难度,明智的当事人应尽量避免将合同及自身的权益陷入这种法律上难以判断的状态,而事先约定商标转让不被核准的处理方式和补救手段是避免这一问题的最好方法。

(续表)

观点表述	解决方式
该条款不生效或者无效,商标局核准商标转让的行为属于一种审核性的行政行为,而不是简单的产权过户,它应该属于合同法所说的法律、行政法规规定应当办理批准、登记等手续生效的情形,商标局不核准,该条款就不生效。	
无论该条款是否有效,在商标局不予核准的情况下,该条款实际上已无法履行,而且,商标转让是否被核准属于政府决定范围内的事情,不属于合同当事人的能力范围,因此,不能因政府不予核准而追究当事人的违约责任。	

3. 商标许可使用权出资

以一定年限内的商标许可使用权作为出资的主要特征是商标使用许可,对于商标使用许可,主要涉及三方面的问题。

表9-21　商标许可出资法律分析表

关于商标使用许可的类型	根据有关规定,商标使用许可分为以下三类: (1) 独占使用许可。商标注册人在约定的期间、地域和以约定的方式,将该注册商标仅许可一个被许可人使用,商标注册人依约定不得使用该注册商标。 (2) 排他使用许可。商标注册人在约定的期间、地域和以约定的方式,将该注册商标仅许可一个被许可人使用,商标注册人依约定可以使用该注册商标,但不得另行许可他人使用该注册商标。 (3) 普通使用许可。商标注册人在约定的期间、地域和以约定的方式,许可他人使用其注册商标,并可自行使用该注册商标和许可他人使用其注册商标。 上述三种类型的许可需要通过许可合同明确约定,如果没有约定或者约定不明确,只能理解为商标所有人保留了最大权利,即只能作为普通许可看待。
关于商标使用许可合同的备案	根据《商标法》的规定,商标使用许可合同应当报商标局备案,最高人民法院《关于审理商标民事纠纷案件适用法律若干问题的解释》规定,商标使用许可合同未经备案的,不影响该许可合同的效力,但不得对抗善意第三人。根据这些规定,笔者认为,商标使用许可合同如果没有经过备案,仍然有效,但其效力主要限于处理合同当事人之间的内部关系,在涉及外部关系时,未经备案的商标使用许可合同对善意第三人无约束力,不影响善意第三人依法善意获得的对商标的权利。

(续表)

关于商标使用许可的法律界限	商标使用许可所处置的内容仅限于商标的使用权,如果商标使用许可合同的内容使商标所有人一次性、永久或不可恢复地丧失支配和使用商标的权利,则该种商标使用许可合同很可能会被认为超越了商标使用许可的界限,容易被认定为名为许可、实为转让,有规避商标转让管理制度的嫌疑,增加了合同或相关条款被认定为无效的风险。

4. 商标专用权出资

商标专用权是指经国家商标局核准注册的商标只准许商标注册人专用,排除任何其他人使用的权利。包括基于使用而产生的专用权,即商标使用权。

商标使用权是指商标注册人通过签订商标使用许可合同,许可他人在国家商标局核准的商品或服务项目上使用其注册商标的权利。

5. 商标权出资还应注意的问题

表9-22　商标出资若干重要法律问题分析表

出资金额在注册资本中的比例	知识产权出资金额需要作价计算,经发起人认可后即构成不变注册资本的一部分,《公司法》及相关法规对知识产权出资额在注册资本中的比例也进行了限制。《公司法》第27条规定:"股东可以用货币出资,也可以用实物、知识产权、土地使用权等可以用货币估价并可以依法转让的非货币财产作价出资;但是,法律、行政法规规定不得作为出资的财产除外。对作为出资的非货币财产应当评估作价,核实财产,不得高估或者低估作价。法律、行政法规对评估作价有规定的,从其规定。全体股东的货币出资金额不得低于有限责任公司注册资本的百分之三十。"因此,知识产权作价出资的金额最多不得超过公司注册资金的70%。
与商标权转让的不同	新设立公司要利用他人的知识产权可以通过两种途径:一是知识产权所有人作为股东,以知识产权向公司进行出资;二是由知识产权所有人将该知识产权转让给公司。出资行为和转让行为的法律性质不同,产生的法律后果也不一样,了解了这一点,发起人各方可根据公司如何利用知识产权,作出对自己有利的选择。

（续表）

商标权 出资的作价	与其他方式出资，如实物出资、土地使用权出资相比，知识产权的价值难以确定。实物、土地使用权都有相应的市场价格，即使实物已经使用过，也有相应的折旧计算方法，而在技术市场上，没有较为统一的市场价。比如，一商标比同类商品或服务上的商标有更高的知名度，这个商标就具有比其他商标更高的价值，而这部分价值究竟应高出多少，很难用公式精确地计算出来。因此，用知识产权出资时对知识产权的评估只是一个供发起人确定其知识产权作价金额的参考数，最终作价金额的确定是由发起人各方在评估金额的基础上相互协商的。依据《公司法》的规定，知识产权的出资必须进行评估作价，核实财产，其评估应由具有评估资格的资产评估机构（包括资产评估事务所、会计师事务所、审计事务所、财务咨询公司等）进行。
权利转移的 法律手续	依照《公司法》的规定，以知识产权出资的，应当依法办理其财产权的转移手续，即到法定机构办理知识产权过户登记。以注册商标所有权出资的，依据《商标法》及实施条例关于商标权转让及使用许可的有关规定，出资人和新设立的公司应当共同向商标局提出申请，附送《商标注册证》，加注发给新设立的公司，并予以公告。以注册商标使用权出资的，出资合同应报商标局备案。

二、专利权（上）

（一）专利权的取得——专利权属问题

1. 职务发明与非职务发明

职务发明创造，是指为执行本单位的任务或者主要利用本单位提供的物质技术条件所完成的发明创造。职务发明创造申请专利的权利属于该单位，申请被批准后，该单位为专利权人。但是，发明人或者设计人也可以与单位就发明创造的权利归属进行特别约定。与此相对，员工个人非执行本单位的工作任务，或者非利用本单位的物质技术条件所完成的与职务行为无关的发明创造，属于个人发明创造，一切权利都属于职工个人所有。但是，实践中，由于技术研发活动需要一定的资金投入，也需要一定的研发计划指导，以及技术员工的流动等原因，造成职务发明创造与个人发明创造难以界定，产生了很多关于专利权属的争议问题。因此，在企业提交申请材料之前，应当及时处理这些潜在的风险，明确职务作品的权利归属。

论证用于出资的知识产权技术为非职务发明一般有以下思路：

（1）该技术发明于公司成立前，之前的单位确认该发明不是职务发明；或者有明确书面证据（论文、公开发表的文章等）证明大部分成果在公司成立前已经由出资人研究完成。

（2）高级管理人员、核心技术人员用非专利技术出资的同时，存在在高校或者科研所任职经历的,中介机构应特别关注其科研范围与发行人主营业务的关联性,需要关注其取得的科研成果时间和出资时间及其关系,需要证明发行人未利用高校或者科研院所的条件,同时应取得相关机构出具的正式书面文件予以确认。

(3) 出资人委托第三方研发的技术,并明确技术所有权归出资人所有。

(4) 若是出资人在发行人工作期间研发的技术,则需证明:① 出资人的学历、经验和能力足以自行研发该非专利技术;② 出资人研发该技术的原始资料;③ 用于出资的技术与公司业务不存在关联关系,也未占用公司的任何资源研发,公司没有经营相关业务,也无技术研发可利用的资源;④ 出资人研发的技术与其在公司的本职工作无关,未利用公司物质条件及工作时间研发该项技术;⑤ 公司之前的研发团队成员就该项技术发表声明,未参与该项目技术研发;⑥ 技术权威机构对该非专利技术进行分析研究,认定该非专利技术具有个人在一定时间内自行研发的可行性;⑦ 出资前公司未使用过该技术,公司财务账面上未出现该技术;⑧ 出资人出具承诺,声明其研发该非专利技术未占用公司资源及工作时间,也未使用公司设备,不属于公司职务发明,且未侵犯其他方的知识产权。

表 9-23 职务发明与非职务发明对照表

	条件	申请人	专利权人	特殊情形
职务发明	(1) 执行本单位的任务所完成的发明创造(包括:① 在本职工作中作出的发明创造;② 履行本单位交付的本职工作之外的任务所作出的发明创造;③ 退休、调离原单位后或者劳动、人事关系终止后 1 年内作出的,与其在原单位承担的本职工作或者原单位分配的任务有关的发明创造) (2) 主要是利用本单位的物质技术条件所完成的发明创造	单位	单位	有约定的从其约定
非职务发明	非执行本单位的工作任务,或者非利用本单位的物质技术条件所完成的与职务行为无关的发明创造	个人	个人(发明人或者设计人)	

2. 子公司专利技术的独立性

如果作为发行人的企业是某母公司旗下的子公司,对于某些专利,企业需要证明其拥有该专利的所有权,证明该专利技术的独立性,以及企业具有研发该专利的能力。主要从以下两方面予以证明:

(1) 现有技术的独立性。企业现合法拥有与其生产经营相关的专利和专有技术的所有权或使用权,现有的核心技术不存在需要得到他人许可或受他人限制的情形,也不存在被控股股东、实际控制人或其他关联方无偿占用的情形。

(2) 自主研发能力。企业是否拥有充实的技术研发团队、健全的技术研发机制,并有足够的研发经费投入,具备技术自主研发的能力。

3. 技术来源的合法性

对于某些技术来源并不明确的专利技术,企业应当说明其技术来源的合法性,包括其历史形成、来源的渠道、是否有过纠纷的情形,以及是否存在潜在纠纷的情形,都应当予以明确说明。

(二) 专利权的持有

1. 专利权存续

对于已经拥有某项专利的企业,应该审查该项专利是否到期或者将要到期,是否有定期缴纳年费。根据专利年费缴纳的有关规定,如果在期满之内仍未缴纳年费的,专利权自应当缴纳年费期满之日起终止。因此,在上市的过程中,仍应当及时关注年费的缴纳情况。如果因为未缴年费导致某项专利权属的丧失,将有可能直接影响公司上市,尤其是当该项专利属于公司核心技术的时候。另外,对于创业板上市的公司而言,专利的持有,直接影响到该公司的创新性以及持续盈利能力,对于这些企业,应当对专利问题予以更多的关注。

现实中已有企业因为专利问题在创业板上市的前两天倒下了。该企业因为若干专利"未缴年费,专利权终止",且未在招股说明书中详述,受到置疑,继而在即将上市之日被临时叫停进行核查。相关企业应当对此类事件引起足够的重视,并引以为戒。

2. 专利权到期

如果在上市中发现企业某项专利权存在即将到期的情形,应当说明该项专利权对企业盈利能力以及未来发展的影响;说明该项专利对企业的有限作用,不会对未来的盈利能力产生大的影响,同时阐述原因。

3. 专利权变更

如果企业在取得相应的专利或者专利许可之后自身发生了相应的变更,也应当注意及时变更。例如,如果公司名称已经改变,可凭工商部门出具的变更表或者变更证明向国家专利局办理申请人(或专利权人)名称变更。否则,将会影响专利权的使用。

4. 技术保密问题

为保证专利技术的安全性和稳定性,企业需要说明其技术保密制度以及保密协议的完整性,以防止存在泄密的风险。审核企业的核心技术人员认定与管理制度、技术管理与保密制度等措施,技术安全稳定性、潜在风险及影响。公司是否制定了专门针对核心技术人员的管理制度,核心技术人员除遵守公司的普遍技术管理及保密制度外,是否签署了技术人员专用的《保密协议》。

5. 技术合作开发合同的完整性

存在技术合作开发合同的企业,应当审查其合同约定事项的完整性,是否存在对重大事项约定不明的情形。例如,合同是否约定了技术成果产生收益的分成办法、研究成果共同所有等具体的权利义务。如果确实存在重大事项约定不明的情形,企业可采取签署补充协议书的方法,对相关问题予以明确。

6. 涉诉问题

如果涉及专利权诉讼尚未结案的情形,企业应当及时和对方沟通,达成和解协议,或者撤回诉讼,及时结案。

(三) 专利转让

专利转让主要包括专利权转让和专利申请权转让,这里仅指专利权的转让。在审查企业的专利转让问题时,主要是审查当企业作为专利转让的受让人时,是否存在以下潜在的风险:

1. 是否存在转让主体资格瑕疵

作为专利出让人,应保证是合法拥有技术的权利人,也包括其他有权对外转让技术的人。在实践中,不具备民事主体资格的科研组织擅自以自身名义签订专利转让合同,比如法人或其他组织设立的从事技术研究开发、转让等活动的课题组、工作室等,或者个人擅自转让职务发明创造,或者由于技术开发合同约定不明确,造成专利技术成果权属不清等情况,都容易引发专利转让合同纠纷的发生。此外,由于对不同类型的技术开发合同中有关专利权属约定的不清晰,也是造成专利转让合同主体资格瑕疵的原因之一。因此,作为专利受让人的企业应严格审查专利转让人的主体资格,专利转让人与专利权属证书的权利人应一致,并取得合法的授权转让证明文件。在受让科研单位专利技术成果时,应避免与科研单位的内部科研组织签订合同。

2. 是否存在转让标的瑕疵

法律规定,如果转让的是已被授权的专利,转让人所转让的专利应完整、无误、有效,能够达到约定的目标,在签订专利转让合同时应该予以明确约定。除所转让的专利权在转让时应处于一种合法状态外,在专利转让后,还有可能因为各种原因而被宣告无效。如果专利在转让后被宣告无效,可能给受让人带来一定的经济损失。因此,在专利转让合同中,受让人可要求出让人作出相应承诺,保证提供完整、真实、有效的全部技术资料,并负有一定的技术指导义务。

3. 是否存在该转让专利已被实施

在实践中,在专利权转让前,企业可能已经独自实施或已许可他人实施该专利,在受让后,受让人对此专利的实施就可能受到一定的影响。因此,在签订专利转让合同之前,受让人需要查明转让人所转让的专利是否事先已许可第三方使用以及以何种方式使用,是否禁止专利权人转让已许可他人使用的专利,这些都很有可能影响专利权的实施。

4. 是否存在专利已被宣告无效的情形

专利在转让的时候也许是有效的,但是可能存在之后被宣告无效的情形。如果该项转让专利被认定为无效,企业便不再享有在某方面的专利优势。如果是关键性的专利被宣告无效,可能会从实质上影响企业的上市。

5. 专利的转让是否已作变更登记

如果企业在上市过程中发现专利权虽已实质性转让,但是尚未作变更登记,应当及时作出变更登记。如果时间上不允许,可由转让方作出声明或者承诺,说明该项专利已经实际上由受让方所有,受让方企业有权自由使用和处分该项专利,并由转让方作出及时变更登记的保证,以此说明专利权过户并不存在实质性的法律障碍。

(四)专利许可

对于那些拥有被许可专利的公司而言,需要核查相应的许可专利是否已经到期或者将要到期;对于那些将要到期的被许可专利,应当及时和许可方进行沟通,重新签订相应的专利许可合同,以免导致相应专利无法继续使用而影响上市计划。此外,专利实施许可合同只在专利权的有效期间内有效,其期限也是以专利权有效期间为准。因此,如果在专利实施许可合同有效期间内,专利被宣告无效,可能会从实质上影响公司的上市。

(五)专利质押

关于专利质押方面的审查,主要是指企业作为债权人时的专利质押审查。主要审查内容为:

1. 专利权的标的

设定专利权质押,必须以合法有效的专利权为标的。也就是说,如果该项技术在国外享有专利权,但在我国并未取得专利权,就不得作为专利质押的标的。

2. 专利权的期限

根据专利期限性的特点,质押设定时应以该专利权尚未进入公有领域为要件,期限上应在专利有效期间内。如果该项专利已过有效期间,已经进入公有领域,成为公共产品,就不再具有质押的可能性。

3. 专利权的经济价值

即使在专利权的有效期内,如果专利权经济价值丧失,不能够创造现实与潜在的经济效益,该专利权则因丧失财产权而不得设质。

4. 专利权的权属

还应审查专利权是否存在持有瑕疵,对于那些存在瑕疵的专利权,不得设质。例如,那些处于行政或司法程序处理过程中的专利,由于其权利性质及归属处于不确定状态,若以此设质,必然导致债权人担保利益的不确定性。另外还需要审查的是,出质人是否存在未经质权人同意,转让或者许可他人使用该专利的情形,如果有,专利转让或者许可的所得应向质权人提前清偿或者提存。

(六)专利权滥用

专利权的滥用是相对于专利权的正当行使而言的,是专利权人超出法律所赋予的权利范围不正当地行使专利权的行为,损害他人利益或社会公共利益的行为,它并不导致专利权的无效,也不必然违反反垄断法和构成不正当竞争。

专利权滥用是权利滥用的一种,或者说是特别化,专利权滥用的构成要件也就是权利滥用构成要件的特别化。借鉴权利滥用的要件,同时考虑专利权本身的特点,综合考虑学界的有关意见,专利权滥用的要件可以归纳如下:

(1)专利权滥用必须以专利权存在为前提,未取得专利权的发明创造所有者滥用其权利,不属于专利权滥用。

(2)对权利主体的要求,即专利权滥用的行为主体必须是专利权人或独占实施许可的被许可人。之所以把独占实施许可的被许可人作为主体之一,是因为独占实施许可的被许可人的地位与专利权人有相似之处。独占实施许可的被许可人可以根据合同的约定独占地实施专利技术,排除专利权人的实施行为,也可以在专利权人不起诉的情况下单独提起侵权诉讼,或者请求人民法院采取诉前临时措施。

(3)客观上专利权人或独占实施许可的被许可人可能超越法律的正常限度和范围实施其权利。例如,采取不实施或不正当地限制交易或采取不公正的交易方法的行为。

(4)专利权人行使其权利造成了国家、集体和个人的损害,损害了社会公共利益,或者给他人的利益构成了潜在的危险。对具备其他要件,但尚未发生损害结果的,对他人利益或社会利益具有危险的行为也应该视为专利权的滥用。

为防范专利权滥用的法律风险,一方面,专利权人在相关技术合同中,应避免有关条款构成专利权的滥用;另一方面,技术使用人在签订此类条款时,应注意审核,并能够在专利权人提起的侵权或合同纠纷中以专利权滥用为由进行抗辩。同时,专利权滥用的行为也可能同时违反反垄断法或不正当竞争法规,并承担相应的法律责任。企业在使用专利的过程中,应当避免出现专利权滥用的情形。

(七)专利权出资

1. 概述

专利使用权出资是以知识产权出资设立公司的重要表现形式,是专利使用权资本属性的体现,符合经济学成本分析理论及公司法的立法精神。由于《公司法》与《中华人民共和国专利法》(以下简称《专利法》)的立法宗旨及所维护的利益主体的差异,在专利使用权出资方式下,《公司法》与《专利法》之间会形成在公司资本维持、责任承担、股权转让、竞业禁止等立法规制内容上的冲突,易导致专利权人的利益与公司、其他股东及债权人的利益发生冲突,造成公司组织体系的利益失衡,损害公司、其他股东及债权人的利益。

2005年10月27日修订的《公司法》用概括的方式规定,作为非货币出资的资产构成要件,只要符合"可以用货币估价并可以转让"的资产就可以用于出资,这样的规定,扩大了股东出资形式的范围,使公司出资形式更为灵活,体现了对公司资本制度的深化和对公司信用观念的转变,即"由公司资本信用向公司资产信用观念的转变"。

《公司法》虽然没有明确规定包括专利使用权在内的知识产权使用权出资问题,但从自治、效率和利益平衡的立法精神可以判断,符合"可以用货币估价并可以转让"的资产,均可作为出资。根据《中华人民共和国公司登记管理条例》第14条第2款的规定,股东不得以劳务、信用、自然人姓名、商誉、特许经营权或者设立担保的财产等作价出资,也并未对专利使用权等知识产权使用权的出资作出禁止性规定。因此,法定的知识产权可出资性,应当包含其使用权权能的可出资性。

2. 专利权出资在《公司法》与《专利法》中的冲突

专利权作为重要的知识产权类型,具备财产无形性和权利授权性。财产无形性导致资产价值量化的难度,权利授权性导致权利转移必须经过行政审批。同时,专利权是一种典型的法定垄断权,具有强烈的自我支配性和排他性,专利权人在行使权利时,往往希望保持权利运作和流转的绝对控制。如果不对其权利进行制约,专利权人的利益必然会与包括其他主体利益在内的社会公共利益发生冲突。因此,在以专利使用权出资的情况下,专利权人出于其权利性质,仍本能地控制着权利,而在公司组织体系中,专利使用权出资人的利益如"凌驾"于其他出资人及公司利益之上,会使双方利益产生直接冲突,也会使《公司法》维护的公司组织体系陷入"危机"。

表 9-24 专利权出资法律冲突分析表

冲突种类	分析和说明
在公司资本维持原则方面的冲突	所谓资本维持原则,又称资本拘束原则,即要求公司维持与资本总额相当的财产,在公司成立后的动态过程中要保持实有资本额的相对稳定。 专利权的保护期限与公司经营期限的冲突。与商标权、著作权相比,专利权的保护期限较短。发明专利的保护期限为20年,实用新型、外观设计专利的保护期限为10年,而且保护期限从申请日开始计算,而非从授权公告日开始计算。一种观点认为,专利权的保护期限一旦短于公司的经营期限,实质上相当于专利权人变相抽回了出资。另一种观点认为,专利出资在评估作价时已经合理地考虑了专利的有效期等因素,因而不应当认定为抽回出资。笔者认为后者的观点更加合理。

（续表）

冲突种类	分析和说明
在公司资本维持原则方面的冲突	专利权的权利不稳定性与公司资本确定性的冲突。专利权的权利不稳定性表现在专利无效审查制度对专利权的影响。实用新型、外观设计专利经专利审查部门形式审查，而非实质审查后授权，容易被申请无效宣告而导致无效；发明专利虽经过实质审查，在被申请获批后仍有被宣告无效的可能。据国家知识产权局统计，每年被请求宣告无效的专利在2 000件以内，被宣告无效专利的比例达到50%。在美国全部专利侵权案件中，专利被宣告全部无效、部分无效的比例一度超过46%。专利权一旦无效，视为自始不存在，会对公司的资本维持构成较大的威胁。 　　专利权的价值不稳定性与公司资本确定性的冲突。专利技术易受市场发展和技术革新的影响，在技术发展迅速的今天，一项专利所代表的技术往往会在一定的时间内被新技术所代替或淘汰，其市场价值会发生贬损，一旦作为出资的专利的价值波动，致使其实际价值低于甚至是远低于其出资入股时的评估价值，势必会对公司的资本维持产生重大影响。
在公司承担责任要求方面的冲突	按照《公司法》第3条的规定，公司有独立的法人财产，享有由股东投资形成的全部法人财产权，依法享有民事权利，承担民事义务，公司以其全部法人财产依法经营，自负盈亏。在出资人以专利使用权出资的情况下，专利权人仍为出资人，公司仅为专利使用权人。依据《专利法》第12条的规定，公司在未得到专利权出资人同意的情况下，无权转让专利使用权，也无权许可他人使用专利，当然也不可能将专利使用权作为其财产对外偿债。因此，对于公司而言，权利只在于"使用"，而不及于"处分"，这与公司以投资形成的全部财产对外承担责任的《公司法》要求形成了背反。 　　专利使用权的出资，类似租赁权出资，法律虽无禁止，但是作为发行人，会带来一系列的问题，如验资手续如何办理？工商登记如何办理？公司未来如对外转让该专利使用权（如再许可），是否无须获得专利权人的同意？如仍然需要获得同意，则不符合《公司法》规定的实物出资的基本特征——"用货币估价并可以依法转让"。

(续表)

冲突种类	分析和说明
在公司股份转让方面的冲突	按照《公司法》第72条的规定,有限责任公司的股东之间可以相互转让其全部或者部分股权。股东向股东以外的人转让股权,应当经其他股东过半数同意。经股东同意转让的股权,在同等条件下,其他股东有优先购买权。而按照《专利法》第10条的规定,专利权可以转让。专利权人以专利使用权出资后,依法仍具有专利转让权,如在公司经营期间转让专利权的话,会自动丧失股东资格,受让人自动成为公司的新股东,这明显违反了《公司法》的上述规定,不仅股份转让未经其他股东的同意,而且还侵害了其他股东的优先购买权。若受让人不直接取代原专利权人的股东地位,允许原专利权人继续享有股东的权利,则专利实施权就脱离了专利权,这与《专利法》的规定相悖。
在竞业禁止方面的冲突	《公司法》第149条规定了公司董事、高级管理人员不得自营或者为他人经营与所任职公司同类的业务,这是公司董事、高级管理人员竞业禁止义务的规定,是各国公司法均予以确认的上述公司人员应承担的义务。公司其他股东之所以同意专利权人以其专利使用权出资,无非是肯定专利权价值,并认可专利产品对于公司营利的重要性。因此,公司一般均会生产、销售该专利产品,以实现其专利使用权所产生的收益。出资的股东也往往会出任公司董事、经理等高级管理人员。依据上述规定,以专利使用权出资的专利权人如任公司董事、经理,就不能自营或为他人经营与所任职公司同类的业务,这意味着专利权人不仅自己不能实施专利,也不能再许可他人实施专利,而依据《专利法》的规定,专利权人如未给予公司独占或排他使用专利的权利,仍有权自行实施专利或许可他人实施专利。显然,在竞业禁止方面,专利权人可能在行使专利法权利时,面临违反对公司忠诚的公司法义务的"窘境"。

3. 出资条件

专利权出资首先应当审查的是该出资是否合法,也就是说,该种出资是否符合专利出资的必要条件:① 有明确的权属。可以审查一些常见的权属证明文件,如专利证书及专利实施许可合同、专利技术的有关资料、商标注册证书、著作权登记证书、植物新品种的品种权证书,等等。② 价值可确认,并且经由评估机构评估。可以审查评估机构出具的文件。③ 属高新技术出资的,还需获得相关部门的认定文件,即需要审查相关机构的认定文件,如果没有认定文件,或者认定文件存在瑕疵,该种出资就可能是非法的。

4. 出资比例

在新《公司法》实施之前,即2006年1月1日之前成立的公司,应当按照旧《公司法》的无形资产出资比例,即以工业产权、非专利技术作价出资的金额不得超过有限责任公司注册资本的20%，同时对高新技术成果出资入股有特别规定。

主板对于无形资产的出资规定了不得超过净资产20%的限制，但是并未在《创业板管理暂行办法》中予以相关规定。

5. 出资瑕疵

在实践中，有些创新型企业的核心技术存在对国外已有专利技术的严重依赖，可能是在国外相关技术基础上发展而来的衍生技术。因此，这种技术可能存在侵权的法律风险，在对企业审查中应当予以注意。此外，还需要关注对专有技术产权人相关情况的核查，比如核查其开发过程的资料、开发成本投入等。

6. 出资范围

法律原则上确认专利出资就是以专利的整体权利作为投入，但是，出资人与所出资企业可以就专利的归属进行约定，所出资企业并不必然获得专利的所有权，也可以就使用权进行有关约定。当事人对专利的使用权约定有比例的，视为当事人对实施该项技术成果所获收益的分配比例。技术成果作为无形财产，不可能实行按份共有，但可以在利益分配上体现当事人关于比例约定的真实意思表示。因此，企业在专利出资过程中，应与合作方就专利的权属及使用权问题进行明确的约定，以免产生不必要的争议。此外，出资者还应对该专利保留的权利范围以及违约责任等作出明确的约定。

（八）正确判断专利对上市工作的价值

一项专门调查显示，在创业板已上市的14家公司中，已被国家知识产权局或境外专利局授权的专利共计244件，但真正具有技术含量的发明专利只有69件，仅占28.3%。此外，该14家公司在招股书中特意罗列了各自正在申请的大量专利，但申请时间多集中在2008年至2009年上市申报材料之关键时期。

由此不难得出有些企业简单地把专利等同于竞争优势或公司上市工具的结论。这些企业并未认识到专利对其发展的真正价值，而是将专利作为公司上市的筹码，并不重视专利管理及其市场化开发。

国内创业板设立的主要目的在于促进自主创新企业及其他成长型企业的发展。与主板不同，创业板在市场定位方面更强调适应自主创新型企业的投融资需求，"自主创新"也成为甄选企业是否适合在创业板上市的重要因素之一，而专利的数量和质量是衡量企业自主创新能力的关键指标之一，由此引发了不少企业"临时抱佛脚"申请专利的状况。

专利固然是企业参与市场竞争的锐利武器，但并不等于企业有了专利，就能在竞争中占据优势地位。此外，专利权虽然是一种财产权利，但并不意味着有了专利，就有了现实财富。如果企业不进行周密的专利布局、提高专利申请的质量，即使通过了上市审核，也不能获得持久的发展动力。

"对于高科技企业，专利固然重要，但关键在于是否为核心技术。"国家知识产权局专利局审查业务管理部一位专家在接受《中国知识产权报》记者采访时表示，对于上市的科技型企业而言,研发实力是重要因素,但更应注意企业的专利布局,只有高质量的核心专利才能构成企业强大的竞争能力。有了核心专利,企业就可以牢牢占有市场。对此,很多企业在刚刚经历过的国际金融危机风暴中都有深刻的体会。同时,专利布局在企业的上市和今后的发展中是一个至关重要的因素,拥有更多的高质量的发明专利,在风险难测的市场竞争中,就好比有了"定风丹",增强了上市公司的竞争能力。因此,企业应该在上市之前就拥有一定的专利储备,特别是核心技术的发明专利。

由此可见,专利对企业的价值绝不是上市的工具或砝码,而是企业持久发展的动力与活力源泉。

三、专利权(下)

(一)职务发明的审核关注及解释思路

职务发明这个审核关注点在以前并不是很普遍,自创业板推出之后而受到重视,且有愈演愈烈的趋势。从以往的案例中也可以看出,主板项目中对于职务发明的关注相对较少,而创业板项目对职务发明比较重视,这也符合创业板上市企业的特点和证监会的监管思路。

1. 审核人员对于职务发明的关注主要存在于以下三种情形

(1)公司正在申请专利的技术是否属于职务发明,关注是不是会产生纠纷;

(2)公司从股东或员工处无偿受让的专利是否属于职务发明;

(3)公司股东用于增资的专利是否属于职务发明,关注股东出资的真实性和合理性。

前两种职务发明的关注并不会产生实质性问题,而第三种职务发明的关注涉及公司股东出资的真实性、充实性以及合理性问题,因而不论是实务中的处理还是监管层的态度都更加严格。

2. 针对上述三种情形的解释思路

(1)针对前两种情况,需要解释该专利是职务发明,所有权归公司所有,自然人承诺不会主张权利。在第二种情况下,中介机构需要从股东的专业背景、专利研发过程、研发周期等各个角度解释股东的确没有利用发行人的有关资源进行技术研发工作。

(2)对于第三种情况,则需要解释该专利不是职务发明,而是股东自己创造的。最终要证明的观点就是,股东用于出资的资产不是公司所有的。

(二)专利法律状态的全面核查及持续监控

中国证监会发行监管部于2010年4月20日发布了《关于切实落实保荐制度各项要求,勤勉尽责,提高尽职调查工作质量的通知》(发行监管函[2010]121号),要求各保荐机构对于2010年5月1日前申报的在审项目(包括已过会未发行的项

目),对专利进行全面核查。根据该文件,企业以及中介机构有必要在以下方面加强工作:

表 9-25　专利专项全面核查表

核查项目		核查内容
专利法律状态	概念	包括:专利权的授予,专利申请权,专利权的无效宣告,专利权的终止,专利权的恢复,专利权的质押、保全及其解除,专利实施许可合同的备案,专利实施的强制许可及专利权人的姓名或名称、国籍、地址的变更。
	全面核查	1. 对专利有效性的检索。 2. 对专利是否存在限制状态的检索。 3. 对与专利权归属有关的检索。包括对专利权人姓名或名称、国籍、地址变更等著录项目变更方面的检索,对专利实施许可合同备案的检索等。目的在于确认有关专利权是属于企业还是个人,或者是否存在独占许可等法律状态。 4. 对专利地域性的检索。本款与上述三款为交叉检索关系。由于专利保护具有地域性的特性,而且考虑到申请上市的企业多为行业的"领头羊",多有海外业务,在不同国家申请同样的发明创造为常态,因此,需要对在不同国家申请的专利的法律状态分别进行核查。
	持续监控	指对专利存续期内的法律状态进行不间断的监控。当前专利的法律状态稳定并不代表日后依旧稳定,即使成功上市,也需要对企业的核心专利进行持续监控,保持其稳定性,及时发现隐患,以尽早解决、弥补。
核心技术预警	概念	指企业通过收集、整理和分析判断与本企业主要产品和技术相关的技术领域的专利信息,对可能发生的重大专利侵权纠纷和可能产生的危害程度等情况向企业决策层发出警报。
	意义	对于上市企业而言,通过技术预警分析,发现企业技术资产可能存在的风险,及时解决可能对企业上市构成障碍的问题并尽到及时披露的义务。
	工作步骤	1. 确定目标技术与实施地点。确定企业的主要产品及技术作为技术预警分析的目标技术,并将目标技术的实施地点包括生产、使用、许诺销售、出口地点作为实施地点。 2. 解析目标技术。准确、全面地解析目标技术的内容与特征。 3. 确定专利文件检索使用的国际专利分类号、假想权利人及其关键词、技术关键词及其检索的国家范围。 4. 与目标技术相关的专利文件及非专利技术文件的检索。为了保证检索尽可能地没有遗漏,需从不同的角度,分别用技术关键词和假想专利权利人关键词在世界各主要专利文献数据库及非专利技术文献数据库中对与目标技术可能相关的专利文件及非专利技术文献进行全面检索。

(续表)

核查项目		核查内容
核心技术预警	工作步骤	5. 对检索出的技术文件的初步分析并与目标技术进行对比分析。将检索出的各份技术文件所记载的技术方案与目标技术方案进行初步对比分析,根据两者技术关联程度的高低,将检索出的专利文件划分为 A、B、C、D 四级,其中 A 级为与目标技术关联程度高。依据目标技术的实施地点的专利侵权认定或专利无效原则,将目标技术与通过文件检索到(主要是初步对比分析中确定为 A 级并有效的高关联程度)的技术文件进行深入细致的对比。 6. 结论性意见。通过技术对比,得出目标技术的实施是否存在侵犯他人专利权的风险。
核心专利稳定性核查	概念	指企业核心技术所生成的专利从法律角度是否经得起推敲,若经历无效宣告程序、专利行政诉讼程序后,是否还能保有企业今后发展所需要的专利保护范围,甚至专利权。
	意义	可降低在上市前后核心专利被宣告无效的概率;若企业专利数量较少,并存在不稳定专利,那么可以有针对性地挖掘和申请新专利,及时弥补前述缺陷。
	工作步骤	确定企业核心专利;确定检索关键词、分类等;检索专利文献及非专利文献;解析核心专利;根据对核心专利的解析结果,将检索出的文献按重要性分类;从各文献中选出最接近现有技术以及关联紧密的现有技术,对核心专利进行评析;给出结论意见。

(三)创业板上市公司专利信息披露

1. 创业板上市公司专利信息披露的要求

由于相关部门没有出台针对创业板的法律意见书和律师工作报告编写规则,而 2001 年颁布的《公开发行证券公司信息披露编报规则第 12 号——公开发行证券的法律意见书和律师工作报告》(证监发〔2001〕37 号)对企业创新能力和专利权信息披露方面的规定又相对较为缺乏,律师工作报告在撰写过程中,需要参考中国证监会发布的创业板公司招股说明书的披露要求,对企业专利信息予以严格核查和恰当披露。

根据《公开发行证券的公司信息披露内容与格式准则第 28 号——创业板公司招股说明书》(证监会公告〔2009〕17 号)的规定,证监会对于企业专利信息披露的要求主要涉及以下三方面:

表9-26 企业专利信息披露表

要求	内容
专利状况对企业风险的影响	企业在披露业务模式风险、资产质量风险和技术风险过程中,无不涉及对专利质量的评价和专利研发可持续性的评价,尤其对以技术立业的高新技术企业而言,专利状况存在隐患将会使企业遭受致命的打击。招股说明书在对创业板企业风险进行披露过程中,尤其需要强调对其专利研发模式、转化模式、评估方式、专利质量等内容的说明,并揭示其与各类风险所存在的内在关联性,以便向投资者全面展示企业所面临的风险、深入揭示企业风险的成因和解决途径。
专利状况对财务指标的影响	由于无形资产,尤其是以专利权为代表的知识产权,其评估作价存在较大的伸缩性和变动性,使其成为影响资产质量和资产结构的重要因素之一。监管部门对于企业披露无形资产价值以及无形资产占净资产比例的要求也向来比较严格。《企业会计准则第6号——无形资产》(2006)规定,企业内部研究开发项目开发阶段的支出,在满足一定条件时能确认为无形资产,这为企业自主研发的专利权作价入账提供了依据。但在实务中,专利权的价值往往高于按照会计准则计算得出的价值,所以要合理评价专利权的价值大多需要通过评估,这就需要律师在独立核查的基础上对评估作价、摊销方式是否合理作出判断。此外,创业板虽然取消了无形资产占净资产额度的限制,但是仍然要求企业保证无形资产占企业净资产不至于过高。
专利状况对业务技术的影响	高新技术企业的竞争力和成长性主要体现在其拥有的技术质量和成长后劲上。企业拥有专利的数量和质量,直接决定了企业的行业地位和市场地位,也直接关乎企业的持续发展和募集资金的使用效率。可以说,企业专利状况,包括专利的质量、拥有量、开发能力、产业化能力等要素,能够直接反映企业的成长性,并决定市场和投资者对其青睐与否。企业在披露专利信息过程中,不仅要对专利技术现有状况予以介绍,包括专利自主研发的情况、专利受让转让的情况、专利许可使用的情况等内容,还需要对企业专利开发能力、专利转化能力、市场预期、市场竞争力等方面的内容予以详细披露。

2. 律师核查过程中需要注意的问题

(1) 正确认识专利信息披露的重要性。加强专利信息披露工作,应在以下两方面起到非常重要的作用:一方面,专利信息披露制度对于上市公司而言是一种推动,能够促使企业在上市过程中对自身专利权状况进行梳理,对专利管理机构进行设置,对创新模式进行构建,真正确保企业实现可持续、高成长性的发展;另一方面,专利信息披露工作对其他寻求上市的公司而言是一种引导,公司只有达到已上市公司披露的专利状况,才有可能获得监管部门和市场的认可,才有可能获得较高的经济回报,利益驱动使企业自发地不断充实自身的创新能力和专利权量,同时也促进了整个社会的进步和发展。

(2) 合理设定专利信息披露的内容和形式。专利信息披露不应局限于专利权利证书上所记载的内容,同时也不必将专利权周边存在的所有情形进行披露。中介机构在披露过程中要在符合监管部门相关规定并确保投资者获取充分、足够信息的基础上,为企业保持持续创新能力提供便利。

创业板上市公司需要披露的专利权信息应包括:专利名称、专利号、申请日期、授权日期、有效期、取得方式,上述信息可以通过列表的形式进行罗列。其他专利信息披露,可包括非专利技术获取情况、专利被授权和授权他人的情况、专利权设定担保的情况等,上述信息则可以通过专项列明的方式对其进行披露。应当指出,上述专利权信息披露中设定的6项内容往往是全面考察专利权状况必不可少的指标。

在撰写报告过程中,可以通过区分发行人专利状况、发行人子公司专利状况进行披露,同时在相应专利状况披露过程中应明确区分已授权专利和在申请专利予以披露。

(3) 有效保障专利信息披露的效率和效力。要有效保障专利信息披露的效率,最重要的是要确保专利信息能够有效获取、及时审核、充分披露。企业专利权的获取是一个循序渐进的过程,一方面依赖企业科研创新的进度,另一方面取决于国家知识产权局审查专利的速度。在企业上市准备过程中,中介机构应该注意及时从企业、国家机关等多种途径获取企业专利状况的信息,及时对其进行核查。此外,专利信息披露应该以出具《律师工作报告》等相关文件当天的专利权利状态为准,这就要求律师在上报材料时应对专利权利信息再次予以确认和核查。

要有效保障专利信息披露的效力。在专利信息披露过程中,律师必须对企业提供的专利权利证书和相关专利权许可使用合同、转让合同、担保合同的内容进行仔细核查。通过国家知识产权局和世界知识产权组织所提供的专利信息数据库,对专利权的法律状态进行核对;通过对专利权相关合同中具体条款的分析,明确专利权授权方式(当事人可选择独占、普通、排他的方式)、转让行为是否有效(转让自向国家知识产权局登记之日起生效)、担保行为是否合法有效。此外,律师在出具报告时,应同时获得国家知识产权局出具的专利权登记簿副本以作印证。

(四) 专利挖掘

专利挖掘是站在专利的角度,对纷繁的技术研究工作进行剖析、拆分、筛选以及合理推测,得出技术创新点,进而形成专利申请技术方案的过程。专利挖掘本身即是一种创造性活动,其目的是为了使科研成果得到专利保护,获得知识财产,从而使科研过程中付出的创造性劳动得以回报,也为未来的科研方向提供思路。

1. 专利挖掘的方式

表9-27　专利挖掘主要方式表

序号	方式	具体内容
1	建立有效的激励机制	企业可建立专利奖励制度和专利绩效考核评分制度,并将专利申请与项目挂钩,一个项目完成后,应当相应的产生若干专利申请。
2	知识产权部门与技术部门的双向培训	企业可对新员工在入职前进行知识产权培训,提升其专利保护意识;对技术部门的员工进行必要的专利培训,培养其专利技术文件整理能力以及专利信息的利用能力;组织技术部门对知识产权部门进行技术培训,加深专利工程师对企业技术发展的敏感程度。
3	专利挖掘与项目进展同步	专利工程师应主动参加技术部门的技术会议和立项会议,技术部门有新项目,如果不涉及保密等措施,应及时通知专利工程师参加讨论。使专利挖掘与项目进展保持同步,使专利产生的数量和质量都达到最大化。
4	给予技术人员合理的专利工作时间	企业应当给予技术人员思考发明点、与专利工程师论证思路、撰写技术交底书,以及配合专利代理人完成专利申请所需的时间。
5	自上而下安排专利指标	企业可以自上而下为各技术部门安排专利申请指标,将专利申请纳入其工作范围。从而在总体上规划专利规模、不同技术领域专利申请量等。

2. 专利挖掘的基本思路

专利法意义上的发明创造与通常所说的发明有所不同。通常所说的发明是指经过实践证明能够直接应用于工业生产的成果,而专利法意义上的发明创造可以是一项解决技术问题的技术方案,其可以尚未达到直接应用于工业生产的程度,这为专利挖掘提供了空间。

表9-28　专利挖掘基本思路表

序号	基本思路	重点
1	技术人员:可以从研发的项目(任务)出发,按照解决的技术问题的不同或按照技术手段的不同将项目分解为若干技术要点,对组成技术的各个要点进行挖掘。	扩展思路,即使是细微的改进也可以获得专利权,并且在企业的整体专利保护战略中发挥重要作用。
2	专利工程师:在其充分了解技术的前提下,协助技术人员扩展思路。	从技术人员提出的某一个创新点出发,寻找相关联的其他创新点,提供可能存在专利申请素材的创新点和进一步研发的方向。

(续表)

序号	基本思路	重点
3	专利挖掘应该与企业的整体研发规划、专利战略或知识产权战略结合。	总的原则是研发的结果能够在产品中体现出来,即应当申请专利,不应等技术成熟之后再申请。重点是围绕基础专利形成专利网。
4	专利挖掘应结合研究竞争对手的专利技术。	企业可以研究竞争对手专利上的薄弱环节,集中申请相关专利;同时,企业可以分析竞争对手专利的发展脉络,在竞争对手的基础专利外围布局从属专利,封锁其专利布局的空间,相应的控制其产品升级换代。
5	在一定范围内允许技术含量较低的专利存在。	应在一定范围内适度容忍在研发或挖掘时认为的"垃圾"专利,是否有价值应当由市场去验证。

四、著作权

(一)影视作品

根据《中华人民共和国著作权法实施条例》第6条以及《作品自愿登记试行办法》第2条的规定,影视作品的著作权不以著作权登记作为生效要件,自影视作品创作产生之日或自其协议取得之日起,即依法单独或与其他权利人共同拥有影视作品的著作权。

(二)计算机软件

关于计算机软件问题,需要审查的是该著作权是否原始取得,是否存在权属纠纷。对于依法承继和受让所得的计算机软件,是否已办理名称变更手续。此外,对于计算机软件的登记问题,软件登记文件是证明登记主体享有软件著作权以及订立软件许可合同、转让合同的重要书面证据,但软件登记不是软件著作权产生的依据,未经登记的软件著作权或软件许可合同、转让合同仍受法律保护。因此,计算机软件著作权并不以登记为要件。

第六节 劳 动

发行审核中对劳动问题越来越重视,这不仅是构建和谐社会的要求,也是人民权利觉醒在经济生活中的一种体现。

在上市工作中应对如下问题保持合理的关注:

一、公司充分、善意地履行劳动法规定的义务

(1) 公司是否存在不签订书面劳动合同的情形。不签订劳动合同的行为,一方面侵犯了劳动者的合法权益,另一方面也会给公司本身带来或有负债。因此,如有不签订劳动合同的情形,必须补签。

(2) 公司是否存在未缴纳或者未足额缴纳各类社会保险费,未缴纳或者未足额缴纳住房公积金的情形,这一问题将在下文详细讨论。

(3) 公司是否与劳动者已经存在或者很可能爆发群体性劳动争议。如果存在,应及时予以解决。

(4) 公司是否曾因违反劳动法的相关规定受到劳动行政部门的处罚。如果公司曾受到劳动行政部门的处罚,应当及时说明处罚理由和处罚结果,是否构成重大违法行为;同时说明公司是否已经及时纠正自己的行为,建立了相应的管理制度,不会再次违法,不会再有潜在的纠纷,更不会对公司的发展产生影响。

(5) 关注是否存在适用《在中国境内就业的外国人参加社会保险暂行办法》的情形。

二、社会保险

(一)"五险一金"的法律依据

各方中介机构应关注公司是否依法足额缴纳"五险一金",表9-29 为"五险一金"的主要法律规定。

表9-29 "五险一金"法律规定一览表

社保类别	相关法律法规
基本养老保险	《社会保险费征缴暂行条例》(国务院令第259号) 《关于完善企业职工基本养老保险制度的决定》(国发〔2005〕38号)
工伤保险	《工伤保险条例》(国务院令第586号)
失业保险	《失业保险条例》(国务院令第258号)
生育保险	《企业职工生育保险试行办法》(劳部发〔1994〕504号)
医疗保险	《关于建立城镇职工基本医疗保险制度的决定》(国发〔1998〕44号)
住房公积金	《住房公积金管理条例》(国务院令第350号) 《关于住房公积金管理若干具体问题的指导意见》(建金管〔2005〕5号)

(二)以北京地区为例,详解"五险一金"

"五险一金"中"五险"即五种社会保险,包括养老保险、医疗保险、失业保险、工伤保险和生育保险;"一金"指的是住房公积金。以下以北京地区为例,说明在职

职工"五险一金"的缴纳标准及其待遇。

1. 养老保险

企业以全部职工缴费工资基数之和作为企业缴费工资基数,以20%的比例缴纳基本养老保险费,全部划入养老保险统筹基金。职工个人则以上一年度月平均工资为缴费工资基数,按照8%的比例缴纳基本养老保险费,全额计入个人账户。另外,对个人缴费工资基数也设置了上限和下限,低于本市上一年度职工月平均工资60%的,以本市上一年度职工月平均工资的60%作为缴费工资基数;超过本市上一年度职工月平均工资300%的部分,不计入缴费工资基数。

缴费年限满15年的参保人才能享受基本养老保险待遇,每月领取基本养老金。基本养老金最重要的为基础养老金和个人账户养老金两部分。基础养老金月标准以本市上一年度职工月平均工资和本人指数化月平均缴费工资的平均值为基数,缴费满15年发给基数的15%,多缴费1年多发1%;个人账户养老金月标准为个人账户储存额除以国家规定的计发月数。因此,养老基本金大体可以这样计算,基本养老金=(退休时当地上年度职工月平均工资+本人指数化月平均缴费工资)/2×缴费年限×1%+个人账户储存余额/计发月数。

不同的退休时间也有不同的待遇规定,如1998年6月30日以前参加工作,2006年1月1日以后符合按月领取基本养老金条件的被保险人,除按月领取基础养老金和个人账户养老金外,再发给过渡性养老金;2006年1月1日以后达到退休年龄但个人累计缴费年限不满15年的被保险人,不发给基础养老金,个人账户储存额一次性支付给本人,同时发给一次性养老补偿金,终止基本养老保险关系;1998年7月1日以后参加工作,符合按月领取基本养老金条件的被保险人,其基本养老金由基础养老金和个人账户养老金组成。

2010年1月1日起《城镇企业职工基本养老保险关系转移接续暂行办法》开始实施,明确了跨省流动就业的养老保险关系转移接续政策,进一步打破了地区分割、城乡分割的壁垒。此办法规定:① 城镇企业职工流动到异地就业并继续参保时,应当转移接续养老保险关系,已参保缴费形成的权益不受损失;② 除了转移个人账户储存额外,还要转移12%的单位缴费,并且,规定对单位缴费从1998年1月1日起计算转移,而在这一时点前,不转单位缴费划入个人账户的资金,只转移个人账户的储存额;③ 参保人员户籍所在地与最后参保地一致时,在户籍所在地办理待遇领取手续,享受基本养老保险待遇;当户籍所在地与最后参保地不一致时,如果在最后参保地参保满10年,则在最后参保地享受待遇;如在最后参保地参保不满10年,依次向前推至满10年的参保地办理待遇领取手续;各地参保都不满10年的,则在户籍所在地办理待遇领取手续。总之,每一个缴费满15年以上的参保人员都能在一个地方领到基本养老金。

2. 医疗保险

职工按本人上一年月平均工资的2%+3元缴纳基本医疗保险费,其缴纳基数上限和下限的设定同养老保险相同;企业则以缴费基数10%的比例缴纳,同时规定男士必须交满25年,女士则为20年。

北京市基本医疗统筹基金住院医疗支付起付线和最高支付额从2010年5月1日起调整。基本医疗保险统筹基金最高支付限额调整为10万元,住院大额医疗互助资金最高支付限额调整为20万元;超过最高支付上限的,大额医疗互助资金最高支付限额以下的(不含起付标准以下以及派遣人员个人负担部分),由大额医疗费用互助资金支付80%。

3. 失业保险

职工个人按本人上年月平均工资的0.5%缴纳失业保险费,企业则按本单位上年职工月平均工资总额的1.5%缴纳失业保险费,按规定履行缴费义务满1年的参保人员失业时才有资格领取失业保险金。

失业人员领取失业保险金的期限,根据失业人员失业前累计缴费时间确定:累计缴费时间1年以上不满两年的,可以领取3个月失业保险金;两年以上不满3年的,可以领取6个月失业保险金;3年以上不满4年的,可以领取9个月失业保险金;4年以上不满5年的,可以领取12个月失业保险金;5年以上的,按每满1年增发1个月失业保险金的办法计算,确定增发的月数。领取失业保险金的期限最长不得超过24个月。

4. 生育保险

企业按照其缴费总基数的0.8%缴纳生育保险费,职工个人不缴纳生育保险费。生育保险基金支付范围主要包括生育津贴、生育医疗费用和计划生育手术医疗费用。生育津贴按照女职工本人生育当月的缴费基数除以30再乘以产假天数计算,作为女职工产假期间的工资,低于本人工资标准的,差额部分由企业补足,可以理解为产假期间也有工资;生育医疗费用包括女职工因怀孕、生育发生的医疗检查费、接生费、手术费、住院费和药品费。

5. 工伤保险

工伤保险则根据单位被划分的行业范围来确定工伤费率,不尽相同。

6. 住房公积金

住房公积金月缴存额上限为上一年度北京市全市职工月平均工资的300%,分别乘以当年单位和职工住房公积金缴存比例,缴存比例一般为12%。

(三) 相关瑕疵的处理

如果公司存在未足额缴纳社会保险的情况,常见的比如缴费期间没有全部覆盖劳动关系存续期间、缴费比例低于法定比例、缴费范围未包括全体员工、缴费基数低于法律规定等,原则上应该披露规范,同时采取如下解释和补救措施。

(1) 申请人在初审会前必须为符合条件的全体员工按规定办理社会保险费缴纳手续。

(2) 对于此前欠缴的社会保险费,要在招股说明书中披露欠缴的具体情况及其形成原因;保荐人和发行人律师需对该问题进行核查,并就是否构成重大违法行为及本次发行的法律障碍出具明确意见。不要求申请人补缴欠缴的社会保险费,也不要求申请人取得劳动保障行政部门的确认文件。主要理由是:一是社会保险费的征缴由劳动保障行政部门负责;二是造成欠缴社会保险费的原因复杂,有的是源于客观原因,无法缴纳;三是不因发行审核给申请人带来额外的负担。

(3) 如果公司积极为所有员工缴纳社会保险,但是基于某些原因无法单方为部分职工缴纳社会保险的情形,例如存在员工不愿意、不配合缴纳的情形,公司应当说明员工不予配合的原因,这些原因不是公司的主观故意,也非公司的过错。例如公司的生产人员主要为临时计件工人,流动性较强,不愿意缴纳个人应负担的社会保险金额,不配合出示相关文件(如身份证、职工户籍所在地证明、户口簿等),仅凭发行人单方意愿无法为该等员工缴纳社会保险。

(4) 劳动和社会保障部、国家经贸委、财政部于1999年11月25日联合下发的《关于清理收回企业欠缴社会保险费有关问题的通知》(劳社部发〔1999〕36号)第6条规定,对经调查确认有缴费能力但不按规定缴费的企业,可采取以下行政措施:劳动保障行政部门通过新闻媒体向社会公布;证券监督管理机构不予批准企业上市……其中"有缴费能力但不按规定缴费的企业",主要指公司有能力但却拒绝或不愿按规定缴费的情形,不包括因为职工本身不愿缴纳的原因造成公司无法缴纳社保费的情形。

(5) 历史问题可以历史地判断和认定,但是"不能影响发行条件"(比如申报期如果追缴社保、公积金,则发行人不满足三年连续盈利的条件)。

(6) 由地方劳动和社会保障局出具确认函,确认公司依法与员工签署劳动合同,依法为员工缴纳社会保险费,不存在重大违法行为,没有因违反劳动和社会保障有关法律、法规而受到行政处罚,也不存在受到行政处罚的可能性。

(7) 由控股股东作出承诺,承诺如果劳动和社会保障主管部门对公司参保前单位依法应缴未缴的社保基金追缴的,该追缴款项及滞纳金由控股股东全额承担。

实务中有的公司和员工签署《自愿不缴五险一金承诺函》,员工承诺:"本人主动要求放弃办理各类社会保险(含养老、医疗、失业、工伤、生育等保险)和住房公积金,由此造成的一切责任和后果由本人承担,与公司无关。"或者员工说明自行在户籍所在地缴纳相关社保,并出具承诺:"本人已在户籍所在地办理了各项社会保险(含养老、医疗、失业、工伤、生育等保险)和住房公积金,不需再由公司办理,由此造成的一切责任和后果由本人承担,与公司无关。"

上述做法无疑是错误的,缴纳"五险一金"是企业的法定义务,企业与员工签订的《自愿不缴五险一金承诺函》没有法律效力。签订后,员工仍可以通过法院起诉企业,要求补缴"五险一金"。如有员工举报或者人力资源和社会保障厅年度核查时发现企业有未缴纳"五险一金"的情况,将会按照规定处罚,并要求企业整改。公司也不能以"员工自行在户籍所在地缴纳相关社保"为由,不为员工缴纳"五险一金"。此种情况下,正确的做法是停缴员工户籍所在地相关社保,改由目前任职企业缴纳。

三、住房公积金

住房公积金问题相对复杂,和社会保险问题不同,要区别对待,各地方的规定也不尽一致。中介机构应当核查公司住房公积金的缴纳情况,如果存在未及时缴纳住房公积金的情形,应当及时做好以下工作:

(1) 核查公司所在地是否已经建立住房公积金制度,如果建立,是否从一开始即为强制义务。详细说明未能依法足额缴纳社会保险及住房公积金的原因,测算补缴金额对公司净利润的影响。

(2) 说明理由,比如虽未缴纳住房公积金,但是存在为员工发放住房补贴、提供集体宿舍、免费提供住房等情形。对于未能缴纳的社会保险及住房公积金应采取必要的措施予以补正,例如补缴或以工资及补助等形式发放给员工(一般适用于住房公积金)。

(3) 在报告期内已经开始规范住房公积金管理制度,制订了缴存与管理方案,并严格依照法律规定和公司制度履行缴费义务;确认公司不存在因未依法缴纳而受到行政处罚的风险。

(4) 公司所在地住房公积金管理中心出具证明,证明公司(开始)依法缴纳住房公积金,无违法而受处罚之情形。

(5) 控股股东(或者实际控制人)作出承诺,如果住房公积金管理部门追缴公司以往应承担的住房公积金,该追缴款项及其派生义务由控股股东(或者实际控制人)全额承担。

(6) 中介机构发表核查意见,说明虽然公司未为其全部员工缴存住房公积金的行为并不符合住房公积金的有关规定,但该行为并不构成重大违法行为,不会对公司造成实质损害,不会对发行上市构成实质不利影响。

四、劳务派遣

根据2008年1月1日起实施的《中华人民共和国劳动合同法》第66条的规定:"劳务派遣一般在临时性、辅助性或者替代性的工作岗位上实施。"因此,劳动密集型公司仅为降低成本等原因,不适当扩大使用此种用工制度,是对法律的不当规避。

如果公司存在劳务派遣方式的用工制度,则应核查如下内容:

(1) 核查公司以劳务派遣方式的用工制度是否符合《中华人民共和国劳动法》、《中华人民共和国劳动合同法》的规定,是否存在潜在的法律风险。

(2) 核查确认公司是否使用劳务派遣方式逃避承担用人单位的法定义务。

（3）核查确认劳务派遣方式是否适用于公司的生产经营特殊需要,该种劳动雇佣方式是否可能对公司持续经营、盈利能力、抗风险能力产生不利影响。

（4）核查劳务派遣有限公司的合法性,主要核查劳务派遣公司的营业执照及劳务派遣许可证。

（5）核查劳务派遣有限公司订立和实行《劳务派遣协议》的合法性,核实《劳务派遣协议》的履行情况,并取得劳务派遣公司给申请公司出具的有关不存在协议履行争议的证明。

（6）核查公司对劳务人员的管理情况,包括劳务人员的选定、考核及监督劳务派遣公司发放工资等。

（7）核查公司与劳务派遣公司签署的劳务派遣协议的合规性问题。说明劳务派遣公司与劳务人员签订劳动合同,是否及时发放工资并依法办理各项社会保险。《劳务派遣协议》是否对派遣期限、劳务费用结算、双方的权利义务、违约责任等事项作了明确约定。说明双方能全面履行《劳务派遣协议》,劳务人员的派遣管理工作正常,各期劳务费用已结算,不存在履约争议和纠纷。

（8）公司控股股东出具承诺函,承诺如因劳务派遣有限公司拖欠劳务人员工资等损害劳务人员等情形,导致公司须承担连带赔偿责任的,控股股东同意补偿公司的全部经济损失。

五、竞业限制

审查竞业限制的目的主要是保护公司的技术秘密,减少经营的不确定因素。需要重点关注和说明如下问题：

（1）公司是否与负有保密义务的相关人员签订竞业限制协议,相关技术是否有外泄的可能,是否会给将来的经营带来风险。

（2）要关注是否存在导致竞业限制约定无效的情形,比如竞业限制的主体是负有一定保密义务的高级管理人员、高级技术人员和其他负有保密义务的人员；比如公司要在法定期间支付经济补偿等。

（3）竞业限制协议是否存在对重要事项约定不明。

（4）竞业限制不得违反法律、法规的规定。

（5）说明公司自成立以来并未发生过因员工及核心技术人员违约、泄密或者其他原因导致公司利益受损的情形。

第十章 未过会原因

本章内容是对最近五年 IPO 被否决项目未过会原因的梳理总结。供读者从与本书前九章相反的角度理解和把握企业上市的审核标准。

本章第一节内容,即本书第一版第十章的全部内容,主要针对 2010 年 4 月之前被否决案例。对此时点之前的否决理由,监管层没有正式公布,因此本节内容的来源是历次保荐人培训、监管部门年度审核工作总结、内部交流等实务资料。

本章第二节内容,系本次修订增添内容。主要针对 2010 年 4 月及以后被否决案例,即对监管层公布的否决原因进行分类和梳理所得。

因为本书第一版的写作时间迟于 2010 年 4 月,因此本章第一节和第二节的内容存在少量重合。

为方便集中阅读、比较,第一节中未过会原因按照本书的基本体例,以信息披露、主体资格、独立性、持续盈利能力、募集资金运用、规范运行、会计与税务等为分类依据,拆分归类;第二节中未过会原因按照监管层公布的文件中载明的法律依据进行分类。

这些未过会原因仅供读者参考,并不能直接类推适用,不是具有类似情形就注定不能上市,也不是没有类似情形就一定能上市,比较准确的说法是,消除了类似原因可以大大增强拟上市公司成功上市的可能性。对否决原因的研究,目的不是为了打击信心,而是让我们和公司一起在规范的路上走得更好、更远。

第一节 未过会原因(上)

一、因信息披露原因未过会

1. 某公司招股说明书中关于改制过程中的若干重要数据存在错误,且与申报材料中其他相关原始材料不一致,发行人在招股说明书、其他申报文件和发审委会议的陈述中均未作出合理解释。

2. 某公司的招股说明书对境外股东及其关联方的实际控制人披露不清晰,尤其是发行人核心创始研发人员对该境外股东及其关联企业的经营表决权控制情况不明。作为技术主导型企业,如核心技术团队与发行人目前的实际控制人对发行人经营及发展战略发生分歧,未来可能导致对发行人控制权的争夺及实际控制人变动的风险,进而对发行人的经营产生重大不利影响;同时,该发行人的招股说明书未披露募投项目营销系统的具体实施地点和相关设施、人员安排,也没有披露具体的资金用途类别和资金使用计划、具体实施地点。

3. 某公司的商标 A 与其前已注册的商标 B 极其相似,然而对于二者的相关关系,申请人在其招股说明书和现场陈述中均没有给予清晰、合理的披露和解释。

4. 某公司在成立之初设计了一套"动态的股权结构体系",把内部员工股东分为三档,股东每退一个档次,折让 50% 的股份给公司,作为公司的共有股权。为此,公司出现过股份代持和多次内部股权转让,但公司的申请材料对历次股权转让的原因披露不准确、不完整,且未披露股东代持股份的情形。

5. 某网络通信公司 2004—2006 年净利润分别为 810 万元、735 万元、7 120 万元,解释为重组和职工薪酬变化。某亏损业务 2005 年存在于上市主体,2006 年被剥离,2007 年又合并进来;并且人均工资从 13.5 万元/年降低为 8.5 万元/年。无法对其合理性作出判断。

6. 某公司多处重要信息披露不充分,且存在前后矛盾的现象,包括公司股权关系披露不清晰,未明确披露第二大法人股东的股东构成,公司设立后股权变更情况披露不充分,公司重要关联方披露不充分,公司 2006 年利润分配未按持股比例进行,但未披露相应的依据;公司与部分员工签订了持股回购协议,但未披露员工情况。公司口头陈述的内容与招股说明书的内容不一致。

7. 某公司招股说明书中关于改制过程中的若干重要数据存在错误,且与申报材料中其他相关原始材料不一致,在市产权交易中心出具的证明书中显示,公司改制时净资产为 402 万元,招股说明书中披露的数据为 -85 万元,而律师出具的法律意见书中的数据则为 -592 万元。发行人在招股说明书、其他申报文件和发审委会议的陈述中均未作出合理解释。

8. 某公司未披露设立后的重组情况;A 贸易公司和 B 贸易公司实收资本仅为 60 余万元,对发行人增资 2 890 万元、2 400 万元的资金来源;招股文件中也缺乏公司历年所得税税率及缴纳情况的披露,未详细披露新增 2 万吨高档白酒产能的销售方案和可行性。

9. 某公司作为红筹公司转回境内上市,公司没有披露外资红筹架构恢复到内资公司架构过程中,公司的实际控制人、董事和高管、主营业务等未发生变化,以及转回的程序和资金流动符合外资规定等情况。

10. 某公司信息披露质量较低,未披露其前身在公司注册资本仅 50 万元的情况下如何在短时间内通过银行购买了价值 1 000 多万元的资产,又在短时间内将这些巨额资产出售给了 6 个自然人等重要信息,公司相关资产的形成存在重大瑕疵。

11. 某公司原控股子公司 A 和 B 在公司总资产中占比 20%,在营业收入中占比 30%,两子公司均因工程质量纠纷或施工责任事故被起诉、被法院判决承担责任,延续至报告期内,但公司没有在招股文件中予以披露,遭到举报后才予以补充披露。

12. 某重型装备股份有限公司净利润从2005年的150万元猛增至2007年的3亿元。公司对此解释不充分,且无法预计这种增速的持续性。

13. 某公司持股5%股份的股东中有职工持股会,招股说明书进行了披露,但公司负责人对该股东情况可能不太熟,在回答是否仍存在职工持股会情况时,认为招股说明书写错了,委员无法判断公司的真实情况。

14. 发行人报告期累计销量高于累计产量,监管部门对发行人报告期主营业务收入是否存在提前确认的情形存有疑虑。发行人2004年至2007年1—6月累计销量为5 900万支,同期累计产量为5 800万支,发行人未对上述问题形成的原因作出合理解释。

15. 发行人子公司存在被税务部门追缴税款和缴纳滞纳金的情况,招股说明书中未对上述事项进行披露,发行人对子公司的财务和税务管理是否完善受到关注。

16. 某公司在获得上市公司A公司的核心资产过程中,缺乏必要的决策程序,致使公司相关资产的形成存在瑕疵,未来有发生权属纠纷的风险,且未按要求披露程序的瑕疵。

17. 某公司2006年到2008年公司主营产品占主营业务收入的比重分别为91%、82%、66%。公司的收入、利润过于依赖主营产品,一旦产品市场低迷,公司业绩必然受到重大影响。且其所在行业在2008年受到全球金融危机重创,2009年尚未完全恢复,而该公司在招股说明书中并未披露2008年金融危机对公司业绩的影响以及竞争对手的信息,疑似隐瞒了公司业绩的不确定性及周边多家强有力的竞争对手。

18. 某公司隐瞒报告期内其子公司的工地火灾及处罚、其子公司与天津某公司存在合同纠纷等对其有重大影响的事件,在被举报后才作出披露和说明,发审委认为申请人存在不符合《创业板管理暂行办法》第4条规定的嫌疑。

19. 某公司作为国内软件外包规模最大、出口创汇最高的软件企业之一,近三年来,公司营业收入中80%以上均为软件出口收入,而且该部分销售均以日元计价和结算,因此日元的汇率走势将会对公司盈利产生重要影响。据此,公司进行了重大风险提示,但并未对人民币升值对公司竞争力的影响予以分析和披露。因此监管部门要求补充披露。

20. 某公司作为软件外包商,公司签订的外包合同主要有三类:固定要员合同、个别订单合同、固定价格合同,其中占比较大的是前两种合同。鉴于该等业务模式较为特殊,因此监管部门要求公司补充披露固定要员合同、个别订单合同的具体收费模式。

21. 某公司本次募投拟增资的中外合资某公司的外方等比认股25%需要资金12 000余万元,而该外方注册资本仅港币10万元,申请材料与上会陈述均未能说明其资金落实情况。

22. 某公司董事、高管在发审会上对以下问题的陈述与申请材料披露不一致：（1）1 700万元的固定资产减值准备计提时间及原因；（2）向关联公司购买房产12 000万元的关联交易的款项支付、购买原因。

23. 其他公司就商标、商号和标识侵权事项向某公司及子公司提起的仲裁和诉讼涉及索赔金额较大——3 150万元，仲裁和诉讼结果存在不确定性，可能对发行人经营造成重大不利影响，发行人对此未做充分披露。

24. 某公司与某电视台的广告分成比例从200×年1月后发生了不利于发行人的大比例调整。发审会上，公司陈述认为分成比例的调整系广告收入下降所致，但财务报表披露其广告策划、制作、代理收入在200×—200×年间从3亿元增长到7亿元，与发行人的陈述不一致。

25. 财政部、国家税务总局于2007年6月19日颁布了《关于调低部分商品出口退税率的通知》，自2007年7月1日起服装出口退税率由13%下调至11%，发行人募集说明书未对上述发行人业绩产生重大影响的政策变化进行披露；发行人2002年和2004年分别与A、B和C签署股权转让协议，转让持有的甲证券公司股权，有关股权变更手续尚未办理，由于甲证券公司已被接管并可能被清算，可能给发行人带来损失，募集说明书中未详细披露该事项和大股东对该事项的有关承诺。

26. 某公司非公开发行股票未通过，主要原因是信息披露质量较差，该公司的申报材料披露申请人的生产车间H生产K产品（环孢素类药品），但不拥有该类产品（环孢素类药品）的生产批准文号（由控股股东下属的其他子公司A拥有），申请人为此通过A的银行账号和票据实现销售，并确认销售收入归申请人所有，相关中介机构对此予以确认。与会委员关注到，虽然H车间归申请人所有，但A公司拥有与K产品（环孢素类药品）生产有关的批准文号和相关许可文件（药品生产许可证、GMP认证证书等），且通过自己的银行账号和票据实现销售并依法缴纳增值税；根据相关法律、法规的规定，应认定A公司为K产品（环孢素类药品）生产销售的经营主体，该产品生产销售过程中所产生的相应法律责任也应由A公司承担。因此，将K产品（环孢素类药品）销售收入归属申请人不符合国家行业监管法规——《药品生产监督管理办法》和《企业会计准则》，申请人本次发行申请文件存在虚假和误导性陈述，存在《上市公司证券发行管理办法》第39条第（1）项所述的"本次发行申请文件有虚假记载、误导性陈述或重大遗漏"情形。

二、因主体资格原因未过会

1. 某公司因国有资本转让差价其性质及属性是否可以作为净资产不能确定，因此无法判断其注册资本是否缴足。

2. 某公司实际控制人以其商业房产相关权益作价800万元对公司增资，占当时注册资本的40%，但用以增资的房产权益当时未办理权属转移手续。上述做法不符合当时情况下《公司法》的相关规定。

3. 某公司控股股东以原由申请人无偿使用的专利和非专利技术经评估作价2亿元向申请人前身（C）增资。C设立时，控股股东已将其所属科研部门投入该公司，相关专利及非专利技术已由C及改制后的申请人掌握并使用多年，并已体现在申请人过往的经营业绩中。因此，相关无形资产作价增资存在瑕疵。

4. A公司通过一系列股权转让和资产收购，将上市公司B的资产剥离后申请二次上市，其上市的核心资产和多位高级管理人员均来自B，2008年3月5日，A公司首发申请获得通过，在上市前一天，因媒体质疑其涉嫌"资产腾挪、二次上市"，证监会决定对其展开调查，A公司暂停上市。证监会经调查后认为，A公司相关资产的形成存在瑕疵，而这个瑕疵可能导致重大权属的不确定性。2009年4月3日，发审委重新审核并否定了A公司的首发申请，撤销了A公司公开发行股票核准决定。

5. A公司成立时作为出资的30台主要设备是原国有企业B的核心资产，且A成立后一直租用B的厂房和商标进行生产经营。2005年B公司被宣告破产，其资产被拍卖，但两次拍卖均流拍，结果A公司重以3 000万元拍得一直归其使用的价值5 000万元的资产，其相关资产的形成存在瑕疵，可能导致公司资产权属的不确定性。

6. A公司原是某市一家国有企业集体制药厂，该厂1998年的资产评估值为1 600万元，因未能偿还银行贷款本金1 300万元，1998年5月，以其部分办公楼、厂房、机器设备和土地作价1 200万元偿还给银行，1998年12月，又以其抵押给银行的房屋、设备、土地作价300万元偿还给银行。A公司的前身B公司成立于1998年6月，注册资本为45万元人民币，公司成立后不久就于1998年12月出资购买了抵偿给银行的资产，随即又于1999年7月将公司的全部净资产出售给5个自然人，企业性质由国有独资公司变更为全部由自然人持股的有限责任公司。一个注册资本仅为45万元的公司如何在短时间内通过银行购买了价值1 000多万元的资产，并在短时间内将这些巨额资产出售给了5个自然人，公司没有进行充分的披露，公司相关资产的形成存在重大瑕疵。

7. A相关资产的形成存有瑕疵。2003年8月，原集体企业经审计的净资产值为-7 000万元并开始改制，2004年5月，A的前身B成立，以零价格整体受让了C的资产、负债、业务和人员。C于2003年8月整体转让给B期间即实现销售收入7 600万元，净利润300万元，B以改制实施方案未对改制期间的经营成果归属作出约定为由享有了这一经营成果，缺乏明确的依据，其资产的盈利能力在改制前后差异巨大，资产定价的真实性存疑。B控股50%的自然人大股东2004年5月的原始出资和2005年3月的增资合计5 000万元均从外部借入，公司没有披露其收入和偿还出资借款情况，但其在2007年9月最高按其出资额的9倍出让7%的股份取得了5 000万元的股权转让收入，即控股股东在短时间内通过股权的巨额增值获取了接近于其出资的收入,其出资和股权增值的真实性存疑。

8. 200×年发行人股东大会通过增加注册资本3 800万元的增资决议,其中实际控制人通过委托关联公司出资,而该关联公司出资的3 700万元,系从发行人处借款得来。

9. 实际控制人以其从某公司减资后分得的总价值为1 000万元的石化类净资产对公司进行增资,增资的作价依据,系根据会计师事务所出具的审计报告所确定的净资产,但未按规定进行资产评估。

10. 某公司前身B公司在1994年增资时,C公司以其拥有产权的某大厦一至二层(共5 500平方米,扣除一层其他租户占用面积900平方米外,实际面积为4 600平方米)从1994年5月至2000年5月共72个月的房产使用权作价3 900万元投入。虽然当时2005年《公司法》尚未实施,但《中华人民共和国中外合资经营企业法》也无此种出资方式。

11. 某股份公司主要六位股东均为家族成员,合计持有公司90%的股份。引入家族成员的增资,2007年6月20日的变更登记,增资价格维持在每股1元,而在短短两个月后,该公司又闪电引入外部股东3 500万元增资,而增资价格却高涨至每股6元。

12. 某公司,发行人控股股东的第一大股东在报告期发生了变更,导致实际控制人发生了变化。

13. 2007年6月,公司原董事长张某持股比例50%,其配偶赵某持股比例5%,夫妇合计持股比例55%,为实际控制人。同年8月,公司增资引入外部股东,张某夫妇合计持有申请人50%的股权。同年10月,张某去世,生前所持公司股份由其妻子赵某和两个未成年儿子分别继承。赵某作为两个儿子的监护人,代为行使股东权利,实际控制申请人50%的股权,并担任公司副董事长兼财务总监,为公司的实际控制人。而申请材料将赵某及张某其他家庭成员合并认定为实际控制人。上述认定不符合《〈首次公开发行股票并上市管理办法〉第十二条"实际控制人没有发生变更"的理解和适用——证券期货法律适用意见第1号》的规定。

14. 某公司董事会成员近三年内多次出现重大变化,在九名董事中仅保留了两名前届董事。

15. 某公司,发行人报告期内管理层重要成员发生变化,发行人核心技术的创始研发人员被免去总裁职务,财务负责人也发生变化,发行人在报告期内还发生了多人次的董事、副总裁变动情况。发行申报材料和招股说明书未披露管理层变动的原因,发行人负责人在发审委会议上的陈述显示,原总裁、财务负责人在经营理念和有效管理方面与主要股东存在冲突。作为技术主导型企业,上市前发生管理层主要成员变化,对发行人未来的经营活动、技术研发及发展战略的实施存在重大影响,而申报材料未反映该管理层变化后对发行人经营成果和财务状况的影响程度,进而致使公司经营存在重大变化的风险。

16. 某公司第一大股东持有该公司33%的股份,2008年10月,经市国资委有关批复批准同意,第一大股东与第三方签署《股份转让协议》,将其持有的33%股权悉数转让给同为国资委控制的第三方。2009年1月,第三方提名的两位董事进入该公司董事会;三个月后,该公司再增选两名监事。第一大股东和董事、监事发生变更可能成为被否原因。

17. 某公司股权结构较为分散,其中,只有3名股东持股超过10%,A(BVI公司,财务投资人)持股14%、B(BVI公司,财务投资人)持股13%,创始人直接和间接持股14%左右,其他股东持股比例均在10%以下。保荐人将公司认定为无实际控制人,而公司在整体变更之前董事会成员13名,整体变更之时(2008年3月)董事会成员变更为9名,其中3名为独立董事,只有5名原任董事留任,董事会成员存在重大变化,不符合《〈首次公开发行股票并上市管理办法〉第十二条"实际控制人没有发生变更"的理解和适用——证券期货法律适用意见第1号》规定的在没有实际控制人的情况下,认定控制结构和经营管理层在首发前三年没有发生重大变化的条件。

18. 某公司股权结构分散,最大股东持股比例仅为12%,虽然其他21名股东与其签署股权委托管理协议,使其成为实际控制人,但托管21名股东的股权并未有效改善股权分散的状况,控制权不稳定的风险并未有效消除,未来可能导致对发行人控制权的争夺及实际控制人变动的风险,并进而对发行人的经营产生重大不利影响。

19. 某公司持有拟上市公司46%的股份,为第一大股东;另一公司以44%的股份位居第二,实际控制人为香港居民。发行后第一大股东持股比例将下降到35%,而第二大股东的持股比例为33.1%。双方的持股差距不到2%,后者很容易通过流通市场跃居第一大股东。

20. 1999年某公司前身进行集体资产产权转让时存在委托持股问题,发行人没有提供证据表明发行人已将相关情况向有权机关报告并获得相应批准,发行人及保荐人在发审委会议上的陈述也未能作出合理解释,发行人关于实际控制人没有发生变化的披露缺乏足够的事实及法律依据。

21. 某公司的国有股权转让问题。公司股东D分别从两家央企下属公司受让申请人8%和20%的股权,但均未获得国有资产主管部门的书面批准。

22. 某公司自然人股东38人收购了另外2900多名自然人股东所持的1500多万股股份,但所签订的2900多份收购协议中存在转让人署名与股东名册姓名不符的情况。同时,有举报信反映,上述股份转让存在未经公司员工同意等情况。申请人的股份转让存在潜在纠纷和瑕疵。

23. 某公司股东存在委托持股情况,公司第三大股东持有16%的股份,其他12名股东接受115名自然人委托持股,发行人股权不清晰,存在潜在纠纷。

24. 某公司在历史上屡次发生股权以注册资本为基数进行转让(按出资额转

让)及国有股权大幅低于评估净资产转让(股权转让价格仅为净资产值的64%)的情况,且公司在国有股低价退出后立即进行了大比例的增资扩股。虽然国有股权转让获得了国资部门的确认,但公司不能说明一系列历史股权转让及其定价的合理性,其控股股东用于受让公司股权和增资扩股的资产与其自身的资产规模和盈利能力也不相符,历史股权转让和出资存在瑕疵。

25. 某公司2001年11月发生40%的国有股权转让,评估价为445万元,而转让成交价为400万元,略低于评估价的90%(为400.5万元),但公司却在招股说明书中称:"本次股权转让的成交价400万元不低于评估价445万元的90%。"公司历史股权转让较为频繁,多个股东在转让公司股权后被吊销营业执照或结业解散,与实际控制人之间的关系难以查考。

26. A公司的控股股东B是一家集体企业,2007年6月27日,B以每股1元的价格将所持公司10%的股权转让给公司8名主要管理人员设立的C,同年9月12日,B全资控股的美国公司将公司7%的股权转让给D,作价为每股13元。相隔仅两个半月的时间,B所控制的股权转让的价格竟相差13倍,集体资产产权转让存在瑕疵,亦表明公司内部人控制的特征非常明显,给公司治理带来隐患。

27. 某公司的历史沿革不清。其前身为集体企业共同出资设立的公司,在其转制过程中,出资者将股权分别出售给公司和职工,为避免公司持有自己的股份,出售给公司部分的股权委托工会代持,然后分别通过工会和职工将股权转让给实际控制人,其中有诸多违背《公司法》之处。实际控制人通过工会和职工代持,低价取得公司绝大部分股权,最低受让单价仅为原始出资成本的25%,其股权转让价格明显缺乏公允性,历史股权转让存在瑕疵。

28. 某公司股东频繁更迭,在历史沿革中共计出现过11名法人股东和11名自然人股东,总共发生过16次股权变更,部分"过客股东"与原有股东之间是否有关联、是否存在委托持股等情形已无从考证。

29. 某公司出资的非专利技术,之后陆续转给个人股东,零价格转让,说是吸引人才,理由牵强,部分股东转让后离开了公司。

30. A企业的发起人之一B企业,是当地国有企业。200×年9月,B企业和82名自然人股东购买了3 000万股A公司的股份,每股价格0.7元。此后,B企业先后4次以0.7元/股的价格将这些股份转让到A公司的管理层和员工手里。最后一次转让是200×年。200×年,B企业又将所持A企业300万股股份转让给C公司,转让价格7元/股。在短短两个月内,相同股权的转让价格相差6.3元,达90%多。

31. 某公司,报告期内分别发生二次业务重组,上述两次业务变化对公司财务状况和经营成果影响较大。

32. 某公司,发行人原主营业务系纺织品生产销售,2004年5月收购某机械设备企业,机械设备生产和销售产生的净利润占发行人2005年、2006年净利润的一半左右,主营业务发生重大变化。

33. 某公司从事纺织业务,2004年收购医疗企业,2005年和2006年医疗企业的利润占公司利润的比例均超过一半,近三年主营业务发生较大变化。如单独计算纺织行业,达不到上市标准,且公司缺乏明确的发展目标。

34. 发行人下设众多子公司,各子公司的功能定位不清晰,历史演变非常复杂。发行人利润主要来源于子公司,但发行人对这些子公司的控制力有限,其中盈利能力最强的两家子公司的董事长及总经理均为子公司的自然人股东,上述情况可能导致发行人的主营业务不稳定,持续盈利能力存在缺陷。另外募集资金在控制力较弱的子公司里实施,发行人对其控制力有限,募集项目存在风险。

35. 某公司在2008年之前的第一大股东为A,2008年后,经批准,A将其持有的全部股权转让给B。控股股东变更后,B提名的两名董事进入该公司董事会,3个月后又增选了两名监事。公司的控股股东和主要管理人员在近两年内均发生了重大变化。由于上会前夕控股股东的变更导致申请人的实际控制人发生变更,发审委认为该公司不符合《创业板管理暂行办法》第13条的规定。

36. 某公司100%家族控股的法人治理结构存在的缺陷也难以符合《创业板管理暂行办法》的要求。该公司实际控制人为董事长A,加上A的妻子B、岳父C、儿子D、妻妹E、侄子F,6人共持有公司100%的股份。而且在上述6位股东中,除了A和C因为年纪问题未在公司任职之外,其余4人都在公司内担任董事会成员或监事会成员。虽然建立了完整的董事会、监事会等功能部门,但在如何克服家族企业家长制的公司治理问题上,该公司并没有提出有效可行的办法,这与《创业板管理暂行办法》第19条"发行人具有完善的公司治理结构……依法履行职责"的规定相悖。

37. 某公司的实际控制人A是一家集体所有制企业。由于集体所有制企业的权属确认并不稳定,如果股权结构不稳定,上市公司利益很难得到保障。

38. 某公司由A公司、B公司、C公司共同约定三方共同出资组建而成。A于1986年3月16日成立,注册资金为3 500万元,因公司1995年度至1997年度未年检,于1998年4月25日被吊销营业执照。B于1988年10月19日在某市工商行政管理局登记成立,因公司股东决议解散,于2007年11月30日注销。C于1990年5月10日开业,于2002年11月13日结业解散。至此该公司股东均告消亡。

39. 某公司在转让国有资产过程中存有瑕疵。根据国家国有资产管理局1995年颁布的《关于加强企业国有产权转让监督管理工作的通知》的规定,转让企业国有产权,必须对企业资产统一进行评估,并据此作为转让底价,允许成交价在底价的基础上有一定幅度的浮动,如果浮动价低于评估价90%,要经同级国有资产管理部门批准。而该公司只经过了××集团公司的批准,对相关资产进行了评估,并以低于评估价90%的价格转让,且未说明其是否经过同级国有资产管理部门批准。

40. 2000年9月,A公司为使B拥有独立经营能力,以其部分办公楼、转炉车间厂房、转炉车间生产设备和土地使用权对B进行增资。经保荐人及律师核查，A出资的上述1100万元房产及机器设备未进行资产评估，而系经B股东认可并按照A取得该等资产时的入账价值作价。A以未经评估的房产、设备向B增资不符合当时的法律规定。从招股说明书中还发现，该公司换一家会计事务所进行资产评估，评估增值竟然高达1700万元。主要原因是原已报废账面价值为零的水平连铸机，在此次评估中竟增值为1400万元，存在国有资产流失的嫌疑。

41. 某公司1997年12月14日成立，由A、B、C共同出资组建，A占比45%，B占比41%，C占比14%。2003年，A、B先后退出，分别将股权全部转让给C。其中A向C转让股权时，价格系协议双方协商以注册资本为基数，按转让股权比例计算得出。在两大股东撤离之后，公司立即引进D为第二大股东，两年之后，C再次以极低价格收购D持有的股权。2001年资产总额只有3100万元的C，在此后的2002年至2005年间受让股权时花费总计8300万元，资金来源存疑。

42. 某公司自2005年设立以来，共经历了4次股权转让。2006年4月，公司8位股东将所持有的共计60%的股权以每股1元的价格转让给实际控制人A，而2006年末，其每股净资产为1.9元。

43. 2008年某公司的战略投资者A两次向该公司的两个项目出售多功能机组12台，产生销售收入5700万元，占全年销售收入的11%，不过A将这两笔交易定性为偶发性关联交易。而A则是于1999年由B国投和C国企出资设立的。但在A设立之时，B将设备产权中的29%转让给管理层，33%转让给职工，A实际上是管理层和职工控股，而国家股比重则降为38%，不过B有资本扩张权。2007年8月，A改制，同年9月B放弃了国有股份的增资扩股权，存在巨额国有资产流失的可能。

44. 1999年8月，甲某、乙某从A电子总厂受让B电子有限公司75%的产权。发行人招股说明书披露，由于当时中外合资企业不允许境内自然人成为直接股东，而如果境内自然人设立投资公司，持股还要受到对外投资不能超过50%的限制，因此，该股权由甲某及乙某委托业务上的合作伙伴C集团股份有限公司代持。甲某和乙某为实际控制人，C集团股份有限公司为名义持有人。1999年8月，C在代为受让B 75%的股权及在2004年11月转让全部股权过程中，C并未实际支付股权受让价款，也未收受股权转让价款，仅受委托人甲某、乙某的委托，代为持有B的股权及依据委托人的授意进行转让。代持股份期间，实际控制人为甲某和乙某。但发行人没有提供证据表明已将相关情况向有关工商管理机关报告并获得相应批准，发行人及保荐人在发审会陈述时也未能作出合理解释。

45. 某公司目前有25个股东，股权分散严重。大股东发行后持股比例将下降至28%，控股股东持股比例偏低，若在上市后敌意收购者通过恶意收购控制公司股权或其他原因导致控股股东控股地位不稳定，将为公司未来的经营发展带来很大风险，而且这些股东之间关系错综复杂。资料显示，公司前身A公司，成立于2005

年6月,成立后至整体变更为股份公司前共经历了4次股权转让和3次增资。2008年3月27日,A整体变更为该公司。大股东与该公司之间存在多重关联关系。A成立时,大股东的与××业务相关的流动资产和流动负债并未以出资形式转入,而是在A成立后,以债权转让、债务转移的方式转入。轮番的变动让该公司上市后股权结构的不稳定性增大。

46. 某公司于2006年10月将ET业务相关资产以比账面价值增值5%的评估值1300万元出售给A公司,同日A以现金及相关资产1000万元出资设立B。B设立时的股权结构为公司实际控制人控制的C公司持有40%的股权,公司持有20%的股权,A持有40%的股权。2008年3月,公司又受让C持有的B的40%的股权,从而持有B 60%的股权。通过以上重组,2007年ET业务不在公司报表内,而2005年、2006年1—10月ET业务在公司报表内核算,2008年又重新纳入公司合并报表范围,ET业务在2005年、2006年营业利润亏损分别为1150万元、3100万元。ET业务对公司利润影响较大,而对ET业务的上述重组疑点不能得到合理解释。

47. 某公司引入的创投机构A于2008年2月13日成立,主要业务为股权投资,注册资本为1200万元,法定代表人为甲。两位自然人股东甲和乙各出资600万元,占股50%。在这家公司刚刚成立1个月后,A就开始了对该公司的参股。2008年3月17日,该公司股东会审议通过:丙、丁、戊、己分别将其持有的××有限4%、3%、3%、2%共计12%的股权以500万元的价格转让给A。招股说明书披露的持有发行人5%以上股份的主要股东的基本情况中,A注册资本为1000万元,而实收资本仅为600万元。

48. 某公司2004年与其38名员工股东资金往来达5300万元,2007年收回,实际上是38人在2003年至2007年间未付清股权转让价款,其行为是否实质上构成抽逃资本,需保荐人和律师核查并补充发表意见。

49. 某公司前身是于2001年11月30日由A、B和C实施债转股方案出资设立的有限责任公司。其中,A持有49%的股份、B持有48%的股份、C持有3%的股份。债转股时,B、C和A签署了债转股协议书,在该协议中制定了退出条款,并约定2000年4月1日起至2008年12月31日为退出期,退出方式包括回购、转让、置换等。2003年,公司通过向C回购方式减资50万元;2007年7月,A受让了B 16000万元的出资额。两次退出均存在瑕疵。监管层要求公司补充披露上述股权退出协议对公司股权结构和经营管理方面的影响,并要求保荐人就是否会存在损害公司利益的情形发表意见。

50. 某公司关联人A、B于1988年向该公司职工持股会收购发行人股权,2001年支付转让价款后随即又将全部股权转让款借回,直至2007年4月归还。根据A、B和职工持股会的约定,股权转让款归还前,A、B持有的发行人股权的投资收益归职工持股会所有。2005年发行人增资后,A、B合计持有发行人股份的数量远远超出招股说明书中披露的发行人实际控制人所持有的股份数量。直至2007年4月,经数次股权转让后,实际控制人持股比例变更为46%。因此,2005年发行人增资—2007年4月发行人的实际控制关系无法确认。

51. 某公司在2005年增资、股权结构调整过程中进行了管理层持股的相关安排,虽然国有企业改制时管理层持股的价格、数量已经过市国资、省国资确认。但是2005年改制时管理层受让国资股(包括预留股份在2006年、2007年授予管理层)的价格仅为0.7元/股,而2007年初发行人股权在市场上进行转让时达到了7元/股,在不到两年的时间里,市场价格达到了管理层受让价格的10倍,差异巨大。管理层持股价格的公允及合理性受到置疑。

52. 某公司2006年2月24日董事会决议,发行人转让××矿给××集团的主要理由为该矿的采矿权在××集团名下。该矿2005年、2004年净利润分别为4600万元和4500万元,分别占发行人同期净利润的55%和65%。发行人2001年2月7日董事会公告,发行人准备将该矿全部资产、债务、土地使用权、采矿权出售给××集团。后又在2004年4月2日公告撤销该出售交易,而至发行人2006年2月出售该矿时,其采矿权已变为××集团名下。从发行人财务报表看,发行人未收到该采矿权相应的收入,发行人及其保荐代表人在发审会上对该采矿权如何演变到××集团名下,称不知情。

53. 某公司预披露的招股说明书显示,尽管该公司前后经历了多达8次的股权变动,自始至终××都是其最终实际控制人。该公司成立于2000年9月20日,最初由A、B、C、D、E 5家主体共同发起设立。其中,A认购1500万股,占比49%;B认购1100万股,占比35%;C认购350万股,占比10%;D认购160万股,占比5%;E认购35万股,占比1%。值得一提的是,E直接持股比例仅占1%,但其同时又是A的实际控制人。公开资料表明,成立于1985年5月8日的E是一家以实业投资和控股为主的集体所有制企业,其全部资产为E劳动群众集体所有,其主要收入来源为取得其控参股公司的投资收益和营业外收入等。该厂2008年度确认投资收益1950万元,政府补贴等营业外收入5000万元,实现净利润为3400万元。2009年1—6月未确认投资收益和营业外收入较少,净利润为-1500万元。

54. 某公司的前身于1984年改组为中外合资经营企业时,大股东以某大厦一至二层4600平方米房产作价出资,记入"接受固定资产投资"。但本次发行申请材料中没有提供当时的验资报告,其他材料无法证明大股东当时投资的是房屋所有权还是房屋使用权。如果是房屋所有权,则在1994年公司延长经营期限时,在公司没有清算分配剩余财产的情况下,大股东无权将该房产的72个月使用权作价再向公司增资。因此,根据申请材料无法判断1994年大股东向公司增资的出资合法性。上述事项的存在,导致本次发行申请不符合《首发管理办法》第4条的规定。

55. 某公司设立时股东用于出资的无形资产没有进行评估亦未办理过户手续,同时无形资产的出资比例超过了公司注册资本的20%,且该公司原股东甲存在

35万元出资没有到位的情形,均不符合当时有效的《公司法》的规定。

三、因独立性原因未过会

(一)"五独立"

1. 某公司在报告期内主营业务的采购、销售行为主要依赖于包括股东单位、与实际控制人关系最为密切的单位,尤其是发行人对关联股东的销售价格明显高于与其他非股东单位的销售价格,发行人对关联股东的采购价格明显低于与其他非关联企业的采购价格,发行人对该等情形既未在招股说明书中予以完整、准确地披露,也未对其合理性作出有依据的充分说明。发行人缺乏直接面向市场的独立经营能力。

2. 某公司与关联方之间关于知识产权、技术的转让、许可等技术交易安排显示发行人尚未独立取得或不能完全自主地实施相关技术和知识产权,在此方面还有赖于满足与关联方之间达成的商业附加条件。因此发行人相关产品技术(尤其是募集资金投资项目之一的技术)的取得、使用及实施可能存在限制以及重大不利变化的风险。

3. 某公司在软件开发、技术服务领域与控股股东及其控制的企业存在重大依赖,发行人的生产经营将持续依赖集团,独立面对市场能力不够,发行人的独立性存在缺陷。

4. 某公司实际控制人控制的6家公司频繁占用发行人及其控股子公司大额资金,发行人欠缺严格有效的资金管理制度,财务独立性差,不符合相关规定。

5. 某公司2004年、2005年、2006年和2007年1—6月对国内三个大客户的销售额合计占销售总额的30%以上,逐年上升且升幅非常大,对上述主要客户存在重大依赖。

6. 某房地产公司与关联方进行合作房地产项目开发,在没有获得主管机关批准出让土地的情况下,向关联方预付土地补偿款,且截至审核时仍未取得前述土地的合法使用权。资产独立性差。

7. 某公司委托控股股东代签销售合同和代收货款,金额较大,分别为10 000万元、11 200万元和3 000万元,占同期主营业务收入的80%、70%和20%,公司销售环节的独立性存在缺陷。

8. 某公司2004—2006年向前五名大客户销售金额占营业收入比例分别为70%、70%和64%,客户较为集中,存在较大程度依赖单一市场和前五大客户的情况。

9. 某公司主要从事化工新材料的生产和销售,其重要原材料严重依赖单一供应商,占比70%以上,且该材料价格三年上涨超过80%。公司的核心技术主要为非专利技术,体现为各种配方及生产工艺条件,容易泄密,公司募集资金项目的技术主要来源于从竞争对手引进的技术人员,该技术能否在大批量生产中应用存在不确定性。

10. 某山旅游作为第三大主营业务的客运业务分为景区内游客运输业务(简称"内运业务")和景区外包车客运服务两部分,其中内运业务占比较高,2006年至2008年及2009年上半年,内运业务在营业收入中的占比分别为7%、8.5%、9.05%和10%,对公司的营业收入有重大影响并呈上升趋势。但内运车票是和景区门票捆绑并由实际控制人某山管委会对外销售,即内运车票费以门票内包含的方式由管委会收取,再由管委会与公司进行结算,公司对这部分业务的销售和定价没有自主权,依赖于实际控制人,独立性存在缺陷。

11. A第一大股东的上级管理单位为某研究院(B),公司需借助B的研发平台进行核心研发工作;且该公司两位主要研发人员(首席科学家及研究部副主任)皆是B的研究人员,在公司只是兼职,说明A的技术和人员严重依赖于B。

12. 某公司在业务中使用的主要商标由关联公司持有,对其独立性有重大影响。

13. 某公司最近三年向关联方的销售金额分别为6 800万元、7 800万元和12 400万元,占当年销售总额的比例分别为39%、35%和30%;公司没有任何土地和房屋产权,所需厂房全部从控股股东租赁取得,本次募投项目实施将继续向控股股东新增租赁厂房。此外,公司进出口业务全部委托控股股东另一下属公司进行,公司员工的社保统筹费仍通过控股股东代缴。

14. 2004年至2006年期间,控股股东存在占用公司的资金用以偿付应付货款、应付工程款项以及职工工资保险费用的行为,同时,公司存在向控股股东租用土地、购买综合服务的行为。另外公司于2006年3月召开2005年度股东大会,全体股东一致同意公司支付给控股股东一次性补贴3 800万元,理由是控股股东转让给公司的商标给公司带来巨大的收益,以及控股股东承诺不再从事与公司形成同业竞争的业务,理由不充分。

15. 公司实际控制人王氏兄弟控制公司85%以上的股份,除发行人以外,还控有17家子公司。2004年至2006年9月期间,控股股东未签订相关资金借款或还款协议,通过资金直接拨款的形式,发生了对发行人及控股子公司较为频繁的资金占用;同期关联方为发行人提供了资金。此外,发行人与关联方还存在相互担保情形。

16. 从2003年10月到2006年12月,B股份有限公司大股东A集团占用B资金累计达到21亿元。A集团于2007年9月30日已经将占用资金还清,并支付了资金占用费。但同期A集团却以更高的利率向B股份关联公司贷款。

17. 2004年至2006年9月,某公司实际控制人控制的公司甲、乙、丙、丁等公司频繁占用发行人及其控制子公司大额资金(累计发生额2006年1—9月为3亿元、2005年为4亿元、2004年为4.5亿元),且发行人报告期内多次为上述关联方提供担保,发行人欠缺严格有效的资金管理支付制度,财务独立性差,不符合《首发管理办法》第 27 条的相关规定。

18. 某公司 IPO 第一大股东的上级单位是目前唯一能够为该公司提供设备和资源的单位,且该公司两位主要研发人员皆是第一大股东上级单位的研究人员。可见该公司的研发过程对控股股东的上级单位存在明显依赖,特别是技术人才和知识产权方面,缺乏独立性;同时该公司某项技术科研成果的研究也需以另一单位的具有唯一性的科研成果为前提,因此不符合《创业板管理暂行办法》第 18 条"发行人资产完整,业务及人员、财务、机构独立,具有完整的业务体系和直接面向市场独立经营的能力"的规定。

19. 某公司的办公场所都是向关联方租赁的,厂房也是向第三方租赁的,虽然募投项目实施后将会解决公司办公及厂房问题,但在募投项目实施前,关联交易的公允性和公司资产完整性都会受到充分关注。

20. 某公司客户的集中度较大,对关联方或有重大不确定性的客户存在重大依赖。2006 年至 2009 年 9 月前五名客户销售收入分别占当年总收入的 77%、51%、53% 和 86%,其中最大客户某传媒网络的销售收入占比 2006 年度的 36% 上升至 2009 年 1—9 月的 62%。监管层认为不符合《创业板管理暂行办法》第 14 条第(4)项的规定:"发行人最近 1 年的营业收入或净利润对关联方或者有重大不确定性的客户存在重大依赖。"

21. 某公司设立时的主要资产来源于大股东控股的企业,报告期内该企业与大股东控股企业之间存在资产租赁、收购资产、代付职工工资、偿还债务、代垫水电费等关联交易。监管层认为申请发行人存在独立性问题,不符合《首发管理办法》第 20 条的规定。

22. 某公司设立时 A 集团未能将全部与白酒生产经营有关的资产折股投入,虽然股份公司在设立后立即从 A 集团收购了上述全部存货、实际使用的注册商标、部分固定资产,并以租赁方式使用相关土地和其余固定资产。但在 IPO 时点不符合《首发管理办法》第 14 条对完整业务体系的要求。

(二)关联交易

1. 某公司 2006 年发行人董事会决议同意下属子公司增资事宜,发行人放弃按比例增资,导致发行人对该子公司的投资比例由 80% 下降为 55%,而该公司的经营情况和业绩非常好。该项决议在未提交股东大会批准的情况下,就付诸实施,存在《公司法》第 149 条第 1 款第(4)项、第(5)项的情形。

2. 某公司与大股东之间存在以下关联交易:(1) 发行人与控股股东合作业务的分成比例从 2003 年 1 月后发生了不利于发行人的大比例调整。发行人陈述认为,分成比例的调整系业务收入下降所致,但财务报表内容与发行人在发审委会议上的陈述不一致。(2) 2001 年发行人与控股股东签订了一个为期 15 年,收入按五五比例分成的合作协议。但 2003 年双方又签订了补充协议,约定从 2002 年起合作投资收益分配方式由"五五"分成改为发行人每年获得固定投资收益,期限12年。上述情况表明,发行人业务独立性差,对控股股东及其他关联方存在较大依赖,以上协议的调整使发行人处于不利地位,并且这种情况仍然存在,不符合有关规定。

3. 公司G和公司H与某公司高管人员存在密切关联关系,是申请人的关联公司。近年来,公司与其发生的采购金额和占比都比较大,且交易价格无市场可比价格,无法判断关联交易的定价公允性。

4. 某变压器公司关联交易大,无市场可比价格,无法判断关联交易的公允性。

5. 某公司与控股股东及其他关联方在销售货物、采购原材料、租赁房屋、提供劳务、支付代理费和代缴社保统筹费等多个方面存在关联交易,金额较大,而且募投项目实施以后,关联交易的金额还将继续扩大,公司对控股股东的依赖性过大。

6. 某公司A有一个受同一控股股东控制的关联企业B,后者已在中小板上市,监管层对B的关联交易比较关注。2006—2008年度,A向控股股东下属公司采购原材料金额分别为5 200万元、6 100万元、6 700万元,占同期该类原材料采购的比重分别为68%、55%、50%,占A同期原材料采购的比重为14%、13.80%、12%。原材料关联采购的占比较大,且2006年、2007年关联交易价格明显低于非关联方。同时,A自建项目达产后,仍不能完全满足本次募投项目达产后对原材料的需求,因此,A与关联方之间的关联交易今后仍将持续存在。监管层认为,A目前的业务结构及其与控股股东及其所控制的其他企业之间的业务分工对其的业务独立性构成较大影响,不符合《首发管理办法》第19条"发行人的业务应当独立于控股股东、实际控制人及其控制的其他企业,与控股股东、实际控制人及其控制的其他企业间不得有同业竞争或者显失公平的关联交易"的规定。

7. A企业与其控股股东B企业及其附属公司发生的业务收入,自2006年至2009年中期的最近4个报告期内,占公司同期营业收入的比重分别为38%、32%、30%和27%,关联交易产生的毛利额占总毛利的比重分别为50%、40%、34%和30%,关联交易占比过大,影响独立性。

8. A企业2006年和2007年的第一大客户B公司、2006年的第二大客户C公司,均为关联企业。A企业2006年向这两家公司销售的金额为2 500万元,占同期销售收入的86%。

9. 某公司设立第一年的销售收入、利润,主要来自控股股东的输送,存在关联交易输送利益的嫌疑,而公司未能把该问题说清楚。

10. A企业原控股子公司B和C在公司总资产中占比20%,在营业收入中占比30%,两子公司均因工程质量纠纷或施工责任事故被诉,并被法院判决承担责任,2007年公司在筹备上市过程中将两子公司转让,但受让人均为公司员工等内部人员,转让后,两子公司高管仍间接持有发行人公司的股份,且公司实际控制人仍可能对两子公司转让前的债务承担责任，公司与转让后的两子公司之间仍可能通过股权之外的其他纽带相互影响，关联关系处理不彻底。

11. 某公司不能充分有效地说明自身及其前身 A 公司、B 公司及其前身 C 研究所的关联关系，不符合《首发管理办法》第 18 条的规定，控股股东、实际控制人及其控制的其他企业间不应从事与发行人相同或者相近的业务。发行人应当规范与控股股东、实际控制人及其控制的其他企业发生的关联交易，不得有严重影响公司独立性的关联交易。

12. 某公司与其关联公司在提供服务、租赁场地、提供业务咨询、借款与担保方面存在关联交易。2006 年、2007 年、2008 年及 2009 年 1—6 月，申请人与其控股股东 A 集团及其附属公司发生的业务收入占同期营业收入的比重分别为 39%、33%、30% 和 28%，关联交易产生的毛利额占总毛利的比重分别为 49.8%、43%、35% 和 31%。监管层认为，该公司自身业务独立性差，对控股股东 A 集团等关联方存在较大依赖。

13. 某公司与控股股东报告期内存在大比例的原材料关联采购，且未来仍将持续。2006—2008 年度，该公司向控股股东下属公司 A 厂采购原材料（铸铁件）的金额分别为 5 000 万元、6 000 万元和 6 800 万元，占申请人同期该类原材料采购的比重分别为 68%、55% 和 50%，占申请人同期原材料采购的比重为 14%、13% 和 13.5%，且 2006 年、2007 年关联交易价格明显低于非关联方。同时，申请人目前自建一个项目（5 万吨精密铸件项目），建成达产后，仍然不能完全满足申请人本次募投项目达产后对于上述原材料的需求，申请人与关联方之间的关联交易今后仍将继续存在。因此，发审委会议认为，申请人目前的业务结构及其与控股股东所控制的其他企业之间的业务分工对申请人的业务独立性构成较大影响。

14. 某公司最近一个会计年度的销售收入、销售利润主要来自控股股东的输送。不符合《创业板管理暂行办法》第 14 条第（4）项的规定："发行人最近 1 年的营业收入或净利润对关联方或者有重大不确定性的客户存在重大依赖。"

（三）同业竞争

1. 某公司的申请材料显示，截至 2007 年 6 月 30 日，公司实际控制人控制的中国台湾公司 H 销往内地的同类产品总额为 1.56 亿元新台币，而同期申请人的销售收入约为 1.1 亿元人民币。同时，H 在申请人的其他销售区域有约 2 000 万元新台币的同类产品销售收入。申请人与 H 之间存在较为明显的同业竞争。为此，申请人与控股股东就消除同业竞争作出了相应安排，但申请材料和现场陈述表明，截至发审委会议审核时，上述同业竞争现象仍未完全消除。

2. 某公司境外有企业和它是同业，而且市场分割协议直到 2007 年才签，存在同业竞争。

四、因持续盈利能力原因未过会

1. 某公司,发行人目前规模较小,竞争激烈,报告期间平均费率呈下降趋势,综合毛利率较同类企业偏低、资产负债率较高,并存在一定的偿债压力,因此发行人整体抗风险能力和持续盈利能力不强。

2. 某公司在行业内规模较小,盈利能力较弱,且增长幅度不大,扣除非经常性损益后的净利润水平不高,在行业内激烈的市场竞争环境下,技术优势和竞争优势均不明显,抗风险能力较差;本次募集资金投资项目建成后,固定资产将有较大增长,按现有会计估计,年新增折旧费约 1 124 万元,考虑到该公司现有的盈利能力(2006 年净利润为 2 000 万元左右),该公司存在净资产收益率较大幅度下降的风险,该公司的持续盈利能力存在较大的不确定性。

3. 某公司报告期内享受软件销售增值税退税和所得税减免两种税收优惠,2005—2007 年,增值税退税收入占净利润的比例分别达到 29%、39% 和 40%,申请人及纳入合并报表范围内的子公司享受的所得税减免额占申请人净利润的比例分别达到 26%、17% 和 22%,合计对当期净利润的影响分别达到 55%、56% 和 62%,并呈现上升趋势,经营业绩对税收优惠存在严重依赖。

4. 某公司 2005 年至 2007 年销售项目的土地均从关联方取得,连续 3 年的净利润均对关联方存在重大依赖。发审委会议认为,上述情况不符合《首发管理办法》第 37 条第(3)项的规定。

5. 某公司下属××业务 2005 年、2006 年亏损额分别为 1 100 万元、3 000 万元,申请人 2005—2007 年扣除非经常性损益后的净利润分别为 800 万元、750 万元、7 000 万元,××业务对公司业绩影响较大。2006 年 10 月 28 日,申请人将下属××业务出售给非关联公司 K,同日 K 以现金及相关资产 1 000 万元出资设立公司 L,股权结构中,申请人实际控制人控制的公司 M 占 40%,申请人占 20%,K 占 40%。通过以上重组,2007 年,××业务不纳入申请人合并报表范围,当年申请人业绩也实现大幅增长。申请人重要资产的转让或者收购对公司的经营业绩产生较大影响,但申请材料和现场陈述并没有给出一个合理恰当的解释。发审委会议认为,公司××业务的重组缺乏必要的合理性,也很难判断 2007 年公司盈利能力和经营业绩的真实性。

6. 某公司财务指标恶化、报告期内产品结构发生较大变化,显示公司未来持续盈利能力存在不确定性。

7. 某公司曾签订的一份合同约定限制了公司未来的发展,影响了持续盈利性。

8. 某公司存在重大税收依赖,近三年软件退税占到净利润的 30%、40% 和 42%,退税额过高且呈上升趋势。

9. 某公司主营业务依赖于和国外公司签订的技术许可合同,具有不确定性。

公司主导产品是基于国外公司所开发的软件产品,影响公司持续盈利能力。

10. 某公司生产日用小家电,产品主要以贴牌方式出口欧美国家,虽然销售收入很大,但利润率不高,企业缺乏核心竞争力,随着国内劳动力、土地等生产要素成本的不断提升,以及出口政策调整等因素,企业的盈利能力及发展的可持续性受到重大质疑。

11. 某公司的商品需要经销商或超市销售完毕,双方对账后才确认收入,收入确认存在瑕疵;近三年公司享受税收优惠及补贴收入占利润总额的比例分别为180%、200%和56%,其子公司享受的福利企业税收优惠将被规范;公司经营业绩大幅度波动,2003—2005年营业利润分别为240万元、600万元和6000万元,分别增长160%与900%,是否存在人为调节以及增长能否持续受到置疑;近三年资产负债率明显偏高,分别为85%、80%和70%。

12. 某公司所从事行业竞争激烈,公司所用原材料铜价大幅上涨,能否有效消化原材料上涨的影响存在不确定性风险。

13. 某公司主要业务是为集团提供配套的技术服务,占其收入的60%左右。此外,公司享受的税收优惠较多,对净利润贡献较大,近三年分别占比为43%、46%和53%。

14. 某公司2007年和2008年的营业收入分别为1.2亿元和1.25亿元,同比增长4%。该公司2009年上半年的营业收入为0.6亿元。该公司从2006年到2007年营业收入增长68%后,从2007年到2009年基本处于一个平稳的状态。该公司2006年实现净利润达2100万元,2007年同比增长17%,2008年同比增长8%,增长率下降了51%;2009年该公司上半年实现净利润为1500万元。该公司就目前披露的数据来看;3%的增长率,已经显示盈利能力不足。该公司除了在2006年到2007年间盈利收入增长幅度较大外,三年间没有实现大的收入突破。

15. 公司缺乏竞争优势、适应环境变化能力差;募集资金投资后,产能大幅度提升,面临市场风险。

16. 发改委认为某公司从事的行业竞争激烈,公司所用原材料铜价大幅度上涨,拟投资项目改变公司目前的目标市场且产能大幅提升。公司存货余额很大,且部分存货被抵押。

17. 某公司行业产能过剩,市场竞争激烈。该公司的基础材料以及零配件价格大幅上涨,且募集资金项目实施后,公司生产组织方式将发生改变,募集资金项目面临技术与市场风险,公司未能说明其竞争优势与核心竞争力。

18. 某公司主要从事化工新材料生产和销售,公司的核心技术主要为非专利技术,体现为各种配方及生产工艺条件,容易泄密。公司募集资金项目的技术主要来源于从竞争对手引进的技术人员,存在不确定性风险。

19. 某公司所处行业竞争激烈、进入门槛低、周期性波动较大、非经常性损益较高。公司2004—2006年主要产品毛利率、综合毛利率受行业周期性波动影响较大,呈现先降后升的趋势,近三年非经常性损益占净利润的比例均超过20%,其中2005年非经常性损益占净利润的比例达99.9%,显示公司盈利能力较差,存在较大的经营风险。

20. 某公司主要产品的销售对象为电子整机厂家,下游行业是典型的充分竞争行业,周期性波动较大,主要产品近年来价格下降幅度较大,今后仍将呈下降趋势。公司的产品70%以上出口,人民币升值对公司效益影响较大,公司未能说明其竞争优势、核心竞争力,未能说明公司应对有关风险的能力。

21. 某公司将某亏损的下属业务出售重组,并在重组后的股权结构中,申请人实际控制人控制的公司M占41%,申请人占19%,非关联公司K占40%。通过以上重组,该亏损业务不纳入申请人合并报表范围,当年申请人业绩实现大幅增长。申请人重要资产的转让或者收购对公司的经营产生较大影响,但申请材料和现场陈述并没有给出一个合理恰当的解释。发审委会议认为,公司该亏损业务的重组缺乏必要的合理性,也很难判断2007年公司盈利能力和经营业绩的真实性。

22. 某公司处于电力自动化制造行业的中低端,技术门槛相对较低,竞争激烈,虽然公司的研发、生产能力在A市做得较好,但在A市市场上,其他两家已经上市的行业龙头企业占据了大部分市场份额,该企业的行业地位和竞争力一般,没有太多的市场优势。

23. 某公司是国内户外休闲家具及用品生产和出口的龙头企业之一,报告期内公司产品出口销售占主营业务收入的比例达到96%以上,经营模式以ODM为主。2008年发生金融危机后,欧美等主要出口市场的购买力出现了较为明显的下降,公司经营受汇率、原材料价格、出口退税政策等的影响非常明显。公司2007年和2006年发生的汇兑净损失分别占各年利润总额的6%和5.6%;公司2006年至2008年的直接材料成本占自产完工产品成本的80%左右,且主要原材料价格均出现了较大幅度的波动,对公司的毛利水平和盈利能力产生影响。2006年至2008年出口退税率每增减1%对净利润的影响幅度在8%~14%之间。尽管公司采用了远期结汇工具减少汇兑损失等措施应对,但仍无法有效消除外部环境给公司盈利能力带来的重大不确定性。

24. 某公司主营轮胎,2009年9月的美国"轮胎特保案"使国内轮胎行业出口前景不明,虽然公司制订了较为充分的应对计划,但仍不能完全消除美国"轮胎特保案"给公司生产经营带来的负面影响。另外,公司生产轮胎的主要原材料天然橡胶价格波动剧烈。以马来西亚天然橡胶为例,2006年1月至2009年6月,月均价从1700美元/吨攀升至最高3100美元/吨,2009年6月又跌至1600美元/吨。外贸环境的变化,导致公司业绩波动剧烈、经营不够稳定、发展前景不明确。

25. 某公司采用硫酸法制造钛白粉,国家的产业政策为,"鼓励发展氯化法钛白粉生产工艺,限制发展硫酸法钛白粉生产工艺",2004年美国已停止了硫酸法钛白粉的生产。尽管公司产品质量较好,形成了循环经济产业链,实现了钛白粉生产过程中副产品废酸、亚铁的综合利用,且环保达标排放,但随着产业的不断升级和环保要求的不断提高,不排除国家今后对硫酸法钛白粉生产项目采取更严格的限制措施和出台更严格的环境保护政策的可能。公司的环保投入呈逐年增加之势,2008年公司用于环保和安全生产的投入为6 000万元,占当年利润总额的一半以上。

26. 某公司主要生产含镍的奥氏体不锈钢棒线材,行业整体毛利率不高,主营业务成本中不锈废钢、镍合金的采购成本平均占比在90%左右,均随镍价波动而波动,2007年以来,镍价涨跌波动较大,且未来镍价仍存在不确定性,因此公司面临原材料价格波动的风险。从2008年四季度开始,受金融危机冲击导致国内经济增长放缓,并对发行人产生影响,产品价格随镍价同步下跌,营业收入相应大幅下降,2008年四季度营业收入折合全年较2007年下降41%。

27. 某公司的主要产品为通信用阀控电池,属于传统的铅酸蓄电池,是目前使用最普遍的化学电源。在技术含量更高的镍氢电池、锂离子电池逐步兴起的状况下,发行人的经营环境可能发生重大变化。铅及铅钙合金占据约60%的生产成本,报告期内铅价波动剧烈,导致产品毛利率变动明显,也影响业绩稳定性和持续盈利能力。此外,2006年、2007年享受税收优惠的金额分别为500万元、680万元,分别占当期净利润的62%和47%。

28. 某公司的商标注册没有最终完成,其产品采取组合式商标,由英文和中文组成,英文部分境内外均注册成功,中文部分的注册尚在国家商标局实质审查的公示期,尚有悬念。监管层认为,这可能对国内市场的销售带来不确定性;此外其租用的厂房产权手续不完善,生产基地尚未取得合法的土地证和房产证,监管层担心如果政府强制动迁,对其生产有影响,根据招股说明书,动迁将对公司造成将近200万元的损失。

29. 某公司是国内最大的汽车设计公司,公司2006年、2007年和2008年归属母公司所有者的净利润分别为1 140万元、2 400万元和2 600万元,增幅超过营业收入,但2009年上半年在中国汽车行业全面走好、汽车销量成为全球第一的大背景下,该公司净利润陡然下降至每股收益0.1元,盈利水平大幅下降,显示公司未来持续盈利能力存在不确定性。

30. 某公司,在其业务模式中,75%以上是该企业负责为客户购买纸张并加工,印刷完成后按照"纸张+加工费"的方式计算收取费用,纸张价格在上一年第四季度开始上涨,今年上半年更是呈现疯长的局面,这对印刷的毛利率影响十分巨大。

31. 某公司业务发展方向不明,2007年3—12月的新业务利润贡献大,合同一年一签,稳定性不够。未来盈利能力不明确。

32. 某运动休闲公司产品知名度有限,未进前十名,在××市也不在最前列,ODM和OBM方式,近三年有80%~57%出口,存在出口退税和成本上升风险。未来盈利能力不明确。

33. 某公司业务本身缺乏技术含量,处于价值链的末端,议价能力较弱。该企业生产的主要产品就是一些外观产品,为手机、电脑、家电等做的一些下游产品,它对大客户的依赖度非常高。对前五名客户销售收入占总销售收入的比例达到了50%,2006年更高,达到了60%,汇率风险也很大,2007年的汇兑损失达到了230万元。

34. 某公司近三年来自日本市场的收入占营业收入的75%以上,而且日本市场也是其未来的开拓重点,预计今后几年内,该市场外包软件开发业务占公司营业收入将继续维持较大比重。同时,公司客户主要为 NEC、NTTDATA、日立、新日铁SOL、通用电气等企业,近三年,公司对前五大客户的销售收入占公司营业收入的比例分别为57%、55%和53%,有较为集中的风险。对于这类软件外包公司,人民币的加速升值带来的风险很大。因为外包公司与日本和美国客户签的都是长期合同,大部分以日元和美元计价,而外包公司的主要成本(人工成本支出)却按不断升值的人民币计算。销售收入的外币贬值,主要成本的本币升值,短期内不看好这类公司的盈利前景。

35. 某公司为区域性零售商,未来业绩存在不确定性。公司所属 B 商场 2007年营业利润占公司总额的22%,该商场所在建筑物可能在 2008 年 7 月之后被拆除,替代商场的盈利水平存在不确定性,对公司业绩影响较大。募集资金运用部分投资于非深圳地区,商业作为充分竞争的行业,当地的消费习惯及大型商场的饱和度将直接影响公司未来利润水平。

36. 某药业公司第二大主导产品的商标权属股东间接控股的医药销售公司,且其主导产品独家"国家中药保护品种"保护期将至。

37. 某公司的主要产品大部分销往国外。自 2009 年下半年,募投项目产品出口国政府决定对从我国进口的该类产品征收惩罚性关税,所处行业经营环境已经发生重大变化。

38. 某公司 2006—2009 年前五名销售客户的销售收入占当年销售收入的比重都超过50%,其中第一大客户收入占比从 2006 年某公司的30%上升到 2009 年另一公司的60%。构成对单一的不确定性客户存在重大依赖。

39. 某公司虽然 2006—2008 年利润都有所成长,但幅度显然不够有说服力,其中扣除非经常性损益的净利润指标,2008 年较 2007 年仅仅增长了 80 万元。

40. 某公司存货余额比较高,占流动资产的比例为34%,且存货周转率呈现逐年下降的趋势,2007 年为 3.6、2008 年为 4.92、2009 年上半年仅为 1.9,下降幅度惊人。

41. 某公司在 2006 年、2007 年享受税收优惠金额分别为 500 万元、680 万元,分别占当期净利润的60%和48%,而且其经营所在地与国家税务总局的规定不一致,目前所享受的优惠可能会被追缴。

42. 某公司一直从事与汽车行业相关的设计业务，从未介入相关的制造业务，但却打算与其全资子公司拟重金8000万元收购增资A公司。A公司主要从事S11混合动力跑车的生产销售。收购将导致经营模式发生重大变化，符合《创业板管理暂行办法》第14条第(1)项"发行人的经营模式、产品或服务的品种结构已经或者将发生重大变化，并对发行人的持续盈利能力构成重大不利影响"。同时，其拟动用超过自申请资产一半的资金收购上述制造企业，在财务上也存在重大风险。

43. 某公司2006年、2007年和2008年归属母公司所有者的净利润分别为1140万元、2420万元和2590万元，增幅超过营业收入，但2009年上半年在中国汽车行业全面走好、汽车销量成为全球第一的大背景下，该公司净利润却陡然下降至每股收益0.1元，盈利水平大幅下降，显示其未来持续盈利能力存在不确定性。

44. 某公司将其中一项本应费用化的研究费用1200万元进行资本化处理。发审委认为，纠正为资本化处理后，将使该公司2008年净利润低于2007年，无法满足创业板发行条件的财务指标要求，不符合《创业板管理暂行办法》第10条"最近两年连续盈利……且持续增长"的规定。

45. 某公司近三年营业收入增长率不足10%，净利润增长率近三年不足5%。

46. 某公司营业收入和净利润的增长并不明显，2009年1—9月的年增长率只有约5%和6%，仅个位数增长，成长性不足。发审委对于企业由硬件、软件收入的主要构成结构及变化趋势表示担忧。

47. 某公司于2006年至2009年上半年，从当地地方政府获得的产业发展扶持基金分别为1088万元、986万元、1440万元和990万元，占归属母公司净利润的比例分别为65%、21%、20%和27%，比重很高。而且根据相关文件的规定，该公司获得产业发展扶持基金的期限是2012年底，届时，失去了政府扶持，将陷入利润骤减的情况。

48. 某公司近三年的销售数据显示，公司近三年的增长全部来源于国内市场，国内市场的增长全部来源于A设备，而A设备的增长主要依赖于电视购物新销售渠道的开拓。但是，国家广电总局于2009年9月下发了相关通知，严格管理播出频道、播出时间、产品品质处理、供应商资质，并于2010年1月1日起执行。截至该公司上会，该政策对公司产生的影响还没有显现，该公司未来的市场前景尚不明朗。

49. 某公司的主营业务分为网络构建、专业应用系统、企业及信息平台、技术服务与支持4大类。按此分类，报告期内核心技术实现的业务收入占总收入的比重约为45%。但审计报告认为，该公司除技术咨询和服务外的其他三类业务都包含了自有的软硬件以及外购的软硬件产品，并指出了审计报告与招股说明书中业务划分的不同之处。按照审计报告的划分，核心技术实现的软件开发与销售收入占比尚不足9%。因此，发审委认为，该公司的核心竞争力并不突出，可能对公司本身持续盈利能力和募投项目未来的盈利能力产生重大不利影响，不符合《创业板管理暂行办法》第14条第(6)项的规定。

50. 某公司2007年、2008年及2009年移动电子商务业务收入分别为220万元、2 266万元和2 100万元,手机游戏业务收入分别为1 100万元、2 053万元和12 500万元。2009年,两者合计的营业收入已经占到主营收入的68%。而在2007年,公司的营业收入为8 050万元,移动电子商务业务和手机游戏业务只占营业收入的17%。根据《创业板管理暂行办法》第13条的规定,最近两年内主营业务没有发生重大变化。发行人应当主营业务突出,该公司主营业务中的3种业务无论从目标客户、上下游产业链以及商业模式等,都在近两年发生了很大的变化。

51. 某公司股份上会前夕,美国对从中国进口的所有小轿车和轻型卡车轮胎实施为期3年的惩罚性关税。而且该公司的主要产品目前大部分销往国外,其本次募集资金拟投资于扩大生产规模。发审委认为,"轮胎特保案"使国内轮胎行业出口前景不明,造成经营环境发生重大变化。另外,公司生产轮胎的主要原材料天然橡胶价格波动剧烈。外贸环境的变化,导致公司业绩波动剧烈,经营不够稳定,公司发展前景并不明确。

52. 某公司与其参股40%的中外合资公司——A关于竞业禁止的约定将对发行人未来盈利能力产生较大影响,不符合《首发管理办法》第14条和第37条的规定。即两家公司均从事气缸套生产,但两家公司产品未来发展定位和空间不清,尤其是B,在建设的第二阶段将会出现与发行人产品的重合,根据合资合同中有关B经营范围的约定以及有关竞业禁止的约定,合资双方未经对方同意,均不得从事与合资公司经营范围中的商业活动相竞争的活动,这些约定限制了发行人未来的发展,尽管合资合同约定,合资双方同意就有关避免内部竞争的规定在合资公司开始第二阶段建设之前由双方协商,但双方能否达成一致意见存在不确定性。

53. 某公司主导产品A、B、C均为独家"国家中药保护品种",保护期分别于2008年、2009年和2009年止,保护期过后,上述产品将不再受国家行政保护,届时如果市场出现同类仿制产品,将可能对公司上述产品的销售造成不利影响。

54. 某公司报告期内发行人非经常性损益占净利润比重持续较大,发行人经营成果在较大程度上依赖于政府补贴和税收优惠,且政府部门给予发行人的补贴并非确定的长期性政策,发行人自身盈利能力较弱,未来经营业绩存在较大不确定性,不符合《首发管理办法》第28条和第34条的规定。

55. 某公司与A食品有限公司共同拥有甲商标,而此商标为发行人销售中使用的主要商标,有关协议书中未明确划分共有双方的使用领域,且约定协议对发行人较为不利,发行人对该无形资产的权利受到较大限制,发行人未来经营中使用该商标存在较大不利变化的风险,不符合《首发管理办法》第37条的规定。

56. 某公司2004年、2005年贸易收入占比仅为5%、3%,而2006年度贸易收入为3 100万元,占营业收入的21%,毛利430万元,占全年毛利的8%;2007年上半年贸易收入为2 200万元,占营业收入的24%,毛利87万元,占当期毛利的3%。

由于贸易业务具有不稳定性,将可能对公司未来经营业绩产生一定影响。虽然从股东利益最大化角度考虑,贸易业务可能会带来一定收益,但为了突出主业、提高资金使用效率,公司应考虑逐步缩小贸易业务规模。

57. 某公司负债主要由流动负债构成,2004年、2005年、2006年和2007年上半年期末,公司流动负债占负债总额的比例分别为99.90%、99.93%、99.95%和99.88%,流动负债占负债总额的比例相对较高,负债结构有待进一步改善。最近三年一期公司流动负债主要由短期借款、应付账款和其他应付款构成,报告期内占流动负债的比例变动较大的项目为短期借款、应付账款及其他应付款。发行人截至2007年6月30日的母公司资产负债率为64%,流动比率为0.8,速动比率为0.4,可支配的货币资金为400万元,负债总额为21 000万元,且债务主要为流动负债,短期偿债能力存在重大风险。不符合《首发管理办法》第35条的有关规定。

58. 某公司2001年与某电视台及其相关频道签订了一个为期15年、收入按五五比例分成的协议。但2003年发行人又与某电视台签订补充协议,约定从2002年起,上述"五五"分成改为公司每年获得8 840万元的固定投资收益,期限12年。上述情况表明,公司在业务上独立性较差,对控股股东及其他关联方存在较大依赖,以上协议的调整使公司处于不利地位,并且这种情况持续存在。

59. 某公司报告期内仅软件产品增值税退税一项,分别占当期利润总额的14%、13%、18%和15%。而《创业板管理暂行办法》要求,发行人的经营成果对税收优惠不存在严重依赖。

60. 某公司对产品的未来市场需求描述不充分,逻辑性分析比较差。披露文件中提到,"近三年公司开始逐步向化工、石化、有色、矿山、水泥、造纸等其他行业开展市场推广,来自除电力和钢铁以外的其他下游行业的业务收入比重由2006年的14%提高到2009年1—9月的24%",但没有在相应的文件中进一步描述市场的情况,未来的成长动力,对募投项目的产能消化,出现无法解释的情况。可见业务与技术方面的分析逻辑关系比较混乱。

61. 某公司主营产品为药芯焊丝,报告期内,钢材的成本占原材料成本比重约为65%。对药芯焊丝产品而言,原材料价格每上涨5%,若销售价格不变,相当于利润减少15%以上。最近三年及一期,由于钢材价格的波动,直接导致该公司主营业务毛利率在19%~28%之间大幅波动。原材料的价格即钢材价格对公司的影响较大,如何规避及提高议价能力等措施没有在招股说明书中体现。

62. 某公司2007年、2008年营业收入增幅分别为60%和74%,而经营活动产生的现金流量净额增幅为-38%和380%。2009年1—6月,该公司营业收入为16 000万元,而同期经营活动现金流量净额再次转为负的2 000万元,现金流量净额出现异常波动。该公司2008年和2009年1—6月的营业收入和现金流量净额变化反差太大。一般比较合理的情况是,营业收入与经营活动产生的现金流量净额是同比例、同方向变化的。

63. 某公司报告期CCFL累计销量高于累计产量,监管部门对发行人报告期主营业务收入是否存在提前确认的情形存有疑虑。发行人2004年至2007年1—6月累计销量为5 900万支,同期累计产量为5 850万支,而发行人未对上述问题形成的原因作出合理解释。

64. 某公司2006年5月15日,与青岛某公司签订《商标使用许可合同》,约定自2006年1月1日起至2010年12月31日,公司无偿使用该公司的××电子商标,2011年1月1日至2015年12月31日,将按公司使用合同商标商品的全部销售额的1‰缴纳商标使用费。但在发审会上,公司未对签署上述合同的合理性、2015年后使用××电子商标的安排,以及该等事项对公司未来经营业绩的影响等作出充分论证。

65. 某公司根据公司财务报表反映:支付给职工以及为职工支付的现金和年末应付职工薪酬的余额计算的2005—2007年度计列的职工薪酬分别为7 500万元、6 800万元和3 400万元。公司职工薪酬三年连续下降,2007年出现大幅下降,下降幅度为50%。根据招股说明书披露的2005—2007年度研发人员及工资的情况计算,年度人均工资分别为15万元、14.8万元、9万元。公司研发人员人均工资2005年、2006年基本一致,但2007年大幅下降。公司薪酬变化是公司净利润变化的重要因素,但招股说明书对上述薪酬变化未能作出适当披露和合理解释。综上,无法判断2007年利润增长的合理性,不符合《首发管理办法》第4条的规定。

66. 某公司拟募集资金7亿元,其中5亿元全部用于软件外包业务,占募集资金总额的71%。鉴于公司目前的长期客户均为公司持股5%以上的股东(均为全球重要的软件厂商),因此发审委比较关注公司继续加大软件外包项目是否会导致公司的收入或利润来源依赖于关联方。

67. 某公司所处行业为钢铁行业,而国家目前对钢铁行业实施限制产能扩张、淘汰落后产能的政策,申请人未来的自身扩张及持续发展在政策上受到较大限制,其成长性受到较大制约,且发行人对未来持续发展缺乏切实可行的应对措施,因此,发审委认为,申请人未来的持续盈利能力存在较大的不确定性,不符合《首发管理办法》第37条的规定。

68. 某公司申请上市未通过,发审委认为,申请人报告期内存在原料气供应不稳定和不足情形,申请人现有项目及募集资金投资项目达产后产能扩张较快,且原料气供应的稳定性和长期性存在不确定性,对发行人持续盈利能力构成重大不利影响,不符合《首发管理办法》第37条的规定。

五、因募集资金运用原因未过会

1. 发审委认为,发行人尚未有本次募投项目的生产经营和产业化的经验,且未能充分披露其经营模式和盈利模式,本次募投项目存在重大投资风险。

2. 某公司在国内疫苗的产销量和竞争地位上并无明显优势,本次募投项目之一的疫苗产业化基地建设项目建成后将使发行人新增 4～5 倍的生产能力,发行人对如何消化新增产能未能提供有说服力的依据,且拟新生产的疫苗尚未取得新药证书和药品批准文号,在充分竞争的市场环境下,募投项目产品的市场销售存在不确定性,不符合有关规定。

3. 某公司毛利率及净资产收益率水平呈较大幅度下滑,且在主导产品毛利率大幅下滑、市场过度竞争、发行人 2006 年压产的情况下,投入大量资金进行主导产品扩产项目,该募投项目未来盈利前景存在不确定性。

4. 某公司在募投项目完成后,销售模式将由"经销商+加盟店"逐步转变为"直营店和加盟店并重",公司主要产品产能将大幅增加。发审委会议认为,申请人在消化产能、适应销售模式和生产模式转变、保证募投项目未来经济效益方面存在较大的不确定性。

5. 某公司募投项目投产后,项目产品总产能将比现有产能增加 86%,但 2007 年该产品的产能利用率较低,未达到前次募投项目预期,且公司在招股说明书中披露,目前国内市场相关产品的产能略大于需求,公司对募投项目是否具有良好的市场前景和盈利能力缺乏合理理解。

6. 某公司拟以本次募集资金收购价值 88 亿多元的资产,收购的资产规模显著高于申请人目前 68 亿元总资产规模,募投项目与申请人现有的生产经营规模、财务状况及管理能力不适应。

7. 某公司的募投项目中,营业网点新设需按规定获得政府部门批准,但截至审核时,只有一个获得批准,且有两个尚未获得批准就已开业,存在较大的合规风险和投资风险。

8. 某公司的基础材料以及零配件价格大幅上涨,且募集资金项目实施后,公司生产组织方式将发生改变,募集资金项目面临技术与市场风险。

9. 某公司募集资金 5 个项目中有 3 个不具备实施条件,募集资金使用存在较大风险。拟投入的铁路计算机联锁系统以及分散自律调度系统项目,未取得产品认定证书;无线机车调度系统和监控系统虽然拿到了认定证书,但属于新产品,公司还需要参与投标才有可能拿到项目,项目何时投产以及能否取得效益存在较大不确定性。

10. 某公司目前动漫业务收入占主营业务收入的比重不到 10%,本次募集资金项目中最大的项目即投资于该领域,该领域的市场是 2005 年开始启动的,尚处于商业模式完善阶段,项目前景存在不确定性;此外公司另两个募集资金项目目前尚未有产品或服务,未来能否实现商业化运作,存在不确定性。

11. 某公司下设众多子公司,各子公司的功能定位不清晰,历史演变复杂,发行人对这些子公司的控制力有限,募集资金项目主要由这些子公司实施,且与目前发行人主营产品存在差异,风险较大。

12. 某公司未取得募投项目所必需的生产许可证和登记证,募投项目建成后存在资产闲置的风险,募投项目的未来市场前景和盈利能力存在重大不确定性。

13. 某软件公司拟投资5 000万元用于营销网络建设,但公司现有营销网络的7个网点中有5个亏损,在公司现有营销模式下继续投资营销网络,盈利前景存在重大不确定性。

14. 某公司募集资金投资项目之房地产项目的后续资金需求为4.2亿元,据发行人陈述,该项目目前预售回款良好,截至目前已实现预售9亿余元,收到预售房款4.5亿元。发审委会议认为已无再募集资金的必要,不符合《上市公司证券发行管理办法》第10条第(1)项的规定。

15. 某公司拟募资投向的数字互感器产品还属市场空白,经营风险较大,而公司目前仅推出了实验阶段产品。公司近年的负债率一直较低,货币资金较为充裕,2006年和2007年均无借款,可依靠自身能力完成募投项目的融资,融资的必要性不足。

16. 某公司的主要产品是太阳能电池组件,公司向太阳能产业链上游延伸,涉足太阳能电池片生产。2008年其太阳能电池片和电池组件的产能分别为20兆瓦和60兆瓦,其中电池组件产量为43兆瓦,产能利用并不充分。募投项目投产后,其太阳能电池片和电池组件的产能将分别从20兆瓦和60兆瓦扩张到120兆瓦,增幅分别为5倍和1倍,而太阳能市场因金融危机的影响仍在下滑,其产能急剧扩大存在的市场风险以及因产业链转向上游存在的技术风险,使募投项目的可行性遭到质疑。

17. 某公司主营的保健食品行业波动性大,企业对某一产品的依赖性强,产品生命周期相对较短,历史上急速陨落的保健品牌众多。公司某产品2001年面市后,一直无法打开局面,经营连年亏损,直到2004年,该产品获市场认可后才一举扭亏。近年,该产品的销售额一直占总额的90%以上。而该企业本次募投重要项目之一某软胶囊在国内尚属新兴的保健食品,市场前景并不清晰,一旦产品推广失利,可能严重影响收益。

18. 某公司2006年至2008年的资产负债比例分别为64%、29%和8%,呈下降趋势,资产负债率低,公司财务杠杆运用不足,融资的必要性不充分。

19. 某公司此次上市募集资金将全部投资于印刷生产线建设项目,该项目总投资将达2亿元。在补充说明中公司还表示,如果本次发行实际募集资金超出2亿元,将把多余资金用于补充流动资金。该企业作为中小型企业上市,募集资金额度较小,而其项目建设资金和流动负债却高达上亿元,募资去向说法存在矛盾之处,猜疑空间很大。

20. 某公司募股项目可行性不高或无募资必要。其一,该企业账面资金充足,完全可以支付六大投资项目。据该企业2007年的财务报告显示:2007年12月31日,该企业货币资金总额约为33亿元,其中H股增发募集资金尚余11亿元未使用。该企业起初的相关公告虽然未透露募资金额,但明确指出六大项目预计耗资约28亿元。其二,该企业的资产负债率不高,通常此类公司会被视作无募资必要。据该企业的财务报告显示:2007年,该企业(母公司)资产负债率为30%,远远低于汽车类上市公司的平均资产负债率。

21. 某公司募投项目扩产,由2000台到1.5万台,除尘项目由400台到2000台,增幅太大。

22. 某公司募集资金规模超过净资产,规模过大。该企业主业生产鞋子,15504万元建年产400万双休闲鞋产能(原有900万双产能),但另外1/3的募集资金用于自己并不熟悉的生产领域,风险太高。募投8000万元建300万件休闲服产能、13000万元建营销中心、五大区配送中心、100家专卖店和电子商务系统,过于庞大,且未说明与现有营销网络的关系。

23. 某公司募集资金的主要投向是国际中心大型综合性公建项目,分两期完成,一期包括商场、公寓型酒店、精品酒店及一号办公楼,总建筑面积约14万平方米。二期包括综合楼(功能包括高级商务酒店、办公楼及公寓式酒店)及二号办公楼,整个项目共6幢建筑。此前,监管层曾明确规定,地产企业IPO募集的资金不能用于买地。

24. 某公司本次募投项目产能扩张较大,且大部分为新产品,投资和市场开拓风险较大。在现有产能利用不足的情况下,又利用募集资金扩张产能、增加固定资产投资,存在较大的财务和市场风险。

25. 某公司将其募集资金的1.2亿元用于补充工程项目备用的运营资金,因未经充分论证而未获监管层认可。

26. 某公司账上现金很多,资产负债率19%。

27. 发行人拟以募集资金投资的年产9000万支液晶显示屏用冷阴极荧光灯管项目。2004年末、2005年末、2006年末及2007年6月末,发行人固定资产余额分别为160万元、300万元、600万元和2000万元,主要生产中小尺寸液晶显示产品。本次募集资金投资项目预计总投资38000万元,项目投产后,将增加约3亿元的生产设备,主要生产大尺寸液晶显示产品。根据发行人现行的会计政策,预计未来5年,每年将增加折旧费用6000万元左右,2006年发行人净利润为6400万元。募集资金运用不符合《首发管理办法》第39条的规定。

28. 某公司募集资金将投资于4个项目,发审委会议认为,申请人在报告期内与两个募投项目有关的业务和产品严重依赖重大不确定的客户,且未来市场发展存在重大不确定性。其他两个项目在技术、市场方面也存在重大不确定性,不符合《创业板管理暂行办法》第27条关于募集资金使用的规定。

29. 某公司属于轻资产公司,而公司募投项目中新增固定资产投资占比募投总金额的75%,为7100万元,即使扣除房屋等建筑物3200万元,其在生产、仓储和研发及检测、办公等方面的固定资产绝对额较原来增加了30倍多,固定资产高投入引起的折旧费用激增,必将对公司未来的损益造成影响。在目前市场条件下,产能扩大将近1倍是否真的能够被市场消化,未见到说明。因此不符合《创业板管理暂行办法》第27条"发行人募集资金应当用于主营业务,并有明确的用途"的规定。

30. 某公司的客户主要是大型国有火电企业。截至2009年9月30日,该公司的应收账款占总资产的比例为65%,占前三季度营业收入的151%。尽管在这其中,1年以内的应收账款占总额的90%,但仍难以缓释其对现金流的负面影响:公司报告期内经营活动现金流不稳定,2007年、2008年经营活动现金流量净额为负且持续增大。2009年1—9月,公司的经营活动产生的现金流量净额仅为140万元。公司现金流和业务的发展严重不匹配,如若维持公司业务顺畅运转,现金流量净额至少要维持在750—850万元的规模。同时2009年的增长速度相对前两年已经放缓。财务报表披露,2009年前三季度的销售收入与上一年前三季度的收入基本相当,并无显著增长。此外,其2006年至2008年的资产负债比例分别为65%、30%和9%,呈下降趋势,且2009年三季度末只有120万元的短期借款,资产负债率很低,公司财务杠杆运用不足,融资的必要性并不充分。

31. 某公司从事医药中间体的生产销售,其中募投项目的技术在与其他公司签订保密协议的基础上由其他公司无偿提供,且生产的产品全部提供给该公司,但没有签订包销协议。该公司以保密为由没有提供相关协议,也未申请豁免,招股说明书对行业竞争情况、申请人行业地位的分析比较所选取的比对标准和对象缺乏合理性,对工业制造、贸易的部分信息披露不完整、不充分,土地取得情况与附件不一致。

32. 某药业公司的主营业务范围为中成药研发、生产、销售。其招股说明书显示,该药业公司计划募集资金约2.8亿元,其中拟投资1亿元用于非林地种植人参,该项目运行期为7年,第8年至第13年为达产期。该药业公司2006年至2008年从市场上收购的产品采购量分别为190吨、240吨、160吨,另一募投项目预计增加上述产品需求量120吨,而非林地种植人参达产期内年产量900吨,远高于其未来年需求量。发审委认为,项目产生效益的时间较长,项目的建设计划能否按时完成、项目的实施效果和消化募投新增产能等都存在较大的不确定性,不符合《首发管理办法》第41条的规定。

33. 某公司募投项目之一A,凭借更高产品性能及更低的价格,可以迅速替代目前主流的产品。但是,A目前仍处于产品市场空白期,仅推出了实验阶段产品。根据《创业板管理暂行办法》的规定,发行人董事会应当对募集资金投资项目的可行性进行认真分析,确信投资项目具有较好的市场前景和盈利能力,有效防范投资风险,提高募集资金使用效益。在募投项目的可行性报告中,对于尚处于市场空白的A如何才能替代目前的主流产品,并未给予充分理由。

34. 某公司主要从事临床医疗检测系统的研发、生产和销售,主要产品为检测仪器、检测试剂和仪器耗材,拟募集资金29 300万元建设综合研发基地项目。而该公司财务报告披露,2007年至2009年,扣除非经常性损益后的净利润分别为1 700

万元、1970万元和2600万元,主营业务带来的业绩增长稳定。同时,主营业务的综合毛利率高达78%,显示出较强的盈利能力,另外现金流也比较充裕。2007年至2009年,公司经营活动现金流净额分别为2100万元、1600万元和2300万元,货币资金分别为500万元、7000万元和6500万元。并且此公司之前曾四处投资,显现不俗的"财技"。因此该公司依靠自身财务杠杆和盈利能力,基本可以满足自身的融资需求,无上市募资的必要。

35. 某软件公司主要专注于发展政府、质检、军事机关、电力和电信等行业应用软件的研发、推广,以及相关计算机信息系统集成和服务业务。该公司本次募集资金运用有:拟募资5500万元用于新一代电子政务应用平台产业化项目;拟募资3700万元用于信息安全风险评估产业化项目;拟募资8300万元用于质检行业企业端软件运维服务平台建设项目;拟募资5600万元用于协同管理软件平台产业化项目,合计拟募资23100万元。据招股说明书中提供的财务数据,2009年1—6月货币资金为8900万元,2008年为9900万元,同期营业收入分别为8200万元、16 600万元。以2009年6月30日总资产为11 000万元的规模来讲,货币资金是比较充足的,而且还有大量的应收账款、其他应收款,发审委认为,其募投的必要性不强。

36. 某公司拟使用募集资金9亿元投资开设12家新商场,约占本次发行预计募集资金22亿元的41%。上述12家新商场将租用他人房产开设,但是9家房产正在建设或尚未开工建设,上述拟租赁房屋可能因建设周期拖延、未及时办理完毕竣工、消防验收、房产证、不能达成租赁协议和租赁登记手续等情形,不能及时、合法交付公司使用,从而拖延新商场的开设时间,造成募集资金闲置。同时该公司2007年末净资产为5.47亿元,本次发行拟募集资金22亿元,募集资金是净资产的4倍,募集资金规模较大。此外,上述12家新设商场在开业前须获得商务部批准,目前只有1家获得了商务部的批准,另有两家在尚未获得商务部批准的情况下开业。因此,上述募集资金投资项目存在较大投资风险,不符合《首发管理办法》第41条的规定。

37. 某公司目前狂犬病疫苗的产能为100万人份,产量为50万份,根据发行人提供的2006年国内无佐剂狂犬病批签发数量统计790万人份,市场占有率为7%左右,发行人的产销量和竞争地位并无明显优势,且发行人目前尚无灭活甲型肝炎疫苗的生产和销售。本次募投项目之一疫苗生产化基地建设项目建成后,将使发行人新增每年400万人份冻干狂犬病疫苗和500万人份灭活甲型肝炎疫苗的生产能力,达产后,公司将占有全国产能的25%,发行人对如何消化新增产能,未能提供有说服力的依据。甲肝疫苗尚未取得新药证书和药品批准文号,如取得还需完成包括申请材料审核、GMP车间连续生产三批样品、药品检验程序。因此在充分竞争的市场环境下,募投项目产品的市场销售存在不确定性,不符合《首发管理办法》第41条的规定。

38. 某公司计划募集资金3亿元,投资综合研发基地项目。该项目中,投资最大的房屋建筑物,共计约1.8亿元,房屋总建筑面积为3.9万平方米。招股说明书披露,截至2009年底公司有员工140人,募投项目建成后,公司将新增员工155人。综合研发基地项目拟投资的综合研发基地将建设专业制剂实验室、仪器研发实验室、组装调试室、办公及公共培训中心,配置净化设施、专业工艺基础设施和产品、技术测试设施等,通过搭建企业技术中心的储备技术开发平台、测试平台、组装配制平台和培训平台,系统开展面向各类传染性、遗传性疾病的分子诊断和免疫诊断的基础技术与应用研究,增强公司在分子诊断和免疫诊断领域的技术储备,进一步提升公司的核心竞争力。未来三年,该项目将主要进行人体微量元素检测产品和肠道病毒检测系列产品的研发。招股说明书披露,公司募投项目达产后,将新增200台微量元素检测仪及560万支配套试剂产能。该募投项目大量投资于研发基地建设,研发具有不确定性,风险较大。

39. 某公司募集资金拟投入的项目之一"年产1万吨聚碳酸酯装置"属于有机精细化工,在技术、生产工艺等方面尚未有成功先例,且与目前发行人主营的无机化工产品在生产技术上也存在较大差距。该募集资金投资项目与发行人现有技术水平不相适应;同时发行人两个募投项目尚未取得土地使用权,拟使用的土地尚属农用地,该现状增加了募集资金项目的不确定性;另外,国家发展改革委办公厅《关于境外投资项目备案证明的通知》指出,发行人拟采用的生产工艺只存在1 000吨的工业化中试装置,中国化工蓝星集团曾经取消了同类项目建设,发行人拟采用相同工艺建设1万吨聚碳酸酯装置应慎重考虑。综上所述,发行人募集资金投资项目不符合《首发管理办法》第39条和第41条的规定。

40. 某公司拟以本次募集资金90多亿元收购集团下属矿资产和业务,以减少同业竞争。发行人目前净资产23亿元左右,如扣除2008年3月份分配的2007年度利润6亿元,实际净资产只有17亿元,发行人最近一期总资产70亿元。本次收购的资产规模高于发行人目前的资产规模。此外,本次拟收购的矿于2006年2月1日发生死亡人数达23人的重大责任事故,安全管理存在隐患。发行人本次募集资金投资项目与发行人现有的生产经营规模、财务状况及管理能力不适应,不符合《首发管理办法》第39条的规定。

41. 某公司本次募投项目涉及的产品共10种,其中4种还未获得新药证书,包括:已通过评审未获得兽药证书的一种;将于近期通过农业部兽药评审的一种;正在准备新兽药证书的申报材料,预计2009年可以拿到新药证书的有两种,这些产品均存在不能获得新药证书、从而无法实施募集资金项目的风险。本次募集资金运用后,公司将增加固定资产21 200万元,比发行人2007年末固定资产增加220%;新增动物用生化制药产品的年产能360万升;新增灭活疫苗年产能3.5亿毫升,比现有产能增加335%;新增活疫苗年产能2 500万瓶,比现有产能增加340%。而发行人2007年大部分产品的产能利用率不高,如兽用制剂中的普新、肠舒安等2007年产能为1 900吨,而2007年产量为1 200吨;华西精品、新必妥等2007年产能为8 100万瓶,而2007年产量为4 200万瓶等。在现有产能利用不足的情况下,又利用募集资金扩张产能、增加固定资产投资,存在较大的财务和市场风险。

42. 某公司募集资金20亿元中计划将12亿元用于收购A商厦60%的股权、B商贸公司100%股权项目和收购C超世纪广场、D大厦资产并装修。上述项目中A商厦模拟完整会计年度2006年业绩较差,净利润仅为37万元;B商贸公司及D大厦历史上用于租赁经营,并无业绩记录;C超世纪广场自2005年4月至今,一直停业经营,虽然公司披露上述收购项目预计在收购完成3年后达到正常经营状态,每年将产生较好的营业收入和净利润,但基于上述项目的历史经营情况和并购整合的商业实践,上述募集资金计12亿元的效益尚存在不确定性。

43. 某公司募集资金用于年产10万台(套)家用静音电源项目,项目建设期两年(2009年投产),且产品绝大部分用于出口销售。公司在申请材料中提供了公司与美国AMI签订的《关于开发美洲市场的销售合作协议》,协议约定,AMI负责在项目投产后3年内在美洲的销售数量,即AMI承诺在项目投产后第一年实现销量不少于1万台(套);但协议本身规定有效期为3年,自双方签字日(2007年7月10日)生效,协议的履行期限超过了协议的有效期限,且协议第12.1条有关协议终止条款的中英文含义矛盾,导致该协议到期后能否继续履行存在较大的争议隐患,从而使募投项目产品通过AMI在北美销售的市场前景存在较大的不确定性。

44. 某股份有限公司本次发行募集资金将投资于电视增值业务应用平台产业化项目、电视中间件平台项目、数字电视融合业务支撑平台及数字媒体终端产品项目。发审委认为,申请人报告期内数字电视增值业务及数字媒体终端产品严重依赖有不确定性的重大客户,未来市场发展存在不确定性;同时,电视中间件平台项目、数字电视融合业务支撑平台项目在技术、市场等方面均存在重大不确定性,申请人本次发行申请不符合《创业板管理暂行办法》第27条有关募集资金使用的规定。

45. 某公司截至2007年9月30日,账面货币资金余额约为5亿元,交易性金融资产和可供出售金融资产合计约为6亿元,资产负债率35%(母公司),公司本次拟融资4亿元。以上数据显示,较债券融资方式,公司本次股权融资并不利于股东利益最大化,且公司管理层没有充分比较和分析融资方式可能对股东权益的影响。同时,在发审会上,亦未能就本次融资的必要性及本次融资对股东权益是否产生有利影响作出令人信服的陈述。

46. 某公司拟募集资金30亿元,其中10亿元用于"提高国家重大技术装备设计制造水平改造项目",该项目投资总额为12亿元。根据招股说明书披露,截至2007年12月31日,该项目已累计投资6亿元(有多少是贷款未予披露)。公司将根据本次发行实际募集资金情况及投资项目资金使用进度,用募集资金全部或部分偿还上述贷款,但该项目有国家开发银行贷款,且贷款期限应该比较长,贷款利率也较低。同时发现,在控股股东以国拨款进行增资时,就包含了该项目的7 000万元的国拨款,因此招股说明书中关于该项目的资金安排是不准确的。对此,发审委要求按照国家开发银行贷款和国债资金落实情况对该项目的资金安排予以重新表述。同时该公司在29亿元的募集资金中,安排了5亿元的资金用于补充流动资金,可见其募投项目资金安排不合理。

47. 某公司在2005—2007年末,货币资金和交易性金融资产的余额合计分别为1.2亿元、1亿元(均为现金)、1.3亿元,其中2007年末持交易性金融资产1.1亿元(主要是投资基金);另2006年度还分配股利1亿元,并在2006年支付2 400万元、2007年支付8 600万元。公司本次拟募集资金4亿元(2007年12月31日公司净资产额为2亿元),即发行人在本次申报前存在大额分配现金股利和账上留有大额货币资金和交易性金融资产的情况,没有募投资金的必要。

六、因规范运行原因未过会

(一)依法经营

1. 某公司,发行人及其关联企业相互开具承兑汇票没有真实的商业交易依据且金额较大,违反相关法律规定。又如某公司,发行人收购某公司60%股权的交易及批准程序存在瑕疵;公司某房地产项目的土地逾期未开工,存在被土地管理部门收回的风险。

2. 某公司控股股东2003年至2006年间累计占用申请人资金达20亿元,公司按照2.3%的年利率向控股股东收取资金占用费,同时,控股股东又通过银行向申请人所属公司提供委托贷款,年利率为7%。公司控股股东占用资金行为没有得到有效规范和公平救济,不符合《首发管理办法》第27条的规定。

3. 某公司股权结构复杂,第三大股东的表决权在公司上市前全权委托给第一大股东和第六大股东,但是表决权是按照其入股前的比例确定的,2006年公司进行利润分配时,也未向其派送红利;2006年2月,公司在未经过股东大会决议通过的情况下,更换了一名董事。

4. 某公司实际控制人控制公司85%以上的股份,除发行人以外,还控有17家子公司。2004年至2006年9月期间,控股股东未签订相关资金借款或还款协议,通过资金直接拨款形式,发生了对发行人及控股子公司较为频繁的资金占用;此外,发行人与关联方还存在相互担保的情形。

5. 某公司存在较大的违法违规事项,不仅存在金额达3 500万元的内部集资问题,还存在欠缴所得税达1 500万元以及主营产品工业炸药的产量和品种超出了国防科学技术工业委员会核定的限额和范围等问题。

6. 某公司在过去几年内数次发生环保事故,造成环境污染,其中有两次受到相关部门处罚,招股说明书未对该等情况进行完整披露,尤其是对有关媒体的报道,公司在上会陈述时未能予以澄清。

7. 某公司在报告期内存在税收违法被处罚的情况,原材料、核心部件依赖进口,并在上会前进行了股份转让,涉及股份占公司发行前股本总额的22%,每股转让价格1元,而公司去年年底每股净资产4元;同时公司未能披露及说明净资产等大幅增长的原因。

8. 某公司发行人在收购某公司60%股权的交易及批准程序存在瑕疵,公司某房地产项目的土地逾期未开工,存在被土地管理部门收回的风险。

9. 某公司最近三年连续发生向公司内部职工集资行为,集资对象全部为公司内部职工,共涉及125人,且金额较大,合计4900万元,年息为7.5%(含税),违反了国家的有关政策规定。

10. 某公司发行人存在补缴近6000万元土地增值税的风险,而发行人2004—2006年度合并净利润为7593万元。土地增值税因素对发行人目前及未来募投项目经营业绩有重大影响。

11. 某公司下属子公司享受所得税优惠与相关法规不符,存在被追缴税款的风险。

12. 某公司按完工百分比法确认销售收入。根据公司的理解,在符合收入确认条件,按完工百分比确认销售收入时,如未开具增值税发票并且未按合同的约定收到销售款,则不需申报增值税,由此使公司2008年末存在未缴纳增值税但已按完工百分比确认销售收入1800万元,相应增值税为300万元。根据主管税务机关的要求,在按完工百分比法确认销售收入的同时,应申报销项税金和缴纳增值税,公司于2009年5月所得税汇算清缴时主动补充申报并缴纳了增值税。虽然某市税务部门对公司报告期内增值税缴纳符合相关法律、法规的规定出具了证明,但公司2009年补缴2008年度增值税的行为仍存在因对税法的理解不同,而在将来被主管税务部门追加处罚的风险。

13. 某公司2004年纳税申报表上的数据与财务报表中的数据存在高达7000多万元的差异,公司对不能提交原始纳税申报表以及涂改纳税申报表有关日期等问题,无法解释原因。

14. 某公司报告期内其子公司在未签订正式合同的情况下,即向其客户大额发货;同时申请人对其境外投资的公司未按合营合同规定参与管理。发审委认为,申请人在内部控制方面存在缺陷,不符合《创业板管理暂行办法》第21条的规定。

15. 某公司变更为股份有限公司时,未按照当时有效的《公司登记管理条例》、《公司法》的规定进行验资,导致其注册设立存在瑕疵,发审委认为不符合《创业板管理暂行办法》第10条第(1)项的规定。

16. 某公司董事会决议同意其控股子公司A生物增资1540万元,其中原股东××生物医学工程公司出资230万元,发行人关联方(主要是发行人董事甲、乙、丙及部分高管)出资620万元,上述增资款按2005年末净资产与注册资本比例1.2倍的价格折合为注册资本1 400万元,发行人放弃对A生物的投资,股权比例由80%下降为55%,该项决议在未提交股东大会批准的情况下,就付诸实施,没有按照规定履行股东大会审批程序。

17. 2003年,国防科学技术工业委员会批准A企业建一条粉乳生产线。A利用职工集资建生产线,集资利率为11%。2004年3月,1 200万元集资款全部到达A账户,2005年年底生产线建成。但在实际操作过程中,A出资300万元(其中B设立后,A的实际出资200万元被抽回)与职工出资的1 200万元设立粉乳公司B,以此对粉乳生产线进行单独核算,但该生产线的运营管理权仍在A。B自2005年1月至2005年7月持续经营期间,未进行利润分配,仅按照年利率10%向集资方支付利息合计170万元(对应期间为2004年3月至2005年7月),已计入粉乳公司2005年1—7月财务费用。2005年9月,A收购B所有资产,B亦按照有关法律程序履行了注销登记手续。可见公司报告期内存在违规变更生产线建设主体、职工集资的行为,不符合《首发管理办法》第11条的规定。

18. 某公司于2005年6月8日成立参股公司A信息技术有限公司,申请人实际控制人甲以非专利技术评估值32 000万元作为出资,其中申请人实际控制人持股90%,申请人持股3%,其余为其他个人持有。据申请人现场陈述,该技术实际为申请人所有,后获得专利发明权,专利权人为申请人。A信息技术有限公司于2007年12月注销,自然人股东将其所持股份卖出,但相关出资资产是否收回,个人股东转出股权收入是否转交申请人,申请人是否因此遭受经济损失,申报材料均未披露,中介机构也未有合理核查。因此,发审委会议认为,上述问题表明申请人本次发行申请不符合《首发管理办法》第24条"发行人的内部控制制度健全且被有效执行"的规定。

19. 某公司的下属公司无污水处理设施,于2006年被国家监察部、原国家环保总局列为环保污染的挂牌督办企业,并于2006年8月18日、2006年9月18日被当地环保局行政处罚,申请人没有按照原国家环保总局的要求在2007年6月30日前完成整改;且在完成整改之前,申请人仍继续违规生产,并于2008年再次被原国家环保总局通报和当地环保局行政处罚。因此,申请人本次发行不符合《公司债券发行试点办法》第7条第(1)项公司的生产经营符合法律、行政法规、公司章程和国家产业政策的规定,并存在该办法第8条第(4)项所述"严重损害投资者合法权益和社会公共利益的其他情形"。

(二) 制度建设

1. 某公司,发行人1996年募集设立时集团公司用于出资所投入的房产、公司2002年、2005年收购控股股东的资产所涉及的房产,目前均在集团公司名下,尚未办理过户手续。发审委认为,发行人占有使用的房产长期未办理房屋所有权证,且涉及数额较大,发行人公司治理存在缺陷。

2. 某公司2005年原始会计报表中营业收入和净利润分别为13 500万元、40万元；申报会计报表中营业收入和净利润分别为14 900万元、1 200万元，二者营业收入和净利润的差异分别为1 400万元、1 160万元。上述情况表明，申请人在报告期内财务核算基础较为薄弱，内部控制、财务报告的可靠性存在缺陷，不符合《首发管理办法》第24条的规定。

3. 某公司实际控制人及其家族关联自然人合计持有公司发行前99%以上的股份，控制权过于集中，不能得到有效制衡，难消公司治理隐患。

4. 申请人报告期收入确认、成本计量与所执行的会计制度存在差异，致使2004年、2005年原始报表与申报报表利润总额相差1 600万元、2 400万元，分别占当期申报报表利润总额的80%、72%，申请人及其控股子公司虽于2007年集中补缴了以前年度所得税1 500万元，但上述重要会计要素的确认、计量结果，反映出申请人报告期会计核算基础较弱、内部会计控制制度不健全或未有效执行的缺陷。

5. 某申请人报告期内子公司在未签订供货合同的情况下就对某供电公司大额发货，同时申请人对境外投资的公司没有按照营业合同的规定参与管理，发审委认为，以上问题表明企业内部控制方面存在缺陷，其发行申请不符合《创业板管理暂行办法》第21条"发行人内部控制制度健全且被有效执行"的规定。

6. 某公司控股股东于2006年7月30日，将账面原值为1 580万元的应收账款按其账面净值1 310万元作价转让给该公司。2006年11月25日，该公司控股股东又将其5 600万元的银行债务原价转移给该公司。招股书并没有披露债务收回情况。该公司于2005年8月新设后至2007年的过渡期内，部分销售合同仍需由控股股东与客户签订，并代收销售款。2006年至2008年，公司对控股股东的应收账款余额分别为554.4万元、310.3万元、139.2万元，这些都是该公司对控股股东关联销售产生的全部应收账款。其招股书称，"由于客户尚未回款至控股股东，控股股东相应未将款项偿还，由此产生应收账款余额，并非由于控股股东故意延迟付款形成的控股股东占款"，但没有出具具体的证明材料。控股股东涉嫌以转让债权、代收销售款方式占用大量资金，该公司的资金管理制度存在缺陷，财务独立性较差，不符合《创业板管理暂行办法》第22条的规定。

（三）董事、监事、高管

1. 某公司2005年为某上市公司提供最高额为7 000万元的担保，2006年某高级人民法院就该上市公司涉及贷款及担保纠纷诉讼作出一审判决，判定发行人承担连带担保责任，发行人没有提供足够证据支持发行人董事就该担保事项已经履行了勤勉尽责义务。

2. 某公司1994年与银行签订了2 000万元委托贷款协议，未指定具体借款对象。截至2007年9月，尚有1 400万元没有偿还，申请人管理层没有采取充分有效措施予以追讨，不能证明其已经履行了勤勉尽责的法定义务，没有充分维护股东的合法权益。

3. 某公司董事、高管未尽勤勉义务,损害了投资者的合法利益:向关联企业购买房产交易时以现金支付款项,而不是及时抵偿该关联企业对公司的欠款;在该关联企业盈利较好的 2003 年出售其 99% 的股权,2004 年又从该企业手中大额购买商铺。

七、因会计与税务原因未过会

1. 某公司申报材料存在以下问题:(1)发行人申报材料中提交的发行人母公司 2004 年度企业所得税纳税申报表是以股份有限公司名义向税务局申报的,而股份有限公司是 2005 年才整体变更设立的,在 2004 年股份公司尚未设立;(2) 2004 年度至 2006 年度,发行人母公司的所得税纳税申报表上无申报日期、受理日期、税务机关受理章等必备要素,且纳税申报表的日期范围存在手写涂改情形;(3) 2004 年母公司纳税申报表中的相关数字与申报会计报表有较大差异,发行人未提供合理的差异说明。发行人和保荐人在本次发审委会议上对以上问题亦未作出合理解释。

2. 某公司以 2003 年基准地价作为依据计算 2006 年土地使用权价值,在 2006 年转回 2001 年已计提的土地使用权减值准备 580 万元。根据本次发行申请材料,该减值准备转回依据 2003 年地价,说明土地使用权价值在 2003 年即已恢复,但转回却在 2006 年进行。上述会计处理不符合 2006 年适用的《企业会计准则第 6 号——无形资产》第 17 条的规定。

3. 某公司报告期内非经常性损益占净利润比重持续较大,其主要为各种形式的政府补贴,2004 至 2006 年度,计入当期损益的政府补贴数额分别为 180 万元、670 万元和 1 140 万元,占当期净利润的比例分别为 13%、33%、42% 和 7%。由于发行人收到的政府补贴比较零星,非经常性损益占净利润比重持续较大,各政府主管部门对给予发行人补贴并无确定的、长期性的政策。公司获得补贴收入金额的下降将对公司经营业绩带来不利影响,发行人自身盈利能力较弱,未来经营业绩存在较大不确定性。

4. 某公司面临业务费率下降的风险。报告期内公司平均业务费率逐年下降,截至 2006 年末,公司资产负债率 60%,流动比率为 0.50,速动比率为 0.51,总负债 2.6 亿元,其中流动负债 2.1 亿元,且公司自有土地使用权已全部抵押。公司资产负债比率较高,存在较大流动性风险。

5. 某公司 2006 年应收款项由个别提坏账准备改为账龄分析法与个别认定结合的方法,对短期投资、存货、固定资产、在建工程、无形资产由不计提减值准备改为按其期末可变现情况计提减值准备,申请人将以上事项全部作为会计政策变更进行追溯调整。上述做法不符合财政部《关于执行〈企业会计准则〉和相关会计准则有关问题的解答》(财会〔2002〕18 号)的有关规定及《首发管理办法》第 30 条的规定。

6. 某公司主营业务依赖于和国外公司签订的技术许可合同,具有不确定性。公司主导产品是基于国外公司系统所开发的软件产品,影响公司持续盈利能力。同时公司盈利水平对税收优惠和财政补贴的依赖程度较高,最近两年税收优惠及财政补贴收入占净利润的比例达到30%和26%。

7. 公司2006年3月份向控股股东一次性支付3 800万元补贴费,计入营业外支出,按照规定应该调整应纳税所得额,但公司支出的上述补贴费未按税法规定进行所得税纳税调整,致使公司少缴税金1 200余万元,不符合有关税法和《首发管理办法》第34条的规定。

8. 某公司2004年至2006年营业收入分别为2 700万元、8 880万元和1.8亿元,合计为29 580万元,刚好达到前三年营业收入3亿元上市条件。2005年至2006年的营业收入分别比上年增长229%和103%;此外,发行人产品毛利率较高,而且在产品价格下降、原材料价格上涨的情况下,毛利率仍然大幅上涨。发行人对报告期内收入异常增长和毛利率较高的原因未能作出合理解释。另外,发行人报告期每年均出现累计销量大于累计产量的情况,存在提前确认销售收入的嫌疑。

9. 根据公司收入确认原则,某公司产品是在客户处调试后确认的收入,只留5%至10%的质量保证金,但期末公司应收账款金额较高,公司无法解释原因。

10. 某公司2007年、2008年营业收入增幅分别为60%和70%,而经营活动产生的现金流量净额增幅为-37%和370%,2009年1—6月,营业收入为15 846万元,而同期经营活动现金流量净额再次转为负的1 900万元,现金流量净额出现异常波动。

11. 某公司截至2009年9月30日的应收账款为4 600万元,占总资产的比例为60%。公司2007年、2008年经营活动现金流量净额为负且持续增大,2009年1—9月经营活动产生的现金流量净额也仅为140万元,公司现金流和业务的发展严重不匹配。

12. 某公司在给予下游电力企业客户较为宽松的商业信用的同时,公司从供应商处取得的商业信用并不能随公司业务量的扩大而呈现同步的线性增长。报告期内应收账款净额持续增长,占当期流动资产的比例约为50%左右,同时,报告期内公司共盈利8 100万元,但经营活动产生的现金流量净额仅为2 500万元,二者差距较大。由于公司处于快速成长期,公司运营规模的持续高速扩张必然导致在某一时点公司经营性流动资金的紧张,如果公司不能持续筹集充足的经营性流动资金,有可能不能保持业务的快速扩张及营业收入的持续增长。

13. 某公司流动资金紧张,该企业与某家族一直存在频繁的资金往来,直到准备上市前的2007年,该企业为"规范经营",才相继归还该家族成员的大笔垫付款项,也借此大幅降低了其流动负债总额。此外,该企业的流动负债一直很高,在

2005年、2006年净资产分别为约1 600万元和3 700万元,其流动负债却高达亿元以上。

14. 某公司2006年纳税使用核定征收方式,不符合核定征收企业所得税相关规定且一直未予纠正,税务问题不规范运作,募投项目单一。

15. 某公司2007年所得税费用高达1 200万元,占净利润的53%,而2008年所得税费用只有500万元,占净利润的18%,税额相差如此之大与该公司纳税方式的变更有关。该公司在2006年并不具备国家税务总局《关于印发〈核定征收企业所得税暂行办法〉的通知》规定的应采取核定征收方式征收企业所得税的情形,它采用的是上海市地方税收政策核定征收的税收征收方式,而上海地方税收政策与国家法规存在冲突。针对2006年和2007年国家和地方税额差额,该公司控股股东出具承诺函承担补缴税款的义务。但对在2007年和2008年差额税款均不确认,只是暂挂"应缴税金"科目并相应调整财务报表,并没有实际缴纳该笔税收,却把2007年的700万元税收优惠计入2008年的非经常性损益,但在非经常性损益净额中又扣除了。其纳税方式与当时的国家法律、法规和规范性文件要求存在不符之处,财务报表的会计处理方法更造成混乱,降低了它的真实度。

16. 某公司从招股说明书财务报表看,2006—2008年净利润分别为5 700万元、10 200万元和9 480万元,利润增长很快。但2008年、2009年上半年的应收账款及存货两项关键指标却大幅度上升。2006年至2009年上半年的应收账款分别为2.7亿元、2.8亿元、4.5亿元和4.12亿元,同期该公司的存货分别为4.42亿元、5.72亿元、6.13亿元和8.73亿元,在不断增加。应收账款增加并不能改变公司的现金流,存货的增加往往以牺牲未来利润为代价,上述利润增长有操纵利润的嫌疑。

17. 某公司在2007年、2008年、2009年前三季度,2008年扣除非损益后的净利润尽管同比仅增加400万元,但2008年开支支出资本化金额也比上年同期增加300万元,如果剔除开发支出资本化影响,2008年实际同比只增长了100万元,其真实成长性得打个折扣,这将使其原本不足的成长性财务数据更加脆弱。

18. 某公司董事会决议,转让铅锌矿给××集团,协议约定铅锌矿2006年1—3月的利润归发行人,××集团没有支付1—3月的利润款项,A公司代为归还。发行人会计上没有分开反映不能收回利润款项和A公司代为归还的情况,不符合《企业会计准则》(1992)第21条的规定:财务报告应当全面反映企业的财务状况和经营成果,对于重要的经济业务,应当单独反映。无法收回利润款项应当作为公司的损失列报,A公司代为归还的利润款应当作为独立的事项反映。

19. 某公司截至2002年6月30日审计基准日,公司经审计的净资产值为8 000万元,但评估时又调减至6 000万元,其原因和依据未充分披露;同时资产评估出现较大减值,净资产增值率为-15%,主要原因是流动资产大幅减值,需核查减值事项是否进行了恰当的会计处理,如计提减值准备等。

20. 某公司2007年以分公司资产出资设立A有限公司（发行人股权比例80%），评估增值部分1 500万元计入营业外收入，但监管部门对此提出质疑，要求会计师说明该会计处理的依据。

21. 某公司2006年3月份向控股股东A集团一次性支付4 000万元补贴费，发行人支出的上述补贴费未按税法规定进行所得税纳税调整，致使发行人少缴税金1 200余万元，不符合有关税法和《首发管理办法》第34条的规定。另外，发行人对支付该补贴款给出的两点理由缺乏事实和法律依据。控股股东的该项主张得到了发行人的承认，表明发行人的独立性存在严重缺陷，不符合《首发管理办法》第20条的规定。

22. 某公司报告期收入确认、成本计量与所执行的会计制度存在差异，致使2004年、2005年原始报表与申报报表利润总额差1 800万元、2 500万元，分别占当期申报报表利润总额的82%、75%，发行人及其控股子公司虽于2007年集中补缴了以前年度所得税1 600万元，但上述重要会计要素的确认、计量结果，反映出发行人报告期会计核算基础较弱、内部会计控制制度不健全或未有效执行，不符合《首发管理办法》第24条的规定。

23. 某公司纳税所在地税务机关特别注明，纳税申报材料复印件非由税务机关提供；而发行人律师亦未对该类复印件是否与原件相一致进行确认。此外发行人报告期内的纳税申报表存在由他人代签字的情况，不符合《首发管理办法》第25条第(4)项的规定。

24. 某公司在2005年4月1日前按18元/吨、4月1日后按50元/吨计提安全费用。招股书中说明此项变动的依据是财政部、国家发展和改革委员会、国家安全生产监督管理总局、国家煤矿安全监察局2005年4月8日联合颁布的《关于调整煤炭生产安全费用提取标准加强煤炭生产安全费用使用管理与监督的通知》（财建〔2005〕168号）。而根据财建〔2005〕168号的规定："安全费用提取标准一经确定，煤炭生产企业不得随意改变。确需变动的，经报当地主管税务机关、财政部门、煤炭行业管理部门、煤矿安全监督机构和各级煤炭安全监察机构备案后，从下一年度开始实施。"因此发行人对上述改动是否符合上述规定应作出明确说明。此项会计估计变更使发行人2005年、2006年和2007年净利润分别减少2.6亿元、3.3亿元和3.2亿元，不符合《首发管理办法》第36条第(2)项不得有"滥用会计政策或者会计估计"的规定。

25. 某公司2005年坏账准备计提政策变更较大，从招股说明书可以看出，原计提政策不够谨慎，但招股说明书未就变更理由和对公司财务状况、经营成果的影响及数额等充分披露。

26. 某公司坏账准备计提政策非常宽松，招股说明书中未结合同行业上市公司坏账计提政策及客户结构，说明公司坏账计提比例的合理性。

27. 某公司的会计处理不符合会计准则规定，信息披露不当：(1) 2006年，公司土地使用权减值转回 578 万元的处理依据是 2003 年政府公布的基准地价。(2) 2006 年转回 2001 年计提的房屋建筑物减值准备 928 万元、固定资产储酒罐减值准备 600 万元,该转回依据的是"近年来,建筑材料价格不断上涨,引起房地产价格大幅增加"、"不锈钢市场价格近年大幅度上升"。建筑材料上涨和不锈钢价格上涨是逐年发生的,但把房屋建筑物和储酒罐的价值恢复产生的减值准备转回全部列在 2006 年。(3) 截至 2005 年 10 月 31 日,大股东欠公司款项 37 163 万元,该欠款在 2006 年以"以资抵债"的形式收回,并转回以前年度计提的坏账准备 1 186 万元,但公司未将该项减值准备转回列为非经常性损益,如果将上述转回列为非经常性损益,公司 2006 年扣除非经常性损益后的净利润为亏损 1 127 万元。(4) 公司 2006 年财务报表披露向关联方应付票据 17 620 万元,但关联交易中披露,2006 年向该公司采购为 10 882 万元,未有其他可以用应付票据支付的正常业务。公司在发审会上对上述应付票据与关联交易之间的差额不能作出合理的解释。

28. 某公司应收账款问题每年都有 45%以上的比例,虽说都在 1 年以内,但风险还是太大,大额营业收入延期确认及成本与收入不配比的情形,表明申请人的会计基础工作不规范。

29. 某公司招股说明书显示,公司 2009 年补缴 2008 年增值税 310 万元,根据公司的理解,在符合收入确认条件,按完工百分比确认销售收入时,如未开具增值税发票并且未按合同的约定收到销售款,则不需申报增值税,由此使公司 2008 年末存在未缴纳增值税但已按完工百分比确认销售收入 1 900 万元,相应增值税为 310 万元。根据主管税务机关的要求,在按完工百分比法确认销售收入的同时,应申报销项税金和缴纳增值税,公司于 2009 年 5 月所得税汇算清缴时主动补充申报并缴纳了增值税。公司称,虽然某市税务部门对公司报告期内增值税缴纳符合相关法律、法规的规定出具了证明,但公司 2009 年补缴 2008 年度增值税的行为仍存在因对税法的理解不同,而在将来被主管税务部门追加处罚的风险。

30. 某股份有限公司报告期内会计核算与所执行的会计准则的要求存在较大差异。2006 年仅营业成本一项,即造成原始报表与申报报表利润总额相差 1 000 万元,分别占当期原始报表和申报报表利润总额的 43%和 34%。发审会认为,上述重要会计处理事项的确认、计量结果,反映出申请人报告期内会计核算基础较弱,不符合《创业板管理暂行办法》第 20 条有关会计工作的规定。

第二节 未过会原因(下)

表 10-1 2010 年 4 月至 2012 年 6 月未过会项目否决原因分类表

序号	否决依据	被否决情形
1	与《首发管理办法》第 4 条规定不符:"发行人依法披露的信息,必须真实、准确、完整,不得有虚假记载、误导性陈述或者重大遗漏。"	2009 年 7 月—2010 年 6 月,公司与 A 集团及其子公司的销售量仅为 1 290 吨,仅完成《长期供货协议》中 A 集团承诺的自合同签订日起至 2010 年 12 月 31 日止采购量的 28.7%,无法判断上述《长期供货协议》的可执行性或真实性。因 A 集团为公司重大客户,上述事项有可能对公司持续盈利能力构成重大不利影响,招股说明书未能真实、准确、完整披露上述相关事项。
2	与《首发管理办法》第 6 条规定不符:"为证券发行出具有关文件的证券服务机构和人员,应当按照本行业公认的业务标准和道德规范,严格履行法定职责,并对其所出具文件的真实性、准确性和完整性负责。"	公司原律师事务所为上海 A 律师事务所,签字律师为甲和乙。2008 年 2 月,B 通过增资成为公司主要股东,持有公司 6.0606% 的股权。根据相关机构核查,上海 A 律师事务所为 B 投资的法律顾问,且 2007 年至 2010 年期间,B 投资与上海 A 律师事务所和甲之弟丙控制的公司存在大量的资金往来。根据《律师事务所从事证券法律业务管理办法》第 11 条的规定,律师存在其他影响律师独立性的情形的,该律师所在律师事务所不得接受所任职公司的委托,为该公司提供证券法律服务。审核过程中,公司律师事务所变更为 C 律师事务所,签字律师为乙和丁,其中主要经办律师乙未发生变更,根据以上情况,无法判断乙和 C 律师事务所能否独立公正并严格履行法定职责。

(续表)

序号	否决依据	被否决情形
3	与《首发管理办法》第12条规定不符："发行人最近3年内主营业务和董事、高级管理人员没有发生重大变化,实际控制人没有发生变更。"	报告期内,公司与直接或间接股东及其他关联方存在业务竞争、关联交易等情形,无法判断关联交易的公允性以及公司是否具备直接面向市场独立经营的能力。 报告期内,公司主营业务包括固体矿产勘查工程技术服务和地基基础工程施工服务,前述两种业务对主营业务收入产生重要影响。根据申请材料,上述两种业务不属于同一种业务。 2010年3月前,公司董事会由6人组成,后经过3次调整增加至9人,除去3名独立董事外,3年内董事会仅A、B二人未发生变化。申请材料及现场陈述中未对上述董事变化情况及对公司经营决策的影响作出充分、合理的解释。
		公司共有董事11名,其中董事长甲过去三年未发生变化,乙在报告期内一直担任公司副总经理,2010年9月兼任董事,其余人均为2010年9月—11月任职。10名高管中,副总乙、财务总监丙任职时间超过3年,丁、戊一直在公司任职,2010年1月任副总经理,其余高管均于2010年任职。申请材料及现场陈述中未对上述董事、高管变化情况及对公司经营决策的影响作出充分、合理的解释。
4	与《首发管理办法》第14条规定不符："发行人应当具有完整的业务体系和直接面向市场独立经营的能力。"	公司生产经营所需的初级中间体主要由A公司、B公司生产,根据招股说明书对A公司、B公司一系列股权转让真实性和合理性的有关披露,无法判断A公司、B公司与公司的关联关系已经实质解除。C公司、D公司为公司的关联方,主要为公司提供液晶中间体的加氢业务。报告期内,公司与A公司、B公司、C公司、D公司存在销售原材料、采购货物、接受委托加工等交易,交易金额较大且所占比例较高,公司对上述四家公司形成较大依赖,业务独立性存在缺陷。

（续表）

序号	否决依据	被否决情形
5	与《首发管理办法》第15条规定不符："发行人的资产完整。生产型企业应当具备与生产经营有关的生产系统、辅助生产系统和配套设施，合法拥有与生产经营有关的土地、厂房、机器设备以及商标、专利、非专利技术的所有权或者使用权，具有独立的原料采购和产品销售系统；非生产型企业应当具备与经营有关的业务体系及相关资产。"	公司实际控制人甲控制A新材料有限公司（以下简称A公司），A公司主营业务为PPS树脂（聚苯硫醚），PPS树脂是公司生产PPS纤维制品的主要原料。根据公司现有PPS纤维制品产能和募投项目新增产能，公司所需PPS树脂需求量达到或超过A公司PPS树脂的产能。但是，A公司未被纳入上市主体，公司业务体系不完整，其独立性存在重大缺陷。
		公司境外销售占比较大，且对前两大客户日本A和B商会销售较为集中，该两大客户是公司控股子公司C的日方股东。公司向该两大客户销售的产品主要为噻唑类和次磺酰胺类促进剂，由C生产并销售，而C产品的生产技术由日方股东提供，向日系企业和日本市场的销售需通过日方股东并使用日方股东商标，C合资期限至2015年9月届满，公司存在对日本A和B商会的依赖。公司前述产品的毛利率从2009年开始出现大幅下降且均低于股份公司同类别产品的毛利率。公司申报材料和现场聆讯未就上述事项作出充分、合理的解释，无法判断上述事项对公司独立性及持续盈利能力的影响。
		根据申报材料，公司目前合计使用房屋建筑面积78 101.23平方米，其中租赁面积70 821.4平方米，占比91%，租赁面积中54 101.40平方米属于无证房产，占全部房屋面积的69%，且所占用的土地性质为集体土地。公司租用的房屋不符合国家有关房地产法律及相关政策，存在潜在的风险，公司资产完整性存在瑕疵。

(续表)

序号	否决依据	被否决情形
		根据申报材料,公司租用集体土地40 019.3平方米,占其全部土地使用面积的25%,租用期限为20年。公司租用集体土地不符合国家有关土地管理法律及相关政策,存在潜在风险,资产完整性存在瑕疵。
		根据申报材料,公司租赁控股股东A公司的房产自2004年1月1日起租赁期限20年,第一年租金990万元,每5年递增5%,上述租赁价格低于市场价格。2011年6月,公司实际控制人将上述租赁资产无偿划拨给B,B与公司为同一实际控制人控制,上述租赁资产划拨后租金未变。公司未就上述事项作出充分、合理的解释。 根据招股说明书的披露,公司自成立以来至2010年9月间,无自有生产场地。报告期内,公司与生产经营有关的土地、厂房向关联方A电气租赁。至报告期末,租赁厂房的面积计16 438.59平方米。 2010年5月,公司通过挂牌出让程序竞得面积20 092.1平方米的土地使用权,该地块将用于募投项目建设及部分现有厂房整合。2010年9月,公司购买了位于上海市浦东新区××镇××北路××弄××号的厂房,建筑面积5 378.21平方米。2010年11月,公司购买了A电气位于上海市衡安路×××号的×号厂房,建筑面积6 726.26平方米。目前,公司办公、研发用房仍为向A电气租赁,租赁面积占公司全部经营面积的22%。 鉴于经营用房产长期向公司实际控制人参股的关联方租赁,公司的资产完整性存在重大缺陷。

（续表）

序号	否决依据	被否决情形
		招股说明书对于申请人实际控制人甲和其家族成员乙不将原由其控股、经营范围为包纱制造销售的浙江 A 包纱有限公司纳入本次上市范围的合理性、浙江 A 包纱有限公司一系列股权转让的合理性及真实性、申请人长期借用和租用浙江 A 包纱有限公司厂房、申请人以 3 104 万元受让浙江 A 包纱有限公司 264 台意大利罗纳地织袜机的合理性的解释不充分，且申请人及保荐代表人在发审委会议现场陈述中也未能解释清楚，致使对上述交易的合理性、真实性及其对申请人独立性的影响无法作出合理判断。
6	与《首发管理办法》第 18 条规定不符："发行人的机构独立。发行人应当建立健全内部经营管理机构，独立行使经营管理职权，与控股股东、实际控制人及其控制的其他企业间不得有机构混同的情形。"	公司拥有晶体生长设备设计和制造技术，报告期内公司的晶体生长炉体集中向关联方 A 机械制造有限公司购买，交易金额以及占公司全部固定资产采购金额的比例逐年上升；报告期内公司与关联方西南 B 研究所、北方 C 科技集团有限公司之间持续存在激光晶体、蓝宝石晶体、激光应用设备的关联销售、受托研发等关联交易，最近两年一期，关联销售产生的毛利占毛利总额的比例呈上升趋势，交易的公允性存疑。公司的独立性存在瑕疵。 最近三年 YAG 系列激光晶体对公司毛利贡献率 80% 以上，国内 YAG 系列激光晶体市场容量不到 3 亿元；公司本次募投产品主要是 2 英寸蓝宝石，2011 年上半年公司蓝宝石晶锭、晶棒和 2 英寸毛坯晶圆片的成品率均低于 2010 年下半年，对公司持续盈利能力构成重大不利影响。
		报告期内，公司在原材料供应、产品销售及资金（包括关联公司为公司借款提供担保等）等方面对关联公司存在重大依赖。 报告期内，公司与关联公司在原材料采购、产品销售、水、电、气供应等方面存在重大关联交易，严重影响发行人的独立性，且申报材料未能充分说明关联交易的公允性。

(续表)

序号	否决依据	被否决情形
		报告期内,关联方持续向申请人提供生产所需大额资金并赊销重要设备,申请人亦向关联方提供大额贷款担保,申请人与关联方频繁发生产品相互采购与销售等关联交易,上述事项一直延续到2009年10月;申请人主要股东、董事、监事持有关联方常州××材料总厂97%的股份,部分人员兼任关联方高级管理人员。申请人独立性存在缺陷。
		报告期内,公司与直接或间接股东及其他关联方存在业务竞争、关联交易等情形,无法判断关联交易的公允性以及公司是否具备直接面向市场独立经营的能力。
7	与《首发管理办法》第19条规定不符:"发行人的业务独立。发行人的业务应当独立于控股股东、实际控制人及其控制的其他企业,与控股股东、实际控制人及其控制的其他企业间不得有同业竞争或者显失公平的关联交易。"	根据招股说明书,2009年7月31日,申请人与潍坊市A生物科技有限公司(以下简称潍坊A)签署了《商标许可使用协议》,约定申请人许可潍坊A在中华人民共和国境内制造、销售、分销肥料类产品时无偿使用申请人拥有的第4294377号商标,许可期限为1年,自协议签署之日起计算;若使用期限届满,潍坊A拟继续使用申请人商标,需要向申请人支付相应的许可使用费,具体事宜届时由双方另行协商确定。申请人将自己拥有的商标许可给实际控制人所控制的潍坊A无偿使用,关联交易定价不公允,损害了申请人的合法权益。
		申请人主要从事环氧树脂的生产和销售业务。A股份及B塑胶是申请人的实际控制人甲关系密切的乙家族成员能够施加重大影响的企业,A股份、B塑胶是世界上主要的双酚A及环氧氯丙烷(申请人的主要原材料)供应商之一,申请人存在向A股份、B塑胶采购原材料的情况;B塑胶是世界上第三大环氧树脂生产企业,在江苏昆山设有C昆山,该企业是申请人国内的主要竞争对手之一。目前尚无法判断申请人与A股份、B塑胶之间是否存在同业竞争,申请人的独立性存在缺陷。

（续表）

序号	否决依据	被否决情形
		公司在申报材料中未按照有关规定披露与实际控制人控制的其他企业之间是否存在同业竞争，在现场聆讯中也未就上述事项作出合理解释，保荐机构未就上述事项按照有关要求予以核查，无法判断公司与实际控制人控制的其他企业之间是否存在同业竞争情形，及其对公司业务独立性的影响。
		公司在报告期与控股股东山东E存在金额较大的贷款担保行为，根据招股说明书的披露，无法判断相关关联交易价格是否公允。
		公司实际控制人甲控制A新材料有限公司（以下简称A公司），A公司主营业务为PPS树脂（聚苯硫醚），PPS树脂是公司生产PPS纤维制品的主要原料。根据公司现有PPS纤维制品产能和募投项目新增产能，公司所需PPS树脂需求量达到或超过A公司PPS树脂的产能。但是，A公司未被纳入上市主体，公司业务体系不完整，其独立性存在重大缺陷。
		公司实际控制人控制14家企业从事酒类生产及销售，报告期内公司从14家关联酒类生产企业采购产品的金额分别为1 249.27万元、2 790.69万元、10 498.28万元和8 090.40万元，占公司同期采购金额的比例分别为2.27%、3.48%、9.87%和11.00%，金额与占比均呈上升趋势。
8	与《首发管理办法》第20条规定不符："发行人在独立性方面不得有其他严重缺陷。"	公司生产经营所需的初级中间体主要由A公司、B公司生产，根据招股说明书对A公司、B公司一系列股权转让真实性和合理性的有关披露，无法判断A公司、B公司与公司的关联关系已经实质解除。C公司、D公司为公司的关联方，主要为公司提供液晶中间体的加氢业务。报告期内，公司与A公司、B公司、C公司、D公司存在销售原材料、采购货物、接受委托加工等交易，交易金额较大且所占比例较高，公司对上述四家公司形成较大依赖，业务独立性存在缺陷。

(续表)

序号	否决依据	被否决情形
		公司在报告期与控股股东山东E存在金额较大的贷款担保行为,根据招股说明书的披露,无法判断相关关联交易价格是否公允。
		公司报告期内与关联方常熟A铸造厂(以下简称铸造厂)存在持续的关联采购。2010年5月起,公司终止铸造厂的合格供应商资格,不再向其采购铸件产品,并改向非关联方B铸造采购铸件产品。但保荐机构核查后发现,在B铸造销售给公司的产品中,合计约426万元的产品系通过向铸造厂采购获得。为避免关联交易对独立性的影响,公司控股股东向第三方转让了铸造厂的股权。公司于2011年6月向铸件供应商发出通知,要求他们自2011年8月1日起不得向铸造厂采购铸件销售给公司。但由于上述措施实施的时间较短,无法判断是否得以有效执行。
		公司2008年至2011年上半年的关联销售分别为60 387.72万元、26 419.60万元、32 326.18万元和25 535.16万元,占各期营业收入比例分别为64.87%、30.37%、28.35%和33.35%,公司业务独立性存在严重缺陷。
		根据申报材料,榆林A系纳入榆林市商务局管理的国有控股企业,为公司第一大客户,公司在申报期对其销售占比分别为56.27%、48%、51.41%和54.49%。榆林A有19名职工为公司股东,合计持有公司1.73%的股份,该19名职工中:甲、乙、丙3人合计持有榆林A 34.97%的股权;丁、戊、丙3人分别担任榆林A的监事、副总经理和董事。公司与榆林A职工存在利害关系,在独立性方面存在缺陷。

（续表）

序号	否决依据	被否决情形
		公司的实际控制人为甲、乙、丙、丁，其中乙直接持有公司25%的股份，并担任公司董事。报告期内，乙控制的企业××国际是该公司产品在南部非洲的独家代理商，公司存在向××国际持续销售产品事项。申报会计师对报告期内××国际相关财务报表进行了审计，并出具了保留意见的审计报告。公司未将××国际纳入上市范围，独立性存在缺陷。
		公司的实际控制人为×氏五兄妹，其子女又共同投资设立A电气集团，并通过该集团参、控股12家企业。该等关联方多与公司同属于输变电设备行业，且存在同一客户的情形；其中参股企业B真空开关管（锦州）有限公司的主营产品真空开关管主要配套在10—35 KV真空断路器中，该公司2009年和2010年向广州C电器设备有限公司的销售收入占其自身营业收入的比重在30%以上，同期公司与广州C电器设备有限公司之间存在持续关联采购和销售。
		A燃气持有公司43%的股权，其实际控制人为B煤气。B煤气持有顺德C 60%的股权。公司现任董事甲、乙同时兼任顺德C的董事。公司已于2009年启动收购顺德C 60%股权的计划，但截至招股说明书签署日尚未签署正式协议。该收购计划的执行存在一定的不确定性。 D发电公司为公司间接控股股东公控公司的全资子公司，主营业务为电力生产销售，以天然气、重油为发电燃料。2008年至2010年，公司对其实现销售收入分别为3 921.17万元、5 960.17万元及44 293.83万元，占公司销售收入总额的比例分别为4.46%、6.47%及23.16%。

(续表)

序号	否决依据	被否决情形
		报告期内,公司向D发电公司收取的管输费为0.15元/立方米(含税),低于向非关联方销售的价格。2008年至2010年,公司向D发电公司天然气销售毛利率分别为-0.01%、5.37%和3.73%,远低于公司同期天然气销售毛利率26.54%、32.92%和22.24%。根据披露,公司与D发电公司的关联交易将持续进行。 发审委认为,公司业务独立性存在严重缺陷。
9	与《首发管理办法》第21条规定不符:"发行人已经依法建立健全股东大会、董事会、监事会、独立董事、董事会秘书制度,相关机构和人员能够依法履行职责。"	公司独立董事甲2010年1月20日收到《中国证券监督管理委员会行政处罚决定书》(〔2009〕53号),根据《首发管理办法》第23条的规定,申请人的董事、监事和高级管理人员需符合法律、行政法规和规章规定的任职资格,且不得存在最近36个月内受到中国证监会行政处罚的情形。但是,公司一直未能发现上述情形,导致不符合独立董事任职条件的甲长期担任公司独立董事,公司未能依法建立健全董事会制度、独立董事制度和相关内控制度。
10	与《首发管理办法》第24条规定不符:"发行人的内部控制制度健全且被有效执行,能够合理保证财务报告的可靠性、生产经营的合法性、营运的效率与效果。"	报告期内公司经营业绩逐年大幅增长。但是,2010年1—6月公司经销商数量较2009年大幅下降,由782家下降到525家;同时,公司及子公司正在履行的大额经销商合同金额较2009年实际销售金额大幅提高,且2010年上半年实现的销售金额占合同金额比例很低。公司未就上述情况作出合理解释,无法判断发行人业绩大幅增长的合理性和盈利能力的可持续性。

(续表)

序号	否决依据	被否决情形
		公司在招股说明书(申报稿)中详细披露了加盟店管理的各项内容,并认为"经过多年发展,针对自营店和加盟店制定了一系列的制度和流程,并在实际管理中严格执行"。 公司和保荐机构在反馈意见回复中对申报期的收入构成进行了调整,将前次申报材料中的部分加盟店收入调整至批发收入。其中,2008—2010年的加盟店收入分别调减2.45亿元、2.24亿元和2.59亿元,相应金额调整至批发收入。公司和保荐机构解释原因时称,系部分加盟店未使用公司品牌开展经营或者同时经营其他品牌。 上述重大调整和解释说明导致无法判断公司加盟店的内部控制制度在报告期内是否得以有效执行。
		根据申报材料及公司和保荐代表人的现场陈述,公司的内部控制制度存在缺陷或者未能得到有效执行。例如,公司在申报期存在未签署《房屋买卖合同》即向自然人预付购房款的情形。截至2011年6月底累计预付购房款12 175.56万元,而公司向自然人所购房产全部处于出租状态,公司尚未取得房产租赁人放弃在同等条件下优先购买所租房产的书面声明。公司能否取得该等房产的权属存在不确定性,该等情形将可能导致公司的经营计划调整。
		公司2008年、2009年和2010年的废料处置收益分别为265.98万元、1 142.91万元和2 263.84万元,占净利润的比重为19%、35%和45%,与投入车用板材数量变化存在较大不一致。公司在2008年12月以前对于废料管理不规范,废料收入按实际收款金额入账,无法确定2008年度产生废料的具体数量。根据上述情况,无法确定公司2008年度财务报告的可靠性。

(续表)

序号	否决依据	被否决情形
		2009年8月和2010年4月至6月,公司的全资子公司嘉兴A先后发生3起工伤事故,苏州分公司发生1起工伤事故,各致一名工人死亡。当地安全生产监督管理局就上述事故分别下发了《行政处罚决定书》,分别对嘉兴A和苏州分公司予以罚款的行政处罚。根据上述情况,无法确定发行人在安全生产管理方面的内部控制制度是否健全并且有效执行。
		公司招股说明书披露,报告期内存在将港口方收取的车代理费的50%直接在售票款中扣除而少计营业收入导致少缴营业税及其附加、将燃油价格补贴作为免税收入少缴纳企业所得税、关联方A港务公司不足额结算代收票款收入而将资金交由控股股东B集团使用等情况。由于上述情形,难以判断公司是否能够规范运行。
		公司招股说明书披露,报告期内存在开具没有真实交易背景的银行承兑汇票、向股东和管理层及部分员工借款且金额较大,关联交易决策程序未完全履行,董事变动频繁等情况。由于上述情形,难以判断公司是否能够规范运行。
		2010年1月9日,公司甲基硫菌灵车间反应釜发生底阀堵料故障,因处置不当导致3名人员死亡;安徽省环保厅出具的《污染环境问题调查处理情况》中提到公司的东川岭、蔡家山厂区曾不同程度存在环境管理制度不完善、卫生防护距离内尚有部分居民未搬离等环境问题。根据上述情况,无法判断公司在安全生产管理和环境保护方面的内部控制制度是否健全并且有效执行。

(续表)

序号	否决依据	被否决情形
11	与《首发管理办法》第25条规定不符:"发行人不得有下列情形:(一)最近36个月内未经法定机关核准,擅自公开或者变相公开发行过证券;或者有关违法行为虽然发生在36个月前,但目前仍处于持续状态;(二)最近36个月内违反工商、税收、土地、环保、海关以及其他法律、行政法规,受到行政处罚,且情节严重;(三)最近36个月内曾向中国证监会提出发行申请,但报送的发行申请文件有虚假记载、误导性陈述或重大遗漏;或者不符合发行条件以欺骗手段骗取发行核准;或者以不正当手段干扰中国证监会及其发行审核委员会审核工作;或者伪造、变造发行人或其董事、监事、高级管理人员的签字、盖章;(四)本次报送的发行申请文件有虚假记载、误导性陈述或者重大遗漏;(五)涉嫌犯罪被司法机关立案侦查,尚未有明确结论意见;(六)严重损害投资者合法权益和社会公共利益的其他情形。"	2007年10月公司增资入股的股东中,有四家股东(增资时点合计持股比例为10.46%)当时的实际控制人及股东与公司董事、高级管理人员存在有亲属关系。其中:A投资当时的实际控制人甲为公司实际控制人、董事长乙的岳母;B科技当时的实际控制人丙为公司财务总监丁的女儿,2009年5月受让B科技40%股权的戊为公司财务总监丁的女婿;C不锈钢当时的实际控制人己为公司副总经理、董事会秘书庚的堂弟,另一股东辛(持股40%)为庚的姐姐;D五金当时的实际控制人壬为公司董事、副总经理癸的外甥。 此外,2007年供应商C不锈钢、E不锈钢、D五金增资入股公司前身上海F不锈钢制品有限公司,持股比例分别为1.88%、1.40%和0.57%,其中C不锈钢、D五金实际控制人与公司高管有亲属关系。公司与上述三家供应商的交易在报告期内持续存在。 2010年6月公司前次首次公开发行并上市申请未通过中国证监会发行审核委员会2010年第96次会议的审核。发审委在本次审核中关注到,公司前次申报材料未按照有关规定披露上述事项,也未在前次发审会现场聆讯中如实作出说明。 与2011年11月编制的招股说明书(申报稿)相比,公司2010年3月向中国证监会首次报送且经预披露的招股说明书存在未披露三家关联人的情形,同时还存在一家关联人的关联关系披露不一致的情形;公司2011年3月向中国证监会第二次报送的招股说明书存在未披露五家关联人的情形。在未披露关联人中,A设备、B技术和C视讯的业务范围与公司的业务范围相似。报送的发行申请文件有重大遗漏情形。

(续表)

序号	否决依据	被否决情形
12	与《首发管理办法》第30条规定不符："发行人会计基础工作规范，财务报表的编制符合企业会计准则和相关会计制度的规定，在所有重大方面公允地反映了发行人的财务状况、经营成果和现金流量，并由注册会计师出具了无保留意见的审计报告。"	公司2000年租赁A信用社机器设备，租赁期限为12年，租赁期限已经达到或超过上述机器设备使用寿命。根据《企业会计准则第21号——租赁》的规定，即使资产的所有权限不转移，但租赁期占租赁资产使用寿命的大部分，应当被认定为融资租赁。公司对上述资产适用的会计政策不符合《企业会计准则第21号——租赁》的规定。
		按照财政部、国家安全生产监督管理总局《高危行业企业安全生产费用财务管理暂行办法》的规定，建筑施工企业安全生产费用以建筑安装工程造价为计提依据，计提比例为2%。财政部《关于做好执行会计准则企业2008年年报工作的通知》（财会函〔2008〕60号）、《企业会计准则解释第3号》等相关规定对计提安全生产费用的会计处理和列报进行了规范。公司主要从事钢结构的设计、制造与安装。根据招股说明书的披露，公司的业务属于需按上述规定提取安全生产费用的范围。 公司未按上述规定提取安全生产费用，未能公允地反映公司报告期内的财务状况。根据招股说明书的披露及公司代表和保荐代表人的现场陈述，对公司的财务状况是否因上述费用的提取而不受重大影响无法作出判断。

（续表）

序号	否决依据	被否决情形
13	与《首发管理办法》第32条规定不符："发行人应完整披露关联方关系并按重要性原则恰当披露关联交易。关联交易价格公允，不存在通过关联交易操纵利润的情形。"	招股说明书披露，蓬莱市A冶炼厂，与申请人控股股东B集团公司同为市属集体企业，主管部门为蓬莱市C总公司，2005年4月，经蓬莱市C总公司研究决定并作为签署方与申请人签订股权转让协议，将蓬莱市A冶炼厂整体产权转让给申请人，申请人收购款也支付给了蓬莱市C总公司作为对职工的安置专项款。申请人募投拟收购蓬莱市D金矿经营性资产，该金矿也是隶属于蓬莱市C总公司集体所有制企业，蓬莱市C总公司作为协议一方代收预付转让款；蓬莱市C总公司为申请人提供贷款担保，蓬莱市C总公司是蓬莱市市属四家黄金企业之一，根据蓬莱市人民政府的授权对蓬莱市黄金企业履行一定行政管理、行政监督职能并实行企业化经营的行政性公司，蓬莱市C总公司是尚未完成政企分开的企业。招股说明书和申请人现场陈述对蓬莱市C总公司与申请人不是实质性关联关系的理由不充分。
		申请人报告期内向关联方无锡A、洛阳B销售货物（全部为单晶硅片）的金额分别为4 008万元、22 097万元和44 740万元，分别占当年单晶硅片销售收入的比重为52%、49%和80%，2009年申请人与关联方无锡A、洛阳B销售货物的金额和比例大幅增长。另外申请人2009年末的应收账款较2008年末大幅增长，由2008年末的2 638万元大幅增长至12 263万元，其中应收关联方无锡A的款项为7 703万元。并且申请人2009年净利润、毛利率均高于同行业的主要原因是其2009年上半年执行了2008年延迟执行的与洛阳B和C能源的单晶硅片合同，累计合同金额为10 564万元，上述执行价大约为48元/片，而2009年6月单晶硅片市场价格为17.8元/片，若以市场价格测算公司2009年多计收入及毛利6 300万元，业绩则大幅下降。申请人的主要关联交易方无锡A及其关联方因和客户签订保密协议原因，无法披露其向第三方采购的价格。因此，申请人和无锡A关联交易价格的公允性，以及是否存在通过关联交易操纵利润的情形难以判断。

(续表)

序号	否决依据	被否决情形
		公司经审计的会计报表附注显示,陕西A植物药业有限公司、B制药股份有限公司、C植物药业有限公司和陕西D医药有限责任公司等四家公司(以下简称"陕西A等四家公司")为公司的关联方,与公司的关联关系为"同受一个股东重大影响"。 此外,公司控股股东陕西E控股集团有限责任公司(以下简称"E集团")经审计的会计报表附注显示,西安F药用包装有限公司、西安G制药有限公司、西安H制药有限公司、西安I制药有限公司和J医药有限公司(以下简称"西安F等五家公司")均为纳入E集团合并报表范围的子企业。 但公司的招股说明书(申报稿)在"同业竞争和关联交易"一节中所披露的关联方中并无陕西A等四家公司,对西安F等五家公司披露为"受E集团重大影响的企业"。
14	与《首发管理办法》第34条规定不符:"发行人依法纳税,各项税收优惠符合相关法律法规的规定。发行人的经营成果对税收优惠不存在严重依赖。"	公司2007—2009年营业利润分别为10 155万元、6 223万元和4 770万元,营业利润处于持续下降趋势。2007—2009年增值税即征即退金额分别为4 551.34万元、2 574.34万元和2 911.97万元,增值税即征即退金额占公司净利润比重较高。2010年增值税即征即退比率由100%降为80%,增值税即征即退比率下降将对公司未来业绩造成一定的影响。公司持续盈利能力存在不确定性,且公司经营成果对税收优惠存在严重依赖。
15	与《首发管理办法》第35条规定不符:"发行人不存在重大偿债风险,不存在影响持续经营的担保、诉讼以及仲裁等重大或有事项。"	公司控股子公司美国A于2008年12月对公司生产、并由其在美国销售的可能存在安全隐患的气门嘴实施召回。截至招股说明书签署日,共有9起针对公司问题气门嘴产品的责任诉讼案件。除去和解结案的两起外,公司仍然存在产品责任诉讼风险。2008年4月,公司实际控制人控制的加拿大B对其在美国销售的问题卡箍实施召回。该问题卡箍系公司对外采购后直接与公司产品共同包装,通过加拿大B对外销售。上述召回事件显示公司产品质量控制环节、外部供应商管理环节存在不稳定性。有关产品责任诉讼可能对公司未来持续经营构成不利影响。

(续表)

序号	否决依据	被否决情形
16	与《首发管理办法》第37条规定不符:"发行人不得有下列影响持续盈利能力的情形:(一)发行人的经营模式、产品或服务的品种结构已经或者将发生重大变化,并对发行人的持续盈利能力构成重大不利影响;(二)发行人的行业地位或发行人所处行业的经营环境已经或者将发生重大变化,并对发行人的持续盈利能力构成重大不利影响;(三)发行人最近1个会计年度的营业收入或净利润对关联方或者存在重大不确定性的客户存在重大依赖;(四)发行人最近1个会计年度的净利润主要来自合并财务报表范围以外的投资收益;(五)发行人在用的商标、专利、专有技术以及特许经营权等重要资产或技术的取得或者使用存在重大不利变化的风险;(六)其他可能对发行人持续盈利能力构成重大不利影响的情形。"	公司境外销售占比较大,且对前两大客户日本A和B商会销售较为集中,该两大客户是公司控股子公司C的日方股东。公司向该两大客户销售的产品主要为噻唑类和次磺酰胺类促进剂,由C生产并销售,而C产品的生产技术由日方股东提供,向日系企业和日本市场的销售需通过日方股东并使用日方股东商标,C合资期限至2015年9月届满,公司存在对日本A和B商会的依赖。公司前述产品的毛利率从2009年开始出现大幅下降且均低于股份公司同类别产品的毛利率。公司申报材料和现场聆讯未就上述事项作出充分、合理的解释,无法判断上述事项对公司持续盈利能力的影响。
		公司2004年创立A服装品牌且产品销售主要集中在福建省,报告期内公司品牌推广费和研发费用低于同行业上市公司。公司销售模式由直营销售为主转变为加盟销售为主,销售模式转变期间较短且新开加盟店盈利情况低于原有加盟店,本次募投项目以建设加盟店为主,公司未来向全国扩张终端门店存在销售效率降低的风险。公司申报材料和现场聆讯未就上述事项作出充分、合理的解释,无法判断上述事项对公司持续盈利能力的影响和募投项目能否具有较好的市场前景及盈利能力。
		报告期内申请人存在净利润、每股收益、净资产收益率、主要产品毛利率等财务指标持续下降的情形,对募投项目的可行性缺乏合理分析,其持续盈利能力存在不确定性。
		根据申请文件,公司报告期内租赁运力毛利率低于自有运力毛利率,租赁运力占比逐年提高,且租赁运力占比高于行业平均水平,但公司毛利率高于行业平均水平,且与行业毛利率变动趋势不一致。公司未就上述事项作出充分合理的解释,无法判断公司报告期内毛利率及其变动的合理性以及有关事项对公司持续盈利能力是否构成不利影响。

(续表)

序号	否决依据	被否决情形
		公司报告期内的广告业务以电视媒体代理即媒体资源的购销为主,而体现行业专业技术的全案服务业务占比较小,分别为2.61%、4.69%、9.82%和9.11%,与国内外竞争力较强广告公司业务模式相比存在一定差异。 公司代理的媒体资源销售给4A广告公司和直接客户,其中4A广告公司销售占比分别为58.7%、66.87%、81.99%和81.8%,直接客户占比呈下降趋势。公司以代理方式获得媒体资源,而4A买断模式的媒体采购占比为0、14.1%、34.2%和47.83%,与自有媒体资源相比,在稳定性和可持续性方面存在一定的差异。 鉴于上述情况,4A公司的客户资源是否稳定以及独家买断电视媒体资源是否可持续,都将可能导致公司未来持续盈利能力的不确定性。
		根据申报材料,公司2010年营业收入较2009年增长66.96%,增长幅度远高于同行业规模相近公司水平;2008年至2011年1—6月的综合毛利率分别为36.23%、39.65%、38.65%和38.30%,高于同行业上市公司水平。公司在招股说明书中未作出充分解释,无法判断上述事项的合理性及对公司持续盈利能力是否构成不利影响。
		公司2008年至2010年营业收入分别为1.41亿元、2.01亿元和3.13亿元。虽然营业收入大幅增长,但服装销售数量却在店铺数量由2008年143家增至2010年272家的情况下未见增长,2008年至2010年服装销售数量分别为58.18万件、60.34万件和58.67万件。另外,公司2010年末存货大幅增长,由2009年末的3816万元增至2010年末的10 097万元,存货主要为库存商品,2010年存货周转率仅为1.36,公司未计提存货跌价准备。公司本次募集资金拟投资27 707万元新开设85家自营店铺,而2010年公司关店家数为46家。由于店铺从开业到盈利需要一个过程,公司报告期内在店铺数量增长的情况下服装销售数量却有所下降,2010年末库存商品又大幅增长,公司未来盈利能力存在较大不确定性。

(续表)

序号	否决依据	被否决情形
		截至 2010 年 12 月 31 日,公司累计承接 6 个 BT 建设项目,其中已完工项目 3 个、已开工项目 2 个、待开工项目 1 个。6 个 BT 建设项目合同金额合计为 17 亿元,2010 年底长期应收款余额为 5.17 亿元。综上,公司尚处于 BT 业务开展初期,业务的持续承接和长期应收款回收存在不确定性。
		公司主要客户为隶属中石油的大庆油田公司和吉林油田公司的下属企业,主要竞争对手亦为中石油下属专业技术服务企业,报告期内公司业务在大庆油田公司和吉林油田公司同类业务中占比较低,综合竞争能力较弱。综上,公司持续盈利能力存在不确定性。
		湖北省内炸药生产、经营企业通过合资成立湖北 A 公司对省内工业炸药的供销进行管制。公司作为湖北省内第一大炸药生产企业,也是湖北 A 公司持股 13% 的第一大股东。报告期内公司关联销售金额及比重较大,2008 年、2009 年、2010 年发行人 37%、45%、43% 的销售收入通过湖北 B 公司实现,难以判断此种模式对公司持续盈利能力的影响。
		公司产品以出口为主,主要销往美国、日本、欧盟。报告期内公司对美国、欧盟的销售收入均逐年大幅下滑,合计销售收入和占公司销售比重分别由 2008 年的 25 286.69 万元、59.54% 下降到 2010 年的 13 237.64 万元、20.54%;对日本的销售收入和占公司销售比重大幅上升,由 2008 年的 8 232.26 万元、19.38% 上升到 2010 年的 41 466.74 万元、64.35%,且对单一客户日本丸红的销售收入和占公司销售比重由 2008 年的 4 054.51 万元、9.56% 快速上升到 2010 年的 40 980.46 万元、63.79%。同时,公司报告期内主营业务毛利率及销售净利率显著高于同行业水平,而招股说明书对其合理性的解释不够充分。

(续表)

序号	否决依据	被否决情形
		根据申报材料,公司报告期内主要产品锰铁合金销量2008年至2010年分别为11.05万吨、10.63万吨和10.74万吨,锰矿石的销量分别为8.16万吨、13.69万吨和16.30万吨,在销售数量未有大幅变化的情况下,公司销售费用逐年下降,管理费用2009年和2010年均低于2008年;公司报告期内存货在销售数量变化不大的情况下大幅增长,2008年末、2009年末、2010年末及2011年6月末存货账面价值分别为15 874.29万元、27 490.39万元、42 358.39万元和67 528.44万元;公司经营活动净现金流量2009年、2010年及2011年上半年分别为-5 275.58万元、-16 815.17万元和-12 651.52万元,远低于同期净利润;公司主要产品锰铁合金及高锰酸钾2008年至2010年毛利率逐年下降,仅在2011年上半年有所上升。公司未就上述事项作出合理说明,无法判断上述事项是否对公司持续盈利能力构成重大不利影响。
		公司2008年至2010年新开店铺分别为65家、96家和213家,导致报告期存货金额大幅增长,存货周转率远低于同行业上市公司平均水平,产品产销率和直营店销售平效逐年降低。本次募集资金投资项目之一"营销网络建设项目"拟投资18 744万元新开380个直营店。根据以上情况,其未来持续盈利能力存在重大不确定性。
		申报期内公司开始从事国外业务,国外加纳业务的快速增长构成公司业务增长的主要来源,其毛利贡献占总体毛利贡献的比重申报期内分别为10%、31%和37%,且加纳业务收入主要来自三大客户。因此,公司以加纳为主的国外业务是否可持续对公司盈利能力构成重大影响,存在不确定性。
		根据招股说明书的披露,公司主要原材料铜占营业成本的比重近70%。报告期公司向A铜业等自然人甲控制的企业主要采购3毫米铜丝等,三年度的合并采购金额分别为3.87亿元、3.18亿元和4.64亿元,占年度采购总额的比例分别为67.21%、44.77%和44.95%。

(续表)

序号	否决依据	被否决情形
		从以财务入账日为口径的统计看,2008年与2009年,公司不同客户采购价格基本持平,但2010年,除1月份外,公司向A铜业采购均价均低于其他客户。 公司原材料采购较为集中,且2010年采购价格存在一定的不合理性,将对公司持续盈利能力构成重大不利影响。
		2010年末公司共有8家直营店,报告期公司业绩主要来自"自有物业经营"的南京珠江路店和长沙店,其他6家"转租经营"门店盈利能力较差,基本处于微利或亏损状态。根据公司与物业方签署的租赁协议,"转租经营"各门店租金呈逐年增长趋势,2008—2010年公司"转租经营"门店租赁费分别为238万元、927万元和1 930万元,逐年大幅增长。公司连锁经营扩张和持续盈利能力现阶段存在较大的不确定性。
		根据招股说明书的披露,防弹运钞车销售是公司收入主要来源之一,2008年中国A银行是公司第一大客户,向公司采购防弹运钞车653辆,采购金额11 726.44万元,占公司当期销售收入的32.08%;2009年、2010年,公司向中国A银行销售防弹运钞车119辆、20辆,实现收入2 297.86万元、319.83万元,仅占当期销售收入的5.75%、0.86%。向中国农业银行销量、收入的大幅减少导致2009年防弹运钞车销量、销售收入大幅下降,2009年公司防弹运钞车总销量为895辆、销售收入17 382.78万元,分别较上年下降37.5%、31.53%,销售收入占营业收入的比重也由69.45%下降至43.51%。同时,2009年,公司系统集成车及其他专用车占营业收入的比重由27.34%增至50.18%,系统集成车取代防弹运钞车,成为公司收入主要来源。2010年公司营业收入较上年下降2 883万元,降幅7.22%,其中系统集成车及其他专用车的销量为247辆,较上年下降165辆,销售收入较2009年下降6 631.12万元。

(续表)

序号	否决依据	被否决情形
		根据以上情况,从 2009 年起,公司的产品结构及销售客户均出现重大变化,且向新客户的产品销量、销售收入在 2010 年出现较大幅下降,对公司持续盈利能力构成重大不利影响。
		根据招股说明书的披露,公司在非洲市场的化纤发条销售收入从 2009 年的约 2 236 万元下降到 2010 年的约 944 万元,同期在非洲市场的化纤发条数量占发条销售总量的比例也由 43.93% 下降到 15.39%。而北美市场的化纤发条销售收入 2009 年约为 75 万元, 2010 年为零;同期在国内市场则分别为 9 万元和 68 万元。另外,根据上市公司 A 的公开资料,在非洲市场,A 公司已分别于尼日利亚、加纳建成 1 500 万条化纤大辫生产线和 1 000 万条化纤大辫生产线。 公司本次募投项目主要为年产 600 万件化纤制品生产线项目,项目达产后的预测营业收入 24 788 万元。 根据以上情况,公司生产经营及募投新增产能的消化面临较大的不确定性。公司在申报材料中又未能对化纤制品在非洲、北美和国内市场的扩张及募投新增产能的消化提出合理、可行的措施。 上述情形将对公司持续盈利能力构成重大不利影响。
		根据公司招股说明书,报告期内公司资产规模、收入规模均小于同行业上市公司, 2007 年度、2008 年度和 2009 年度,公司综合毛利率分别为 15.35%、16.88% 和 19.54%,而同期同行业上市公司平均毛利率分别为 10.62%、10.39% 和 10.62%。公司报告期内毛利率远高于同行业上市公司平均水平。公司在招股说明书中未就上述事项作出充分合理的解释,无法判断公司报告期毛利率及其变动的合理性以及有关事项对公司持续盈利能力是否构成不利影响。

(续表)

序号	否决依据	被否决情形
		公司 2007—2009 年主要产品销售价格和主要原材料价格持续下降,且主要产品销售价格下降幅度高于主要原材料价格下降幅度,但公司 2007—2009 年毛利率水平处于持续上升趋势;2010 年 1—9 月,公司主要产品销售价格同比下降,主要原材料价格同比上升,但公司毛利率水平仍保持 2009 年的水平。公司在招股说明书中未就上述事项作出充分合理的解释,无法判断公司报告期毛利率变动的合理性以及有关价格变动事项对公司持续盈利能力是否构成不利影响。
		报告期内,公司在供应链管理服务涉及进出口业务时,在进口业务量的范围内与对外付汇金额挂钩开展远期购汇合约业务。2007 年至 2010 年上半年,公司因从事组合售汇业务实现的收益占当期利润总额的比例分别为 40.57%、15.40%、51.63% 和 60.20%,扣除组合售汇业务收益后的利润总额分别为 1 341.96 万元、1 957.36 万元、1 506.36 万元和 861.03 万元。上述数据显示,组合售汇收益是公司主要盈利来源之一,公司在供应链管理服务中通过交易价差和服务费获取利润的能力较低。由于组合售汇业务收益受人民币存款利率、外币贷款利率、外币对人民币的即期汇率、外币对人民币的远期汇率、银行组合售汇产品设计以及资产负债表日即期汇率波动等因素影响,因此在不同会计期间分布不均并具有不确定性,从而导致公司持续盈利能力存在重大不确定性。
		公司报告期内主导产品包括数字电视系统设备、电子变压器、电源产品三类,三类产品在销售渠道和客户等方面存在较大差异。公司业务相对分散,其经营波动较大。

(续表)

序号	否决依据	被否决情形
		2007年至2009年电子变压器和电源产品销售收入持续下降,2009年数字电视系统设备销售收入大幅增长,增长主要来自对中东市场销售,国内市场销售基本不变。报告期内净利润大幅波动,2007年至2010年1—6月扣除同一控制下企业合并外其他因素产生的非经常性损益后的净利润为2 699万元、1 671万元、3 162万元、2 668万元,2008年比2007年下降38%,2009年比2008年增长89%。同时,公司各期末应收账款余额分别为8 104万元、10 055万元、14 326万元和18 239万元,余额持续较大且持续增长。 根据公司上述经营情况和财务情况,难以判断公司上市后是否具备持续盈利能力。
		公司招股说明书披露,公司从事化工原料和中间体产品生产,和同行业企业相比规模较小,不具有竞争优势;公司原材料成本受石油价格影响且占生产成本的比重较大,产品销售价格在很大程度上依赖下游领域的需求状况且市场竞争激烈,原材料价格和产品价格难以实现同步变化,抗风险能力存在不确定性;公司报告期内主要产品的销量和价格均存在大幅波动,影响毛利率和盈利的稳定。 报告期内,公司的主要产品为硝基甲苯系列、邻氯苯胺和2,4-二氯氟苯。其中,邻氯苯胺的市场空间较为有限,2,4-二氯氟苯产品在2009年底停止了生产。本次募集资金投资生产两个新产品对二氯苯和间二氯苯,新项目存在一定的技术风险。由于所处行业市场特点以及产品品种结构变化较大,因此公司的持续盈利能力存在重大不确定性。

(续表)

序号	否决依据	被否决情形
		根据发行人招股说明书披露,自 2008 年以来,发行人主营业务风电设备铸件年新订单和产能利用率大幅下降,2008 年和 2009 年发行人当年新签风电设备铸件订单从 29 124 吨下降到 19 675 吨;产能利用率从 88% 下降到 54%。2009 年 9 月,国务院批转发展改革委等部门《关于抑制部分行业产能过剩和重复建设引导产业健康发展若干意见的通知》(国发〔2009〕38 号),确定风电设备为产能过剩产业,发行人所处行业的经营环境发生重大变化。此外,发行人目前主要产品包括 1.5MW、2.0MW、2.1MW 风电设备铸件,发行人此次募集资金投资项目是"年新增 2 500 套 1.5MW 以上大型风力发电设备关键部件扩建项目",而根据《关于抑制部分行业产能过剩和重复建设引导产业健康发展若干意见的通知》,国家重点支持的是自主研发 2.5 兆瓦及以上风电整机和轴承、控制系统等关键零部件,发行人主要产品和募集资金投资项目不属于重点支持项目。上述情形对发行人持续盈利能力构成重大不利影响,发行人未来持续盈利能力存在重大不确定性。
		公司招股说明书披露,2008 年四季度开始,全球大宗商品价格下降,铁矿石长协价格和国内现货价格也随之大幅下降。受此影响,公司 2009 年铁精粉价格下跌 56.87%,营业收入环比下降 34.53%,销售毛利率下降 22.02%,净利润下降 72.90%。公司对 2010 年经营业绩进行了盈利预测,采用含税 650 元/吨(不含税 556 元/吨)作为营业收入的预测价格,2010 年营业收入将达到 37 262.82 万元,较 2009 年度营业收入提高 22.05%;净利润将达到 7 161.89 万元,较 2009 年度净利润提高 9.73%,其中 1—4 月净利润未审实现数为 -1 107.22 万元。

(续表)

序号	否决依据	被否决情形
		从今年4月下旬开始,国内钢价进入下跌通道,国际市场钢材价格也出现回落态势,全国粗钢产量下降,钢企需求缩减,铁矿石现货价格接连下跌。由于公司的经营业绩受产品价格的影响较大,且目前铁矿石和铁精粉的价格大幅波动,因此公司的持续盈利能力存在重大不确定性。
		报告期内,发行人产品销售存在单一客户比例较大的情形,构成发行人未来盈利能力的重大不确定性。
		申请人招股说明书披露,销售收入中批发、零售、水上加油的比例分别为2007年85.53%、14.47%、0%,2008年70.73%、29.27%、0%,2009年61.25%、37.70%、1.04%。批发业务占比逐年下降,零售业务逐年上升,新拓展了水上加油业务,且公司计划通过2—3年的发展,使批发、零售、水上加油业务量各占1/3左右。公司主营业务的上述变化引起了燃料油库存规模增加、信用销售账期延长、存货周转率和应收账款周转率大幅降低、占用流动资金大幅上升等财务状况的不利变化。且申请人从2009年开始拓展水上加油业务,购建的"×××"千吨级加油船于2009年上半年投入运营,2009年度水上加油业务的销售收入和销售量分别占当年的1.04%和0.93%,比例较低。由于申请人的产品销售结构和服务模式发生重大变化且其后经营时间较短,因此无法判断其持续盈利能力。

(续表)

序号	否决依据	被否决情形
		根据招股说明书,报告期内申请人"郑单958"玉米种子的销售收入是申请人收入和盈利的主要来源,但"郑单958"玉米种子的品种权属于河南省A所,申请人以授权许可方式取得生产、销售经营权。截至2009年12月,"郑单958"品种权剩余保护期为7年,保护期结束后,种子经营企业无须经过授权即可自主经营"郑单958"玉米种子,届时"郑单958"玉米种子的经营将面临更为激烈的市场竞争。申请人产品品种较为单一、目前自主研发能力较为有限、主要销售区域销量下降可能对申请人持续盈利能力产生较大不利影响。
		2007年至2009年,申请人代理采购和委托物流管理业务实现的收入、毛利及占总收入、营业毛利的比重波动较大,且主要客户发生较大变化。上述主营业务收入结构和重大客户变化,对申请人持续盈利能力的稳定性构成重大不利影响。
		公司产品润滑油的主要原料基础油约占公司生产成本的95%,原料基础油及产成品润滑油的价格均随着国际原油价格变化不断波动。根据申报材料披露的敏感性分析,2010年基础油采购价格每增加1%,毛利下降6.58%,利润总额下降14.08%。与同行业其他企业相比,公司抗风险能力不强,申报材料中未能充分披露其应对原材料价格波动风险的有效措施,无法判断公司持续盈利能力的稳定性。
		2009年7月—2010年6月,公司与A集团及其子公司的销售量仅为1 290吨,仅完成长期供货协议中A集团承诺的自合同签订日起至2010年12月31日止采购量的28.7%,无法判断上述长期供货协议的可执行性或真实性。因A集团为公司重大客户,上述事项有可能对公司持续盈利能力构成重大不利影响,招股说明书未能真实、准确、完整披露上述相关事项。

(续表)

序号	否决依据	被否决情形
		公司报告期内营业收入、利润增幅较大,而经营活动产生的现金流量净额低于同期的净利润水平,公司存在一定的偿债风险。 大型园林绿化工程项目对公司2010年及2011年上半年业绩增长贡献较大,其中A湿地公园工程项目和镇江B工程项目2010年分别确认收入10 415万元和1 650万元,占当年营业收入的34.22%和5.42%、营业毛利的42.89%和6.68%;2011年上半年分别确认收入5 770.99万元和6 156.11万元,占当期营业收入的21.08%和22.49%、营业毛利的24.08%和24.19%。客户的相对集中可能对公司持续经营能力产生一定的不利影响。 另外,公司大部分项目属于政府投资项目,竣工决算时间较长且无明确期限,存在可能因工程款项无法及时结算和回收而对公司资金周转和利润水平产生不利影响的风险。上述情况将可能导致公司未来持续盈利能力的不确定性。
		招股说明书披露公司从"生产制造商"到"品牌运营商"的转变,报告期内公司的经营模式发生了重大变化。同时,公司主营业务收入的增长幅度低于销售费用的增长幅度,且招股说明书未对经销商、经销模式等进行充分披露。经营模式的变化可能对公司持续盈利能力构成重大不利影响。
		根据招股说明书披露,公司2007年至2010年一季度扣除非经常性损益后净利润分别为3 903万元、5 435万元、3 548万元、741万元;2009年与2008年相比,草酸产品的销售量增长27.80%,平均销售价格下降36.76%,销售收入下降19.17%,毛利率由38.80%下降至30.43%,导致扣除非经常性损益后的净利润下降34.72%。以精制草酸、草酸盐为主营产品的子公司A精细材料有限责任公司2009年实现净利润 -3.24万元,2010年一季度净利润 -1.34万元。

（续表）

序号	否决依据	被否决情形
		公司 2009 年草酸产能（包括精制草酸）7.5 万吨；2009 年、2010 年一季度，工业草酸产能利用率分别为 83.88% 和 88.29%，精制草酸产能利用率分别为 30.37% 和 52.40%，草酸盐产能利用率分别为 20.34% 和 19.36%。 公司本次募投项目为新增年产 10 万吨产能草酸、年产 3.5 吨产能电子精细材料（精制草酸、草酸盐）。招股说明书同时披露了同行业企业产能变动情况。 根据公司报告期内产品价格波动情况及对公司经营业绩的影响，公司持续盈利能力面临重大不确定性；根据公司所从事行业特点及同行业企业产能变动情况，公司本次募投项目的市场前景和盈利能力面临重大不确定性，项目的实施可能对公司未来持续盈利能力构成重大不利影响。
		根据招股说明书披露，公司主要产品左旋肉碱系列产品报告期内毛利率逐年下降，2008—2010 年分别为 42.59%、40.14% 和 29.23%。本次募集资金拟继续投入 1 000 吨左旋肉碱扩建项目，计划使用资金占本次拟募集资金总额的 44.44%，且对新增产能消化有较大作用的原料药批准文号、GMP 证书等尚未取得，存在不确定性。 公司抗艾滋及乙肝药物中间体产品销售收入和毛利贡献报告期内逐年下降，销售收入 2008—2010 年分别为 1 785.08 万元、877.36 万元和 651.40 万元，毛利贡献 2008—2010 年分别为 572.29 万元、404.83 万元和 214.78 万元。本次募集资金拟继续投入 150 吨福韦酯类中间体-DESMP 及 10 吨恩曲他滨扩建项目，计划使用资金占本次拟募集资金总额的 27.77%，且 10 吨恩曲他滨原料药的原料药批准文号、GMP 证书尚未取得，存在不确定性。

(续表)

序号	否决依据	被否决情形
		公司 2007—2009 年营业利润分别为 10 155 万元、6 223 万元和 4 770 万元,营业利润处于持续下降趋势。2007—2009 年增值税即征即退金额分别为 4 551.34 万元、2 574.34 万元和 2 911.97 万元,增值税即征即退金额占公司净利润比重较高。2010 年增值税即征即退比率由 100% 降为 80%,增值税即征即退比率下降将对公司未来业绩造成一定的影响。公司持续盈利能力存在不确定性,且公司经营成果对税收优惠存在严重依赖。
		报告期内公司经营业绩逐年大幅增长。但是,2010 年 1—6 月公司经销商数量较 2009 年大幅下降,由 782 家下降到 525 家;同时,公司及子公司正在履行的大额经销商合同金额较 2009 年实际销售金额大幅提高,且 2010 年上半年实现的销售金额占合同金额比例很低。公司未就上述情况作出合理解释,无法判断发行人业绩大幅增长的合理性和盈利能力的可持续性。
		根据《关于抑制部分行业产能过剩和重复建设引导产业健康发展若干意见的通知》(国发〔2009〕38 号)的规定,风电设备为产能过剩行业,国家重点支持的是自主研发 2.5 兆瓦及以上风电整机和轴承、控制系统等关键零部件。风电行业经营环境产生重大变化,而公司目前主要产品为 1.5 兆瓦、2.0 兆瓦、2.1 兆瓦风电设备铸件,上述情形对公司持续盈利能力构成重大不利影响。
		根据招股说明书披露,申请人上海 A 不锈钢制品股份有限公司(以下简称申请人或公司)2000 年成立时,公司生产所需的主要机器设备和房屋场地通过租赁取得。2000 年公司与上海市 B 农村信用合作社(后变更为上海农村商业银行××支行下属分支机构,以下简称"C 信用社")签订了《租赁协议书》,租赁 C 信用社行使债权取得的资产。租赁期限自 2000 年 7 月 1 日起至 2012 年 6 月 30 日止,租赁费为每年 220 万元。公司于 2008 年 9、10 月间向上海农村商业银行××支行购买上述租赁资产,收购总价款为 1 767.5 万元。公司 2008 年经营模式发生重大变化且其后经营时间较短,无法判断公司持续盈利能力。

(续表)

序号	否决依据	被否决情形
17	与《首发管理办法》第39条规定不符:"募集资金数额和投资项目应当与发行人现有生产经营规模、财务状况、技术水平和管理能力等相适应。"	根据申报材料,截至2011年6月30日,公司的固定资产原值为9 209万元,净值为6 966万元,原值在30万元以上的主要机器设备52台;共有员工193人,其中生产和供应人员121人,研发人员22人,销售人员5人。本次募集资金投资项目拟购置设备57台(套),建成后将增加固定资产20 171万元,新增定减径机架年产能1 800架,需配备生产和辅助人员135人,技术、销售和管理人员20人。公司2010年度和2011年上半年的定减径机架产量分别为2 284架和1 193架。结合公司代表和保荐代表人的现场陈述,难以判断本次募集资金数额和投资项目是否与公司现有生产经营规模、财务状况和管理能力等相适应。
		公司本次募集资金全部用于"年产5万吨2.5—6兆瓦风电大型铸件关键部件项目",产能较2010年增长142%,而公司2.5兆瓦及以上风电设备铸件报告期仅实现少量生产及销售;根据公司披露的2011年1月1日后需要履行的合同及意向性订单情况,2.5兆瓦及以上产品占比也不高。公司募投项目与现有生产经营不相适应,且新增产能存在市场销售风险。
18	与《首发管理办法》第40条规定不符:"募集资金投资项目应当符合国家产业政策、投资管理、环境保护、土地管理以及其他法律、法规和规章的规定。"	根据申报材料,公司报告期内主要产品锰铁合金销量2008年至2010年分别为11.05万吨、10.63万吨和10.74万吨,锰矿石的销量分别为8.16万吨、13.69万吨和16.30万吨,在销售数量未有大幅变化的情况下,公司销售费用逐年下降,管理费用2009年和2010年均低于2008年;公司报告期内存货在销售数量变化不大的情况下大幅增长,2008年末、2009年末、2010年末及2011年6月末存货账面价值分别为15 874.29万元、27 490.39万元、42 358.39万元和67 528.44万元;公司经营活动净现金流量2009年、2010年及2011年上半年分别为-5 275.58万元、-16 815.17万元和-12 651.52万元,远低于同期净利润;公司主要产品锰铁合金及高锰酸钾2008年至2010年毛利率逐年下降,仅2011年上半年有所上升。公司未就上述事项作出合理说明,无法判断上述事项是否对公司持续盈利能力构成重大不利影响。

(续表)

序号	否决依据	被否决情形
19	与《首发管理办法》第41条规定不符："发行人董事会应当对募集资金投资项目的可行性进行认真分析,确信投资项目具有较好的市场前景和盈利能力,有效防范投资风险,提高募集资金使用效益。"	根据申报材料,公司报告期内主要产品锰铁合金销量2008年至2010年分别为11.05万吨、10.63万吨和10.74万吨,锰矿石的销量分别为8.16万吨、13.69万吨和16.30万吨,在销售数量未有大幅变化的情况下,公司销售费用逐年下降,管理费用2009年和2010年均低于2008年;公司报告期内存货在销售数量变化不大的情况下大幅增长,2008年末、2009年末、2010年末及2011年6月末存货账面价值分别为15 874.29万元、27 490.39万元、42 358.39万元和67 528.44万元;公司经营活动净现金流量2009年、2010年及2011年上半年分别为-5 275.58万元、-16 815.17万元和-12 651.52万元,远低于同期净利润;公司主要产品锰铁合金及高锰酸钾2008年至2010年毛利率逐年下降,仅在2011年上半年有所上升。公司未就上述事项作出合理说明,无法判断上述事项是否对公司持续盈利能力构成重大不利影响。
		公司本次募集资金将用于异地搬迁扩建项目,新厂区的主要设备全部为新购,投产成功后,公司(招远本部)现有生产厂房将全部拆除、主要设备将全部报废。公司新建项目投产并产生经济效益存在一定的不确定性,无法判断上述事项对公司持续盈利能力是否构成不利影响。
		报告期内申请人存在净利润、每股收益、净资产收益率、主要产品毛利率等财务指标持续下降的情形,对募投项目的可行性缺乏合理分析,其持续盈利能力存在不确定性。
		公司本次募投项目投资总额为10.33亿元,其中8.77亿元用于污水处理项目,以提高污水处理能力。但因目前公司污水处理收入是根据自来水用水量及物价部门核定的污水处理费单价确定,因此该部分募投项目的达产不能直接导致公司收入及利润的增加,反而因折旧及运营成本的提高,可能导致短期内经营业绩下滑。

(续表)

序号	否决依据	被否决情形
		公司 2004 年创立 A 服装品牌且产品销售主要集中在福建省,报告期内,公司品牌推广费和研发费用低于同行业上市公司。公司销售模式由直营销售为主转变为加盟销售为主,销售模式转变期间较短且新开加盟店盈利情况低于原有加盟店,本次募投项目以建设加盟店为主,公司未来向全国扩张终端门店存在销售效率降低的风险。公司申报材料和现场聆讯未就上述事项作出充分、合理的解释,无法判断上述事项对公司持续盈利能力的影响和募投项目能否具有较好的市场前景及盈利能力。
		公司在具备年产 77 万件汽车发动机气缸盖生产能力的基础上,本次募集资金拟投资新增年产 150 万件汽车发动机气缸盖项目。根据招股说明书(申报稿)披露,公司已与 A、B、C 等客户达成合作意向,并根据这些客户下发给公司的产能规划文件及签订的供货合同规划上述产能。 但公司在申报材料和现场陈述中均未对上述客户的产能规划文件和供货合同进行适当的说明和分析,无法判断这些文件和合同与公司新增产能之间的匹配关系,也无法判断公司消化募投新增产能的可行性及未来的盈利前景。
		根据招股说明书(申报稿)披露,公司本次募投项目中 195 万件服装家纺生产项目预计建设期为两年,达产后比目前产能 170 万件翻一番。两年后公司自主产能共 365 万件,自主产能满足率为 52.09%,产能消化以直营店为主。 另外,本次募投项目中建设 322 家直营店项目建设期为两年,每年建设 161 个销售终端。同期,公司计划自主扩展 180 家店铺。两年后建成的新增店铺占比 63%。而从报告期平均单店销售收入看,新开店铺第一年与其他店铺相比有较大的差距,第二年才达到其他店铺的 70% 到 90%。因此,新开店铺在 1—2 年内是否能达到预期销售水平而消化新增产能,以及自主扩展的 180 家店铺是否可以如期建成存在不确定性。

(续表)

序号	否决依据	被否决情形
		公司本次募投项目的市场前景和盈利能力存在不确定性。
		公司与同行业上市公司相比,收入、净利润规模较小,主要产品为环卫专用车辆和垃圾中转设备,该类产品存在销售对象变化较大的特点,公司报告期内的前五大客户基本没有重合。公司2011年1月至6月新增客户收入占当期主营业务收入比重为42.15%,2010年和2009年,该比重分别为44.69%和40.28%。 在此情况下,公司本次募投新增产能合计2 800台/套,较目前产能1 630台/套增加约1.72倍。今后是否有足够新增客户用以消化该产能存在较大的不确定性。
		根据招股说明书披露,公司2008—2010年主要产品存折票据打印机的产能分别为6万台、6万台和7万台。报告期各年末,公司固定资产项下的机器设备余额分别为6.38万元、137.86万元和118.24万元。本次主要募投项目是在惠州建设存折票据打印机产业化基地。该项目总投资为1.28亿元,其中设备购置费为4 301万元。项目建成后,正常年份年产15万台存折票据打印机。但公司未对报告期产能变化、机器设备期末余额以及本次募投新增产能与设备购置之间的匹配关系进行充分合理的说明。
		公司报告期内从事住宅装饰业务,主要涉及深圳、东莞、中山等地区。2010年,公司在深圳地区的17家经营网点收入占比超过71%,广东省内其他地区的12家经营网点收入占比约29%。本次募集资金投资项目将在深圳地区新增6家直营分公司,广东省内其他地区新增18家直营分公司。截至2010年末,公司固定资产、无形资产合计4 957.9万元。本次募集资金投资项目实施后可新增固定资产和无形资产合计12 063.04万元,每年新增固定资产折旧及无形资产摊销合计1 584.07万元。目前,住宅装饰行业准入条件较低,竞争较为激烈。公司今后能否有效开拓异地市场,提高盈利能力存在不确定性。

(续表)

序号	否决依据	被否决情形
		根据招股说明书披露,公司本次发行的主要募集资金投资项目是川南原材料药生产基地一期工程建设项目。该项目包括年产 250 吨酮洛芬、年产 200 吨奥卡西平原料药生产线及其他产品生产线和辅助设施。 酮洛芬产品在募投项目建成后替代原产能 150 吨、新增产能 100 吨。公司酮洛芬原料药及中间体 2009 年销量为 245.10 吨,占全球市场份额的 73.12%;该产品 2010 年自用量为 145.06 吨、销量为 181.20 吨,与 2009 年自用量 126.98 吨、销量 245.10 吨的情况相比,未见较大增长。 奥卡西平产品在募投项目建成后替代原产能为 20 吨、新增产能为 180 吨。报告期内,2008—2010 年产能分别为 14 吨、20 吨和 20 吨。该产品 2009 年全球销量为 105.10 吨,公司产品销售量占全球市场份额的 24.08%。 公司本次发行募投项目中部分产品可能面临产能过剩风险,投资项目的市场前景和盈利能力具有不确定性。
		根据现场询问情况,公司对 A 金矿的实际托管状况与 2008 年 9 月 21 日签订的《×××A 金矿经营性资产托管协议》存在较大差异,无法确定公司能否对 A 金矿进行有效控制。由于收购 A 金矿的采矿权及相关经营性资产项目是本次募集资金投资项目,因此该募投项目的实施存在不确定性。
		公司本次募集资金全部用于"年产 5 万吨 2.5—6 兆瓦风电大型铸件关键部件项目",产能较 2010 年增长 142%,而公司 2.5 兆瓦及以上风电设备铸件报告期仅实现少量生产及销售;根据公司披露的 2011 年 1 月 1 日后需要履行的合同及意向性订单情况,2.5 兆瓦及以上产品占比也不高。公司募投项目与现有生产经营不相适应,且新增产能存在市场销售风险。

(续表)

序号	否决依据	被否决情形
		根据招股说明书披露,目前,全球霜脲氰产能约为5 000t/a,国内总产能约为2 400t/a,总产量约为1 700t/a,公司本次募投项目之一的霜脲氰项目达产后,原药实际产能将达2 000t/a,其中新增1 000t/a。全球嘧霉胺产能约为5 000t/a,国内总产能约为700t/a,总产量约为350t/a,本次募投嘧霉胺项目达产后原药生产能力将达500t/a,其中新增300t/a。国外噻虫啉仅有A一家企业生产,产量2 000吨左右,国内总产量325t/a,本次募投噻虫啉项目产量为500t/a。 虽然公司就上述募投项目产能消化披露了若干销售意向,但未进一步披露其合同主体、价格和法律效力等合同主要条款内容,无法判断销售意向的有效性。 针对"以销定产"的生产模式以及募投项目产能的较大扩张,公司产能消化的措施不明确。另外,噻虫啉项目还存在产业化风险。
		公司本次募投项目主要为对A制剂分厂的易地技改项目。募投项目中,公司保留了原有A分厂固体口服制剂5.2亿片产能并新增了扑热息痛片剂5亿片产能,新增了聚明胶肽大输液800万瓶(袋)产能。其中,A分厂原有固体口服制剂产能利用率较低,主要内销;新增扑热息痛片剂将用于出口,计划在取得美国cGMP认证前采取国内销售、向不需要认证地区的出口等方式利用产能;聚明胶肽大输液则为公司新产品。募投项目新厂区大部分项目目前尚未通过GMP认证。 根据以上情况,公司本次募投项目的实施及市场前景等方面存在较大的不确定性。

(续表)

序号	否决依据	被否决情形
20	与《创业板管理暂行办法》第5条规定不符:"保荐人及其保荐代表人应当勤勉尽责,诚实守信,认真履行审慎核查和辅导义务,并对其所出具文件的真实性、准确性和完整性负责。"	申请人申报后,申请人及保荐机构相关人员受到举报,保荐人核查不充分,无法澄清有关举报问题。 根据申报材料,申请人报告期内的主要原材料成本及产品价格波动较大,营业收入和利润总额呈反向波动且缺乏合理解释,成长性和持续盈利能力存在不确定性。
21	与《创业板管理暂行办法》第12条规定不符:"发行人应当主要经营一种业务,其生产经营活动符合法律、行政法规和公司章程的规定,符合国家产业政策及环境保护政策。"	报告期内,公司与直接或间接股东及其他关联方存在业务竞争、关联交易等情形,无法判断关联交易的公允性以及公司是否具备直接面向市场独立经营的能力。 报告期内,公司主营业务包括固体矿产勘查工程技术服务和地基基础工程施工服务,前述两种业务对主营业务收入产生重要影响。根据申请材料,上述两种业务不属于同一种业务。
22	与《创业板管理暂行办法》第14条规定不符:"发行人应当具有持续盈利能力,不存在下列情形:(一)发行人的经营模式、产品或服务的品种结构已经或者将发生重大变化,并对发行人的持续盈利能力构成重大不利影响;(二)发行人的行业地位或发行人所处行业的经营环境已经或者将发生重大变化,并对发行人的持续盈利能力构成重大不利影响;(三)发行人在用的商标、专利、专有技术、特许经营权等重要资产或者技术的取得或者使用存在重大不利变化的风险;(四)发行人最近1年的营业收入或净利润对关联方或者有重大不确定性的客户存在重大依赖;(五)发行人最近1年的净利润主要来自合并财务报表范围以外的投资收益;(六)其他可能对发行人持续盈利能力构成重大不利影响的情形。"	根据申报材料及申请人披露的情况,申请人在目前阶段抗风险能力较弱,所处行业竞争激烈,申请人的子(分)公司中,除了华东地区外,其他绝大多数亏损,申请人报告期来自华东、华中地区的收入都占90%以上,其他地区的业务发展缓慢,无法对申请人的成长性和持续盈利能力作出明确判断。 公司与中国A集团和中国B银行2009年7月签订了服务期达5年的总价格为2 950万元的业务合同,合同履行期限为2009年1月1日至2013年12月31日,根据合同所附的价格清单,主要服务内容按每年报价为253万元,现场服务按每人每天0.8万元计算,申请人在2009年度即确认了1 260万元营业收入,依据申报材料无法判断上述营业收入确认是否符合企业会计准则的规定,申请人在现场的陈述也没有消除对该营业收入确认的疑点。

(续表)

序号	否决依据	被否决情形
		根据申报材料及申请人披露的情况,申请人在目前阶段抗风险能力较弱,无法对申请人的成长性和持续盈利能力作出明确判断。 公司控股股东、实际控制人、董事长、总经理甲与其他三位自然人于2006年3月8日在英属维尔京群岛注册成立A集团控股有限公司(英文名为×××Limited,以下简称A集团)并持有42.5%的股份。该集团于2006年9月13日在中国境内出资20万美元独资设立了北京B技术开发有限公司(以下简称北京B),甲任董事长和总经理,是北京B的实际控制人。甲2009年3月16日辞去上述职务,2009年6月9日将其持有的A集团42.5%的股份转让给与申请人无关联关系的乙。上述期间,该公司与C油田和D油田签有六个业务合同,该等合同所涉业务与申请人的主营业务相同。申请人早在2002年就整体变更为股份有限公司,但申请人的实际控制人自2006年开始兼任北京B的董事长和总经理,为自己和他人经营同申请人相竞争的业务,且同业竞争长期存在,申请人在独立性方面存在缺陷。
		根据申报材料及披露的情况,公司目前阶段抗风险能力较弱,无法对公司的成长性和持续盈利能力作出明确判断。
		申请人申报后,申请人及保荐机构相关人员受到举报,保荐人核查不充分,无法澄清有关举报问题。 根据申报材料,申请人报告期内的主要原材料成本及产品价格波动较大,营业收入和利润总额呈反向波动且缺乏合理解释,成长性和持续盈利能力存在不确定性。

(续表)

序号	否决依据	被否决情形
		公司报告期内主营业务收入品种结构发生变化,防渗材料类产品销售收入比重逐年下降,保温材料类产品销售收入比重不断提高,2009 年、2010 年营业收入、利润增长的主要原因为农用保温材料销售的大幅增长。新疆 A 农业科技有限公司及与其受同一实际控制人控制的新疆 B 涤纶制品有限公司分别是公司 2010 年、2009 年农用保温材料的唯一经销商,新疆 A 农业科技有限公司为公司 2010 年第一大客户,新疆 B 涤纶制品有限公司为公司 2009 年第二大客户,公司农用保温材料的销售对新疆 A 农业科技有限公司及其关联公司存在重大依赖。 公司报告期内净利润合计为 4 690 万元,同期经营性净现金流合计为 -591 万元,且应收账款周转率、存货周转率、主要生产设备成新率均较低。 创业板发审委认为,上述情形可能对公司未来持续盈利能力构成重大不利影响。
		公司负责主要产品 IPTV 家庭娱乐终端和融合视讯终端的研发、设计与销售,拥有产品的内置软硬件电路设计资料和产品设计组装图,全部生产制造业务委托加工商完成,公司 2010 年、2009 年、2008 年委托 A 股份及其全资子公司 B 通讯加工产品的外包金额占公司当年外包总额的 98.94%、99.68% 和 98.83%。 公司 2010 年、2009 年、2008 年对 C 公司销售收入分别为 25 725.66 万元、16 886.13 万元和 13 332.81 万元,占公司当年全部销售收入的比例分别为 88.10%、79.42% 和 66.94%。 创业板发审委认为,上述情形可能对公司未来持续盈利能力构成重大不利影响。

(续表)

序号	否决依据	被否决情形
		公司2008年主要从事棉花加工及种子销售业务,2009年、2010年公司相继出售A棉业和B棉业,逐步退出棉花加工业务,主要从事种子生产、销售业务;报告期内公司种子销售收入中代理品种销售收入占比分别为61.29%、72.89%和78.41%,逐年上升;本次募集资金主要用于加大研发和育种投入。公司的经营模式、产品或服务的品种结构已经或将发生重大变化,对公司的持续盈利能力的影响存在重大不确定性。
		A电气有限责任公司是B集团有限公司独家投资设立的有限责任公司,2009年12月A电气对公司增资300万股,占公司注册资本的3.7%,为公司第三大股东。2009年度和2010年度,公司对B集团及其关联方的销售额分别为1 474万元和10 578万元,分别占公司销售收入的8.55%和40.24%,连续两年为公司第一大客户。公司对B集团及其关联方的销售额2010年度比2009年度增加9 104万元,公司同期主营业务收入增加8 174万元。公司2010年度其他产品的营业收入增长不明显,只有焊接机器人产品的销售出现了大幅度增长,增长额为8 758万元,并且全部来自对B集团及其关联方的销售增长。公司最近一年的营业收入及净利润对B集团及其关联方存在重大依赖,公司2010年度的成长性也明显依赖于B集团及其关联方,这种增长的可持续性存在较大不确定性,对公司未来持续盈利能力可能构成重大不利影响。
		公司所处的电厂电气自动化和矿山安全生产监控行业目前竞争激烈,下游火电行业大范围亏损,2011年1月至10月全国火电新开工规模大幅下降。上述情况对公司持续盈利能力构成重大不利影响。

(续表)

序号	否决依据	被否决情形
		公司出口业务收入占比大,对外依存度高。2008年至2010年及2011年1月至6月,出口销售比例分别达到71.45%、84.00%、79.25%和81.76%。同时,报告期出口收入大部分来自欧洲市场。欧洲债务危机和汇率波动对公司持续盈利能力构成重大不利影响。
		公司2009年、2010年净利润合计为48 572万元,而同期经营活动现金流合计仅为24万元,公司净利润与经营活动净现金流存在明显差异;同时,公司报告期的存货周转率逐年下降,毛利率逐年上升,公司在申报材料中的分析不足以充分说明上述现象的合理性。 公司2010年放宽了销售信用政策,当年公司主营业务收入比2009年度增长32 445万元,增长率为7.57%。其中,电脑收入合计为328 863万元,比2009年增长5 052万元,增长率为1.5%;其他电脑零配件收入为116 390万元,比2009年增长27 119万元,增长率为30%。公司2010年度主营业务收入增长主要源于外购电脑零配件销售的较大增长。 上述情形可能对公司持续盈利能力构成重大不利影响。
		根据申报材料及申请人披露的情况,申请人在目前阶段抗风险能力较弱,对申请人的持续盈利能力构成重大不利影响。 报告期内,国内医改以及新型农村合作医疗虽给发行人带来发展机遇,但此行业门槛较低,申请人目前只在安徽省有竞争优势,存在丧失竞争优势等风险。申请人募集资金投资项目,与其现有生产经营规模、技术水平、管理能力等方面是否相适应,存在重大不确定性。
		根据申报材料及公司披露的情况,公司在目前阶段抗风险能力较弱,无法对公司的成长性和持续盈利能力作出明确判断。

(续表)

序号	否决依据	被否决情形
		公司本次募投项目在技术开发和市场开拓方面面临较大风险,募集资金投资项目与现有生产经营规模不相适应。
		报告期内,公司在原材料供应、产品销售及资金(包括关联公司为公司借款提供担保等)等方面对关联公司存在重大依赖。 报告期内,公司与关联公司在原材料采购、产品销售、水、电、气供应等方面存在重大关联交易,严重影响发行人的独立性,且申报材料未能充分说明关联交易的公允性。
		根据申报材料及公司披露的情况,公司在目前阶段抗风险能力较弱,无法对公司的成长性和持续盈利能力作出明确判断。
		公司 2008 年至 2010 年及 2011 年 1 月至 6 月外销收入占主营业务收入的比例分别为 92.22%、99.11%、99.37% 和 99.53%,其中出口欧盟国家销售额占比分别为 78.1%、83.92%、75.94% 和 74.85%。 公司产品主要出口国补贴下降趋势和欧洲债务危机对公司的持续盈利能力构成重大不利影响。
		我国国家标准对车用汽油中 MMT 的添加量 1999 年国家无铅汽油标准(GB17930—1999)和 2004 年国二标准(GB17930—1999 第 3 号修改单)为 0.018g/L,2006 年的国三标准(GB17930—2006)为 0.016g/L,2011 年的国四标准(GB17930—2011)为 0.008g/L,呈现大幅下调趋势,公司所处的经营环境发生了重大变化,对公司的持续盈利能力构成重大不利影响。
		招股说明书中披露的申请人报告期内简单加总的主要产品的产量逐年持续下降,核心技术产品收入占营业收入比重逐年持续下降,且募投项目大幅增加现有主要产品的产能;报告期内全部三家子公司均为亏损或微利。上述问题可能对申请人持续盈利能力产生重大不利影响。

(续表)

序号	否决依据	被否决情形
		2009年度,申请人扣除非经常性损益后归属于母公司的净利润为1 731.52万元,对工程爆破业务及单笔技术咨询服务业务存在重大依赖,上述业务持续获得订单存在较大的偶然性和不确定性,对申请人的持续盈利能力构成重大不利影响。
		报告期内,申请人2009年度较2008年度主营业务收入下降较大,2009年度归属于母公司所有者的净利润增加依赖于海运费用、佣金费用和部分外协加工产品的加工成本大幅下降,上述事项能否持续具有重大不确定性,对申请人持续盈利能力构成重大不利影响。
		公司拥有晶体生长设备设计和制造技术,报告期内公司的晶体生长炉体集中向关联方A机械制造有限公司购买,交易金额以及占公司全部固定资产采购金额的比例逐年上升;报告期内公司与关联方B研究所、C科技集团有限公司之间持续存在激光晶体、蓝宝石晶体、激光应用设备的关联销售、受托研发等关联交易,最近两年一期,关联销售产生的毛利占毛利总额的比例呈上升趋势,交易的公允性存疑。公司的独立性存在瑕疵。 最近三年YAG系列激光晶体对公司毛利贡献率80%以上,国内YAG系列激光晶体市场容量不到3亿元;公司本次募投产品主要是2英寸蓝宝石,2011年上半年公司蓝宝石晶锭、晶棒和2英寸毛坯晶圆片的成品率均低于2010年下半年,对公司持续盈利能力构成重大不利影响。
		报告期内,宏观经济政策调整以及基础工程建设投资趋缓,公司应收账款持续增加,预收账款大幅减少,经营性活动产生的现金流量净额与净利润不匹配,对公司持续盈利能力构成重大不利影响。

（续表）

序号	否决依据	被否决情形
		公司募集资金投资项目4个产品中有3个产品尚未获得主要客户认证，新增产能消化存在不确定性，对公司持续盈利能力构成重大不利影响。
		报告期内，公司核心业务集中于烟草行业物流系统集成领域；2008年、2009年、2010年及2011年1月至6月公司中标金额分别为5.49亿元、2.39亿元、1.15亿元和1.62亿元，签订合同金额分别为1.71亿元、4.80亿元、0.63亿元和2.98亿元，中标和签订合同金额存在较大波动。 上述事项对公司的持续盈利能力可能构成重大不利影响。
		2008年至2010年及2011年1月至6月，公司外协生产产品的成本占营业成本的比重分别为52.84%、47.27%、41.61%和43.33%，主营业务收入中外协产品收入占该系列产品收入的比重分别为51.15%、49.45%、43.09%和44.09%，自产核心产品竞争优势不明显；公司海外市场通过ODM方式实现的销售收入占园艺用品销售收入的比重分别为63.21%、61.10%、56.43%和56.16%，且毛利率呈逐年下降趋势。 公司在目前阶段抗风险能力较弱，上述事项对公司的持续盈利能力构成重大不利影响。
		报告期内，公司远期外汇合约收益总额占当期利润总额的比例分别为19.16%、44.86%、44.22%和65.65%，该远期外汇合约交易是以赚取收益为目的的投资行为，且受客观因素影响，远期外汇交易收益能否持续并保持稳定具有重大不确定性；报告期内，公司向前五大客户提供服务而取得的备考收入占备考收入总额的比例分别为70.76%、52.90%、73.12%和71.42%，且服务协议采用一年一签的形式，未来能否持续稳定获得主要客户的服务合同具有不确定性。上述事项对公司持续盈利能力构成重大不利影响。

（续表）

序号	否决依据	被否决情形
		报告期内，公司应收账款余额持续增长，且占资产总额比例较高；主要产品饲用复合酶销售量持续下降，饲用植酸酶产品销售增长存在不确定性；募集资金投资项目酶制剂产品生产能力将大幅增长，产能消化存在不确定性。 创业板发审委认为，上述情形可能对公司持续盈利能力构成重大不利影响。
		2010年4月，公司收购A股份有限公司66KV及以上油浸式变压器业务相关资产，收购后该项业务收入大幅下降，同期A股份有限公司出现经营亏损，对公司持续盈利能力构成重大不利影响。
		国内稀土原材料价格波动较大，公司主要产品节能灯用稀土发光材料销售单价持续下降，报告期内节能灯用稀土发光材料实现的毛利率波动幅度较大；报告期对部分国际和国内知名照明制造商的销售数量以及占全部销售数量的比例呈下降趋势。上述情形对公司的持续盈利能力构成重大不利影响。
		报告期内，公司客户集中度较高、应收账款持续增加、经营活动产生的现金流量净额与净利润不匹配，对公司持续盈利能力构成重大不利影响。
		公司所处行业市场竞争激烈，小口径阀门毛利率呈下降趋势，依靠大口径阀门销量不断上升，弥补小口径毛利率逐年下降的影响；报告期内公司占比50%以上的产品销往污水处理领域，污水处理工程所用大口径、超大口径阀门多，而我国城镇日污水处理能力自2009年以来增速明显放缓；2011年营业收入增长2 231万元，应收账款原值增加2 176万元。上述事项对公司的持续盈利能力构成重大不利影响。

第十章 未过会原因 487

(续表)

序号	否决依据	被否决情形
		报告期内,主营业务收入增长不明显,净利润的增长主要依赖于原材料成本及制造费用大幅下降等因素,上述事项能否持续具有重大不确定性,对公司持续盈利能力构成重大不利影响。
23	与《创业板管理暂行办法》第18条规定不符:"发行人资产完整,业务及人员、财务、机构独立,具有完整的业务体系和直接面向市场独立经营的能力。与控股股东、实际控制人及其控制的其他企业间不存在同业竞争,以及严重影响公司独立性或者显失公允的关联交易。"	报告期内,公司与直接或间接股东及其他关联方存在业务竞争、关联交易等情形,无法判断关联交易的公允性以及公司是否具备直接面向市场独立经营的能力。 报告期内,公司主营业务包括固体矿产勘查工程技术服务和地基基础工程施工服务,前述两种业务对主营业务收入产生重要影响。根据申请材料,上述两种业务不属于同一种业务。 根据申报材料及申请人披露的情况,申请人在目前阶段抗风险能力较弱,无法对申请人的成长性和持续盈利能力作出明确判断。 公司控股股东、实际控制人、董事长、总经理甲与其他三位自然人于2006年3月8日在英属维尔京群岛注册成立A集团控股有限公司(英文名为×××Limited,以下简称A集团)并持有42.5%的股份。该集团于2006年9月13日在中国境内出资20万美元独资设立了北京B技术开发有限公司(以下简称北京B),甲任董事长和总经理,是北京B的实际控制人。甲2009年3月16日辞去上述职务,2009年6月9日将其持有的A集团42.5%的股份转让给与申请人无关联关系的乙。上述期间,该公司与C油田和D油田签有六个业务合同,该等合同所涉业务与申请人的主营业务相同。申请人早在2002年就整体变更为股份有限公司,但申请人的实际控制人自2006年开始兼任北京B的董事长和总经理,为自己和他人经营同申请人相竞争的业务,且同业竞争长期存在,申请人在独立性方面存在缺陷。

(续表)

序号	否决依据	被否决情形
		根据申报材料,公司报告期内与同一关联方控制的企业在原材料采购、产品销售等诸多方面存在关联交易,且关联交易是否严重影响公司独立性及关联交易价格是否显失公允难以判断。
		报告期内,公司与部分关联企业的经营范围存在相似性,且经营相同或相似的业务,存在现实及潜在的同业竞争。
		2009年10月,公司将原全资子公司A电子科技有限公司股权转让给B工贸发展有限公司,转让后,A电子科技有限公司继续为公司提供机顶盒的外协加工,并代购部分辅料。2009年至2011年,公司与其交易金额分别为900.48万元、1 734.43万元和1 872.87万元,占公司当期外协金额的比例分别为89.14%、79.81%、35.09%。报告期内公司转让子公司A电子科技有限公司股权前后与其交易金额较大,业务体系的完整性存在瑕疵。
		实际控制人甲等原国有企业A机床厂领导、管理人员共同出资设立了新机股份等众多从事机械、机械零配件铸造及机加工业务的公司(下称"关联企业")和B公司,多数与A机床厂有业务、人员上的承继关系;报告期内关联企业与B公司持续存在多项关联交易,交易的必要性存疑。B公司的独立性存在瑕疵。
		2009年至2011年,公司与控股股东持续存在机器设备、存货转让等关联交易,存在大额资金拆借、相互代付电费、共用商标等行为。
		报告期内,公司对A控股集团旗下公司的合计销售收入占同期营业收入的比例分别为79.56%、88.28%和92.23%,呈持续上升趋势;同时,公司从A控股集团旗下公司合计采购金额占同期原材料采购总金额的比例分别为53.31%、55.31%和45.68%。

（续表）

序号	否决依据	被否决情形
		创业板发审委认为，公司生产经营对 A 控股集团旗下公司存在重大依赖，是否具有完整的业务体系和直接面向市场独立经营的能力存在疑问。
24	与《创业板管理暂行办法》第 19 条规定不符："发行人具有完善的公司治理结构，依法建立健全股东大会、董事会、监事会以及独立董事、董事会秘书、审计委员会制度，相关机构和人员能够依法履行职责。"	2008 年至 2010 年，公司与关联方上海 A、B 新能源、C 投资及与其有密切关系的上海 D、E 科贸、浙江 F、G 之间存在大量非经营性资金往来，且未签署书面合同；2008 年和 2009 年，公司与关联方上海 A 存在设备融资租赁交易。公司在股份公司成立前后均未就上述事项履行董事会、股东（大）会等决策程序，说明公司法人治理结构不完善，内部控制存在缺陷。
25	与《创业板管理暂行办法》第 20 条规定不符："发行人会计基础工作规范，财务报表的编制符合企业会计准则和相关会计制度的规定，在所有重大方面公允地反映了发行人的财务状况、经营成果和现金流量，并由注册会计师出具无保留意见的审计报告。"	根据申报材料及申请人披露的情况，申请人在目前阶段抗风险能力较弱，所处行业竞争激烈，申请人的子（分）公司中，除了华东地区外，其他绝大多数亏损，申请人报告期来自华东、华中地区的收入都占 90% 以上，其他地区的业务发展缓慢，无法对申请人的成长性和持续盈利能力作出明确判断。 公司与中国 A 集团和中国 B 银行 2009 年 7 月签订了服务期达 5 年的总价格为 2950 万元的业务合同，合同履行期限为 2009 年 1 月 1 日至 2013 年 12 月 31 日，根据合同所附的价格清单，主要服务内容按每年报价为 253 万元，现场服务按每人每天 0.8 万元计算，申请人在 2009 年度即确认了 1260 万元营业收入，依据申报材料无法判断上述营业收入确认是否符合企业会计准则的规定，申请人在现场的陈述也没有消除对该营业收入确认的疑点。
		报告期内，公司以自然人银行账号代收销货款，占销售收入比例较高，2008 年至 2010 年各期分别为 56.11%、67.75% 和 46.39%，且该情形持续至 2010 年 12 月。 创业板发审委认为，公司会计基础工作不规范，内部控制存在缺陷。

(续表)

序号	否决依据	被否决情形
26	与《创业板管理暂行办法》第21条规定不符:"发行人内部控制制度健全且被有效执行,能够合理保证公司财务报告的可靠性、生产经营的合法性、营运的效率与效果,并由注册会计师出具无保留结论的内部控制鉴证报告。"	2008年至2010年,公司与关联方上海A、B新能源、C投资及与其有密切关系的上海D、E科贸、浙江F、G之间存在大量非经营性资金往来,且未签署书面合同;2008年和2009年,公司与关联方上海A存在设备融资租赁交易。公司在股份公司成立前后均未就上述事项履行董事会、股东(大)会等决策程序,说明公司法人治理结构不完善,内部控制存在缺陷。 公司因2008年度及2010年1—6月原始财务报表存在不符合收入确认原则和关联交易统计不完整导致合并报表内部交易抵消不彻底的情况,对申报财务报表进行了重大会计差错更正,使申报财务报表与原始财务报表产生重大差异。其中最近一个会计年度中,2010年1—6月因跨期收入调整主营业务收入290 918.20元,调整应收账款16 707 788.74元,因未实现内部销售利润抵消错误调整销售利润-1 352 975.90元。 上述事项说明公司会计核算基础工作不规范,内部控制制度存在缺陷。 报告期内,申请人发生重大会计差错更正,调减2007年度并计入2008年度主营业务收入1 182.6万元,占当期主营业务收入的比例分别为21.8%、13.12%;调减2007年度并计入2008年度净利润517.7万元,占当期净利润的比例分别为42.49%、40.06%,且该调整事项发生在申请人变更为股份公司之后,说明申请人会计核算基础工作不规范,内部控制制度存在缺陷。 报告期内,公司以自然人银行账号代收销货款,占销售收入比例较高,2008年至2010年各期分别为56.11%、67.75%和46.39%,且该情形持续至2010年12月。 创业板发审委认为,公司会计基础工作不规范,内部控制存在缺陷。

(续表)

序号	否决依据	被否决情形
27	与《创业板管理暂行办法》第27条规定不符:"发行人募集资金应当用于主营业务,并有明确的用途。募集资金数额和投资项目应当与发行人现有生产经营规模、财务状况、技术水平和管理能力等相适应。"	根据申报材料及申请人披露的情况,申请人在目前阶段抗风险能力较弱,对申请人的持续盈利能力构成重大不利影响。 报告期内,国内医改以及新型农村合作医疗虽给发行人带来发展机遇,但此行业门槛较低,申请人目前只在安徽省有竞争优势,存在丧失竞争优势等风险。申请人募集资金投资项目,与其现有生产经营规模、技术水平、管理能力等方面是否相适应,存在重大不确定性。
		根据申报材料及公司披露的情况,公司在目前阶段抗风险能力较弱,无法对公司的成长性和持续盈利能力作出明确判断。 公司本次募投项目在技术开发和市场开拓方面面临较大风险,募集资金投资项目与现有生产经营规模不相适应。

图书在版编目(CIP)数据

企业上市审核标准实证解析/张兰田著.—2版.—北京:北京大学出版社,2013.1
(国浩财经文库)
ISBN 978-7-301-21592-0

Ⅰ.①企… Ⅱ.①张… Ⅲ.①股份有限公司-上市-审批制度-研究-中国
②股份有限公司-上市-标准-研究-中国 Ⅳ.①F279.246-65

中国版本图书馆CIP数据核字(2012)第281809号

书　　　名:	企业上市审核标准实证解析(第二版)
著作责任者:	张兰田　著
责 任 编 辑:	王建君
标 准 书 号:	ISBN 978-7-301-21592-0/D·3224
出 版 发 行:	北京大学出版社
地　　　址:	北京市海淀区成府路205号　100871
网　　　址:	http://www.yandayuanzhao.com
新 浪 微 博:	@北大出版社燕大元照法律图书
电 子 信 箱:	yandayuanzhao@163.com
电　　　话:	邮购部 62752015　发行部 62750672　编辑部 62117788
	出版部 62754962
印　刷　者:	北京宏伟双华印刷有限公司
经　销　者:	新华书店
	730毫米×1020毫米　16开本　32印张　642千字
	2011年1月第1版
	2013年1月第2版　2018年6月第4次印刷
定　　　价:	68.00元

未经许可,不得以任何方式复制或抄袭本书之部分或全部内容。
版权所有,侵权必究
举报电话:010-62752024　电子信箱:fd@pup.pku.edu.cn